食品科学与工程系列教材

功能性食品学

（第二版）

张小莺　孙建国　陈启和　主编

科学出版社

北京

内 容 简 介

本书作为《功能性食品学》的第 2 版，在第 1 版的基础上进行了修订和添加。本书分为三大模块：（1）食品源生物活性成分介绍；（2）功能性食品各论，即以人体八大系统为纲领，以功能性食品的不同保健功能为节点，阐述功能性食品作用的医学背景、主要功能性元素与来源、功能性食品的评价方法学、体内过程和研发案例；（3）功能性食品的研发与管理，包括国内外法律法规与管理体系，功能性食品研究与评价方法，生产体系，最新研发动态与趋势，市场与消费者分析。

本书可作为高等学校食品科学专业及相关专业的教材，适合食品、营养等专业人员阅读，也是保健食品、功能食品行业人员的参考书。

图书在版编目(CIP)数据

功能性食品学/张小莺，孙建国，陈启和主编. —2 版.—北京：科学出版社，2017.7（2024.12 重印）

食品科学与工程系列教材

ISBN 978-7-03-053951-9

Ⅰ.①功… Ⅱ.①张… ②孙… ③陈… Ⅲ. ①疗效食品-高等学校-教材 Ⅳ. ①TS218

中国版本图书馆 CIP 数据核字（2017）第 169028 号

责任编辑：张　展　刘　琳 / 责任校对：韩雨舟

封面设计：墨创文化 / 责任印制：罗　科

科学出版社出版

北京东黄城根北街16 号

邮政编码：100717

http://www.sciencep.com

成都锦瑞印刷有限责任公司 印刷

科学出版社发行　各地新华书店经销

*

2012 年 8 月第　一　版　开本：787*1092　1/16

2017 年 7 月第　二　版　印张：27 1/2

2024 年 12 月第十九次印刷　字数：650 000

定价：48.00 元

（如有印装质量问题，我社负责调换）

《功能性食品学(第二版)》

编　委

主　编　张小莺(西北农林科技大学)

孙建国(中国药科大学)

陈启和(浙江大学)

副主编　陈继承(福建农林大学)

陈贵堂(中国药科大学)

李振兴(中国海洋大学)

胡　滨(四川农业大学)

闫景坤(江苏大学)

编　委　(按姓名拼音排序)

陈　琛(陕西理工大学)

蒋志惠(安阳工学院)

唐　越(大连工业大学)

王英丽(内蒙古农业大学)

赵丛枝(河北农业大学)

左蕾蕾(成都中医药大学)

前 言

《功能性食品学》第1版问世以来，经过5年使用，受到广大读者的欢迎。鉴于食品科学的快速发展，新理论、新技术层出不穷，食品标准与法律法规的不断更新出台，以及教学模式的不断创新，为了适应学科发展，满足新形势下教学教改要求，现对《功能性食品学》教材进行修订改版。

本书在突出“三基”（基本理论、基本知识、基本技能）与继承上一版的基本框架、结构与主要内容的基础上，在章节安排与内容编写等方面作了若干修订；并且在写作格式、图表设置等方面力求有所改进，以提高教学效果。本书主要修订内容如下：(1)在“食品源生物活性成分”章节中丰富和补充了海洋来源功能性食品内容；(2)在“抗氧化功能性食品”章节中更新并归纳了现有主要的抗氧化活性评价方法；(3)为了广大读者的方便，每章都增加了思考题，以便于大家复习；(4)对于其余各章，再版也都作了适当的调整或改写，并对原教材中的印刷错误做了更正；(5)将原附录1“保健食品注册管理办法(试行)”章节更新为“保健食品注册与备案管理办法”，将附录2“保健食品监督管理条例(送审稿)”章节更改成“按照传统既是食品又是中药材目录管理办法征求意见稿”。以上将附录并入电子资料中，除此之外，电子资料还包括：每章对应的ppt，以方便授课、学习和总结相应的知识内容；囊括全书扩展信息和教学讲义，使教材与教学动态化。

本书由西北农林科技大学、四川农业大学、陕西理工大学、大连工业大学、中国海洋大学、河北农业大学、浙江大学、安阳工学院、成都中医药大学、福建农林大学、内蒙古农业大学、中国药科大学和江苏大学13所高等院校联合编写。本书的作者年富力强，是在教学、科研第一线的学术带头人及学术骨干，90%具有高级职称与博士学位，大部分具有出国深造经历，了解国外的最新研究进展。

全书分为18章，参加编写的人员具体分工如下：第1章由西北农林科技大学张小莺编写；第2章由四川农业大学胡滨、陕西理工大学陈琛、大连工业大学唐越编写；第3章由中国海洋大学李振兴编写；第4章由河北农业大学赵丛枝编写；第5章由浙江大学陈启和编写；第6章由安阳工学院蒋志惠编写；第7章由成都中医药大学左蕾蕾编写；第8章由福建农林大学陈继承、大连工业大学唐越编写；第9章由内蒙古农业大学王英丽编写；第10章由四川农业大学胡滨编写；第11章由陕西理工大学陈琛编写；第12章由中国药科大学孙建国编写；第13章由大连工业大学唐越、福建农林大学陈继承编写；第14章由中国药科大学孙建国编写；第15章由中国药科大学陈贵堂编写；第16章由江苏大学闫景坤编写；第17章由中国药科大学陈贵堂编写；第18章由江苏大学闫景坤编写；附录1和附录2由中国药科大学陈贵堂编写。

由于作者水平有限，难免存在不妥和疏漏之处，敬请诸位同仁和广大读者批评指正，以便以后修订、补充和完善。

编 者

2017年6月

目　　录

第1章　绪　　论

功能性食品学是食品科学与食品行业的重要组成部分，它是以食品科学为核心，与营养学、医学、药学密切结合、交叉的应用性学科，并且涉及工程学、法学、商业与企业运作方面的知识。

1.1　什么是功能性食品

1.1.1　功能性食品的定义

食物通常具有为人体提供新陈代谢所需营养物质的功能(营养功能)，并且可以通过食物自身的风味提高人们的幸福指数(感官愉悦功能)。近年来，食物的一些潜在特殊生理学功能越来越多地被发现和证实。对于功能性食品的关注是基于现代营养科学的进步以及由此带来的人们关于食品与健康关系认识上的转变。人们逐渐认识到某种食物或者某种食物成分与改善人体某方面机能、提高生命质量存在联系，越来越多的食品开始标示并宣传与健康相关的声称。目前对功能性食品(functional food)还没有统一的定义。在我国对功能性食品的定义通常是指保健食品。在2015年5月实施的《食品安全国家标准　保健食品》中规定："保健食品是指声称具有特定保健功能或者以补充维生素、矿物质为目的的食品，即适宜于特定人群食用，具有调节机体功能，不以治疗疾病为目的，并且对人体不产生任何急性、亚急性或者慢性危害的食品。"

总之，功能性食品是强调其功能成分对人体能充分显示机体防御功能、调节生理节律、预防疾病和促进人体向健康态转变的工业化食品。基本都包括以下几点。

(1)食品属性：安全无毒、无害，在正常摄入范围内不能带来任何毒副作用。

(2)功能属性：功能明确、具体，而且经过科学验证是肯定的。通过一定途径调节机体功能，同时，不能取代人体正常的膳食摄入和对各类必需营养素的需要。

(3)特殊属性：通常是针对需要调整某方面机体功能的特定人群而研制生产的。

(4)非药品属性：不以治疗为目的，不能取代药物对患者的治疗作用。狭义上的药品是以治病为目的的化学或生物成分。功能性食品不以治疗为目的，而是重在调节机体内环境平衡与生理节奏，增强机体的防御功能，以达到保健康复作用；功能性食品要达到现代毒理学上的基本无毒或无毒水平，而药品允许一定程度的毒副作用；功能性食品无需医生的处方，按机体正常需要摄取。

功能性食品有时也称为保健食品。在学术与科研上，称为“功能性食品”更为科学。

1.1.2 功能性食品的认定范围

功能性食品是工业化产品，具有有效调节生理活动的功能，包括身体防御功能、调节生理节奏、预防疾病和促进康复。

根据我国2012版的《保健食品功能范围调整》方案，功能性食品由原有的27项功能，经取消、合并等调整，最后变更为18项功能(有助于增强免疫力、有助于降低血脂、有助于降低血糖、有助于改善睡眠、抗氧化、有助于缓解运动疲劳、有助于减少体内脂肪、有助于增加骨密度、有助于改善缺铁性贫血、有助于改善记忆、清咽、有助于提高缺氧耐受力、有助于降低酒精性肝损伤危害、有助于排铅、有助于泌乳、有助于缓解视疲劳、有助于改善胃肠功能、有助于促进面部皮肤健康)。新的方案进一步规范了功能性食品的名称，并对审批标准有所提高。

1.1.3 功能性食品的分类

目前国内外学者一般以产品科技水平的分类标准对功能性食品进行分类。

1. 第一代产品(强化食品)

第一代产品主要是强化食品。根据食品中各种营养素和功效成分来推断产品的功能，而这些功能并没有经过任何试验予以证实。目前，欧美各国已将这类产品列入普通食品来管理，主要为添加各种营养素的强化食品。我国在20世纪80～90年代的保健食品多属于第一代产品，但自1996年6月《保健食品管理办法》实施后，已不允许这类产品再以保健食品的形式面市。

2. 第二代产品(初级产品)

第二代产品要求经过人体及动物试验，证实其功能的科学性和真实性。目前我国市场上的保健食品大多属于此类。

3. 第三代产品(高级产品)

第三代产品不仅需要经过人体及动物试验证明其具有某种生理功能，而且需要查清具有该项功能的功效成分，以及该成分的结构、量效关系、作用机理、在食品中的配伍性和稳定性等。目前，在美、日等发达国家的保健食品市场上，大部分是第三代功能性食品。这类产品在我国现有市场上已有上市，多数是从国外引进，如安利、杜邦、宝洁等。虽然我国目前在第三代功能性食品方面还缺乏系统的研究，但随着第三代功能性食品的概念深入人心，其终将成为未来保健食品的发展趋势。

在我国，功能性食品也可以按照使用对象划分为以下两大类。

日常功能性食品

日常功能性食品是根据各种不同的健康消费群(如婴儿、学生和老年人等)的生理特点和营养需求而设计的，旨在促进生长发育、维持活力和精力，强调其成分能够充分显示身体防御功能和调节生理节律的工业化食品。主要分为以下三类。

(1)婴儿日常功能性食品。应该完美地符合婴儿迅速生长对各种营养素和微量活性物质的要求，促进婴儿健康生长。

(2)学生日常功能性食品。应该能够促进学生的智力发育，促进大脑以旺盛的精力应付紧张的学习和生活。

(3)老年人日常功能性食品。应该具有足够的蛋白质、足够的膳食纤维、足够的维生素和足够的矿物元素，且低糖、低脂肪、低胆固醇和低钠。

特种功能性食品

特种功能性食品着眼于某些特殊消费群的身体状况，强调食品在预防疾病和促进康复方面的调节功能，如减肥功能性食品、提高免疫调节功能性食品和美容功能性食品等。

1.2　功能性食品的发展历史

中国功能性食品的发展历史悠久，从以“食养”和“药食同源”等理论为基础开发的补益食品和药膳为开端，经历了导入—成长—衰退—复兴四个阶段，至今已有近2000年的历史，总体呈螺旋上升趋势。20世纪80年代末到1995年初，我国功能性食品行业进入了第一个高速发展期，出现了一些知名企业和品牌，主要为营养及祖传中草药产品。1995~1998年功能性食品行业经历了一个低谷，企业数量和销售额大面积缩水。从1998年开始，我国出台了一系列关于保健食品的规章制度，促进功能性食品行业在2000年进入了新一轮发展的高峰期。但从2001年开始，功能性食品行业连续发生负面事件，媒体连续的负面报道，使功能性食品行业再次陷入“信任危机”，从而导致行业崩盘。自2003年“非典”之后，功能性食品市场出现回春反暖的现象，目前我国功能性食品行业已进入成熟期。

功能性食品主要经历了营养强化、初级和高级功能性食品3个阶段。国外较早研究的功能性食品是强化食品。1935年，美国提出了强化食品的概念，并得到迅速发展。1938年，路斯提出了“必需氨基酸”的概念，必需氨基酸的缺乏会造成负氮平衡而导致蛋白质营养不良。这些研究提示人们在食品中添加某种或某些营养素，能够通过食物使人们更健康，避免营养素不足引起的疾病。为了规范强化食品的发展，加强对其进行监管，美国于1942年公布了强化食品法规，对强化食品的定义、范围和强化标准都做了明确规定。此后，加拿大、菲律宾、欧洲各国以及日本也都先后对强化食品做出了立法管理，并建立了相应的监督管理体制，包括强化指标、强化食品市场检查和商标标识等方面的规定和管理。美国食品与药品管理局(Food and Drug Administration，FDA)还曾规定了一些必须强化的食品，如面粉、面包、通心粉、玉米粉、面条和大米等。另外，营养专家对微量元素的深入研究，不断拓宽了强化剂的范围，使得人类对食品强化的作用和意义有了更深刻的认识。数十年来，通过在牛奶、奶油中强化维生素 A 和维生素 D，防止了婴幼儿由于维生素 D 缺乏而引起的佝偻病；以食用强化的碘盐来消除地方性缺碘引起的甲状腺肿疾病；强化硒盐能防止克山病；在米面中强化维生素 B_1，使缺乏维生素 B_1 引起的脚气病几乎绝迹；通过必需氨基酸的强化，提高蛋白质的营养价值，可节约大量蛋白质。强化食品的出现和发展，是人类营养研究的基础理论与人类膳食营养的实践活动密切结合的典范。由于强化食品的价格便宜、效果明显、食用方便、工艺简单，所以，强化食品有很大的市场优势，深受消费者欢迎。

随着强化食品的发展，强化的概念也得到不断的拓宽，不仅包括向食物中添加某种营养素来达到营养平衡，防止某些营养缺乏症为目的的食品，某些以含有调节人体生物节律、提高免疫能力和防止衰老等功效成分为基本特点的食品也属于强化食品。这就超出了原有的强化食品的范畴。鉴于这些情况，日本于 1962 年率先提出了“功能性食品”这一概念，并将功能性食品纳入法制化管理。日本对功能性食品的研究起始于 20 世纪 80 年代，政府资助了 86 个关于“食品功能的系统分析和发展”的特别项目，之后日本文部省又发起了对“食品的生理学调节功能分析”和“功能性食品的分析和分子设计”的研究。1987 年，日本文部省在《食品功能的系统性解释与展开》中最先使用“功能性食品”这一名称。

功能性食品的出现标志着在国民温饱问题解决后，人们对食品功能的一种新需求，它的出现具有历史必然性，并且随着国民经济的发展和人们生活水平的提高而不断增长。同时，生活水平的提高，大量高质量营养素的摄入，造成营养过剩而引起的“富贵病”(如糖尿病、冠心病等)及老年病已逐渐成为影响人类健康的主要疾病。大众对功能性食品的渴望促进了中国功能性食品行业的迅猛发展。

1.3 功能性食品的发展现状

1.3.1 国内功能性食品研究现状

目前我国国家卫生和计划生育委员会①(原卫生部)批准的功能性食品厂家有 3000 多家。其中，2/3 以上属于中小企业，上市公司不超过 6 家，年销售额达到 1 亿元的不超过 18 家，60%的产品功能集中在免疫调解、抗疲劳和调节血脂上，产品剂型主要以胶囊、口服液、片剂等为主。在使用原料方面，我国应用最多的微量元素是 Ca、Fe、Zn；应用最多的维生素是维生素 C、维生素 D 和维生素 E；应用最多的植物提取物是大豆异黄酮、原花青素、银杏提取物；主要采用的中药材有西洋参、虫草、当归、枸杞子、首乌、阿胶、绞股蓝、枇杷叶等，银杏、红景天、人参、林蛙、鹿茸等为具有中国特色的基础原料。

---

① 2013 年，国务院将卫生部的职责、人口计生委的计划生育管理和服务职责整合，组建国家卫生和计划生育委员会(国家卫计委)。

据不完全统计，截至 2015 年中国以保健食品为主的健康产业的产值已达到 6 万亿元，总体销售规模已达到 2360.64 亿元，年平均增长 20%。截至 2016 年 11 月，国家食品药品监督管理总局①共批准了 16627 个保健食品。其中，国产保健食品 15875 个，进口保健食品 752 个。获批功能性食品主要为增强免疫力、缓解体力疲劳、补充维生素和辅助降血脂等功能的产品；产品剂型主要为硬胶囊、片剂、软胶囊、口服液、粉末等；而功能性食品原料中主要有少量元素类、植物类、动物类、微生物类、生物活性物质类等类型。总体而言，我国功能性食品种类相对丰富。

我国不同功能性食品的消费群体正逐步形成。据资料统计，北京、上海、广州、天津几大城市中有 93%的少年儿童、98%的老人、50%的中青年在用各类功能性食品。

1.3.2　国外功能性食品研究现状

1995 年 9 月，由联合国粮农组织(FAO)、世界卫生组织(WHO)、国际生命科学研究所(ILSI)联合举办的东西方功能性食品第一届国际科研会在新加坡举行，会议制定了功能性食品的生产规章，讨论了地区功能性食品工作网及关于功能性食品共同感兴趣的问题和研究领域等。研究领域比较集中的有：有利于脑营养功能的益智食品、延缓衰老的食品和控制糖尿病的食品等。

目前，全球第三代功能性食品占整个食品销售额的 50%，达到 2000 亿美元。欧美国家的消费者平均用于功能性食品方面的花费占其总支出的 25%，美国目前的功能性食品销售额达 750 亿美元，占食品销售额的 1/3；欧洲的功能性食品达 2000 多种，销售额以每年 17%的速度增长。

近年来，国外功能性食品市场呈现以下特点：一是低脂肪、低热量、低胆固醇的保健食品品种多，销售量最大。二是植物性食品受宠，保健茶、中草药在国外崛起，销路看好。三是工艺先进、高科技制作，产品纯度高、性能好，多为软胶囊、片样造型，或制成运动饮料，易于吸收。

美国第三代功能性食品的具体品种主要有维生素和矿物质类、天然产品(提取浓缩)类、鱼油类、合成单体类、医药类和蜂产品，较国内第三代功能性食品科技含量高，品种丰富，产品功效成分含量准确，价格便宜。

日本的功能性食品一类是在饮料中添加活菌、原生物体、膳食纤维等添加剂，制成有特殊功能的保健饮料；另一类是强化食品，如 OAA 强化面包、强化婴儿配方食品。

欧洲保健食品主要集中于奶制品和饮料，如具有降低胆固醇功能的人造奶油、高咖啡因含量和添加稀有氨基酸的饮料等。

---

① 2013 年，“国家食品药品监督管理局(SFDA)”改名为“国家食品药品监督管理总局(FDA)。”

1.4 功能性食品的发展趋势

1.4.1 功能性食品研究的新动向

功能性食品的研制与开发是食品科学发展的前沿，目前国内外的研究与开发主要集中在功能性生物活性及评价体系、寻找新的功能素材、新技术工艺以及功能和安全性评价体系等方面，朝着功能性更强、更有针对性的方向发展。

1. 生物活性及评价体系

功能性食品之所以有别于普通食品和药品，是因其含有调节生理机能的生物活性物质，这些物质能够通过激活酶的活性或其他途径调节人体机能。因此，确立评价这些功能素材的方法和指标不仅是功能性食品发展的关键，也是今后市场监督的前提。

食物成分大多是多种成分的混合物，分离纯化其有效成分，确立评价其生理效应的方法和指标是功能性食品发展的关键。近年来，国外十分注重从生理学、遗传学、分子生物学及细胞学等不同角度研究功能性食品及功能因子的特定生物学功能。例如，为了评价壳聚糖的降血脂活性，一般会根据血清的总甘油三酯、总胆固醇和血清高密度脂蛋白 3 项测试结果作出判断。目前对降血脂功能及机理的评价更加完全，一般需要对血清胆固醇、游离脂肪酸、载脂蛋白以及与脂肪代谢有关的活性酶(如超氧化物歧化酶、肝脂酶及脂蛋白脂酶)等标志物进行判定。由于脂肪代谢紊乱还涉及炎症和免疫学内容，越来越多的降血脂机理研究已经涉及有关免疫、炎症等标志物反应的指标判定。

2. 安全性评价

随着消费者健康、安全和环保意识的增强，健康安全的消费理念已经将功能性食品推进市场消费的主流。功能性食品及食品功能因子的安全性评价，包括毒理学(如亚慢性毒性试验、致突变试验、过敏反应试验等)、耐受性等，是开发该类产品时应特别注意的一个问题。

我国“十五”期间，在国家重大科技专项中将“功能(保健)食品原料安全评价技术的研究”作为食品安全关键技术课题进行攻关，提出了功能性食品主要原料安全评价的快速筛选方法。当前，我国对功能性食品的安全性评价主要按照《保健食品安全性毒理学评价程序和检验方法》进行。一般要求进行动物试验，根据产品的具体情况进行第一阶段、第二阶段、第三阶段或第四阶段毒性试验，必要时进行人体试验。在国外，日本对特定保健用食品均要求进行动物和人体安全性评价试验。随着科学研究的不断深入，一些国内外广泛应用的功能素材(如银杏酸)发现了新的安全问题，可见，安全性评价的研究是一个需要逐步完善的过程，在现有评价体系上还要加强对功能性食品长期使用、剂量等安全性研究，逐步规范其研制、开发和生产的各个环节。

产品功效成分是功能性食品质量控制的主要指标，由于世界各国技术水平的差异，各种功效成分检测的分析方法和要求有所不同。在功能学评价方面，我国的功能性食品多以中草药为原料生产而成，由于中药理论与西方现代营养学不同，功能性评价体系上也存在差异。我国功能性食品的功能性评价主要按照《保健食品功能学评价程序和检验方法》进行，其中规定了 27 项功能评价的具体项目和检测指标，该规范的颁布使我国对功能性评价的研究逐步走上了现代化、科学化和规范化的道路。

3. 寻找新的功能因子

在功能素材开发方面，国际上逐渐呈现出以下趋势。首先是微生态制剂的研制和开发成为热点。其次，中草药动植物类功能素材备受瞩目。在我国，中草药动植物功能素材是传统功能性食品开发的主要配料。此外，近年来国际上非常关注低能量、增强免疫力、抗氧化、延缓衰老、抗过敏、抗应激、健脑、减肥和美容等功能性素材的研究，开发新的功能素材成了 21 世纪功能性食品研究的重点。

在功能性食品研究初期，主要是关注维生素、微量元素等营养物质的保健作用，近年来则开始注重研究天然非营养素动植物成分的作用，努力寻找新的功能性食品基材。例如，对苦荞麦抗肿瘤蛋白质的研究和苦荞麦籽粒、根、茎、叶及花黄酮类物质的结构、生物活性的研究已经受到国内外的关注。据德国《世界报》报道，德国斯特拉斯堡一个药物研究实验室的生物学家、药物学家、化学家和昆虫学家一直试图从昆虫身上提取药物分子，并希望借此战胜癌症。研究发现，昆虫分子与癌细胞发生作用后，癌细胞“大幅度减少”，而且扩散被抑制或者停止。他们还从一种蝴蝶身上获得了一种有助于治疗霉菌病的缩氨酸。

现代生物技术在功能素材的制备中获得了广泛的应用。通过基因工程技术，用转基因生物生产功能性素材，如人源超氧化物歧化酶、维生素 C 等；细胞工程技术、酶工程技术等在功能素材的制备中都得到了不同程度的应用，发酵工程技术的应用最为广泛，利用发酵方法生产氨基酸、维生素、益生菌等都得到了实际应用。所有这些生物技术的应用为功能性素材的高效、高质量生产奠定了坚实的基础，是未来功能性食品研制与开发的重要方向。

1.4.2 功能性食品的开发潜力

据《中国居民营养与慢性病状况报告(2015 年)》显示，我国居民膳食中谷类、维生素等微量元素食物的摄取量仍低于标准量，其中钙、铁、维生素 A、维生素 D 等部分营养素缺乏现象依然存在。与 2002 年相比，截至 2012 年我国的慢性病患病率呈上升趋势，其中高血压患病率为 25.2%，糖尿病患病率为 9.7%，慢性阻塞性肺病患病率为 9.9%，癌症发病率为 235/100000，肺癌和乳腺癌分别位居男、女性发病首位，十年来我国癌症发病率呈上升趋势。这些慢性疾病的发生都与人体营养元素的摄取不均衡有关。随着生活质量的提高，人们更加关注保健，对不同功效的功能性食品有巨大的市场需求。

开发具有某些特殊功能的新的食物资源，应针对不同消费人群开发不同功能的功能性食品，如军用功能性食品、宇航员功能性食品、减肥功能性食品、抗辐射功能性食品等。具有特殊功能的新的食品资源有花粉、绞股蓝、螺旋藻、魔芋、珍珠粉、黑蚂蚁等。

开发营养补充性的功能性食品，需在食物中添加营养素来防治营养缺乏病和改善营养状况，如锌、铁、钙、碘和充氨基酸等。市场上这类功能性食品有钙强化乳、钙强化营养豆奶、铁强化小麦粉、铁强化精白米、铁强化面包、富碘发酵饮料、碘奶片、速溶富碘海带粉、高碘鸡蛋等。另外，适合婴幼儿的婴儿配方奶粉中添加的牛磺酸能促进钙的吸收和增强智力。

开发疾病预防和缓解的功能性食品。如用含有天然氧化剂(常用的有维生素 A、维生素 C、维生素 E、胡萝卜素、超氧化物歧化酶、茶多酚等)的功能性食品来预防冠心病、心脑血管疾病和肿瘤的发生；用热量低、脂肪低而富含纤维素的食品来预防糖尿病和脂肪肝的发生；通过服用功能性食品来达预防疾病、抗衰老、美容等目的。

开发可缓解体力疲劳的功能性食品。由于社会竞争的日益激烈和现代生活方式的一些弊端，越来越多的人出现乏力、精神不集中、工作效率低等症状，针对体力、脑力工作较为繁重者，开发可缓解体力疲劳的功能性食品市场前景看好。我国拥有极为丰富的天然食物和中草药资源，如人参、刺五加、红景天等都是研发抗疲劳功能性食品的重要原料，目前运动型保健饮料占缓解体力疲劳的功能性食品的比例较大。

1.5 功能性食品的市场

功能性食品在国际市场上的发展一直呈上升趋势，目前，国际三大功能性食品消费地区为美国、日本和欧盟。其中，美国的功能性食品销售额占美国食品销售总额的 1/3，约占全球功能性食品市场份额的 1/2。在新兴的发展中国家和地区，功能性食品也呈现出良好的增长态势，并且所占比重正在逐年加大。据粗略统计，目前全球功能性食品年销售额已达到 2000 亿美元以上，并且正以每年 8%的速度增长。德国、法国、英国、荷兰代表了欧洲最重要的功能性食品市场。

新功能性食品主要集中在软饮料、糖果糕点、乳制品、焙烤类和婴儿食品等领域，其他类占到 8%；而其他类在所有的新食品中占到 38%。另一个重要的产品新领域是不含酒精但富含维生素 A、维生素 C 和维生素 E 等其他功能性成分的食品。尽管该领域有数量较多的相关产品，但该市场在欧洲的多数国家里仍显得微小且脆弱。德国是欧洲唯一的功能性饮料市场规模较大的国家，2014 年超过 9 亿升的维生素及无酒精饮料在德国市场销售。德国多数果汁饮料公司都生产了富含维生素 A、维生素 C 和维生素 E 的功能性饮料。

在欧洲，其他与功能性食品相关的产品范畴还有糖果蜜饯、供口腔卫生用的口香糖、焙烤产品、早餐谷物、低胆固醇类产品。前两大类产品在近些年已被引入市场，但还没有实现可观的销售额。与此形成对比的是，我们可以推测低胆固醇类产品将在未来几年里得到迅速发展，这得益于市场上联合利华各种各样 Becel 人造奶油、黄油产品的问世，包括用于降低胆固醇含量水平的甾醇酯。一种有类似特点的称为“Benecol”的产品早在 20 世纪 90 年代中期由芬兰公司 Raisio 研制出来，产品在北欧国家销售。儿童食品，尤其是低敏感性儿童食品近些年在德国持续性地增长。另外，一些益生素类产品也在儿童食品市场问世。

在美国，肥胖、高血脂、糖尿病是困扰美国人健康的主要慢性疾病，因此功能性食品也是美国开发的重点目标。近年来，美国市场流行“低碳”食品(低碳水化合物)、无糖糖果和无糖食品等。其中，“低碳”食品不含营养性糖类，而含有不可消化吸收的纤维素和不产生脂肪的糖醇，这类食品既能满足口感和饱腹感，又不会增加体重，有助于达到减肥的目的。另外，植物甾醇及其酯类、植物甾烷醇及其酯类、大豆异黄酮、各种抗疲劳和抗衰老的抗氧化剂等也成为功能性食品用的功能性配料。

国外市场广泛销售的功能性食品已进入第三代，主要以维生素、矿物质、鱼油、天然产品(提取浓缩)、合成单体和蜂产品几大类为主，同国内第三代功能性食品相比，具有更高的科技含量和更丰富的品种，产品功效成分含量也更准确，价格也更为适中。

1.6 功能性食品迅速发展的原因

功能性食品能够在世界范围迅速发展，有深厚的经济、环境与人文背景。

1. 人口老龄化促进了功能性食品的发展

目前，全世界60岁以上的老年人口总数已达6亿，有60多个国家的老年人口达到或超过总人口的10%。而我国60岁以上的人口占13.26%，正在步入老年型社会。老年人口比例的增加导致医疗保险费用支出迅速上升，成为社会及个人庞大的开支和沉重的负担。再加上药物副作用危害日益明显，使人们认识到从饮食上保持健康、预防疾病更为合算、安全。因此，功能性食品得到迅速发展。

2. 疾病谱和死因谱的改变刺激了功能性食品的消费

随着科学技术和公共卫生事业的发展，各种传染病得到了有效的控制，取而代之的是各种慢性疾病，如心脑血管疾病、恶性肿瘤、糖尿病已占据疾病谱和死因谱的主要地位。慢性病与多种因素有关，常涉及躯体的多个器官和系统，生活习惯、行为方式(吸烟、酗酒、不良的饮食习惯、营养失调、紧张的行为方式和个性)、心理、社会因素等在患病过程中起重要作用。疾病模式的变化促使人们重新认识饮食与现代疾病的关系，寻找人们饮食习惯的弊病，从而引发了饮食革命，刺激了功能性食品的消费，促进了功能性食品的发展。

3. 科学技术的进步推动了功能性食品的发展

20世纪下半叶以来，随着生命科学与现代生物技术的迅猛发展，使人们对功能性食品的认识从感性阶段上升到理性阶段，人们进一步认识到饮食营养与健康的关系，认识到通过营养素的补充及科学饮食去调节机体功能进而预防疾病，从而推动了功能性食品的发展。

4. 人们生活水平的提高和回归大自然的愿望加速了功能性食品的发展

20世纪70年代以来，一股回归大自然的热潮兴起，遍及全球。与现代生活特点相适应的富含膳食纤维、低脂肪、低胆固醇、低糖、低热量的食品越来越受到人们的欢迎，推动了功能性食品的发展。

1.7 我国功能性食品发展的展望

目前人们的膳食结构发生变化，富贵病增多，老年病增多；发达地区生活节奏加快，工作压力加大，亚健康人群增多，人们开始注重保健，开发不同功效的功能性食品具有广阔的市场前景。21 世纪我国功能性食品发展的着力点主要有以下几个方面。

1. 大力开发第三代功能性食品

目前中国的功能性食品大部分是建立在食疗基础上，一般都采用多种既是药品又是食品的中药配制产品，这是中国功能性食品的特点。它的好处是经过了前人的大量实践，证实是有效的。

第三代功能性食品已成为国内外关注的热点，如果我们进一步在现代功能性食品应用基础研究的基础上，开发出具有明确量效和构效的第三代功能性食品，就能与国际接轨，参与国际竞争。随着中国加入世界贸易组织(WTO)，人们对生活质量日益注重，具有明确功能因子的第三代功能性食品的需求量必然增加。因此，发展第三代功能性食品，开发出具有中国特色的第三代功能性食品，推动功能性食品的升级换代迫在眉睫。

2. 加强高新技术在功能性食品生产中的应用

采用现代高新技术，如膜分离技术、微胶囊技术、超临界流体萃取技术、生物技术、超微粉碎技术、分子蒸馏技术、无菌包装技术、现代分析检测技术、干燥技术(冷冻干燥、喷雾干燥和升华干燥)等，实现从原料中提取有效成分，剔除有害成分。再以各种有效成分为原料，根据不同的科学配方和产品要求，确定合理的加工工艺，进行科学配制、重组、调味等加工处理，生产出一系列名副其实的具有科学、营养、健康、方便的功能性食品。

3. 开展多学科的基础研究与创新性产品的开发

功能性食品的功能在于本身的活性成分对人体生理节律的调节，因此，功能性食品的研究与生理学、生物化学、营养学及中医药等多种学科的基本理论相关。功能性食品的应用基础研究应是多学科的交叉。应用多学科的知识、采用现代科学仪器和实验手段，从分子、细胞、器官等分子生物学水平上研究功能性食品的功效及功能因子的稳定性，开发出具有知识产权的功能性食品。

4. 产品向多元化方向发展

随着生命科学和食品加工技术的进步，未来功能性食品的加工更精细、配方更科学、功能更明确、效果更显著、食用更方便。据有关部门预计，我国营养与功能性食品的总体销售额在 2015 年 6 万亿元的总量基础上有望持续增加。产品形式除目前流行的口服液、胶囊、饮料、冲剂、粉剂外，一些新形式的食品，如烘焙、膨化、挤压类等也将上市，功能性食品将向多元化的方向发展。

5. 重视对功能性食品基础原料的研究

要进一步研究开发新的功能性食品原料，特别是一些具有中国特色的基础原料，对功能性食品原料进行全面的基础和应用研究，不仅要研究其中的功能因子，还应研究分离保留其活性和稳定性的工艺技术，包括如何去除这些原料中的有毒物质。

从天然资源中寻找开发新的功能性食品配料是第三代功能性食品发展的重要课题。目前国外较为流行的功能性成分有抗氧化剂、益生元和益生菌、中草药、大豆及大豆制品等，功能因子益生元已被加到糖果、蜜饯、点心、午餐肉和早餐饮料中。我国需进一步研究开发新的功能性食品配料，特别是一些具有中国特色的基础原料。

6. 建立自主品牌效应

我国的功能性产品应从提高品牌信任、知名度、产品科技含量、质量等方面着手，吸引消费者，而不是一味地调低价格。在未来几年内，应着手扶持和组建一些功能性食品企业，使之成为该行业的龙头企业，以带动整个功能性食品行业健康发展。目前，国内功能性食品市场与国外相比滞后很多，食品科技工作者应加强基础研究，同时应加快产品开发，规范行业标准与法规，提高产品的科技含量，使中国功能性食品发展走上一条具有中国特色的健康发展之路，为第三代功能性食品的研究与开发做出应有的贡献。

1.8　功能性食品的管理

1996 年，卫生部发布《保健食品标识规定》（卫生监发〔1966〕第 38 号），明确指出从 1996 年 6 月起，凡在我国境内生产与销售的保健食品必须由卫生部进行终审，审查通过的保健食品给予颁发《保健食品的批准证书》，准许使用卫生部制定的保健食品标志，如图 1-1 所示。

保健食品

图 1-1　中国保健食品标志(天蓝色)

1996 年卫生部颁布的《保健食品管理办法》对保健食品的定义、审批、生产经营、标签、说明书及广告宣传、监督管理等作出了具体规定；《保健食品通用卫生要求》对保健食品的原料要求、感官要求、理化指标、微生物指标等作出了具体规定。此外，《保健食品评审技术规程》《保健食品功能学评价程序和检验方法》《保健食品标识规定》《食品安全毒理学评价程序》《关于保健食品管理中若干问题的通知》《保健(功能)食品通用标准》等相关规定规范了保健食品的申报、检测、评价、评审和管理程序。

2003年根据《国务院办公厅关于印发国家食品药品监督管理局主要职责内设机构和人员编制规定的通知》(国办发〔2003〕31号),卫生部承担的保健食品审批职责划转到国家食品药品监管局,并于2003年10月10日起开展保健食品申报受理审批工作。其中,凡卫生部已经正式受理但尚未完成审批工作的保健食品注册申请,国家食品药品监管局将按照卫生部健康相关产品审批工作程序》等有关规定和技术要求,在原有工作的基础上进行审批,符合要求的将核发保健食品批准证书和批件。由于省级药品监督管理部门机构改革工作尚未完成,凡新提出的保健食品注册申请以及变更保健食品批准证书有关事项等的申请,均暂时由国家食品药品监督局直接受理。在有关保健食品审批管理法规以及技术要求尚未修订之前,国家食品药品监管局将暂按原规定和技术要求受理和审批。

2011年8月1日国家食品药品监督管理局保健食品化妆品监管司发出[食药监保化函〔2011〕322号]公函,公开征集对拟修改的保健食品功能草案的意见,该草案正式成立后,中国保健食品的功能从以前的27项变为18项。

我国新的《保健食品监督管理条例》于2012年出台,对保健食品定义、监管部门、产品管理、生产经营管理、监督管理、法律责任等作出了具体规定。国家对保健食品实行注册管理,但对产品及其原料的安全性和功能可以通过通用指标进行评价的保健食品,实行备案管理。实行备案管理的保健食品目录由国家食品药品监督管理部门制定、调整和公布。随着功能性食品市场的发展,各国政府对于行业的管理力度也在不断增强。在世界范围内,功能性食品市场相对健全的美国也在考虑完善其监管法规,以适应新的市场需要。

我国2015年10月开始实施的新《食品安全法》中,吸收了《保健食品管理办法》和《广告法》中的规定,在此基础上,对保健食品的监管包括区分保健食品的产品注册和备案制度、明确保健食品广告审批制度、新增保健功能目录和保健食品原料目录三个方面。

2016年,国家食药监管总局颁布的《保健食品注册与备案管理办法》,进一步规范了功能性食品的审批和上市。

思 考 题

1. 功能性食品的定义是什么?
2. 简述功能性食品与一般食品及药品的区别。
3. 功能性食品的分类方法有哪些?
4. 简述功能性食品的发展历史。
5. 试析我国功能性食品行业存在的问题,展望功能性食品的发展趋势。

参 考 文 献

黄凯信,陈树喜,陈秀丽,等. 2015. 我国功能性食品发展状况分析[J]. 农产品加工(综合刊),(7):53-55.

王伟军，李延华，于俊林. 2008. 功能性食品的研究现状及发展趋势 [J]. 通化师范学院学报，29(10)：37-39.

赵洪静，余超，白鸿，等. 2008. 欧洲功能性食品与健康声称管理概况 [J]. 中国食品卫生杂志，20(3)：260-263.

郑建仙. 2003. 功能性食品学 [M]. 北京：中国轻工业出版社.

周才琼. 2015. 功能性食品学 [M]. 北京：化学工业出版社.

Bechlarsen T，Grunert K G，Poulsen J B. 2001. MAPP Working paper，73：The acceptance of functional foods in Denmark，Finland and the United States：A study of consumers' conjoint evaluations of the qualities of functional food and perceptions of general health factors and cultural values [J]. Mapp Working Papers，37(2)：518-521.

Fred B，Michel V N，Jeukendrup A，et al. 2002. Functional foods and food supplements for athletes：from myths to benefit claims substantiation through the study of selected biomarkers [J]. British Journal of Nutrition，88 (S2)：177-186.

Helkar P B，Sahoo A K，Pati N J. 2016. Review：Food Industry By-Products used as a Functional Food Ingredients [J]. International Journal of Waste Resources，6：3.

Kuang S S，Oliveira J C，Crean A M. 2010. Microencapsulation as a tool for incorporating Bioactive Ingredients inton food [J]. Critical Reviews in Food Science and Nutrition，50(10)：951-968.

Menrad K. 2003. Market and marketing of functional food in Europe [J]. Journal of Food Engineering，56 (2)：181-188.

Mogendi J B，De S H，Gellynck X，et al. 2016. Consumer evaluation of food with nutritional benefits：a systematic review and narrative synthesis [J]. International Journal of Food Sciences & Nutrition，67(4)：1-17.

Roberfroid M B. 2002. Global view on functional foods：European perspectives [J]. British Journal of Nutrition，88 (S2)：33-38.

Siró I，Kápolna E，Kápolna B，et al. 2008. Functional food. Product development，marketing and consumer acceptance-a review [J]. Appetite，51(3)：456-467.

Özen A E，Bibiloni M M，Pons A，et al. 2014. Consumption of functional foods in Europe；a systematic review [J]. Nutricion Hospitalaria，29(3)：470-478.

第2章　食品源生物活性成分

天然食品中通常含有不同数量的蛋白质、脂肪、碳水化合物、维生素和矿物质等营养成分，是维持人体生命活动过程中不可缺少的营养成分。但食品中含有的化学成分远不止这几类营养素，人体每日由食品摄取的化学物质多达数百种。以马铃薯为例，它含有150多种化学物质，这些物质进入机体后会产生什么潜在影响？对生理功能具有什么调节作用？这些问题过去较少引起人们的关注。近年来，随着营养学、生物化学、生理学、分析化学等学科领域的不断发展，使人们对这些成分有益于健康的认识逐渐加深。利用这些活性成分或以含有这些成分的食品为原料，经过适当的加工和功能评价，可以得到调节生理功能或预防疾病的保健食品。

功效成分又称为功能因子，是指能通过激活酶的活性或其他途径，调节人体机能的物质。它是功能性食品具有特定保健功能的物质基础。目前，功能性食品的功效成分主要包括8类：①多糖类；②功能性甜味剂(料)类；③氨基酸、肽和蛋白质类；④功能性油脂(脂肪酸)类；⑤维生素类；⑥矿物质类；⑦自由基清除剂类；⑧其他活性成分。

2.1　多　糖　类

多糖是指10个以上单糖通过糖苷键连接而成的聚合碳水化合物。单糖的个数称为聚合度(DP)，DP值小于100的多糖数量较少，而大多数糖的DP值为200～300，纤维素的DP值可达7000～15000。功能性食品常用的多糖配料主要是膳食纤维和活性多糖。

2.1.1　膳食纤维

膳食纤维(dietary fiber)通常是那些不被人体消化吸收的碳水化合物和木质素的统称。膳食纤维是一类复杂的混合物，按照其溶解性分为水溶性膳食纤维(SDF)和水不溶性膳食纤维(IDF)两大类。SDF主要是一些胶类物质，如阿拉伯胶、粘胶、果胶、树胶等，常存在于植物细胞液和细胞间质。IDF主要是纤维素、半纤维素、木质素等，其中纤维素是植物细胞壁的主要成分，半纤维素是谷类纤维的主要成分，木质素是植物木质化过程中形成的非碳水化合物，由苯丙烷单体聚合而成。膳食纤维可来源于多种植物性食品，如小麦麸、燕麦麸、玉米麸等谷物麸皮，香菇、木耳等食用菌，以及各种水果、蔬菜等。

膳食纤维不同于传统意义上的“粗纤维”，后者是指经特定浓度的酸、碱、醇或醚等溶剂作用后的剩余残渣。强烈的溶剂处理可使得水溶性膳食纤维、纤维素、半纤维素发生大量损失。因此，对于同一种产品，其粗纤维含量与膳食纤维的总含量差异显著，二者之间没有换算关系。

膳食纤维的多种理化性质与其生理活性有关。膳食纤维的化学结构中含有很多亲水基团，因此具有很强的持水性；膳食纤维分子结构中含有很多活性基团，可以螯合或吸附胆酸、胆固醇、化学药物及有毒物质等，从而抑制其吸收后促进其排出体外；膳食纤维在机体小肠中不能被内源酶分解，但在大肠中可被多种微生物发酵降解，可以促进大量益生菌群生长，而这些益生菌对人体的健康有利。

1. 膳食纤维的理化特性

1)吸水溶胀作用

膳食纤维结构中含有许多亲水性基团，有很强的吸水性、保水性和膨胀性。不同类别的膳食纤维其化学组成、结构及物理特性不同，持水力也不同。许多研究表明，膳食纤维的持水性可增加人体的粪便体积，促进排便，降低直肠内压力；同时也减轻了泌尿系统的压力，从而缓解了诸如膀胱炎、膀胱结石和肾结石等泌尿系统疾病的症状，并能使毒物迅速排出体外。

2)梯度黏合作用

某些膳食纤维可形成凝胶态，表现出相应的黏性。膳食纤维黏度大小与其化学结构关系密切，不同类别膳食纤维所表现出的黏度存在差异。如果胶的黏性取决于其分子量和甲醛含量，两者中任何一种含量的减少都会降低其黏度。膳食纤维中纤维素、木质素等几乎没有黏性，而果胶、树胶、琼脂等常表现出较强的黏性，能够形成高黏度溶液，这种特性称为膳食纤维的梯度黏合作用。

3)离子交换作用

膳食纤维化学结构中含有羧基、羟基和氨基等侧链基团，可产生类似弱酸性阳离子交换树脂的作用。这些侧链基团可与阳离子进行可逆交换，从而影响消化道的pH、渗透压及氧化还原电位等，使消化道内产生一个有利的缓冲环境，促进营养物质的消化吸收。膳食纤维还可以吸附矿物质元素，这在体外试验及动物生理学吸附试验中已经得到证实。

4)机械隔离作用

由于人体不能消化膳食纤维，膳食纤维可在人体肠道内壁形成具有一定通透性的纤维层，从而对一些大分子物质产生物理性的隔离和过滤效应，这种特性称为膳食纤维的机械隔离作用。

5)网孔吸附作用

由于膳食纤维具有相当的长度、弹性和强度，在肠道中可形成具有一定厚度的网状物，其中的网孔可物理性地吸附某些物质，这种特性称为膳食纤维的网孔吸附作用。膳食纤维的这种吸附螯合作用，与其生理功能关系密切。其中，研究最多的是膳食纤维与胆汁酸的吸附作用，它被认为是膳食纤维辅助降低血脂功能的主要机理之一。

6)酵解作用

膳食纤维虽不能被人体消化道内的酶所分解，但可被肠道微生物酵解，发酵程度和速度与纤维的种类、物理形状和食物成分相关。通常可溶性膳食纤维可被完全酵解，而不溶性膳食纤维较难被酵解。同一来源膳食纤维，颗粒小者较颗粒大者更易降解，而单独摄入的膳食纤维较包含于食物基质中的更易被降解。酵解可增加肠道的酸性，有利于诱导好气性微生物的生长，抑制厌氧微生物的生长，改善肠道菌群，这种特性称为膳食纤维的菌群调节作用。

2. 膳食纤维的生理功能

1)增加饱腹感，控制肥胖

膳食纤维具有吸附胆固醇的作用，使胆固醇不易透过肠黏膜吸收，膳食纤维还能结合胆固醇的降解代谢产物胆汁酸，部分阻断胆汁酸与胆固醇的肠肝循环，使胆固醇向胆汁酸转化，降低血中胆固醇及甘油三酯水平，从而预防动脉粥样硬化和冠心病等的发生。

2)调节血糖

膳食纤维中的可溶性纤维可延缓消化道对糖类的消化吸收，抑制餐后血糖值的上升，改善末梢组织对胰岛素的敏感性，降低对胰岛素的需求。不溶性食物纤维能促进人体胃肠吸收水分，产生饱腹感，改善糖耐量。

3)调节肠内菌群和辅助抑制肿瘤作用

膳食纤维可改善肠内菌群，使双歧杆菌等有益菌活化、繁殖，从而抑制肠内有害菌的繁殖，并吸收有害菌产生的致癌物，达到清洁肠道的作用。膳食纤维还能促进多种致癌物随粪便一起排出体外，从而降低粪便在肠道堆积过久对肠道的不利影响。许多研究表明，摄入高膳食纤维的食物可有效预防结肠癌和直肠癌的发生。

4)预防肠憩室症与便秘

膳食纤维可促进肠道蠕动，减少有害物质与肠壁的接触时间，尤其是果胶类吸水浸胀后，使大肠内容物的体积相对增加，大便变得松软，有利于粪便排出。此外，膳食纤维在肠腔中被细菌产生的酶降解，产生二氧化碳并使酸度增加、粪便量增加以及加速肠内容物在结肠内的转移而使粪便易于排出，从而达到预防憩室症与便秘的作用。

3. 膳食纤维的副作用

膳食纤维有妨碍消化与吸附营养的副作用，摄入过量的膳食纤维会导致胃肠不适，如增加肠蠕动和增加产气量，影响人体对蛋白质、维生素和微量元素的吸收。

4. 膳食纤维的推荐摄入量

由于对食物中膳食纤维的定义和测定方法的不同，估算人们膳食纤维的摄入量就有不同数值。如 WHO 报告的人群膳食目标中推荐：每日至少要在包括水果、蔬菜和全谷物的膳食中摄入 25g 膳食纤维。中国营养学会建议我国成人膳食纤维的适宜摄入量为 25～30g/d，并鼓励每日至少全天谷物的 1/3 为全谷物食物，蔬菜水果摄入至少达到 500g 以上。

2.1.2　活性多糖

活性多糖是一类主要由葡萄糖、甘露糖、果糖、阿拉伯糖、木糖以及半乳糖等组成的聚合度大于 10 且具有一定生理功能的多聚糖。它包括纯多糖和杂多糖，前者一般是由 10 个以上单糖由糖苷键连接起来的纯多糖链；后者除了纯多糖链以外还含有肽链、脂类等成分。作为保健食品功效成分使用的活性多糖主要是从一些植物、食用真菌、动物以及海洋生物中提取，种类很多。

1. 真菌多糖

真菌多糖是存在于香菇、银耳，灵芝、蘑菇、黑木耳以及猴头菇等大型食用或药用真菌中的某些多糖组分。它是一类天然高分子化合物，是由醛基和酮基通过糖苷键连接起来的高分子聚合物；有螺旋状的三维立体结构，其构型近似于 DNA，是一种 β 型的多糖。它也是控制细胞分裂分化、调节细胞生长抗衰老的一类活性多糖。因其进入体内后不会被消化吸收，能与细胞膜上的受体结合，从而发挥其生物活性。真菌多糖一般分为胞外多糖和胞内多糖，高等真菌多糖主要是胞内多糖，它主要存在于菌丝体的细胞壁或细胞间质中。

真菌多糖具有调节血压、血脂、健胃保肝、抗氧化、延缓衰老、抗感染、抗辐射、促进核酸和蛋白质的生物合成等多种功效。真菌多糖的抗肿瘤作用是目前所知最为重要的生物活性，也是研究最为活跃的领域。

1)免疫调节作用

大多数真菌活性多糖具有免疫调节功能，也是其发挥生理或药理作用的物质基础。如香菇、黑木耳、银耳、灵芝、肉苁蓉等真菌中的某些多糖成分，不仅具有刺激网状内皮系统的吞噬功能，刺激或恢复 T 淋巴细胞和 B 淋巴细胞，增强淋巴细胞的转化作用，从而提高机体的细胞免疫作用；而且还可作为干扰素等细胞因子的诱导剂，诱导抗体产生，从而增强机体的体液免疫作用。

2)抗肿瘤作用

多糖的抗肿瘤功能一般表现为多糖能提高机体免疫力，或能够激活和提高网状内皮细胞、巨噬细胞的吞噬能力，直接杀灭肿瘤细胞的作用；还能促进干扰素和白细胞介素的产生从而抑制肿瘤的生长。真菌多糖作为抗癌剂的最大优点是毒副作用小，与化疗联合应用具有协同作用，还可拮抗化疗药对骨髓的抑制等不良反应。其中香菇多糖、猪苓多糖等已在临床治疗中显示出对多种肿瘤细胞的抑制能力。此外，云芝多糖、香菇多糖、银耳多糖以及虫草多糖等也被证实具有抗癌作用。

3)抗氧化作用

许多真菌多糖都具有提高机体抗氧化酶活性，清除自由基，抑制脂质过氧化，从而保护生物膜的作用。如银耳多糖可明显降低小鼠心肌组织中的脂褐质含量，增加小鼠脑和肝脏组织中超氧化物歧化酶(SOD)活性；云芝多糖可增强巨噬细胞中谷胱甘肽过氧化物酶(GSH-Px)活性，同时还具有清除超氧阴离子、羟自由基、过氧化氢及其他活性氧的作用。

4)降血脂和抗血栓的作用

部分真菌多糖具有降血脂作用。如银耳多糖不仅能降低高脂血症大鼠的血清胆固醇水平；还能延长家兔特异性血栓及纤维蛋白血栓的形成时间，降低血小板黏附率和血液黏度，有明显的抗血栓作用。灵芝多糖能防止注射肉毒素诱发的血管内凝血大鼠的血小板和纤维蛋白质减少，延长凝血酶原时间，防止肝静脉血栓形成。香菇多糖、木耳多糖也可促进胆固醇代谢而降低其在血清中的含量。

5)辅助调节血糖作用

真菌多糖具有辅助调节血糖的作用。如银耳多糖对四氧嘧啶所致的糖尿病小鼠有抑制和预防作用，促进葡萄糖耐量恢复正常。此外，猴头菇多糖、灵芝多糖、黑木耳多糖等也有辅助调节血糖作用。

6)增强骨髓的造血功能

真菌多糖可提高骨髓的造血功能。如银耳多糖能提高骨髓的造血功能，可抵抗致死剂量的^{60}Co射线或注射环磷酰胺所致的骨髓抑制。

此外，真菌多糖还有抗感染和抗化学因素对脏器损伤的作用。如银耳多糖对急性渗出水肿型炎症有一定抑制作用；银耳多糖及黑木耳多糖对应激型溃疡有明显抑制作用；猴头菇多糖可增加胃液分泌，稀释胃酸，保护溃疡面，促进黏膜再生；香菇多糖提取物有保肝，增强排毒能力以及增强对洋地黄毒素毒性的抵抗能力。

2. 植物多糖

植物多糖指存在于茶叶、苦瓜、魔芋、甘蔗、鱼腥草及甘薯叶等植物中的活性多糖，药用植物多糖包括人参、刺五加、黄芪及黄精等中的多糖。

许多植物多糖可显著提高机体巨噬细胞的吞噬指数，并可刺激抗体的产生，从而增强人体的免疫功能。一些多糖对癌细胞具有很强的抑制作用，具有抗肿瘤活性。如茶叶多糖具有与真菌活性多糖相似的功能作用，可刺激抗体产生以提高免疫功能、抗辐射、治疗心血管疾病及抑制肿瘤的活性。此外，茶叶多糖还有降血脂、抗凝血、抗血栓、提高冠状动脉血流量及降血压等功能。茶叶多糖在治疗糖尿病方面的作用较突出，能有效延缓血糖的升高。

苦瓜多糖不仅是一种特异性免疫促进剂，而且具有降血糖和降血脂等功能；大枣多糖具有抗氧化作用，体外可增强小鼠腹腔巨噬细胞的细胞毒作用，诱导肿瘤坏死因子-a、白介素-1 和一氧化氮的产生，以增强小鼠免疫功能；人参多糖具有增强机体免疫力，抑制和杀伤肿瘤细胞，提高肝脏解毒能力，辅助调节血糖等作用；枸杞多糖具有抗氧化、增强免疫力、抗肿瘤、降血压等作用；石榴多糖、番石榴多糖可辅助调节血糖等作用。

3. 动物多糖

动物多糖是从动物体内分离提取出，具有多种生物活性的一类多糖，主要是肝素、硫酸软骨素、透明质酸等，通常与蛋白质结合存在，也称为蛋白多糖。如肝素是高度硫酸酯化的右旋多糖，与蛋白质结合大量存在于肝脏中。肝素有很强的抗凝血作用，临床上用肝素钠盐预防或治疗血栓的形成。此外，肝素还有调节血脂的作用。

硫酸软骨素是提取于动物软骨的黏多糖类，主要存在于牛、猪、鸡和鲨鱼等软骨内，包括软骨素 A、B、C 等种类，它可用于保持组织的水分和弹性。软骨素 A 是软骨的主要成分，与肝素作用相似，可用于调节血脂、改善动脉粥样硬化等症状。此外，硫酸软骨素还有消除皱纹，使皮肤富有弹性的作用。

透明质酸是动物组织的填充物质，主要存在于人体眼球玻璃体、关节液和皮肤等组织。作为润滑剂和撞击缓冲剂，具有保留大量水分子，对皮肤保湿的作用；还有助于阻滞微生物入侵及毒性物质扩散的作用。

4. 海洋生物多糖

海洋生物是一个庞大的生物类群，有海洋植物、海洋动物及海洋微生物。海洋生物多糖种类繁多，其中许多表现出明显的生理活性。目前的研究工作多集中在大型海洋藻类多糖及棘皮动物和贝类动物多糖方面。

螺旋藻多糖是从蓝藻中的钝顶螺旋藻分离提取的多糖，对肿瘤细胞有一定的抑制和杀伤作用，而对正常细胞基本上无影响，还有很好的抗氧化、耐缺氧、缓解疲劳以及增强机体免疫力的作用。

褐藻胶来源于海藻中的褐藻，其亲水性、高黏性及能与许多高价阳离子形成胶凝等特性，使其在纺织、食品、日用品等行业得到广泛应用。褐藻酸盐有降血脂、降血糖的作用，已作为肥胖患者、糖尿病患者食品的添加成分。此外，褐藻胶还具有免疫调节、促进体内排铅的作用。

壳聚糖有增强免疫力、调节血脂、预防肿瘤等作用，在降血脂、减肥、预防高血压等方面发挥重要作用。此外，壳聚糖由于含有游离氨基，在胃里能中和胃酸，形成一层保护膜，可辅助治疗胃酸过多症和预防消化性胃溃疡。

海参多糖可对抗多种动物肿瘤的生长，并能提高机体的细胞免疫力，用于改善和增强由于肿瘤或使用抗癌药物引起的机体免疫功能低下的状况。

2.2　功能性甜味剂

甜味剂是指能赋予食品甜味的一种调味剂，而功能性甜味剂(functional sweeteners)是指具有特殊生理功能或用途，对人体健康起有益的调节和促进作用，且无毒副作用的食品甜味剂，也可理解为可替代蔗糖应用在功能性食品中的甜味物质。

2.2.1　功能性甜味剂分类

(1)功能性单糖：包括果糖、果葡糖浆和 L-糖等。

(2)功能性低聚糖：包括低聚异麦芽糖、低聚半乳糖、低聚异麦芽酮糖、低聚果糖、乳酮糖、大豆低聚糖、棉籽糖、低聚木糖、低聚乳果糖、水苏糖、低聚龙胆糖等。

(3)多元糖醇：包括木糖醇、赤藓糖醇、山梨糖醇、甘露糖醇、麦芽糖醇、异麦芽糖醇、氢化淀粉水解物等。

(4)强力甜味剂：包括三氯蔗糖、阿斯巴甜、纽甜、二氢查耳酮、甘草甜素、甜菊苷、罗汉果精、甜蜜素、安赛蜜等。强力甜味剂的甜度很高，通常都在蔗糖的50倍以上。

2.2.2 功能性甜味剂的生理功能

(1)低热量、难消化。功能性低聚糖和糖醇在人体肠道难以被消化吸收，因而能量值很低或为零。而且代谢途径与胰岛素无关，摄入后不会引起血糖与胰岛素水平的变动，可用于糖尿病、高血压、肥胖患者的专用食品。

(2)促进肠道内双歧杆菌增殖，抑制病原菌的产生，改善肠道功能。功能性低聚糖和糖醇中的异麦芽糖醇、木糖醇等对肠道内的双歧杆菌有明显增殖作用，被称为双歧因子。双歧杆菌发酵低聚糖产生短链脂肪酸和一些抗生素，可抑制外源致病菌和腐败菌的生长繁殖。而短链脂肪酸能刺激肠道蠕动，增加粪便湿润度并保持一定的渗透压，改善便秘，同时病原菌的减少可以防止腹泻，改善肠道功能。

(3)抗龋齿。功能性低聚糖和糖醇不是口腔微生物的作用底物，有些糖醇(如木糖醇)甚至可以抑制突变链球菌的生长繁殖，故长期摄入不会引起牙齿龋变。

(4)具有膳食纤维的部分功能。功能性低聚糖和部分糖醇(如乳糖醇)的代谢特性类似膳食纤维，具备膳食纤维的部分功能，如降低血清胆固醇，改善脂质代谢的作用。

(5)其他功能。某些功能性甜味剂还具有一些特殊的生理活性。如大豆低聚糖具有促进生长发育、提高智商的作用。低聚果糖具有美容作用，可防止面疱、黑斑、雀斑、老年斑的产生。木糖醇具有保肝护肝、降血糖、减肥等功能。

2.2.3 常见的功能性甜味剂

1. 果糖

果糖是单糖中的一类，是己酮糖，其分子式为$C_6H_{12}O_6$，相对分子质量为180。在水溶液中，果糖主要以吡喃结构存在，有α和β异构体，与开链结构呈动态平衡。纯净的果糖呈无色针状或三棱形结晶，结晶果糖在pH为3.3时最稳定，其热稳定性较蔗糖和葡萄糖低；具有还原性，能与可溶性氨基化合物发生美拉德反应；与葡萄糖一样可被酵母发酵利用，故可用于焙烤食品中。果糖不是口腔微生物的合适底物，不易造成龋齿。果糖的净能量值为15.5kJ/g，等甜度下的能量值较蔗糖和葡萄糖低。果糖是最甜的天然糖品，甜度一般为蔗糖的1.2～1.8倍。温度、pH和浓度都会影响果糖的甜度，其中温度的影响最明显，温度降低，甜度升高。

2. 果葡糖浆

果葡糖浆是一种低淀粉品，因其组成主要是果糖和葡萄糖，故称为果葡糖浆。根据产品中果糖固形物含量多少，果葡糖浆有三个品种：F42糖浆，含果糖42%，称为第一代产品；F55 糖浆，含果糖 55%，为第二代产品；F90 糖浆，含果糖 90%，是第三代产品，又叫高纯糖浆。三种产品性能有差异，应用领域也有不同。果葡糖浆还含有相当数量的葡萄糖等其他成分，它在甜味特性及与其他甜味剂协同增效特性等方面，与结晶果糖有很大差别。尤其在代谢过程中，果糖进入机体不会引起血糖的大幅波动。因此糖尿病患者可食用。但果葡糖浆因含相当数量的葡萄糖，不具备这方面的生理功能。

3. L-糖

L-糖属于单糖类，对某一特定的 L-糖和 D-糖，它们的差别仅在于它们的镜影关系，其化学和物理性质如沸点、熔点、可溶性、黏度、质构、吸湿性、密度、颜色和外观等都一样，而且它们的甜味特性也相似。用 L-糖代替 D-糖加工相同的食品，可降低产品的能量。目前，已应用在食品和医药品中的 L-糖，包括 L-古洛糖、L-果糖、L-葡萄糖、L-半乳糖、L-阿洛糖、L-艾杜糖、L-塔罗糖、L-塔格糖、L-阿洛酮糖和 L-阿卓糖等。

4. 低聚异麦芽糖

低聚异麦芽糖又称分支低聚糖，是以淀粉为原料，由酶反应转移制成的以 α-1,6 糖苷键结合而成的单糖数在 2～5 的一类低聚糖。工业上的低聚异麦芽糖是由淀粉制得的高浓度葡萄糖浆为反应底物，通过葡萄糖基转移酶催化作用发生 α-葡萄糖基转移反应而制得的。低聚异麦芽糖是目前产量最大、市场销售最多的一种功能性低聚糖。商品低聚异麦芽糖产品分两种规格：主成分 50%以上的为 IMO-500 和主成分 85%以上的为 IMO-900。低聚异麦芽糖甜味温和，是蔗糖的 30%～50%，黏度、水分活度、冰点下降情况与蔗糖相近，食品加工比饴糖易操作。耐酸耐热性较强，浓度为 50%的糖浆在 pH 为 3、120℃下长时间加热也不分解。适合于饮料、罐头及高温处理的食品，有优良的保水性和风味改善品质，还能促进双歧杆菌增殖。

5. 低聚半乳糖

低聚半乳糖是在乳糖分子上通过 β-1,6 糖苷键结合 1～4 个半乳糖的杂低聚糖，其产品中含有半乳糖基乳糖、半乳糖基葡萄糖、半乳糖基半乳糖等，属于葡萄糖和半乳糖组成的杂低聚糖。在自然界中，动物的乳汁中存在微量的低聚半乳糖，母乳中含有一定数量。低聚半乳糖甜味比较纯正，热值较低(1.7kcal/g)，甜度为蔗糖的 20%～40%，保湿性极强。在 pH 为中性条件下有较高的热稳定性，100℃下加热 1h 或 120℃下加热 30min 后，低聚半乳糖无分解。低聚半乳糖同蛋白质共热会发生美拉德反应，可以用于特殊性质的食品如面包、糕点等的加工。

6. 低聚异麦芽酮糖

低聚异麦芽酮糖又称低聚帕拉金糖，是葡萄糖与果糖以 α-1,6 糖苷键结合的双糖。其甜味纯正，甜度为 42，耐热性强于蔗糖，吸湿性小，抗酸水解力强，抗微生物特性(大多数细菌和酵母不能发酵)使得产品的甜味易于保持。

7. 低聚果糖

低聚果糖又称低聚蔗果糖或寡果糖，它广泛存在于自然界，是在蔗糖分子上以β-1，2糖苷键与1～3个果糖结合而成的低聚糖，主要由蔗果三糖、蔗果四糖、蔗果五糖组成的混合物。纯度为55%～65%的低聚果糖，甜度约为蔗糖的60%；纯度为96%的低聚果糖，甜度约为蔗糖的30%，且较蔗糖的甜味更清爽。低聚果糖能量值较低，仅为6.28J/g。在0～70℃，低聚果糖的黏度同玉米果葡糖浆相似，随温度上升而降低。当环境pH为中性时，低聚果糖在120℃条件下非常稳定，在pH为3的酸性条件下，温度达到70 ℃以后，极易分解，稳定性明显降低。低聚果糖耐高温，抑制淀粉老化，保水性很好。

8. 低聚乳果糖

低聚乳果糖由半乳糖、葡萄糖和麦芽糖组成。工业上是以乳糖和藻糖(1∶1)为原料，在节杆菌产生的β-呋喃果糖苷酶催化作用下，将蔗糖分解产生的果糖基转移至乳糖还原性末端的C1位羟基上，生成半乳糖基蔗糖及低聚乳果糖。在中性条件下热稳定性较强，可广泛应用于各种食品，一般不会影响食品的理化性质。低聚乳果糖可降低食品甜度，尤其对甜度过高的巧克力、果酱、蜜饯等制品的品质有较大改善。纯低聚乳果糖因不受乳酸菌发酵，对酸乳等需经乳酸发酵的制品有协调风味的作用。

9. 乳酮糖

乳酮糖也称乳果糖或异构乳糖，是半乳糖与果糖通过β-1,4糖苷键结合的双糖。乳酮糖存在于人乳和牛乳中。纯净乳酮糖具有清凉醇和的甜味，甜度为蔗糖的48%～62%；商业产品为淡黄色略透明的糖浆，高温或长期贮存后色泽会加深，其黏度很低，甜度比纯净的乳酮糖略高，为蔗糖的60%～70%。

10. 大豆低聚糖

大豆低聚糖是指大豆中所含有的寡糖类物质的总称。主要有效成分是棉籽糖、水苏糖和蔗糖。水苏糖是指半乳糖通过α-1,6糖苷键连接而成的四糖，棉籽糖是半乳糖与蔗糖的葡萄糖基通过α-1,6糖苷键连接而成的三糖。液态大豆低聚糖为淡黄色、透明黏稠状液体；固体产品是淡黄色粉末，极易溶于水。精制大豆低聚糖与蔗糖相近，甜度为蔗糖的70%。大豆低聚糖的热稳定性较强，在140℃下不分解，在pH为3的酸性条件下加热其稳定性优于蔗糖；大豆低聚糖黏度低于麦芽糖，而略高于蔗糖和果葡糖浆，和其他糖一样，随温度升高，黏度降低；大豆低聚糖的保湿、吸湿性比蔗糖小，水分活性接近于蔗糖，也能降低水分活性，抑制微生物繁殖。

11. 棉籽糖

棉籽糖又叫棉实糖、蜜三糖，广泛存在于甜菜、棉籽中，是由α-D(+)－吡喃半乳糖(1→6)、α-D(+)－吡喃葡萄糖(1→2)、β-D(－)-呋喃果糖构成的三糖。无水呈长针状结晶体，为白色或淡黄色。缓慢加热至 100℃以上逐渐失去结晶水。棉籽糖微带甜味，溶于水，微溶于酒精，熔点为 80℃。棉籽糖的主要特点是不会吸湿结块。棉籽糖是非还原糖，发生美拉德反应的程度较低，热稳定性与蔗糖相同，即使加热至 140℃时仍保持稳定；加热至 180℃时棉籽糖会分解成蜜二糖和果糖，蜜二糖可能会进一步分解；在酸性条件下也较稳定。

12. 低聚木糖

低聚木糖又称木寡糖，是由 2～7 个木糖分子以 β-1,4 糖苷键结合的杂低聚糖(包括木糖、木二糖、木三糖和三糖以上的杂低聚糖)。低聚木糖的甜度约为蔗糖的 50%，甜味纯正，类似蔗糖。低聚木糖对热和酸稳定性好，pH 在 2.5～8.0 的范围内比较稳定，在 100℃加热 1h 几乎不分解，不易被酵母利用。低聚木糖与其他低聚糖相比，具有适用范围广、使用方便、添加量小、增殖双歧杆菌的效果明显、整肠功能显著等特点。

13. 木糖醇

木糖醇是由木材、玉米芯等材料中的木糖氢化而形成的一种五碳多元醇，存在于多种植物中。木糖醇的化学名称为 1,2,3,4,5-戊醇；分子式为 $C_5H_{12}O_5$。木糖醇是白色结晶或结晶性粉末，味甜，甜度可达到蔗糖的 1.2 倍，极易溶于水(约 160g/100mL)，溶于水时会吸收较多能量。微溶于乙醇和甲醇，熔点 92～96℃，沸点 216℃，热值 16.72kJ/g。以固体形式食用时在口中会产生愉快的清凉感，10%水溶液 pH5.0～7.0。

14. 赤藓糖醇

赤藓糖醇是以淀粉为原料，经糖化后，用特种的酵母发酵而制得。赤藓糖醇天然存在于多种水果(如甜瓜、葡萄、桃等)和发酵食物中。赤藓糖醇为白色结晶的四碳多元醇类化合物，化学名称为 1,2,3,4-丁四醇，分子式为 $C_4H_{10}O_4$，相对分子质量为 122.12，熔点 126℃，沸点 329～331℃，其化学性质与山梨糖醇、甘露糖醇和木糖醇等糖醇相类似。赤藓糖醇的甜味为蔗糖的 70%～80%。赤藓糖醇在热、酸、碱条件下稳定，适用的酸碱范围为 pH 2～12。赤藓糖醇吸湿性低，结晶性好，易粉碎制得粉状产品，其吸湿性在糖醇及蔗糖等甜味剂中最低。

15. 阿斯巴甜

阿斯巴甜的化学名为天门冬氨酰苯丙氨甲酯，由 L-天门冬氨酸和 L-苯丙氨酸缩合而成。阿斯巴甜的甜度为蔗糖的 150～200 倍，同等甜度的阿斯巴甜在体内放出的热量仅为蔗糖的 1/200。实验证明，阿斯巴甜在体内能迅速代谢，安全可靠。目前，已有包括中国在内的 50 多个国家和地区正式批准使用，被广泛应用于调味品、速溶茶、果冻、布丁等食品中。

16. 纽甜

纽甜的化学名称是 N-［N-(3，3-二甲基丁基)-L-α-天门冬氨酰］-L-苯丙氨酸 1-甲酯，简称 NTM，是一种新型的二肽类强力甜味剂。分子式为 $C_{20}H_{30}N_2O_5$，相对分子质量为 378.46，常为一水化合物。纽甜的熔点为 80.9～83.4℃，在常温(25℃)下水中的溶解度为 12.6g/L，此溶解度能满足正常的生产需要。纽甜甜度为蔗糖的 8000～12000 倍、阿斯巴甜的 40 倍以上。

2.3 氨 基 酸

氨基酸是构成蛋白质的基本单位，存在于自然界中的氨基酸有 300 余种，而构成人体组织蛋白质的氨基酸只有 20 种(不包括胱氨酸)，其中属于成人的必需氨基酸只有 8 种，分别是甲硫氨酸、色氨酸、赖氨酸、缬氨酸、异亮氨酸、亮氨酸、苯丙氨酸、苏氨酸。对于婴儿，组氨酸也是其必需氨基酸。

对于人体来说，有时必需氨基酸已供应充足，但机体还是会发生氨基酸缺乏的现象。因为有些氨基酸虽然人体能够合成，但在严重应激或疾病状态下容易发生缺乏，会给人体健康带来不利影响。称这些氨基酸为半必需或条件性必需氨基酸，包括牛磺酸、精氨酸与谷氨酰胺等。

2.3.1 牛磺酸

牛磺酸又称 β-氨基乙磺酸，最早由牛黄中分离出来。它是一种含硫的非蛋白氨基酸，在体内以游离状态存在，不参与体内蛋白的合成，但与胱氨酸、半胱氨酸的代谢密切相关。牛磺酸广泛分布于体内各组织器官，如中枢神经系统、视网膜、肝脏和心脏等，尤其脑组织含量最高。

牛磺酸具多种生理功能，包括促进脂肪的消化吸收，降低血液中胆固醇水平，对心血管系统有较强的保护作用；促进肌细胞对葡萄糖和氨基酸的摄取和利用，促进矿物质的代谢和增强脂溶性维生素的吸收；促进脑组织和智力的发育，提高神经传导和视觉功能；增强机体免疫功能；保护心肌；具有抗氧化作用，使组织免受自由基的损伤；可改善肝功能、抑制血压上升和提高精子运动能力等。

牛磺酸在人体内可由蛋氨酸、半胱氨酸通过氧化脱羧作用合成。当体内牛磺酸不足时还可通过肾脏重吸收和减少排泄，以维持体内含量的稳定。从食物中获得过量的牛磺酸可从尿中排出，一般不会缺乏。但婴幼儿由于体内合成牛磺酸所需的半胱亚磺酸脱羧酶活性较低，合成量不能满足需要，故人工喂养需要补充。目前大多数婴儿配方奶粉中均需添加一定量的牛磺酸，添加量与母乳接近。因此，作为条件性必需氨基酸，牛磺酸被广泛用于婴儿食品、运动饮料和某些特殊食品中。

牛磺酸含量较高的食物有海产品、畜禽肉及其内脏。蛤蜊、牡蛎、牛乳、牛肉和鲤鱼等也含有丰富的牛磺酸。谷物、水果和蔬菜等通常不含牛磺酸。

2.3.2 精氨酸

精氨酸是含双氨基的条件必需氨基酸，是鸟氨酸循环中的一个组成部分，是机体重要的信号分子一氧化氮(NO)的前体。作为条件必需氨基酸，精氨酸具有多种生理功能，是目前研究的热点。

精氨酸在肌肉代谢中具有重要作用，它是运输和贮存氮的载体，并协助体内过量的氮排泄，当机体发生脂肪肝和肝硬化时，可中和肝脏产生的过量氨，帮助肝脏去除毒素。精氨酸能促进肌肉增加，减少脂肪形成，能刺激胰岛素产生，恢复正常的葡萄糖耐量。若缺乏精氨酸，会使机体的糖代谢和脂肪代谢发生异常。在某些特殊情况(如机体发育不成熟或在严重应激条件)下，若缺乏精氨酸，机体不能维持正氮平衡与正常生理功能，会导致血氨过高，甚至昏迷。当婴儿先天缺乏尿素循环的某些酶时，精氨酸则成为必需氨基酸，否则不能维持婴儿的正常生长与发育。此外，精氨酸可刺激垂体分泌生长激素，促进儿童生长发育。

精氨酸对伤口愈合有显著作用。它可促进胶原组织的合成，并通过一系列酶促反应，形成 NO 来活化巨噬细胞、中性粒细胞，对伤口起消炎作用。此外，由于精氨酸是形成 NO 的前体，而 NO 可在内皮细胞合成松弛因子，因此，它可促进伤口周围的微循环，加速伤口的愈合。

补充精氨酸能增加胸腺重量，防止胸腺退化，促进胸腺中淋巴细胞的生长。在免疫系统中，除淋巴细胞外，吞噬细胞的活力也与精氨酸有关。精氨酸可活化其酶系统，使之更能抑制或杀死细菌、肿瘤细胞等。补充精氨酸还能减小患肿瘤动物的肿瘤体积，降低肿瘤的转移率，提高动物的存活时间与存活率。

富含精氨酸的食物有蚕豆、大豆、豆制品、核桃、花生、牛肉、鸡肉、蛋类和虾等。

2.3.3　谷氨酰胺

谷氨酰胺是人体含量最高的氨基酸。在肌肉蛋白质中，游离的谷氨酰胺占细胞内游离氨基酸总量的 60%，高于其他氨基酸。在血液中谷氨酰胺的含量最高，可达 800～900μmol/L，占血浆中游离氨基酸的 20%。谷氨酰胺在体内可由谷氨酸、缬氨酸、异亮氨酸合成。在疾病、营养状态不佳或高强度运动等应激状态下，机体对谷氨酰胺的需求量增加，以致自身合成不能满足需要。谷氨酰胺对机体具有以下几种作用。

(1)维持肠道屏障的结构及功能。谷氨酰胺是肠黏膜细胞代谢的必需营养物质，对维持肠道黏膜上皮结构的完整性具有重要作用，尤其在外伤、感染等严重应激状态下，肠黏膜上皮细胞的谷氨酰胺很快耗竭。谷氨酰胺是防止肠衰竭最重要的成分，也是目前人体是否发生肠衰竭唯一可靠的检测指标。

(2)增强机体免疫功能。作为核酸生物合成的前体和主要能源，谷氨酰胺可促使淋巴细胞、巨噬细胞的有丝分裂和分化增殖，增加肿瘤坏死因子、白细胞介素-1 等的产生。外源补充谷氨酰胺可明显增加危重患者的淋巴细胞总数、T 淋巴细胞和循环中 CD4/CD8 比率，增强机体免疫功能。

(3)提高机体抗氧化能力。谷胱甘肽(GSH)是细胞内重要的抗氧化剂，可保护细胞膜。谷氨酰胺通过维持组织中 GSH 的储备，保护细胞、组织和器官免受自由基造成的损伤。对危重患者补充谷氨酰胺，可通过保持和增加组织细胞内 GSH 的储备来提高机体抗氧化能力，保护肝、肺、肠道等器官及功能。

(4)改善机体的代谢。在创伤、感染等分解代谢状态下，许多组织中谷氨酰胺的代谢发生明显改变。肠道、肝、肾、淋巴细胞、巨噬细胞等对谷氨酰胺的需要量明显增加，而骨骼肌中游离的谷氨酰胺却明显下降。骨骼肌中谷氨酰胺主要被用于糖异生及合成蛋白质以维持机体免疫反应、伤口愈合及重要器官功能；而维持骨骼肌细胞内谷氨酰胺浓度则有利于肌肉蛋白的维持和合成，因而谷氨酰胺对处于负氮平衡状态下的患者很重要。

(5)其他功能。谷氨酰胺是合成氨基酸、蛋白质、核酸和许多其他生物分子的前体物质，在肝、肾、小肠和骨骼肌代谢中起着重要的调节作用。如可作为机体内各器官间转运氨基酸和氮的主要载体，是氨基氮从外周组织转运至内脏的携带者，是肾脏排泄氨的重要物质。

2.4 活 性 肽

生物活性肽(简称活性肽)指的是一类相对分子质量小于6000Dal，具有多种生物学功能的多肽。这些活性肽对人体代谢和生理功能具有多种调节作用，食用安全性高。生物活性肽目前是肽类的热门研究领域，对肽的吸收与生理作用已有较深入的研究。目前研究认为，二肽、三肽能被完整吸收，大于三肽的寡肽能否被完整吸收还存在争议，但也有研究发现四肽、五肽甚至六肽都能被动物直接吸收。常见的活性肽有谷胱甘肽、酪蛋白磷酸肽、大豆肽等。

2.4.1 谷胱甘肽

谷胱甘肽是由谷氨酸、半胱氨酸的甘氨酸组成的三肽化合物，广泛存在于动植物中，在面包酵母、小麦胚芽和动物肝脏中含量较高。谷胱甘肽可从富含谷胱甘肽的天然产物中提取制备，也可通过生物技术获得，如选育富含谷胱甘肽的高产酵母菌株、绿藻等，经分离纯化制备。

谷胱甘肽的生理功能主要有以下几个方面。

(1)能够有效消除自由基，防止自由基对机体的侵害。作为自由基清除剂，对由机体代谢产生的过多自由基损伤生物膜、侵袭生命大分子、促进机体衰老、诱发肿瘤或动脉硬化的产生，能起到很强的抑制作用；可清除脂质过氧化物，延缓衰老；可防止红细胞溶血及促进高铁血红蛋白的还原等作用。

(2)对放射线、放射性药物或抗肿瘤药物引起的白细胞减少症，能引起保护作用；能与进入机体的有毒化合物、重金属离子或致癌物等相结合，促进其排出体外，起中和解毒作用；临床上用来解除氧化物、一氧化碳、重金属或有机溶剂的中毒现象；可抑制饮酒过度产生的酒精性脂肪肝的发生。

(3)可防止皮肤老化及色素沉着，减少黑色素的形成，改善皮肤抗氧化能力。

(4)能调节乙酰胆碱、胆碱酯酶的不平衡，起抗过敏的作用。对缺氧血症、恶心及肝脏疾病所引起的不适症状有缓解作用，还有改善和治疗眼角膜病的作用。

2.4.2 酪蛋白磷酸肽

酪蛋白磷酸肽(casein phosphopeptides，CPP)是目前研究最多的矿物元素结合肽，它能与多种矿物元素结合形成可溶性的有机磷酸盐，充当多种矿物元素如铁、铜、锰、硒、钙等在体内运输的载体，能够促进小肠对钙和其他矿物元素的吸收。CPP 是应用生物技术从牛奶蛋白中分离的天然生物活性肽，存在于牛乳干酪素中，含有 25～37 个氨基酸残基，在 pH 为 7～8 的条件下能有效与钙形成可溶性络合物。

酪蛋白磷酸肽的生理功能主要有以下几个方面。

(1)促进钙的吸收。CPP 由于对二价金属的亲和性，能与钙在小肠这种弱碱性环境形成可溶性络合物，有效防止磷酸钙沉淀的形成以增加可溶性钙的浓度，从而促进肠内钙的吸收。同时，由于 CPP 分子带有高浓度的电荷，使其能够抵抗肠内消化酶的进一步水解，这一特性是其在肠道发挥作用的前提保证。

(2)促进铁、锌的吸收。CPP 通过增加无机铁在肠道的溶解性而促进铁的吸收。同时，CPP 能增加锌的溶解性，动物实验表明，在含有肌醇六磷酸的饲粮中添加 CPP，可提高锌 10％～50％的吸收利用率。

(3)抗龋齿功能。研究发现，CPP 中的部分肽段具有抗龋齿功能，可能是 CPP 能将食物中的钙离子结合在龋齿处，减轻釉质的去矿物化，从而达到抗龋齿目的。

2.4.3 大豆肽

大豆肽是指大豆蛋白经过蛋白酶水解后得到的水解产物，通常由 3～9 个氨基酸组成，水解产物中还含有少量游离氨基酸、无机盐、糖类等成分。大豆肽的水溶性很高，其黏度随着浓度增高而变化较小，即使在 50％的高浓度下仍具有流动性。大豆肽还具有抑制蛋白质形成凝胶、调整蛋白质食品硬度、改善口感和易消化吸收等特性，是加工速溶饮品和高蛋白保健食品的理想原料。

大豆肽的生物学功能主要有以下几个方面。

(1)增强肌肉运动力。大豆肽易于吸收，能迅速利用，因此抑制或缩短了体内的“负氮平衡”过程，尤其在运动前和运动中，通过补充大豆肽还可减慢肌蛋白的降解，维持体内正常蛋白质的合成，减轻或延缓由运动引发的其他生理功能的改变，达到缓解疲劳效果。

(2)促进脂肪代谢。摄食蛋白质比摄食脂肪、糖类更易促进能量代谢，而大豆肽促进能量代谢的效果超过蛋白质。在儿童肥胖症患者进行减肥期间，摄入低能量膳食的同时补充大豆肽，结果比单纯用低能量膳食更能加速皮下脂肪的减少。

(3)降低血清胆固醇。大豆肽降低血清胆固醇的作用表现在升高高密度脂蛋白胆固醇含量，降低低密度脂蛋白胆固醇水平。大豆肽可有效减少胆固醇的消化吸收，促使其排出体外。还能刺激甲状腺激素分泌，促使胆固醇代谢产生的胆汁酸排出体外，起到降低血胆固醇的作用。大豆肽对胆固醇含量正常的人无降低作用，但可以防止食用高胆固醇食物后血清胆固醇的升高。

此外，大豆肽还有辅助降低血压，以及与铁、锌、硒等多种微量元素结合，促进其吸收的作用。

2.4.4 免疫活性肽

许多天然的生物活性肽具有免疫调节作用，又称免疫活性肽，其中不少的化学组成和结构已经确定，它们有特异、安全和较高的免疫学活性，具有重要的应用价值。免疫活性肽分布很广，多来源于动植物体内，尤其是天然蛋白经酶解生成的外源性免疫活性肽；由于食物来源的活性肽原料广泛，其营养生理功能逐渐受到重视。其中动物源活性肽最多，植物源肽研究方兴未艾，而海洋生物源活性肽正成为新的热点。

免疫活性肽不仅能增强机体的免疫力，在动物体内起重要的免疫调节作用；而且还能刺激机体淋巴细胞的增殖和增强巨噬细胞的吞噬能力，提高机体对外界病原物质的抵抗能力。

2.4.5 抗菌肽

抗菌肽通常与抗生素肽和抗病毒肽联系在一起，包括环形肽、糖肽和脂肽，如短杆菌肽、杆菌肽、多黏菌素、乳酸杀菌素、枯草菌素和乳酸链球菌肽等。抗菌肽热稳定性较强，具有较好的抑菌效果。除微生物、动植物可产生内源抗菌肽外，食物蛋白经酶解也可得到有效的抗菌肽，如从乳铁蛋白中获得的抗菌肽。乳铁蛋白是一种结合铁的糖蛋白，被认为是宿主抗细菌感染的重要防卫机制之一。研究人员利用胃蛋白酶分解乳铁蛋白，提纯出了三种抗菌肽，它们能抑制大肠杆菌的繁殖，是良好的抗生素替代品。

2.4.6 降血压肽

降血压肽也称为血管紧张素转移酶抑制肽，通过抑制血管紧张素转移酶的活性来实现其降压功能。目前已从鱼类蛋白、胶原蛋白、大豆蛋白、牛奶蛋白等食物资源中分离出具有血管紧张素转移酶抑制活性的多肽。这些肽类食用安全性很高，它们对血压正常的人群无降压作用，易消化吸收，具有促进细胞增殖、提高毛细血管通透性等作用，可用作降压功能性食品基料，具有良好的应用前景。

2.4.7 神经活性肽

多种食物蛋白经过酶解后，会产生神经活性肽，如来源于小麦谷蛋白的类鸦片活性肽，它是体外胃蛋白酶和嗜热菌蛋白酶的酶解产物。神经活性肽包括类鸦片活性肽、内啡肽、脑啡肽和其他调控肽等。神经活性肽对人体具有重要作用，如能调节人体情绪、呼吸、脉搏、体温等作用。

2.4.8　高 F 值寡肽

在蛋白质研究中，将氨基酸混合物中支链氨基酸与芳香族氨基酸的摩尔比简称为 F 值，高 F 值寡肽即是由动物或植物蛋白酶解制得的由高支链、低芳香族氨基酸组成的寡肽，以低苯丙氨酸寡肽为代表，具有独特的生理功能，可消除或减轻肝性脑病症状、改善肝功能和多种病人蛋白质营养失常状态及缓解疲劳等。除可作为治疗肝病药物外，还可广泛用作保肝、护肝的功能性食品，以及高强度人群和运动员食品的营养强化剂等。

2.4.9　脂肪代谢调节肽

脂肪代谢调节肽是从动植物蛋白酶解后得到的通常由 3～8 个氨基酸残基组成的混合肽，具有调节脂肪代谢的作用，能阻碍体内脂肪合成并促进脂肪代谢；可改进肝脏功能而不影响胰岛素分泌；可用于高血压病的预防，以及促进减肥。

2.5　活性蛋白质

2.5.1　免疫球蛋白

免疫球蛋白是一类具有抗体活性或化学结构与抗体相似，能与相应抗原发生特异性结合的球蛋白，普遍存在于哺乳动物和人类血液、组织液及外分泌液中，是构成体液免疫作用的主要物质，它可与抗原结合后清除或中和毒性作用的发生，与补体结合可杀死细菌和病毒，因此，可增强机体的防御能力。

目前已发现的人体免疫球蛋白有 IgG、IgM、IgA、lgD 和 IgE。免疫球蛋白可明显提高人体免疫功能，其中起主要作用的是 IgG，它是血清中免疫球蛋白的主要成分，约占血清中免疫球蛋白总量的 75%，而且是唯一能通过胎盘的抗体，对防止新生儿出生数周内的感染起重要作用；IgG 比其他免疫球蛋白更易扩散至血液外的组织间隙中，能中和细菌毒素，并与微生物结合而增强对其的吞噬能力，从而具有抗感染、中和毒素和调节作用。IgA 是在局部免疫中起主要作用的分泌型免疫球蛋白，它有显著的抗菌、抗毒素和抗病毒作用。IgM 属于一种细胞毒素抗体，在有补体系统参与下可破坏肿瘤细胞，是一种高效抗体。lgD 作为 B 淋巴细胞表面的重要受体，在识别抗原、激发 B 淋巴细胞和调节免疫应答中起重要作用。

免疫球蛋白具有蛋白质的通性，凡能使蛋白质凝固或变性的因素如强酸、强碱、高温和中性盐等均能破坏其活性，也能被多种蛋白酶水解破坏。蛋黄、牛初乳中免疫球蛋白含量较多。近年来，作为一种抗体活性的免疫球蛋白资源已引起广泛的研究兴趣。如对蛋鸡进行抗原免疫，免疫母鸡所产蛋中可获得较高效价的特异性免疫蛋黄抗体，将它们添加到婴儿食品中，对轮状病毒、大肠杆菌等引起的腹泻有良好的治疗作用。

2.5.2 乳铁蛋白

乳铁蛋白是一种天然的铁结合蛋白，其分子量为8000Dal，由一条多肽链构成，其多肽链分子上附有两条碳水化合物侧链。一分子乳铁蛋白中含有两个铁结合部位。乳铁蛋白活性多肽是乳铁蛋白在酸性条件下的降解产物，其抗菌活性较高。乳铁蛋白具有多种重要生理功能。

(1)具有广谱抗菌作用。乳铁蛋白可以抑制多种细菌、真菌、寄生虫和病毒的生长繁殖，其作用机理可能是乳铁蛋白具有结合铁离子的能力，而铁离子是许多微生物生长所必需。乳铁蛋白可通过结合铁离子使其周围的铁离子浓度大大降低，从而抑制微生物的生长。此外，由于乳铁蛋白可与菌体表面结合，从而阻止外界营养物质进入菌体，导致菌体死亡。

(2)调节机体免疫功能。嗜中性粒细胞、巨噬细胞和淋巴细胞表面都有乳铁蛋白受体，血清中的乳铁蛋白主要由嗜中性粒细胞释放出来。嗜中性粒细胞是含乳铁蛋白最多的细胞，在机体受感染时可以将乳铁蛋白释放，夺取致病菌中的铁离子，使致病菌死亡。

(3)调节铁离子的吸收。乳铁蛋白作为铁强化剂，其吸收效果优于 $FeSO_4$ 或 $Fe_2(SO_4)_3$。因为乳铁蛋白通过它的氨基和羧基末端两个铁结合区域与铁结合，并维持铁离子在较广的 pH 范围内完成铁在小肠细胞的吸收和利用。在补充铁剂时如能同时补充乳铁蛋白，还可明显降低铁离子对肠道的刺激作用，保护肠道。

(4)抗氧化作用。乳铁蛋白能通过结合铁离子，从而阻断铁离子引起的氧自由基生成和脂质过氧化的发生。

此外，乳铁蛋白能同多种抗生素和抗病毒药物协同作用，减少药物用量，降低药物对人体肝、肾功能的损害；还可促进肠道双歧杆菌、乳酸杆菌等益生菌的生长，抑制有害菌。乳铁蛋白对消化道肿瘤如结肠癌、胃癌、肝癌、胰腺癌等具有预防作用，并可抑制由此引发的肿瘤转移。

在人和动物如牛、马、山羊等的乳中都含有乳铁蛋白。乳的来源不同，乳铁蛋白的含量差异较大，通常人乳和牛初乳中含量较高。

2.5.3 金属硫蛋白

金属硫蛋白是由微生物和植物产生的金属结合蛋白，是一种低分子量、高巯基含量，能大量结合重金属的性能独特的蛋白质。金属硫蛋白构象较坚固，有较强的耐热性；同时抗酶解，且该蛋白质氨基酸排列有重复性，氨基酸链断掉部分后仍有活性。

金属硫蛋白具有多种重要的生理功能。

(1)清除自由基、防止机体衰老。金属硫蛋白是体内清除自由基最强的蛋白质，清除羟自由基、氧自由基能力远高于 SOD 和 GSH。

(2)对重金属的解毒作用。金属硫蛋白是目前临床上理想的生物解毒剂，其巯基可强烈螯合重金属汞、铅等，使之排出体外，同时不影响其他微量元素的吸收。

(3)参与体内微量元素代谢。在体内可根据微量元素的需求情况对锌、铁、硒、碘及铜等的吸收、转运、储存和释放等进行调节，使之达到机体最佳生理状态。

(4)增强机体对应激状态的适应能力。当机体处于应激状态时，如炎症、烧伤、寒冷、饥饿、疲劳时，体内金属硫蛋白含量增加，从而提高锌、铁、硒、碘、锰等微量元素的浓度，以激活体内各种应激酶的活性，提高机体适应力。

(5)锌元素的贮存库。通常每 100mg 锌-金属硫蛋白含 6.9mg 锌，肝、肾中的锌主要以金属硫蛋白的形式贮存，并根据机体需要迅速释放出锌以满足机体 200 多种酶对锌的需要。

此外，金属硫蛋白还广泛用于抗电离辐射、紫外线照射，治疗消化道溃疡、心肌梗死及美容护肤等方面。

2.5.4 大豆球蛋白

大豆球蛋白是存在于大豆籽粒中的储藏蛋白的总称，约占大豆总量的 30%。其主要成分是 11s 大豆球蛋白和 7s β-伴大豆球蛋白，两者总量占大豆球蛋白的 70%，两者的比例因品种的不同略有差异。

大豆球蛋白具有很高的营养价值。其氨基酸模式，除婴儿以外，自 2 周岁的幼儿至成人，都能满足其对必需氨基酸的需要。在保持氮平衡情况下，将大豆球蛋白置换为牛肉，其整体营养价值与牛肉几乎无差异。

大豆球蛋白对血浆胆固醇有调节作用。对血浆胆固醇浓度高的人群，大豆球蛋白有降低胆固醇的作用。其作用机理可能是大豆球蛋白与胆固醇相结合，抑制人体对胆固醇的吸收，并促进其排出体外。对于血中胆固醇浓度正常的人群不起作用。而且作为蛋白质来源的大豆球蛋白，具有很高的食用安全性。

2.6 功能性脂类

油脂是食品工业的主要原料之一，除供能以外，还是必需脂肪酸的来源和脂溶性维生素的载体，并具有润滑细腻的口感特性，因此油脂在食品工业中具有重要地位。然而，饱和脂肪酸的摄入过量与肥胖症、高血压、动脉粥样硬化等的发生密切相关。而富含多不饱和脂肪酸的油脂则可降低这些疾病发生的风险。从饮食与健康的角度出发，将油脂分为普通油脂和功能性油脂两类。功能性油脂主要包括不饱和脂肪酸、磷脂和胆碱等，它们都具有重要的生理功能。

2.6.1 多不饱和脂肪酸

1. ω-3 系列不饱和脂肪酸

ω-3 系列不饱和脂肪酸是指从甲基端数，第一个不饱和键出现在第三和第四个碳原子之间的各种多不饱和脂肪酸，主要包括 α-亚麻酸、二十碳五烯酸(EPA)和二十二碳六烯酸(DHA)等。其中 α-亚麻酸为全顺 9,12,15-十八碳三烯酸，是人体的必需脂肪酸，可在人体内经去饱和酶和碳链延长酶作用下形成一系列结构复杂的 n-3 系列不饱和脂肪酸，如 EPA 和 DHA。ω-3 系列不饱和脂肪酸主要的生物学作用如下。

(1)降血脂、防止动脉硬化。EPA 能降低血清胆固醇，抑制血中甘油三酯上升，起到调节血脂的作用；EPA 和 DHA 对于降低血液黏度、增加血液流动性、软化血管、防治动脉硬化的发生具有重要作用。

(2)抗凝血和预防心脑血管疾病。EPA 能抑制血小板凝集，减少血栓形成，从而可预防心肌梗死、脑梗死的发生。DHA 参与血小板伪足的形成，可降低血液中血小板的黏附性，延长凝血时间，从而预防血栓形成和心肌梗死、脑梗死的发生。

(3)抗炎作用。EPA 具有抗炎作用，用于防治，如风湿性关节炎、哮喘等炎症性疾病。

(4)健脑作用。DHA 是人脑的主要成分之一，占人脑脂质的 10%左右。DHA 能促进婴儿脑组织发育，增强学习记忆功能，预防老年人脑组织的萎缩和老化。

(5)保护视力。DHA 在人眼的视网膜细胞中含量最高，其在体内可保护视网膜，提高视网膜对光的敏感度，改善视力和防止视力减退。

α-亚麻酸的良好来源是亚麻油、南瓜籽油、核桃油以及小麦胚芽油等。EPA、DHA 主要在深海鱼中含量较多，包括金枪鱼、鲭鱼、沙丁鱼和鳕鱼等，海鱼随季节、产地不同，鱼油中 EPA、DHA 含量为 4%～40%。鉴于补充鱼油可能引起脂质过氧化反应，而且达到效果多需要摄入较大剂量，并常伴有胃肠道不适等症状，故 WHO 建议日常应以鱼类作为 EPA 和 DHA 的主要来源。海水鱼和淡水鱼 EPA、DHA 含量均因品种而异，一般只要常摄入淡水鱼仍能满足人体对 EPA 和 DHA 的需要。

2. ω-6 系列不饱和脂肪酸

ω-6 系列不饱和脂肪酸是指从甲基端数，第一个不饱和键出现在第六和第七个碳原子之间的各种多不饱和脂肪酸，包括亚油酸、γ-亚麻酸、花生四烯酸(AA)等。亚油酸为全顺 9,12-十八碳二烯酸，是人体的必需脂肪酸，可在人体内经去饱和以及碳链延长形成一系列结构复杂的 ω-6 系列不饱和脂肪酸，如 γ-亚麻酸、AA 等。

(1) 亚油酸。亚油酸是分布最广的一种多不饱和脂肪酸，在红花油、大豆油、菜籽油、花生油、芝麻油等食用油脂中含量丰富。亚油酸在体内可转化为 γ-亚麻酸、双同型-γ-亚麻酸和花生四烯酸，可作为能量物质使用或贮存。亚油酸及其衍生物对大脑和视网膜具有重要的生理功能，对维持机体细胞膜功能起重要作用。

共轭亚油酸(CLA)即共轭十八碳二烯酸，是一系列在碳 9、11 或 10、12 位具有双键的亚油酸的位置和几何异构体的总称。CLA 主要存在于反刍动物(如牛和羊等)的肉和奶中，也少量存在于其他动物组织、血液和体液中。共轭亚油酸的抗癌作用是其最引人注目的功能。动物实验发现，共轭亚油酸对几种癌细胞的化学诱导有抑制作用，能减少致癌物引起的皮肤癌、胃癌、乳腺癌、结肠癌等，且可抑制癌变发生后的发展。共轭亚油酸可通过抑制脂肪组织的合成和强化脂肪分解而抑制脂肪沉积、改善脂肪代谢，起到控制体重的作用。共轭亚油酸还有降低血液、肝脏胆固醇，增加骨胶原中软骨细胞的合成以及增强免疫的作用。

(2) γ-亚麻酸。γ-亚麻酸为全顺 6,9,12-十八碳三烯酸，是 a-亚麻酸的同分异构体，可进一步转化为双同型-γ-亚麻酸，是前列腺素的前体物质，也是花生四烯酸来源。γ-亚麻酸主要存在于月见草油、玻璃苣油和黑醋栗油中。γ-亚麻酸具有抗心血管疾病、降血脂、辅助调节血糖及抗氧化等作用。

(3) 花生四烯酸。花生四烯酸为 5,8,11,14-二十碳四烯酸，可由亚油酸代谢产生，是前列腺素的前体物。花生四烯酸主要存在于花生油中，并广泛分布于动物的中性脂肪，如牛乳脂、猪脂、牛脂中。花生四烯酸具有明显的降血脂、降血胆固醇和降血压作用。花生四烯酸对二氯化钡、乌头碱引起的心率不齐有不同程度的对抗作用，对艾氏腹水癌和淋巴肉瘤具有抑制作用。机体缺乏花生四烯酸时，会出现许多症状，尤其影响中枢神经系统、视网膜和血小板功能。

2.6.2　磷脂

磷脂是甘油三酯中一个或两个脂肪酸被含磷酸根的其他基团所取代的脂类物质的统称，普遍存在于动植物细胞原生质和细胞膜中。按其分子结构组成可分为磷酸甘油酯和神经鞘磷脂两类。常见的有卵磷脂、脑磷脂、肌醇磷脂、丝氨酸磷脂和神经鞘磷脂等，其中最主要的是卵磷脂。磷脂的主要生物学作用包括以下几个方面。

(1)降低血胆固醇，调节血脂。磷脂尤其是大豆磷脂能减少胆固醇在血管内壁的沉积，具有降低胆固醇、低密度脂蛋白的作用。

(2)维持细胞膜结构和功能的完整性。人体所有细胞中均含有磷脂，是细胞膜的主要组分，对维护细胞的正常结构与功能、促进细胞生长发育具有重要作用。

(3)改善大脑功能，增强记忆力。磷脂的代谢与脑的机能状态有关，补充磷脂能促进儿童脑和神经系统的发育，改善学习和认知能力。对于老年人，磷脂能延续脑萎缩，延迟老年性思维迟钝、记忆力下降、动作迟缓及老年性痴呆症的发生。

此外，卵磷脂还是合成脂蛋白所必需的物质，肝脏内的脂肪能以脂蛋白的形式转运到肝外，被其他组织利用或储存。所以，适量补充磷脂可以减少脂肪肝的发生，而且能促进肝细胞再生，起到防止肝硬化、恢复肝功能的重要作用。

磷脂含量较丰富的食物主要有鸡蛋、大豆、肝脏以及花生等。

2.6.3　胆碱

胆碱是一种强有机碱，是卵磷脂的组成成分，也存在于神经鞘磷脂中，是机体可变甲基的来源。在体内参与合成乙酰胆碱或组成磷脂酰胆碱等。

胆碱具有促进脑发育和提高记忆力、构建生物膜、促进脂肪代谢、促进转甲基代谢等作用。由于胆碱是卵磷脂和鞘磷脂的重要组成部分，还是乙酰胆碱的前体化合物。因此，磷脂的某些生理功能可通过胆碱来实现，而胆碱的部分生理功能又依赖于磷脂完成。

胆碱在食物中分布很广，含脂肪的食物中其含量相对较高。蛋类、肝脏、啤酒酵母是其丰富的来源；良好来源为大豆、甘蓝、玉米、面粉和马铃薯等。

2.6.4 脂肪替代品

近年来，随着科技不断发展，脂肪替代品也以较快的速度发展。同时，由于人们健康意识的提高，生产低脂或者无脂食品是改善人们膳食习惯、提高健康水平的重要途径。

脂肪替代品是一种具有脂肪的物理和感官性质，能被人体消化和吸收，仅提供低能量或不提供能量的物质，目前在食品加工中应用广泛。首先，脂肪替代品能够全部或部分替代食物中的油脂，能够很好地保持食物的食用特性；其次，脂肪替代品在人们食用后，摄入的总能量处于较低水平，使体内没有多余能量转化成脂肪，能够起到瘦身、减肥的作用，进而预防多种疾病的发生。

通常，脂肪替代品主要包括脂肪模拟物(能够模拟一些脂肪特性，但不是全部特性)，脂肪替代物(不产生能量或产生较少能量，同时对感官特性无影响)以及脂肪类似物(分子的物理性质和热力学性质类似于脂肪，但是含有少量或者不含有能量)。脂肪替代品按照其构成分类，主要包含：①蛋白质基质脂肪替代品，如乳清蛋白、大豆蛋白以及胶原蛋白等；②碳水化合物基质脂肪替代品，如淀粉、面粉以及食品胶等；③脂质基质的脂肪替代品，如具有乳化作用的大豆卵磷脂等。目前，脂肪替代品正从单一组分向着复合成分的方向健康发展。

2.7 维 生 素

维生素是维持机体正常生理功能和细胞内特异代谢反应所必需的一类微量的低分子有机化合物。其种类很多，化学结构各不相同，但它们都具有以下共同特点：维生素通常以本体的形式或可被机体利用的前体形式存在于天然食物中，但没有一种天然食物含有人体所需的全部维生素；维生素在生理上既不是构成机体各种组织的主要原料，也不能为机体提供能量；维生素常以辅酶或辅基的形式参与酶的反应，在调节机体物质代谢过程中起着重要作用；大多数维生素在体内不能合成或合成量较少，也不能大量储存于机体组织中，常不能充分满足机体需要，因此需要量虽然很小，但必须经常由食物供给。此外，近年来有研究证明，有些维生素不仅可防治维生素缺乏症，还具有预防多种慢性退化性疾病的保健作用。通常根据维生素的溶解性将其分为脂溶性维生素和水溶性维生素两类，两类维生素各自都有其特点。

维生素的命名可分为三种方式。一是按发现的历史顺序，以英文字母顺序命名，如维生素 A、维生素 C、维生素 D 等，其中还有最初发现以为是一种，后来证明是多种维生素混合存在，便又在英文字母右下方以 1、2、3 等数字加以区别，例如维生素 B_1、维生素 B_2、维生素 B_6 等；二是按其生理功能命名，如抗干眼病维生素、抗癞皮病维生素、抗坏血病维生素等；三是按其化学结构命名，如视黄醇、硫胺素、钴胺素等。

在营养素的缺乏中以维生素缺乏较为常见，维生素缺乏的常见原因有：①各种原因使食物中维生素的供应严重不足，如由于营养知识匮乏选择食物不当，或由于食物加工、烹调、运输、储藏不当使维生素遭受破坏和丢失。②吸收利用率降低。如老年人的牙齿咀嚼功能或胃肠功能降低，对维生素的吸收利用下降；肝、胆疾病患者由于胆汁分泌减少也会影响脂溶性维生素的吸收；膳食成分也影响维生素的吸收利用，如膳食中脂肪过少，会影响脂溶性维生素的吸收。③维生素需要量相对增高。由于对维生素需要量的增加或丢失量的增加，使体内维生素需要量相对增高，如妊娠期、儿童、疾病恢复期患者等，都会对维生素的需要量相应增高。

2.7.1 脂溶性维生素

脂溶性维生素是指不溶于水而溶于脂肪及有机溶剂(如苯、乙醚及氯仿等)中的维生素，包括维生素 A、维生素 D、维生素 E、维生素 K。

脂溶性维生素的共同特点是：①化学组成只含有碳、氢、氧；②在食物中它们常与脂类共存，在酸败的脂肪中容易遭到破坏；③其吸收与肠道中的脂类密切相关；④吸收后易储存于体内(尤其在肝脏)而不易排出体外(除维生素 K 外)；⑤摄取过量易在体内蓄积而导致毒性作用；若长期摄入不足，可能发生缺乏症状，但出现时间较水溶性维生素缓慢。

1. 维生素 A

维生素 A 是第一个被发现的维生素，是指含有视黄醇结构，并具有其生物活性的一大类物质，包括已形成的维生素 A 和维生素 A 原及其代谢产物。

类维生素 A 是指各种天然维生素 A 的衍生物、胡萝卜素以及人工合成的具有维生素 A 化学结构和功能的物质。动物体内具有视黄醇生物活性的类维生素 A 称为已形成的维生素 A，包括视黄醇、视黄醛、视黄酸和视黄基酯复合物。视黄基酯复合物并不具有维生素 A 的生物活性，但它能在肠道中水解产生视黄醇而发挥其相应的生物学作用。在植物中不含已形成的维生素 A。某些有色植物中含有类胡萝卜素，其中一小部分可在小肠和肝细胞内转变成视黄醇和视黄醛的类胡萝卜素称为维生素 A 原，如 α-胡萝卜素、β-胡萝卜素、γ-胡萝卜素等。

维生素 A 的主要生理功能包括：①与视觉有关；②维持机体正常的免疫功能；③促进正常的生长和发育；④参与细胞膜表面糖蛋白合成；⑤抗氧化作用；⑥抑制肿瘤生长。此外，有研究表明补充维生素 A 对促进雄性动物精子生成，以及促进机体对铁的吸收而降低缺铁性贫血的发生等均有一定作用。

膳食或食物中全部具有视黄醇活性物质，常用视黄醇当量(RE)来表示，包括已形成的维生素 A 和维生素 A 原的总量(μg)。它们常用的换算关系为：膳食或食物中总视黄醇当量(μgRE)＝视黄醇(μg)＋β-胡萝卜素(μg)×0.167＋其他维生素 A 原(μg)×0.084。

我国成人维生素 A 的推荐摄入量(RNI)男性为 800μgRE/d、女性为 700μgRE/d。维生素 A 的安全摄入量范围较小，大量摄入有明显的毒性作用。因此，我国成人维生素 A 可耐受最高限量(UL)为 3000μgRE/d。维生素 A 最好的来源是动物性食品，其中肝脏、鱼肝油、全奶、蛋黄等中的含量丰富；植物性食品只提供维生素A原，主要存在于一些有色蔬菜和水果中，如胡萝卜、红薯、辣椒、杏子及柿子等。

2. 维生素D

维生素D是类甾醇衍生物，含有环戊烷氢烯菲环结构，并具有钙化醇生物活性的一大类物质，以维生素D_2及维生素D_3最为常见。前者是由酵母菌或麦角中的麦角固醇经紫外光照射而成，在自然界中存量极微。后者是在同类物中最重要的一种，又名胆钙化醇，是由储存于皮下的胆固醇的衍生物(7-脱氢胆固醇)，在紫外光照射下转变而成。

维生素D的生理功能是通过其活性形式1,25-$(OH)_2$-D_3作用于小肠、肾、骨等靶器官而实现。具体表现为：①促进小肠钙的吸收转运；②促进肾小管对钙、磷的重吸收；③对骨细胞呈现多种作用；④调节基因转录作用。

维生素D可来源于膳食，又可经皮肤合成，因而较难估计膳食维生素D的摄入量。但维生素D的需要量必须与钙、磷供给量联系起来考虑。在钙和磷供给充足的情况下，儿童、少年、成人、孕妇、乳母维生素D的RNI为10μg/d，65岁以上老人为15μg/d。成人维生素D的UL为50μg/d。维生素D的量可用IU或μg表示，它们的换算关系是：1μg维生素D_3=40IU维生素D_3。维生素D主要存在于海鱼、肝、蛋黄等动物性食品及鱼肝油制剂中，但服用鱼肝油过量易导致中毒。常晒太阳享受日光浴是人体廉价获得维生素D的最好来源。

3. 维生素E

维生素E是含有苯并二氢吡喃结构，具有α-生育酚生物活性的一类化合物的总称。由于它与动物生育有关，同时也具有酚的性质，故又称为生育酚，目前已有8种具有维生素E活性的化合物从植物中分离出来，包括：4种生育酚和4种生育三烯酚。其中α-生育酚生物活性最高，故常以α-生育酚作为维生素E代表进行研究。

维生素E的主要生理功能包括：①抗氧化和预防衰老；②调节血小板的黏附力和聚集作用；③与动物的生殖功能和精子生成有关。此外，维生素E可降低血浆胆固醇水平以及抑制肿瘤细胞的生长和增殖；它能保护T淋巴细胞而增强人体免疫功能，还能保护神经系统、骨骼肌及视网膜的正常生理功能。

4种生育酚中以α-生育酚含量最多(约90%)，活性最高。α-生育酚有两个来源，即天然生育酚和人工合成生育酚，人工合成dl-α-生育酚活性相当于天然d-α-生育酚活性的74%。维生素E活性可用α-生育酚当量(α-TE)表示，规定1mgα-TE相当于1mg RRR-α-生育酚(d-α-生育酚)的活性。膳食总α-TE(mg)=d-α-T(mg)+0.5β-T(mg)+0.1γ-T(mg)+0.3TT(mg)+0.74dl-α-T(mg)。

我国现行成人、孕妇维生素E的RNI是14mg α-TE/d，乳母RNI是17mg α-TE/d，成人的UL为700mg α-TE/d。维生素E含量丰富的食品有植物油、麦胚、硬果、种子类、豆类及其他谷类，而蛋类、肉类、鱼类、水果及蔬菜含量甚少。

4. 维生素K

维生素K是含有叶绿醌生物活性的α-甲基-1,4-萘醌衍生物的统称。天然维生素K主要有两种：从绿色植物中提取的维生素 K_1 和肠道细菌如大肠杆菌合成的维生素 K_2。

维生素 K 的生理作用主要是促进肝脏生成凝血酶原，从而具有促进凝血的作用，故又称促凝血维生素。研究表明肝脏中存在凝血酶原前体，它并无凝血作用，维生素 K 可将此凝血酶原前体转变成凝血酶原，此凝血酶原前体在维生素 K 的影响下将末端氨基酸残基中的谷氨酸全部羧化为 γ-羧基谷氨酸残基，并最终进行凝血作用。研究还发现，老年妇女骨折的发生率与血中维生素 K 水平呈负相关，提示机体维生素 K 的水平可能与钙的吸收与沉积存在一定关系。

我国成人维生素 K 的适宜摄入量(AI)为 80μg/d。维生素 K 在食物中分布很广，绿叶蔬菜是最好的食物来源，一些植物油和蛋黄等也是维生素 K 的良好来源。

2.7.2 水溶性维生素

水溶性维生素是指可溶于水的维生素，包括 B 族维生素(维生素 B_1、维生素 B_2、维生素 PP、维生素 B_6、叶酸、维生素 B_{12}、泛酸、生物素等)和维生素 C。水溶性维生素的共同特点是：①其化学组成除含有碳、氢、氧外，还含有氮、硫、钴等元素；②大多数水溶性维生素常以辅酶的形式参与机体的物质代谢反应；③在体内仅有少量储存，较易从尿中排出(维生素 B_{12} 除外)；④一般无明显毒性，但极大剂量摄入时可能产生毒性；若摄入过少，可较快出现缺乏症状。

1. 维生素 B_1

维生素 B_1 因其发现与预防和治疗脚气病有关，所以又称为抗脚气病维生素。它的化学结构是由含硫的噻唑环和含氨基的嘧啶环通过一个亚甲基连接而组成，故也称硫胺素。

维生素 B_1 的生理作用主要包括：①与体内能量代谢有关；②在神经生理上的作用；③与心脏功能有关。

硫胺素与碳水化合物代谢密切相关，其供给量与机体每日能量的总摄入量成正比。硫胺素的 RNI 为成年男性 1.4mg/d、女性 1.2mg/d。硫胺素的主要膳食来源是未精制的谷类食物，瘦肉、内脏、豆类、种子及坚果等食物也是硫胺素的良好来源。

2. 维生素 B_2

维生素 B_2 又称核黄素，是带有核糖醇侧链的异咯嗪衍生物。也可认为是核糖醇与 6,7-二甲基异咯嗪缩合而成。

核黄素在体内通常以黄素单核苷酸(FMN)和黄素腺嘌呤二核苷酸(FAD)两种形式参与氧化还原反应，其主要生理功能包括：①参与体内生物氧化与能量代谢；②参与维生素 B_6 和烟酸的代谢；③参与体内的抗氧化防御系统和药物代谢。

维生素 B_2 的供给量应与能量摄入呈正比。我国成人膳食核黄素的 RNI 为 1.2mg/d，婴儿、儿童、孕妇及乳母的供给量可适当增加。动物性食物是维生素 B_2 的良好来源，其中肝、肾、心、蛋黄中的含量尤为丰富。植物性食物中则以绿叶蔬菜、豆类含量较高。

3. 维生素PP

维生素PP包括烟酸和烟酰胺，又名抗癞皮病维生素，是具有烟酸生物学活性的吡啶-3-羧酸衍生物的总称。烟酸也称尼克酸，其基本结构为吡啶-3-羧酸，其胺基化合物即为烟酰胺，烟酸在体内以烟酰胺的形式存在。

维生素PP的生理功能包括：①构成辅酶Ⅰ和辅酶Ⅱ；②葡萄糖耐量因子的组成成分；③维护皮肤、消化系统及神经系统的正常功能。此外，烟酸还具有降低血甘油三酯、总胆固醇、LDL和升高HDL的作用，有利于改善心血管功能。

烟酸的参考摄入量应考虑能量消耗和蛋白质的摄入情况。能量消耗增加，烟酸的摄入量也应适当增加；蛋白质摄入量增高，其中的色氨酸在体内可以转化为烟酸，大约60mg色氨酸可转化为1mg烟酸。因此，膳食中烟酸的参考摄入量采用烟酸当量(NE)为单位，即：NE(mg)=烟酸(mg)+1/60色氨酸(mg)。我国居民膳食烟酸参考摄入量，成年男性RNI为15mg NE/d、女性为12mg NE/d，UL为35mg NE/d。烟酸广泛存在于动植物食物中，其良好食物来源为动物性食物，尤以内脏(如肝脏)含量最高。此外，花生、豆类也含丰富的烟酸。

4. 维生素B_6

维生素B_6又称吡哆醇，包括吡哆醇(PN)、吡哆醛(PL)、吡哆胺(PM)三种衍生物。其基本化学结构为2,6-二甲基-3-羟基-5-羟甲基吡啶，皆属于吡啶衍生物。在肝脏、红细胞及其他组织中吡哆醇、吡哆醛、吡哆胺的活性辅基形式为：磷酸吡哆醇(PNP)、磷酸吡哆醛(PLP)、磷酸吡哆胺(PMP)。而PLP和PMP是维生素B_6在体内的活性形式。

维生素B_6的生理功能包括：①参与氨基酸的代谢；②与肝糖原和脂肪酸的代谢；③参与烟酸的形成；④某些疾病的辅助治疗剂。

我国居民膳食维生素B_6的AI成人为1.4mg/d，50岁以上中老年人为1.6mg/d，孕妇和乳母分别为2.2mg/d和1.7mg/d。维生素B_6广泛存在于各种食物中，其含量最高的食物是白肉类(如鸡肉和鱼肉)，其他良好食物来源为肝脏、豆类、坚果类等。水果和蔬菜中维生素B_6含量也较多。

5. 维生素B_{12}

维生素B_{12}因其分子中含有金属元素钴，也称钴胺素，它是目前所知唯一含有金属的维生素，也是在化学结构上最复杂的一种维生素。

维生素B_{12}在体内转变为腺苷基钴胺素(辅酶B_{12})和甲基钴胺素(甲基B_{12})两种辅酶发挥生理作用。主要生理功能为：①促进红细胞发育和成熟；②可增加叶酸的利用率，促进碳水化合物、脂肪和蛋白质的代谢；③具有活化氨基酸的作用和促进蛋白质、核酸生物合成；④参与神经组织中脂蛋白的形成。

我国居民膳食维生素B_{12}的RNI青少年及成人为2.4μg/d、孕妇为2.9μg/d、乳母为3.2μg/d。维生素B_{12}的主要来源为肉类，尤以内脏含量最多，鱼、贝类、蛋类其次，乳类含量最少，植物性食品则一般不含，但我国发酵豆制品含有一定数量的维生素B_{12}。

6. 叶酸

叶酸因最初从菠菜叶中分离提取而得名，它的化合名称是蝶酰谷氨酸，由 2-氨基-4-羟基-6 甲基蝶啶、对氨基苯甲酸和 L-谷氨酸三部分组成。

叶酸在体内的生物活性形式是四氢叶酸，它是体内重要生理反应中一碳单位的载体；或者可以认为四氢叶酸是一碳单位转移酶系的辅酶，称为辅酶 F，是通过二氢叶酸还原酶连续的还原叶酸而成。叶酸除了通过腺嘌呤、胸苷酸影响 DNA 和 RNA 的合成外，还可通过蛋氨酸代谢影响磷脂、肌酸、神经递质和血红蛋白的合成，同时还参与细胞器蛋白合成中启动 tRNA 的甲基化过程。因此，若叶酸缺乏可对机体产生严重损害。

叶酸的摄入量以膳食叶酸当量(DFE)来表示，由于食物叶酸的生物利用率仅为 50%，而叶酸补充剂膳食混合时的生物利用率为 85%，比单纯来源于食物的叶酸利用率高 1.7 倍。因此，膳食叶酸当量的计算公式为：DFE(μg)=膳食叶酸(μg)+1.7×叶酸补充剂(μg)。

我国成人叶酸的 RNI 为 400μg DFE/d，但当消耗增加，如妊娠、哺乳期及婴儿期就必须增加其摄入量，孕妇每日需要 600μg DFE/d，成人叶酸的 UL 为 1000μg DFE/d。叶酸广泛存在于动植物食物中，动物性食物如肝、肾、蛋、鱼、豆类、绿叶蔬菜及坚果类等都富含叶酸。从食物获取量不足时也可适量增补叶酸补充剂，尤其是对于某些特殊人群如孕妇、乳母及中老年人群。对中老年人群来说补充叶酸可降低血中同型半胱氨酸浓度，从而保护血管，有预防心血管疾病的作用。

7. 维生素 C

维生素 C 因具有防治坏血病的功能，故又称抗坏血酸，是一个含有六个碳原子的 α-酮基内酯的酸性多羟基化合物，虽无羧基，但却具有有机酸的性质。自然界存在 L-型和 D-型两种抗坏血酸，但 D 型无生物活性。

维生素 C 的生理功能包括：①抗氧化作用；②参与体内的羟化反应；③促进体内铁、钙的吸收和叶酸的利用；④参与神经递质的合成。此外，流行病学研究显示，增加摄入富含维生素 C 的蔬菜和水果可降低胃癌以及其他癌症的发生率。维生素 C 还可通过促进胆固醇向胆酸转化、减少氧化物质形成等作用防治心血管疾病。

我国成人维生素 C 的 RNI 为 100mg/d，UL 为 2000mg/d。在高温、寒冷、缺氧条件下劳动或生活，或经常接触铅、苯、汞有毒工种的人群，以及某些疾病的患者，孕妇、乳母应适当增加维生素 C 的摄入量。维生素 C 的主要来源是新鲜的蔬菜和水果。

2.8 矿　物　质

生物和人类都是地球环境演化到一定阶段的产物，人体与环境之间不断进行着物质和能量的交换。人体组织几乎含有自然界存在的各种元素，其元素的种类和数量与其生存的地理环境表层元素的组成及膳食摄入量有关。研究发现，人体内约有 20 种元素为构成人体组织、机体代谢、维持生理功能所必需。在这些元素中，除碳、氢、氧、氮组成有机化合物，如碳水化合物、脂肪、蛋白质、维生素等，其余的元素均称为矿物质，也称无机盐或灰分。

在组成人体的几十种矿物元素中，根据它们在体内的含量和人体每日对它们需要量的不同分为两大类：含量大于体重的0.01%、每人每日膳食需要量在100mg以上者称为常量元素，如钙、磷、钠、钾、氯、镁和硫等；含量低于此量者称为微量元素。FAO/WHO将微量元素中的铜、钴、铬、铁、碘、钼、硒和锌8种元素列为维持正常人体生命活动中不可缺少的必需微量元素，将锰、硅、镍、硼和钒列为可能必需的微量元素，而将铅、镉、汞、砷、铝、氟、锡和锂列为具有潜在毒性，但在低剂量可能具有功能作用的微量元素。

矿物质的特点包括：①矿物质在体内不能合成，必须从食物和饮水中摄取。摄入体内的矿物质经机体新陈代谢，每天都有一定量随粪、尿、汗、头发、指甲及皮肤黏膜的脱落而排出体外，因此，矿物质必须每日从膳食中得到补充。②矿物质在体内分布极不均匀。不同种类的矿物元素在机体不同组织器官的分布存在差异性，如钙和磷主要分布在骨骼和牙齿，碘分布在甲状腺，铁分布在红细胞等。③矿物质相互之间存在协同或拮抗作用。矿物质在吸收时，彼此之间可产生影响，如膳食中钙和磷比例不适宜，可影响这两种元素的吸收；过量的铜可抑制铁的吸收。④矿物质的生理剂量带与毒副作用带间的距离较小。某些微量元素在体内虽然需要量很少，但其生理剂量与中毒剂量范围较窄，摄入过量易产生毒性作用，如硒摄入过量易引起中毒，对硒的强化不宜用量过大。

2.8.1 常量矿物质

1. 钙

钙是构成人体的重要组分，按含量排列，仅次于碳、氧、氢、氮，居第五位，是人体内含量最多的矿物元素，占人体重量的1.5%~2.0%。正常成人体内含有1000~1200g钙。

钙的生理功能包括：①钙是构成机体骨骼和牙齿的主要成分；②维持神经肌肉兴奋性；③可参与血液的凝固，对细胞功能的调节、酶的激活以及激素的分泌等，都有决定性作用。

我国成人钙的AI为800mg/d，孕中期和孕晚期均为1200mg/d，乳母为1200mg/d，UL均为2000mg/d。奶和奶制品是钙的最佳来源，其钙含量丰富，吸收率也高。可以连壳食用的小鱼小虾及一些硬果类含钙也较多。豆类、绿色蔬菜也是钙的较好来源。

2. 磷

磷也是人体含量较多的元素之一，在人体内元素含量中居第六位，约占人体重量的1%，成人体内含量为600~700g。人体内的磷有85%存在于骨骼，主要以无定形的磷酸钙[$Ca_3(PO_4)_2$]和结晶的羟磷灰石[$Ca_{10}(PO_4)_6(OH)_2$]形式存在，14%分布在软组织，1%分布于细胞外液、细胞内结构和细胞膜。

磷的生理功能包括：①构建骨骼和牙齿，组成生命的重要物质；②以磷酸根形式参与机体能量代谢；③参与酶的组成；④调节机体的酸碱平衡；⑤使某些物质磷酸化；⑥构成生命物质成分。

我国成人、乳母和孕妇磷的 RNI 均为 720mg/d，UL 为 3500mg/d。理论上膳食中适宜的钙磷比为(1∶1)～(1∶1.5)。磷在食物中分布很广，无论动物性食物或植物性食物中均含有丰富的磷。

3. 镁

镁是人体细胞内的主要阳离子，在线粒体中含量很高。镁是多种酶激活剂，在能量和物质代谢中有重要作用。

镁的生理功能包括：①参与骨骼和牙齿的形成；②参与体内重要的酶促反应；③维持体液酸碱平衡和神经肌肉兴奋性；④保护心血管系统。此外，镁是导泻剂，镁离子在肠腔中吸收缓慢，引起水分滞留而导泻。低浓度镁可减轻肠壁的压力和蠕动，有解痉作用，并对有毒扁豆碱有拮抗作用。

我国成人、乳母镁的 AI 为 330mg/d，孕妇的 AI 为 370mg/d。含镁较丰富的食物有荞麦、大麦、燕麦、黄豆、黑米、油菜、甘薯等，精制谷类的含镁量较低，而肉类及牛奶中镁含量属中等水平。

4. 钾

钾为人体主要阳离子之一，是人体必需的营养素。正常人体内钾的总量约为 175g，成年男性略高于女性。钾主要存在于细胞内，约占总量的 98%，其他分布于细胞外。

钾的生理功能包括：①维持碳水化合物和蛋白质的正常代谢；②维持神经肌肉的应激性和正常功能；③维持心肌的正常功能；④降低血压。此外，钾在维持细胞内正常渗透压和维持细胞内外正常的酸碱平衡和电解质平衡起重要作用。

我国成人、孕妇钾的 AI 为 2000mg/d，乳母的 AI 为 2400mg/d。运动员由于出汗失钾较多，而且运动后恢复期的蛋白质、糖原合成均需要钾，可适当提高摄入量。钾广泛分布于各种食物中，其中蔬菜和水果是钾的最好来源。

5. 钠

钠是人体不可缺少的常量元素，在自然界多以钠盐形式存在。通常成人体内钠含量为 95～106mg/kg，占体重的 0.15%，体内的钠主要存在于细胞外液中。

钠的生理功能包括：①调节体内水分；②维持机体酸碱平衡；③钠泵的组成成分；④维护血压正常；⑤增强神经、肌肉兴奋性。

我国成人、孕妇和乳母钠的 AI 均为 1500mg/d。若在大量出汗的情况下，机体从汗液中损失钠较多，可以适宜地补充，以补充 0.3%的淡盐水为宜。钠普遍存在于各种食物中，一般动物性食物的钠含量高于植物性食物。

2.8.2 微量矿物质

1. 铁

铁是人体重要的必需微量元素之一，也是较易缺乏的微量元素。铁缺乏是发展中国家主要的营养问题之一，而在我国也是主要的营养缺乏病之一。成年男子体内总铁量平均约为3.8g(75kg体重)，女子约为2.3g(60kg体重)，机体的铁约2/3是以功能性铁的形式存在的，即存在于血红蛋白、肌红蛋白、血红素酶类(如细胞色素氧化酶、过氧化物酶等)中；其余为储存铁，以铁蛋白和含铁血黄素形式存在于肝脏、脾脏和骨髓的网状内皮系统中。

铁的生理功能包括：①参与体内氧的运输和组织呼吸过程；②维持正常的造血功能。此外，铁元素能催化β-胡萝卜素转化为维生素A、能促进嘌呤与胶原的合成以及药物在肝脏的解毒等。铁可提高机体的免疫力，增加中性粒细胞和吞噬细胞的吞噬功能，同时也可使机体的抗感染能力增强。

我国成年男性铁的AI为12mg/d，女性20mg/d。铁的UL为42mg/d。铁可通过食物得到补充。动物的内脏(尤其是肝脏)、动物血及其制品、瘦肉、贝类、鱼虾、芹菜、红枣、桂圆等都富含铁。

2. 碘

碘是最早被确认为人类和动物的必需营养素之一。目前，碘缺乏仍是世界性的营养缺乏病之一，世界上有十多亿人口仍受到不同程度碘缺乏的威胁。碘在机体中主要分布在甲状腺，甲状腺聚碘能力很强，其碘浓度可高出血浆25倍左右，主要以三碘甲状腺原氨酸(T3)或四碘甲状腺原氨酸(T4)的形式存在。

目前还未发现碘在体内的独立作用，碘在体内主要参与甲状腺素的合成，其生理功能主要通过甲状腺素的作用表现出来，甲状腺利用碘和酪氨酸合成甲状腺激素，它包括T3和T4。甲状腺激素的主要活性形式为T3，其生理作用为：①参与能量代谢；②促进机体生长发育；③促进脑发育等。

我国成人碘的RNI为120μg/d，孕妇和乳母分别为230μg/d和240μg/d。成年人碘的UL为600μg/d。海产品含碘丰富，如海带、紫菜、海参等都含有丰富的碘。

3. 锌

锌在体内广泛分布，分布于人体所有组织、器官、体液及分泌物中，约60%存在于肌肉，30%存在于骨骼，但后者不易被动用。锌在体内主要以酶的形式存在。

锌的生理功能包括：①体内很多酶的组成成分或激活剂；②促进生长发育和组织再生；③参与免疫功能；④促进食欲；⑤维持生物膜结构。此外，锌缺乏会引起皮肤上皮角质化，出现皮肤干燥、粗糙、创口愈合减慢等。锌缺乏还会影响骨骼和牙齿的正常钙化。

中国成年男性锌的 RNI 为 12.5mg/d，女性 7.5mg/d。成年男性、女性的 UL 均为 40mg/d。锌普遍存在于动植物组织中，通常贝壳类海产品、红色肉类、动物内脏都是锌的良好来源；干果类、麦麸、花生酱、花生等也富含锌；一般植物性食物含锌较低。

4. 硒

硒是地壳中含量极微，分布不均的稀有元素。我国克山病防治工作者在 20 世纪 60 年代发现缺硒与克山病发生有关，并于 1973 年提出了克山病与硒营养状况的关系。1973 年美国学者罗卡尔克等发现硒是谷胱甘肽过氧化物酶的必要组分，此发现被认为是确认硒是人体和动物必需微量元素的重要依据。

硒的生理功能包括：①抗氧化作用；②免疫作用；③对重金属的解毒作用。硒可通过碘甲腺原氨酸的脱碘，调节甲状腺激素以影响机体代谢；硒也可通过体内代谢产物，尤其是甲基硒化物来抑制癌细胞生长。此外，硒通过保护红细胞膜结构免受过氧化物的损害，进而提高红细胞的携氧能力。

我国成人硒的 RNI 为 60μg/d，孕妇和乳母分别为 65μg/d 和 78μg/d，硒的 UL 为 400μg/d。硒的良好来源是海产品和动物内脏；大蒜、豌豆、小麦胚粉中硒含量丰富。

5. 铜

铜是人体内含量排第三的微量元素，仅次于铁和锌，在体内作为多种酶的辅基发挥重要作用。

铜在体内主要以含铜酶和铜结合蛋白的形式体现其生理功能，如铜蓝蛋白、细胞色素 c 氧化酶、超氧化物歧化酶、酪氨酸酶等，其生理功能包括：①维持正常的造血功能；②促进结缔组织的形成；③抗氧化作用；④维护中枢神经系统的健康；⑤促进黑色素的形成及维护毛发正常结构。此外，铜可能有助于预防骨质疏松症。

我国成人铜的 RNI 为 0.8μg/d，UL 为 8μg/d。铜广泛存在于各种食物中，牡蛎、贝类以及坚果类是铜的良好来源，其次是动物肝、肾、豆类等，植物性食物的铜含量与其生长土壤的铜含量、加工方法有关。

6. 氟

氟是已被证实唯一能降低儿童和成年人龋齿患病率，以及减轻龋齿病情的微量元素。成人体内含氟量约为 2.9g，占体重的 0.007%，其中约 99%的氟以无机盐的形式分布在钙化的组织中，每天吸收的氟约有 50%在 24h 内可沉积在钙化组织中。

氟的生理功能主要在于防治龋齿和骨质疏松。氟是牙齿的重要成分，氟被牙釉质中的羟磷灰石吸附后，可在牙齿表面形成一层抗酸腐蚀、坚硬的氟磷灰石保护层，有防止龋齿的作用。氟还可以防治骨质疏松，人体骨骼固体的 60%为骨盐(主要是羟磷灰石)，而氟能与骨盐结晶表面的离子进行交换，形成氟磷灰石而成为骨盐的组分。

我国成人氟的 AI 为 1.5mg/d，UL 为 3.5mg/d。饮水是氟的重要来源，但有区域性，饮水含氟量以 1.0～1.5mg/L 为宜，此量能充分满足人体每日需要而又不引起中毒。茶叶、海鱼、海带、紫菜中氟含量较高，一般食物中含氟量较低。

7. 铬

铬是一种过渡元素，在自然界以多种价态存在，其中以三价铬和六价铬最为常见。六价铬具有明显毒性作用，而三价铬是人体必需的微量元素之一。

铬具有胰岛素样的作用，铬可与谷胱甘肽、尼克酸一起组成葡萄糖耐量因子，可加强胰岛素的作用，促进细胞摄取葡萄糖；铬可预防动脉粥样硬化，并对血清胆固醇有辅助调节作用。铬还具有增强蛋白质代谢、促进生长发育、提高免疫力等作用。

我国成人铬的 AI 为 30μg/d。铬以低剂量广泛分布在食物中，膳食铬的主要来源是谷类、肉类及鱼贝类。谷类食物中的铬含量高于水果和蔬菜。

8. 锰

锰在人体内含量甚微，成年人仅 12～20mg，约 30％分布于肌肉，20％分布于肝脏，15％分布于消化道，其余则均匀分布于各种组织器官中。

锰在体内可作为金属酶的组分和酶的激活剂起作用。含锰酶包括精氨酸酶、丙酮酸羧化酶和锰超氧化歧化酶。精氨酸酶是细胞质中催化尿素的合成酶；丙酮酸羧化酶参与催化丙酮酸合成碳水化合物；锰超氧化歧化酶能使过多的超氧阴离子转化为 H_2O_2 和 O_2。由锰激活的酶包括转葡萄糖苷酶、磷酸烯醇丙酮酸羧基激酶和木糖转移酶，这三种酶在骨骼的形成过程中起重要作用。

我国成人锰的 AI 为 4.5mg/d，UL 为 11mg/d。锰含量较高的食物有坚果、粗粮、蔬菜、水果和茶叶，动物性食品的锰含量较低。

9. 钼

钼在 1953 年被确认为是人体和动植物必需的微量元素。人体各种组织均含有钼，成人体内总量为 9mg，在肝、肾中含量最高。

钼的生理功能在于通过体内各种钼酶的活性来体现。钼酶存在于各种生物体内，所有钼酶几乎都含有钼辅助因子，通过氧化－还原作用，积极参与钼酶的各种催化反应。醛氧化酶参与机体解毒功能；亚硫酸氧化酶能催化含硫氨基酸的分解代谢，使亚硫酸盐变成硫酸盐。此外，钼还能抑制机体对铁、铜的吸收。

我国成人钼的 RNI 为 100μg/d，UL 为 900μg/d。钼广泛存在于各种食物中，膳食中的钼主要来源于动物内脏、肉类、全谷类、麦胚、蛋类、叶类蔬菜和酵母等。

2.9 自由基清除剂

自由基从化学结构上看是含未配对电子的基团、原子或分子，是一类具有高度化学活性的反应中间体。在人体生命活动过程中进行的多种生化反应，不管是酶促反应还是非酶促反应，都会产生自由基。人体内的自由基种类较多，其中较为重要的有超氧自由基、羟自由基、脱氧自由基、过氧化氢分子、单线态氧等。

正常情况下，体内自由基处在不断产生与清除的动态平衡中，并在代谢中发挥着重要作用。但自由基产生过多或清除过慢是导致人体健康状况下降和许多疾病发生的重要因素。因此，自由基清除剂可作为功能性食品的重要功效成分。

2.9.1　自由基对机体的危害

1. 自由基对生命大分子的损害

由于自由基具有高度的活性和极强的氧化能力，能通过氧化作用攻击体内的生命大分子，如核酶、蛋白质、糖类和脂质等，使这些物质发生过氧化变性、交联或断裂，从而引起细胞结构和功能的破坏，导致机体组织和器官的损伤。

2. 自由基是机体衰老的重要因素

衰老的机制有多种学说，而自由基学说是目前较为认可的一种。自由基作用于脂质发生过氧化反应，氧化终产物丙二醛等会引起蛋白质、核酸等生命大分子的交联聚合，产生褐色素。褐色素在皮肤细胞大量堆积，生成老年斑；在脑细胞中堆积，会出现记忆力减退或智力障碍，甚至出现老年痴呆症。胶原蛋白交联会导致皮肤失去张力而皱纹增多，以及老年骨质增生。自由基对脂质的侵袭，影响了细胞的正常生理功能，加速细胞的衰老。对核酸的攻击引起基因突变，也造成组织细胞的老化死亡。微粒体、线粒体和溶酶体受自由基破坏，导致酶的排列错位并失去功能，进一步加快了衰老过程。总之，自由基与人体衰老关系密切，清除自由基，可延缓机体衰老。

3. 自由基与癌症的发生有关

大量研究表明，自由基的过量存在是癌症发生的原因之一，不少致癌物在体内经过代谢活化形成自由基并攻击 DNA 才能致癌。在癌症诱发阶段，自由基作用于脂质产生过氧化产物，使 DNA 发生交联或断裂，导致突变或致癌作用，在促癌阶段，自由基造成 DNA 损伤，导致癌细胞增殖。

4. 自由基与其他疾病的关系

自由基过量可诱发肺水肿、白内障、关节炎、动脉粥样硬化和糖尿病等的发生。此外，一些地方病，如大骨节病和克山病也可能与体内自由基代谢异常有关。

2.9.2　常用的自由基清除剂

用于功能性食品的自由基清除剂有两类，一类是非酶类清除剂，另一类是酶类清除剂。

1. 非酶类自由基清除剂

非酶类自由基清除剂即抗氧化剂，这类物质在人体内能与含氧自由基发生氧化还原反应，使氧化性自由基被还原，失去活性，达到消除自由基、防止脂质过氧化的效果。

常见的有以下四类。

1)维生素类

维生素 A 和 β-胡萝卜素具有很好的抗氧化作用，能够提供电子抑制活性氧的生成，达到清除自由基的目的。特别是 β-胡萝卜素在延缓衰老、防治心血管病和肿瘤方面能发挥重要作用。

维生素 E 是一种强有效的自由基清除剂，能保护机体组织细胞生物膜上的多不饱和脂肪酸免受自由基攻击而氧化，也能保护生命大分子 DNA 免遭自由基损伤。维生素 E 与微量元素硒协同作用，消除自由基的作用更强。

维生素 C 也是一种重要的自由基清除剂，它可提供电子转变为半脱氢抗坏血酸和脱氢抗坏血酸，能清除多种自由基。

2)黄酮类和酚类

黄酮类和酚类都含有还原性酚羟基，酚羟基在体内可被自由基氧化，而自由基则被还原，失去未成对电子而淬灭。因此这两类物质都具有保护心血管不受损伤，防止脂质过氧化的作用。

3)硒

微量元素硒对体内脂质过氧自由基有很强的清除作用，对抑制生物膜脂质过氧化有明显的保护作用。硒还是酶类自由基清除剂谷胱甘肽过氧化物酶的组分之一。

4)大蒜素

大量研究已证实，大蒜素中的多硫醚类化合物具有还原性，能使含氧自由基失去活性。

2. 酶类自由基清除剂

酶类自由基清除剂主要有超氧化物歧化酶(SOD)、谷胱甘肽过氧化物酶(GSH-Px)和过氧化氢酶(CAT)等。

1)超氧化物歧化酶

SOD 是一种蛋白酶，它能催化超氧自由基歧化，生成过氧化氢(H_2O_2)，H_2O_2 再被 CAT 清除生成水和氧气。由于 SOD 催化作用的专一性和高效性，其清除自由基能力很强，广泛用于功能性食品中。SOD 可以从动物血液、牛奶、小白菜、刺梨等原料中提取分离。

2)谷胱甘肽过氧化物酶

GSH-Px 是一种含硒酶，存在于人体许多组织器官中，能清除代谢所产生的自由基，避免自由基对组织细胞的损伤。谷胱甘肽过氧化物酶目前尚不能用于保健食品的原料，通常是通过人体补硒以保证其在体内正常合成而达到清除自由基的作用。

3)过氧化氢酶

CAT 可分解过氧化氢，而过氧化氢主要来自 SOD 催化超氧自由基的歧化反应。CAT 可防止过氧化氢生成羟自由基，防止大分子被活泼的羟自由基攻击而损伤。

2.10 其他活性成分

随着营养科学的发展，食物中已知必需营养素以外的化学成分日益引起人们的关注，近 20 年来陆续发现一些新的对人体健康具有重要作用的生理活性物质，目前已证实其具有增强免疫力、抗氧化、延缓衰老及预防一些慢性非传染性疾病如糖尿病、心血管病等功效。

在本书相关章节将对具体的活性成分的功能及作用机制进行进一步阐述。

2.10.1　酚类化合物

酚类化合物的共同特性是分子中含有酚的基团，因而具有较强的抗氧化特性。根据分子组成的不同，酚类化合物分为简单酚、酚酸、羟基肉桂酸衍生物及类黄酮。

常见的酚类化合物包括：①简单酚(一元苯酚)，如水果中分离出的甲酚、芝麻酚等；②酚酸，主要有香豆酸、咖啡酸和绿原酸等；③类黄酮，包括黄酮、槲皮素、黄酮醇、黄烷醇、黄烷酮等；④异黄酮，如大豆中所含的异黄酮有染木苷、染料木苷元、大豆苷、大豆苷元等；⑤茶多酚，主要由 5 种单体构成，分别是表没食子儿茶素－没食子酸酯、表没食子儿茶素、表儿茶素－没食子酸酯、儿茶素和表儿茶素。

酚类化合物与人体健康关系的研究多集中在槲皮素、大豆异黄酮、茶多酚的生物学作用方面。其主要的保健功能包括：①抗氧化作用；②调节血脂功能；③保护心血管作用；④预防肿瘤作用；⑤类雌激素作用等。

1. 茶多酚

茶多酚是茶叶中多酚类物质的总称，包括黄烷醇类、花色苷类、黄酮类、黄酮醇类和酚酸类等。主要为黄烷醇(儿茶素)类，儿茶素占 60％～80％。类物质茶多酚又称茶鞣或茶单宁，是形成茶叶色香味的主要成分之一，也是茶叶中有保健功能的主要成分之一。

保健功能：①清除机体有害自由基；②提高机体综合免疫力；③改善亚健康状态；④抗辐射；⑤调理肠胃；⑥降血脂；⑦降血压；⑧对抗衰老；⑨美容养颜，减肥作用。

2. 原花青素

原花青素是一种有着特殊分子结构的生物类黄酮。它广泛存在于植物的皮、壳、籽之中，并多集中在叶、秆部位，如荷叶、银杏叶、葡萄籽和松针、松树皮、苹果皮、花生皮等。据报道，原花青素是迄今为止所发现的最强的自由基清除剂之一。其抗氧化活性约是维生素 C 的 20 倍、维生素 E 的 50 倍。

保健功能：①保护心血管和预防高血压作用，通过清除血液中存在的氧自由基，增强血管壁的完整性；②预防血栓形成；③保护细胞 DNA 免遭自由基的氧化损伤，从而预防导致癌症的基因突变；④抗肿瘤、抗辐射作用；⑤美容抗皱功效，阻抑胶原酶的弹性蛋白酶对结缔组织的降解作用，有利于保持皮肤弹性，发挥抗皮肤衰老；⑥抗过敏作用。

3. 大豆异黄酮

大豆异黄酮是黄酮类化合物，是大豆生长中形成的一类次级代谢产物，是一种生物活性物质。由于大豆异黄酮是从植物中提取，与雌激素有相似结构，因此大豆异黄酮又称植物雌激素。大豆异黄酮广泛存在于豆类、谷类、水果、蔬菜等300多种植物中，日常饮食中除大豆及其制品外，小麦、黑米、扁豆、洋葱、苹果、石榴、银杏、葵花籽和橙汁等食物中含量相对较多。

保健功能：①预防癌症；②预防和改善骨质疏松；③预防心血管疾病；④抗衰老；⑤预防和治疗更年期综合征；⑥改善经期不适；⑦降低胆固醇。

2.10.2 有机硫化合物

有机硫化合物指子结构中含有硫元素的一类植物化学物，它们以不同的化学形式存在于蔬菜或水果中。其一是异硫酸盐以葡萄糖异硫氰酸盐缀合物形式存在于十字花科蔬菜中，如西兰花、卷心菜、菜花和荠菜；其二是葱蒜中的有机硫化合物，如大蒜是二烯丙基硫化物的主要来源、大蒜精油含有一系列的含硫化合物、二烯丙基硫代磺代磺酸酯(大蒜辣素)、二烯丙基二硫化合物等。

有机硫化合物的生物学作用主要是抑癌和杀菌，例如异硫氰酸盐能阻止实验动物肺、乳腺、食管、肝、结肠和膀胱等组织癌症的发生。一般情况下，异硫氰酸盐的抑癌作用是在接触致癌物前或同时给予才能发挥其应有功效。

大蒜可以阻断体内亚硝胺合成、抑制肿瘤细胞生长。大蒜汁对革兰阴性菌、阳性菌都有抑制或杀灭作用，因此大蒜素具广谱灭菌作用。在磺胺、抗生素出现之前，大蒜曾广泛用于防治急性胃肠道传染病以及白喉、肺结核、流感和脊髓灰质炎。此外，大蒜还具有增强机体免疫力、降血脂、减少脑血栓和冠心病发生等多种生物学作用。

2.10.3 萜类化合物

萜类化合物分子的基本单元是异戊二烯。单萜由2个异戊二烯单元构成，倍半萜由3个异戊二烯单元构成，二萜由4个异戊二烯单元构成，依此类推。萜类化合物多存在于水果、蔬菜、全谷类以及中草药中。富含萜烯类的食物有柑橘类水果；芹菜、胡萝卜、茴香等伞形科蔬菜；番茄、辣椒、茄子等茄科蔬菜；葫芦、苦瓜、西葫芦等葫芦科蔬菜以及黄豆科植物。已经证实具有明显生理功能的萜类化合物主要有皂苷和柠檬苦素等。

1. 皂苷

皂苷是广泛分布于植物界的一类天然物质。大豆皂苷是存在于大豆中的一类具有较强生物活性的物质。很早以前人们就发现了大豆皂苷，由于它具有溶血作用，可以抑制甲状腺肿大，长期以来一直被当作一种抗营养因子。近年发现，大豆皂苷具有多种有益于人体健康的生物学功能：①降脂减肥作用；②抗凝血、预防血栓形成；③抗氧化、抑制过氧化脂质生成；④预防肿瘤的作用。

2. 柠檬苦素类化合物

柠檬苦素类化合物是芸香料植物中一组三萜衍生物，是柑橘汁苦味的成分之一，存在于成熟的果实中，以葡萄籽中含量最高。柠檬苦素类化合物能诱导谷胱甘肽硫转移酶活性，抑制苯并芘诱发的肺癌和皮肤癌。柠檬烯是一种重要的柠檬苦素类化合物，为柑橘类水果、蔬菜和香料中的天然成分，在柑橘类水果、香料和草药的精油中含量高。

柠檬烯的生物学作用包括：预防和治疗癌症作用，可显著降低乳腺癌的发生，并能显著减少致癌剂诱发的肿瘤，还可降低胃癌前病变和肺癌的发生。

2.10.4　类胡萝卜素

类胡萝卜素是主要分布于生物体中的一类呈现黄、橙、红以至紫色的色素。类胡萝卜素属脂溶性色素，是由异戊二烯残基为单元组成的共轭双键长链为基础的一类化合物。

1. 胡萝卜素

胡萝卜、红薯、南瓜、橘子等食物中富含的β-胡萝卜素，主要具有改善机体维生素 A 营养状况、纠正其缺乏的功能；可发挥与维生素 A 同样的提高免疫能力、治疗夜盲症以及预防和治疗眼干燥症等作用。β-胡萝卜素是维生素 A 原，近年来研究认为β-胡萝卜素还具有维生素 A 功能之外的作用，它们是体内重要的脂溶性抗氧化物质，可清除多种自由基，提高机体的抗氧化能力。动物实验发现β-胡萝卜素有抑制化学物致癌、增强巨噬细胞功能及预防白内障发生等作用。

2. 番茄红素

番茄红素是膳食中的一种天然类胡萝卜素，广泛存在于自然界的植物中，成熟的红色植物果实中含量较高，其中番茄、胡萝卜、西瓜、木瓜及番茄石榴等的果实中存在较多的番茄红素，人体内各组织器官也有较多分布。

番茄红素的保健功能主要有：①抗氧化、延缓衰老；②抑制肿瘤；③调节血脂；④抗辐射；⑤保护心血管；⑥增强免疫力。

2.10.5　植物甾醇

甾醇是广泛存在于生物体内的一种重要的天然活性物质，按其原料来源可分为动物性甾醇、植物性甾醇和菌类甾醇三大类。动物性甾醇以胆固醇为主，植物性甾醇主要为谷甾醇、豆甾醇和菜油甾醇等，而麦角甾醇则属于菌类甾醇。植物甾醇广泛存在于植物的根、茎、叶、果实和种子中，是植物细胞膜的组成部分，在所有来源于植物种子的油脂中都含有甾醇。

植物甾醇的保健功能包括：降低胆固醇以预防心血管疾病、抗炎、抑制肿瘤作用等。

2.10.6　二十八烷醇

二十八烷醇是天然存在的高级醇，主要存在于小麦胚芽、蜂蜡及虫蜡等天然产物中。

研究证明它具有独特的生理功能，是一种理想的天然健康食品添加剂。二十八烷醇是一元的直链高级脂肪酸，有28个碳原子，直链的末端连着羟基。二十八烷醇在天然产物中含量很低，属于难以提取的高附加值功能因子。

二十八烷醇的保健功能包括：①增进耐力、精力；②提高反应灵敏性；③提高应激能力；④减轻肌肉疼痛；⑤改善心肌功能；⑥降低收缩期血压；⑦提高机体新陈代谢的比率等。

2.10.7 肉碱

肉碱又称“肉毒碱”，化学名称为3-羟基-7-三甲氮丁酸。肉碱有D-型、L-型、DL-型、盐酸盐形式、复合盐形式等多种存在形式。其中只有L-肉碱具有生理活性，而D-肉碱和DL-肉碱则会竞争性地抑制肉碱乙酰转移酶和肉碱脂肪酸转移酶的活性，阻碍细胞的脂肪代谢，因此对人体的健康有害。

L-肉碱的化学结构类似于胆碱，与氨基酸相近，但不是氨基酸，不能参与蛋白质的生物合成。植物性食物肉碱含量较低，动物性食物，如羊肉、瘦肉、肝、心、鸡肉、牛奶以及乳清等的肉碱含量较高。

肉碱的保健功能包括：①促进脂肪酸的运输与氧化；②加速精子的成熟并提高活力；③提高机体的耐受力；④防止乳酸堆积；⑤促进碳水化合物和氨基酸的利用等。

2.10.8 谷维素

谷维素是阿魏酸与植物甾醇的结合酯，主要存在于米糠油、胚芽油和菜籽油等谷物油脂中，以毛糠油中谷维素含量最高。米糠中含量为0.3%～0.5%，而米糠油中含量为2%～3%。

谷维素的保健功能是降血脂和抗脂质氧化；可降低血清甘油三酯、降肝脏脂质和血清过氧化脂质；可减少胆固醇的吸收、降血清总胆固醇，阻碍胆固醇在动脉壁的沉积并减少胆结石的形成等。

2.10.9 褪黑素

褪黑素是大脑松果体在睡眠时分泌的一种吲哚类激素，化学名称为N-乙酰基-5-甲氧基色胺。其生物合成受光周期的制约，松果体在光神经的控制下，由色氨酸转化为5-羟色胺，在N-乙酰基转移酶作用下再转化成N-乙酰基5-羟色胺，最后合成褪黑激素。体内含量呈昼夜性的节律改变，夜间分泌量比白天多5～10倍，凌晨2～3时达峰值。

褪黑素是维持正常生理节奏的重要物质，对睡眠周期的维持尤为重要，当黑暗刺激视网膜时，会发生一系列神经传递和生化反应，促使大脑松果体内褪黑素合成增加；反之，白天会因光线刺激视网膜而抑制褪黑素的分泌。所以，助眠是褪黑素最基本和最有效的功能。褪黑素也是调整生物钟的活性物质，外源性褪黑激素可影响体内褪黑激素的正常分泌，利用这种特性，可对生理节律紊乱者，如飞行时差反应综合征患者、盲人和夜班工作人员的失眠进行激素调节，使其生理节律与环境节律保持一致。

褪黑素可抑制脂质过氧化作用，避免自由基对细胞的损害。此外，褪黑素可释放神经递质，改善痴呆者记忆力，保护黑质细胞，促进多巴胺的产生，从而防治帕金森病。褪黑素还有防治眼部疾病如白内障、青光眼和视网膜黄斑退化等功能。

2.10.10　叶绿素

叶绿素是植物体内光合作用赖以进行的物质基础，广泛存在于高等植物的叶绿体中。叶绿素是一类含镁卟啉环衍生物的泛称，以叶绿素 A 和叶绿素 B 最为常见。叶绿素具有多种保健功能，如叶绿素、叶绿酸具有强烈的抑制突变作用，尤其是叶绿酸对致突变物质的抑制作用最强；叶绿素可促进溃疡及伤口肉芽新生，加速伤口愈合；可抗变态反应。此外，叶绿素还有脱臭及降低血液中胆固醇的作用。

目前为止，叶绿素及其衍生物主要是作为食用绿色素和脱臭剂而广泛用于糕点、饮料、口香糖、果冻及冰激凌等食品中，其安全性高。随着对叶绿素生理功能研究的不断深入，开发以叶绿素为基料的功能性食品有潜在的价值。

2.10.11　辅酶 Q

辅酶 Q 是多种泛醌的总称，其存在于一切活细胞中。在细胞线粒体内的含量最多，是呼吸链中的重要参与物质，是产能营养素释放能量所必需。如果缺乏辅酶 Q，细胞就不能进行充分氧化，就不能为机体提供足够能量，生命活动就会受影响。

辅酶 Q 在心肌细胞中含量最高，因为心脏需大量辅酶 Q 来维持每天千百次的跳动。许多心脏衰弱的人多缺乏辅酶 Q。辅酶 Q 能抑制血脂过氧化反应，保护细胞免受自由基损伤；可提高免疫功能和治疗免疫缺乏，可有效促进 IgG 抗体的生成；还有减轻维生素 E 缺乏症的某些作用。辅酶 Q 被认为是延缓细胞衰老进程中起最重要作用的物质，其中辅酶 Q 已在临床上用于治疗心脏病、高血压及癌症等。

辅酶 Q 类化合物广泛存在于微生物、高等植物和动物中，其中以大豆、植物油及动物组织中含量较高。鱼类尤其是鱼油中含有丰富的辅酶 Q_{10}，其他如动物的肝脏、心脏、肾脏及牛肉、豆油和花生中也含有较多的辅酶 Q。

2.10.12　核酸

核酸(nucleic acid)可以在体内合成，但当体内合成的核酸量不足时，就成为条件必需营养素(conditional essential nutrients)，其广泛存在于动植物食品中。富含核酸的食品主要有鱼类、动物内脏和干豆类食品。牛奶及奶制品、蛋类、谷类和一般果蔬中含核酸较少，但在菠菜、竹笋、蘑菇等食品中含量较高。

保健功能：①免疫调节功能；②抗自由基；③抗衰老；④减轻放、化疗对人体的损伤；⑤改善循环系统：核酸能扩张血管，改善血流，降低血脂，促进血管壁再生，抑制血小板凝集。因此，核酸对脑血栓、心肌梗死及动脉粥样硬化均有较好的保健作用。

2.10.13 白藜芦醇

白藜芦醇化学名为3,4′,5-三羟基二苯乙烯，是植物抵抗恶劣环境或遭遇病原体侵害时自身分泌的一种抵御感染的抗生素。白藜芦醇以游离态和糖苷结合态两种形式存在，且均具有抗氧化功能。白藜芦醇多存在于葡萄果皮，是葡萄中的一种重要活性成分。

白藜芦醇苷在人体内很快水解为苷元，因此，在人体内直接发挥生理作用的是白藜芦醇。

白藜芦醇是一种天然的抗氧化剂，可降低血液黏稠度，抑制血小板凝集和血管舒张，保持血液畅通；可预防癌症的发生及发展，具有抗动脉粥样硬化和防治冠心病、缺血性心脏病、高血脂的作用。

2.11 功能性食品的常用原料

功能性食品产业的创新和质量提升需要从规范功能性食品的原料做起，功能性食品原料是功能性食品生存、发展的基础。功能性食品的原料主要有两个来源：一是通过提取或合成人体所需营养素或其他生物活性成分来改善肌体某方面缺陷，达到改善机体的功能，如植物提取或人工合成的化学物质等。二是利用传统中医药理论中“药食同源”特点进行组方，并用现代加工技术提取和加工成的具有我国特色的和特定保健功能的食品。因此，在保障原料安全的前提下，充分利用我国丰富的药食同源原料，开发中国特色的功能性食品新原料十分重要。

目前，国家食品药品监督管理总局批准的既是食品又是药品的原料有：丁香、八角茴香、刀豆、小茴香、小蓟、山药、山楂、马齿苋、乌梢蛇、乌梅、木瓜、火麻仁、代代花、玉竹、甘草、白芷、白果、白扁豆、白扁豆花、龙眼肉(桂圆)、决明子、百合、肉豆蔻、肉桂、余甘子、佛手、杏仁(甜、苦)、沙棘、牡蛎、芡实、花椒、赤小豆、阿胶、鸡内金、麦芽、昆布、枣(大枣、酸枣、黑枣)、罗汉果、郁李仁、金银花、青果、鱼腥草、姜(生姜、干姜)、枳椇子、枸杞子、栀子、砂仁、胖大海、茯苓、香橼、香薷、桃仁、桑叶、桑葚、桔红、桔梗、益智仁、荷叶、莱菔子、莲子、高良姜、淡竹叶、淡豆豉、菊花、菊苣、黄芥子、黄精、紫苏、紫苏籽、葛根、黑芝麻、黑胡椒、槐米、槐花、蒲公英、蜂蜜、榧子、酸枣仁、鲜白茅根、鲜芦根、蝮蛇、橘皮、薄荷、薏苡仁、薤白、覆盆子、藿香。

可用于功能性食品的原料有：人参、人参叶、人参果、三七、土茯苓、大蓟、女贞子、山茱萸、川牛膝、川贝母、川芎、马鹿胎、马鹿茸、马鹿骨、丹参、五加皮、五味子、升麻、天门冬、天麻、太子参、巴戟天、木香、木贼、牛蒡子、牛蒡根、车前子、车前草、北沙参、平贝母、玄参、生地黄、生何首乌、白及、白术、白芍、白豆蔻、石决明、石斛(需提供可使用证明)、地骨皮、当归、竹茹、红花、红景天、西洋参、吴茱萸、怀牛膝、杜仲、杜仲叶、沙苑子、牡丹皮、芦荟、苍术、补骨脂、诃子、赤芍、远志、麦门冬、龟甲、佩兰、侧柏叶、制大黄、制何首乌、刺五加、刺玫果、泽兰、泽泻、玫瑰花、玫瑰茄、知母、罗布麻、苦丁茶、金荞麦、金樱子、青皮、厚朴、厚朴花、姜黄、枳壳、枳实、柏子仁、珍珠、绞股蓝、胡芦巴、茜草、荜茇、韭菜子、首乌藤、香附、骨碎补、党参、桑白皮、桑枝、浙贝母、益母草、积雪草、淫羊藿、菟丝子、野菊花、银杏叶、黄芪、湖北贝母、番泻叶、蛤蚧、越橘、槐实、蒲黄、蒺藜、蜂胶、酸角、墨旱莲、熟大黄、熟地黄、鳖甲。

下面将功能性食品中较常用的原料，或是虽未明确，但在实际中使用的功能性食品原料的功能介绍如下。

2.11.1 蜂蜜

蜂蜜是由蜜蜂从植物花的蜜腺所采集的花蜜与自身含丰富转化酶的唾液混合酿制而成。由于各种植物开花季节及植物种类不同，蜂蜜在质量上也略有差异，其中以枣花蜜质量较优。

蜂蜜中含有 60 多种有机物和无机物，主要成分包括糖类、有机酸、酶类、无机盐、维生素等。此外，蜂蜜还含有蛋白质、糊精、脂肪、天然芳香化合物、色素和蜡质等。

蜂蜜中含有抗生素和甲酸，具有较强的杀菌和抑菌能力，可杀灭伤寒、副伤寒、痢疾、肠炎等病原微生物。蜂蜜可用于改善肝炎、肝硬化、脂肪肝、高血压、动脉硬化、神经衰弱、胃炎、溃疡病、贫血、慢性支气管炎和便秘等多种疾病。蜂蜜还是许多中药加工炮制时的矫味剂和赋形剂，常用以制蜜丸或蜜膏等。

2.11.2 蜂王浆

蜂王浆又名蜂皇浆、蜂乳、蜂王乳，是蜜蜂巢中培育幼虫的青年工蜂咽头腺的分泌物，是供给将要变成蜂王的幼虫的食物。蜂王浆成分复杂，含有蛋白质、糖、维生素、脂肪等多种营养成分。鲜蜂王浆中水分质量占 62%～70%，干物质占 30%～37%。鲜蜂王浆的干物质中蛋白质量多，占 36%～55%。此外，蜂王浆还含有丰富的维生素、核酸、激素、酶以及抗体等活性物质。

蜂王浆的保健功能包括：对老年人已减退的免疫功能有调节作用，对神经衰弱有特殊疗效；能促进老年人垂体促性腺激素的分泌，具有延缓衰老的作用；蜂王浆中的唾液腺素有促进人体肌肉、骨骼、牙齿等组织发育和新陈代谢作用；对慢性肝炎、风湿性关节炎、糖尿病、溃疡病和心血管疾病，均有较好的保健功能。

2.11.3 蜂胶

蜂胶是蜜蜂从植物芽孢或树干上采集的树脂(树胶)，混入其上腭腺、蜡腺的分泌物加工而成的一种具有芳香气味的胶状固体物。蜂胶含树脂 50%～60%、蜂蜡 30%、芳香挥发油 10%和一些花粉等混合物。蜂胶中还含有多种维生素、氨基酸、矿物元素以及具有生物活性的酶类、醇类、脂类等成分。

蜂胶是可用于保健食品的天然营养补充剂，其保健功能包括：免疫调节、改善睡眠、调节血脂、调节血糖、改善胃肠道功能、辅助抑制肿瘤、缓解疲劳、延缓衰老、抗氧化等多方面功效。

2.11.4 花粉

花粉是植物有性繁殖的雄性配子体，具有低脂肪、高蛋白的特点，含有多种维生素、酶、微量元素和黄酮类、羧酸类、酶类、激素类等生物活性物质。

蜂花粉是由蜜蜂采集回巢的花粉，除含有一般花粉的成分外，还含有蜜蜂在采集过程中加入的少量花蜜及其分泌物，因此蜂花粉的营养比一般花粉更丰富。

花粉的保健功能包括：对心脑血管系统有保护作用、加强消化系统功能、促进脑细胞发育、调节内分泌系统、缓解疲劳、保护肝脏、增强造血功能、增强免疫能力和抗衰老等。

2.11.5 荞麦

荞麦有两个栽培品种，一种是“甜荞”，另一种是“苦荞”，前者全世界均有种植，后者仅在中国黄土高原、云贵高原等地区栽培，尤以四川凉山州最为集中。虽然甜荞麦也有一定的调节生理功能，但远不如苦荞麦有效。

荞麦中蛋白质含量丰富，含有成人必需的 8 种氨基酸在内的 19 种氨基酸，其蛋白质含量高于其他主粮，还含有脂肪、碳水化合物、多种维生素及微量元素等。苦荞麦中富含芦丁、儿茶素等黄酮类物质，还含有苦荞多酚、槲皮素、三价铬、植物甾醇等活性成分。

荞麦的保健功能包括调节血糖、调节血脂、抑制白血病细胞增殖以及抗癌等。

2.11.6 魔芋

魔芋是一种多年生草本植物。地下块茎为扁球形，魔芋块根干燥后可制得魔芋粉，魔芋粉为淡黄至褐色粉末。基本无臭、无味，其水溶液稠度很高，有很强的拉丝(拖尾)现象，对纤维物质有一定分解能力。魔芋粉有很强的亲水性，可吸收本身重量数十倍的水分，经膨润后的溶液有很高的黏度，其主要功效成分为葡甘露聚糖。

魔芋的保健功能包括：减肥、调节血糖、调节血脂、改善肠内菌群等作用。此外，葡甘露聚糖能吸附农药 DDT、多氯联苯，对金属离子无吸附作用，不会影响人体对无机盐的吸收利用。

2.11.7　芦荟

芦荟属百合科多肉植物，原产于地中海沿岸和非洲。芦荟品种很多，有 360 余种，但可供药用和食用的仅数种，包括：①康拉索芦，这是最主要的品种，仅美国年产和消费就有数万吨，它与中国海南岛的野生种芦荟在形态和主要成分方面基本一致；②木本芦荟，主产于日本；③皂素芦荟，在日本多用于药用；④国产的有好望角芦荟、上农大叶芦荟、立木芦荟、珍珠芦荟等。

芦荟所含成分较复杂，除含有必需氨基酸、多种维生素、无机盐等营养物质以外，还含有蒽醌类化合物、乙酰基吡喃甘露聚糖、多糖醛酸类化合物以及芦荟熊果叶素等功效成分。

芦荟的保健功能包括：美容、杀菌、强心活血、愈合伤口、免疫调节、抗肿瘤以及解毒等作用。此外，芦荟对一些慢性病，如肠胃病、高血压、心脏病、糖尿病、肝脏病、风湿病、便秘、口腔炎等均有一定辅助治疗作用。

2.11.8　银杏及银杏叶

银杏，又名白果，为银杏科乔木植物银杏的成熟种子。银杏含蛋白质、脂肪、碳水化合物、钙、磷、铁、胡萝卜素、核黄素、氨基酸、核糖核酸酶、白果酸、氢化白果酸等成分；银杏叶含有银杏黄酮、银杏内酯等功效成分。白果对体外结核杆菌有抑制作用，对多种革兰氏阴性菌、阳性菌及某些真菌有抑制作用。白果外种皮水溶性成分能清除超氧自由基，具有抗衰老作用。

银杏叶的主要保健功能包括：改善血液循环、降血脂、保护脑组织和抗脑水肿、抗衰老、益智健脑、美容等。

2.11.9　沙棘

沙棘，又名沙棘果、醋柳，为胡颓子科植物沙棘的成熟果实。沙棘含有多种维生素、蛋白质、氨基酸、脂肪、糖类、矿物质等营养成分和植物甾醇、磷脂、黄酮等生物活性物质。沙棘种子含油 5%~9%，其中不饱和脂肪酸含量很高，约占 90%。

沙棘的保健功能包括：调节血脂、调节免疫、抗辐射、抑制肿瘤、抗血栓形成、延缓衰老、护肝、加速胃溃疡愈合等。

2.11.10　枸杞

枸杞为茄科落叶小灌木，一般是指其浆果“枸杞子”，呈椭圆形纺锤状，干燥成品略被压扁，橙红至暗红色，味略甜。其品种较多，宁夏枸杞以果大、质佳著称。

枸杞中的生物活性物质包括类胡萝卜素、甜菜碱、枸杞多糖等。此外，枸杞中还含有枸杞油(约15%)，酸浆果红素，多种维生素、磷脂，植物甾醇等成分。

枸杞的保健功能包括：增强免疫能力、抗衰老、抑制脂肪在肝细胞内沉积、辅助抑制癌细胞增殖、降低血脂和胆固醇、降血糖、促进机体的造血功能，并能减轻化疗药物引起的血中白细胞减少等毒副作用。

2.11.11 山楂

山楂为蔷薇科植物山楂或野山楂的成熟果实。山楂果实呈梨果球形或网卵形，深红色且密布白色斑点，味酸。山楂含有黄酮类和三萜类化合物，还含丰富的蛋白质、多种维生素和矿物质。

山楂中已分离得到60余种黄酮类化合物，主要苷元为：槲皮素类、芹菜素类、山柰酚类、木犀草素和二氧黄酮类等。三萜类化合物是山楂中另一类较重要的成分，主要有熊果酸、山楂酸、齐墩果酸等。

山楂的保健功能包括：增强心肌收缩力、增加心脏血液输出量等作用；山楂果总黄酮具有一定的抗癌作用，对预防消化道肿瘤的发生有一定作用；食用山楂能增加胃中消化酶的分泌和酶的活性，促进消化。

2.11.12 金银花

金银花是忍冬科植物忍科以及同属种山银花或毛花柱忍冬的干燥花蕾或初开的花，以山东产量高、质量好。

金银花含有丰富的绿原酸，含量可高达5.0%，并以此作为衡量其质量的标准之一，此外有异绿原酸A、异绿原酸B、异绿原酸C和新绿原酸等成分。此外，金银花还含有挥发性油、黄酮类化合物及三萜类物质等成分。

金银花的保健功能包括：抗菌消炎、清咽润喉、护肝、调节免疫、降血脂等作用。

2.11.13 红花

红花又称草红花，是菊科植物红花的干燥花朵，红色(未成熟者呈黄色)，花皱缩弯曲散乱成团或散在，纤细如毛，质柔软，微有香气，味微苦。中国新疆为世界最大产地。

红花含红花黄素(占色素总量的20%～30%)、红花醌苷(红花红素)、红花苷、新红花苷、β-谷甾醇等。另含油酸、亚油酸、亚麻酸等脂肪酸，也含有多种黄酮类化合物及多糖。

红花的保健功能包括：美容祛斑、抗血凝、调节免疫能力、提高耐缺氧能力、增强冠状动脉的血流量以抑制血栓形成等作用。

2.11.14　菊花

菊花是多年生菊科草本植物，是我国传统的常用中药材之一，主要以头状花序供药用。菊花于 9～11 月盛开时分批采收，阴干或焙干，或蒸后晒干供用。菊花主要分黄白两种，白菊以杭白菊、贡菊最有名，黄菊以杭州所产最佳。另有各种野菊，味苦、辛，泻火解毒力强，黄菊则介于白菊和野菊之间。

菊花中的挥发油含量为 0.2%～0.85%，主要有龙脑、樟脑、菊酮、菊烯醇、乙酸龙脑酯、松油醇等 18 种成分。黄酮类有黄芩苷、木犀草素、芹菜素等。另含有腺嘌呤、胆碱、菊苷、绿原酸、氨基酸、维生素和微量元素等成分。

菊花的保健功能包括：解热、清咽润喉、抗菌抗病毒、保护心血管等作用。此外，菊花还有延缓衰老、解铅毒、抗辐射等作用。野菊花有降低血压、扩张血管以增加血流量、抗血小板凝集、抑制流感病毒等作用。

2.11.15　虫草

虫草为虫草真菌寄生于虫草蝙蝠蛾幼虫体内形成的虫与苗的复合体。全世界报道的虫草属有 350 种以上，我国发现并报道的有 60～80 种，其中最具有医疗保健价值的是冬虫夏草，主要分布在青海、西藏、四川、云南、贵州等海拔 4000m 左右的高海拔地区。

冬虫夏草的形成过程为：冬季蝙蝠蛾幼虫蛰伏在土层内，被虫草真菌感染。虫草真菌寄生于虫体内吸取养料，逐渐繁殖以致幼虫僵死。次年春夏之交真菌菌体子座自幼虫头部长出，形如角状或棒状，似草形，故名“冬虫夏草”。

虫草含有丰富的营养物质，包括蛋白质、氨基酸、脂肪、维生素、矿物质等。虫草的蛋白质含量为 20%～26%，其中含有成人所需的 8 种必需氨基酸在内的 18 种氨基酸。虫草的粗脂肪含量为 9%以上，其中饱和脂肪酸为 11%～13%，不饱和脂肪酸为 80%～82%。

虫草还含有多种生物活性成分，主要有虫草多糖、环二肽类化合物、甘露醇、虫草素、甾醇、核苷与腺苷。腺苷是虫草的主要活性物质，其含量是评价虫草内在质量的重要指标。

虫草的保健功能包括：保护心血管系统、提高非特异性免疫、护肝、抗肿瘤、辅助调节血糖等作用。

2.11.16　灵芝

灵芝又称灵芝草，是一种寄生于阔叶树根部的多孔菌科真菌，食用、药用灵芝为多孔科真菌紫芝和赤芝的干燥子实体，有红色、白色、黄色、紫色等。中国有 60 余种灵芝，主要有赤灵芝、紫灵芝、薄盖灵芝等，多分布于云南、贵州、吉林、西藏等地。

灵芝主要含有灵芝多糖、三萜类化合物、核苷、甾醇、生物碱、多种氨基酸、矿物质等。灵芝多糖是灵芝的主要有效成分，灵芝多糖的种类很多，有水溶性多糖，酸性多糖和碱性多糖，主要存在于灵芝细胞壁内壁。灵芝中的三萜类化合物多达100多种，是其主要的功效成分之一。生物碱也是灵芝中具有重要生物活性的物质。

灵芝的保健功能包括：保护心血管系统、增强免疫功能、抗肿瘤、镇静安神、解毒护肝、止咳平喘等作用。

2.11.17 螺旋藻

螺旋藻是蓝藻门的一种海藻，是自然界中营养丰富且全面的天然食物之一，它含有丰富的蛋白质、氨基酸、多糖、不饱和脂肪酸、维生素、微量元素和藻蓝素等。

螺旋藻的蛋白质不论在数量上还是质量上都有其独特的优势，其蛋白质含量高达60%～70%，在天然食物中可能最高，其消化率高达75%，生物学价值为68%；螺旋藻属于低脂食品，脂肪含量仅为6%～7%，以不饱和脂肪酸为主，尤其是富含人体必需的脂肪酸；螺旋藻中维生素含量也很丰富，尤其是胡萝卜素、维生素E和维生素C含量较高；螺旋藻的无机盐含量也很高。此外，螺旋藻还含有牛磺酸、藻麦素及新陈代谢酶等。

螺旋藻的保健功能包括：免疫调节、预防缺铁性贫血、预防糖尿病、预防高脂血症、预防老年视力障碍、预防慢性胃炎与消化道溃疡、预防肝脏疾病、抗肿瘤等作用。

2.11.18 珍珠粉

珍珠是珍珠贝机体分泌的一种有黏性的液体(称之蚌沮)，包裹侵入蚌内和壳内层间的外植入异核，经不断地沉积矿化而成。珍珠实质上是蚌沮的浓聚矿化物。

普通珍珠粉是直接将珍珠研磨成细粉，这种珍珠粉在水中溶解度小，胃肠难吸收。水溶性珍珠粉是在保留珍珠的全成分不被破坏的前提下，采用酸水解、酶解或混合水解研制出的水溶性珍珠粉，使不溶性钙盐转化成可溶性钙盐，不溶性蛋白质转化成容易吸收的氨基酸，使珍珠粉的吸收率从30%提高到90%，大大提高了生物利用率，解决了长期以来珍珠粉不易吸收的难题。

珍珠粉含碳酸钙为92%，有机物为5%，包括18种氨基酸，如牛磺酸、鸟氨酸、甘氨酸等，并含有多种矿物元素和微量元素。

珍珠粉的保健功能包括：健骨补钙、镇惊安神、清热解毒、养颜美容以及预防糖尿病、降血脂、降血压、预防动脉粥样硬化和抗脑血栓等作用。

2.11.19 蚂蚁

全世界蚂蚁共约1.5万种，中国约2000种，具有功能性质的近100种，均为经严格挑选的无毒无害野生良种。其中常用的品种主要有拟黑多刺蚁和鼎突多刺蚁等。其中拟黑多刺蚁以力量大、生存时间长、生命力强、营养丰富全面、具有良好的免疫调节作用著称。

蚂蚁富含各种营养素，蛋白质含量为 42%～67%，含有成人所需的 8 种必需氨基酸以及多种维生素、矿物质，还含有蚁酸、单体蚁醛、牛磺酸、甾类、三萜类、生物碱、三磷酸腺苷和性激素等成分。

蚂蚁的保健功能包括：增强免疫、延缓衰老、抗血栓、祛黄褐斑、缓解疲劳、耐高温等作用。此外，蚂蚁对风湿性关节炎、强直性脊柱炎、乙型肝炎有一定的辅助调节作用。

2.11.20 牛初乳

牛初乳是乳牛正常分娩后最初 72h 内所分泌的乳汁。牛初乳含多种活性因子，有多种保健功能，具有普通乳品无法比拟的优点。

牛初乳的营养特点是高蛋白、高钙质，含有成人必需的 8 种氨基酸和 11 种非必需氨基酸，还含有多种维生素、矿质元素，以钾、钙、磷、铜含量较高，且钙、磷比例适宜，利于肠道对钙的吸收。

牛初乳经过多次分离、提取和浓缩而制成活性初乳素，这是较理想的营养保健食品。牛初乳和初乳素的保健功能包括：调节免疫、抑菌、调整肠道、增强食欲等作用。初乳素还能防止体内自由基和脂质过氧化的损伤，对病后恢复、增强体质、提高免疫力、增强对疾病的抵抗力等有一定功效。

2.12 海洋来源功能性食品

海洋是生物资源的巨大宝库，据统计，地球上约有 80%的物种生活在海洋，种类超过 1 亿种。种类多样的海洋生物除提供给人类优质蛋白质外，其独特的环境还孕育了特有的生命现象。海洋生物在高渗、低温、低氧环境下生存并进化，使得它们拥有与陆地生物不同的基因组和代谢规律，合成产生一系列结构和性能独特、具有巨大应用潜力的功能天然产物，是开发海洋药物、生物制品、食品及其他功能产品的重要资源。

2015 年我国海洋生产总值达 54313 亿元，比 2014 年增长了 7.6%，海洋生产总值占国内生产总值的 9.5%。其中，海洋产业增加值 31969 亿元，海洋相关产业增加值 22344 亿元。海洋水产品产业是海洋经济中不可或缺的一环，在海洋经济中占有重要的战略地位。

迄今为止，全世界从海洋动植物及微生物中分离得到的新型化合物已有 30000 多种，包含多种活性成分，如活性蛋白、鱼油(多不饱和脂肪酸)、磷脂、牛磺酸、甲壳素(壳聚糖)、活性多糖、维生素、膳食纤维、矿物质等。我国目前批准的海洋药物有藻酸双酯钠、甘糖酯、河豚毒素、角鲨烯、多烯康、烟酸甘露醇、海参皂苷、硫酸软骨素、海藻多糖、虾青素等；此外，还利用提取的海洋生物资源的营养物质和活性成分，开发了一系列功能性海洋保健食品，例如鲨鱼软骨系列、海藻系列、鱼油产品系列、贝类产品系列、甲壳资源产品系列、补碘系列、珍珠及活性钙产品系列等。

海洋功能性食品，是指以海洋生物资源为原料的功能性食品，具有一般食品的共性，能调节人体机能，适宜特定人群食用，但不以治疗疾病为目的。

截至 2014 年，我国已批准的国产海洋生物保健品为 1367 个，占保健食品总数的 9.5%；已批准的进口海洋生物保健品为 162 个，占进口保健食品总数的 22.0%。图 2-1 列出了我国从 1996～2014 年批准的海洋生物保健品的数量。我国海洋生物保健品中涉及的水产原料种类多、范围广，既有常见食品又有传统中药材。图 2-2 列出了 2014 年海洋生物保健品中主要水产原料种类的使用分布情况。国产保健品约 11 大类，共 72 种原料。其中海洋藻类和珍珠使用频次最高，分别占海洋保健食品总数的 21.1%和 19.7%。进口海洋保健食品中所涉及的水产原料较少，约 27 种，其中鱼油和鲨鱼软骨比重最大，分别占 39.7%和 13.6%。

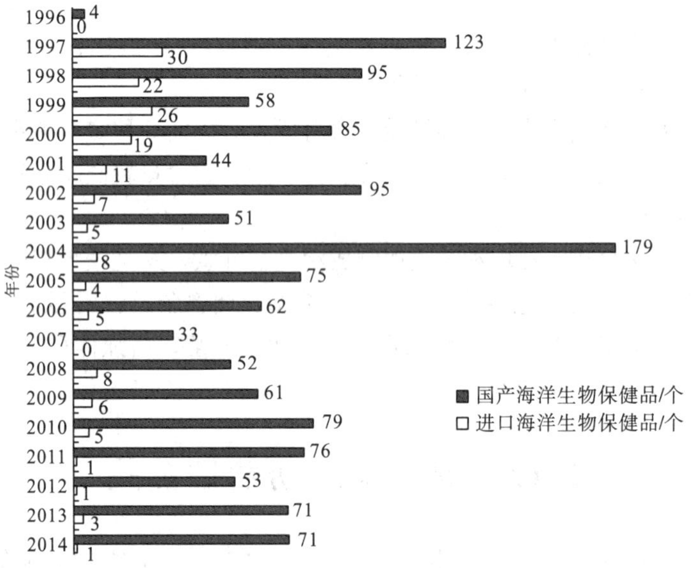

图 2-1　1996～2014 年我国批准的海洋生物保健品数量统计图

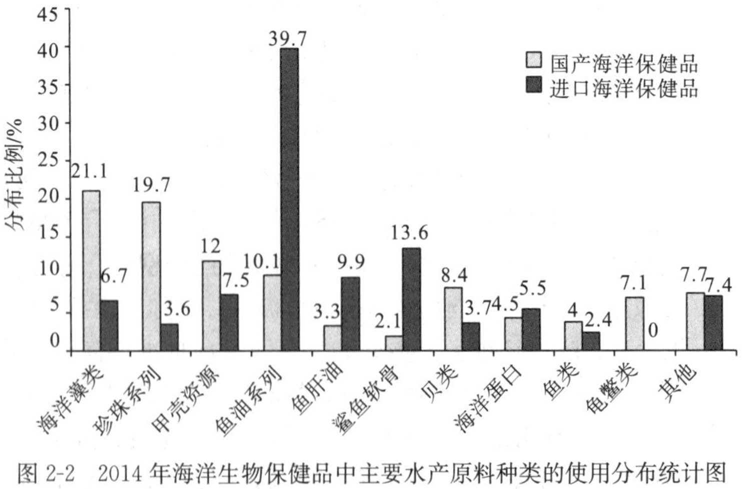

图 2-2　2014 年海洋生物保健品中主要水产原料种类的使用分布统计图

1. 海洋保健食品的功能及剂型现状

目前，国产海洋生物保健品涉及的功能有 27 种，增强免疫功能的产品最多，约 492

个，占 38.0%。辅助降血脂、缓解体力疲劳、美容功能和增加骨密度的产品次之，这几类产品约占海洋保健食品总数的 53.1%。美容功能产品中，七成为祛黄褐斑产品，两成为改善皮肤水分产品。营养素补充剂产品中，六成为补钙产品。进口海洋生物保健品涉及的功能较少，只有 12 种，而辅助降血脂和增强免疫力的产品占到 72.7%。

国产和进口海洋生物保健品的剂型共涉及 13 类(胶囊、片剂、口服液、粉剂、酒、丸、颗粒、食品形药、茶剂、舌下片剂、糖浆、滴剂、汤)。其中，胶囊、片剂是最主要的两大剂型，分别占国产海洋保健食品总数和进口海洋保健食品总数的 78.7%和 92.1%(图 2-3)。

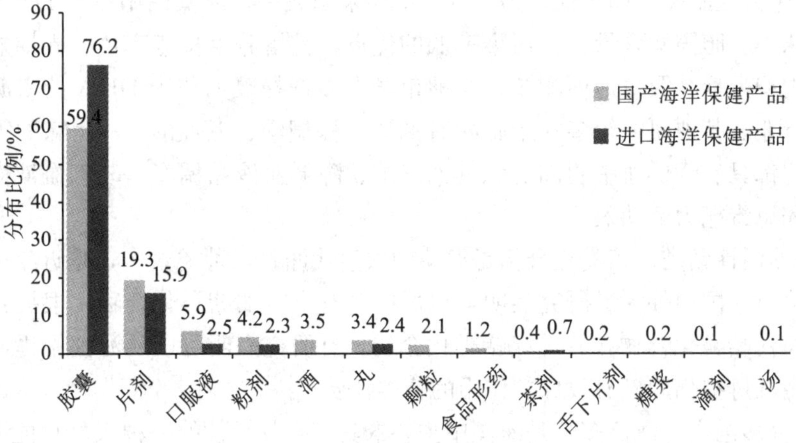

图 2-3　海洋保健食品剂型统计图

2. 海洋功能性食品常见种类

1)鱼油

鱼油主要是一些多不饱和脂肪酸(polyunsaturated fatty acids，PUFA)，如二十碳五烯酸(eicosapentaenoic acid，EPA)、二十二碳六烯酸(docosahexaenoic acid，DHA)。

PUFA 作为一种独特的生物活性物质，在生物系统中具有广泛的功能。近年来研究发现，PUFA 对人体大脑发育及心脑血管功能等都有一定的功效，其能降低血浆中的胆固醇，并对心脑血管疾病、中风、高血压等疾病的治疗有良好的医用价值。鱼油中的 EPA 是人体必需脂肪酸，人体自身不能合成但又是必不可少的重要营养元素，有促进体内饱和脂肪酸的代谢、降低血液黏度、促进血液循环、预防动脉粥样硬化的形成和发展、消除疲劳、去除皮肤炎症等作用；鱼油中的 DHA 具有促进细胞生长发育、改善大脑机能、提高记忆力和学习能力、增强视网膜反射能力及延缓老年痴呆等提高生命机能的功效，被称为“脑黄金”。因此，DHA 和 EPA 已经成为现代食品和药品研究领域中的一个非常重要的研究对象。除此之外，鱼油还能够抑制血小板凝结、保护视力、提高免疫力，对癌症也有一定的抑制作用以及抗炎作用。近年来市场上销售的鱼油功能性食品主要为鱼油软胶囊。鱼油还作为一种食品添加剂广泛使用在面包、牛奶、冰淇淋、婴儿奶粉、酸奶等食品中。

2)海藻

海藻中含有相当数量的类胡萝卜素、维生素 B_1、维生素 B_2、维生素 B_3以及一定量的维生素 B_6、维生素 B_{12}、维生素 E、泛酸以及叶酸等。其中 β-胡萝卜素、维生素 A 含量非常丰富，如紫菜中维生素 A 含量可达 33000IU/100g。

(1)海藻蛋白类。海藻是丰富的蛋白质来源，海藻蛋白的氨基酸组成与陆生植物大豆的基本一致，有利于人体的消化吸收。藻类蛋白大多具有降压、调节血脂平衡及促进免疫系统的功能。目前研究较多的是藻蓝蛋白。藻蓝蛋白是一种水溶性蛋白，存在于蓝藻、红藻等海藻中，是重要的捕光色素蛋白藻胆蛋白的组成部分，主要用来开发各种营养强化剂。

(2)海藻活性脂类。即藻油，为 DHA 主要来源之一，从藻油中提取 DHA 相较于鱼油有着腥味小、胆固醇含量少、污染率低的优点，且培养生长速率快、周期短、营养价值高、生物积累量高及占地面积少，当前市场上多选择藻油作为 DHA 的来源和载体应用于食品行业。其他研究较多的脂肪酸有油酸、棕榈酸、亚油酸、α-亚麻酸等不饱和脂肪酸，它们都具有降低血中胆固醇和甘油三酯、降低血液黏稠度、改善血液微循环、增强记忆力和思维能力等功效。

(3)海藻活性萜类。萜类化合物是海藻的次生代谢物，种类繁多，是近年来海洋化合物的研究热点。国内外大量研究表明，海藻中含有丰富的萜类化合物，根据其化学结构主要分为卤代萜类化合物和芳香族萜类化合物，有研究表明可以从海藻中提取出抗乳腺癌、对酒精性肝损伤起到有效保护作用的萜类物质。

(4)海藻多酚类。海藻多酚是海藻中主要的具有生物活性的一种天然功能因子，近年来成为酚类领域的研究热点。随着研究的深入，海藻多酚越来越受到人们的关注，逐渐成为海洋天然药物及生物功能性制品的重要来源。海藻多酚按其酚性羟基的数量可分为单酚类和多酚类。单酚类化合物主要包括卤代单酚和不含卤素的单酚。目前已经明确的卤代单酚有 30 多种，主要为溴代单酚及其衍生物。不含卤素的单酚主要是从一些红藻和褐藻中分离出的简单酚衍生物和带有脂肪链的酚类，主要为羟基苯乙酸、烷化间苯三酚和烷化间苯二酚等。海藻多酚类物质具有显著的生物活性，且经毒理学试验证明海藻多酚属低毒化学物质，食用安全。海藻多酚具有抗氧化、抑菌、化学防御、抗糖尿病综合征、抗肿瘤、抗凝血、抗哮喘等生物活性。

(5)海藻多糖类。海藻多糖是海藻中的重要结构物质，是构成海藻的主要成分，在维持海藻的生理生态方面起着重要作用。海藻多糖成分复杂，是由多个相同或者不同的单糖基通过糖苷键相连形成的高分子碳水化合物。目前已从海藻中分离纯化得到多种海藻多糖，主要包括褐藻多糖、红藻多糖、绿藻多糖和蓝藻多糖等。褐藻多糖主要来自海带、鼠尾藻、昆布、羊栖菜等，是一类含有一定数量岩藻糖和硫酸基的水溶性杂聚糖，是褐藻特有的一种化学组分。红藻多糖主要有琼胶、卡拉胶、紫菜多糖等，均是以半乳糖为单位结合的半乳聚糖。绿藻多糖主要存在于细胞壁中，少量存在于细胞质中，主要为硫酸多糖。蓝藻多糖主要是指螺旋藻多糖，是从螺旋藻藻体、螺旋藻培养液中提取分离出的水溶性多糖，是由多种单糖基通过 β-型糖苷键连接组成的复杂多糖。海藻活性多糖，如褐藻胶、褐藻糖胶、卡拉胶、琼脂等，具有抗肿瘤、增强免疫、抗病毒、促生长、调节血脂、抗辐射、抗氧化等生物活性。

根据海藻的营养成分与生物活性，已经开发的海洋保健食品有海藻减肥辅助食品、海带饮料、海带软糖、螺旋藻胶囊、赛鲨力补氧胶丸、海藻晶、海带晶、海螺晶以及螺旋藻营养面、营养蝶片、藻维碘、藻维钙泡腾片等产品。

3)鲨鱼软骨

鲨鱼是海洋生态系统的重要组成部分，其数量的变化直接影响到其他海洋生物，对海洋生态系统中生物群落的组成和生态环境的变化有着重要影响。对于人类而言，鲨鱼是具有高度利用价值的经济型鱼类。然而近几十年来，随着人类社会的进步和发展，对鲨鱼捕捞量的急剧增加以及对海洋环境的破坏，导致鲨鱼种群的生存受到严重威胁。日益严峻的鲨鱼种群危机逐渐引起有关国际组织的重视，并开始加强对鲨鱼捕捞和鲨鱼制品贸易的管理。美国、澳大利亚、欧盟等国家和地区也开始制定其国内的鲨鱼行动计划，实行反捕鲨法，采取禁止割鳍行为等措施。中国作为鱼翅消费大国，也加快了国内鲨鱼保护制度的完善步伐。保护鲨鱼对于维持海洋生物多样性，维护海洋生态平衡，实现鲨鱼资源的可持续利用与人类经济社会的可持续发展具有重要意义。

鲨鱼软骨富含人体必需的胶原蛋白质、硫酸软骨素、多糖、钙、磷、锌等矿物元素。硫酸软骨素(chondroitin sulfate)是一种糖胺聚糖，具有非常高的应用价值，它广泛存在于脊椎动物和无脊椎动物的组织中。它由葡糖醛酸和 N-乙酰半乳糖(GalNAc)胺通过 β-(1→3)连接的重复二糖单位组成，并且在不同位置会有不同程度的硫酸化。根据硫酸基取代情况不同，硫酸软骨素可以分为 A、B、C、D、E、F、H、K、L 和 M 等类别。硫酸软骨素具有多种重要生物活性。例如：具有抗炎、抗 HIV、降血脂、抗凝血活性的功效，能有效预防关节炎、减轻打鼾，还可以改善食物风味、口感、光泽及保湿性等。鉴于其潜在的医药价值，2010 年《中华人民共和国药典》将硫酸软骨素列为防治心血管疾病和关节病的最佳药物。目前市面上硫酸软骨素的产品有硫酸软骨素胶囊、硫酸氨糖软骨素胶囊。鲨鱼软骨多糖具有降血脂作用。鲨鱼软骨中还含有抗肿瘤的活性物质以及抗氧化和抗炎等活性成分，对人体关节起消炎作用，还能修复受损关节，抑制关节退化，对中老年腰腿痛、关节痛、肩周炎等的治疗效果显著。目前市场上鲨鱼软骨制品已有上百种，主要产品有鲨鱼软骨胶囊、鲨鱼软骨粉和鲨鱼软骨剂等。

4)贝类系列

海洋贝类因富含蛋白、多肽、氨基酸、多糖、牛磺酸及微量元素等生理活性物质，而深受科技与产业界的重视，已取得了丰硕成果。

海洋贝类蛋白酶解物含有大量的氨基酸、短肽、多肽等营养功能成分，可以被开发为功能性食品、营养食品和天然药物等，具有广泛的应用前景。贝类氨基酸的特点是牛磺酸含量非常丰富，如马氏珠母贝中牛磺酸含量高达 13830mg/kg，牡蛎和翡翠贻贝中牛磺酸含量也大于 10000mg/kg。牛磺酸是一种对人体极为重要的含硫非蛋白氨基酸，具有保护视力、促进婴儿大脑发育、抗肿瘤、降血脂、提高免疫力等多种生理活性功能。随着人们对天然牛磺酸生理活性认识的不断深化，贝类牛磺酸的应用开发已由最初的滋补品开发转向保健疗效品，并进一步开发成为防治某些成人病、老年病的治疗性药物及用于儿童的天然系列强化功能性食品。

海洋贝类多糖是海洋贝类体内一种含量丰富的生物活性物质，是新型的创新药物和功能性食品资源，其药理作用与植物多糖相似，具有增强免疫力、抗肿瘤、抗衰老、抗凝血等多种生理调节功能，但相关报道大多还处于动物实验阶段，是当今新药开发的重要方向之一。

海洋贝类含有多种人体所需的微量元素。牡蛎中锌、锰含量非常高，锰在增强人体免疫功能、抗衰老和补肾壮阳方面具有重要作用。马氏珠母贝硒含量最高，紫贻贝和海湾扇贝含硒量也很高，硒作为谷胱甘肽过氧化物酶的活性中心元素参与机体的物质能量代谢，为人体生长发育所必需。

目前贝类系列的主要产品有贝类功能保健饮料、功能调味品、蛋白粉以及其他片剂、胶囊的保健食品。

5)甲壳素、壳聚糖

甲壳素(chitin)又名几丁质，是一种在自然界低等植物的细胞、高等植物的细胞壁、甲壳动物的外壳中广泛存在的一种天然有机化合物，是地球上仅次于纤维素的可再生天然高分子材料。海洋生物中，甲壳素主要存在于甲壳纲的虾、蟹和水生藻类中。壳聚糖(chitosan)是甲壳素经脱钙、脱蛋白质和脱乙酰基后的产物。甲壳素、壳聚糖中的高分子多糖是一种线型的天然中性黏多糖。甲壳素、壳聚糖具有较高的医疗保健作用，在提高免疫力、抗癌、降血压、降低低密度胆固醇含量、改善消化机能、减少体内重金属积蓄等方面起着重要作用。现代医学研究认为，甲壳素、壳聚糖是人体继蛋白质、脂肪、碳水化合物、维生素、矿物质、水之后所需的又一重要营养元素。目前甲壳素、壳聚糖系列的保健产品种类主要有减肥食品、降血压食品、糖尿病防治食品、心脑血管疾病防治食品和调节菌群食品等。

6)活性钙类

活性钙类是以海洋生物牡蛎壳为原料，经科学工艺提制制得的生物活性钙，可作为食品添加剂添加到一些保健补钙产品中，这一定程度上提高了它在市场上的受欢迎度。以鱼骨为原料提取的鱼骨钙大多以羟基磷灰石结晶形式存在，导致钙的溶出量甚微。目前，国内已有对鱼骨钙进行开发利用的报道，例如制备鱼骨钙片、以青鱼骨为钙源制备骨粉、以罗非鱼骨为原料制取骨钙。此外，鱼骨钙也可作为食盐的添加剂。活性钙是绿色健康的，已普遍被人们所认可。市面上主要的活性钙类产品有：活性钙镁维生素D片、鱼骨粉等。

7)海参

海参具有高蛋白质、低脂肪的特点，含有多种人体所需的微量元素，并含有酸性黏多糖、皂苷及糖脂等特殊成分，不仅对人体具有营养、滋补作用，而且还具有特殊的保健与药用功效。

(1)海参蛋白。海参蛋白质含量高，富含胶原蛋白，可促进机体细胞的再生和机体受损后的修复，还可提高人体的免疫功能，消除疲劳。海参中的凝集素对于临床上治疗血细胞凝集相关的疾病具有重要意义。海参含有18种氨基酸，这些氨基酸能够增强人体组织的代谢功能和细胞活力，适宜于生长发育中的青少年。其中的精氨酸含量很高，具有改善脑、性腺神经传导的作用。

(2)海参多糖。国内外科学家研究发现海参中特有的活性物质——海参多糖，对人体生理功能的调控具有极其重要的意义。海参干物质中多糖类含量占 15%左右，海参多糖主要由海参硫酸软骨素和海参岩藻聚糖硫酸酯 2 种多糖组成。海参多糖的主要作用包括：①抗癌防癌：海参粗多糖对转移性肿瘤有显著抑瘤作用；②增强免疫力：海参多糖可以影响 T 细胞，从而抵抗细胞感染并限制各种炎症反应；③抗血栓、降血脂：海参糖胺聚糖有益于降低胆固醇相关疾病的发病率；海参多糖具有较高的抗血栓作用及较低的抗凝活性，可用于制作抗血栓药物；④延缓衰老：在体外培养的大鼠皮质神经元实验中海参黏多糖对 β-淀粉样蛋白诱导引起的皮质神经元的损伤或凋亡具有明显的保护作用，这类多糖有防止中枢神经元退行性病变的作用；⑤抗病毒：海参多糖能对抗由单纯疱疹病毒所引起的组织培养细胞的特异性病变；海参糖胺聚糖能明显抑制艾滋病对细胞的感染率；⑥抗辐射：海参多糖对受 Co60 照射的动物具有保护作用并能促进机体造血功能的恢复；⑦防治骨科疾病：海参黏多糖可防治骨质疏松症，也可用于治疗关节炎。

(3)海参皂苷。海参中皂苷含量丰富，其医学作用主要是：①抗肿瘤作用：海参皂苷能显著抑制同肿瘤细胞间的黏附作用，且能够抑制肿瘤血管的新生；②抑菌作用：海参皂苷可以抑制致病菌的生长，其中杀霉作用尤为突出；③免疫调节与造血功能：海参皂苷可协同增加菌苗的免疫活性，同时刺激骨髓红细胞生长；④促进性功能的作用：海参皂苷有激素样活性，能够抑制排卵和刺激宫缩；⑤阻断神经肌肉传导作用：防止脑瘫及因脑震荡和脊椎损伤所致的痉挛；⑥影响脂质代谢：海参皂苷可显著抑制肝脏胆固醇的合成，降低血中胆固醇浓度，改善乳清酸诱导的大鼠脂肪肝。

目前市面上的海参功能性食品有食海参、海参胶囊、海参口服液、海参白金奶、海参肽、海参氨糖胶囊等。

8)其他类

如水解蛋白，一般是从低值海产品及其加工的下脚料中经酶解制得。这些海洋水解蛋白具有抗高血压、抗血栓形成、抗肿瘤、增强免疫和抗氧化等活性功能。

思　考　题

1. 简述多糖的功能活性。
2. 简述活性肽的功能活性。
3. 简述自由基对机体的危害。常见的自由基清除剂包含哪些种类?
4. 功能性食品常用原料包括哪些?
5. 简述酚类化合物的种类及保健功能。
6. 脑白金的主要成分是褪黑素，请结合自己的理解，分析该产品的特色。
7. 海藻的功能活性成分有哪些?
8. 民间谚语说：冬至开始吃海参，吃上九九八十一天，一年陈病不犯。请结合海参的功能特性分析这句谚语的说法对吗？为什么?

参考文献

丁晓雯，周才琼. 2008. 保健食品原理 [M]. 重庆：西南师范大学出版社.

公众营养与发展中心. 2007. 中国营养产业发展报告 2006 [M]. 北京：中国经济出版社.

韩俊娟，木泰华，张柏林. 2007. 我国膳食纤维研究现状分析 [J]. 中国食品添加剂，(2)：161-164.

扈晓杰，韩冬，李铎. 2011. 膳食纤维的定义、分析方法和摄入现状 [J]. 中国食品学报，11(3)：133-137.

黄凯信，陈树喜，陈秀丽，等. 2015. 我国功能性食品发展状况分析 [J]. 农产品加工(综合刊)，(7)：53-55.

黄素雅，钱炳俊，邓云. 2016. 膳食纤维功能的研究进展 [J]. 食品工业，(1)：273-277.

贾利容，赵志峰. 2006. 保健食品营养 [M]. 成都：四川大学出版社.

金玮，西木. 2010. 糖尿病饮食革命 [M]. 北京：人民军医出版社.

金宗濂. 2011. 中国保健(功能)食品的发展 [J]. 食品工业科技，32(10)：16-20.

李国柱. 2010. 功能性食品添加剂进展 [J]. 河南化工，(8)：1-2.

李建涛，张倩，张建民，等. 2013. 海参保健和药用的研究现状 [J]. 菏泽学院学报，35(5)：64-66.

林福亮. 2009. 海洋保健食品的研究开发 [J]. 浙江盐业，(4)：51-54.

刘楠，孙永，曾帅，等. 2015. 海藻主要活性物质及其生物功能研究进展 [J]. 食品安全质量检测学报，(8)：2875-2880.

刘宁，刘雅南，刘涛，等. 2014. 硫酸软骨素的制备研究及发展现状 [J]. 食品工业科技，35(3)：392-395.

刘绍，谢达平，王燕玲，等. 2004. 食品免疫与免疫食品新进展 [J]. 实用预防医学，11(3)：635-636.

刘振江. 2007. 海洋功能性食品的开发 [J]. 中国水产，(8)：65-66.

吕军伟，杨贤庆，林婉玲，等. 2015. 藻油的微胶囊化 [J]. 食品与发酵工业，(7)：75-80.

马双双. 2016. 中国功能性食品的现状及其发展趋势 [J]. 现代食品，(11)：22-23.

阮春梅. 2008. 食品添加剂应用技术 [M]. 北京：中国农业出版社.

邵明攀，李焱，陶文亮. 2013. 功能性食品添加剂——膳食纤维 [J]. 中国酿造，(9)：17-20.

苏阳，徐方旭，冯叙桥. 2013. 鱼油微胶囊化研究进展 [J]. 食品研究与开发，(12)：133-136.

孙长颢. 2012. 营养与食品卫生学(第七版) [M]. 北京：人民卫生出版社.

孙远明. 2010. 食品营养学(第二版) [M]. 北京：中国农业大学出版社.

唐晓婷，刘骞，孔保华，等. 2014. 脂肪替代品的分类及在食品中应用的研究进展 [J]. 食品工业，35(5)：190-195.

田呈瑞，姚晓玲. 2006. 现代饮食营养与健康 [M]. 北京：中国计量出版社.

王丹，丁琳，董平. 2016. 海参皂苷对脂肪肝大鼠胆固醇代谢的调节作用 [J]. 营养学报，38(1)：67-70.

杨玉红，王静凤，赵芹，等. 2012. 革皮氏海参皂苷单体抗血管新生的实验研究 [J]. 中国海洋大学学报：自然科学版，42(5)：68-73.

殷廷，王洪旭，黄璐，等. 2015. 海参水煮液多糖和脂肪酸组成的分析 [J]. 食品工业，36(12)：278-281.

余海星. 2008. 功能性二肽甜味剂——纽甜 [J]. 中国调味品，33(3)：82-85.

张波. 2011. 我国保健食品原料的特点及安全学问题 [J]. 食品科学，32(21)：298-300.

张东峰，邓毛程. 2015. 大蒜功能性食品的开发与应用 [J]. 食品工程，(3)：1-3.

郑建仙. 2009. 功能性食品学 [M]. 北京：中国轻工业出版社.

中国营养学会. 2014. 中国居民膳食营养素参考摄入量(2013 版) [M]. 北京：科学出版社.

周锐丽，陈铁. 2013. 甲壳素、壳聚糖的保健功能及应用展望 [J]. 中国食物与营养，19(11)：65-69.

朱蓓薇，薛长湖. 2016. 海洋水产品加工与食品安全 [M]. 北京：科学出版社.

朱蓓薇. 2010. 海珍品加工理论与技术的研究 [M]. 北京：科学出版社.

Alves M D，Luísa C，Luísa B，et al. 2013. Alternative Sources ofn-3 Long-Chain Polyunsaturated Fatty Acids in Marine Microalgae [J]. Marine Drugs，11(7)：2259-2281.

Anci K E D. 2011. Nutrition updates [J]. Nutrition Reviews，69(8)：489-492.

Bailey R L, Fulgoni V L, Keast D R, et al. 2011. Dietary supplement use is associated with higher intakes of minerals from food sources [J]. Am J Clin Nutr, 94(5): 1376-1381.

Bailey R L, Rd F V, Keast D R, et al. 2011. Dietary supplement use is associated with higher intakes of minerals from food sources [J]. American Journal of Clinical Nutrition, 94(5): 1376-1381.

Bhatnagar D. 2010. Nutrition and metabolism [J]. Current Opinion in Lipidology, 21(5): 462-463.

Bretillon L, Acar N, Berdeaux O, et al. 2010. Lipid nutrition and eye health [J]. Lipid Technology, 22(6): 130-133.

Brodschneider R, Crailsheim K, Spivak M, et al. 2010. Nutrition and health in honey bees [J]. Apidologie, 41(3): 278-294.

Chen S, Hu Y, Ye X, et al. 2012. Sequence determination and anticoagulant and antithrombotic activities of a novel sulfated fucan isolated from the sea cucumber Isostichopusbadionotus [J]. Biochimicaet Biophysica Acta, 1820(7): 989-1000.

Choudhary S P, Tran S L. 2011. Phytosterols: Perspectives in Human Nutrition and Clinical Therapy [J]. Current Medicinal Chemistry, 18(11): 4557-4567.

Galli F, Azzi A. 2010. Present trends in vitamin E research [J]. Biofactors, 36(1): 33-42.

Hou J K, Abraham B, El-Serag H. 2011. Dietary intake and risk of developing inflammatory bowel disease: a systematic review of the literature [J]. The American Journal of Gastroenterology, 106(44): 563-573.

Hurrell R, Egli I. 2010. Iron bioavailability and dietary reference values [J]. The American Journal of Clinical Nutrition, 91(5): 14615-14675.

Jia N, Sun Q, Su Q, et al. 2016. Taurine promotes cognitive function in prenatally stressed juvenile rats via activating the Akt-CREB-PGC1α pathway [J]. Redox Biology, 10(C): 179-190.

Kale V, Freysdottir J, Paulsen B S, et al. 2013. Sulfated polysaccharide from the sea cucumber Cucumaria frondosa affect maturation of human dendritic cells and their activation of allogeneic CD4(+)T cells in vitro [J]. Bioactive Carbohydrates & Dietary Fibre, 2(2): 108-117.

Klosterbuer A, Roughead Z F, Slavin J. 2011. Benefits of Dietary Fiber in Clinical Nutrition [J]. Nutrition in Clinical Practice, 26(5): 625-635.

Kozłowska M, Gruczyiska E, Scibisz I, et al. 2016. Fatty iacids iand sterols composition, and iantioxidant iactivity of oils extracted from plant seeds, Food Chemistry, 213: 450-456.

Kreider R B, Iosia M, Cooke M, et al. 2011. Bioactive properties and clinical safety of a novel milk protein peptide [J]. Nutrition Journal, 10(1): 99.

Liu H H, Ko W C, Hu M L. 2002. Hypolipidemic effect of glycosaminoglycans from the sea cucumber Metriatylascabra in rats fed a cholesterol-supplemented diet [J]. Journal of Agriculturaland Food Chemistry, 50(12): 3602-3606.

Reeves J. 2011. The rise and fall of food minerals [J]. Nutrition and Health, 20(3): 209-229.

Reis J S S, Oliveira G B, Monteiro M C, et al. 2014. Antidepressant-and anxiolytic-like activities of an oil extract of propolis in rats [J]. Phytomedicine International Journal of Phytotherapy & Phytopharmacology, 21(11): 1466-1472.

Requena M C, González C N A, Barragán L A P, et al. 2016. Functional and physico-chemical properties of six desert-sources of dietary fiber [J]. Food Bioscience, 16(1): 26-31.

Sameeh M Y, Mohamed A A, Elazzazy A M. 2016. Polyphenolic contents and antimicrobial activity of different extracts of PadinaboryanaThivy and Enteromorphasp marine algae [J]. Journal of Applied Pharmaceutical Science, 6(9): 87-92.

Sinha A K, Kumar V, Makkar H P S, et al. 2011. Non-starch Polysaccharides and their role in fish Nutrition-A Review [J]. Food Chemistry, 127(4): 1409-1426.

Soni M G, Thurmond T S, Miller E R, et al. 2010. Safety of vitamins and minerals: controversies and perspective

[J]. Toxicological Sciences, 118(2): 348-355.

Stamenic M, Vulic J, Djilas S, et al. 2014. Free-radical scavenging activity and antibacterial impact of Greek oregano isolates obtained by SFE [J]. Food Chemistry, 165(20): 307-315.

Tian Y, Zhao Y, Zeng H, et al. 2016. Structural characterization of a novel neutral polysaccharide from Lentinus giganteus, and its antitumor activity through inducing apoptosis [J]. Carbohydrate Polymers, 154: 231-240.

Yarandi S S, Zhao V M, Hebbar G, et al. 2011. Amino acid composition in parenteral nutrition: what is the evidence [J]. Current Opinion in Clinical Nutrition & Metabolic Care, 14(1): 75-82.

Yimit D, Hoxur P, Amat N, et al. 2012. Effects of soybean peptide on immune function, brain function, and neurochemistry in healthy volunteers [J]. Nutrition, 28(2): 154-159.

Zheng J, Wu H T, Zhu B W, et al. 2012. Identification of antioxidative oligopeptides derived from autolysis hydrolysates of sea cucumber (Stichopus japonicus) guts [J]. European Food Research and Technology, 234(5): 895-904.

第3章　改善免疫系统的功能性食品

免疫是指机体接触“抗原性异物”或“异己成分”后的一种特异性生理反应，是人体与疾病作斗争的自身防线。免疫系统具有高度的辨别力，能精确识别自己和非己物质，以维持机体的相对稳定性；同时还能接受、传递、扩大、储存和记忆有关免疫的信息，针对免疫信息发生正和负的应答并不断调整其应答性。然而，当机体的免疫识别出现问题时，错误地以剧烈的免疫反应来企图清理通常对机体无害的抗原成分时，这时会导致机体受损，这就是我们常说的变态反应，也称为过敏反应。改善免疫系统的功能性食品能够增强机体对各种疾病的防御力、抵抗力，同时维持自身的生理平衡。食品变态反应、营养与免疫和疾病的内在联系、人类未来食物结构等方面的研究，与人类的生命过程息息相关。近年来，增进免疫系统保健食品的开发炙手可热，市场份额逐年增加。本章主要围绕人体免疫系统的组成、常见疾病、改善免疫系统的功能性食品成分及评价标准做一个较为系统的介绍。

3.1 免疫系统

3.1.1　免疫系统的构成与生理功能

生物体要生存，必须不断应对外环境和内环境的变化，即抵抗其他生物或有害物质的侵入和清除体内衰老细胞及自由基的反应。免疫便是指机体接触“抗原性异物”或“异己成分”的一种特异性生理反应，是人体与疾病作斗争的自身防线。而机体的免疫功能正是由复杂的免疫系统实现的。免疫功能的低下，会对机体健康产生极为不利的影响，使多种疾病的发病率和死亡率提高。造成机体免疫功能下降的原因有多种，如营养失衡、精神或心理因素、年龄增大、慢性疾病、应激、内分泌失调和遗传因素等。改善免疫系统的功能性食品能够增强机体对各种疾病的防御力、抵抗力，同时维持自身的生理平衡。免疫系统的组成如图3-1所示。

- 免疫系统
  - 免疫器官
    - 中枢免疫器官
      - 骨髓
      - 胸腺腔上囊(禽类)
    - 外周免疫器官
      - 淋巴结
      - 脾脏
      - 哈德氏腺
      - 黏膜弥散淋巴样组织
  - 免疫细胞
    - 淋巴细胞
    - 单核吞噬细胞和抗原呈递细胞
    - 粒细胞
    - 红细胞
  - 免疫因子
    - 抗体
    - 补体
    - 细胞因子

图 3-1 机体的免疫系统

1. 免疫系统的构成

免疫系统包括免疫器官、免疫细胞和免疫因子，它们相互关联相互作用，共同维持机体免疫功能的稳定。

1)免疫器官

免疫器官是指实现免疫功能的器官及组织。根据功能的不同，免疫器官可以分为中枢免疫器官和周围免疫器官。由于这些器官的主要成分为淋巴组织，所以也称为淋巴器官。

(1)中枢免疫器官。

中枢免疫器官包括骨髓、胸腺等组织，也称一级免疫器官，是造血干细胞增殖、发育并分化成 T 细胞和 B 细胞的场所，可无需抗原而增殖淋巴细胞，并向外周免疫器官输送 T 细胞和 B 细胞，决定了外周免疫器官的发育。

骨髓位于较大的骨骼腔中，含有多能造血干细胞及其他多种干细胞，多能造血干细胞能在骨髓中增殖，分化、发育为粒细胞、单核细胞、红细胞、血小板和 B 细胞。骨髓是 T 细胞和 B 细胞的出生地，其中 B 细胞在这里成熟。

胸腺的位置在胸腔纵隔上方、胸骨的后面，是免疫系统的中心器官，也是 T 细胞的发育场所。它可以产生各种胸腺素，诱导 T 细胞成熟。

腔上囊是禽类特有的免疫器官，与 B 细胞的分化成熟有关。人类等哺乳动物有类似作用的类囊组织，如胚肝和骨髓。

(2)外周免疫器官。

外周免疫器官，又称次级免疫器官，由淋巴结、脾脏和扁桃体等组成，成熟的免疫细胞在这里执行应答功能。

淋巴结在全身各处分布广泛，如颈部、腹股沟、盆腔、腋下等，其中以肝、肠附近和扁桃体居多。淋巴细胞可以以某种方式进入淋巴结，在淋巴结内定居、繁殖，然后又经淋巴管、胸导管、血液循环再进入淋巴结。淋巴细胞的再循环，不仅使淋巴细胞与抗原接触的机会增大，还能与抗原呈递细胞相互作用，有利于及时进行免疫应答。

脾脏是最大的外周免疫器官。脾中的 T 细胞约占 35%，B 细胞约占 55%，巨噬细胞约占 10%。病原体及异物被血液循环带至脾，被巨噬细胞吞噬清除。因此，脾脏在清除衰老的血细胞和免疫复合物等方面发挥着重要作用。

2)免疫细胞

凡是参与免疫应答的细胞统称为免疫细胞，其中起核心作用的是淋巴细胞。

(1)淋巴细胞。淋巴细胞是十分复杂的细胞类群，主要分为 T 细胞和 B 细胞，均来源于骨髓的多能干细胞。多能干细胞分化成的淋巴系干细胞一部分迁移到胸腺，发育成成熟的 T 细胞，一部分在骨髓内分化成成熟的 B 细胞。T 细胞和 B 细胞的分布情况见表 3-1。T 细胞分化为效应细胞，直接行使免疫功能，所以由 T 细胞介导的免疫称为细胞免疫；B 细胞能够分泌抗体，借助抗体执行免疫功能，故有 B 细胞介导的免疫称为体液免疫；NK 细胞(自然杀伤细胞)主要分布于脾和外周血，是免疫监视的重要执行者，在机体的非特异性免疫中占重要地位；K 细胞(杀伤细胞)对靶细胞识别和杀伤具有抗体依赖性，也属于非特异性免疫。它只能杀伤被 IgG 覆盖的靶细胞，包括恶性肿瘤细胞、病毒感染的宿主细胞、寄生虫等。

表 3-1　T 细胞和 B 细胞主要分布和定居情况　(单位：%)

部位	T 细胞含量	B 细胞含量
胸腺	100	0
胸导管	>95	<5
外周血	70～80	20～30
淋巴结	75	25
脾	35～50	50～65
集合淋巴结	30	60

(2)单核吞噬细胞与抗原呈递细胞。血液中的单核细胞，能随血液循环迁移至组织各处，分化成巨噬细胞。巨噬细胞有很强的吞噬功能，细胞内含有丰富的溶酶体和线粒体，能杀伤病原体，如细菌、病毒和寄生虫等，也能清除体内凋亡细胞。巨噬细胞在肺、肝、肾、脾、淋巴结分布丰富，故能清除体内有害及无用物质。抗原呈递细胞可以有效地捕捉和处理抗原，并将抗原呈递给 T 细胞，使之活化，也称辅助细胞。表皮处的朗格汉斯细胞能吞噬并处理抗原，然后分化为呈递抗原能力很强的树突状细胞，称为转职性抗原呈递细胞。

(3)粒细胞。粒细胞是由骨髓产生的具有吞噬作用的细胞，有中性、嗜酸性和嗜碱性三种。中性粒细胞是血液中数量最多的白细胞，可以通过血液快速移动感染部位，具有强大的吞噬功能，故在非特异性免疫中承担重要作用。

(4)红细胞。红细胞同样来自于多能干细胞。近些年的研究发现，红细胞不仅具有呼吸作用，还具有免疫作用，如识别储存抗原、清除免疫复合物、促进吞噬作用等。

3)免疫因子

(1)抗体。抗体，是机体被抗原刺激后产生的能与该抗原发生特异结合反应功能的球蛋白。抗体是B细胞识别抗原后增殖分化为浆细胞所产生的一种蛋白质，主要存在于血清等体液中，能与相应抗原特异性地结合，具有免疫功能。我们将具有抗体活性或化学结构与抗体相似的球蛋白称为免疫球蛋白，分为五大类：IgG、IgM、IgA、IgD、IgE，其中IgG是血清中含量最多的抗体。

(2)补体。补体是一组球蛋白，在血清中的含量比较稳定，一般情况下呈现稳定状态，只有在某些活化物的作用下，补体各成分才被依次激活。抗体参与的免疫反应需要补体参与，故补体是抗体发挥溶细胞作用的必要补充条件。补体系统包括多种可溶性蛋白和膜蛋白，是体内一个重要的效应系统和效应放大系统，有溶菌杀菌、调中、中和病毒和免疫黏附的作用，还能吸引吞噬细胞，起到炎症介质的作用。

(3)细胞因子。细胞因子是由细胞分泌的具有生物活性的小分子蛋白物质的统称，它们能接到多种免疫细胞之间的相互作用。由单核巨噬细胞产生的细胞因子称为单核因子；有淋巴细胞产生的细胞因子称为淋巴因子。细胞因子主要有六类：白细胞介素、干扰素、肿瘤坏死因子、集落刺激因子、生长因子和趋化性细胞因子。其相关制剂对感染性疾病、肿瘤、超敏反应、自身免疫病都有很好的治疗及预防价值。

2. 免疫系统的生理功能

免疫系统有免疫防御、免疫稳定、免疫监视的功能。

(1)防御功能(defense)是指病原体侵入机体后，通过各种屏障，包括呼吸道、消化道、血脑屏障及各种抗体、补体所起的防御作用。防御功能正常状态就能杀灭各种病原体，但防御功能过高或过低都有可能产生疾病，过高可产生变态反应，过低则易造成免疫缺损，出现反复感染。

(2)免疫稳定(homeostasis)是指对体内衰老死亡或损坏的细胞和其他成分的清除。如果这种功能过高，对自身正常的细胞组织也发生免疫应答，就会引起自身免疫性疾病。

(3)免疫监视功能使免疫系统识别突变细胞，并加以清除。如果丧失这类功能，机体不能及时清除异常的细胞，则容易形成肿瘤。

3.1.2 免疫系统常见疾病与保健需求

1. 免疫系统常见疾病

1)过敏反应

过敏反应是指机体接触抗原并致敏后，再次收到相同抗原刺激时，发生的一种以机体生理功能紊乱或组织细胞损伤为主的特异性免疫应答，又称为变态反应或超敏反应。常见的过敏反应有过敏性鼻炎、哮喘、特应性皮炎等，它们的典型表现是长期持续的失调，会使患者感觉严重不适，严重时将会致命。

2)自身免疫性疾病

自身免疫病(autoimmune disease)是指以自身免疫反应导致组织器官损伤和相应功能障碍为主要发病机制的一类疾病，它的确切病因目前还不是很清楚。在正常情况下，免疫系统对自身组织抗原不产生免疫应答，或只产生极微弱的免疫应答反应，这种现象称为自身耐受。自身耐受是由免疫系统通过多种机制主动调节来维持的，以保证自身组织细胞成分不致遭受免疫反应的攻击而造成损伤。在某些情况下，自身耐受性遭受破坏，免疫系统对自身组织成分产生了明显的免疫应答反应，即在体内产生了针对自身组织成分的抗体或致敏淋巴细胞，称为自身免疫。自身免疫性疾病按其发病原因可分为先天性免疫缺陷病(如先天性胸腺发育不全)和获得性免疫缺陷病(如 AIDS)。也可分为器官特异性自身免疫性疾病(如多发性硬化症、胰岛素依赖型糖尿病)和器官非特异性自身免疫性疾病(如系统性红斑狼疮、类风湿性关节炎等)。它们有一些有趣的特征，如随着疾病的加重而逐渐衰弱的倾向、女性的高度易感性、单个患者出现多种系统性自身免疫病等。患者容易反复持续的感染。主要治疗方法有骨髓移植、注射免疫球蛋白或免疫细胞、基因治疗和抗感染治疗等。

3)肿瘤

肿瘤是指细胞的异常病变使身体部分细胞不受控制的增生，可大致分为良性肿瘤及恶性肿瘤。良性肿瘤生长缓慢，且只在局部生长，不入侵周围正常组织，大多数可完全切除，不会致命。恶性肿瘤中，增生细胞除了会集结成肿块外，还会产生浸润、转移，通过血液和淋巴系统流遍全身，癌细胞随即在正常组织中增生，如不进行治疗，通常会导致死亡。

肿瘤是由很多因素诱发、促进的，如环境因素、遗传因素等。吸烟、心理压力大、缺乏运动都是诱发肿瘤的不健康生活方式，不合理膳食是最重要的因素。因此，选择多样、平衡的膳食，适度的体育活动，减少在不良环境下的暴露，不吸烟、少饮酒，保持身体和心理健康，就能最大程度地预防癌症的发生。

3.2　增强免疫力的功能性食品

3.2.1　增强免疫力的功能性食品与功能性成分

1. 营养强化剂

1)蛋白质

蛋白质是生物体的重要组成部分，参与生命活动的每个进程。人体免疫系统中多种组成部分如抗体、补体主要是由蛋白质组成的。当发生蛋白质营养不良时，可导致免疫器官发育缓慢、免疫细胞数量减少、细胞活力降低，同时免疫力下降、机体对疾病的抵抗力低下。哺乳期妇女的蛋白质营养不足时会影响泌乳的能力和母乳的品质，间接影响幼儿的免疫功能。母乳中还含有多种免疫球蛋白(Ig)，免疫球蛋白是一类具有免疫活性的蛋白，普遍存在于哺乳动物体内。免疫球蛋白进入幼儿体内，直接参与免疫及生理调节的作用。人们日常摄入的大豆蛋白也具有免疫调节的作用。

2)维生素

维生素 A 从多方面影响免疫系统功能，如增强皮肤黏膜的局部免疫力、细胞免疫反应和特异性抗体，缺乏时会使机体更易感染传染病。β-胡萝卜素的抗氧化功能有免疫调节作用，能够清除单线态氧和过氧自由基，保护免疫细胞免受活性氧类的损害。

维生素 C 在白细胞中含量丰富，可以增强中性粒细胞的趋化性和变形能力、参与免疫球蛋白的合成、促进干扰素的产生、干扰病毒 mRNA 的转录和抑制病毒增生等。服用维生素 C 可以增加血液中多种抗体的浓度。大多数动物可以在肝脏自行生产维生素 C，所以肝功能较好的人很少患感冒、冠状动脉阻塞和癌症。

维生素 D 具有抗病毒能力，富含维生素 D 的食物有小白菜、番茄类蔬菜以及柑橘、柠檬等水果。

维生素 E 不仅是一种重要的抗氧化剂，也是免疫调节剂，能促进免疫器官和免疫细胞发育。富含维生素 E 的食物有卷心菜、花菜、芝麻等。

3)其他

母体还在母乳中产生调节性的 microRNA 来促进婴儿的免疫机能。

2. 免疫球蛋白

免疫球蛋白是一类具有抗体活性或化学结构与抗体类似的球蛋白，普遍存在于哺乳动物的血液、组织液、淋巴液及外分泌液等。免疫球蛋白在动物体内具有重要的免疫和生理调节作用，是动物体内免疫系统中最为关键的组成物质。免疫球蛋白分为五类，即免疫球蛋白 G(IgG)、免疫球蛋白 A(IgA)、免疫球蛋白 M(IgM)、免疫球蛋白 D(IgD)和免疫球蛋白 E(IgE)。免疫球蛋白曾经在医学实践中发挥了重要作用，到 20 世纪 90 年代，美国公司陆续将免疫球蛋白用于奶粉等婴儿用品中，并逐渐扩展到普通的保健食品中。近年来，免疫球蛋白类保健食品越来越受到消费者的青睐。

3. 免疫活性肽

免疫活性肽是一类存在于生物体内具有免疫功能的多肽，它能够增强人体免疫力，刺激淋巴细胞核巨噬细胞的免疫学功能，提高抵御外界病原体感染的能力，降低发病率，并具有一定的抗肿瘤功能，如抗菌肽、抗血栓转换酶抑制剂等。此类肽多为短肽，活性稳定，可以制成针剂，也可以添加到食品、饮料中。

4. 活性多糖

活性多糖是具有特殊生理活性的多糖化合物，广泛存在于动植物和微生物的细胞壁中。由于来源广泛、安全性高，近年来从各种生物内提取了多种活性多糖，它们能增强淋巴细胞活性，提高巨噬细胞的吞噬能力，在抗肿瘤、抗病毒、免疫调节等方面应用广泛。

(1)灵芝多糖。灵芝是传统的滋补中药，灵芝多糖是灵芝的主要活性成分，有抗肿瘤和调节免疫力的作用。实验证明它能增强小鼠巨噬细胞的吞噬功能，在转录水平促进其分泌细胞因子，影响蛋白激酶活性。

(2)香菇多糖。香菇多糖是从香菇子实体中提取的一种多糖，活性成分以β-1,3葡聚糖为主。大量研究证明其具有显著的免疫调节功能，包括增强淋巴细胞和NK细胞的活性，激活巨噬细胞，故有抗肿瘤、增强免疫力活性的功能。

(3)银耳多糖。银耳中含有多种人体必需的氨基酸和酸性异多糖，能增强巨噬细胞的吞噬功能，促进淋巴细胞转化，抑制癌细胞生长，促进造血功能，还有防辐射作用。

(4)人参多糖。人参多糖是人参的主要活性成分之一，是一种免疫刺激剂，能促进补体和抗体的生成、各种免疫细胞的成熟分化和繁殖；通过直接破坏肿瘤细胞的DNA，阻滞细胞分裂、分化、表达，提高激素水平，抑制肿瘤细胞的浸润和转移等途径诱导肿瘤细胞凋亡；逆转肿瘤细胞的耐药性，从而恢复对药物的敏感性。

(5)海参多糖。海参多糖是海参体壁的一类重要成分，其含量可占干参总有机物的6%以上。它能够提高机体细胞免疫功能，对抗新生血管形成，包括移植性肿瘤诱发的新生血管生成，对抗单纯疱疹病毒(HSV)所引起的组织培养细胞的特异性病变，还可对抗多种实验动物肿瘤的生长等。

5. 超氧化物歧化酶

超氧化物歧化酶(SOD)是一种能通过歧化反应将超氧化物催化成氧气和过氧化氢的酶，广泛存在于各种生物中，是重要的抗氧化剂和最佳的自由基清除剂。它不仅有抑制肿瘤生长的效果，还有极强的抗炎症作用。

6. 益生菌

乳酸菌是一种存在于人体内的益生菌。它可以在肠道内产生酸性物质，抑制并杀死大量有害细菌。肠内乳酸菌与健康长寿有着非常密切的直接关系。

对于非特异性免疫，乳酸菌能增强黏膜的屏障作用、加强吞噬细胞的吞噬能力、刺激细胞产生各种细胞因子来控制炎症反应等；对于特异性免疫，能影响T细胞的增殖分化和产生细胞因子的能力，还可以提高B细胞的增殖能力。

还有研究表明干酪乳酸菌能阻止肿瘤的发生，调节宿主的免疫系统。肠道中的双歧杆菌能合成多种维生素和氨基酸，促进宿主的免疫系统。长双歧杆菌也能够抑制小鼠腹膜细胞炎症因子的诱发。益生菌能够促使免疫系统的平衡，使得T细胞在分化过程中，Th1和Th2能够达到平衡，从而改善过敏症状。

3.2.2 增强免疫力功能性食品的评价标准

增强免疫为功能性的食品标准至少要检测到细胞免疫、体液免疫及非特异性免疫中的一种。具体实验参见下述内容。

1. 试验原则

进行动物安全性试验和人体试食试验。

选择合理的试验动物，常用大鼠和小鼠，品系不限，如 C57BL/6J、BALB/C 等，6～8 周龄，18～22g，分为对照组、模型组、试验组，动物数量要求小鼠每组至少 10 只(单一性别)，大鼠每组至少 8 只(单一性别)。

各种试验至少设置三个剂量组和一个对照组，根据情况可设定阳性对照组。对增强免疫力功能性食品进行评价时，至少观察非特异性免疫、体液免疫、细胞免疫各一种，在确保安全的前提下尽可能进行人体试食试验。

2. 试验内容

1)脏器/体重比值

给予给药组不同剂量的受试物 30d 后，与对照组比较，主要测试胸腺/体重比值和脾脏/体重比值。

2)细胞免疫功能测定

ConA 诱导的小鼠脾淋巴细胞转化试验

(1)MTT 法。

原理：当 T 细胞受到 ConA 刺激后发生转化，活细胞特别是增殖细胞通过线粒体水解，将淡黄色的 MTT(一种唑氮盐)分解为蓝紫色的结晶而显色，通过光密度值反映细胞的增殖情况。

步骤：无给药组连续给药 4 周后，处死，无菌取脾，制脾细胞悬液，用镊子轻轻将脾撕碎，制成单个细胞悬液。经 200 目筛网过滤，用 Hanks 液洗 3 次，每次离心 10min (1000r/min)。然后将细胞悬浮于 2mL 的完全培养液中，用台酚蓝染色计数活细胞数(应在 95%以上)，调整细胞浓度为 2×106 个/mL，加入 24 孔板内，每孔 1mL，一孔加入 50μL ConA 液，另一孔作为对照，置 5%CO_2，37℃培养 72h。培养结束前 4h，每孔轻轻吸去上清液 0.7mL 不含小牛血清的 RPMI1640 培养液，同时加入 MTT(5mg/mL)50μL/孔，继续培养 4h。培养结束后，每孔加入 1mL 酸性异丙醇，吹打混匀，使紫色结晶完全溶解。然后分装到 96 孔培养板中，每个孔分装 3～6 孔作为平行样，用酶联免疫检测仪，以 570nm 波长测定光密度值。也可将溶解液直接移入 1mL 比色杯中，在 721 分光光度计上比色测定，波长 570nm。

(2)同位素掺入法。

原理：有丝分裂原 ConA 等的刺激下，淋巴细胞增殖，DNA 和 RNA 合成增加，如加入^{3}H-胸腺嘧啶核(^{3}H-TdR)，则可被摄取。可以通过测定放射强度反映淋巴细胞增殖的程度。

步骤：将制备好的脾细胞悬液按 200μL/孔加入到 96 孔板，每份脾细胞悬液分装 6 个孔，3 个孔加 5μg/mL 的 ConA，另 3 个孔作为阴性对照。置于 5% CO_2，37℃培养 72h，培养结束前 6h，每孔加入^{3}H-TdR 20μL，使其终浓度为(3.7～18.5)×10^4Bq/mL。将细胞取集于玻璃纤维滤纸上。滤纸片充分干燥后置测量瓶中，加入 7mL 闪烁液，用液闪仪测定每分钟脉冲数(cpm)。

3)体液免疫功能测定

(1)溶血空斑试验。

溶血空斑实验是 Jerne 创建的一种能够在体外对抗体应答进行定性和定量测定的试验方法，可用来检测和计数产生 IgM 及其他类型免疫球蛋白的抗体生成细胞(浆细胞)。用 SRBC 免疫 4d 后的小鼠脾细胞(内含 SRBC 致敏的浆细胞——抗体形成细胞)与 SRBC 在凝胶介质中混匀，倾注于平板进行孵育，在补体的参与下，使浆细胞周围的 SRBC 溶解，形成肉眼可见的空斑。溶血空斑数目的多少能反映 B 细胞产生抗体能力的强弱。

(2)血清溶血素测定。

以 SRBC 为细胞性抗原，对小鼠进行免疫。B 细胞在抗原刺激下增殖、分化成浆细胞，浆细胞在淋巴结或淋巴组织中经 3~4d 成熟，分泌与 SRBC 相对应的补体结合性抗体——溶血素，并释放到体液中。在含溶血素的血清中加入 SRBC，使二者结合，再加入补体，使与溶血素结合的 SRBC 破裂溶血，释出血红蛋白。溶血素的含量通过溶血过程释出的血红蛋白量来测定，它客观反映了小鼠的特异性体液免疫功能。

4)单核-巨噬细胞功能测定

(1)小鼠碳廓清试验。

当碳颗粒进入血液后，血液中的吞噬细胞(中性粒细胞和单核细胞)即吞噬异物颗粒。在一定范围内，碳颗粒的清除速率与其剂量呈指函数关系，即吞噬速率与血中碳颗粒浓度成正比时，与已吞噬的碳颗粒量成反比。以雪碳颗粒浓度对数值为纵坐标，时间为横坐标，两者成直线关系。此直线斜率(K)可表示吞噬速率，也可称为未校正的吞噬指数。因动物肝、脾重量及体重不等，故 K 值也不同。为此，一般以校正的吞噬指数 a 表示小鼠碳廓清的能力。a 反映了每单位组织重量的吞噬活性，公式为

$$a=\frac{\text{体重}}{\text{肝重}+\text{肝重}}\times\sqrt[3]{K}$$

(2)巨噬细胞吞噬鸡红细胞试验。

巨噬细胞的溶酶体中含有酸性磷酸酶、过氧化物酶、组织蛋白酶和溶菌酶等。巨噬细胞的细胞膜上又有 IgG 的 Fe 片断和 C3b 及趋化因子的受体，因而能识别和吞噬抗原物质。当异体物质鸡红细胞(CRBC)侵入机体后，巨噬细胞可通过聚集、识别和吞入消灭三个步骤完成吞噬过程。通常在吞噬高峰期进行测定。

该方法是利用巨噬细胞对光滑表面如玻璃表面具有黏附能力的特性，将鸡红细胞经腹腔注射入小鼠体内一定时间后，用生理盐水洗脱腹腔，将含有巨噬细胞的腹腔液滴于载玻片上，孵育一定时间后，冲洗掉无黏附能力或黏附力差的细胞，固定染色，在显微镜下计数吞噬鸡红细胞的巨噬细胞的百分比和吞噬指数，据此判定巨噬细胞的吞噬能力。

5)NK 细胞活性测定

NK 细胞在抗病毒感染中具有重要作用。NK 细胞在未经抗原预先致敏和无特异性抗原或补体参与的条件下，就可对多种肿瘤和病毒感染的靶细胞产生杀伤作用。

(1)乳酸脱氢酶(LDH)测定法。

活细胞的胞浆内含 LDH。正常情况下，LDH 不能透过细胞膜，当细胞受到 NK 细胞的杀伤后，LDH 释放到细胞外。LDH 可使乳酸锂脱氢，进而使氧化型辅酶 I(NAD)还原成还原型辅酶 I(NADH)，后者再经递氢体吩嗪二甲酯硫酸盐(PMS)还原碘硝基氯化四氮唑(INT)，INT 接受 H+被还原成紫红色化合物。

(2)同位素^{3}H-TdR 测定法。

用同位素^{3}H-TdR 标记的靶细胞与淋巴细胞共同培养时，靶细胞可被 NK 细胞杀伤。同位素便从被杀伤的靶细胞中释放出来，其释放的量与 NK 细胞活性成正比。通过测定靶细胞^{3}H-TdR 的释放率即可反映 NK 细胞的活性。

3. 结果判定

受试物对免疫系统的某些方面有增强作用，同时对其他方面没有抑制作用，则认为具有该方面的免疫调节作用。若对所有免疫试验均有抑制作用，则认为有免疫抑制作用。

对于细胞免疫和非特异性免疫，应至少选择两个试验且均为阳性结果，方可判定具有免疫调节作用。对于体液免疫，两个试验或者只选一个试验、两个剂量组均为阳性，可判定有效。

3.2.3 增强免疫力功能性食品的研发案例

案例 1：一种植物多糖对小鼠免疫调节的影响

用化学方法从植物内提取植物多糖，采用苯酚－硫酸盐法测定多糖含量为 28.6%，无特定病原体动物(SPF)级雄性昆明小鼠，体质量 18~22g，55 只，随机分为 5 组，即空白对照组(生理盐水)，阳性对照组[另一种多糖 250mg/(kg・d)]，该植物多糖的低剂量组[125mg/(kg・d)]、中剂量组[250mg/(kg・d)]和高剂量组[500mg/(kg・d)](剂量设定以药典推荐人体用量的 20 倍为基准，上下各浮动一个水平)，每组 11 只，每只每日按相应剂量灌胃一次，连续给药 30d。

1)植物多糖对正常小鼠胸腺、脾脏质量的影响

由表 3-2 可知，与空白对照组比较，植物多糖组均无显著差异，提示植物多糖对小鼠的脾脏指数影响不明显；低剂量植物多糖组的胸腺指数与空白对照组比较有显著差异，且显著高于阳性对照组，植物多糖 3 个剂量组之间的胸腺指数没有显著性差异。该结果表明，植物多糖对正常小鼠免疫器官的影响比较复杂。

表 3-2 植物多糖对小鼠脏器指数的影响($\bar{x}\pm s$) (单位:%)

组别	脾脏指数	胸腺指数
空白对照组	0.312±0.147	0.097±0.024
阳性对照组	0.231±0.056	0.110±0.033
植物多糖低剂量组	0.355±0.169	0.129±0.036*△
植物多糖中剂量组	0.271±0.077	0.115±0.034
植物多糖高剂量组	0.336±0.117	0.125±0.051

注：*与空白对照组比较有显著性差异($P<0.05$)；△与阳性对照组比较有显著性差异($P<0.05$)。后同。

2)植物多糖对 ConA 诱导的小鼠脾淋巴细胞转化的影响

由表 3-3 可知，植物多糖可提高 ConA 诱导的小鼠脾淋巴细胞转化指数，3 个剂量组与空白对照组比较均有显著性差异，且均达到阳性对照组水平，3 个剂量组之间差异不显著，表明植物多糖对小鼠的脾淋巴细胞有直接促进有丝分裂作用，可通过激活 T 细胞

增强小鼠的细胞免疫功能。

表 3-3　植物多糖对 ConA 诱导的小鼠脾淋巴细胞转化的影响($\bar{x}\pm s$)

组别	转化指数
空白对照组	0.077±0.007
阳性对照组	0.106±0.010*
植物多糖低剂量组	0.112±0.024*
植物多糖中剂量组	0.108±0.005*
植物多糖高剂量组	0.105±0.019*

3)植物多糖对小鼠碳廓清能力的影响

由表 3-4 可知，3 个剂量植物多糖组的校正碳廓清指数 α 均显著高于空白对照组，且低剂量植物多糖组与阳性对照组相近，同时中、高剂量组与低剂量组有显著性差异($P<0.05$)，表明植物多糖能显著增强小鼠单核巨噬细胞的吞噬能力，加速碳粒的清除。

表 3-4　植物多糖对小鼠碳廓清能力($\bar{x}\pm s$)

组别	校正廓清指数 α
空白对照组	6.412±0.621
阳性对照组	7.651±0.668**
植物多糖低剂量组	7.493±0.500**
植物多糖中剂量组	7.274±1.147*#
植物多糖高剂量组	7.196±0.673*#

注：**与空白对照组比较有极显著性差异($P<0.05$)；#与植物多糖低剂量组相比有显著性差异($P<0.05$)。后同。

4)植物多糖对致敏小鼠血清溶血素水平的影响

从表 3-5 可知，植物多糖可提高 CRBC 致敏小鼠的血清溶血素含量，且 3 个剂量组与空白对照组相比较均有显著性差异，植物多糖 3 个剂量组之间差异不显著，表明植物多糖能增强小鼠的体液免疫功能，但在所选剂量范围内未表现出明显的量效关系。

表 3-5　植物多糖对小鼠血清溶血素 HC50 的影响($\bar{x}\pm s$)

组别	血清溶血素 HC50
空白对照组	131.809±18.062
阳性对照组	196.245±30.291**
植物多糖低剂量组	167.592±23.116*
植物多糖中剂量组	159.717±19.383*
植物多糖高剂量组	157.941±33.940*

3.3　缓解变态反应的功能性食品

3.3.1　变态反应的诱因、易感人群、危害与防治

免疫系统需要快速、特异的响应入侵的病原，这种高强度的应答会导致机体稳定状

态的偏移。因此，免疫系统具有调节的功能。免疫调节是机体为了维护自身内环境稳定(homeostasis)，在进化过程中形成的制约免疫应答质和量的一种机制，它存在于免疫应答的不同阶段和不同水平。

免疫调节包括正负反馈两个方面，是由多因子参与的十分复杂的生物学过程，因病原的类型、数量、入侵方式、诱发应答的形式、机体的遗传背景的不同而有差异，并涉及分子、细胞、个体和群体等不同水平。免疫调节的各环节发生问题则会引起全身或者局部免疫应答的异常，导致自身免疫疾病、过敏、持续感染和肿瘤等疾病的产生。

当机体的免疫反应性过强，错误地以剧烈的免疫反应来企图清理通常对机体无害的抗原时，反而会导致机体受损。此时的免疫反应称为变态反应，所以变态反应是一种错导的免疫反应。超敏反应(hypersensitivity)也称变态反应(allergy)或过敏反应(anaphylaxis)，是指机体对某些抗原初次免疫应答后再次接受相同抗原刺激时，发生的一种以机体生理功能紊乱或组织损伤为主的特异性免疫应答，严重时会导致休克，甚至死亡。

过敏反应是一种特殊的病理性免疫反应，是一种 IgE 水平异常增高的疾病状态。过敏反应发生的机理是一个复杂而抽象的过程，一般临床上将过敏反应的发生划分为以下三个阶段。

(1)致敏阶段：过敏原进入机体后可选择性诱导过敏原特异性 B 细胞产生特异性抗体(主要为 IgE)应答，此类抗体与肥大细胞和嗜碱性粒细胞(皮肤、呼吸道或消化道黏膜以及血液中的某些细胞，其中肥大细胞分布于皮下小血管周围的结缔组织中和黏膜下层，而嗜碱性粒细胞主要分布于外周血中)的表面特异性受体相结合，使机体处于对该过敏原的致敏状态。通常这种致敏状态可维持数月或更长，如果长期不接触该过敏原，致敏状态可以自行逐渐消失。

(2)激发阶段：指相同的过敏原再次进入机体时，通过与致敏的肥大细胞和嗜碱性粒细胞表面的抗该种过敏原抗体特异性结合，使肥大细胞和嗜碱性粒细胞进入释放生物活性介质的阶段。在这个阶段中，释放的生物活性介质主要为组胺，除了组胺以外，还包括前列腺素 D、白三烯、血小板活化因子等，但它们的作用都相似，都可引起平滑肌收缩、毛细血管扩张和通透性增强、腺体分泌物增多。

(3)效应阶段：指第二阶段释放的生物活性介质作用于效应组织和器官，引起局部或全身过敏反应的阶段。根据反应发生的快慢和持续时间的长短，可分为早期相反应和晚期相反应两种类型。早期相反应主要由组织胺引起，通常在接触过敏原数秒内发生，可持续数小时；晚期相反应由白三烯、血小板活化因子等引起，在过敏原刺激后 6～12h 发生反应，可持续数天。上述反应如果发生在皮肤，则出现红肿、荨麻疹等；如果发生在消化道，则出现呕吐、腹痛、腹泻等。个别病情严重的，可因支气管痉挛、窒息或过敏性休克而死亡。

过敏反应主要分为两种：速发型过敏反应(immediate hypersensitivity)和迟发型过敏反应(delayed-type hypersensitivity，DTH)。1963 年 Gell 和 Coombs 按变态反应的发生机制及临床特点，将其分为Ⅰ、Ⅱ、Ⅲ和Ⅳ型(表 3-6)。Ⅰ型称为过敏反应型，Ⅱ型称为细胞毒型，Ⅲ型称为免疫复合物型，Ⅰ、Ⅱ、Ⅲ型为抗体介导，可经血清被动转移。Ⅳ

型称为迟发型过敏反应，由 T 细胞介导，可经细胞被动转移。Roitt 于 1974 年在此基础上提出了第Ⅴ型(刺激型)，同年 Irvine 提出第Ⅵ型(ADCC 型)，但这两种类型的发生机制与Ⅱ型基本类似，故将其归入第Ⅱ型的特殊方式。本章仍按 Gell-Coombs 分类法论述。

表 3-6　超敏反应的分型

型　别	参加成分	发病机制	临床举例
Ⅰ型 (过敏反应)	IgE(IgG4)	IgE 黏附于肥大细胞或嗜碱性粒细胞表面的 FcεR 上，变应原与细胞表面的 IgE 结合，细胞脱颗粒，释放生物活性介质，作用于效应器官	药物过敏性休克、支气管哮喘、变应性鼻炎、荨麻疹、食物过敏症等
Ⅱ型 (细胞毒型) (细胞刺激型)	IgG、IgM、IgA、补体、巨噬细胞、NK 细胞	抗体作用于细胞表面的抗原或吸附的半抗原，在补体、巨噬细胞、NK 细胞等协同作用下溶解靶细胞 抗体使细胞功能活化，表现为分泌增加或细胞增殖	ABO 血型不合的输血反应、新生儿溶血症、免疫性血细胞减少症、移植物超急排斥反应、抗膜性肾小球肾炎等 甲状腺功能亢进(Grave 病)
Ⅲ型 (免疫复合物型)	IgG、IgM、补体、中性粒细胞	中等大小的免疫复合物沉积于血管壁基底膜或其他细胞间隙，激活补体，吸引中性粒细胞、释放溶菌酶，引起炎症反应	血清病、免疫复合物型肾小球肾炎、系统性红斑狼疮等
Ⅳ型 (迟发型)	T 细胞	抗原使 T 细胞致敏，致敏 T 细胞再次与抗原相遇，直接杀伤靶细胞或产生各种淋巴因子，引起炎症	传染性变态反应、接触性皮炎等

超敏反应的发生主要由抗原的刺激和机体的反应性决定。能够诱发超敏反应的抗原称为变应原，变应原可以是完全抗原(如微生物、寄生虫、花粉、异种动物血清等)，也可以是半抗原(如药物、一些化学制剂或多糖等)。接触抗原物质后能否发生超敏反应也与先天的反应性有关。接触同一抗原后发生超敏反应的极少见，我们将这一类型的人称为过敏体质。

人体对食物抗原产生的超敏反应称为食物过敏(food hypertensitivity)，也叫食物变态反应(food allergy)。对于很多人而言，一些诸如花生、坚果、海鲜和贝类的食物也能引起严重的过敏症。美国食品药品监督管理局官方认定引起大部分敏感人群过敏反应的八种食品，其中包括花生、树坚果、鸡蛋、牛奶、贝类、鱼类、小麦及小麦制品、大豆及大豆制品，以及浓度在 10ppm 或以上的亚硫酸盐。由于各国居民的遗传特征、接触到的食品种类和频率各异，所以官方划定的过敏原种类也会不同，比如加拿大除了上述认定的八种外，还有芝麻和芥末，欧洲加上了芹菜、芝麻等。

食物过敏与食物不耐症不同，食物过敏反应一般是以Ⅰ型变态反应为主的速发型过敏反应，是一种与免疫系统相关的疾病。食物不耐症的病例至少比食物过敏多 10 倍以上，一般来说是因为缺乏某种酶的结果，伴随症状包括头痛、沮丧、胃肠胀气或腹泻等。常见的如乳糖不耐症，人类的幼儿在 4 岁后通常会失去 90%的乳糖消化能力，但个体之间的差异很大。有乳糖不耐症的人不是一旦摄入微量乳糖就立即出现腹泻等症状，而是当摄入超过一定量之后才会出现。所以大多数有乳糖不耐症的人仍然可以喝牛奶，只是不能过量。而蚕豆病，是指红细胞葡萄糖-6-磷酸脱氢酶(G6PD)有遗传缺陷者在食用青鲜蚕豆或接触蚕豆花粉后都会发生的急性溶血性贫血症。

通常将容易发生过敏反应或过敏性疾病而又找不到发病原因的人称为“过敏性体质”，具有过敏性体质的人可发生各种不同的过敏反应或过敏性疾病。随着科学技术的飞速发展，人们的生活环境逐渐恶化，大气污染加剧，过敏性疾病近 10 年内增长了 2～3 倍。许多原来不是过敏性体质的人也逐渐变成过敏性体质。目前过敏性疾病在世界范围内也呈上升趋势，致使世界上约 1/4 的人受其困扰。

2005 年，在世界首个过敏性疾病日，世界卫生组织联合 30 多个国家的变态反应机构，公布了对这 30 多个国家流行病学调查结果：在这些国家的 12 亿总人口中，约有 22％的人口(约 25000 万人)患有过敏性疾病。据世界卫生组织估计，2005 年全球有 1.5 亿哮喘患者，并呈逐年上升趋势，其中 50％的成人及至少 80％的儿童均由过敏因素(如花粉)引发。季节性过敏性炎如不经治疗，25％～38％的患者将发展为哮喘，最终成为常年哮喘、肺气肿、肺心病。世界卫生组织同时估计，每年有超过 18 万人死于哮喘，2005 年约有 25 万人因哮喘病死亡。

过敏性疾病的迅速增多与长期、持续的环境因素和生活方式的改变有关。西方学者发现，过敏性疾病在发达国家和地区，高于发展中国家，城市高于乡村，污染地区高于非污染地区；在发展中国家，过敏性疾病的增多与城市化生活方式相关，农村孩子较少患过敏性疾病；在城市，家庭条件好的子女较低薪阶层的子女更容易患过敏性疾病。

过敏反应专家研究表明，过敏人群庞大，中青年是过敏高发的年龄段，其中花粉症发病的平均年龄只有 27 岁。典型的过敏性疾病包括哮喘、鼻炎、结膜炎、食物过敏、药物过敏、昆虫过敏和过敏性休克等。据调查显示，(全球)1/5 以上的人患有不同种类的过敏性疾病；夏秋季花粉症发病的平均年龄为 27 岁，15～44 岁是鼻炎的高发年龄段，25～54 岁是哮喘的高发年龄段。

治疗顽固性过敏最有效的措施是找出过敏诱发因子(过敏源)，但要在 2 万种不同的诱发因子中准确地找到致病因子犹如大海捞针。最近有实验证实：过敏人群体内自由基数量比非过敏人群高很多，自由基对人体免疫系统侵害是过敏体质形成的基础，还会直接氧化人体的肥大细胞和嗜碱细胞，导致细胞膜破裂释放出组胺，产生过敏反应。因此，改善过敏体质就要清除自由基。

WHO 在其关于免疫脱敏治疗的指导性文件中明确指出，免疫脱敏治疗是唯一可以彻底治疗过敏性疾病的根本性治疗方法。但是免疫脱敏治疗需要找到准确的过敏源，所以对于过敏性疾病，预防比治疗更为有效。

3.3.2 缓解过敏反应的功能性成分与功能性食品

食品中既含有抑制 IgE 抗体产生的成分，也有促进 IgG 抗体和 IgA 抗体产生的因子，这些成分对于缓解食物过敏症状具有一定的促进作用。

1. 功能性多糖

有研究表明，海藻多糖对透明质酸酶活性和肥大细胞释放组胺活性有一定的抑制作用，而岩藻聚糖硫酸酯能有效降低 IgE 的产生；有研究发现浓度为 200mg/kg 的麦冬多糖对乙酰胆碱和组胺混合液引起的豚鼠支气管收缩具有极显著的抑制作用；桑黄多糖能减少 IgE 诱导的肥大细胞脱颗粒和外钙内流，而且与用量呈正相关。

2. 植物多酚

黄酮类物质可抑制大鼠肥大细胞和嗜碱性粒细胞对多种刺激原引起的组胺及慢反应物质的产生，并具有一定的构效关系；还能抑制大鼠中性粒细胞溶酶体酶释放抑制其脱颗粒。地肤子皂苷抗变态反应实验显示，地肤子总皂苷具有抵抗 4-氨基吡啶(4-AP)所致的过敏性皮肤瘙痒和抵抗组胺所致的小鼠足肿胀，其作用机制与稳定肥大细胞膜，减少组胺的释放及对抗过敏介质的致炎作用有关。

3. 益生菌

肠内益生菌对肠道及免疫力的提高有刺激作用，它们通过刺激体内大部分淋巴组织的发展，促进肠黏膜的屏障功能，并且提高营养的吸收利用率。肠内的益生菌能提高多种免疫功能，如生成免疫球蛋白、耐受食物源抗原等。这些研究结果从侧面证明了肠道内益生菌的免疫刺激对异位性皮炎的发展具有重要作用。

4. 维生素类

过敏体质人群在平时的生活中，要摄取多种维生素和矿物质，如维生素 D 具有抗病毒能力，富含维生素 D 的食物有小白菜、番茄类蔬菜，以及柑橘、柠檬等水果；而维生素 A 则可以保护和增强上呼吸道黏膜和呼吸道上皮细胞的功能，从而增强人体抵抗各种致病因素侵袭的能力，富含维生素 A 的食物有胡萝卜、肉类、动物肝脏等。维生素 E 具有提高人体免疫力功能，增强抗病能力的作用，富含维生素 E 的食物有卷心菜、花菜、芝麻等。维生素 C 具有的抗氧化能力能清除人体的氧自由基，这对改善机体的过敏体质有很大帮助，新鲜的蔬菜和水果中都含有丰富的维生素 C。缓解机体的过敏反应还应有适当的户外活动，以提高身体的抗病能力，这对预防春季过敏症大有益处。

3.3.3 降低过敏反应功效评价的试验设计

选用小鼠、豚鼠或大鼠进行试验。推荐选用近交系小鼠，如 BALB/C 等，6～8 周龄，18～22g，雌性，数量为每组 10～15 只，无特定病原体动物(SPF)级以上。

1. 降低Ⅰ型过敏反应功能评价

1)试验设计

试验动物适应饲养 1～2 周，眼眶取血测定血清 IgE 水平，根据体重和 IgE 分组，设空白对照组、过敏反应模型组和受试样品三个剂量组，12～15 只/组。其中受试样品三组剂量的确定，以人体推荐量的 10 倍为其中的一个剂量组，另设两个剂量组。试验时间通常为受试样品给予 7～8 周。

空白对照组：腹腔注射生理盐水。

过敏反应模型组：第1d、15d、29d和43d腹腔注射卵清白蛋白(OVA)。

受试样品组：第1d、15d、29d和43d腹腔注射OVA，并每天灌胃不同剂量受试样品。

试验第1d、8d、22d、36d和50d眼眶取血，分别测定血清IgE水平。试验结束时取各组小鼠血清进行PCA试验。

2)试验结果的判定

如果过敏反应模型组IgE水平显著高于空白对照组则模型建立成功。如果各受试样品组IgE水平显著低于过敏模型组，或PCA试验呈阳性，则可判定该受试样品降低Ⅰ型过敏反应功能动物试验结果呈阳性。

2. 降低Ⅱ、Ⅲ和Ⅳ型过敏反应功能评价

对于降低Ⅱ、Ⅲ和Ⅳ型过敏反应功能评价目前尚无统一标准，此处介绍的评价方法和指标仅作为评判参考。

1)试验设计

试验动物适应饲养1～2周，根据体重分组，设空白对照组和受试样品三个剂量组，12～15只/组。其中受试样品三组剂量的确定，以人体推荐量的10倍为其中的一个剂量组，另设两个剂量组。试验时间通常为受试样品给予7～8周。

空白对照组：腹腔注射生理盐水。

过敏反应模型组：第1d、15d、29d和43d腹腔注射OVA。

受试样品组：第1d、15d、29d和43d腹腔注射OVA，并每天灌胃不同剂量的受试样品。

试验第1d、8d、22d、36d和50d分别进行Forssman皮肤血管炎反应、Arthus反应等试验。

2)试验结果判定

若Forssman皮肤血管炎反应试验结果为阳性，则可判定该受试样品降低Ⅱ型过敏反应功能动物试验结果呈阳性。

若Arthus反应试验结果为阳性，则可判定该受试样品降低Ⅲ型过敏反应功能试验结果为阳性。

若二硝基氯苯或二硝基氟苯(DNCB/DNEB)或者绵羊红细胞(SRBC)或牛血清白蛋白(BSA)诱导的小鼠Ⅳ型超敏反应结果呈阳性，则可判定该受试样品降低Ⅳ型过敏反应功能试验结果呈阳性。

由于在生活中对Ⅳ型超敏反应关注较少，下述章节对此类过敏反应不做赘述。

3.3.4 过敏动物模型的建立

1. Ⅰ型过敏反应模型的建立

1)基础免疫和强化免疫

试验第1d，卵清白蛋白(OVA)和氢氧化铝乳化(OVA终浓度50μg/只、氢氧化铝剂量4mg/只)腹腔注射，进行基础致敏；实验第15d、29d和43d改为OVA和氢氧化铝乳化减量(OVA终浓度25μg/只、氢氧化铝剂量4mg/只)腹腔注射，为强化免疫。同时空白对照组腹腔注射等体积生理盐水。

2)给药

从基础致敏开始，各样品组每天灌胃不同剂量样品，过敏反应模型组和空白对照组灌胃等体积白水。

3)采血

不同时间点采血，测定血清IgE。如果过敏反应模型组IgE高于空白对照组，则Ⅰ型过敏反应模型建立成功。

2. Ⅱ型过敏反应的动物模型

采用Forssman抗原或称嗜异性抗原(如兔抗SRBC血清)诱发Ⅱ型变态反应。在豚鼠背部皮内注射给予兔抗SRBC血清0.1mL/只，1h后进行Forssman皮肤血管炎反应试验，如果蓝斑面积和浓度高于空白对照组则为建模成功。

3. Ⅲ型过敏反应的动物模型

将弗氏完全佐剂和马血清(1∶1)给大鼠腹腔注射，使其致敏。第14d在大鼠背部皮下注射上述乳剂，使其第二次致敏。第21d在大鼠右后足足跖腱膜下注射稀释的马血清进行攻击。在不同时间测定肿胀程度，如肿胀率高于空白对照组则为建模成功。

3.3.5 降低过敏反应功效评价的检测方法

1. 降低Ⅰ型过敏反应功能测定(IgE含量测定试验)

1)原理

应用双抗体夹心法测定标本中小鼠免疫球蛋白的IgE水平。用纯化的抗小鼠IgE抗体包被微孔板，制成固相抗体；加入待测样本(如含小鼠IgE的血清)，再与HRP标记的羊抗小鼠抗体结合，形成抗体-抗原-酶标抗体复合物；充分洗涤，使固相载体上的抗原抗体复合物与其他物质分开，并且结合的酶量与样本中IgE的量成一定比例；加入底物TMB(3,3′,5,5′-Tetramethylbenzidine)，TMB在HRP酶催化下会产生可溶性蓝色产物，并在酸的终止作用下转化成稳定的黄色。颜色的深浅和样品中的IgE含量呈正相关。因此，可以根据颜色反应的深浅定性或定量分析IgE的含量。由于酶的催化频率很高，故可极大地放大反应效果，从而使测定方法达到很高的敏感度。

2)仪器和试剂

仪器和耗材：酶标仪，移液枪，96孔板，单克隆IgE抗体包被的微孔板。

试剂：洗涤液；HRP酶联抗IgE抗体；参照标准品；TMB试剂；终止液。

3)试验步骤

(1)使用前将所有试剂平衡至室温。

(2)精确稀释参照标准品若干浓度。

(3)测定血清制备：血液样品室温放置 30min，3000r/min 离心 15min，取出上清即血清，备用。

(4)取出单克隆抗小鼠 IgE 抗体包被的微孔板，依次加入标准品和测定血清，并设调零对照孔，轻轻混匀，用胶带密封微孔板，室温孵育 2h。

(5)弃去微孔板内液体，在吸水纸上拍干，加入洗涤液 400μL/孔，轻轻晃动，弃去洗涤液，反复洗涤 5 次，在吸水纸上拍干。

(6)加入 HRP 酶联抗 IgE 抗体 100μL/孔，室温孵育 2h。

(7)按⑤洗涤 5 次，在吸水纸上拍干。

(8)加反应底物 TMB 试剂 100μL/孔，室温孵育 30min(此步需要避光)。

(9)加入终止液 100μL/孔，混匀，则孔内颜色由蓝色变为黄色。

(10) 30min 之内在酶标仪测定吸光度，设定波长 450nm，矫正波长 540nm 或 570nm。

4)结果计算

标准、对照和样品的吸光度减去调零孔吸光度，取两个平行孔的均值。将所有数据输入 Excel，按照横坐标为标准品浓度，纵坐标为吸光度作标准曲线($R^2>0.90$)，以标准曲线计算对照和样品的 IgE 浓度。如果样品进行了稀释，则最后浓度的计算需要乘以稀释倍数。

样品组的 IgE 浓度显著低于模型对照组，则可判定 IgE 测定试验结果为阳性。

5)注意事项

(1)收集样本时尽量避免溶血。

(2)血清标本的制备：非抗凝自然凝固 1～2h，3000r/min 离心 15min。

(3)血浆标本的制备：使用含有抗凝剂的采血管采血，颠倒混匀放置一段时间后，3000r/min 离心 15min。

(4)标本宜在新鲜时检测。若 5d 内检测，可置 2～8℃保存；若超过一周测定，应低温(−20℃)冻存。

(5)反复冻融会使抗体效价降低，所以血清标本如需保存做多次检测，宜少量分装冻存。

(6)标准品和样品加样时要换移液器枪头，以避免交叉污染。

2. 被动皮肤过敏试验(PCA 试验)

1)原理

将致敏动物的血清(含丰富的 IgE 抗体)皮下注射于正常动物，IgE 与皮肤肥大细胞的特异性受体结合，使其被动致敏。致敏抗原激发时，会引起局部的肥大细胞释放组胺等过敏介质，使得局部的血管通透性增加。再注入依文思蓝(Evans)染料，染料可渗出皮丘，形成蓝斑。根据蓝斑的大小确定过敏反应的程度。

2)仪器和试剂

卵清蛋白(ovalbumin，OVA)，氢氧化铝。

3)试验步骤

(1)抗血清的制备：小鼠腹腔注射OVA抗原。每隔 天注射一次，共5次。最后一次注射后间隔两周取血。2000r/min离心10min，分离血清，−20℃保存，2周内备用。

(2)被动致敏：抗血清检测效价后，用生理盐水倍比稀释成(1∶2)～(1∶32)。BALB/C小鼠，腹部剃毛，皮下注射50μL不同试验组倍比稀释血清。

(3)激发：被动致敏24～48h后，静脉注射100μL 0.5%～1.0% Evans染料后，立即于小鼠背部皮下注射4mg/mL的致敏原50μL。

4)结果测定

30min后处死小鼠，剪取背部皮肤，测量皮肤内层相应注射点的蓝染直径，不规则斑点的直径为长径与短径之和的一半，大于3mm的为PCA阳性，得到阳性结果的最大稀释度为特异IgE滴度。

3. 降低Ⅱ型过敏反应功能的测定

1)原理

经绵羊红细胞(SRBC)免疫动物的淋巴细胞可产生抗SRBC抗体(溶血素)。将这种抗体注射于豚鼠的皮下组织，在补体的参与下，可引起皮肤血管炎，使血管通透性增加。在产生局部验证后，静脉注射依文思蓝染料，用直径测定法或比色法测量染料渗出量，可观察药物对皮肤血管炎反应程度的影响。此法可用于抗Ⅱ型过敏反应药物的筛选。

2)仪器和试剂

依文思蓝，酶标仪。

3)试验步骤

(1)抗血清的制备：绵羊红细胞(SRBC)免疫家兔获得抗SRBC抗体，即溶血素。

(2)试验结束后于豚鼠背部分别注射1∶4和1∶8的兔抗羊红细胞血清0.1mL，每个稀释度注射两点。

(3)每只豚鼠静脉注射1mL 0.5%～1.0% Evans染料。

(4)1h后处死豚鼠，测量各点蓝斑面积；剪下背部各点皮肤，剪碎，置于定量染料提取液(NS∶丙酮=3∶7)中放置48h。取上清液于分光光度计600nm处比色测定吸光度。

4)结果测定

若样品组的渗出局部直径或吸光度抵御对照组，可判定Forssman皮肤血管炎反应呈阳性。

4. 降低Ⅲ型过敏反应功能的测定——主动Arthus反应

1)原理

反复注射异种血清刺激机体产生大量抗体，当再次注射相同抗原时，由于抗原不断向皮下血管内渗透，血流中相应的抗议由血管壁向外弥散，由于两者相遇于血管壁，形成沉淀性免疫复合物，沉积于小静脉血管壁基底膜上，导致坏死性血管炎或是溃疡。

一定浓度的MW6000～8000的聚乙二醇(PEG)，能沉淀免疫复合物，但不能沉淀正常的球蛋白，沉淀的免疫复合物可用放射免疫法或分光光度计测定其含量。

2)仪器和试剂

弗氏完全佐剂；马血清；0.1mol/L硼酸盐缓冲液(0.64g硼砂，0.51g硼酸溶解于100mL蒸馏水中，pH 8.4)；60g/L的PEG(6g PEG：MW 6000，溶解于100mL硼酸盐缓冲液中)；氯化铯溶液(1g CsCl溶解于14mL蒸馏水中)；实验血清；热凝聚IgG；毛细沉淀管(3×60mm)等。

3)试验步骤

(1)将弗氏佐剂和马血清(1∶1)乳化后腹腔注射大鼠，使其致敏。第14d背部皮下注射上述乳化物，二次致敏。第21d在大鼠右后足足趾腱膜下注射稀释的马血清进行攻击。

(2)测定足趾的肿胀程度，检测血清免疫复合物是否生成。

(3)按聚乙二醇法测定血清中免疫复合物的含量。

①取被检血清做倍比稀释(1∶2)～(1∶32)倍，同时稀释热凝聚IgG，加热凝聚IgG组为阳性对照组，设缓冲液为阴性对照组。

②各管加60g/L PEG，混合，4℃过夜。

③取细沉淀管，各管加氯化铯溶液10μL，上层加各稀释梯度的血清，3000r/min离心10min。

④取出，观察两液交界处，出现白色沉淀环即为免疫复合物阳性。阳性对照热凝聚IgG组应该也出现沉淀环，缓冲液组不出现环状沉淀。

4)结果测定

若样品组足趾肿胀程度显著低于对照组，白色沉淀环比模型对照组少，则Arthus反应为阳性。试验样品对Ⅲ型过敏反应有效。

思考题

1. 对同一种食物，为什么有的人过敏，而有的人不过敏？
2. 过敏的机理是什么？如何通过食物调节缓解过敏症状？
3. 功能性食品如何通过改善免疫系统起到抗过敏的作用？

参考文献

白新鹏．2009．功能性食品设计与评价［M］．北京：中国计量出版社．

陈慰峰．2000．医学免疫学［M］．北京：人民卫生出版社．

陈文．2011．功能性食品功效评价原理与动物实验方法［M］．北京：中国质检出版社．

侯瑞宏，廖森泰，刘凡，等．2011．桑叶多糖对小鼠免疫调节作用的影响［J］．食品科学，32(13)：280-283．

孟宪军，迟玉杰．2010．功能性食品［M］．北京：中国农业大学出版社．

吴迪．2016．陈皮总黄酮的提取工艺优化及其抗过敏活性研究［D］．长春：吉林大学．

郑建仙．2008．功能性食品学［M］．北京：中国轻工业出版社．

Chen Y，Lin H，Li Z，et al．2015．The anti-allergic activity of polyphenol extracted from five marine algae［J］．

Journal of Ocean University of China，14(4)：681-684.

Guo M. 2011. 功能性食品学 [M]. 于国萍，程建军，译. 北京：中国轻工业出版社.

Harry W. 2009. Immunomodulation by food：promising concept for mitigating allergic disease [J]. Analytical and Bioanalytical Chemistry，395(1)：37-45.

Kosaka N，Izumi H，Sekine K，et al. 2010. microRNA as a new immune-regulatory agent in breast milk [J]. Silence，1(1)：7.

Matsuzaki T. 1998. Immunomodulation by treatment with Lactobacillus casei strain Shirota[J]. International Journal of Food Microbiology，41(2)：133-140.

Shi Y H，Zhu S，Tamura T，et al. 2016. Chemical constituents with anti-allergic activity from the root of Edulis Superba，a horticultural cultivar of Paeonia lactiflora [J]. Journal of Natural Medicines，70(2)：1-7.

Wood J D. 2012. Nonruminant Nutrition Symposium：Neurogastroenterology and food allergies [J]. Journal of Animal Science，90(4)：1213-1223.

第4章 改善消化系统的功能性食品

消化系统担负着机体消化吸收营养物质，为人体生长发育提供必需的能量和营养素的重任。随着人们物质生活水平的提高，机体胃肠道接触的食物品种越来越多，冷、热、酸、甜、苦、辣兼容并收，但消化器官与机体其他组织器官一样，其承载力和耐受力都有一定的限度，使得胃肠道健康问题变得非常突出。因此，应适时开发具有促进消化吸收、保护胃黏膜、调节肠道菌群、润肠通便、抗腹泻、抗龋齿等作用的功能性食品，以满足消费者的健康需求。

4.1 消化系统

4.1.1 消化系统的构成与生理功能

消化系统(alimentary system)是指机体对经口腔摄入的食物进行消化、吸收、代谢，并将代谢产物排出体外的一系列器官，包括从口腔到肛门的连续性肌性管道及其附属器官(图4-1)。从结构和生理作用角度看，消化系统由消化管和消化腺两大部分组成。消化管是指从口腔到肛门的管道，包括口腔、咽、食管、胃、小肠(十二指肠、空肠和回肠)及大肠(盲肠、阑尾、结肠、直肠和肛管)。通常将口腔至十二指肠称为上消化道，空肠以下的部分称为下消化道。消化腺依其体积大小和位置不同，分为大消化腺和小消化腺。前者位于消化管外，为单个或成对存在的独立器官，其分泌的消化液经导管流入消化管腔内，如大唾液腺、肝和胰；后者分布于消化管壁内的黏膜层或黏膜下层，如唇腺、舌腺、胃腺和肠腺等。消化系统的附属器官还有肝脏、胆囊、胰脏等。

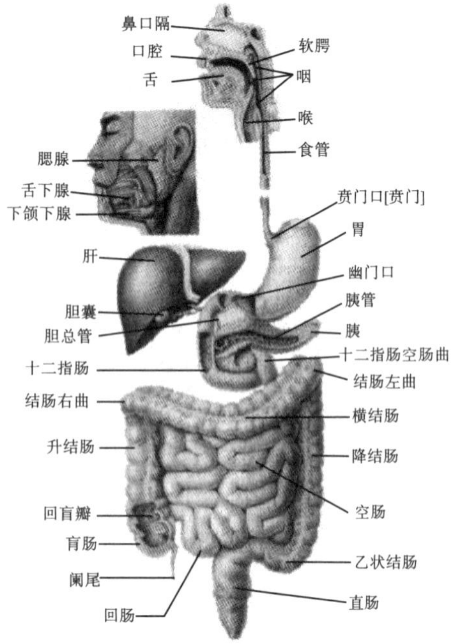

图4-1 人体消化与吸收系统

消化系统的主要功能是消化食物，吸收营养和排出食物残渣。近年的研究发现消化系统的一些器官还具有内分泌功能，其作用已远远超出了消化系统本身的范围。

1. 口腔及其附属器官

1)口腔

口腔是消化管的起始部，其前方为上下唇，顶部为上腭，底部为舌，后方为咽。上腭的前 2/3 称为硬腭，后 1/3 称为软腭，软腭的后缘游离，中央有一向下的乳头状突起称为腭垂(悬雍垂)，软腭的两外侧有 2 层黏膜皱襞，其中间是扁桃体。

2)舌

舌是骨骼肌性器官，从前向后分为舌尖、舌体、舌根。在舌的表面以黏膜形成许多微小的突起称为舌乳头，分为丝状乳头、菌状乳头、叶状乳头和轮廓乳头。看上去呈白色的是丝状乳头，呈红色点状的是菌状乳头。在菌状乳头和轮廓乳头的表面，分布有味觉神经末梢。

3)牙齿

牙齿嵌于上下颌骨的牙槽骨内，可分为：露于牙龈之外的牙冠、嵌于牙槽内的牙根。牙的主体是象牙质，牙根部覆以薄薄的牙骨质，牙冠部的外层是较厚的牙釉质。牙釉质的硬度远比象牙质和骨质高。牙本质的中央有牙髓腔，其内充满牙髓，有神经、血管通过。牙齿分为上下两列，中央的两颗叫切牙，分别向外为犬齿、臼齿。臼齿形成咀嚼的最佳排列。成人牙齿为 32 颗；乳牙 20 颗。“虫牙”意指龋齿，是牙釉质或象牙质被细菌侵害的状态。

4)唾液腺

唾液腺又称口腔腺，大的唾液腺有腮腺、颌下腺、舌下腺。

2. 咽、食道

咽从鼻咽部向食道延续分为鼻部、口部、喉部，咽后壁有被称为“咽扁桃”的淋巴组织。

食道是从咽喉部环状软骨的下缘到胃之间的管道，长约 25cm，沿气管和椎体下行至气管分支处向心脏后方移行，穿过横膈膜与胃的贲门部接续。在食道起始部、气管分支处和食道穿过横膈处形成三处狭窄。食道壁由黏膜、肌层、外膜构成。

3. 胃

胃是位于横膈膜下方的囊性器官，胃的入口处叫贲门，与十二指肠的接续部(胃的出口)称为幽门。胃壁由内而外为黏膜、肌层、浆膜，黏膜有许多胃小凹使胃黏膜呈皱襞状；小凹底有胃腺开口，可分泌 pH 为 1～2 的强酸性胃液。

4. 小肠

小肠是重要的消化、吸收器官，迂回在腹腔内，长 6～7m，分为十二指肠、空肠和回肠。

十二指肠长 25～30cm，呈“C”形。胆总管和胰液导管呈“Y”形，合流后开口于十二指肠的中央部。十二指肠空肠曲至回盲瓣之间是空肠和回肠。小肠黏膜形成许多环状皱襞，皱襞上有许多微小的突出(称为绒毛)，使小肠的吸收面积大为增加。绒毛黏膜中分布着丰富的毛细血管和毛细淋巴管。

5. 大肠、肛门

从小肠到消化道的终末端是大肠。大肠较小肠短而粗，长约1.5m，粗5～8cm；分为盲肠、结肠、直肠；直肠与肛门相接续。结肠黏膜无轮状皱襞结构，而覆以可分泌弱碱性黏液的杯状细胞。3条外纵肌有间隔性增厚，形成结肠带。直肠至肛门称为肛管，约3cm长，肛管部位有丰富的静脉丛，称为直肠静脉丛。肛门内侧有由平滑肌构成的肛门内括约肌，外侧有肛门外括约肌，对肛门发挥着良好的控制作用。

6. 肝脏、胆囊、胰脏

肝脏位于横膈膜下方，肝镰状筋膜将肝分为左、右两叶。中央的横沟称为肝门，分布有肝动脉、门静脉、肝管等。门静脉运输经消化道吸收的营养；肝管是运送在肝脏生成的胆汁的管道；肝动脉与门静脉进入肝小叶后分为毛细血管，与胆管同行，出肝小叶汇入中心静脉、入肝静脉，经下腔静脉返回心脏。

胆囊是附于肝脏下方形如梨状的器官，上方稍细部分称为胆囊管，与肝管合流后形成胆总管。

胰脏的头部被十二指肠“C”状弯曲部环抱，向左侧延伸的胰尾与脾脏相接。胰腺管左右走行，在胰头处与胆总管会合形成十二指肠乳头，开口于十二指肠。大部分的胰脏细胞分泌胰液被称为外分泌部，也散在地分布着被称为胰岛细胞的内分泌点。

4.1.2 消化系统的生理功能

1. 口腔、食道的功能——咀嚼与吞咽

食物在口腔中被嚼碎、与唾液混合，使其易于吞咽。

下颌上下左右的咀嚼运动主要受三叉神经支配；同时，咀嚼运动需要舌和颊部的配合，而舌的运动受舌下神经支配、颊部的运动受面神经支配。虽然这些运动是随意性的，但当食物被放入口腔后，则基本上是在反射性运动中完成的。

唾液除了可使食物增加润滑性外，还有消化淀粉的功效。唾液成分的99%是水分，剩余的1%含有淀粉酶。

唾液腺每日可以分泌唾液1000～1500mL，唾液的分泌受延髓和脑桥的上下唾核控制。食物经口腔，咽，食道，进入胃内的运动称为吞咽，食物被送入食道后反射性引起环行咽肌松弛，促使蠕动运动开始。

以上运动均受延髓吞咽中枢的控制。食物通过食道到达贲门时，贲门括约肌松弛食物即入胃中。

2. 胃的功能——搅拌与消化

胃最主要的功能是将食物搅拌成粥状。胃分泌胃液，通过蠕动将食物与胃液充分混合。当人看见食物或嗅到食物的气味时，信息传到大脑刺激副交感神经，可反射性引起胃液分泌。当食物进入胃中时，胃开始蠕动，通过胃黏膜将刺激传到胃消化腺，促使胃液分泌水平升高，胃液分泌增加。

胃液中含盐酸和胃蛋白酶原，对蛋白质有分解作用(胃蛋白酶原只有在盐酸的作用下变成胃蛋白酶，才具有消化作用)。另外，盐酸具有杀菌作用，可防止细菌进入十二指肠。

食物被送入十二指肠的时间，因食物种类的不同而不同，最长需要 4h。

3. 小肠的功能——消化与吸收

食物经由小肠消化和吸收，胰液、胆汁分泌入十二指肠以保证其消化顺利进行后，肠液的分泌也随即开始。

1)胰液的分泌与功能

胰液与胃液一样，在人看见食物或嗅到食物的气味时会刺激其分泌。当胃酸进入十二指肠后，十二指肠腺分泌激素，进一步促进胰液分泌。

胰液包含了三大营养素(糖、蛋白质、脂肪)消化酶：淀粉酶、蛋白酶、脂肪酶。

2)胆汁的分泌与功能

胆汁在肝脏生成，进入胆囊对盐分、水分的再吸收后贮存于胆囊。在消化道激素的作用下，于餐后 30min 被排入十二指肠参与消化。

胆汁的主要成分是胆汁酸、胆色素、脂质(胆固醇等)，不含消化酶。胆汁酸可以分解脂肪帮助消化，胆色素和脂质可以促进脂溶性维生素的消化和吸收。大部分的胆汁可经小肠再吸收回肝脏，以备再利用(称为“肝肠循环”)。

3)肠液的分泌与功能

肠液含有多种消化酶，十二指肠的肠液除自身分泌外，大部分来自空肠和回肠。人体通过蠕动运动将十二指肠的营养素进一步消化和吸收。

通过以上消化液的作用，营养素被分解成小分子(消化)，经绒毛黏膜吸收入血。90%的营养素和水分在小肠内吸收，其余 10%的水分在结肠内吸收。被吸收的营养素经门静脉进入肝脏，以进一步分解或再合成。

4. 肝脏的功能——代谢与解毒

由小肠吸收入血的营养素从门静脉进入肝脏。肝脏除有分泌胆汁的功能以外，还要承担营养素的代谢和有害物质的解毒。

代谢是指将某种物质转变成另外一种物质的过程。肝脏具有将营养素转变成便于机体利用的形态，并临时贮存，以及在必要时将其排入血液供机体利用的功能。糖质在小肠被分解成单糖，在肝脏形成肝糖原并被贮存起来。当血糖不足时肝糖原分解成葡萄糖排向血液。蛋白质在胃和小肠被分解成氨基酸，在肝脏再被合成为血浆蛋白等，在合成过程中的无用氨基酸由氨变成尿素从尿液排出。脂肪将被转变成胆固醇和中性脂肪。

在肝脏，血液中的有害物质通过氧化或还原等形式被解毒，再排向血液或胆汁中。胆汁通过十二指肠、小肠及大肠经粪便排出体外，血液中的有害物质经肾脏排出体外。

5. 结肠的功能——粪便的形成与排泄

与肠液均匀混合的肠内容物从回肠被送入结肠，在经结肠继续运送的过程中水分和电解质再被吸收，其他成分最后形成粪便。

粪便一般贮存在乙状结肠。但当食物进入胃时，可引起强烈的肠道蠕动即胃-肠反射。便意通过直肠内压亢进引起直肠内反射和脊椎反射，使腹压升高，引起排便动作。

4.1.3 消化系统常见疾病与保健需求

消化系统疾病十分普遍，主要包括胃肠道疾病及肝脏疾病。消化性溃疡是最常见的消化系统疾病之一，近年来由于根治幽门螺杆菌疗法的普及使其复发率降低。乙型肝炎等病毒性慢性肝炎、肝硬化在国内一直相当普遍。

1. 胃炎

胃黏膜对损伤的反应涉及上皮损伤(damage)、黏膜炎症(inflammation)和上皮细胞再生(regeneration)等过程。胃炎(gastritis)指的是任何病因引起的胃黏膜炎症，常伴有上皮损伤和细胞再生。胃炎是最常见的消化道疾病之一，按临床发病的缓急和病程的长短，一般将胃炎分为急性胃炎和慢性胃炎。

1)急性胃炎

急性胃炎是指各种原因所致的急性胃黏膜炎性病变。常见病因包括：①物理因素，进食过冷、过热和粗糙的食物可使胃黏膜损伤；②化学因素，如非甾体消炎药(NSAIDS)、肾上腺皮质激素、抗生素、抗癌药、口服降糖药、酒精、浓茶、咖啡、香料等刺激胃黏膜，使其发生糜烂，出血；③微生物感染和细菌毒素，包括沙门菌和金葡菌毒素，以及流感病毒和肠道病毒的感染；此类因素引起的急性胃炎与细菌性食物中毒有相似之处；④急性应激，在脏器功能不全、大手术、大面积烧伤、败血症、休克或颅内病变时机体处于严重应激状态，以及机体的变态反应均可引起胃黏膜的急性炎症损害。

急性胃炎的临床表现因病因不同而有所不同。一般在暴饮暴食或食用污染食物，口服对胃有刺激性的药物后数小时至 24h 发病。其主要表现有：上腹痛、恶心、呕吐、腹泻、脱水、呕血与便血等。

急性胃炎病因简单，一般治疗是去除病因，如卧床休息、饮食清淡、多饮水，必要时酌情禁食。同时，纠正水、电解质紊乱。因呕吐、腹泻导致机体失水及电解质紊乱时，应采用口服补液法，重者则静脉输液，并注意补钾。

2)慢性胃炎

慢性胃炎是指由不同病因引起的胃黏膜慢性持续性炎症，属常见病和多发病。慢性胃炎的主要病因有：①幽门螺杆菌(Hp)感染；②循环及代谢功能障碍；③十二指肠液反流，幽门括约肌功能失调或胃手术后十二指肠液或胆汁反流是引起慢性胃炎的一个重要原因；④饮食和环境因素：长期、大量饮酒和吸烟，饮食无规律，食物过冷或过热或过粗糙坚硬、浓茶、咖啡和辛辣刺激性食物等易诱发或加重病情；饮食不卫生可导致胃黏膜受到 Hp 的感染，NSAIDs、糖皮质激素等可破坏胃黏膜屏障，急性扁桃体炎患者常有胃慢性炎症改变；⑤心身因素，由于心理不健康，长期精神紧张、焦虑或抑郁状态；⑥自身免疫，胃体炎(A 型胃炎)病变主要累及胃体和胃底，胃酸分泌水平低下，使血清壁细胞抗体和内因子抗体呈阳性，可影响维生素 B_{12}的吸收，导致合并恶性贫血。

慢性胃炎的临床表现主要为上腹痛和饱胀，可有嗳气、反酸、恶心、呕吐、食欲减退、乏力、消瘦及出血等症，并呈持续或反复发作。目前认为，极少部分萎缩性胃炎可发展为胃癌，而胃窦胃炎发展成胃癌者远较胃体胃炎多见。

慢性胃炎保健需求：去除病因，避免精神紧张，戒烟、戒酒，不服用对胃有刺激性的药物，积极治疗慢性扁桃体炎、副鼻窦炎、龋齿及咽喉部感染。饮食宜清淡，有规律，避免过热、过辣、生冷及粗糙食物。药物治疗主要以保护胃黏膜及消除损害胃黏膜因素的药物为主。

2. 消化性溃疡

消化性溃疡(peptic ulcer)指发生在胃和十二指肠的慢性溃疡，即胃溃疡(GU)和十二指肠溃疡(DU)。这些溃疡的形成与胃酸和胃蛋白酶的消化作用有关，故称消化性溃疡。消化性溃疡发病系多由致溃疡的攻击因子与黏膜防御因子失去平衡所致。一般认为，GU 发病主要是由于防御因子削弱，而 DU 发病则主要是攻击因子特别是胃酸的分泌增强所致。近年研究发现溃疡的形成与幽门螺杆菌的感染有关。本病的总发病率占总人口的 5%～10%，十二指肠溃疡较胃溃疡多见，青壮年多发，男多于女，儿童也可发病，老年患者所占比例呈逐年增加趋势。胃溃疡患者的平均年龄高于十二指肠溃疡患者约 10 岁。

多数消化性溃疡患者具有典型临床表现，其特点为：①慢性病程，病史可达数十年；②发作与自发缓解相交替的周期性发作，发作常有季节性，多在秋冬或冬春之交发病，可因精神情绪不良或劳累而诱发；③节律性上腹痛。上腹痛是消化性溃疡患者的主要症状，疼痛为钝痛、灼痛或饥饿感，偶有剧痛，常伴反酸、嗳气、恶心或呕吐，如出现上消化道出血、穿孔、幽门梗阻及癌变并发症，则出现相应并发症的表现。部分患者(10%～15%)平时缺乏典型临床表现，而以大出血、急性穿孔为其首发症状。少数特殊类型溃疡其临床表现又各有特点。

溃疡活动时上腹部可有局限性轻压痛，缓解期无明显的体征。其治疗原则为：①缓解症状；②促进溃疡愈合；③防止复发；④预防并发症。

保健需求为：①饮食规律；②戒酒及戒烟；③禁用非甾体消炎药，如阿司匹林、消炎痛、保泰松等；④稳定情绪，解除焦虑。

4.2 抑制龋齿功能性食品

4.2.1 龋齿的发生与防治

龋齿是由口腔细菌，主要是突变链球菌(*Streptococcus mutans*)繁殖所引起的牙齿硬组织(珐琅质)脱钙与有机分解，最后导致牙齿遭破坏、崩解的一种感染性疾病。龋病是口腔主要的常见病，也是人类最普遍的疾病之一。龋病一般情况下不危及患者生命，因此不易受到人们重视，但龋齿给人类造成的危害很大，WHO已将其与癌症和心血管疾病并列为人类三大重点防治疾病。

1. 龋齿产生原因

龋病是由多种因素复合作用所致，目前公认的龋病病因学说是四联因素学说，主要包括细菌、口腔环境、宿主和时间，其特点为：致龋性食物(特别是蔗糖和精制碳水化合物)紧紧贴附于牙面由唾液蛋白形成的获得性膜上，这种由牙齿表面解剖结构和生化、生物物理特点形成的牙菌斑不仅得以牢固地附着于牙面，而且可以在适宜温度和足够的时间条件下，在菌斑深层产酸，侵蚀牙齿，使之脱钙，进而破坏有机质，产生龋洞。

1)口腔细菌

龋齿的发生是由于口腔细菌，其中主要是由突变链球菌等细菌的吸热性侵蚀作用所引起。突变链球菌致龋齿主要经过两个步骤：酸的产生和细菌的依附。首先，突变链球菌发酵蔗糖及其他可发酵的碳水化合物，产生乳酸、醋酸等有机酸，引起牙齿表面pH下降。之后，突变链球菌沉积依附在牙齿表面形成牙斑，最终导致龋变。

龋齿的产生机理主要为：①牙齿表面无细菌性薄膜(属于后天性薄膜)的存在，能促进细菌的依附；②通过细菌外壳结构和化学组成的非专一特性实现可逆依附；③细菌(尤其是突变链球菌)可产生葡糖基转移酶(GFr)，这种酶作用于蔗糖产生不溶性的黏性葡聚糖，引起不可逆依附，能促进牙斑的形成，加速牙齿龋变的进程。

突变链球菌依附在牙齿表面的过程包括两个阶段：可逆非专一结合的开始阶段和不可逆的结合阶段。突变链球菌自身的特点，加上很多外围的介体(mediator)因素，使得它能依附沉积在牙齿表面。至于不溶性葡聚糖，目前虽然尚未完全弄清它所起的作用与作用机理，但已知它能促进牙斑的形成、加速牙齿龋变的进程。

龋齿主要发生在牙齿之间的接触点、牙龈的边缘及后牙的凹痕与裂缝处，珐琅质被腐蚀后是不能再生的，这样就会形成龋洞。

2)口腔环境

口腔是牙齿的外环境，与龋病的发生密切相关，其中起主导作用的主要是食物和涎液。食物主要是碳水化合物，既与菌斑基质的形成有关，也是菌斑中细菌的主要能源。细菌能利用碳水化合物(尤其是蔗糖)代谢产生酸，并合成细胞外多糖和细胞内多糖，所产的有机酸有利于产酸和耐酸菌的生长，也有利于牙体硬组织的脱矿。多糖能促进细菌在牙面的黏附和积聚，并在外源性糖缺乏时提供能量来源。因此，碳水化合物是龋病发生的物质基础。

涎液的量和质发生变化时，均可影响龋患率。临床可见，口干症或没有涎液分泌的患者龋患率明显增加，颌面部放射治疗患者可因涎腺被破坏而有多个牙龋；当涎液中乳酸量增加，或重碳酸盐含量减少时，也有利于龋齿的发生。

3)宿主

牙齿是龋病过程中的靶器官，牙齿的形态、矿化程度和组织结构与龋病发生有直接关系，如牙齿的窝沟处和矿化不良的牙较易患龋齿，而矿化程度较好、组织内含氟量适当的牙抗龋力较强。此外，牙齿的结构与机体有密切关系，尤其是在发育中，不仅影响到牙齿的发育和结构，而且对涎液的流量、流速及其组成也有很大影响，因而也是导致龋病发生的重要环节。

4)时间

龋病的发生有一个较长的过程，从初期龋到临床形成龋洞一般需 1.5～2 年，因此即使致龋细菌、适宜的环境和易感宿主同时存在，龋病也不会立即发生，只有上述三个因素同时存在相当长的时间，才可能产生龋坏，所以时间因素在龋病发生中具有重要意义。

2. 龋齿的防治

龋齿的防治措施主要有：①注意口腔卫生，从小培养儿童刷牙、漱口的卫生习惯和正确的刷牙方法，睡前不吃零食，使口腔内不存留食物残渣。②合理营养、平衡膳食、注意各种矿物质及微量元素的供给，防止儿童偏食的不良习惯，教育儿童加强体育锻炼，每天有一定的户外活动时间。③药物防龋，目前广泛采用的方法是氟化物，包括饮水加氟、牙面涂氟和氟素牙膏，以及激光照射、窝沟封闭、使用广谱抗生素或漱口水等方法。

4.2.2　抑制龋齿的功能性成分与功能性食品

具有抗龋齿作用的典型配料见表 4-1。

表 4-1　具有抗龋齿功效的典型配料

典型配料	生理功能
钙(calcium)	促进骨骼发育，增进牙齿强度，预防龋齿
锌(zinc)	可抑制菌斑的生长，抗菌，预防龋病
维生素 C(vitamin C)	用于牙齿形成矿化，预防龋齿
维生素 D(vitamin D)	促进珐琅质钙化，预防龋齿
维生素 A(vitamin A)	帮助骨骼良好生长，预防龋齿
蛋白质(protein)	提高免疫力，降低对龋齿的敏感性，预防龋齿
氟化物(fluoride)	提高珐琅质强度，增强牙齿抗酸能力，预防龋齿
磷酸盐(phosphate)	增进牙齿强度，预防龋齿
纤维素(cellulose)	清洁牙齿，预防龋齿

续表

典型配料	生理功能
田七提取物(tianqi extract)	防治牙周炎等过敏性炎症，预防龋齿
金银花提取物(honeysuckle extract)	清热解毒，预防龋齿
糖醇(sugar alcohol)	抑制致龋菌生长，预防龋齿
功能性低聚糖(functional oligosaccharide)	预防龋齿

4.2.3 抑制龋齿功能性食品的评价标准

龋齿是由于口腔细菌(主要是突变链球菌)的繁殖，发酵糖类产酸使牙齿表面 pH 降低，同时不溶性葡聚糖的生成使细菌依附在牙齿表面逐渐形成牙斑，这是牙龋变的最关键阶段。因此，可以此作为评价受试物是否具有抗龋齿作用的一个依据，并结合致龋变试验最终判定受试物的抗龋齿效果。

1. 试验项目

1)体外试验

受试物对突变链球菌的产酸、依附和不溶性葡聚糖生成的影响。

2)致龋变试验

(1)动物试验：牙菌斑、菌斑细菌数、致龋率。

(2)人体试食试验：牙菌斑、菌斑细菌数、致龋率。

2. 结果判定

受试物能够明显抑制突变链球菌产酸、在牙齿表面的依附及不溶性葡聚糖的生成。

人体试食试验牙菌斑状况、菌斑细菌数量以及致龋率均有明显改善，可判定受试物具有抗龋齿功效。

4.3 有助于改善胃肠道功能

4.3.1 肠道微生态与益生菌

肠道微生态系统分布的菌群数量最多，生活在人体肠道内数以万计的细菌被统称为肠道菌群。它们和人体有着密不可分的互利共生关系。

由于不同动物消化系统差异很大，目前，对其肠道菌群的生态分布了解得还不够全面，而对人体肠道菌群的功能及分布研究得较为详细，人体肠道细菌的数量约占人体总细菌数的 95%，有 400 多种，数量达 10^{14} 个/g，占粪便干重的 1/3。这些细菌在肠道中稳定分布，是防止病原菌及有毒物质侵入的天然屏障，而这种保护作用常常被人们所忽视。

1. 肠道微生态

正常人肠道中的菌群，主要为厌氧菌，少数为需氧菌，前者约为后者的 100 倍。存在于肠道的常见菌群有拟杆菌（*Bacteroides*）、肠球菌（*Enterococcus*）、双歧杆菌（*Bifidobacteria*）、肠杆菌（*Enbacteria*）和乳杆菌（*Lactobacillus*）等，其含量为 10^8～10^9 个/g。其中，乳杆菌和双歧杆菌是其优势菌群的典型代表，两者数量的多少已被用作衡量机体健康程度的指标。人体肠道内菌群的分布和组成主要有以下特点。

1）肠道菌群分布的区域性

人体消化系统包括胃、十二指肠、空肠、回肠、结肠、直肠，各部位因环境条件、生理功能和食物组成的差异，栖息的微生物数量和类群有所不同。对于健康的人体，由于胃酸的作用，在胃及小肠内栖息的微生物种类很少（每克肠内容物 10～100 个），主要是乳酸杆菌和链球菌。在空肠和回肠部位，细菌数目大增（每克肠内容物 10^6～10^8 个），存在较多的细菌，包括拟杆菌、梭菌、链球菌、乳杆菌。在结肠部位，细菌数最多，有拟杆菌（每克肠内容物 10^{10}～10^{11} 个）、梭菌（每克肠内容物 10^{10} 个）、肠杆菌（每克肠内容物 10^{10} 个）、双歧杆菌（每克肠内容物 10^9～10^{10} 个）、链球菌（每克肠内容物 10^{10} 个）。在直肠和粪便中，以双歧杆菌和拟杆菌最多（每克肠内容物均约 10^{10} 个），肠杆菌和乳杆菌次之（分别为每克肠内容物 10^6 个和 10^4 个）。

2）肠道菌群随年龄增长而变化

母体中的婴儿是无菌的，在生产过程中，从母体或环境中获得少量微生物，在出生后的几天甚至几小时后，在粪便中即可检测到大肠杆菌和链球菌。对于母乳喂养的婴儿，粪便中分离到的细菌主要是严格厌氧菌，如梭菌、双歧杆菌和拟杆菌。一个月后粪便中大肠杆菌和链球菌明显降低，梭菌和拟杆菌几乎消失，双歧杆菌迅速增加。这个简单的肠道菌群组成，一直维持到婴儿断奶。断奶后的婴儿、儿童和成年人粪便菌群的组成基本相似，进入老龄后，菌群组成会发生显著变化。其中，肠道双歧杆菌的变化最为典型，由最初的婴儿双歧杆菌、青春双歧杆菌、短双歧杆菌，到老年的长双歧杆菌。

3）肠道菌群因饮食习惯而不同

母乳喂养的婴儿，双歧杆菌的数量占粪便菌群的 80%～90%，而人工喂养的婴儿，除了肠道中栖息的双歧杆菌外，肠球菌和拟杆菌的数量也很高。在由母乳喂养到食喂固体食物的转变过程中，肠道菌群组成发生很大变化。其中，肠杆菌和肠球菌数量急剧上升，其次是拟杆菌、梭菌和厌氧性球菌，这时的婴儿很容易出现生理性腹泻疾病，但通过服用乳酸菌制剂或饮用酸奶，即可治愈。而人工喂养的婴儿，通常没有这种明显的肠道菌群变化。

4）机体的健康状况影响着肠道菌群的组成

当口服抗生素、免疫功能低下或处于应激状态时，肠道的生理状态会发生改变，可导致有益菌群数量减少，有害菌群数量上升。如假膜结肠炎通常是由口服抗生素使假膜肠杆菌在肠道内大量繁殖所致；白色念珠菌感染也是使用抗生素后的副反应，通过服用嗜酸乳杆菌（*Lb. acidophilus*）制剂可限制白色念珠菌的生长；有些抗生素还有助于乳杆菌在肠道内的定殖。因此，服用益生菌剂可用于治疗肠道菌群的失调。

应激条件如寒冷、饥饿等，会影响肠道黏膜的分泌，使肠道生理功能紊乱，乳杆菌数量降低、肠球菌数量增加。

5)地理位置的变化

很多外出旅游者经常出现腹泻病症，也就是所为的“水土不服”，其根本原因在于地理位置的改变，影响到人的情绪和肠黏膜的分泌，导致肠道菌群的生理状态发生改变，以至影响肠道的正常功能。

6)过度卫生的条件

过度的卫生使得机体从环境中获得的菌群比较单一，不利于建立稳定的平衡菌群体系。

2. 肠道菌群的功能

肠道正常菌群的维持受到微生物和宿主的共同影响，宿主的食物残渣为肠道细菌生长提供了丰富营养，肠道黏膜为肠道菌群的生长繁殖提供了足够的场所，但食物中的毒素、抗生素等有害物质也时刻威胁着肠道菌群的平衡，并且，肠道的蠕动增加了将微生物排出肠道的动力，胃酸和胆汁对病原菌的生长繁殖也有抑制作用。为了适应这些不利因素，肠道细菌必须快速繁殖，并尽可能地定殖在肠黏膜上，否则将失去在肠内存活的机会。

微生物通过营养和空间的竞争，调节着肠道内菌群的种类和数量，优胜者生存下来组成了稳定的肠道菌群，又称为土著微生物。它们赋予宿主以下几种生理功能。

(1)分解食物大分子成小分子物质，促进食物的消化吸收。肠道微生物可以分泌纤维素酶、蛋白酶和脂肪酶，将难于吸收的物质转变成易于消化吸收的小分子。

(2)产生多种营养物质。肠道微生物在代谢过程中，产生多种氨基酸、维生素等生理活性物质，供机体直接吸收利用。人类中常见的维生素缺乏症，多是肠道菌群不平衡所致。

(3)刺激免疫系统。长期以来，人们忽视正常菌群的保护作用，只关注肠道的病原微生物。研究发现，乳杆菌和双歧杆菌还具有增强吞噬细胞的吞噬能力和刺激机体的体液免疫功能。因此，乳杆菌和双歧杆菌的活菌制剂除了用于饲料添加剂外，还被用作功能性食品添加剂和生物治疗佐剂。

(4)分解某些潜在的致癌物质，产生一些抗菌物质，并对药物治疗有协同作用。

3. 益生菌及益生菌剂

1)益生菌

益生菌(probiotics)又称活菌制剂、生态制品、促生素等，是一类能够促进宿主肠内微生物菌群的生态平衡，对宿主健康和/或生理功能产生有益作用的活性微生物，主要包括双歧杆菌和乳杆菌两个属。粪链球菌、大肠杆菌和酵母(布拉酵母菌和啤酒酵母)也已经被报道有益生菌效应，但是它们的正效应完全被其危险效应所抵消，因此，从严格意义上讲，它们是否属于益生菌，仍然有很多争论。资料报道鼠李糖乳酸杆菌和乳酸杆菌酵母菌在阴道中具有益生菌的预防效应，这便拓宽了益生菌的概念范围，即适合于某种组织而非消化道的益生菌。这意味着只要某种菌具有活体益生作用，便可称为益生菌系。所以不同的益生菌具有不同的特性。目前在世界范围内，学者们对益生菌的定义还存在着争议，对其定义的解释也不尽一致。但普遍认为作为益生菌应该具备 8 个条件：对宿主有益；无毒性作用和致病作用；能在消化道存活；能适应胃酸和胆盐；能在消化道表面定殖；能够产生有用的酶类和代谢物；在加工和贮存过程中能保持活性；具有良好的感官特性。益生菌具有多方面的功能，主要包括以下几个方面。

(1)改善肠道菌群结构，抑制病原菌的生长繁殖。益生菌能有序地定植于动物黏膜、皮肤等表面或细胞之间，定殖起着占位、争夺营养、拮抗的作用。大量有益菌进入肠道定殖，可形成优势菌群，竞争性排斥病原菌，抑制病原微生物黏附肠黏膜上皮细胞，在肠黏膜表面形成一道生物学屏障，从而阻止病原微生物入侵，保护机体不被病原菌侵入。乳酸菌等益生菌可产生乳酸、醋酸等有机酸，刺激肠道并加强肠道蠕动，从而使便秘得到改善。

(2)防止有害物质产生，延缓人体衰老。人体在新陈代谢过程中，会产生氨、硫化氢、胺、酚等对人体有害的腐败物质或亚硝基化合物等致癌物质，有益菌群的增殖，可以阻止和削弱氨氮、硫化氢、胺等的生成。同时益生菌群还可以利用这些有害物质，合成对人体有益的氨基酸、糖类、类胡萝卜素及核酸、多种维生素、微量元素、超氧化歧化酶(SOD)等多种抗衰老物质，延缓人体衰老。

(3)调节人体免疫功能。有益菌群在人体内长期寄居，与人体达成一种共生关系，促使机体产生能抗同类病原菌的抗体及一些有抑制作用的产物；而且，有益菌群产生的活性因子可以以某种免疫调节因子的形式发挥作用，刺激肠道产生免疫反应，调节体液中免疫球蛋白，促使免疫球蛋白上升，提高免疫力，增强免疫功能。

(4)改善制品风味，提高蛋白质、脂类和维生素等的代谢。益生菌可利用发酵性糖产生赋予产品酸味的乳酸、丙酸、乙酸等有机酸，它们同时还能与乳酸发酵过程中产生的酸、醇、酮等物质相互作用，形成新的风味物质，改善制品风味。此外，乳酸发酵还能消除某些原料带来的异味和怪味。

(5)防癌和抗癌作用。益生菌在肠道内的繁殖可改善肠道菌群的组成，促进肠道蠕动，从而减少致癌物在肠道内的停留时间。乳杆菌和双歧杆菌还能发酵分解致癌物 N-亚硝基胺，起到抗癌作用；益生菌及其代谢产物能诱导干扰素和促细胞分裂剂的产生，活化自然杀伤细胞(NK)并产生免疫球蛋白抗体，从而活化巨噬细胞的功能，增强人体的免疫能力，提高对癌症的抵抗力。此外，益生菌还具有阻抑基因突变的功能。

(6)其他功能。益生菌对人体的生理功能还包括调节体内胆固醇水平、抗高血压、保护生殖泌尿系统、防止腹泻、减少心血管疾病的发病率、降低与酒精中毒性肝病相关的内毒素的作用等。

2)益生菌剂

益生菌的种类繁多，已发现的益生菌大体可分成三大类：乳杆菌属、双歧杆菌属和革兰氏阳性球菌属，具体见表 4-2。此外，明串球菌属、丙酸杆菌属和芽孢杆菌属的部分菌种株以及一些霉菌与酵母菌等也可归入益生菌范畴。目前，商品化的益生菌剂种类也很多，根据选用生产菌株的不同可分为：乳酸菌类、芽孢杆菌类和酵母类。这些菌株可以单独使用，也可以是复合菌株制剂。产品存在的形式有胶囊、粉剂、片剂、颗粒，也可以是液体。

表 4-2 目前用于益生菌制品的菌株

乳酸菌属	双歧杆菌属	其他菌属
嗜酸乳杆菌	两歧双歧杆菌	嗜热链球菌
植物乳杆菌	长双歧杆菌	乳油链球菌
干酪乳杆菌	婴儿双歧杆菌	屎链球菌
短乳杆菌	短双歧杆菌	肠膜明串珠球菌葡萄糖亚种
保加利亚乳杆菌	青春双歧杆菌	费氏丙酸杆菌
发酵乳杆菌		乳酸片球菌
瑞士乳杆菌		酿酒酵母
		大肠杆菌
		酪酸梭状芽孢杆菌

(1)乳酸菌制剂

乳酸菌是一类利用可溶性碳水化合物产生乳酸的细菌总称，它不是细菌学分类中的专用名词。目前已发现这类细菌至少包括 18 个属，它们都是厌氧菌或兼性厌氧的化能异养菌，如革兰氏阳性菌生长繁殖于厌氧或微好氧、矿物质和有机营养丰富的微酸性环境中。其中，以乳酸杆菌属和双歧杆菌属的益生作用最为重要，临床实验证明它们中的很多菌株有很好的治疗和预防人及动物的某些肠道疾病的作用，还具有重要的保健作用。

乳杆菌是健康机体肠道中的优势菌群，在人的粪便中含量最多。从粪便中分离最多的乳杆菌有 6 类：嗜酸乳杆菌(*Lb. acidophilus*)、唾液乳杆菌(*Lb. salivarius*)、干酪乳杆菌(*Lb. casei*)、植物乳杆菌(*Lb. plantarum*)、短小乳杆菌(*Lb. breve*)和发酵乳杆菌(*Lb. fermentum*)。不同动物粪便中乳酸杆菌的比例不同，它们吸附在肠细胞壁黏膜上，阻止致病菌入侵。因此，乳杆菌是益生菌剂的重要生产菌株。

双歧杆菌主要来自于温血动物的肠道，它是人和动物肠道中最重要的优势菌群。自婴儿出生后数小时，双歧杆菌就可在其肠道内定殖，母乳哺育的健康婴儿肠道中双歧杆菌数可达到肠道总菌数的 80%～90%，随着年龄的增长而逐渐降低，成年人肠道内的双歧杆菌数仍占总肠菌数的 25%，到老年，双歧杆菌数量大大降低。有文献报道，长寿老人肠道内仍含有很高比例的双歧杆菌。因此，肠道内双歧杆菌的数量和种类是衡量机体健康状况的重要指标。在人的成长过程中，肠道内双歧杆菌的种类发生着重大变化，由最初的婴儿双歧杆菌、短双歧杆菌转变成青春双歧杆菌和长双歧杆菌，这种变化还与人的饮食习惯和生理状况有关。

双歧杆菌具有以下特性：可黏附于肠道上皮细胞，通过自身的代谢产物排阻致病菌生长，在微环境下保持优势，并与肠道中的其他细菌相互作用，调整菌群间的关系，以保证肠道内菌群稳定。目前，用于生产益生菌剂的双歧杆菌主要是双歧杆菌(*B. bifidum*)、长双歧杆菌(*B. longum*)、青春双歧杆菌(*B. adolescentis*)、短双歧杆菌

(*B*. *breve*)和婴儿双歧杆菌(*B*. *infantis*)。

双歧杆菌的制剂主要以酸奶和保健饮品形式出现。与乳酸杆菌相比，双歧杆菌制剂存在以下缺点：生长条件要求苛刻，在培养基中通常需要含有动植物组织液；对氧气非常敏感，培养过程需要在厌氧条件下进行；不耐酸，在 pH 低的情况下存活时间短。

用于益生菌剂的乳酸菌除了以上 6 种肠道定植的乳杆菌和 5 种双歧杆菌外，还有布氏乳杆菌(*Lb*. *bulgaricus*)、瑞士乳杆菌(*Lb*. *helveticus*)、嗜热链球菌(*Streptococcus thermophilus*)、屎肠球菌(*Enterococcus faecium*)、粪链球菌(*Ent*. *faecalis*)。其中，布氏乳杆菌和嗜热链球菌，不是肠道的土著乳酸菌，但它们是酸奶发酵的生产菌株。酸奶具有降低大肠杆菌数量、增加肠道乳糖酶活性的益生作用，因此，也是益生菌剂的重要菌株。

屎肠球菌的益生作用比较复杂，有报道称屎肠球菌的作用是与肠内的一种对机体生长发育有抑制作用的肠球菌——小肠肠球菌(*Ent*. *hirae*)在肠黏膜上具有相同的黏附位点，两者之间竞争同一受体蛋白，竞争的结果是屎肠球菌占据优势，抑制小肠肠球菌的生长，解除小肠肠球菌对机体生长的抑制作用。

乳酸菌通常被认为是可直接安全食用(generally recognized as safe，GRAS)的菌株，应用于乳制品发酵、食品保鲜、腌制泡菜和饲料青贮等方面。用作益生菌剂的乳酸菌其生理功能主要表现在以下几点。

①对病原菌的抑制作用。乳酸菌对肠道病原菌有拮抗作用，它们能阻碍特定病原菌的黏附、定植和繁殖，抑制方式一般有 3 种：第一种是产生抗菌化合物。乳酸菌利用可溶性碳水化合物产生大量的乳酸、乙酸、H_2O_2、细菌素等代谢产物，抑制病原菌的生长和繁殖，以维持自身的生长优势；同时，产生的乳酸、乙酸等有机酸导致肠道 pH 降低，刺激肠道蠕动，加速病原菌的外排。第二种是营养物质的竞争利用。在健康机体内，乳酸菌优势生长，抑制了病原菌生长；但在寒冷、饥饿、旅游等应激条件下，肠道功能紊乱，正常菌群生长受到影响，病原菌趁此机会大量繁殖占据生长优势。第三种是黏附位点的竞争。肠道病原菌菌体表面通常生长有鞭毛和菌毛，鞭毛有助于病原菌在肠道内的快速游动，菌毛主要是帮助病原菌在肠道上皮细胞上的黏附。与病原菌相比，乳酸菌在肠黏膜表面的黏附力更强，它是借助于菌体外的多糖、蛋白质及脂壁酸与肠表皮细胞受体蛋白共价结合。双歧杆菌和乳杆菌在体内还能产生胞外糖苷酶，降解肠道细胞壁上复杂的多糖成分，以减少肠黏膜上病原菌的受体，降低病原菌的定植和侵入。

②影响宿主或其他菌株的代谢活性。乳杆菌添加剂能够影响肠道菌群的代谢活性，服用嗜酸乳杆菌后，肠道内的β-葡糖醛酸苷酶、硝酸还原酶、偶氮还原酶和脲酶的酶活性受到抑制，降低了肠道致癌物质的形成。

③刺激机体的免疫系统。乳酸菌具有增强机体免疫功能的作用。肠道菌群结构完整的动物比无菌动物体内吞噬细胞的活性和体液免疫水平高很多，饲喂酸奶的无菌小鼠体内的抗体水平明显提高。乳酸杆菌，尤其是干酪乳杆菌、植物乳杆菌能明显刺激吞噬细胞、自然杀伤细胞以及肿瘤细胞的活性。

④营养作用。乳酸菌产生的有机酸可促进对维生素 D、钙和铁离子的吸收，菌株本身还可产生多种维生素，如硫胺素、核黄素、尼克酸、泛酸、叶酸等，当某种因素造成

肠道菌群失调时，常表现出维生素缺乏症。双歧杆菌能使体内某些具有抗衰老作用的酶活性升高，降低衰老因子。

(2)芽孢杆菌制剂

芽孢杆菌不属于肠道正常菌群的成员，但进入肠道后，可以萌发成营养体细胞，在此过程中，消耗肠道内的氧气，为厌氧菌的生长提供条件。

目前，国内外用于畜禽生产中的芽孢杆菌种类很多，常见的有蜡样芽孢杆菌(*Bacillus cereus*)、地衣芽孢杆菌(*Bacillus licheniformis*)、枯草芽孢杆菌(*Bacillus subtilis*)、巨大芽孢杆菌(*Bacillus inegaterium*)、坚强芽孢杆菌(*Bacillus firmus*)、凝结芽孢杆菌(*Bacillus coaglans*)、缓慢芽孢杆菌(*Bacillus lentus*)、短小芽孢杆菌(*Bacillus pumillis*)、纳豆芽孢杆菌(*Bacillus natto*)、芽孢乳杆菌(*Lactobacillus sporogens*)等。国内市场上的芽孢杆菌益生菌制剂有促菌生(蜡样芽孢杆菌)、整肠生(地衣芽孢杆菌)、抑菌生(枯草芽杆菌)、乳康生(含蜡样芽孢杆菌)等。

目前为止，研究人员对芽孢杆菌的作用机理还不十分清楚。一般认为，这类菌株对宿主的益生作用表现在其代谢产物或产生活的增殖型营养细胞，具体表现为：①产生多种消化酶类。如枯草芽孢杆菌是工业生产淀粉酶和蛋白酶的重要生产菌株。②产生抗菌活性物质。很多芽孢杆菌都能产生抗菌活性物质，枯草菌素(subtilin)是由枯草芽孢杆菌产生的一种短肽，具有广谱抑菌活性，在肠道中可以抑制病原菌和腐败菌的繁殖。③对病原菌有拮抗作用。芽孢杆菌参与肠道内益生菌群和有害菌群的生存空间、定殖部位以及营养物质的竞争，因为芽孢具有强的抗逆性，在肠道内的胃酸、胆酸及低 pH 环境都能萌发和生长，占据生长优势，所以限制了有害菌的生存和繁殖。④改善体内外生态环境，减少疾病的发生。⑤作为疫苗用于疾病防治。

芽孢杆菌是食品加工中的常见菌株，东南亚和非洲国家大量消费的碱性发酵食品，是由包括枯草芽孢杆菌在内的细菌培养物发酵而成。深受日本人欢迎的大豆发酵调味品——纳豆，是由纳豆芽孢杆菌发酵的产品。有报道指出芽孢制剂有促进人或动物机体免疫功能的效果，但其激活机制还不能充分解释。可以肯定的是尽管每日摄入芽孢，但任何芽孢杆菌的营养细胞都不能在人和动物肠道内定殖而成为肠道内的正常菌群。

(3)酵母菌制剂

酵母菌是真核单细胞生物，与人类关系密切，馒头、面包、啤酒以及工业发酵生产的乙醇，都与酵母菌的代谢活性有关。由于酵母菌个体大、蛋白质含量高、杂食性广、代谢产物多、易培养，在食品、饲料领域广泛使用。

酵母菌不是肠道正常菌群，但可以在消化系统中存活。酵母菌是酿酒酵母分泌的“嗜杀因子”，它在工业啤酒发酵过程中具有很好的杀菌作用，对于肠道病原菌也有很强的杀伤力。目前已通过育种手段或基因工程技术将编码“嗜杀因子”的基因克隆到生产乳制品的菌株乳球克吕沃尔菌(*Kluyverommyces lactis*)中，开发其在乳制品发酵中的应用潜力。具有益生作用的酵母菌制剂可以是单一菌株，也可以与芽孢杆菌或乳酸菌混合使用。

4.3.2　肠道微生态失衡及对机体健康的影响

肠道微生态失衡是指在某些因素影响下，肠道微生态平衡被打破，机体正常菌群的种类、数量和比例发生异常变化所引起的病理状态。

肠道菌群栖息在人体肠道中，保持一种微观生态平衡。如果由于机体内外各种原因，导致这种平衡被破坏，而使某种或某些菌种过多或过少、外来的致病菌或过路菌的定植或增殖、某些肠道菌向肠道外其他部位转移，即称为肠道菌群失调（enteric dysbacteriosis）。引起肠道菌群失调的原因较多，如婴幼儿喂养不当、营养不良、年老体弱、肠道与其他系统急慢性疾病、长期使用抗生素、激素、抗肿瘤药、放疗、化疗等。肠道菌群失调有以下四种常见的表现。

1. 肠道微生态失衡的病因

(1)宿主因素。宿主的胃肠运动、消化液分泌、免疫抗体效价、内分泌激素水平及应急反应能力、年龄等因素直接与肠道菌群的变化相关。

(2)饮食因素。目前认为肠道正常菌群在饮食与机体之间起重要的中介作用。饮食结构、营养成分的比例、营养不良等饮食因素对肠道菌群变化有重要影响。

(3)微生态方面因素。肠道菌群的定植能力、菌群间的共生及拮抗关系以及疾病或理化因素对肠道菌群变化均有决定性影响。

2. 肠道微生态失衡临床表现

肠道菌群失调可引起以腹泻为主的临床表现。严重的肠道菌群失调可参与肠功能衰竭，甚至多脏器衰竭的发生发展过程。肠道菌群失调有四种常见的表现：一是腐败菌显著增多、双歧杆菌与乳杆菌减少，常见于中老年人，大多数情况下无临床症状，甚至可以认为不是异常现象，但可能有消化吸收功能与食欲不佳、腹胀、产气、便秘等一般性不适反应，这是食用改善肠道菌群功能性食品收效最为明显的人群。二是肠道菌群的比例失调，按比例失调程度分为 3 种情况。第一种情况是由于某种食物或药物引起轻微短期的大肠菌与肠球菌减少，原因去除后即可恢复。第二种情况为正常肠道菌显著减少，过路菌增多，可引起肠道异常发酵及各种肠炎，如各种致病菌引起的食物中毒及消化道传染病，如白色念珠菌、放线菌、隐球菌、毛霉菌引起的真菌性肠炎。第三种情况为肠道正常菌被抑制，而由过路菌所代替，如由于服用抗生素引起的难辨梭状芽孢杆菌产生的伪膜性肠炎等。

3. 肠道微生态失衡的治疗措施

(1)食用微生态制剂。微生态制剂是由生理细菌制备的用来纠正微生态失衡，提高宿主健康状态的益生菌，或其代谢产物和生长促进物质的制品。其作用机制包括：①抗菌作用：通过产生过氧化氢和细菌素发挥作用；②酶作用：增加乳糖消化；③免疫增强：刺激机体的免疫应答。

(2)其他治疗。包括对症处理，加强营养支持等，同时避免滥用抗生素。

4.3.3 调节肠道菌群的功能性成分与功能性食品

肠道菌群包括有益菌(双歧杆菌和乳杆菌)、有害菌(产气荚膜梭菌、拟杆菌等)和低有害菌(肠球菌、肠杆菌等)。在正常情况下，肠道内的各种菌群基本处于平衡状态，但随着年龄的增长，有益菌(尤其是双歧杆菌属)的数量会逐年下降，至老年时几乎不再存在。而有益菌能抑制肠道腐败菌的繁殖和腐败作用，阻止有毒物质的形成，并能合成多种维生素，有利于铁、钙的吸收，激活吞噬细胞活性等作用。因此，凡能促进有益菌生长、抑制有害菌繁殖的物质，都可起到调节肠道菌群的作用。

良好的肠道内环境、平衡的肠道菌群与人的健康和长寿关系十分密切。目前，研究者们的着眼点和目的，就是增加肠道有益菌的数量，其途径有两个，一是食用乳酸菌(特别是双歧杆菌)活菌制剂及发酵制品，使乳酸菌在肠道内繁殖，以增加其数量；二是食用有助于有益菌生长繁殖的物质，叫“双歧因子”，大多是一些低聚糖类，可使有益菌在人体内得以很好的繁殖。国家食品药品监督管理总局(CFDA)批准具有调节肠道菌群功能的常用原料有：益生菌、乳酸菌、双歧杆菌、溶菌酶、膳食纤维、嗜酸乳杆菌、低聚木糖、低聚果糖、大豆低聚糖、低聚异麦芽糖、低聚甘露糖、番泻叶、橘皮、聚葡萄糖、决明子、绿茶、麦芽、砂仁、山楂、嗜热链球菌、食用酵母、香菇、栀子。其他具有调节肠道菌群功能的物质有：阿拉伯胶、半乳糖甘露聚糖、赤藓糖醇、大豆低聚肽、大豆膳食纤维、大豆异黄酮、低聚半乳糖、低聚菊糖、低聚龙胆糖、低聚麦芽糖、低聚乳果糖、低聚糖类、低聚异麦芽酮糖、瓜尔豆胶、决明子胶、角豆胶、菊粉、抗性淀粉、壳聚糖、蓝藻、罗望子胶、米糠半纤维素、木糖醇、魔芋精粉、棉籽糖、牛初乳、凝结多糖、啤酒酵母、溶菌酶、乳糖醇、乳铁蛋白、水苏糖、小麦麸纤维、益生菌类、茁霉多糖、转半乳糖苷低聚糖。

1. 有益活菌制剂

有益活菌制剂主要以双歧杆菌和各种乳杆菌为主，也有其他细菌。有益活菌制剂用作保健食品时应该符合的条件是：有效菌的存活率高(例如活菌达 $10^6 \sim 10^8$ 个/mL 或个/g)；制剂在商品流转与货架保存中活菌含量稳定性好；动物或人体试验证明，有效菌能在肠道定植和增殖；无病原性及有害产物；对人体(宿主)肠道菌群调整作用明显，增加肠道有益菌比例，减少、至少不增加有害及不利菌的比例。国外对这类活菌制剂的开发，主要也是用双歧杆菌、乳杆菌，也有用肠球菌的。除作为保健用品外，有益活菌制剂还可以作为生物治疗剂，用于治疗腹泻，以及预防和治疗因应用抗生素引起的伴联性腹泻与肠道菌群失调。

2. 双歧因子

双歧杆菌增殖因子，就是可促进双歧杆菌生长、增殖的活性物质，是近年来国际学术界和产业界研究与开发的热点，即通过这类物质使机体自身的生理性固有的菌增殖，形成以有益菌占优势的肠道生态环境。这种物质的研究起源于 Gyorgy 发现母乳中含有双歧杆菌增殖因子，后来又观察到母乳喂养婴儿与非母乳喂养婴儿肠道内双歧杆菌的数量有明显差异，且后者的抵抗力不如前者。

近年开发的增殖因子，包括功能性低聚糖和膳食纤维等产品，由于其成本较低、性能较为稳定且增殖效果明显，故应用在功能性食品已显示出良好的前景。低聚糖独特的生理功能，完全归功于其独有的发酵特性，即双歧杆菌增殖特性。膳食纤维特别是水溶性膳食纤维，也是因为其独有的发酵特性，而具备类似的功效。但是，目前对膳食纤维的发酵特性研究还不够深入，尚无法与低聚糖的双歧杆菌增殖特性直接相比较。功能性低聚糖优于膳食纤维的特点有：①较小的有效剂量，每日仅需 0.7～3g，视不同品种而定。②在推荐量范围内不会引起腹泻。③具有一定的甜味，甜味特性良好，无不理想的组织结构或口感特性。④易溶于水，不增加产品的黏度。⑤物理性质稳定，不螯合矿物元素。⑥易加入工业化食品中。

在选用双歧杆菌增殖因子时，至少要符合四项基本要求：①在上消化道基本不被消化、不被吸收；②能促进有益菌的增殖；③能有效改善肠道菌群构成；④有改善宿主肠道功能的作用。

3. 有益菌及其增殖因子的综合制剂

鉴于双歧杆菌与乳杆菌在制剂形式、保存与服用后均有许多不稳定因素，所以人们主张将这类有益菌与增殖促进剂并用。这方面虽然还有一些问题有待研究，但对其中一些产品的应用检测证明，它在改善肠道菌群构成和降低肠道 pH 与缓解便秘上的功效很显著，而且可靠。尽管其中有益的菌不多，甚至极少，但仍然在改善肠道功能上效果卓著。因此，在这类保健食品的开发上，这种有益菌及其增殖因子并用的产品值得推广。

具有调节肠道菌群功效的典型配料见表 4-3。

表 4-3　具有调节肠道菌群功效的典型配料

典型配料	生理功效
乳酸菌(*Lactics*)	调节肠道菌群，润肠通便，提高免疫力，抑制肠道致癌物的产生
双歧杆菌(*Bifodobacteriums*)	调节肠道菌群，润肠通便，提高免疫力，延缓衰老，抗肿瘤
低聚木糖(xylooligosaccharide)	调节肠道菌群，润肠通便，抗龋齿(可供糖尿病患者食用)
低聚果糖(galactooligosaccharide)	调节肠道菌群，润肠通便，抗龋齿(可供糖尿病患者食用)
低聚半乳糖(galactooligosaccharide)	调节肠道菌群，润肠通便，抗龋齿(可供糖尿病患者食用)
低聚异麦芽糖(isomaltooligosaccharide)	调节肠道菌群，润肠通便，抗龋齿(可供糖尿病患者食用)
低聚乳果糖(lactosucrose)	调节肠道菌群，润肠通便，抗龋齿(可供糖尿病患者食用)
低聚龙胆糖(gentioligosaccharide)	调节肠道菌群，润肠通便，抗龋齿(可供糖尿病患者食用)
大豆低聚糖(soybean oligosaccharide)	调节肠道菌群，润肠通便，抗龋齿(可供糖尿病患者食用)
棉籽糖(rattinose)	调节肠道菌群，润肠通便，抗龋齿(可供糖尿病患者食用)
水苏糖(stachyose)	调节肠道菌群，润肠通便，抗龋齿(可供糖尿病患者食用)
乳酮糖(lactulose)	调节肠道菌群，润肠通便，抗龋齿(可供糖尿病患者食用)

续表

典型配料	生理功效
低聚异麦芽酮糖(isomultulose-oligo-saccharide)	调节肠道菌群，润肠通便，抗龋齿(可供糖尿病患者食用)
菊粉(inulin)	调节肠道菌群，润肠通便，减肥，提高免疫力，促进钙的吸收
壳聚糖(chitosan)	调节肠道菌群，润肠通便，减肥，提高免疫力
溶菌酶(lysozyme)	调节肠道菌群，促进婴儿消化吸收，消炎杀菌，抗感染

4.3.4 调节肠道菌群功能性食品的评价标准

根据卫生部2003年公布的试验项目、试验原则和结果判定，调节肠道菌群功能性食品的评价标准如下。

1. 动物试验

(1)试验动物。推荐用近交系小鼠，18～22g，单一性别，每组10～15只。

(2)剂量分组及受试样品给予时间。试验设三个剂量组和一个阴性对照组，以人体推荐量的10倍为其中的一个剂量组，另设两个剂量组，必要时设阳性对照组。受试样品给予时间14d，必要时可以延长至30d。

(3)试验步骤。在给予受试样品前，无菌采取小鼠粪便0.1g，10倍系列稀释，选择合适的稀释度分别接种在各培养基上。培养后，以菌落形态、革兰氏染色镜检、生化反应等鉴定计数菌落，计算出每克湿便中的菌数，取对数后进行统计处理。最后一次给予受试样品之后24h，与试验前同样方式取直肠粪便，检测肠道菌数，方法同上。

(4)观察指标。体重、双歧杆菌、乳杆菌、肠球菌、肠杆菌、产气荚膜梭菌。

(5)数据处理和结果判定。资料可用方差分析，比较试验前后自身及组间双歧杆菌、乳杆菌、肠球菌、肠杆菌、产气荚膜梭菌的变化情况，试验组试验前后自身比较差异显著者，或试验后试验组与对照组组间比较有差异，且试验组试验前后自身比较差异显著，符合以下任一项，可以判定该受试样品动物试验结果为阳性。

①双歧杆菌或乳杆菌(或其他益生菌)明显增加，产气荚膜梭菌减少或无明显变化，肠球菌、肠杆菌无明显变化。

②双歧杆菌或乳杆菌(或其他益生菌)明显增加，产气荚膜梭菌减少或无明显变化，肠球菌和/或肠杆菌明显增加，但增加幅度低于双歧杆菌、乳杆菌(或其他益生菌)的增加幅度。

2. 人体试食试验

(1)受试者纳入标准。一个月内未患过胃肠疾病者；一个月内未服用过抗生素者。

(2)受试者排除标准。年龄在65岁以上者，妊娠或哺乳期妇女，过敏体质及对本保健食品过敏者；合并有心血管、脑血管、肝、肾和造血系统等严重疾病及内分泌疾病者；精神病患者；停服受试样品或中途加服其他药物，无法判断功效或资料不全者；短期内服用与受试功能有关的物品，影响到对结果的判断者。

(3)试验设计及分组要求。采用自身和组间两种对照设计。按受试者的菌群状况随机分为试食组和对照组，尽可能考虑影响结果的主要因素如年龄、性别、饮食因素等，进行均衡性检验，以保证组间的可比性。每组受试者不少于 50 例。

(4)受试样品的剂量和使用方法。试食组按推荐服用方法、服用量服用受试产品，对照组可服用安慰剂或采用空白对照。受试样品给予时间 14d，必要时可以延长至 30d。试验期间不改变原来的饮食习惯，正常饮食。

(5)观察指标。双歧杆菌、乳杆菌、肠球菌、肠杆菌、拟杆菌、产气荚膜梭菌。

(6)试验步骤。在给予受试样品前，无菌采取受试者粪便 1.0g，10 倍系列稀释，选择合适的稀释度分别接种在各培养基上。培养后，以菌落形态、革兰氏染色镜检、生化反应等鉴定计数菌落，计算出每克湿便中的菌数，取对数后进行统计处理。最后一次给予受试样品之后 24h，再次检测，方法同上。

(7)数据处理和结果判定。试验数据为计量资料，可用 t 检验进行分析。凡自身对照资料可以采用配对 t 检验，两组均数比较采用成组 t 检验，后者需进行方差齐性检验，对非正太分布或方差不齐的数据进行适当的变量转换，待满足正态方差齐后，用转换的数据进行 t 检验；若转换数据后仍不能满足正态方差齐要求，改用 t'检验或秩和检验；但变异系数太大(如 $CV>50\%$)的资料应用秩和检验。

符合以下任一项，可以判定该受试样品具有调节肠道菌群功能的作用。

①双歧杆菌或乳杆菌(或其他益生菌)明显增加，产气荚膜梭菌减少或无明显变化，肠球菌、肠杆菌、拟杆菌无明显变化。

②双歧杆菌或乳杆菌(或其他益生菌)明显增加，产气荚膜梭菌减少或无明显变化，肠球菌和/或肠杆菌、拟杆菌明显增加，但增加幅度低于双歧杆菌、乳杆菌(或其他益生菌)的增加幅度。

4.4　保护胃黏膜的功能性食品

4.4.1　胃黏膜的生理功能与损伤

胃壁分为黏膜、黏膜下层、肌层和浆膜四层。胃腔面呈粉红色，有皱襞。皱襞由黏膜和黏膜下层突起形成，形状不规则。小弯处有 4～5 条纵行皱襞，其间的纵沟为胃道。胃充盈时皱襞消失，但小弯处的纵行皱襞变化不大。黏膜表面的小泡彼此连接成网，将表面分成胃区。

胃黏膜保护作用是指黏膜能耐受经常接触的各种损伤因子(包括大幅度 pH、渗透压和温度变化，以及具有去垢作用的物质或能引起全身或局部炎性反应的细菌代谢产物及抗原等)，而结构与功能不受明显伤害的现象。胃黏膜并不是不受食物或自身分泌的内源性因子损伤，而是经常发生损伤，但胃黏膜能快速地修复损伤，使损伤发生在上皮最表浅层，阻止有害因子进入黏膜组织或体循环。当胃黏膜受刺激后，黏膜的抵御能力相应增强，即出现适应性细胞保护现象。因此，胃黏膜细胞保护是动态过程而非静态过程。

胃黏膜保护作用由多种因素介导，这些因素相互联系、相互作用，形成复杂的网络体系，并受全身和局部神经、体液及腔内物质的调节。从解剖结构上可将这些因素分为5个层次。

第一层次由分泌入胃腔的成分组成，包括酸、碱、黏液、免疫球蛋白和其他抗菌成分(如乳铁蛋白)、表面活性磷脂(surface active phosphorlipid，SAPL)等。

第二层次是上皮层，具有显著的抗酸损伤功能，并可以形成紧密连接，防止被动扩散。如果上皮层连续性破坏，能够快速修复。

第三层次由黏膜微循环与黏膜、黏膜下感觉传入神经组成。酸或其他损伤因子逆流入黏膜引起神经介导的胃黏膜血流(gastric mucosal blood flow，GMBF)升高，这对限制损伤和促进修复有重要意义。

第四层次由黏膜免疫细胞构成，包括肥大细胞、巨噬细胞，可感受进入黏膜的异体成分，形成适当的炎性反应。

第五层次即胃黏膜自身修复功能，包括胃腺的生长和重建、黏膜上的外来和内在神经系统的再生、微循环的重建，许多生长因子的重要意义已经被认识。

1. 三叶因子与胃黏膜保护

三叶因子家族(trefoil factor family，TFF)是一群主要由胃肠道黏液细胞分泌的小分子多肽。目前在哺乳动物体内发现的三叶肽(trefoil peptide)有3种，即乳癌相关肽(PS_2或TFF_1)、解痉多肽(SP或TFF_2)和肠三叶因子(ITF或TFF_3)。其共同特征为：均含一特殊结构——P结构域；由一段38或39个氨基酸序列组成；含有6个高度保守的半胱氨酸残基；经由3个分子内的二硫键相互连接，使整个肽链扭曲、折叠形成三叶状结构。这种三叶形结构的稳定性使TFFs具有明显的抗蛋白酶水解、抗酸消化及耐热特性，因而能在消化道复杂的环境中保持生物活性。在哺乳动物体内，三叶肽具有抑制肿瘤、传导信号、诱导细胞凋亡以及减轻各种理化因素引起的胃黏膜损伤并促进黏膜修复等功能，但其发挥功能的具体机制尚不明确。国外已有大量试验证明，三叶肽在胃肠道黏膜保护中发挥了重要作用。

2. 氧自由基与胃黏膜保护

自由基指具有未配对电子的原子、原子团或分子。由氧分子衍生的自由基称为氧自由基(oxygen free radical，OFR)，主要包括超氧自由基和羟自由基，它们与过氧化氢、单线态氧统称为活性氧。正常人体内存在清除OFR的防御系统，使其生成量不会达到损伤组织的程度。OFR具有杀菌、除细胞毒以及促进炎症渗出等作用。由于OFR作用的靶细胞和分子无特异选择性，故OFR在参与杀菌等防御作用的同时，也会给组织细胞造成损伤。Hp感染、NSAIDs、乙醇、缺血再灌注损伤、应激、幽门结扎等所致胃黏膜损伤的模型中，均涉及OFR的作用。可以认为，OFR参与了绝大多数致溃疡因子的致病过程，与慢性胃炎、急性胃黏膜损伤、胃溃疡和胃癌的形成有密切关系。

流行病学调查提示，自由基清除剂维生素C和维生素E的缺乏与胃癌发生有关，补充维生素C可减少胃黏膜中的DNA损害。临床研究发现胃癌和萎缩性胃炎患者血浆与组织中脂质过氧化物明显高于对照组，并且发现胃癌组织中自由基浓度明显比对照组高，提示自由基可能参与胃癌的发生。自由基清除剂对胃黏膜的损伤具有保护作用。瑞巴派特(Rebamipide)是一种新的黏膜保护药，通过抗氧化作用，对多种 OFR 产生损伤的动物模型均具有抗损伤保护作用，还可促进胃黏膜内源性前列腺素(prostaglandins，PGs)的合成释放，保护胃黏膜，增加胃黏膜血流量，从而对溃疡的发生和发展起到抑制作用，减少溃疡的发生。

3. 幽门螺杆菌与胃黏膜保护

幽门螺杆菌(helicobacter pylori，Hp)产生的毒素和有毒素作用的酶能破坏胃黏膜屏障。其中，Hp 感染还能使机体产生炎症和免疫反应，影响胃酸、胃肠激素的分泌，引起胃上皮细胞的凋亡，导致一系列疾病。

Hp 感染时，胃上皮细胞可递呈抗原，起着“非专业性”APC 的作用，可介导免疫反应。APC 是指能捕捉、加工和处理抗原，并将抗原递呈给抗原特异性淋巴细胞的一类免疫细胞。Hp 感染可刺激浆细胞产生局部和全身的 Hp 特异性抗体，参与体液免疫反应。这种抗体多半为非分泌型 IgA，不能很好地与补体结合清除细菌，却可造成宿主自身的损伤，如自身抗体可造成胃上皮的损伤。

Hp 感染可导致胃上皮细胞凋亡。胃上皮细胞的过度凋亡促进糜烂和溃疡形成，凋亡时程序错误或凋亡与增生不平衡，则可导致肿瘤形成。

4. 乙醇与胃黏膜保护

急性酗酒所致的急性糜烂性胃炎是临床上常见的上消化道出血原因之 ，慢性酗酒可致酒精性肝炎、脂肪肝、肝硬化等酒精性肝病。了解乙醇对胃黏膜损伤机制及其防护具有重要意义。

乙醇对胃黏膜的损伤包括急性和慢性两方面。前者主要表现为急性糜烂性胃炎甚至溃疡，内镜下表现为黏膜表面点状糜烂，直径常为 1～2mm，常不累及深层，多伴有一定程度的出血(多为黏膜下瘀点)，活检时黏膜炎症常不突出；当累及黏膜肌层时则形成溃疡；如与 NSAIDs(如布洛芬)协同作用，则对胃黏膜的损伤更为显著。后者表现为胃肠黏膜糜烂伴有上皮代偿性增生，时间较长可出现肠上皮化生、上皮不典型增生，甚至癌变，这可能与氧化应激及脂质过氧化反应有关。此外，长期酗酒者 Hp 感染所致的慢性胃窦炎发病率较高，但治疗后黏膜常可完全恢复正常。

乙醇对胃黏膜的损伤是个复杂的、多方面的过程。总的来说，与胃黏膜的侵袭因素和防卫因素之间的不平衡有关。前者包括胃酸、胃蛋白酶及黏膜刺激物等；后者包括胃黏液层、黏膜血流、HCO_3^-、PGs、表皮生长因子、上皮细胞更新等。乙醇可引起胃黏膜血管内皮损伤，导致微循环障碍和缺血，从而使 OFR 产生增多。乙醇代谢也可产生 OFR，引起细胞膜中不饱和脂肪酸氧化，导致膜顺应性下降，并可氧化蛋白质中巯基，造成 DNA 断裂。应用巯基化合物清除 OFR 有助于黏膜修复。

5. NSAIDs 与胃黏膜保护

非甾体类抗炎药(nonsteroidal anti-inflammatory drugs，NSAIDs)被广泛应用于治疗

各种风湿性疾病及心脑血管疾病，但 NSAIDs 的广泛应用也引起了一系列并发症，其中最主要的是 NSAIDs 相关性胃肠病，轻者黏膜充血、水肿、糜烂及浅表溃疡形成，重者造成大面积溃疡合并消化道出血、穿孔，甚至危及生命。由于 NSAIDs 的镇痛作用，使用 NSAIDs 的患者发生胃肠病时多数是无症状的，当相应症状出现时，往往病情已较为严重。这正是 NSAIDs 相关性胃肠病可导致高死亡率的原因。

NSAIDs 相关性胃病的病变主要位于胃窦、幽门前、胃体部，临床表现多样，可无症状或表现为消化不良、腹胀、腹痛、溃疡、出血、穿孔等，有时也表现为胃食管反流。

目前认为 Hp 和 NSAIDs 是消化性溃疡发生的两个重要独立危险因素，两者相互作用。单纯根除 Hp 本身虽然不足以预防 NSAIDs 溃疡，但较多意见倾向于根除 Hp 对减少 NSAIDs 溃疡的发生有一定帮助。到目前为止，关于 NSAIDs 和 Hp 相互作用的基础、临床和流行病学研究很多，但来自各家的结论并不一致，甚至相互矛盾。这可能与不同的地理环境、不同 Hp 亚型、不同的疾病阶段、有无消化性溃疡病史等因素有关。但从理论上推导，由于 Hp 与 NSAIDs 对黏膜的损害在许多方面有一致性，两者对胃肠黏膜的损害作用会有相加效果。

6. 上皮屏障与胃黏膜保护

处于高酸环境的胃黏膜上皮层有其自身特性。胃上皮层在调节黏膜对摄入抗原的反应过程中有一定意义，给过敏体质动物摄入抗原可刺激胃酸分泌、胃排空延缓。胃上皮紧密连接上皮，可限制抗原进入黏膜固有层及体循环，但清蛋白(80kD)大小的分子可以以完全抗原的形式通过大鼠胃上皮，提示胃内存在“抗原递呈”形式，允许免疫系统探及胃腔内潜在的有害物质，然后限制这些抗原性物质排入肠腔。

整复或重建是指胃小凹健康细胞快速迁移以覆盖裸露基膜的上皮修复过程。离体研究发现，整复需要基膜提供 HCO_3^-，且该过程需数小时，而在体内情况下需 15～60min。上皮细胞黏附的基膜对酸损伤特别敏感。在上皮受损、腔内 pH 较低的情况下，由细胞碎片、黏液、血浆(纤维素、清蛋白等蛋白)组成的，覆盖于损伤部位的“黏液帽”，能保护基膜作为整复上皮迁移的支撑。

当黏膜防御机制都被破坏后，便会发生溃疡，侵及整个黏膜层和黏膜肌层，这时机体便通过最后防线进行修复。愈合过程首先发生于溃疡周边，渐渐向溃疡中心进行。肉芽组织为新分化的上皮细胞迁移和形成黏膜结构提供支撑，其内新生血管形成为重建胃腺提供条件。溃疡修复过程有多种生长因子和细胞因子参与，但其具体作用有待阐明。

7. PGs、NO 与胃黏膜保护

很多化学递质参与协调黏膜对损伤刺激的保护性反应。大量证据表明，PGs、一氧化氮(NO)是最基本的递质，影响参与黏膜防御的每种成分，可抑制黏液和胃酸分泌，升高 GMBF，促进溃疡愈合。多种药物或理化因素通过调节 PGs 及 NO 的合成而影响胃黏膜损伤的修复。PGs、NO 对肥大细胞激活和白细胞黏附血管内皮有抑制作用，可能为张力性免疫调制质，抑制 PGs、NO 的合成，增加黏膜对损伤的敏感性。

外源性 NO 可预防或减轻缺血、再灌注、乙醇、盐酸、PAF、内毒素、ET 及应激等

引起的急性胃黏膜损伤。抑制内源性 NO 合成，则可加重上述因素引起的损伤，拮抗 NO 合成抑制剂则可逆转其加重胃黏膜损伤的效应。内源性 NO 参与介导硫糖铝等药物的胃黏膜保护作用。具有释放 NO 作用的新型 NSAIDs 无严重的胃黏膜毒性。NO 胃黏膜保护机制与升高 GMBF、抑制胃酸分泌、促进黏液分泌等因素有关。

人体胃黏膜 PGs 主要为 PGA、PGE、PGF 及 PGI2 类，以 PGE 和 PGI2 含量最高，主要生理作用为抑制胃酸分泌和保护胃黏膜。

4.4.2　保护胃黏膜功能性成分与功能性食品

对于胃肠黏膜损伤的防治，首先应去除致病因素对胃肠黏膜的继续刺激与损伤，并卧床休息，同时配合膳食营养治疗措施。对于急性胃炎患者饮食应以流质为主，开始先给清淡流质，病情好转后给半流食，继而用软饭代替。饮食方式以少量多餐为宜，尽量减轻胃的负担，使消化道得到充分休息。如同时伴有肠炎、腹泻时，应减少脂肪用量，禁用胀气食品如牛乳、豆浆等。对呕吐、腹泻严重者，因失水和电解质较多，应注意补充，对于慢性胃炎患者而言，饮食要多样化，以促进食欲，并保证营养充足和平衡，但宜适当控制富含动物脂肪食品的摄入。蛋白质的供给要注意动物蛋白和植物性蛋白的搭配比例，蛋、鱼、瘦肉和豆制品等优质蛋白应作为蛋白质的主要来源。食物要易消化、少残渣为好，少量多餐，尽量减少对胃黏膜的刺激。

CFDA 批准的对胃黏膜损伤有辅助保护功能的常用原料有：白芷、丁香、壳聚糖、茯苓、山楂、薏苡仁、陈皮、红景天、干姜、葛根、甲壳素、猴头菇、蒲公英、甘草、水苏糖、西洋参、三七、枸杞、积雪草、鸡内金、橘皮、莱菔子、砂仁、山药、蛇肉、薤白、锌及富锌食品、枳椇子、栀子。

其他对胃黏膜损伤有辅助保护功能的物质有：百合、贝母、荜茇、苍术、草珊瑚、茶多酚、柴胡、车前草、车前子、代代花、党参、高良姜、厚朴、槐花、花椒、花色素类、黄檗、黄酮类物质、黄麻叶、荚迷果、姜黄、姜黄素、可可多酚、木香、七叶皂苷、青刺果、肉桂、沙棘、沙棘子油、甜茶、无花果、五加皮、仙人掌、小茴香、月桂叶、叶绿素、银耳、枳实、紫苏。

具有保护胃黏膜功效的典型配料见表 4-4。

表 4-4　具有保护胃黏膜功效的典型配料

典型配料	生理功效
β-谷甾醇-β-D-葡萄糖苷(β-sitosterol-β-D-glucoside)	保护胃黏膜，抑制胃酸分泌，促进胃黏膜损伤愈合
丹参提取物(danshin root extract)	活血祛瘀，排脓止痛，安心宁神，保护胃黏膜
氯甲基蛋氨酸(chloromethyl methionine)	促进胃黏膜组织再生和黏膜损伤愈合
黄芪提取物(huangqi extract)	补气，促进黏膜微循环，保护胃黏膜
白芍提取物(baishao extract)	养血调经，促进黏膜微循环，保护胃黏膜
当归提取物(angelica extract)	补血，养血，促进黏膜微循环，保护胃黏膜
川芎提取物(chuanxiong extract)	行气，活血，促进黏膜微循环，保护胃黏膜

续表

典型配料	生理功效
甘草提取物(glycyrrhiza extract)	促进黏膜细胞分泌和再生，增强黏膜防御机能
金丝桃苷(hyperin，Hyp)	保护胃黏膜
尿囊素(allantion)	促进细胞增生，修复上皮组织，促进黏膜损伤愈合
叶绿素(chlorophyl)	促进胃黏膜损伤愈合
丙谷胺(proglumide)	抗胃酸及胃蛋白酶的分泌，促进胃黏膜损伤愈合
猴头菇提取物(hericium erinaceus extract)	增强胃黏膜屏障机能，促进黏膜损伤愈合
L-谷氨酰胺(L-Glutamine)	增强胃黏膜防御，加速胃黏膜损伤愈合
生物淀粉酶(bio-amylase)	有助于淀粉物质的消化吸收，减轻胃负担
维生素 C(vitamin C)	促进胃黏膜损伤的愈合
维生素 A(vitamin A)	维持胃黏膜上皮组织健康，保护胃黏膜
碳酸氢钠(sodium bicarbonate)	中和胃酸
碳酸钙(calcium carbonate)	中和胃酸
镁化合物(magnesium compound)	中和胃酸
铋化合物(bismuth compound)	中和胃酸

4.4.3 胃黏膜保护功能性食品的评价标准

1. 动物试验

(1)原理。在一定时间内给予一定量的受试样品，用对胃黏膜有损伤作用的物质造成急性胃黏膜损伤模型，观察各剂量组胃黏膜的损伤程度；或用对胃黏膜有损伤作用的物质造成慢性胃溃疡模型，在一定时间内给予一定量的受试样品，观察各剂量组胃溃疡的面积和体积，反映受试样品对胃黏膜的保护作用。

(2)试验动物。选用 Wistar 或 SD 健康大鼠，单一性别，160～180g，每组 8～12 只。

(3)剂量分组及受试样品给予时间。试验设三个剂量组和一个阴性对照组，以人体推荐量的 5 倍为其中的一个剂量组，另设两个剂量组，必要时设阳性对照组。慢性溃疡模型应先造模，手术次日再分组。受试样品给予时间一般为 14～30d，必要时可延长至 45d。

(4)数据处理和结果判定。计量资料可用方差分析，但需按方差分析的程序先进行方差齐性检验。试验组与模型对照组比较，若大体观察评分与病理组织学检查评分结果均表明胃黏膜损伤明显改善，可判定该受试样品动物试验结果为阳性。

2. 人体试食试验

(1)受试者纳入标准。符合慢性浅表性胃炎诊断标准且经胃镜筛选确诊为浅表性胃炎的自愿受试者；病程迁延，有不同程度的消化不良、上腹痛、胃灼热、嗳气、反酸、腹胀等临床症状，可有上腹部轻度压痛者。符合慢性浅表性胃炎纤维胃镜诊断标准及活体组织检查诊断标准，排除胃溃疡患者。

(2)受试者排除标准。年龄在 18 岁以下或 65 岁以上者，妊娠或哺乳期妇女，过敏体质及对本保健食品过敏者；继发性慢性胃炎患者；合并有心血管、脑血管、肝、肾和造血系统等严重疾病患者；症状、体征分级为重症者；经常用药、嗜酒、大量吸烟者；有消化系统溃疡者；正在服用其他治疗药物或接受其他治疗者；短期内服用与受试功能有关的物品，影响到对结果的判断者；未按规定服用样品，无法判断功效，或资料不全等影响功效或安全性判断者。

(3)试验设计及分组要求。采用自身和组间两种对照设计。按受试者的症状轻重随机分为试食组和对照组，尽可能考虑影响结果的主要因素如年龄、性别、病程等，进行均衡性检验，以保证组间的可比性。每组受试者不少于 50 例。

(4)受试样品的剂量和使用方法。试食组按推荐服用方法、服用量服用受试产品，在试验期间停用其他用于慢性胃病的物品，对照组可服用安慰剂或采用空白对照，也可用具有同样作用的阳性物，按盲法进行试食试验。受试样品给予时间 30d，必要时可以延长至 45d。试验期间不改变原来的饮食习惯，正常饮食。

(5)观察指标。胃痛、嗳气、反酸、腹胀、食欲不振、少食等临床症状，按症状轻重统计积分。

(6)数据处理和结果判定。统计症状和体征积分值，试验数据为计量资料，可用 t 检验进行分析。试食前后试食组自身比较及试食后试食组与对照组组间比较，若临床症状、体征积分明显减少，胃镜复查结果有改善或不加重，可判定该受试样品对胃黏膜有辅助保护功能。

4.5　促消化吸收功能性食品

4.5.1　人体的消化、吸收与损伤

1. 人体的消化与吸收

消化系统的基本功能是消化从外界摄取的食物和吸收各种营养物质，提供机体新陈代谢所需的物质和能量，并排出食物残渣。食物中的营养物质除维生素、水和无机盐可以被直接吸收利用外，蛋白质、脂肪和糖类等物质均不能被机体直接吸收利用，需在消化管内被分解为结构简单的小分子物质，才能被吸收利用。

消化(digestion)是食物在消化道内被分解为小颗粒能溶于水的小分子物质的过程。消化的方式有两种。一种是通过消化道肌肉的收缩活动，将食物研磨，并使其与消化液充分混合、搅拌，并不断向消化道的远端推送，这种方式称为机械性消化(或物理性消化)；另一种消化方式是通过消化腺分泌的消化液完成，消化液中含有各种消化酶，能分解蛋白质、脂肪和糖类等物质，使之成为可吸收的小分子物质，如糖类分解为单糖、蛋

白质分解为氨基酸、脂类分解为甘油及脂肪酸，然后这些分解后的营养物质被小肠(主要是空肠)吸收进入体内，进入血液和淋巴液，这种消化方式称为化学性消化。正常情况下，这两种方式的消化作用是同时进行、互相配合的。一旦消化吸收不良，就会导致各种疾病的发生。

食物经过消化后，透过消化道的黏膜，进入血液和淋巴循环的过程，称为吸收(absorption)。

消化和吸收是两个相辅相成、紧密联系的过程。不能被消化和吸收的食物残渣，最后以粪便的形式排出体外。因此，消化系统的基本功能是消化从外界摄取的食物和吸收各种营养物质，供机体新陈代谢所需的物质和能量，并排出食物残渣。除了消化和吸收之外，消化器官还有重要的内分泌功能和免疫功能。消化液的成分及作用见表 4-5。

表 4-5　消化液的成分及其作用

消化液	分泌量/(L/d)	pH	主要成分	酶的底物	酶的水解产物
唾液	1.0～1.5	6.6～7.1	黏液、α-淀粉酶	淀粉	麦芽糖
胃液	1.5～2.5	0.9～1.5	黏液、盐酸、胃蛋白酶(原)、内因子	蛋白质	胨、多肽
胰液	1.0～2.0	7.8～8.4	HCO_3^-	蛋白质	氨基酸、寡肽
			糜蛋白酶(原)	—	肽、氨基酸
			羧基肽酶(原)	—	—
			核糖核酸酶	RNA	单核苷酸
			脱氧核糖核酸酶	DNA	—
			α-淀粉酶	淀粉	麦芽糖、寡糖
			胰脂肪酶	甘油三酯	脂肪酸、甘油、甘油一酯
			胆固醇酯酶	胆固醇酯	脂肪酸、胆固醇
			磷脂酶	磷脂	脂肪酸、溶血磷脂
胆汁	0.8～1.0	6.8～7.4	胆盐、胆固醇、胆色素	—	—
小肠液	1.0～3.0	7.6	黏液、免疫蛋白、肠激酶、小肠淀粉酶	—	—
大肠液	0.5	8.3	黏液、HCO_3^-	—	—

2. 消化吸收不良

消化吸收不良会造成机体对营养成分的利用率降低，进而导致各种疾病的发生。症状表现为断断续续地有上腹部不适或疼痛、饱胀、胃灼热(反酸)、嗳气等。常因胸闷、早饱感、腹胀等不适而不愿进食或尽量少进食，夜里也不易安睡，睡后常有噩梦。到医院检查，除胃镜下能见到轻型胃炎外，其他检查如 B 超、X 光造影及血液生化检查等，都不能检查出不正常的表现。

功能性消化不良：凡具有有上述消化不良症状，而无确切的器质性疾病可解释者，称为功能性消化不良(functional dyspepsion，FD)。此类消化不良发生率最高，大部分人都有经历。发病原因主要和精神心理因素有关，如情绪波动、睡眠状态、休息不好、烟酒刺激等。西方国家资料统计 FD 占消化系统疾病的 20%～40%。根据症状不同，FD 可分为 3 个亚型：①溃疡样消化不良型，它以消化性溃疡的症状为特征，而又无溃疡的存在，新近研究发现常常面临应激的患者可出现应激反应，有胃酸排出的间歇性升高，加之动力障碍使胃酸对黏膜损害的作用延长和增加，因此，此型患者可因进食或服用 H－受体拮抗剂而好转；②动力障碍样消化不良型，它以胃储留症状为特征的临床表现为主，患者存在难以定位的上腹痛或不适，常由进食引起或餐后加重，同时有餐后上腹发胀、早饱、恶心或呕吐、食欲不佳等；③特异性消化不良型，有 FD 症状，但不符合上述两组特征性消化不良的患者。

器质性消化不良：经检查可明确认定是由某器官病变引起的消化不良症状，如肝病、胆道疾病、胰腺疾病、糖尿病等。对于这些患者来说，治疗时应主要针对病因治疗，辅助补充消化酶或者改善胃动力来缓解消化不良症状。

所以消化不良症状发生后应及时检查，首先要确认是否伴随其他疾病。吸收不良综合征是一种由小肠对营养物质吸收受到障碍所引起的综合征，临床分为原发性和继发性两类。原发性吸收不良综合征是因小肠黏膜具有某种缺陷，影响物质吸收和脂肪酸在细胞内的再酯化引起的。继发性吸收不良综合征见于多种因素造成的消化不良或吸收障碍，主要因素有肝、胆、胰疾病导致的胭盐及胰消化酶的缺乏；胃大部切除术后、短肠综合征、消化道 pH 的改变及小肠疾病或肠系膜疾病等均可影响小肠的吸收功能和消化功能；全身性疾病及部分免疫性缺陷所致的消化吸收功能不全，有麦胶性肠病和热带口炎性腹泻。

4.5.2　促消化吸收功能性成分与功能性食品

消化是人体生长发育、补充营养，支持新陈代谢的最基本生理过程，一旦消化不良就会导致各种疾病。促进营养素的消化吸收是改善胃肠道的重要途径之一。营养素包括碳水化合物、蛋白质、脂类、维生素、矿物质和水。这些营养素都是机体所必需的，如果胃肠道出现病变，将会影响各种食物消化和营养成分的正常吸收，使其他组织器官无法正常运作，从而导致身体机能出现紊乱并使部分组织器官出现各种慢性病变，直接危害身体健康。因此，促进消化吸收的功能性食品对于胃肠道不好的人来说十分必要。

人参对消化系统的作用最为显著。研究表明，人参的主要活性成分是人参皂苷。人参皂苷具有增强消化、吸收功能，它能提高胃蛋白酶活性，保护胃肠细胞，改善脾虚症状。在饮用人参泡的水后更加容易产生饥饿感，胃口也会有所好转。

山药为中医的传统补气益中药，临床用于治疗脾胃虚弱症。研究表明，山药有缓解管平滑肌痉挛及对抗神经介质的作用，还能增强小肠吸收功能，抑致血清淀粉酶的分泌。此外，山药中所含尿囊素能修复上皮组织，促进皮肤溃疡面和伤口愈合，具有生肌作用，可用于胃及十二指肠溃疡的预防和治疗。

具有促进消化吸收功效的典型配料见表 4-6。

表 4-6 具有促进消化吸收功效的典型配料

典型配料	生理功效
乳酸菌(*Lactics*)	调节肠道菌群，促进消化吸收，提高免疫力
酵母菌(*Saccharomycetes*)	调节肠道菌群，促进消化吸收，提高免疫力
木瓜蛋白酶(papain)	促进蛋白质消化吸收
溶菌酶(lysozyme)	调节肠道菌群，促进婴儿消化吸收，消炎杀菌，抗感染
菠萝蛋白酶(bromelain)	促进蛋白质消化吸收
淀粉酶(amylase)	促进淀粉消化吸收
维生素(vitamins)	促进消化吸收
矿物元素(minerals)	促进消化吸收

4.5.3 促消化吸收功能性食品的评价标准

1. 动物试验

(1)试验原理。胃肠道是营养物质摄取、消化与吸收的器官，对食物的消化作用主要是依靠其运动、消化酶的分泌来完成。如果某一保健食品能对这一环节或几个环节有调节作用，那它就有可能有促进消化功能的作用。

(2)试验动物。根据试验项目可选用单一性别成年小鼠或大鼠。小鼠 18～22g，每组 10～15 只，大鼠 120～150g，每组 8～12 只。

(3)试验项目。促进消化功能动物试验，包括大鼠体重、体重增重、摄食量和食物利用率试验；小肠运动试验；消化酶的测定三部分。

①小鼠进食量与食物利用系数试验：观察受试物对动物的摄食量、体重增长及食物利用率的影响，并与对照组比较有无显著性差异。

②胃肠道运动试验：胃肠道的运动有利于食物的研磨、消化和吸收。采用胃排空试验和小肠推进试验进行检测，统计分析受试物组与对照组对胃肠道运动的影响。

③消化酶的测定：食物消化需要在消化酶的作用下进行。受试物能增强消化酶的活力和含量则有利于改善食物的消化吸收。测定受试物对消化酶活力的影响，并与对照组进行统计学分析比较。

(4)剂量分组及受试样品给予时间。试验设三个剂量组和一个阴性对照组，以人体推荐量的 10 倍(小鼠)或 5 倍(大鼠)为其中的一个剂量组，另设两个剂量组，必要时设阳性对照组和模型对照组。受试样品给予时间 30d(小肠运动试验受试样品给予时间 15～30d)，必要时可延长至 45d。

(5)数据处理和结果判定。计量资料可用方差分析，但需按方差分析的程序先进行方差齐性检验。

①体重、体重增重、摄食量和食物利用率。试验组与阴性对照组比较，体重、体重增重、摄食量三个指标中若有任一指标增加，经统计处理差异有显著性，且食物利用率

与阴性对照组比较不明显降低，可判定该试验结果为阳性。

②小肠运动试验。在模型成立的前提下，试验组与模型对照组比较，若墨汁推进率增加，经统计处理有显著性差异，可判定该试验结果为阳性。

③消化酶的测定。试验组与阴性对照组比较，胃液量和胃蛋白酶活性、胃蛋白酶排出量三项指标中若有任一指标增加，经统计处理有显著性差异，可判定该试验结果为阳性。

(6)结果判定。动物体重、体重增重、摄食量、食物利用率，小肠运动试验和消化酶测定三方面中任意两方面的试验结果为阳性，可判定该受试样品促进消化功能动物试验结果为阳性。

2. 人体试食试验

根据不同受试样品适应人群的区别，促进消化功能人体试食试验建立两套试食试验方案，即针对适应人群主要为儿童的儿童方案和适应人群主要为成人的成人方案。

1)儿童方案

(1)受试者纳入标准。受试者选择由单纯饮食不佳造成的体重在同龄平均正常体重值小于 1 个标准差以内，伴有食欲低下、食量减少、偏食等消化不良表现的 4～10 岁儿童。

(2)受试者排除标准。急、慢性腹泻者；粪便常规检查虫卵阳性者；合并有心血管、肝、肾和造血系统等全身性疾病者；短期内服用与受试功能有关的物品，影响到对结果判断者；未坚持服用受试样品者。

(3)试验设计及分组要求。采用自身和组间两种对照设计。按受试者体重、血红蛋白、进食量等随机分为试食组和对照组，尽可能考虑影响结果的主要因素如年龄、性别、家庭经济水平等，进行均衡性检验，以保证组间的可比性。每组受试者有效例数不少于 50 例。

(4)受试样品的剂量和使用方法。试食组按推荐服用方法、服用量服用受试产品，对照组可服用安慰剂或具有同样作用的阳性物。受试样品给予时间 30d，必要时可以延长至 45d。按盲法进行试食试验。试验期间不改变原来的饮食习惯，正常饮食。

(5)观察指标。食欲、进食量、偏食、体重测量和血红蛋白含量的测定。

(6)数据处理和结果判定。试验数据为计量资料，可用 t 检验进行分析。若食欲、进食量、偏食状况改善结果为阳性，体重和血红蛋白含量两项指标中任一项指标结果为阳性，可判定该受试样品具有促进消化功能的作用。

2)成人方案

(1)受试者纳入标准。选择功能性消化不良，伴有长期胃肠不适，主诉食欲不振，早饱、气多，胃肠胀满，呕吐，不明原因慢性腹泻或大便秘结等自愿受试者。

(2)受试者排除标准。急性腹泻者；严重器质性病变引起的消化不良者；体质虚弱无法接受试验者；合并有心血管、肝、肾和造血系统等全身性疾病者；短期内服用与受试功能有关的物品，影响到对结果判断者；未坚持服用受试样品者，无法判断试食结果者。

(3)试验设计及分组要求。采用自身和组间两种对照设计。按受试者的消化症轻重随机分为试食组和对照组，尽可能考虑影响结果的主要因素如年龄、性别、病程等，进行均衡性检验，以保证组间的可比性。每组受试者有效例数不少于50例。

(4)受试样品的剂量和使用方法。试食组按推荐服用方法、服用量服用受试产品，对照组可服用安慰剂或空白对照，也可用具有同样作用的阳性物。受试样品给予时间30d，必要时可以延长至45d。试验期间不改变原来的饮食习惯，正常饮食。

(5)观察指标。临床症状观察和胃/肠运动试验。

(6)数据处理和结果判定。试验数据为计量资料，可用 t 检验进行分析。除食欲、进食量、胃胀腹胀、大便性状等消化不良的症状体征，偏食状况临床症状观察明显改善外，在胃肠运动及小肠吸收试验中至少有一项试验结果为阳性，可判定受试样品具有促进消化功能的作用。

4.6 润肠通便功能性食品

4.6.1 便秘的发生与防治

由于当今人们匆忙的生活形态和不合理的饮食结构，便秘已成了一种困扰广大人群的慢性疾病。便秘不仅在精神上让人觉得非常烦躁，而且对健康的危害也很大。便秘会导致消化障碍，引起身体中毒、脸色暗黄、色斑严重、早衰，还会间接加重痔疮、肠梗阻、高血压、冠心病、哮喘等。研究表明，经常便秘容易诱发肠癌。

便秘是指大肠传导功能失常，导致大便秘结，排便周期延长；或周期不长，但粪质干结，排便艰涩；或粪质不硬，虽有便意但便出不畅的病症。便秘的形成是大肠传导功能失常的表现，主要原因有胃肠积热、气积瘀滞、气血阴津亏虚和阴寒凝滞。

1. 便秘主要症状

正常人一般每周排便不少于3次，平均粪便量35～200g，粪便含水量为60%～80%。便秘患者可表现为每周排便少于3次，并有排便形态改变，粪便过于干硬，排便困难，同时可能有腹痛、腹胀、恶心、食欲减退、疲乏无力及头痛、头昏等症状。结肠黏膜由于经常受刺激、痉挛引起便秘时，往往排出的大便呈羊粪状。排便极端困难者，会出现肛门疼痛、肛裂，甚至诱发痔疮、乳头炎及营养不良等表现。

2. 便秘的种类和起因

(1)器质性便秘。包括：①直肠和肛病变，如痔疮肛裂、肛周脓肿等；②结肠病变，如良性或恶性肿瘤、结肠炎等；③肌力减退，老年人全身肌力减退，慢性肺气肿、肠麻痹及全身衰竭，常致肌力减退而致便秘；④药物，服用次碳酸铋、氢氧化铝等具有收敛作用的药物。

(2)功能性便秘(又称单纯性便秘)。包括：①进食量过少或食品过于精细，以致缺乏食物残渣，对结肠刺激减少；②排便习惯受过分激动的干扰或长途旅行而未能及时排便；③不良的生活习惯，如久卧(或坐)不动；④不良的排便习惯，如忽视便意，抑制排便，过分依赖润肠药或灌肠，久之使直肠反射的敏感性降低。

3. 便秘的预防

便秘与人们的生活方式密切相关，因此防治便秘应从日常生活的点点滴滴入手，主要表现在以下几个方面。

(1)饮食均衡不偏食，蔬菜水果要多。养成良好的饮食习惯，五谷杂粮以及富含纤维素的蔬菜水果都要吃，以增加肠内容物，刺激肠蠕动，促进排便。对于一些因牙齿不好，影响进食蔬菜、水果的老人，每天可在主食中添加麦片粥、玉米面、红薯、土豆等。

(2)定时排便，时间最好在晨起。一般认为晨起排便符合人体生理习惯。因为此时经过一昼夜的消化吸收，肠内容物残渣到了乙状结肠和直肠，来自肠道的刺激会促使大脑发出信号。如果多次忽略这一信号，不按时排便，信号便会自动取消，从而引发便秘。

(3)做弯腰提肛运动，增强排便。加强运动，锻炼膈肌、腹肌，刺激肠道蠕动。

(4)积极治疗原发病。要积极治疗肛门直肠疾病、糖尿病等原发病。如肛裂患者，每次排便如针扎般痛，导致患者畏惧排便。

(5)每天饮水量要足，润肠通便。成年人每天需要 3500mL 的饮水量，从每天三餐中减去 1500mL，还需要饮水 2000mL(2kg)。

4.6.2　润肠通便功能性成分与功能性食品

随着生活水平的不断提高，人们越来越倾向于食用精制食品，这使得便秘患者急剧增加，其主要原因就是膳食纤维摄入严重不足。据英国调查显示，总人群中 10%受此症困扰，发生率随年龄的增长而增加，由年轻人群的 3%增至老年人的 20%，其他发达国家也相似。中国和其他发展中国家过去发病率不高，但随着饮食精细化和人口老龄化的发展，便秘患者急剧增加。预防便秘主要是增加饮食中膳食纤维的含量，食物中粗粮、蔬菜、水果和魔芋精粉制品是膳食纤维的丰富来源。

1. 膳食纤维和水

膳食纤维在促进排便、防治便秘方面具有重要意义。膳食纤维对便秘的作用原理为：膳食纤维直接进入大肠内，吸收水分而充分润胀，促进肠壁的有效蠕动，使粪便软化，增大粪便体积，使大肠内容物迅速通过肠道而排出体外，从而缩短粪便的通过时间，增加粪便量及排便次数，稀释大肠内容物；同时被肠内细菌部分地、选择性地分解与发酵，从而改变肠内菌群的构成与代谢，诱导大量好气菌的繁殖；其中水溶性膳食纤维会较多地被分解成为细菌的养分，增加双歧杆菌等有益菌群的数量；细菌发酵生成的低级脂肪酸还能降低肠道 pH，同时刺激肠道黏膜，也加快了粪便的排出。

饮水充足可以使肠腔内保持足够软化粪便的水分，这对保持肠道通畅和正常排便很有好处。便秘患者为了避免肠道中食物残渣被过分脱水，每天要注意补充足够的水分。此外，如果没有水分，膳食纤维也起不到应有的作用。因此，便秘患者应该养成每日清晨饮温开水的习惯，这既可以增加肠道内容物的水分，又可刺激大肠的蠕动，促使排便通畅。

2. 功能性低聚糖

功能性低聚糖包括低聚果糖、乳酮糖、异麦芽酮糖、大豆低聚糖、低聚半乳糖、低聚木糖、低聚乳果糖、低聚异麦芽糖、低聚异麦芽酮糖和低聚龙胆糖等。人体胃肠道内没有水解这些低聚糖(异麦芽酮糖除外)的酶系统，因此它们不被消化吸收而直接进入大肠内优先为双歧杆菌所利用，是双歧杆菌的增殖因子。

功能性低聚糖进入机体后除了可改善人体内微环境外，还起到了调节胃肠，抑制肠内腐败物质，改变大便性状，防治便秘的作用。每日摄入3.0～10.0g低聚糖，一周之内便可起到防止便秘的效果，但对一些严重的便秘患者效果不佳。

3. 植物活性成分

许多天然植物活性成分都具有刺激肠道蠕动，润肠通便的功效。国家卫计委和CFDA批准具有通便功能的部分物质有：阿胶、白茅根、白术、百合、北沙参、补骨脂、藏红花、车前草种皮、川芎、大豆低聚糖、大豆磷脂、大豆纤维、大黄、大麦苗、大枣、丹参、淡竹叶、当归、低聚半乳糖、低聚果糖、低聚木糖、低聚乳果糖、低聚甘露糖、低聚异麦芽糖、地黄进、丁香进、杜仲进、番泻叶、蜂胶、防风进、佛手、茯苓、甘草、葛根、枸杞子、荷叶、何首乌、核桃、黑芝麻、红花、红茶多酚、猴头菇、厚朴、p胡萝卜素、黄芪、大麻仁、藿香、鸡内金、甲壳素、姜黄进、绞股蓝、橘皮、金银花、菊花、聚葡萄糖、决明子、壳聚糖、苦参、昆布、莱菔子、莲、灵芝、龙眼肉、芦荟、罗布麻、绿茶、绿藻、马齿苋、麦门冬、麦曲、魔芋、牡丹皮、酿造醋、牛磺酸、阿拉伯胶、半胱氨酸、车前子、大豆膳食纤维、榧子、瓜尔豆胶、褐藻胶、决明子胶、角豆胶、菊粉、罗望子胶、棉籽糖、难消化性糊精、胖大海、啤酒酵母细胞壁、桑白皮、甜菜纤维、微晶纤维素、亚麻仁种皮纤维和茁霉多糖等。

具有润肠通便功效的典型配料见表4-7。

表4-7 具有润肠通便功效的典型配料

典型配料	生理功效
多功能大豆纤维(muhifunctional soybean fiber)	润肠通便，减肥，调节血脂
小麦纤维(wheat fiber)	润肠通便，减肥
燕麦纤维(oat fiber)	润肠通便，减肥，调节血脂
番茄纤维(tomato fiber)	润肠通便，减肥
胡萝卜纤维(carrot fiber)	润肠通便，减肥
香菇纤维(lentinus fiber)	润肠通便，减肥，提高免疫力，抗肿瘤
菊粉(inulin)	润肠通便，减肥，调节肠道菌群，促进钙吸收
乳酸菌(*Lactics*)	调节肠道菌群，润肠通便，提高免疫力，抑制肠道致癌物的产生
两歧双歧杆菌(*Bifidobacterium bifidum*)	调节肠道菌群，润肠通便，抑制腹泻
嗜酸乳杆菌(*Lactobacillus acidophilus*)	调节肠道菌群，润肠通便，抑制腹泻
婴儿双歧杆菌(*Bifidobacterium infantis*)	调节肠道菌群，润肠通便，抑制腹泻

续表

典型配料	生理功效
长双歧杆菌(*Bifidobacterium longum*)	调节肠道菌群，润肠通便，抑制腹泻
短双歧杆菌(*Bifidobacterium breve*)	调节肠道菌群，润肠通便，抑制腹泻
青春双歧杆菌(*Bifidobacterium adolescentis*)	调节肠道菌群，润肠通便，抑制腹泻
保加利亚乳杆菌(*Lactobacillus bulgaricus*)	调节肠道菌群，润肠通便，抑制腹泻
干酪乳杆菌干酪亚种(*Lactobacillus Casei* subsp. *Casei*)	调节肠道菌群，润肠通便，抑制腹泻
嗜热链球菌(*Streptococcus thermophilus*)	调节肠道菌群，润肠通便，抑制腹泻
水苏糖(stachyose)	调节肠道菌群，润肠通便，抗龋齿(可供糖尿病患者食用)
乳酮糖(lactulose)	调节肠道菌群，润肠通便，抗龋齿(可供糖尿病患者食用)
低聚异麦芽酮糖(isomultulose-oligosaccharide)	调节肠道菌群，润肠通便，抗龋齿(可供糖尿病患者食用)
番泻叶提取物(senna leaf extract)	润肠通便
大黄提取物(rheum officinale baill extract)	润肠通便
芦荟提取物(aloe extract)	润肠通便，美容，提高免疫力
洋车前子纤维(psyllium fiber)	润肠通便，治疗痔疮

4.6.3　润肠通便功能性食品的评价标准

1. 动物试验

1)小肠运动试验

(1)原理。经口灌胃给予造模药物复方地芬诺酯，建立小鼠小肠蠕动抑制模型，计算一定时间内小肠的墨汁推进率，以此来判断模型小鼠胃肠的蠕动功能。

(2)试验动物。选用成年雄性小鼠，体重 18～22g，每组 10～15 只。

(3)剂量分组及受试样品给予时间。试验设三个剂量组和一个模型对照组，以人体推荐量的 10 倍为其中的一个剂量组，另设两个剂量组，必要时设阳性对照组。空白对照组和模型对照组以同样途径给予蒸馏水。受试样品给予时间 7d，必要时可延长至 15d。

(4)数据处理和结果判定。在模型成立的前提下，受试样品组小鼠的墨汁推进率显著高于模型对照组的墨汁推进率时，可判定该项试验结果为阳性。

2)排便时间、粪便粒数和粪便重量的测定

(1)原理。经口灌胃给予造模药物复方地芬诺酯，建立小鼠便秘模型，测定小鼠的首粒黑便排便时间、5h 或 6h 内排便粒数和排便重量，以此来反映模型小鼠的排便情况。

(2)试验动物。选用成年雄性小鼠，体重 18～22g，每组 10～15 只。

(3)剂量分组及受试样品给予时间。试验设三个剂量组，一个阴性对照组和一个模型对照组，以人体推荐量的 10 倍为其中的一个剂量组，另设两个剂量组，必要时设阳性对照组。阴性对照组和模型对照组以同样途径给予蒸馏水。受试样品给予时间 7d，必要时可延长至15d。

(4)数据处理和结果判定。资料可用方差分析，在小肠便秘模型成立的前提下，若受试样品组小鼠的首粒排黑便时间明显短于模型对照组，即可判定该项试验结果为阳性；若5h或6h内排黑便粒数、重量明显高于模型对照组，可判定该项试验结果为阳性；若5h或6h内排黑便粒数和重量任一项结果为阳性，同时小肠运动试验和排便时间任一项结果为阳性，可判定该项试验结果为阳性。

2. 人体试食试验

(1)受试者纳入标准。排便次数减少和粪便硬度增加者；大便一周少于3次者；无器质性便秘者；习惯性便秘者。

(2)受试者排除标准。不能经口进食者或不能按规定服用受试样品者；主诉不清者；体质虚弱无法接受试验者；30d内进行过外科手术引起便秘症状发生者；因严重器质病变引起的近期排便困难者(结肠癌，严重的肠炎、肠梗阻，炎症性肠病等)；便秘困难并伴有疼痛者；30d内发生过急性胃肠道疾病者；孕期及经期妇女；合并有心血管、肝、肾和造血系统等严重全身性疾病者；有其他伴随疾病正在治疗者；短期内服用与受试功能有关的物品，影响到对结果判断者。

(3)试验设计及分组要求。采用自身和组间两种对照设计。按受试者的便秘症状(排便次数、粪便性状、症状持续时间等)随机分为试食组和对照组，尽可能考虑影响结果的主要因素如年龄、性别、日常饮食、便秘原因等，进行均衡性检验，以保证组间的可比性。每组受试者有效例数不少于50例。

(4)受试样品的剂量和使用方法。试食组按推荐服用方法、服用量服用受试产品，对照组可服用安慰剂或空白对照，也可用具有同样作用的阳性物。按盲法进行试食试验，受试样品给予时间7d，必要时可以延长至15d。试验期间不改变原来的饮食习惯，正常饮食。

(5)观察指标。每日对受试者进行询问并记录，同时记录受试者服用受试样品前6d及试验时的情况，包括每日排便次数、排便状况、粪便性状、日常饮食情况及有无不良反应。

(6)数据处理和结果判定。试验数据为计量资料，可用 t 检验进行分析。若试食前后试食组自身比较排便次数明显增加，排便状况和粪便性状两项指标中任一项指标积分明显下降，试食后试食组与对照组比较，排便次数、排便状况和粪便性状任一项明显改善，可判定该受试样品具有润肠通便的作用。

4.7 缓解肝损伤功能性食品

4.7.1 肝功能与损伤

肝脏(liver)是人体最大的腺体，具有分泌胆汁、代谢转化、解毒及吞噬、防御功能，在胚胎时期还具有造血功能。

肝损伤分为病理性肝损伤和化学性肝损伤。功能性食品对化学性肝损伤患者有一定的保健作用。

化学性肝损伤是由化学性肝毒性物质所造成的肝损伤。这些化学物质包括酒精、环境中的化学毒物及某些药物。肝脏作为人体重要的解毒器官，具有肝动脉和肝静脉双重血液供应。化学物质可通过胃肠道门静脉或体循环进入肝脏进行转化，因此肝脏容易受到化学物中的毒性物质损害。常表现为血液中血清谷丙转氨酶(ALT)、谷草转氨酶(AST)异常升高，肝脏病理组织检查发生病变，如肝细胞气球样变、脂肪变性、胞浆凝聚、肝细胞水样变性和细胞坏死等。化学性肝损伤常有急性肝损伤和慢性肝损伤两种情形。生活中常见的酒精中毒现象就是乙醇对肝脏造成急性损伤后发生的一种情况。目前，功能性食品功效审批时，有关解酒、醒酒作用的食品都归于具有对化学性肝损伤辅助保护作用一项。常见的化学性肝硬化有以下三种。

1. 酒精性肝损伤

酒精性肝损伤的发病机制非常复杂，多种途径参与了酒精性肝损伤的发生发展。长期或大量饮酒会导致中毒性肝脏损伤，其损伤严重程度与酒精摄入量和时间有关。

饮酒后，乙醇在胃肠道内很快被吸收，仅5%~10%从肺、肾脏、皮肤排出，90%以上的乙醇要在肝脏内代谢，乙醇进入肝细胞后经氧化为乙醛。乙醇和乙醛都具有直接刺激、损害肝细胞的毒性作用，能使肝细胞发生变性、坏死。正常人少量饮酒后乙醇和乙醛可通过肝脏代谢解毒，一般不会引起肝损伤。然而一次性大量饮酒者却常有呕吐，甚至神志不清等急性酒精中毒症状。对于长期嗜酒者，乙醇和乙醛的毒性则可影响肝脏对糖、蛋白质、脂肪的正常代谢及解毒功能，导致酒精性脂肪肝(alcoholic fatty liver)、酒精性肝炎(alcoholic hepatitis)和酒精性肝硬化(alcoholic cirrhosis)，从而对身体造成较大危害。

(1)酒精性脂肪肝。酒精性脂肪肝是酒精性肝损伤中最先出现、最为常见的病变，其病变程度与饮酒的总量成正比，饮酒是诱发酒精性脂肪肝的主要原因。乙醇对肝细胞有较强的毒性，它能影响脂肪转化的各个环节，最终导致肝内脂肪堆积，形成脂肪肝。乙醇对肝脏的直接损伤作用是由乙醇在肝细胞内代谢而引起的。进入肝细胞的乙醇，在乙醇脱氢酶和微粒体乙醇氧化酶系的作用下转变为乙醛，再转变为乙酸，使肝脏内脂肪酸代谢发生障碍，氧化减弱，使中性脂肪堆积于肝细胞中；另外又促进脂肪酸的合成，从而使脂肪在肝细胞中堆积而发生脂肪变性，最终导致脂肪肝形成。轻、中度的酒精性脂肪肝可完全治愈，但重度病变则可发展为肝纤维化乃至肝硬化。

(2)酒精性肝炎。酒精性肝炎是由酒精性脂肪肝发展而来的。其发病机理除与酒精对肝脏的直接毒性作用有关外，还与免疫反应有关。被乙醛修饰的蛋白作为新抗原可引起针对分布于肝细胞表面的乙醛加合物的免疫反应，而使肝细胞遭受免疫损伤。被乙醇损害的肝细胞微管蛋白显著减少，肿大的肝细胞不能排出微丝，且在肝细胞内聚积形成酒精性渗透小体，并引起透明小体抗体产生。自身抗原和分离的酒精小体可以刺激患者淋巴细胞转化和游走移动抑制因子活力。

(3)酒精性肝硬化。酒精性肝纤维化是酒精性肝硬化的早期阶段，主要病理特点是胶原蛋白、蛋白多糖及黏蛋白等多种细胞外基质在肝内过度沉积。以往认为酒精引起高乳酸血症，通过刺激脯氨酸增加，从而使肝内胶原形成增加，加速肝纤维化过程。高乳酸血症和高脯氨酸血症可作为酒精性肝纤维化形成的标志。目前多数学者认为肝纤维化中贮脂细胞起中心作用，是肝内细胞外基质的主要来源。贮脂细胞在转变生长素和细胞外基质的作用下，变成转化细胞，再进一步成为肌成纤维细胞，肝内沉积的胶原也随之从Ⅲ型转变为以Ⅰ型为主。典型的酒精性肝硬化患者其肝静脉周围纤维化尤为严重。这些纤维组织不断增生形成肝细胞再生结节，导致酒精性肝硬化的发生。

虽然近年来关于酒精性肝损伤发病的分子机制研究取得了重大突破，但酒精性肝损伤的治疗措施并未有所发展。酒精性肝损伤无特效治疗，以去除病因和支持治疗为主。首要方法是戒酒，营养支持也是治疗酒精性肝损伤的重要途径，药物治疗多从保肝抗纤维化、非特异性抗炎、抗氧化等方面治疗。

2. 药物性肝损伤

药物性肝损伤简称药肝，是指由于药物及其代谢产物引起的肝脏损害。目前至少有600多种药物可引起药肝，多表现为肝细胞坏死、胆汁淤积、细胞内微脂滴沉积、慢性肝炎、肝硬化等。药物通过改变肝细胞膜的物理特性(黏滞度)和化学特性(胆固醇磷脂化)、抑制细胞膜上的 Na^+/K^+-ATP 酶、干扰肝细胞的摄取过程、破坏细胞骨架功能、在胆汁中形成不可溶性的复合物等途径直接导致肝损伤；也可选择性地破坏细胞成分，与关键分子共价结合，干扰特殊代谢途径或过程，间接地引起肝损伤。

药物主要通过以下两种途径损伤肝脏：①药物或其代谢物直接作用于肝细胞。此种损伤可以预测，通常与所用药物剂量直接相关，给药后很快发病，再次应用同一药物时，临床表现相似。②机体对药物或其中间代谢产物的免疫反应所致。此类肝病一般不可预测，其临床表现与用药之间有一段潜伏期(数天到数周)，药物剂量与疾病严重程度之间无明确联系，再次给药时不仅疾病严重程度增加，而且潜伏期也缩短，血清中存在与药物代谢相关酶类的自身抗体。易引起药肝的常见药物包括：抗生素类、解热镇痛药、中枢神经系统用药、抗癌药、口服避孕药等。此外，降血糖药、降脂药、抗甲状腺药、抗结核药以及许多中草药物也会造成肝损伤。

3. 环境毒物性肝损伤

环境毒物性肝损伤是指由工业和环境中存在的除药物外的化学毒物所导致的各种急性、慢性肝损伤。环境中的化学物质可通过胃肠道门静脉或体循环进入肝脏进行转化，因此肝脏容易受到化学物中的毒性物质损害。大自然和人类工业生产中均存在一些对肝脏有毒性的物质，称为亲肝毒物。这些毒物在人群中普遍易感，潜伏期短，病变的过程与感染的剂量直接相关，可引起不同程度的肝细胞坏死、肝硬化甚至肝癌。工业生产中的原料、中间产物与最终产物均可能有肝毒性。

根据其毒性的强弱，亲肝毒物可分为三类：①剧毒类：包括磷、三硝基甲苯、四氯化碳、氯奈、丙烯醛等。②高毒类：包括砷、汞、锑、苯胺、氯仿、砷化氢、二甲基甲酰胺等。③低毒类：包括二硝基酚、乙醛、有机磷、丙烯腈、铅等。一些亲肝毒物与其他非毒性化学物质结合，可增加毒性，如脂肪醇类(甲醇、乙醇、异丙醇等)能增强卤代烃类(四氯化碳、氯仿等)的毒性。化学毒物损伤肝脏的机理主要有：①脂肪变性。四氯化碳、黄磷等可干扰脂蛋白的合成与转运，形成脂肪肝。②脂质过氧化反应。这是中毒性肝损伤的特殊表现形式，如四氯化碳在体内代谢产生一种氧化能力很强的中间产物，导致生物膜上的脂质过氧化，破坏膜的磷脂，改变细胞的结构与功能。③胆汁郁积反应，主要为肝细胞膜和微绒毛受损，从而引起胆汁酸排泄障碍。

4.7.2　缓解肝损伤的功能性成分与功能性食品

缓解肝损的治疗原则为减轻肝脏负担，促进肝组织和肝细胞的修复，纠正营养不良，保护大脑，预防或延缓肝昏迷的发生。

肝损伤患者需要更多的热量才能维持机体代谢功能，并促进肝病的恢复。此外，肝细胞的修复还需要补充蛋白质、维生素及少量脂肪等。同时，脂肪中脂肪酸种类和含量对肝损伤也有影响。富含饱和脂肪酸的饮食，可减缓或阻止脂肪肝和肝纤维化的发生，而富含不饱和脂肪酸的饮食则可诱发和加剧脂肪肝和肝纤维化。对化学性肝损伤有辅助保护作用功能的常用原料有：灵芝、红景天、柴胡、葛根、黄精、西洋参、银杏、丹参、五味子、枸杞、栀子、白术、陈皮、鱼腥草、螺旋藻、灵芝孢子粉。具有保护肝脏功效的典型配料见表 4-8。

表 4-8　具有保护肝脏功效的典型配料

典型配料	生理功效
高 F 值低聚肽(high fischer ratio oligopeptide)	改善肝功能，抗疲劳
乳酮糖(lactulose)	调节肠道菌群，润肠通便，改善肝性脑病
白花蛇舌草提取物(hedyotis diffusa extract)	护肝，增强免疫，抗病毒，抗突变
甘草油性提取物(hicorice oil extract)	护肝，抗病毒，镇咳祛痰
水飞蓟提取物(milk thistle extract)	护肝
五味子提取物(schisandea chinensis extract)	延缓衰老，保肝
肌醇(inositol)	对脂肪有亲和力，减少脂肪肝和脂肪性动脉硬化的发生率
潘氨酸(pangamic acid)	抑制脂肪肝，抗疲劳，增强体力和耐力
硒(selenium)	强化肝脏解毒功能，增强免疫，抗肿瘤，保护心血管系统
谷胱甘肽(glutathione，GSH)	抗衰老，美容，解毒，抑制酒精性脂肪肝的形成
半胱氨酸(cysteine)	促进酒精转化为乙醛，解醉酒，抗辐射，解毒
大豆磷脂(soybean lecithin)	抗衰老，调节血脂，保护肝脏功能，美容，改善学习记忆力
脑磷脂(phophatidyl ethanolamines，PE)	调节血脂，美容，改善酒精代谢，解醉酒，降低血压
γ-亚麻酸(γ-linolenic acid)	改善记忆，促进脂肪吸收，预防脂肪肝和肝硬化
磷脂酰胆碱(phosphatidyl choline，PC)	维护肝脏功能，修复肝损伤

续表

典型配料	生理功效
谷氨酰胺(glutamine)	减轻酒精中毒，保护肝脏，改善脑功能，提高免疫力，抗癌
葛根提取物(kudzu root extract)	防治动脉硬化，降血脂，降血压，保护肝脏

1. 磷脂酰胆碱

磷脂酰胆碱可防止脂肪肝的形成，能有效改善化学性肝损伤的症状，抑制肝细胞凋亡，减少肝内纤维沉积。它对肝细胞的保护作用主要包括：①保护及修复受损的肝细胞，其机制可能为减少自由基攻击，降低脂质过氧化损伤。②减轻肝细胞脂肪变性和坏死。③促进肝细胞再生。④保持细胞膜的稳定性，抑制炎症浸润和纤维组织增生。⑤改善血液和肝脏的脂质代谢。

2. 活性多糖

活性多糖具有良好的保护肝脏功效。研究证实，灵芝多糖、枸杞多糖、壳聚糖、猪苓多糖、云芝多糖、香菇多糖等都有一定的保肝护肝作用。

3. 氨基酸

膳食中应优先选用植物蛋白，植物蛋白中含丰富的纤维素，能调整肠道菌丛，促进肠蠕动；植物蛋白中的某些氨基酸有降低氨生成的潜在作用。除了补充优质蛋白质外，摄入高 F 值低聚肽、还原型谷胱甘肽、s-腺苷甲硫氨酸、半胱氨酸、牛磺酸等特种氨基酸，对预防和治疗各种肝损伤疾病都很有益处。

4. 维生素

维生素在预防肝损伤，尤其在预防脂肪肝上起着极为重要的作用，如 B 族维生素有防止肝脂肪变性及保护肝脏的作用。各种谷类、豆类制品、蛋类、鱼、瘦肉都富含 B 族维生素。维生素 C 能促进肝糖原合成，防止有毒物质对肝脏的损害，保护肝脏中的酶系统，增强肝细胞的抵抗力，并促进肝细胞再生。新鲜蔬菜、水果富含维生素 C。维生素 E 可增加肝细胞抵抗力，促进肝细胞再生，改善肝脏代谢功能，增加肝脏解毒能力，防止脂肪肝和肝硬化，富含维生素 E 的食物有绿叶蔬菜、未精制谷类、花生酱、烤番薯、胡桃、鸡肉、玉米、动物肝脏、鲑鱼、南瓜、萝卜叶、杏仁和芝麻等。维生素 B_{12} 有助于从肝脏中移去脂肪，有防止脂肪肝形成的作用。维生素 K 对超量醋氨酚致小鼠肝损伤有一定的保护作用，它可用于急慢性肝炎等肝病的辅助治疗。肌醇对脂肪有亲和性，可促进机体生产卵磷脂，从而有助于将肝脏脂肪转运到细胞中，减少脂肪肝的发病率。

5. 微量元素

硒有“抗肝坏死保护因子”之称，其保肝、护肝作用也引起了人们的重视。肝脏中含硒量很丰富，但肝病患者普遍缺硒，并且病情越严重，血硒水平越低。适量补硒可以改善肝病患者的免疫和抗氧化功能。动物试验提示补硒能抑制肝纤维化和肝损伤，动物和人体试验均显示补硒可以预防肝癌。

6. 植物活性成分

甘草酸(dycyrrhizin)及甘草类黄酮甘草酸，又名甘草甜素，是从甘草中提取的三萜类皂苷。甘草酸通过抗炎、抗脂质过氧化、调节免疫和稳定溶酶体等作用，可有效防治各种肝损伤。甘草酸对四氯化碳(CCl_4)、甲基偶氮苯、扑热息痛等所致的肝损伤都有明显的保护作用。它可降低大鼠肝硬化的发生率，减轻肝细胞坏死，降低血清转氨酶活力，增加肝细胞内糖原含量，促进肝细胞再生。此外，甘草酸还能诱导产生 γ-干扰素和增强 NK 细胞活性，保护肝细胞和激活网状内皮系统；在肝脏内分解为甘草次酸和葡萄糖醛酸，可与毒性物质结合而起解毒作用。甘草类黄酮对 CCl_4 致小鼠急性肝损伤有一定的保护作用，经 200～400mg/(kg・d)灌胃 2d，能显著降低 ALT、LDH 的活力和减少丙二醛(MDA)的含量，并可减轻 CCl_4 所致的肝脏坏死。甘草类黄酮对乙醇致小鼠肝损伤也有保护作用。

水飞蓟素(silymarin)是从菊科植物水飞蓟(*Silybum Marianum L.*)果实中提取的水难溶性黄酮类化合物。它对酒精性肝损伤、药物性肝损伤、急慢性肝炎、肝硬化等，都有明显的保护作用。水飞蓟素可能通过以下方式来达到保肝、护肝效果：①直接清除活性氧而对抗脂质过氧化。②抑制 NO 的产生。③在花生四烯酸代谢过程中优先抑制 5′-脂氧合酶。④保护肝细胞膜。⑤促进肝细胞的修复、再生。⑥调节机体免疫。⑦具有抗肝纤维化作用。

4.7.3　缓解肝损功能性食品的评价标准

目前国际上常采用化学性肝损伤来研究保健食品或药物对肝脏的保护作用，观察评价受试物对受损肝脏是否具有保护和促进疾病康复的作用。

采用动物试验进行检测。以化学物质对小鼠的肝脏造成化学性肝损伤模型，研究动物在接触受试物一定时间后，对动物的化学性肝损伤是否具有保护作用。可用四氯化碳肝损伤模型、酒精肝损伤模型。检测指标有：血丙氨酸氨基转移酶(ALT)、天门冬氨酸氨基转移酶(AST)活力测定，并对动物肝组织进行病理学检查。

1. 四氯化碳肝损伤模型

(1)原理。四氯化碳受到肝微粒体酶活化成为三氯甲烷自由基(CCl_3・)与蛋白质共价结合导致蛋白合成障碍、脂质分解代谢紊乱，引起肝细胞内甘油三酯(TG)蓄积。CCl_3・也能迅速与 O_2 结合转化为过氧化三氯甲烷自由基(CCl_3O_2・)导致脂质过氧化，从而引起细胞膜的变形损伤，致使酶渗漏以及各种类型的细胞病变，甚至坏死。

(2)试验动物。成年大鼠或小鼠，单一性别，大鼠 180～220g，每组 8～12 只，小鼠 18～22g，每组 10～15 只。

(3)测定指标。血丙氨酸氨基转移酶(ALT)、天门冬氨酸氨基转移酶(AST)，肝脏病理组织检查。

(4)数据处理和病理结果判定：采用方差分析，但需按方差分析的程序先进行方差齐性检验。

①受试样品任何一个剂量组与模型对照组之间，气球样变、脂肪变性、胞浆凝聚、水样变性或干细胞坏死等肝细胞病变中，肝细胞坏死程度减轻，有显著性差异，而其他病变类型与模型对照组比较明显减轻或无明显差异，可判断动物试验病理结果为阳性。

②受试样品任何一个剂量组与模型对照组之间，气球样变、脂肪变性、胞浆凝聚、水样变性这四种干细胞病变类型加重或减轻同时存在，有显著性差异，且肝细胞坏死程度减轻，有显著性差异，则可将其各种病理变化的得分相加，肝细胞坏死评分 2 倍计入，以总分进行统计分析，若差异显著，可判断动物试验病理结果阳性。

在模型成立的前提下，ALT、AST 两项血液生化指标中任何一项的病理结果为阳性，可判定受试样品对化学性肝损伤有辅助保护作用。

2. 酒精肝损伤模型

(1)原理。机体大量摄入乙醇后，在乙醇脱氢酶的催化下大量脱氢氧化，使三羧酸循环障碍和脂肪酸氧化减弱而影响脂肪代谢，致使脂肪在肝细胞内沉积。同时乙醇能激活氧分子，产生氧自由基导致肝细胞膜的脂质过氧化及体内还原型谷胱甘肽的耗竭。

(2)试验动物。成年大鼠或小鼠，单一性别，大鼠 180～220g，每组 8～12 只，小鼠 18～22g，每组 10～15 只。

(3)测定指标。肝组织中的丙二醛(MDA)、还原性谷胱甘肽(GSH)和甘油三酯(TG)。

(4)数据处理和病理结果判定：采用方差分析，但需按方差分析的程序先进行方差齐性检验。

在模型成立的前提下，受试样品组的 MDA 含量与模型对照组比较，若有显著性差异，可判定该指标结果为阳性。

4.8 预防与缓解腹泻的功能性食品

腹泻(diarrhea)是一种常见症状，是指排便次数明显超过平日习惯的频率，粪质稀薄，水分增加，每日排便量超过 200g，或含未消化食物或脓血，黏液腹泻常伴有排便急迫感、肛门不适、失禁等症状。腹泻分急性和慢性两类。急性腹泻发病急剧，病程在 2～3 周之内。慢性腹泻指病程在 2 个月以上或间歇期在 2～4 周内的复发性腹泻，可分为感染性腹泻和非感染性腹泻。近年研究表明，慢性腹泻与营养补充、营养丢失不利相关，是一种营养性疾病。传统的“饥饿疗法”早已废弃，早期进行肠营养，已成为治疗腹泻病不可或缺的有效手段，也是预防和阻断腹泻与营养不良的有效措施。

4.8.1　腹泻的病理基础与危害

1. 腹泻的病理基础

正常消化道吸收功能的任何环节异常或缺损以及肠道受到破坏时均可产生腹泻，但每一种腹泻均非单一发生机制，常有多种机制的共同参与，如在各种病原体引起的肠道感染之后，常有一段时间的吸收不良，这是由于肠道黏膜修复过程中，隐窝细胞代偿性增生，以补充受损的绒毛细胞，但其功能尚不成熟，缺乏消化酶及吸收功能之故。

引起急性腹泻的一般是由传染性病原微生物侵入、化学毒物、膳食不当、气候突变或结肠过敏等引起。慢性非感染腹泻也会由各种肠或肠胃病引起；慢性肠炎或过敏性大肠综合征，还有制酸剂、咖啡因、过多摄取水果也会诱发腹泻。慢性腹泻，发病原因较多，多数可能由急性腹泻久治不愈而转成慢性腹泻。腹泻按病理生理可分为渗出性、渗透性、分泌性和肠管运动机能异常性 4 类。

2. 腹泻的危害

腹泻虽不是一种严重的疾病，但腹泻给人体造成的危害是多方面的，长时间的腹泻还可导致人体大量丧失水分，使人体处于脱水状态，导致血容量减少，血液黏稠度增加，血流缓慢，形成血栓并堵塞血管，钠、钾、钙、镁可维持血液酸碱平衡、神经传导功能和心跳节律，腹泻时这些阳离子缺乏，可引起严重的心律失常，这对患有心血管疾病的老年人更为不利。总而言之，腹泻可造成的危害如下。

(1)导致维生素缺乏。长期腹泻可直接影响机体对维生素的吸收，引起维生素的缺乏。长期腹泻的人出现皮肤干燥、头发干燥，头发失去正常光泽，间有散在性脱落，产生早秃现象，此为缺乏维生素 A 所致；有些人出现舌炎、口角炎、多发性神经炎，即为维生素 B 族缺乏的结果。

(2)引起贫血等营养不良症。胃肠道是人体吸收营养物质的唯一途径，腹泻时，机体能量消耗增加，对营养的吸收发生严重障碍，能量供给不足，使人感到头昏眼花、口干舌燥、四肢疲乏、心慌气短，甚至出现营养不良表现；当体内蛋白质及其他造血原料的吸收减少时，可引起贫血，出现指甲、手掌、皮肤以及口唇、睑结膜等处颜色苍白、疲倦乏力、头晕耳鸣、注意力不集中等贫血症状，甚至出现营养不良性水肿。

(3)引起水、电解质失调和酸碱平衡紊乱。小肠黏膜病变可直接影响人体对水分的吸收，肠腔内高渗透压会使血中部分水分向肠腔转移，最后由粪便排出，使机体丢失大量水分，当水分丢失超过体重的 5%时便无法代偿，从而出现一系列水、电解质失调和酸碱平衡紊乱现象。腹泻时，机体不但丢失大量水分和营养物质，还会丧失大量对机体功能活动有重要意义的电解质，如钠、钾、钙、镁等。如果丢失超过一定限度，就会出现相应的机体功能紊乱，如缺钾，可出现心律失常、全身软弱无力、反射减弱或消失，甚至出现呼吸肌麻痹及肠麻痹等一系列缺钾症状。脱水、电解质紊乱及酸中毒都会对机体产生严重损害，如不及时抢救，就会发生生命危险。

4.8.2 预防与缓解腹泻的功能性成分与功能性食品

腹泻的保健治疗原则为调整饮食、调节预防和纠正脱水、合理用药。具有抗腹泻功效的典型配料见表 4-9。

1. 双歧杆菌和双歧因子

近年来，正常肠道菌群与腹泻的关系已得到广泛认识，从微生态学观点出发，正常肠道菌群的增加或减少都是菌群失调的一个侧面反映。菌群失调使肠道的正常结构、功能作用受到破坏，导致肠功能紊乱，引起腹泻。口服双歧杆菌制剂及其增殖因子可抑制各种难治性腹泻。

双歧杆菌制剂可使急性腹泻患者的排便频率和表现特征均得到显著改善，肠道固有双歧杆菌或者摄取的短双歧杆菌居主导地位，并且肠道菌丛已改善到正常水平。此外，添加了低聚糖的食品具有防治腹泻的作用。这是因为低聚糖可以与病原菌的外原凝集素结合，使之丧失黏附肠壁的能力，同时也可以分离已经黏附的细菌，而且低聚糖在肠道分解后产生大量短链脂肪酸和乳酸等有机酸，降低了肠道 pH，从而抑制肠道中致病菌的生长。有机酸还可促进肠道蠕动，减少致病菌黏附到肠道的机会。此外，摄入低聚糖还能刺激自身双歧杆菌的生长，协同双歧杆菌共同防治腹泻。

果胶作为一种可溶性纤维素，既能使粪便松软，促进肠道蠕动，利于排便；又因具有收敛作用，可防治轻度腹泻。

2. 脑啡肽酶抑制剂

脑啡肽酶抑制剂对治疗急性腹泻有特效。当发生腹泻时，肠毒素、血管活性肠肽或前列腺素 E2 均通过增加腺苷酸环化酶(AC)的活性而提高环腺苷酸(cAMP)水平，导致水和电解质的过度分泌。脑啡肽酶抑制剂通过抑制脑啡肽的分解而延长其通过 δ 受体降低 cAMP 的水平起到抗分泌作用。临床前试验已证明，脑啡肽酶抑制剂抗分泌性腹泻效果明显，且不延长胃肠的通过时间，不引起肠道菌群失调。此外脑啡肽酶抑制剂还有特异的选择作用，不进入中枢神经系统，耐受性良好。

表 4-9 具有抗腹泻功效的典型配料

典型配料	生理功效
低聚糖(oligosaccharid)	促进双歧杆菌增殖，润肠通便，抑制腹泻
原花青素(procyanidins)	抗腹泻
两歧双歧杆菌(*Bifidobacterium bifidum*)	调节肠道菌群，润肠通便，抑制腹泻
嗜酸乳杆菌(*Lactobacillus acidophilus*)	调节肠道菌群，润肠通便，抑制腹泻
婴儿双歧杆菌(*Bifidobacterium infantis*)	调节肠道菌群，润肠通便，抑制腹泻
长双歧杆菌(*Bifidobacterium longum*)	调节肠道菌群，润肠通便，抑制腹泻
短双歧杆菌(*Bifidobacterium breve*)	调节肠道菌群，润肠通便，抑制腹泻
青春双歧杆菌(*Bifidobacterium adolescentis*)	调节肠道菌群，润肠通便，抑制腹泻
保加利亚乳杆菌(*Lactobacillus bulgaricus*)	调节肠道菌群，润肠通便，抑制腹泻

续表

典型配料	生理功效
干酪乳杆菌干酪亚种(*Lactobacillus Casei* subsp. *Casei*)	调节肠道菌群，润肠通便，抑制腹泻
嗜热链球菌(*Streptococcus thermophilus*)	调节肠道菌群，润肠通便，抑制腹泻
乳酸菌(*Lactobacillus*)	抵抗肠道感染、抗腹泻、抗便秘
酵母(*Yeast*)	消食化积、抗腹泻
果胶(pectin)	抗腹泻、减肥
苍术提取物(atractylodes rhizome extract)	抗炎，抗腹泻
老鹤草总鞣质(geranium maculatum tannin)	通过抑制胃肠推进运动而抑制腹泻
脑啡肽酶抑制剂(acetorphan)	延迟或减轻腹泻的发作
盐酸小檗碱(berberne hydrochloride)	抑菌(痢疾、大肠杆菌，金葡球菌)，抗腹泻
山药提取物(yam extract)	健脾止泻、补肺益肾
黄连提取物(coptis chinensis franch extract)	清热解毒、抗腹泻

4.8.3　预防与缓解腹泻的功能性食品评价标准

1. 试验项目

动物试验：小肠运动试验，排便时间，粪便重量或粒数、水分、性状。

2. 结果判定

粪便重量、粒数或次数明显减少，同时小肠运动试验或排便时间中任一项结果为阳性，则可判定受试物具有抗腹泻作用。

思　考　题

1. 消化系统常见疾病与保健需求有哪些？
2. 常用抗龋齿的功能性成分及各功能性成分的抗龋齿原理是什么？
3. 如何设计改善肠道菌群功能的保健食品？
4. 改善胃肠道功能的食品可包含哪些活性成分？
5. 腹泻的原因有哪些？预防与缓解腹泻的功能性成分有哪些？
6. 肝损伤的原因有哪些？缓解肝损伤的治疗原则是什么？
7. 分析胃肠道功能障碍、便秘与腹泻的表现及病因。
8. 改善胃肠道功能的功能性食品评价的试验项目、评价指标及评定原则有哪些？

参 考 文 献

国家食品药品监督管理局. 2012. 保健食品功能范围调整方案(征求意见稿) [Z].
国家食品药品监督管理局. 2012. 关于印发抗氧化功能评价方法等 9 个保健功能评价方法的通知 [Z].
梁品. 2015. 消化系统健康自查・自防・自养 [M]. 北京：北京协和医学院.

孟宪军，迟玉杰. 2010. 功能性食品［M］. 北京：中国农业大学出版社.
任建林. 2016. 整合胃肠黏膜病变任建林 2016 观点［M］. 北京：科学技术文献出版社.
王淑君，宋少江，彭缨. 2009. 保健食品研发与制作［M］. 北京：人民军医出版社.
阎文柱，焦金菊. 2015. 消化和内分泌系统［M］. 北京：科学出版社.
于新，李小华. 2012. 药食同源物品使用手册——可用于保健食品的物品［M］. 北京：中国轻工业出版社.
郑建仙. 2009. 功能性食品学［M］. 北京：中国轻工业出版社.
中华人民共和国卫生部. 2003. 保健食品检验与评价技术规范［Z］.

第5章　改善神经系统的功能性食品

神经系统协调人体内部各器官的功能以适应外界环境变化的作用。随着现代生活节奏的加快，各种有形或无形的精神压力，使越来越多的人患有不同程度的神经系统疾病，如抑郁症、睡眠障碍、慢性疲劳综合征等，给人们的生活、工作带来很大的影响。对于这些神经系统疾病单纯采用治疗的手段并不能起到标本兼治的作用，具有改善神经系统作用的功能性食品有助于从根本上解决诱发这些疾病的根源，对于神经系统疾病的预防及治疗具有非常重要的意义。

5.1　神经系统

5.1.1　神经系统的构成

1. 神经系统

神经系统(nervous system)由脑、脊髓及连于脑和脊髓并遍布全身各处的周围神经共同组成。神经系统在人体各系统中处主导地位，它既能调节人体各系统的活动，使人体成为一个完整的统一体；又能借助各种感受器接受体内外刺激，使参与活动的各器官系统做出相应反应，以维持内环境的恒定。

在神经系统的调控下，人体在进行较剧烈的运动时，运动系统的骨骼肌强烈收缩、产热增加，皮肤通过出汗来加强散热，同时耗氧量增大、呼吸运动加快加深、心跳和血液循环加快；而此时胃肠蠕动却减弱，会直接影响食物的消化和吸收。因此，餐后不宜立即进行较剧烈的运动。人体可借助颈动脉小球感受血液中升高的二氧化碳浓度，反射性地引起呼吸加快、加深，增强二氧化碳的排出，维持内环境的恒定。

神经系统按其所在位置和功能的不同，分为中枢神经系统和周围神经系统。前者包括脑和脊髓，分别位于颅腔和椎管内；后者按其与脑和脊髓的连接关系，可分为与脑相连的12对脑神经和与脊髓相连的31对脊神经。神经系统按其分布部位不同，可分为躯体神经和内脏神经，二者均含感觉纤维和运动纤维。躯体感觉神经分布于体表、骨、关节和骨骼肌等处，躯体运动神经分布于骨骼肌；内脏感觉神经分布于内脏、心血管和腺体，内脏运动神经分布于平滑肌、心肌和腺体，支配所分布器官的运动和腺体的分泌，按其功能又可分为交感神经和副交感神经。神经系统主要由神经组织构成，神经组织由神经元和神经胶质组成。

1)神经元

(1)神经元(neuron)。神经元也称神经细胞(nerve cell),是神经系统结构和功能的基本单位。具有感受刺激和传导神经冲动的功能。神经元按其功能和神经兴奋的传导方向分为:①感觉神经元,即传入神经元,接受来自人体内、外环境的刺激,将冲动传至脑和脊髓。假单极神经元和双极神经元均属此类型。②运动神经元,即传出神经元,将冲动由脑和脊髓传至效应器。③中间神经元,即联络神经元,是脑和脊髓内位于感觉和运动神经元之间的多极神经元,起联络作用。神经元按其所合成、释放的神经递质不同可分为:①释放乙酰胆碱的胆碱能神经元。②释放 NE 的肾上腺素能神经元。③释放多巴胺、5-HT 等物质的胺能神经元。④释放甘氨酸、谷氨酸等物质的氨基酸能神经元。⑤释放脑啡肽、P 物质、神经降压素等神经肽的肽能神经元。

(2)神经纤维(nerve fiber)。神经元较长的突起常被起绝缘作用的髓鞘和神经膜包裹,构成有髓神经纤维;其神经冲动以跳跃式传导,传导速度与髓鞘的厚度、纤维直径大小成正比。若仅被神经膜所包被而无髓鞘者,则称无髓神经纤维,其传导速度较有髓神经纤维慢。神经纤维的传导速度也随温度的降低而减慢,当温度降至 0℃以下时,神经传导将发生阻滞,此即临床上进行局部低温麻醉的依据。

(3)突触(synapse)。神经元与神经元之间或神经元与效应器之间特化的接触区称为突触。按照其接触部位及冲动传导方向,可将突触分为轴-树突触、轴-体突触及轴-轴突触、树-树突触、体-树突触和体-体突触等(图 5-1)。但大多数突触是一个神经元的轴突末梢与另一个神经元的树突或胞体形成的轴-树突触和轴-体突触。根据神经冲动的传导方式,可把突触分为化学突触和电突触两类。人体大部分突触属于化学突触。

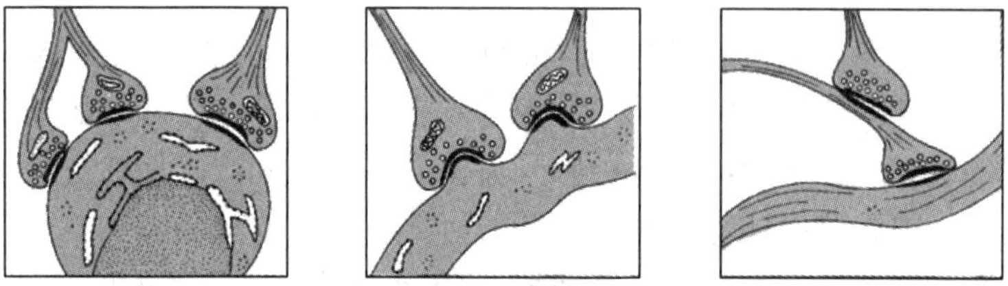

图 5-1 突触

2)神经胶质(neuroglia)

神经胶质即神经胶质细胞(glial cell),数量是神经元的 10~50 倍,它虽不传导神经冲动,但能起支持、营养、保护和修复神经元的作用。中枢神经系统的神经胶质细胞根据其形态可分为星形胶质细胞、少突胶质细胞、小胶质细胞和室管膜细胞。周围神经系统的神经胶质细胞分为施万细胞和卫星细胞。

2. 神经系统的活动方式

神经系统的基本活动方式是反射,它是神经系统在调节机体的活动中,对内、外环境刺激做出适宜反应的神经调节过程。其解剖学基础是反射弧,由感受器、传入(感觉)神经、中枢、传出(运动)神经、效应器组成。

中间神经元越多，引起的反射活动就越复杂。反射弧的任意部分及高一级中枢的病变，均可导致反射异常，表现为反射亢进、减弱或消失。因此，临床上常用检查反射的方法来诊断神经系统的某些疾病。

5.1.2　神经系统常见疾病与保健需求

1. 多发性神经病

病变主要发生在周围神经的远端部位，故以往又称末梢神经炎。主要症状是双下肢或上肢远端对称性软弱无力，严重时行走困难或四肢瘫痪，并伴有四肢远端感觉异常，如手足麻木、疼痛、发凉或灼热等。常见体征是感觉异常呈对称手套、袜套样分布，触觉、痛觉、温度觉及指趾运动功能不同程度的障碍，严重者出现腕下垂与足下垂，肌张力减低、腱反射减弱或消失，无病理反射，晚期出现肌萎缩。可有皮肤菲薄、干燥、变色及泌汗等自主神经功能障碍，还可以见到指(趾)甲粗糙、松脆现象。

2. 急性脊髓炎

病变常局限于脊髓几个节段，以上胸段最多见，为非特异性急性横贯性脊髓损害。主要症状是起病急，全身不适，躯干有束带感，双下肢或四肢瘫痪，大小便障碍。主要体征是脊髓病变以下节段支配的肢体深、浅感觉全部消失；病变早期脊髓休克期，表现为截瘫、瘫痪肢体肌张力减低，腱反射减弱或消失，无病理反射，此期 1～3 周后，逐渐转为肌张力增高，腱反射亢进，病理反射阳性。

3. 脑血栓形成

脑血栓为一种常见的脑血管病，症状与体征取决于闭塞的血管。主要症状是发病前数天或数周出现头昏、头痛、手足麻木、一过性肢体无力或感觉异常等前驱症状。多在睡眠中发病，起床时发现肢体不能运动或感觉异常，大多意识清楚，严重者出现意识障碍。主要体征依据闭塞的血管而定。

(1)颈内动脉。病变同侧单眼暂时失明，同侧霍纳(Horner)综合征，即病变侧瞳孔缩小，眼睑下垂，眼裂变小，眼球轻度内陷，颜面少汗或无汗；病变对侧肢体有不同程度的瘫痪或感觉障碍，优势半球损害可有失语。

(2)大脑前动脉。皮层支闭塞表现病变对侧下肢运动及感觉障碍，同时伴有小便功能障碍，面部和上肢少有受累；深支闭塞出现病变对侧中枢性面、舌和上肢瘫痪。也可出现淡漠、欣快等精神症状。

(3)大脑中动脉。皮层支闭塞表现病变对侧偏瘫及感觉障碍，以面部和上肢为主；深支闭塞出现病变对侧上下肢程度一致的偏瘫；主干闭塞出现病变对侧偏瘫，偏身感觉障碍和偏盲(三偏征)。若在优势半球，还有失语。

(4)椎-基底动脉。椎动脉主干闭塞可出现四肢瘫痪、延髓麻痹、昏迷等症状，常迅速死亡。若其主要分支小脑后下动脉闭塞，出现病变同侧霍纳征，同侧共济失调，同侧

Ⅸ、Ⅹ脑神经麻痹，交叉性感觉障碍(同侧面部及对侧半身痛、温觉减退)；基底动脉个别分支闭塞，则出现与闭塞部位相应的交叉性瘫痪，构成不同的综合征。

4. 脑出血

脑出血是指原发性非外伤性脑实质内出血，以 50 岁以上的高血压、动脉硬化患者多见。有少数因先天性脑血管畸形、动脉瘤、血管瘤破裂所致。主要表现为：①突然头痛、头晕、恶心、呕吐、失语、意识障碍、大小便失禁、血压升高，根据出血部位不同，临床表现各异。②局灶症状如中枢性偏瘫、面瘫、失语及偏身感觉障碍。脑出血患者保健需求如下。

(1)饮食以高蛋白、高维生素、高热量、低脂、清淡食物为宜，戒烟酒，多吃新鲜水果、蔬菜，不宜过饱，增加水分的摄入，每天 1500～2000mL，清晨起床后空腹喝一杯温开水或淡盐水、蜂蜜水。

(2)多吃含胆固醇低的食物，如豆制品、牛奶、淡水鱼等。不宜吃含脂肪高的食物，如动物内脏、鱼卵、肥肉等；不吃油炸食物。

(3)限制钠盐摄入，每天宜少于 3g，以免引起高血压，加重脑水肿。

(4)肥胖者应适当减轻体重，减少热量摄入，忌食纯糖。

(5)急性期应绝对卧床休息 3～4 周，使患者保持安静，保证充分的休息，恢复期逐渐恢复活动，避免过度劳累。

(6)调整血压应遵医嘱服用降压药，不可骤停或自行更换和同时服用多种降压药，以免血压骤降致脑供血不足。

(7)纠正酸碱失调，维持体液平衡。

5. 脑梗死

脑梗死是指脑部血液供应障碍、缺血、缺氧引起的脑组织坏死、软化，又称缺血性脑卒中。临床上常见的有脑血栓形成、脑栓塞、腔隙性脑梗死。脑梗死患者保健需求如下。

(1)食用低脂、低胆固醇、低盐(高血压者)、适量碳水化合物、丰富维生素的食物。

(2)饮食有规律，不暴饮暴食或过度饥饿。

(3)控制总热量。

(4)多吃瘦肉、鱼虾、豆制品、新鲜蔬菜水果、含碘食物，少食肥肉、猪油、奶油、蛋黄、带鱼、动物内脏、糖果、甜食等。

(5)忌食辛辣、戒烟酒。

(6)适当饮茶，茶中含儿茶酚胺、茶碱以及多种维生素，可增加血管韧性，改善血液循环。

(7)调整血压，定时服药，注意保持血压稳定，最好不超过 140/90mmHg。

(8)抗凝治疗及血管扩张剂如低分子右旋糖酐、阿司匹林，可降低血液黏稠度，改善血流循环。阿司匹林宜在饭后或与碳酸钙等制酸剂同时服用，应注意观察有无胃肠道反应、溃疡、出血倾向，如皮肤瘀斑、牙龈出血等。

6. 重症肌无力

重症肌无力是一种神经-肌肉传递障碍的获得性自身免疫性疾病。重症肌无力患者保健需求如下。

(1)给予低盐饮食(每日摄盐量应低于 5g，含钠多的食品、饮料，如发面食品、腌制食品、罐头、香肠、味精、碳酸饮料等也应限制)、速食高蛋白(瘦肉、鱼肉、鸡肉)、富含钾(菠菜、白菜、葱头、橘子、香蕉、猕猴桃等)和钙(豆制品、牛奶、芝麻酱、虾等)的饮食。

(2)咀嚼无力或吞咽困难者，在药物生效后进食，以软食、半流、糊状物，或流质如肉汤、鸡汤、牛奶为宜。

(3)有规律的生活，保证充足的休息，尤其是午后、妇女经期和妊娠期。

(4)症状较轻者可做一些力所能及的家务和体育锻炼，如散步、打太极拳等。

7. 帕金森病

帕金森病又称震颤麻痹，多发于中年以上，主要病变在黑质和纹状体。多由感染、动脉硬化、中毒、抗抑郁剂和基底节肿瘤、电休克等所致。早期多数患者为无力或动作不灵活、缓慢、轻度震颤，多在静止时发生，手指揉搓丸样动作，面部缺乏表情、眨眼减少，走路的协调动作减少，肌张力增高，有路标现象。后期发生慢性进行性全身强硬，躯干俯屈，假面具面容，慌张步态，动作减少、缓慢和静止震颤、流涎、面脂多、顽固性的便秘，并有不同程度的精神异常，如易哭、多疑、喜欢嘀咕等。帕金森病患者保健需求如下。

(1)进食低盐、低脂、高蛋白易消化的食物，多食水果、蔬菜，避免进食高胆固醇、辛辣的食物，戒烟酒。

(2)食用黏稠不易反流的食物，少量多餐。

(3)保持口腔清洁，以促进食欲。

(4)早期症状较轻时，按日常作息时间工作学习和生活，保持规律的生活及充足睡眠，避免过度紧张和劳累，学会放松自己，并选择合适的放松疗法，使患者保持安静，体位安全，衣着舒适，起床或躺下时应扶床沿，动作缓慢进行，避免直立性低血压的发生。

(5)病情重者应卧床休息，恢复期逐渐恢复活动，保证适当休息。

5.2 有助于改善睡眠的功能性食品

5.2.1 睡眠的生理基础与睡眠障碍

睡眠对于每个人来说都是必不可少的，也是一种保护性抑制。它一方面能避免人体神经细胞因过度消耗而功能衰竭，另一方面能使疲劳的神经细胞恢复正常。人在睡眠时，体内的合成代谢大于分解代谢，有利于精力的恢复和能量的储存。睡眠和休息虽然消耗了时间，却使人获得了充沛的精力能更高效率地去工作。所以说睡眠既是维护人体健康的重要基础，又是一种重要的生理现象。正常人需要的睡眠时间根据年龄的不同各有差异，人们曾做过计算，新生儿每天需睡眠 18～20h，超过一岁的儿童需睡眠 9～14h，青壮年需睡眠 7～8h，老年人需睡眠 5～6h。但并非所有的人都能很顺利地运用好睡眠时间，而取得旺盛的精力。当然，睡眠的效果不仅取决于睡眠所需的时间长短，更重要的是取决于睡眠的深度，从生理意义上讲，短时间的深睡比长时间的浅睡要好。

1. 睡眠的生理基础

正常人的睡眠与觉醒交替出现，多数人的生活规律是白天工作，夜间睡眠。当我们工作一天后，到一定时间，就会有睡意，这不仅是疲劳和睡眠不足，还是人体生物钟的时间周期和条件反射。目前国际上普遍将睡眠分为两大类：根据脑电图、眼球运动和肌张力分为“眼球快速运动(rapid eye movement，REM)睡眠”和“无眼球快速运动(non-rapid eye movement，NREM)睡眠”(图 5-2)。

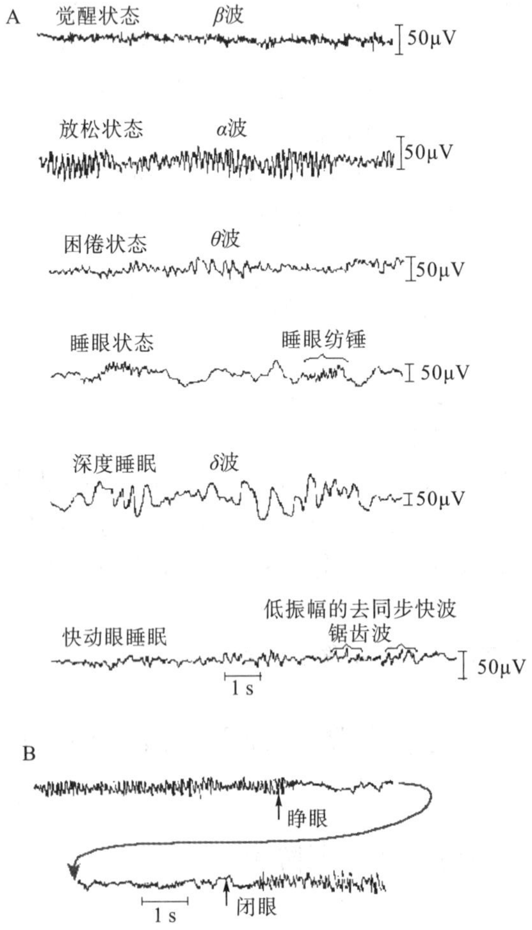

图 5-2 睡眠的脑电图

1)NREM 睡眠

NREM 睡眠又称慢波睡眠，按其睡眠程度可分为 4 期。第 1 期：浅睡眠期。此期睡眠时间为 0.5～1min，呈慢象钟样眼球运动，肌张力有所降低，身体有飘浮感。此期持续 1～7min 后就转入其他期。如在此期将睡者唤醒，其一定否认自己入睡。第 2 期：轻度睡眠期。几乎无眼球运动，肌张力显著降低，此期睡眠很好，若唤醒睡者，仍可能否认自己曾入睡。第 3 期：中度睡眠期。脑电图描记可见有梭形波，是睡眠的重要标志之一。对外界刺激的阈值升高，不易唤醒。第 4 期：深度睡眠期。此期睡眠最稳定，持续时间最长，是最深的入睡。无精神活动，肌张力低下。

2)REM 睡眠

REM 睡眠又称快速眼动期。此期仍属深睡期，可出现各种自主神经系统功能变化，如血压、呼吸、脉率、瞳孔直径、肌肉抽搐、阴茎勃起等。约 80%的人此期能做各种丰富多彩的梦，所以有人把快速眼动作为梦活动的标志，可以根据 REM 的出现叫醒正在做梦的人，他可以绘声绘色地说出梦境的细节，做的梦往往也比较开阔而不受拘束。

NREM 睡眠与 REM 睡眠的周期长短与年龄有关。婴幼儿的 REM 睡眠时间所占的比率比成年人高。有证据表明：人类 REM 睡眠的总时间应一样长，是一种特殊的生理需要。如果 REM 睡眠时间被剥夺，下一次睡眠中的 REM 睡眠时间就会延长，以资补偿。健康人的 REM 期占整个睡眠时间的 20%～25%。在正常人睡眠中经历 1～4 期，然后回到 2 期，再进入 REM 期，如此为一个周期。每夜睡眠大致经过 4～6 个周期。由此看来，睡眠并非一熟睡就持续几个小时而没有变化，而是深一阵、浅一阵，深浅睡眠交替出现。

当前认为和睡眠有关的部位很多，如额叶底部、眶部皮质、视交叉上核、中脑盖部巨细胞区缝际核、蓝斑、延髓网状结构抑制区和上行网状系统等。

另外还有许多递质参与睡眠，如乙酰胆碱、多巴胺、NE、γ-氨基丁酸、5-HT、神经肽类等。有实验证明，破坏脑桥的缝际核可以抑制 REM 睡眠的发生，破坏中脑的缝际核则 NREM 睡眠消失。破坏蓝斑和蓝斑下区也可使 REM 睡眠消失。所以各种睡眠障碍或作用于睡眠的药物，主要见于第 4 期睡眠和 REM 睡眠的比率变化。

2. 睡眠障碍

1)失眠

失眠症状是一种常见的睡眠障碍，包括入睡困难、睡眠时间短、醒的次数增多以及多梦。对这种患者客观检查，发现其 REM 睡眠缩短，而 NREM 睡眠的第 2 期较长，第 4 期提前结束，这些变化可因每晚失眠程度的不同而有所变化。失眠虽然不是危及生命的重症，但也多年困扰着一些患者，使其精神抑郁、性情暴躁、容易激怒。一般来说，失眠在短时间，如 2d 以内，变化不大，如果在 3d 以后，可出现记忆力、思维能力、计算力的下降。有些人呈焦虑而不能正常上班，无法应付复杂的脑力劳动工作。对于失眠而言，没有特效治疗办法，一般采取逐步改善患者的失眠情况，但不可滥用安眠药。

失眠的原因很多，一般可分为躯体因素、情感因素和神经系统疾患等三种因素。

(1)躯体因素：如各种原因引起的疼痛；皮肤瘙痒；胃肠方面引起的腹泻、恶心、呕吐、腹胀等均使夜间症状加重，或者是肺心病呼吸困难、咳嗽、咳痰、夜间喘息发作；因心脏疾病引起夜间阵发性心动过速、心悸、心脏功能不全、贫血、高血压等。除此之外一些药物也可致失眠。如给一个人服用250mg咖啡因，即可影响睡眠，剂量越大，扰乱越重。麻黄素、甲状腺素及铅、汞等重金属中毒均可导致失眠。长期服用大剂量安眠药，如突然减量或停用会产生戒断反应而失眠，即使不减量或不停药，长期依赖药物而药效消失也可致失眠。

(2)情感因素：精神紧张、不安、情绪不稳等都可引起失眠，如睡前过度兴奋，或过度忧虑，或因改变环境(如初到一个不习惯的地方)，或生疏的床铺，或噪音、特殊气味都可造成失眠。

(3)神经系统疾患：在大脑半球器质性病变的早期，主要是睡眠量的变化，睡眠的时间缩短，深睡期消失或缩短。如果是脑动脉硬化患者，治疗后症状可以改善。如大脑半球广泛性病、一氧化碳中毒、肝性脑病、脑血管病、脑外伤、帕金森氏病、老年性痴呆、Pick 氏病，这些病因所致的睡眠障碍，预后都比较差。失眠的治疗大多选用镇静剂，很多镇静剂在某些情况下实际上产生兴奋作用。老年人使用巴比妥盐类可诱发激动型精神错乱，而苯丙胺、利他灵，虽都是中枢兴奋剂，却能使多动的儿童安静。能导致失眠的药物有：苯丙胺、咖啡因、麻黄素、氨茶碱、异丙肾等。无论是兴奋剂还是镇静剂，可很快产生耐受性，突然停药就会引起严重的生理紊乱。

2)发作性睡病

发作性睡病是一种原因不明的睡眠障碍。早在1980年 Gelinam 首先对此病有所描述并命名。其临床特点为突然发生、为时短暂、反复发作的不可抑制的嗜睡。临床上可分为四种：①睡眠发作；②猝倒症；③睡瘫症；④入睡时幻觉。多数患者几种症状合并出现，这四种症状均具备者称发作性睡病四联症。各种年龄均可发病，以10～20岁多见。两性均相同，发病率为3%，约10%的患者有家族史。

(1)睡眠发作：多数患者在发作前有睡意加重感，努力抗拒，却无法抑制，但睡眠短暂，可在任何场合入睡，如行走、谈话、骑车、操作机器、驾驶车辆或吃饭中突然入睡。这种短暂的发作常可延续5～10min而终止，睡眠程度不深，易唤醒，醒后一般感到暂时清醒，一日可有多次发作。

(2)猝倒症：表现为肌张力突然松弛以致患者跌倒，无意识丧失，倒地后能站起，多于情感激动时诱发，如大笑、痛哭、发怒和惊奇。患者突然出现全身肌张力松弛，突然倒地，不能动，持续时间为1～2min，肌松弛差异很大，较轻型的患者仅限于个别肌群松弛，如握拳不紧、面肌松弛、下颌松弛、头向前下垂、睑下垂、复视、膝部弯曲、随即倒地，症状多在情感消退或被人触及后消失。

(3)睡瘫症：多见于睡眠和觉醒期间。无论是夜睡或午睡，患者醒后发现自己完全不能动，意识清醒但不能言语，伴有焦躁和幻觉。这种病多见于青年人，占发作性睡病的20%～30%，也可单独存在。发作时可持续数秒钟，很少超过1min，偶有达数小时，当别人触及其身体或向其说话时，发作就可终止。发作性睡病的患者发作频繁，每周可发作5、6次。缓解后如不起床活动可继续发作。

(4)入睡时幻觉：表现为嗜睡和睡眠之间发生的幻觉，可有幻听、幻视，内容鲜明，对周围发生的动态有知觉，但又如在梦境。约 30%的发作性睡病患者有之，也可与睡瘫症同存。

以上四种症状为发作性睡病四联症，25%的患者仅频发于睡眠发作，70%的患者发作时伴猝倒，约 12%的患者四联症齐备。

3)原发性睡眠增多症

原发性睡眠增多症与发作性睡病相比，不是不能克制睡眠，而常常是睡眠时间过长，无其他并发症状。患者 24h 内睡眠时间明显增多，有时为间歇地发生，一旦入睡可持续数小时至数天。另一特征是很难从晚间的睡眠中完全醒转。

原发性睡眠增多症分为两种间发性类型：①Kleine-Levin 症候群，伴有贪食，常见于青年男性，每次发作持续数日至数周嗜睡，还可伴有不安易怒，语无伦次和幻觉，偶见于脑炎、脑外伤后遗症。②Pickwickian 型，伴有肥胖及呼吸功能不全，也叫心肺肥胖症，占肥胖成人总数的 10%。患者表现为嗜睡、善饥，儿童可有智力衰退。体征方面表现为肥胖、胸式呼吸受限，也可合并有右心衰竭。病因不明，与慢性血氧不足及胰岛素分泌过多有关。近年来，用高压氧治疗，有些患者病情可有改善。药物治疗如哌醋甲酚、苯丙胺、卡马西平等均有效。

5.2.2　有助于改善睡眠的功能性成分与功能性食品

对改善睡眠的物质的研究可追溯到 20 世纪初。1906 年巴黎大学的 R. Legendre 和 H. Pieron 发表了睡眠过程中分解毒素的论述；1930 年左右发现神经末梢激素，因而推断有诱发睡眠的激素存在；1977 年瑞士的 M. Monnier 发现睡眠的诱发物质为一种由脑组织分泌的激素。在随后的 10 年间，研究人员发现了 δ-睡眠诱导肽(delta-sleep inducing peptid，DSIP)。1984 年美国哈佛大学的 J. R. Pappenheimer 在人尿中发现睡眠诱导物质胞壁质肽，这种物质由哺乳动物的脑部产生，它既有发热性，同时也具有增强免疫能力的作用，因而提出睡眠是一种免疫过程的学说，即随着免疫能力的增加过程，使身体发热并开始深眠，白细胞壁则分解出胞壁质肽以供利用。1983 年研究人员从夜间不眠的老鼠脑干提取物中发现尿嘧啶苷(uridine)及其他 4 种有效成分。自 1980 年起先后提出与睡眠有关的物质计有前列腺 D2、与发热－免疫有关的干扰素；促肾上腺皮质激素(ACTH)、胰岛素、精氨酸血管扩张素、催乳激素(prolactin)、生长激素抑制素(somato-statin)、α-MSH(黑素细胞激素)等肽类激素；腺苷(adenosine)、胸腺核苷(thymidine)等核苷酸类；以及最近提出的存在于脑松果体中的褪黑激素。具有改善睡眠功效的典型配料见表 5-1。

1. 褪黑激素

褪黑激素也称褪黑素、褪黑色素，化学名为 N-乙酰基-5-甲氧基色胺，主要是哺乳动物(包括人)脑部松果体所产生的一种激素，故又称松果体素，

褪黑激素在体内的生物合成受光周期的制约，在体内的含量呈昼夜性节律改变，夜间的分泌量比白天多 5～10 倍。此外，其合成还随年龄的变化而发生改变：初生婴儿极

微，至三月龄时开始增多，3～5 岁时夜间分泌量最高，青春期略有下降，之后随年龄增长而逐渐下降，至老年时昼夜节律渐趋平缓甚至消失。褪黑激素可因光线刺激而分泌减少。夜间过度的长时间照明，会使褪黑激素的分泌减少，这可导致女性激素分泌紊乱，月经初潮提前，绝经期推迟，由于血液中雌激素水平升高，日久可诱发女性乳腺癌、子宫颈癌、子宫内膜癌以及卵巢癌。

褪黑激素的生理功能有：①缩短睡前觉醒时间和入睡时间，改善睡眠质量，睡眠中觉醒次数明显减少，浅睡阶段短，深睡阶段延长，次日早晨唤醒阈值下降。②调整时差功能。

2. 色氨酸和 5-羟基色氨酸

褪黑素是 5-羟基色氨酸进一步转化的产物，而色氨酸是合成 5-羟基色氨酸的前体物质。因此，可以通过补充色氨酸或 5-羟基色氨酸增加褪黑素的含量，达到改善睡眠的效果。

3. 部分维生素与矿物元素

B 族维生素被认为能帮助改善睡眠，如维生素 B_1 具有抗焦虑作用、维生素 B_6 有镇静安神的功效，而缺乏叶酸或维生素 B_{12} 时容易引起忧郁症。钙和镁并用能起到放松和镇定的作用。身体如果缺乏铜和铁元素也可能影响睡眠质量。

4. 植物活性成分

(1)酸枣仁提取物(ziziphus jujube extract)。酸枣仁为鼠李科植物酸枣的种子，其皂苷类提取物具有镇静、催眠的作用。在动物试验中，无论是口服还是腹腔注射，也无论白天或黑夜，即使是对于由咖啡因引起的兴奋状态也有较明显的镇静作用。持续使用会有一定抗药性，但在停用一段时间后，抗药性随即消失。

(2)缬草提取物(valerian extract)。缬草是败酱科缬草属多年生草本植物。在欧洲，缬草常被用来治疗焦虑症，近年来以其特殊的镇静作用而备受关注。缬草提取物能治疗失眠，减轻肌肉紧张，缓解极度的情绪压力，解除胀气疼痛及痉挛；并且，其副作用极小，不具有依赖性。

(3)西番莲花提取物(passion flower extract)。西番莲为西番莲科多年生常绿草质或半木质藤本攀缘植物，原产于中南美洲的热带和亚热带地区。西番莲花提取物具有强效镇静作用，还能减轻神经紧张引起的头痛，缓解由紧张引起的骨肉痉挛。服用后会有昏睡感，开车、操作机器前不宜服用且孕妇忌用。

(4)洋甘菊提取物(Chamonile extract)。洋甘菊，别名黄金菊、春黄菊，是菊科一年生(德国种)或多年生(罗马种)草本植物。洋甘菊最先为埃及人所发现，并推崇为花草之王，用在祭祀中献给太阳神。洋甘菊具有镇静作用，能缓解神经紧张，放松情绪，治疗失眠。此外，还能治疗神经痛、背痛以及风湿痛等。

除以上介绍的功能性食品外，摄入均衡营养，保持身体健康；在入睡前营造良好的睡眠环境，使睡眠过程免受干扰；以及保持平和的心态等，对于入睡和睡眠质量极为有益。

表 5-1　具有改善睡眠功效的典型配料

典型配料	生理功效
5-羟基色氨酸(5-hydroxyltryptophan，5-HTP)	改善睡眠，治疗忧郁症
褪黑素(melatonin)	改善睡眠，调节免疫，抗衰老
酸枣仁提取物(ziziphus jujube extract)	改善睡眠，耐缺氧，抗衰老
缬草提取物(valerian extract)	镇静，安神，改善睡眠
西番莲花提取物(passion flower extract)	镇静，治疗紧张性失眠
圣约翰草提取物(st. John′s wort extract)	镇静，抗忧郁症
咔瓦提取物(kava extract)	改善睡眠，减轻压力
洋甘菊提取物(chamonile extract)	改善睡眠
胡椒薄荷提取物(peppemfint extract)	镇静助眠，减轻痉挛胃痛，治疗胃灼热
莲子提取物(lots seed extract)	镇静安神，促睡眠
葵花子提取物(sunflower seed extract)	调节脑细胞新陈代谢，镇静安神，促睡眠
铜(copper)	调节神经，安神，助眠
维生素 B_1(vitamin B_1)	抗焦虑，改善睡眠
谷维素(oryzanol)	调节神经，抗焦虑，改善睡眠
蛇麻实提取物(hops extract)	镇静，刺激食欲，治疗消化不良
姜黄芩提取物(skullcap extract)	改善睡眠，减轻精神紧张，减轻肌肉紧张

5.2.3　有助于改善睡眠功能性食品的评价标准

1. 试验项目

(1)体重。

(2)延长戊巴比妥钠睡眠时间试验。

(3)戊巴比妥钠(或巴比妥钠)阈下剂量催眠试验。

(4)巴比妥钠睡眠潜伏期试验。

2. 试验原则

所列指标均为必做项目。需观察受试样品对动物睡眠的直接作用。

3. 结果判定

若延长戊巴比妥钠睡眠时间试验、戊巴比妥钠(或巴比妥钠)阈下剂量催眠试验、巴比妥钠睡眠潜伏期试验三项试验中任两项结果为阳性，且无明显直接睡眠作用，可判定该受试样品具有改善睡眠功能的作用。

5.3 有助于改善记忆的功能性食品

5.3.1 记忆的生理基础与记忆障碍

1. 记忆的概念

记忆(memory)是经历过的事物在头脑中的反映。记忆与感知觉有明显的区别。感知觉是当前直接作用于感官的事物在头脑中的反映，反映的是事物的外部属性；而记忆则是对过去经历过的事物的反映，反映的是过去经历过的事物的内容。

记忆是大脑神经系统固有的生物学功能，主要表现为三点：其一，“不变量形成”。即当某事物的主要特征与记忆中某事物的特征相似时，不管其表现形式如何，人脑都可以识别这一事物。例如，即使很久没见父母，父母的形象、衣着打扮等虽有变化，但一见面便能认出。其二，信息平行处理。即同时输入各种信息，并分别在脑内相应的中枢区域进行整合与分析，产生综合记忆。例如学生在课堂上听课，同时看到、听到、想到、做到的事物信息会在学生脑中产生综合的记忆而不是零散的。其三，机构复杂，高效低能耗。脑内神经细胞成百上千亿，相互联系的复杂程度难以想象，但是，记忆活动时，脑神经细胞的总耗能量不超过 100W。

与记忆关系最密切的是颞叶。加拿大的神经生理学家潘菲尔德(W. Penfield)用电刺激癫痫病患者的颞叶外侧部，引起了患者对往事的鲜明回忆。颞叶区的回忆多半是视觉和听觉方面的形象记忆。Scovile 研究发现，在颞叶范围内的海马结构是长时记忆的储存区，因癫痫病不断恶化而被切除了两侧颞叶内侧和海马的患者，手术后便立即出现了遗忘症。有研究发现两侧颞叶受损对记忆影响有不同效应，切除右颞叶对形象记忆影响大，对言语记忆影响小。总之，颞叶的损伤可使患者失去长时记忆的能力。

2. 记忆的种类

现代心理学中，记忆根据记忆者对记忆的内容有无明确的意识可分为内隐记忆(inplicitmemory)和外显记忆两类；根据信息储存的时间长短不同，记忆可分为瞬时记忆、短时记忆和长时记忆。

1)内隐记忆与外显记忆

通常，内隐记忆是指在不需要意识参与或有意回忆的情况下，个体的经验自动对当前任务产生影响而表现出来的记忆；外显记忆则是指当个体需要有意识地或主动地收集某些经验用以完成当前任务时所表现出的记忆。简而言之，内隐记忆就是自动的、不需要意识参与的记忆，也可称无意记忆；而外显记忆则是主动的、有意识参与的记忆，也可称有意记忆。

2)瞬时记忆、短时记忆和长时记忆

(1)瞬时记忆，也叫感觉记忆，是信息储存时间极为短暂的记忆，属人的三种记忆机能系统中的第一级记忆机能系统。作用于人的感官的各种刺激，当其作用停止后，感觉的事物印象并不立即消失，输入的信息保持 1s 左右后才消失，这种记忆便是瞬时记忆，视觉后像就是一个明显的例子。瞬时记忆具有三个特点：其一，保持时间只是一瞬间，视觉范围内最多不超过 1s，听觉范围内信息保持时间为 2～4s，最清晰的时间是 1s。其二，储存的信息具有鲜明的形象性。其三，信息储存具有相当大的容量。瞬时记忆对信息储存的时间虽然极为短暂，但它对知觉活动本身和其他高级认知活动都有重要意义。

(2)短时记忆。在瞬时记忆基础上，通过注意，信息在头脑中保持 1min 以内的记忆称为短时记忆。短时记忆是第二级记忆机能系统。短时记忆特点有三：其一，信息保持的时间比瞬时记忆稍长，但最长也不超过 1min。其二，短时记忆的信息容量有限，且相对固定，大约是 7±2 个单位(组块)。这个单位可以是一个数字、一个汉字、一个字母、一个英语单词，也可以是一个熟悉的有意义联系的词组，甚至是一个句子。其三，短时记忆是从瞬时记忆到长时记忆的中间阶段，是一种直接参与人们当前活动，实际起作用的记忆。因此，短时记忆又称工作记忆，它通过注意接受来自感觉记忆中的信息，并从长时记忆中提取信息，进行有意识的加工，由此支配当前的活动。例如，学生根据教师在黑板上的板书内容来作笔记，看一句就能记下一句，其中依靠的记忆就是短时记忆。

(3)长时记忆。信息保持时间在 1min 以上乃至终生的记忆称为长时记忆，属于第三级记忆机能系统。长时记忆是在短时记忆的基础上通过复述而形成的。长时记忆的容量是无限的，任何信息只要得到足够复习，均能保持在长时记忆中。平常人们一般讲的记忆问题实际上就是指的长时记忆。长时记忆是个体经验积累和心理发展的前提。长时记忆储存着个体关于世界的一切知识，为个体的一切活动提供必要的知识基础。

瞬时记忆、短时记忆和长时记忆三种记忆系统是相互联系、相互影响的，有机构成了人的记忆体系。

3. 记忆障碍

记忆是人的基本认识功能，使人能认识自己、认识他人、认识世界。认识就是人们通过与过去经验对比分析形成的。而过去的经验的保留，就是记忆。记忆包括识记、保持、再认和回忆四个环节。记忆障碍及其表现如下。

(1)记忆减退。记忆减退是指在记忆环节中的能力普遍低于正常人或低于发病前。记忆减退有不同程度表现，有的记不住刚做过的事，称近事记忆减退；也可以表现出远事记忆减退。从记忆减退的发展过程看，大多是从近事记忆减退逐渐发展为远事记忆减退。

(2)遗忘。遗忘是回忆的丧失，而非记忆减退。可有三种情况：①逆行性遗忘，是指发病以前一段时间发生的事情不能回忆。如头部受重伤的患者回忆不起是在什么地方受的伤。②顺行性遗忘，是指在疾病发生后所经历的事情不能回忆，如脑震荡患者不能回忆伤后发生的事情。③进行性遗忘，遗忘有逐渐加重的趋势，如老年痴呆的遗忘。

(3)记忆增强。记忆增强是指在病态情况下，已经遗忘了的事物，在头脑中重新活跃起来的现象。如患者在患病前不能记住的事物，现在能够记忆了。记忆增强与记忆超常不同，后者不是病态表现。

(4)记忆错构。它是一种记忆错误，即对经历过的事物和事情发生错误的记忆，别人提醒或对证仍不能改变。如一位老年精神病患者，初次与医生见面，就认定这位医生和他在某地某处谈过话，其实却没有此事。

(5)记忆错觉。这也是一种记忆错误，它是指将别人经历过的事件归于自己，并坚信这件事是自己的经历。中毒性精神病患者、麻痹性痴呆病患者多有这种现象。

5.3.2 有助于改善记忆的功能性成分与功能性食品

具有改善记忆功效的典型配料见表 5-2。

1. 芹菜甲素

从芹菜籽中提取的芹菜甲素有改善脑缺血、脑功能和能量代谢等多方面的作用。脑血流的正常供应对维持脑的功能至关重要。脑重占人体重的 5%，而脑血流占全身血流量的 1/5，脑耗氧量占全身耗氧量的 1/4。人到老年，脑血流减少 20%以上，首先受影响的是脑的功能，智力受到影响，出现学习、记忆障碍。现有的治疗老年痴呆或改善智力的药物，多为脑血液循环改善剂，足以证明脑血流的增加对恢复记忆功能十分重要。脑血液循环改善剂种类繁多，作用机制各异。芹菜甲素有其独特的作用机制，而副作用少。

2. 辣椒素

辣椒素是从红辣椒内提取的一种化合物。它有多种功能，其中之一是振奋情绪、延长寿命、减少忧郁，因而能改善老年人的生活质量。

3. 银杏

20 世纪 70 年代欧洲的研究人员从银杏叶中提取出有效成分——黄酮甙，其主要成分是山茶酚、槲皮素、葡萄糖、鼠李糖甙、特有的萜烯、银杏内酯和白果内酯。黄酮为自由基清除剂，萜烯特别是银杏内酯 β 是血小板活化因子的强抑制剂。这些有效成分还能刺激儿茶酚胺的释放、增加葡萄糖的利用、增加 M-胆碱受体数量和去甲上腺素的更新以及增强胆碱系统功能等，故有广泛的药理作用，如改善脑循环、抗血栓、清除自由基、改善学习和记忆等。动物试验证明，银杏提取物可改善记忆障碍。

4. 胆碱

胆碱是体内合成乙酰胆碱的前体，蛋黄里含有一种称为磷脂酰胆碱的化合物，是体内胆碱的主要来源。黄豆、包心菜、花生和花椰菜是摄取胆碱的良好来源。研究表明，乙酰胆碱与记忆保持密切相关，胆碱营养补品可以延缓记忆的丧失。

表 5-2　具有改善记忆功效的典型配料

典型配料	生理功效
大豆磷脂(soybean lecithin)	调节血脂，改善记忆，美容
蛋黄磷脂(yolk lecithin)	调节血脂，改善记忆，耐缺氧
脑磷脂(phosphatidyl ethanolamine，PE)	改善记忆，促进生长发育，预防脂肪肝和肝硬化
二十二碳六烯酸(docosahexaenoic acid，DHA)	调节血脂，改善记忆，改善视敏度
牛磺酸(taurine)	促进婴幼儿大脑发育，抗疲劳，改善视力
锌(zine)	改善记忆，改善视力，促进生长发育
α-亚麻酸(α-linolenic acid)	调节血脂，改善记忆，改善视力
磷脂酰丝氨酸(plosphatidyl serines，PS)	改善记忆，预防老年性痴呆症
γ-氨基丁酸(γ-aminobutyric acid)	改善记忆

5.3.3　有助于改善记忆的功能性食品评价标准

1. 动物试验

1)跳台试验

反应箱底铺有通 36V 电压的铜栅，动物受到电击后正常的反应应该是跳上箱内绝缘的平台以避免伤害性刺激。多数动物可能再次或多次跳至铜栅上，受到电击又迅速跳回平台，如此训练 5min，记录动物受到电击的次数(错误次数)，以此作为学习成绩。24h 或 48h 重作测验，此即记忆保持测验。记录受电击的动物数、第一次跳下平台的潜伏期和 3min 内的错误总数。停止训练 5d 后(也可以在训练后的一周、两周或其他时间点)进行记忆消退试验。将受试样品组与对照组比较，若潜伏期明显延长、错误次数或跳下平台的动物数明显少于对照组、差异有显著性三项指标中有一项为阳性，可判定该项试验结果为阳性。

2)避暗试验

利用小鼠嗜暗的习性设计一个装置，一半是暗室，一半是明室，中间有一小洞相连。暗室底部铺有通电的铜栅，并与一计时器相连，计时器可自动记录潜伏期的时间。小鼠进入暗室即受到电击，计时自动停止。小鼠从放入明室至进入暗室遭电击所需的时间即潜伏期。24h 或 48h 后重作测验，记录每只动物进入暗室的潜伏期和 5min 内的电击次数，并计算 5min 内进入暗室(错误反应)的动物百分率。停止训练 5d 后可以在不同的时间进行一次或多次记忆消退试验。受试样品组与对照组比较，若受试样品组小鼠进入暗室的潜伏期明显长于对照组、5min 内进入暗室的错误次数或 5min 内进入暗室的动物数少于对照组和差异有显著性三项指标中任一项指标呈阳性，均可判定该项试验结果为阳性。

3)穿梭箱试验(双向回避试验)

利用大鼠的条件反射设计大鼠穿梭箱，该装置由实验箱和自动记录打印装置组成。

箱底部格栅为可以通电的不锈钢棒，箱底中央部有一高 1.2cm 的挡板，将箱底部分隔成左右两侧，试验箱顶部有光源和蜂鸣音控制器。将大鼠放入任何一侧，给予大鼠刺激，大鼠遭电击后即逃避，必须跑到对侧顶端，挡住光电管后才中断电击，此为被动回避反应。在每次电击前给予条件刺激，反复强化后，大鼠在接受条件刺激后即跑到对侧并挡住光电管而逃避电击，此为主动回避反应。经过训练后动物的主动回避反应率可达80%～90%。自动记录打印装置可连续自动记录动物对电刺激(灯光或/和蜂鸣器)的反应和潜伏期，并将结果打印出来。根据打印结果分析如下指标：动物反应次数、动物主动回避时间、动物被动回避时间、动物主动回避率。若试验组主动和/或被动回避时间明显短于对照组，差异有显著性，可判定该项指标为阳性。

4)水迷宫试验

水迷宫自动记录仪由迷宫游泳箱和自动记录仪两部分组成，迷宫游泳箱的泳道走向固定。动物都有一种探索和更替的趋向。由于小鼠不愿在水中，将它们放入水中，它们会寻找能爬出水面的阶梯。训练后，小鼠能记住阶梯的路线。计算各组动物训练和测试的总错误次数，到达终点的总时间及 2min 内到达终点的总动物数(百分率)；停止训练5d 后可在不同的时间进行记忆消退试验。试验组与对照组相比，试验组到达终点所用的时间或到达终点前的错误次数明显少于对照组，或 2min 内到达终点的动物数明显多于对照组，且经统计学检验差异有显著性。其中任一项指标为阳性，均可判定该项试验结果为阳性。

动物试验结果判定：跳台试验、避暗试验、穿梭箱试验、水迷宫试验四项动物试验中任意两项试验结果为阳性，且重复试验结果一致(所重复的同一项试验两次结果均为阳性)，则可判定该受试样品改善记忆功能动物试验结果为阳性。

2. 人体试食试验

1)试食者选择的原则

从比较集中、各方面影响因素大致相同的群体中挑选受试者，比如学校、部队或其他群体；文化程度基本一致；未受过类似测试；排除短期内服用与受试功能有关的物品影响到对结果的判断。

2)试验原则

对照、双盲、随机。对照：因测试是一种心理测试，易受迁移学习和心理暗示的影响，第二次测验的记忆商比第一次高，有时对照组前后两次测试的记忆商相差有显著性，因此不能仅以服药前后自身比较的结果下结论，必须设置平行对照。双盲：对照组必须服用安慰剂(不含有效成分，但其剂型、色泽、外观、口感、包装等均与受试样品相同)，以消除心理暗示的影响；主试者在施测时不知道谁服样品、谁服安慰剂，以消除主试者主观偏向的影响，保证测试结果客观可靠。

3)试验方法

服用受试样品以前对受试者进行第一次记忆商测试后，按照记忆商随机分为试食组和对照组。尽可能考虑影响结果的主要因素如文化水平、年龄等，进行均衡性检验，以保证组间的可比性。受试者不少于 50 例。试验组按照样品的推荐量和服用方法服用受试样品，对照组服用安慰剂。30d 后进行测试。测试顺序一般是先听觉测试后视觉测试，具体为：①指向记忆；②联想学习；③无意义图形再认；④图像自由回忆；⑤人像特点联系回忆。试验结果用临床记忆量表表示。用测试后的各分测验原始分查量表分，各分测验量表分相加得总量表分，用总量表分查记忆商。

4)结果判定

在试验前两组记忆商均衡的前提下，若试食后试食组的记忆商高于对照组，且差异有显著性，同时试食组试验后的记忆商高于其试验前的记忆商，且差异有显著性，可以认为受试样品具有改善记忆作用。

5.4 改善老年痴呆症的功能性食品

5.4.1 老年痴呆症的定义

老年痴呆症(senile dementia)是老年人脑功能障碍导致的以认知、行为和人格变化为特征的一种综合征。老年痴呆症的典型临床症状与“痴呆”相同。这种疾病是一组病因未明的原发性退行性脑病变，也就是一种导致神经细胞进行性损伤的脑部疾患。由于脑细胞负责人的正常思维、记忆和执行功能，所以患者神经细胞的损失将导致精神功能的逐渐退化，最终影响正常生活。

目前，这种疾病的病因还不清楚，研究表明有可能与年龄、遗传、外伤、文化程度有一定关联，但从目前国内外的病因研究结果看，得到肯定的只有年龄这一因素。

5.4.2 老年痴呆症的分类与症状

1. 老年痴呆症的分类

老年痴呆症大致可分为四类：第一类是由脑血管疾病引起的，称为脑血管性痴呆，约占我国老年痴呆症患者的半数以上；第二类是由脑部退行性病变引起的，称为老年性痴呆，国际上统称为阿尔茨海默病(Alzheimer's disease，AD)，在欧美国家多见，约占这些国家老年痴呆症患者的半数以上；第三类痴呆称为混合性痴呆，即同时存在脑血管性痴呆和老年性痴呆；第四类痴呆是由全身疾病如甲状腺功能低下、肝性脑病、肺性脑病、肾性脑病等所致。其中以脑血管性痴呆和老年性痴呆最为多见。

1)脑血管性痴呆

由脑血管病(如脑梗塞、脑出血、蛛网膜下腔出血等)所致的痴呆称为血管性痴呆。常见的血管性痴呆类型有：①多梗塞性痴呆：为最常见的类型。常有高血压、动脉硬化、反复发作的脑血管病，以及每次发作后留下的或多或少的神经与精神症状，积少成多，最终成为全面的、严重的智力衰退。②大面积脑梗塞性痴呆：患者大面积脑梗塞，常死于急性期，少数存活的患者遗留不同程度的神经精神异常，包括痴呆、丧失工作与生活能力。③皮层下动脉硬化性脑病(Binswager 病)：因动脉硬化，大脑白质发生弥漫性病变而出现痴呆。④特殊部位梗塞所致的痴呆：指梗塞灶虽不大，但位于与认知功能有重要关系的部位，而引起失语、记忆缺损、视觉障碍等。⑤出血性痴呆：慢性硬膜下血肿、蛛网膜下腔出血、脑出血都可以引发血管性痴呆。

2)老年性痴呆

老年性痴呆国际上统称为阿尔茨海默病，但两者又并非完全等同。自 1907 年阿尔茨海默病首次被报告以来，一般将 65 岁之前发生的阿尔茨海默病称为早老性痴呆，65 岁以后出现的则称为老年性痴呆。直到 1993 年，正式使用的国际疾病分类诊断标准第 10 次修订中规定，无论发病早晚，统称为阿尔茨海默病。

2. 老年痴呆症的症状

老年痴呆症的早期症状和体征可能因人而异，随着时间的推移逐渐加重的痴呆是这种疾病的主要表现。其病程大致可分为以下三个阶段。

(1)早期症状。记忆力下降，工作能力下降，丢三落四，情绪不稳，易发怒，攻击性增强，对日常活动丧失兴趣和人格的改变，但还是保持着独立生活的能力。

(2)中期症状。记忆力下降严重，无法胜任工作，近期发生的事情几乎都记不住，连年、月、日都不记得，甚至连生活中的重大事件都回忆不起来，判断力、理解力、计算力都明显下降，严重时不认识朋友，甚至不认识亲人，或无目的的东走西逛或拣拾废物，肢体活动不灵活。患者除吃饭、穿衣及大小便还可以自理外，其余生活均需靠别人帮助。患者头颅 CT 检查可发现脑萎缩，脑电图可见慢波增多。

(3)晚期症状。极度明显的痴呆状态，表情呆滞、淡漠，多卧床，无法进行正常谈话，语言支离破碎，有的走路不稳，东倒西歪或肢体挛缩。患者生活完全不能自理，其头颅 CT 检查可见广泛脑萎缩，脑电图可见全面的慢波。

5.4.3 改善老年痴呆症的功能性成分与功能性食品

老年痴呆症的发病率与人体各种基本营养要素，如蛋白质、卵磷脂、维生素 B、维生素 E，钙、铁、植物性脂肪等的摄入量有着密切关系。此外，许多植物活性成分，如人参皂苷、银杏提取物等也对老年痴呆症有一定的改善作用。因此，开发改善老年痴呆症的功能性食品，既要合理搭配各种营养要素的比例，又要充分合理地应用各种功效成分。具有改善老年痴呆症功效的典型配料见表 5-3。

1. 二十二碳六烯酸(DHA)

DHA 是一种多价不饱和脂肪酸，它有调节血脂的作用，尤其能显著降低血中的甘油三酯，减少患心血管病的概率。研究发现，健康的老年人血液中 DHA 的成分远远高于痴呆的老年人。研究表明，健康的头脑与 DHA 成分呈正相关，患各种程度痴呆症的人，血液中 DHA 的含量平均比正常人少 30%～40%。

DHA 也是脑神经细胞必需的营养物质，在胎儿期 DHA 有助于脑组织发育，在儿童期 DHA 有助于脑神经细胞间突触联系的增加，在老年期 DHA 有助于延缓大脑萎缩、改善记忆力减退。专家认为，DHA 是老年人不可忽视的营养素，有可能成为预防老年痴呆症发病的手段之一。因此，多吃鱼，尤其是含高不饱和脂肪酸的鱼，如鲑鱼、鳟鱼和鱿鱼等，可有效预防老年痴呆症。

2. 卵磷脂

卵磷脂是脑内转化为乙酰胆碱的原料，是神经元之间依靠化学物质传递信息的一种最主要的"神经递质"，可增加记忆、思维、分析能力，使人变聪明、睿智，并可延缓脑力衰退；且人到中老年，血清胆固醇和中性脂肪大量在血管壁上沉积，使血液流动受阻，导致大脑供血不足，脑细胞大量死亡，也容易引起老年痴呆症。卵磷脂能使血液中的血清胆固醇和中性脂肪颗粒乳化变小，并使其保持悬浮状态，从而使血管畅通，营养和氧气源源不断地供给大脑。因此，医学专家视卵磷脂为老年性痴呆症的"克星"。目前，日本科学家正拟从蛋黄中提取卵磷脂，并开发治疗老年性痴呆的药物。日常饮食中，大豆及其制品、鱼脑、蛋黄、猪肝、芝麻、山药、蘑菇、花生等都富含卵磷脂，老年人应多吃上述食品。

20 世纪 80 年代，有英国医生曾让患有记忆衰退的患者每日服用 25g 卵磷脂，经半年后发现，他们的记忆力都有明显好转。

3. 维生素类及矿物元素

1)维生素 B_{12} 和叶酸

维生素 B_{12} 和叶酸的摄入有利于避免老年痴呆症。研究人员对数百名受试者进行血样分析揭示，血液中维生素 B_{12} 含量在正常范围的 1/3 下限者，患老年痴呆症的可能性会增加 3 倍以上，而叶酸含量同样低者患此病的可能性会增加 2 倍。

维生素 B_{12} 缺乏，可使体内转钴胺素Ⅰ结构和作用改变，进而导致免疫球蛋白生成衰竭，抗病能力减弱，严重时会引起神经细胞的损害。研究发现，在维生素 B_{12} 和叶酸缺乏的人中，半胱氨酸浓度最高。半胱氨酸含量在正常范围的 1/3 上限者，患老年痴呆症的可能性要高 35 倍。

2)维生素 C 和维生素 E

始于 1965 年的一项长期研究显示，中老年人服用维生素 C 和维生素 E 能防止脑血管硬化引起的痴呆症。通过对居住在夏威夷的日裔美国人进行追踪调查，发现长期服用维生素 C 和维生素 E 的人其脑神经功能明显提高。每周服用维生素 C 和维生素 E 一次以上的人，发生血管性痴呆症的可能性要降低 88%，而其他因素的痴呆症能降低 66%。然而，研究人员强调，这些人都是同时服用维生素 C 和维生素 E。如果只单独服用其中一种，效果如何还无从查证。

3)锌

与正常人相比 AD 患者血清中的锌含量显著较低，同时发现 AD 患者额叶、颞叶、海马、基底区锌含量普遍较同龄老年人脑组织中含量要低。锌在大脑的分布有一定区域性，以松果体部位特别多，其次是边缘系统的皮质部，特别是齿状回和海马。缺锌时影响脑功能，尤其是海马的功能。而海马参与学习、记忆、情绪和条件反射的形成。锌还参与了铜-锌超氧化物歧化酶(SOD)的组成，SOD是人体内自由基的清除剂，具有抗衰老的作用。锌可强化记忆力，延缓脑的衰老。

4. 植物活性成分

1)生物碱类

天然生物碱类化合物以不同作用机理对治疗老年痴呆症起一定作用。从中草药千层塔中分离得到的石杉碱甲和结构类似于物石杉碱乙及石杉碱衍生物的异香蓝石杉碱甲，都是一种强效、可逆和高选择性的胆碱酯酶抑制剂，属第二代胆碱酯酶抑制剂，其中石杉碱甲已被成功开发成治疗AD的药物。

从石蒜科植物石蒜中提取的雪花莲胺碱(加兰他敏)对神经源性乙酰胆碱有高度的特异性作用，且毒性较小，也被列为第二代AchE抑制剂，备受关注。此外，还有从中药槟榔中提取出的作为M-受体激动剂的槟榔碱及其衍生物；从夹竹桃科长春花属植物中提取出的具有改善脑部微循环、增加大脑供氧和改善脑代谢作用的长春胺；从芸香科植物黄皮中分离得到的抑制细胞外钙内流、清除自由基和脑保护作用的黄皮酰胺等。

2)皂苷类

天然植物中发现的一些皂苷类成分，在治疗老年痴呆症和延缓衰老方面已显示出良好的应用前景，其中最具有代表性的为人参皂苷，它是人参中的主要有效成分。人参皂苷既可提高乙酰胆碱含量，又能促进核酸和蛋白质的合成。这些被认为是人参皂苷抗衰老和防治老年痴呆症的最基本生理机制。

绞股蓝皂苷是中药绞股蓝的主要有效成分，其大多数结构与人参皂苷相同或相似，也具有增强学习记忆等广泛的药理活性。但绞股蓝皂苷还可使脑内谷氨酸水平提高和γ-氨基丁酸水平降低，从而有助于增强记忆。

酸枣仁皂苷除具有抗脂质过氧化和保护神经细胞外，酸枣仁皂苷A还是钙调蛋白的一种新型天然拮抗剂，调节细胞各种依赖Ca^{2+}的生理过程。大蒜中含有的多种呋甾和螺甾皂苷，能显著抑制血小板聚集和提高纤溶酶的活力，可改善脑部微循环和供氧。

3)酚酮类

研究表明，一些酚酮类化合物如黄酮类、香豆素类、鞣质类化合物具有多种生理活性，对老年痴呆症有一定的预防和治疗作用。如大豆异黄酮作为一种抗氧化剂，具有清除超氧自由基与过氧化氢、抑制脂质过氧化、抑制黄嘌呤氧化酶活力、增强抗氧化酶活力等抗氧化作用，并且由于它是一种脂溶性物质，可以在大脑神经细胞中发挥其抗氧化作用。许多实验证明了它及其代谢产物对大脑和神经行为有保护作用。此外，银杏叶提取物中的黄酮类物质、淫羊藿黄酮等是保护脑神经细胞的有效成分；蛇床子素能抑制脑内胆碱酯酶活性和延缓衰老；丹参酮、茶多酚、五味子素等均有较强的抗氧化和清除自由基的作用；葛根素有改善衰老性记忆衰退的作用。

4)多糖类

中药多糖的抗衰老和防治老年痴呆症的药效研究目前主要集中在其免疫调节作用、抗氧化作用和延长生物寿命等方面，例如大蒜素在改善学习记忆的同时还具有调控内源性神经生长因子的作用等。

表 5-3　具有改善老年痴呆症功效的典型配料

典型配料	生理功效
磷脂酰丝氨酸(phosphatidyl serine，PS)	改善脑细胞功能，改善老年痴呆症
雪花胺(galantamine)	改善轻度到中度老年性痴呆
γ-氨基丁酸(γ-aminobutyric acid)	促进脑的活化性，改善睡眠
尼古丁(nicotina)	帮助老年痴呆症患者恢复记忆力
千层塔提取物(huperzia serrata extract)	增强学习记忆力，改善记忆障碍
积雪草提取物(centella asiazica extract)	增强记忆力
三磷酸腺苷(ATP)	改善脑和冠状动脉的血液循环
细胞色素 C	增加脑血流量及脑耗氧量
泛酸与辅酶 A	对脑的代谢起重要作用，能增加脑耗氧量
知母皂苷(timosaponin)	治疗原发性老年痴呆症
二十二碳六烯酸(DHA)	延缓大脑萎缩、改善记忆力减退
卵磷脂(lecithin)	改善记忆，改善老年痴呆症
维生素 C、维生素 E(vitamin C，vitamin E)	防止脑血管硬化，预防老年痴呆
维生素 B_{12}和叶酸(vitamin B_{12}，folic acid)	有利于免疫球蛋白的生成，改善老年痴呆
锌(zinc)	强化记忆力，延缓脑的衰老
生物碱(alkaloid)	高效的胆碱酯酶抑制剂
人参皂苷(ginsenoside)	抗衰老、预防老年痴呆症
银杏叶提取物(ginkgo biloba extra)	保护脑神经细胞，延缓脑衰老
螺旋藻多糖(spriulina polysacchrides)	调节免疫力，抗氧化，预防老年痴呆

5.4.4　改善老年痴呆症的功能性食品评价标准

1. 试验项目

动物试验：记忆状况、走直线的能力、学习能力。

2. 结果判定

经过精神紧张刺激而引起的记忆衰退症状有好转、走直线的能力强于一般试验动物以及学习能力有所提高，均可判定受试物具有改善老年痴呆症的作用。

5.5 改善抑郁症的功能性食品

5.5.1 抑郁症的病理基础、分类与危害

1. 抑郁症

抑郁是以持续的情绪低落为特征的一种情感性心理障碍，是老年人常见的精神病患之一。抑郁症大都在60岁以后发病，有的人虽然在青壮年时发病，但进入老年期后常加重或发作次数增多。到目前为止，抑郁症的真正病因还不十分清楚，大多数学者认为，除了外界的压力以外，可能还与患者自身的一些因素有关，即在内、外综合因素的作用下而导致疾病。常见引起抑郁的内外因素包括：遗传因素、性别因素、环境因素和压力、性格因素、疾病、特殊生理期等。

2. 抑郁症的症状

抑郁症综合起来有三大主要症状：情绪低落、思维迟缓和运动抑制。其中，情绪低落是抑郁症最主要的症状，但并不是只要情绪低落，就是抑郁症。在某种意义上，如果没有原因而情绪低落这就属于抑郁症。思维迟缓是指患者自觉脑子不好使，记不住事，思考问题困难，注意力难以集中。患者觉得脑子空了、变笨了，工作和学习能力下降。意志活动抑制是指动作迟缓，生活被动、疏懒，不想学习和料理日常内务，不愿和他人接触交往，常独坐一旁，或整日卧床，回避社交；不想外出，不愿参加哪怕是平常喜欢的业余活动。躯体症状是指主要有失眠和早醒、食欲减退、体重下降、性欲减退、便秘、疼痛、阳痿、闭经、乏力等。躯体不适可涉及各个脏器，或者总感觉精力不够用，很疲惫。

3. 抑郁症的类型

(1)典型的抑郁症。很多抑郁症并不总是表现为终日唉声叹气、以泪洗面或寻死觅活，许多抑郁症的表现形式不易被察觉、容易被忽视或误诊，使得患者长期陷于痛苦而不能自拔。因此，抑郁症的早期识别特别重要。

(2)“微笑”型抑郁。这类患者有抑郁的主观体验，但是在旁人面前总是有说有笑，以致别人难以察觉他的“强颜欢笑”。

(3)“隐匿”型抑郁症。以躯体不适为主，较少谈及抑郁体验。常常在内、外科求治，易被误诊，在我国比较多见，容易消耗医疗卫生资源。

(4)“勤勉”型抑郁。有些患者表现相反的状态，似“工作狂”，通过工作来缓解内心的不良情绪，终日忙忙碌碌，怕闲下来。这种情况，灾区比较多见，结果是抑郁情绪未处理，又因过度“勤勉”而导致其他严重的生理疾病，如冠心病、高血压，甚至过劳死等。

4. 抑郁症的危害

抑郁症作为一种高发的心理疾病，会严重影响人们的生活，降低人们的生活质量。抑郁症的严重危害，还在于其隐蔽性。许多人患了抑郁症，却不愿承认，也不愿寻求帮助。这样，就会导致自身长期遭受折磨，渴望着却感受不到生活的快乐。抑郁症的进一步发展，还可能会导致心理危机，导致极端行为，包括轻生行为。

抑郁症会给人们的身心健康带来危害，其治疗和预防都应该引起关注。需要指出的是，在健康的心理状态与抑郁症之间还有一个很宽泛的地带，那就是心理的亚健康状态。具有抑郁情绪并处于心理亚健康状态的人们，特别应该通过心理养生，及时调整自己的心态，预防抑郁症的发生。

5.5.2　改善抑郁症的功能性成分与功能性食品

抑郁症与膳食因素密切相关，营养缺乏的人群特别容易患抑郁症。法国瓦朗斯医疗教学中心营养师莫尼克·费里指出：当人们缺乏营养时，大脑就无法获得某些微量元素，而这些微量元素对大脑产生神经传递素至关重要。已有研究表明，缺乏神经传递素很容易导致抑郁症。开发改善抑郁症食品，要合理平衡各种营养素及活性成分的搭配。具有改善抑郁症功效的典型配料见表 5-4。

表 5-4　具有改善抑郁症功效的典型配料

典型配料	生理功效
二十二碳六烯酸(docosahexaenoic acid，DHA)	增加血清素量，改善抑郁症
维生素 C(vitamin C)	参与多巴胺、肾上腺激素等“兴奋”物质的合成，改善抑郁症
维生素 B(vitamin B)	改善抑郁症
锌(zinc)	影响脑代谢，改善抑郁症
硒(selenium)	影响色氨酸吸收，改善精神状态
卡瓦胡椒提取物(kavaextract)	抗焦虑，镇静催眠，松弛肌肉，改善精神状态
贯叶连翘提取物(St. John's wort extract)	抗抑郁，抗病毒，抗炎，抗菌
金丝桃素(hypericin)	缓解抑郁症

1. 蛋白质和色氨酸

蛋白质是控制脑细胞兴奋与抑制过程的主要物质，在记忆、语言、思考和运动、神经传导等方面都具有重要作用；而氨基酸不平衡，缺乏色氨酸是诱发抑郁症的重要原因。色氨酸被证明是一种能有效抵抗抑郁症的基本氨基酸，它能提高大脑中 5-HT 的水平，使人产生愉悦的感觉，并且能帮助改善睡眠质量。

2. ω-3 脂肪酸

近年来，一些研究发现，抑郁可能与饮食中缺乏 ω-3 脂肪酸有关，缺乏 ω-3 脂肪酸大脑中的血清素也会相应较少，进一步引起抑郁症。以色列 Pnina Green 博士利用大鼠模型调查了 ω-3 脂肪酸与抑郁症的关系。他们对抑郁大鼠的大脑与正常大鼠的进行了细致比较，结果发现，两种大鼠的主要区别在于 ω-6 脂肪酸的水平而不是 ω-3 脂肪酸的水平，抑郁大鼠大脑中的花生四烯酸浓度较高。花生四烯酸对几乎所有身体器官的正常功能都至关重要，包括大脑。它在机体中扮演着各种各样的角色：作为与信号传递有关的磷脂的一种结构成分和与第二信使功能有关的一系列衍生物的一种底物。研究结果证明，增加 ω-3 脂肪酸的摄入可能导致大脑中花生四烯酸水平的降低，因此增加 ω-3 脂肪酸的摄入可能改变了大脑中这两类脂肪酸之间的平衡关系。尽管目前人们对膳食中的 ω-6 脂肪酸还没有足够重视，但将来有可能通过增加 ω-3 脂肪酸和降低 ω-6 脂肪酸摄入量的方法来控制抑郁症的发生。

3. 碳水化合物

碳水化合物是大脑活动的能量来源。碳水化合物在体内分解为葡萄糖后，即成为大脑的重要能源。过少的摄入碳水化合物容易导致情绪败坏，原因是碳水化合物可以直接影响大脑内控制人类情绪的物质——血清素的产生，血清素的严重减少会导致抑郁症。不过食物中主要的碳水化合物含量已能基本满足机体的需要。糖质过多会使脑进入过度疲劳状态，也容易诱发神经衰弱或抑郁症等。

4. 微量营养素

1)B 族维生素和维生素 C

芬兰的一个研究小组通过对 115 名抑郁症患者的跟踪治疗证实，服用维生素 B 有助于抑郁症的治疗。研究人员先对每位患者的病情进行了评估，并测定和记录了患者血液中维生素 B_{12}的含量。经过 6 个月的 B 族维生素服用，研究人员再次检测患者体内维生素 B_{12}的含量，以便了解维生素 B_{12}和抗抑郁治疗间的关系。结果发现抗抑郁治疗效果较好的患者血液中，维生素 B_{12}的浓度更高。研究表明，维生素 B_1、维生素 B_2和维生素 B_6对治疗抑郁症有辅助作用，而这三种维生素 B 都有助于维生素 B_{12}的产生。因此，维生素 B_{12}可能也具有抗抑郁症的功效。

维生素 C 是参与人体制造多巴胺、肾上腺激素等“兴奋”物质的重要成分之一。人体内多巴胺含量过低会引发抑郁症，增加其含量会使得心情舒畅。多巴胺不属于神经传导素，但它能帮助神经刺激在大脑细胞间隙中的传输。所以多摄入维生素 C 能帮助改善抑郁症。

2)矿物质

抑郁症与人体内锌的含量有着密切联系，往往缺锌的人容易患抑郁症。曾有 48 例抑郁症患者的血锌浓度显著低于正常人的报道，并发现血锌浓度与抑郁症的严重程度呈显著负相关。锌在人体内主要以金属酶的形式存在，其余以蛋白结合物形式分布于体内，缺锌会影响脑细胞的能量代谢及氧化还原过程，从而诱发抑郁症。食物中含锌量最高的是牡蛎，动物的肝、肾和乳制品中也有分布。

含硒的食物同样可以治疗精神抑郁问题。硒能帮助吸收调节情绪的色氨酸，可以保证色氨酸进入大脑，而不至于被其他氨基酸挤掉。英国心理学家们给接受试验者吃了 100μg 的硒后，受试者普遍觉得精神很好，思绪更为协调。硒的丰富来源有干果、鸡肉、海鲜、谷类等。

此外，钙、镁、铬、铁等矿物质的缺乏可引起抑郁症，而砷、铝、铋、汞等不必要的物质过多，也会引起抑郁症。

5. 植物活性成分

圣约翰草被广泛地用来治愈伤口、治疗肾病和缓解神经错乱甚至精神失常。圣约翰草提取物中的活性成分——金丝桃素被临床试验证明能有效治疗轻微到中度的抑郁症。在以 6 位年龄介于 56～65 岁的抑郁症女患者为对象进行的临床试验中，通过测量尿液中的去甲肾上腺和多巴胺的代谢物，发现服用了标准的圣约翰草提取物后，其 3-甲氧-4-羟苯乙二醇有了明显增加，这是抗抑郁症开端的一个标志。同一个研究小组证明圣约翰草提取物能缓解忧虑、烦躁不安、冷淡、沮丧、失眠和自卑感等症状。

5.5.3　改善抑郁症的功能性食品评价标准

1. 试验项目

人体试验：心情是否开朗，精力如何、是否易疲劳，运动量，自我评价，思考能力，是否有自杀、自伤倾向，睡眠有无障碍，食欲、性欲如何等。

2. 结果判定

如果上述指标中任意四项指标有改善，可判定受试物具有改善抑郁的作用。

5.6　改善视疲劳与视力的功能性食品

5.6.1　近视与视疲劳

1. 近视

近视眼是一种屈光不正性眼病，其平行光线结成的焦点在视网膜之前，而在视网膜上所见的像不清晰。近视眼除少数高度近视与遗传有关外，绝大多数近视眼都是由后天用眼的不良习惯所造成。本病的主要特征是裸眼远视力差，近视物较清楚。中医学称之为“能近怯远症”。常见于处于学习阶段的青少年。

1)临床表现

(1)自觉症状：一般视近较清楚，视远模糊，当病情发展或高度近视时，视远更模糊，常眯目视物，眼球随近视发展逐渐突出，有的眼前有黑花飞舞，或眼胀痛，不耐久视。

(2)局部检查：一般轻度近视，眼底无明显变化；中度以上近视眼底多呈豹纹状改变，视盘颞侧成半月形白色近视弧形斑；高度近视者，可由玻璃体液化、浑浊，或玻璃体后脱离，眼底视盘周围或颞侧可出现环状弧形斑，或大片脉络膜萎缩病灶，或导致后巩膜葡萄肿，可并发黄斑出血、黄斑萎缩灶，可严重影响视力。视网膜周边部有时出现囊样变性，及发生裂孔性视网膜脱离。

2)实验室检查

(1)直接眼底镜检查可根据所见情况，估计眼的屈光状态及屈光度数。

(2)间接眼底镜检查对高度近视眼，比较容易发现视网膜周边变性病灶。

(3)眼底摄影(荧光眼底血管造影)会发现高度近视眼的眼底血液循环状况：循环时间明显延长；脉络膜毛细血管萎缩，表现为荧光充盈障碍或荧光遮蔽；进一步可见血管壁损害，表现为血管壁染色、荧光渗漏、间质组织着色等；后期可见 Bruch 膜破裂，视网膜色素上皮萎缩及新血管生成出现点线样或窗口样强荧光，或因出血而呈现荧光遮蔽。

3)近视分型

(1)肝肾亏虚型：目视昏暗，眼易疲劳，视力减退，进展期临床表现则为双目疼痛，伴耳鸣、腰酸、乏力等症。舌红，脉沉细。

(2)脾胃虚弱型：视物模糊，双目疲劳，眼痛，前额痛，视力下降，神疲乏力，手足欠温，纳食减少，大便软溏，舌质淡，脉软弱。若胃阴不足则伴有目干涩痒，重者目痛。舌红少苔，脉细或细数。

(3)心气不足型：视物不清，瞳仁无神，视力减退，面色无华。可伴有心悸不宁、失眠、烦心、气短、脉微弱或间歇止。舌尖红、少苔。

4)近视治疗

治疗原则：肝肾亏虚型宜滋补肝肾，益气明目；脾胃虚弱型宜健脾补中，益气明目；心气不足型宜益气养心，滋养双目。

2. 视疲劳

视疲劳是以眼部症状为基础的眼或全身器质性病变及精神心理因素相互作用所形成的结果，属于心身医学的范畴。通常以眼部自觉症状为突出表现，可以合并有全身症状。随着社会的发展，网络和计算机的普及，视疲劳的发病率呈现上升趋势，因而对视疲劳正确的认识有着重要意义。

视疲劳的临床表现：眼部症状为眼痛、畏光、流泪、鼻根部酸痛，视觉障碍如视物不清、不能持续阅读等；全身症状为头痛、头晕、恶心、呕吐等。视疲劳的发病机制如下。

1)眼部因素

(1)屈光不正。目前认为屈光不正是视疲劳的主要因素，不同的屈光状态所产生视疲劳的机制不同，远视眼与正视眼相比，需要更多的调节，增加睫状肌的负担引起视疲劳。高度近视因调节与集合比例失调而产生视疲劳。散光的径向差及两眼屈光参差可引起调节不一致，也会引起视疲劳。在各类屈光不正中，轻度屈光不正往往引起视疲劳，而高度屈光不正很少出现视疲劳。

(2)调节因素。多见于老视和调节不足，而调节不足分为真性调节不足和假性调节不足，前者 AC/A 比值较低，后者 AC/A 比值较高。表现为调节幅度降低，调节近点远移，需要动用融合储备补偿，如果融合储备力不足时则产生视疲劳症状。而过度调节可引起调节痉挛，表现为眼的近视化，并伴有眼疼、头痛等视疲劳症状。

(3)眼肌因素。双眼眼外肌肌力不平衡可以产生某种程度的运动失调，从而引起隐斜或显斜，如果隐斜或显斜度数较小，神经中枢可以通过融合机制予以克服，但如果隐斜或显斜度数较大或中枢融合力量不足时，这种额外的神经肌肉运动可产生肌性视疲劳。而对不能通过中枢融合机制矫正的大度数显性斜视，因神经肌肉放弃努力反而无明显的视疲劳症状。

(4)集合因素：内直肌功能不全或集合功能发育不全引起集合功能不足，或由于调节过度紧张引发的集合功能过强以及高度近视眼的调节集合比例失调均可引起视疲劳。

(5)双眼不等像视：屈光参差、单眼无晶状体眼及某些眼底病等属于高危因素，两眼视网膜物像大小的差异在一定范围内可以通过中枢融像机制予以融合代偿，形成双眼单视。但当像差超过代偿能力时则形成两眼融像困难，形成严重视觉干扰，产生视疲劳。

(6)其他眼部因素。如上睑下垂、干眼症等，有研究表明上睑下垂患者常伴有头痛、眼痛、眼部酸胀不适等视疲劳症状。而干眼症患者中可出现视疲劳症状，而视疲劳患者中可出现干眼症症状，因此两者有着密切联系。

(7)神经因素。研究表明视疲劳患者中存在虹膜和睫状体副交感神经兴奋，其瞳孔直径与正常人相比减小，有明显的瞳孔紧张。这也可能是产生视疲劳的原因之一。

2)环境因素

(1)照明因素：照明不足或物体对比度下降是造成视疲劳的原因之一。

(2)工作性质：从事视频显示终端的工作人员发生视疲劳的比例较普通人群高。

5.6.2　改善视力的功能性成分与功能性食品

改善视力首先需根治各种眼部疾病，建立良好的用眼卫生习惯，并注意日常膳食营养。具有改善视力功效的典型配料见表 5-5。

1. 优质蛋白

蛋白质是眼部组织不可或缺的重要营养素，如果蛋白质长期供给不足，则会加速眼组织衰老，眼功能减退，视力下降。视网膜上视杆细胞的主要作用是对微弱光线的感知，而视锥细胞的作用是对明亮光线的感知。视杆细胞对暗视敏感，是因其具有一种特殊物质——视素质。视素质是一种由蛋白质和维生素 A 衍生物所组成的物质，如缺乏优质蛋白质和维生素 A，就会影响视素质的再生和合成，从而引起夜盲、白内障。

2. 维生素

维生素 A 除了参与视素质的再生和合成外，也是构成眼感光材料的重要原料。维生素A充足，可增大眼角膜的光洁度，使眼睛明亮有神。反之，会引起角膜上皮细胞脱落、增厚、角质化，使原来清澈透明的角膜变得像毛玻璃一样模糊不清，甚至引起夜盲症、白内障等眼疾。

维生素B_1是维持并参与视神经等细胞功能和代谢的重要物质，缺乏时可致视神经和眼球干涩，从而影响视力。维生素B_2是保护眼睑、眼球角膜和结膜的重要物质，缺乏时可致视力模糊、畏光、结膜充血、眼睑发炎等。维生素B_2可以清除氧化了的谷胱甘肽，降低患白内障的风险。

维生素C是眼球晶状体的重要营养物质，缺乏时可致晶状体混浊，视力下降，进而导致白内障。维生素C可防止眼睛受到紫外线辐射的损害，降低患白内障的风险。

维生素E具有抗氧化作用，可抑制睫状体内的过氧化反应，使末梢血管扩张，改善血液循环，对治疗某些眼病有一定辅助作用，如各种白内障、糖尿病视网膜病变、各种脉络视网膜病变、视网膜色素变性、黄斑变性、视神经萎缩、眼肌麻痹、恶性眼球突出、晶体后纤维增生、角膜变性和角膜炎等。

3. 矿物元素

钙和磷可使巩膜坚韧，并参与视神经的生理活动。钙和磷缺乏易发生视神经疲劳、注意力分散，进而引起近视。倘若机体内钙缺乏，不仅会造成视网膜的弹力减退、晶状体内压力上升、眼球前后拉长，还可使上角膜、睫状肌发生退化性病变，易造成视力减退或近视。

硒也是维持视力的重要微量元素，缺硒可致视弱。如人体注射硒或食用含硒多的食物后，能明显提高视力。据分析，鹰是视力最敏锐的动物之一，其眼睛中硒含量高出人眼百倍。

当人体缺铬时，胰岛素的分泌明显下降，因而导致高血糖，改变血液的渗透压力，使眼球晶状体和眼房水的渗透压力相应增高，从而可导致晶状体变凸、屈光度增加，形成近视视力。铜、钼是组成虹膜的重要成分，虹膜可调节瞳孔大小，保证视物清楚。

锌是视网膜组织细胞中视黄醇还原酶的组成部分，机体以视网膜、脉络膜含锌量最高。锌能增强视觉神经的敏感度，缺乏时直接影响维生素A对视素质的合成和代谢障碍，影响视黄醇的作用，从而减弱对弱光的适应能力。缺锌时还会影响视网膜上视锥细胞的辨色能力。

4. 叶黄素和玉米黄质

视网膜黄斑区的黄色素来自两种类胡萝卜素，即叶黄素和玉米黄质。现已证实眼睛中叶黄素和玉米黄质的含量与老年性黄斑变性的患病率有直接关系。叶黄素和玉米黄质对视力起保护作用。

表 5-5　具有改善视力功效的典型配料

典型配料	生理功效
优质蛋白(protein with high quality)	延缓眼组织衰老，预防视力下降
维生素 A(vitamin A)	增强眼角膜光洁度，预防盲症、白内障
维生素 B_1(vitamin B_1)	保护眼睑、眼球角膜和结膜，预防白内障
维生素 C(vitamin C)	降低辐射损伤，预防白内障
维生素 E(vitamin E)	抗氧化，预防白内障、黄斑变性等多种眼疾
锌(zinc)	增强视觉神经敏感度，改善视力
钙(calcium)	坚固虹膜，改善视力
磷(phosphor)	坚固虹膜，改善视力
硒(selenium)	提高视力
铬(chromium)	预防近视
叶黄素(lutein)	抗氧化，预防白内障、黄斑变性，改善视力
玉米黄质(zeaxanhin)	抗氧化，预防白内障、黄斑变性，改善视力
黑果越橘提取物(bilberry extract)	抗氧化，促进视红素再生，改善视力
枸杞提取物(medlar extract)	补肾，明目
花色苷(anthocyanin)	促进视红细胞再生，增强对黑暗的适应能力
珍珠粉(pearl powder)	预防白内障
海带提取物(kelp extract)	减轻眼内压力，治疗和预防青光眼
决明子提取物(semen cassiae extract)	清肝，明目

5.6.3　改善视力的功能性食品评价标准

1. 试验项目

人体试食试验：视力、屈光度、暗适应、眼部自觉症状。

2. 试验原则

排除眼外伤、感染、器质性病变以及其他非功能性食品所能纠正的眼疾患人群。

3. 结果判定

若眼部症状积分提高，裸眼视力提高两行以上，三行以上显效，屈光度降低 0.5 以上，暗适应恢复或改变，一般健康状况无异常，则可判定受试物具有改善视力的作用。

5.7 改善慢性疲劳综合征的功能性食品

5.7.1 慢性疲劳综合征的诱因与诊断

1. 疲劳的概述

疲劳是指机体在特定水平上不能继续进行或不能维持预定的运动强度。简单地说，就是由运动本身引起的机体工作能力的暂时下降，这种能力的下降，通过一定时间的休息和调整，可以使机体完全恢复。

人的疲劳主要反映在人体的三大系统，即神经系统、心血管系统和骨骼肌肉系统的疲劳。慢性疲劳综合征的疲劳，往往是三种疲劳症状相继出现。

(1)神经系统疲劳。神经系统疲劳分为表层疲劳与深度疲劳两种形式。表层疲劳的症状包括失重、头晕、睡眠不好、精神不佳等。深度疲劳通常表现出食欲减退、彻夜不眠、烦躁不安等症状，需用心理、物理及化学的方法来恢复。

(2)心血管系统疲劳。心血管系统疲劳的症状是心跳杂音、间歇，乃至出现心肌炎、胸膜炎等症状，正常的心率间歇节奏被打乱，心率加快。

(3)骨骼肌肉系统疲劳。骨骼肌肉系统疲劳的表现有肌肉酸痛、四肢无力、动作迟缓、速度降低等。

2. 慢性疲劳综合征的定义

慢性疲劳综合征(chronic fatigue syndrome，CFS)，又称雅痞症(yuppie disease)、慢性伯基特淋巴瘤病毒(epstein-barr virus，EBV)、慢性类单核白细胞增多症等。根据1988年美国国家疾病控制中心的定义，它是一种病因不明、以6个月以上的严重疲劳为主的综合征候群。

慢性疲劳综合征以6个月以上持续性或反复发作的疲劳感、广泛的肌肉骨骼痛、睡眠障碍、主观认知损害为特点。疲劳主要反映为人体神经系统、心血管系统、骨骼系统的疲劳，且在卧床休息后无明显改善，表现出严重而长期的职业、教育、社会或个人活动能力的下降。

3. 慢性疲劳综合征的诊断标准

慢性疲劳是一种慢性疲劳综合征患者主诉的临床症状，持续时间一般较长，主要临床表现为严重疲劳。最常见的其他症状是肌肉疼痛，主要以颈胸部肌肉为主，但全身其他肌肉群也可受累。其他症状还包括抑郁、淋巴结轻压痛、咽喉痛、注意力不集中、多关节疼痛、新发的或严重的头痛、体重增加或减轻、夜间盗汗、神经性厌食、脉搏加快、睡眠障碍等。胃肠症状有上腹部饱满感、腹泻与便秘交替等。慢性疲劳综合征的具体诊断标准如下。

(1)主项。持续或复发性的疲劳感达 6 个月以上；卧床休息后无改善；平均日常活动 50%以上疲劳感加剧。由其他疾病引起的上述症状不包括在内。

(2)次项。自觉症状为持续 6 个月或复发性的症状。主要表现为：①微热(口腔体温 37.6～38.6℃)或恶寒；②咽痛；③颈部或腋下淋巴结疼痛；④全身肌力降低；⑤肌肉疼痛；⑥以前能忍受，但工作后全身疲劳持续一天以上；⑦头痛；⑧移动性非炎症性的关节痛；⑨精神症状：畏光、健忘、易怒、思考力低下、集中力低下、抑郁、睡眠障碍；⑩急性发病。

(3)检查体质。每个月出现两次以上；微热(口腔温度 37.6～38.6℃)；非渗出性咽喉炎；颈部或腋下淋巴结有压痛，直径小于 2cm。

4. 慢性疲劳综合征的病因

慢性疲劳综合征的具体病因并不确定，主要有两种学说：生物感染和由感染直接介导的免疫功能失调。此外，可能与神经内分泌紊乱、营养缺乏、过度劳累、心理因素、外伤、手术等有关。然而，文献很少提及单一致病因子的确凿证据。

1)感染因素

感染因素包括艾帕奇病毒(EBV)、Candida 病毒、人布鲁氏(Brucella)病毒、细胞巨化病毒(sytomegatovirus)、人类肝炎病毒(human hepatitis virus)、肠道病毒(emteroviruses)、人类反转录病毒(human retrovirus)、人类疱疹病毒(human herpes virus6，HHV-6)、念珠球菌等的感染。因此，有学者又称 CFS 为“病毒感染后疲劳综合征”。

2)非感染因素

(1)免疫功能失调，指自身免疫功能紊乱或由于感染、心理压力过大、劳累过度等引起的免疫失调。

(2)神经内分泌紊乱，自主神经功能紊乱或因介导中枢疲劳的 5-HT 活性增强而导致的过度疲劳感。

(3)营养元素缺乏，包括各种维生素、矿物元素、必需脂肪酸等的缺乏所导致的 CFS。

(4)过度劳累或心理因素，长期过度工作或体育训练及心理上的长期紧张、压抑都会导致 CFS。

(5)其他，如长期处于恶劣环境、手术等引发的慢性疲劳综合征。

5.7.2 改善慢性疲劳综合征的功能性成分与功能性食品

疲劳是慢性疲劳综合征的主要病症之一，它与膳食有着密切关系，膳食不当、营养失衡会导致疲劳感。B 族维生素特别是维生素 B_6、肉碱、镁离子和必需脂肪酸等，均可明显改善疲劳感。所以研究各种营养素对疲劳的作用及合理调节营养素的配合比例，是目前改善疲劳综合征功能性食品开发的重要方向。具有改善慢性疲劳综合征功效的典型配料见表 5-6。

1. 蛋白质

蛋白质是构成细胞的重要物质，参与各种酶、激素、血红蛋白和肌红蛋白等生物活性物质的构成，从而调节人体各项生理功能和能量代谢，具有抗疲劳的作用。在人体的正常活动和运动中，能量的消耗同时会产生大量酸性物质，产生过多的自由基，当氨基酸供给不足时，即合成抗氧化酶等的原料不足时，自由基和酸性物质的累积会加速细胞分裂和组织老化；自由基过多，带来疲劳感，蛋白质能提供足够的氨基酸，减缓疲劳。

此外蛋白质还有免疫调节功能，可防止胸腺的退化和增进吞噬细胞的活力，而慢性疲劳的产生与免疫失调有关。但也有人提出，色氨酸是引发慢性疲劳综合征的原因，色氨酸摄取过多，进入大脑后，就会抑制全身的行动，使动物陷于昏睡般的疲劳状态。

2. 碳水化合物

机体每日50%～55%的体能补充都要依靠碳水化合物，如果缺乏，就会导致疲劳和脱水。但摄入过多简单形态的碳水化合物，则会使人感到疲劳、倦怠，因为此类物质会被机体快速转化成糖类并被吸收。所以，补充体能最为有利的是复合碳水化合物，它不会被机体迅速消耗，可以长时间补充能量，保持精力充沛。

3. 维生素

(1)B族维生素。缺乏B族维生素时，机体内会产生大量的疲劳物质从而引起身体疲乏、肌肉酸痛等症状。所以B族维生素可以显著改善慢性疲劳综合征，尤其是维生素B_1、维生素B_6和维生素B_{12}。其中维生素B_1对于疲劳物质——乳酸的分解尤为重要，维生素B_6参与蛋白质的代谢，维生素B_{12}对维持健康的神经细胞和血红细胞至关重要。目前，维生素B_{12}已经被用作慢性疲劳综合征的补充剂。

(2)维生素C、维生素D和维生素E。维生素C具有预防过滤性病毒和细菌感染，增强人体免疫系统的功能，还有助于快速清除人体内积存的代谢产物，具有消除疲劳的功效。此外，维生素D能促进钙、磷吸收，防止因缺钙而导致的疲劳。维生素E能有效对抗精神紧张，缓解精神疲劳。

4. 矿物质

(1)锌。锌直接参与人体蛋白质及核酸的代谢，锌水平过低时易发生味觉、嗅觉障碍，记忆力低下，食欲不振或运动失调，出现慢性疲劳症状。而且锌和机体免疫抗病能力有关，它能促使胸腺释放胸腺素，提升T淋巴细胞攻击、消灭病原微生物的能力，从而使机体减少病毒感染后患慢性疲劳综合征的概率。

(2)钙。钙能保持血液呈弱碱性的正常状态，防治机体陷入酸性易疲劳体制。当人体缺钙时，会引起骨钙的“搬迁”，使得软组织及血液中的钙含量增加，导致人体产生周身乏力、腰酸背痛等疲劳症状。长期缺钙时，身体的疲劳状态难消除，易发生慢性疲劳综合征。

(3)镁。人体感觉疲劳通常源于日常的各种压力，保持充足的能量供应是体力充沛的前提。镁在其中扮演着重要角色，它参与了人体内几乎所有的代谢过程，对肌肉和神经间的传导尤其重要。此外，血红蛋白中铁成分与氧传输密切相关，铁缺乏导致的缺氧也会引起人体的疲劳倦怠感。

5. 其他

(1)辅酶 Q_{10}。辅酶 Q_{10}，别名癸烯醌、泛醌，是一种普遍存在的脂溶性微量营养物，是线粒体氧化磷酸化的辅酶，参与细胞的氧化磷酸化及三磷酸腺苷(ATP)生成过程，促进细胞呼吸和细胞代谢，具有提高人体免疫力、增强抗氧化、延缓衰老和增强人体活力等功能。辅酶 Q_{10} 可加速脂肪代谢，使机体能量供应充足，已成功用于预防和治疗慢性疲劳综合征。辅酶 Q_{10} 的每日推荐剂量为 30mg。

(2)肉碱。一项由 35 位慢性疲劳综合征患者组成的研究中，患者血液中的肉碱水平与正常人相比存在统计上的明显差异，但在每日给予 3g 肉碱的针对性服用后，患者的 18 项指标中有 12 项得到显著改善，并且体内肉碱水平越高，疲劳的严重性越低。这表明补充肉碱尤其是乙酰左旋肉碱，对改善慢性疲劳综合征有积极作用。

表 5-6　具有改善慢性疲劳综合征功效的典型配料

典型配料	生理功效
维生素 C(vitamin C)	增强免疫，改善疲劳
维生素 B(vitamin B)	分解乳酸，改善慢性疲劳
锌(zinc)	提高免疫力，减少病毒感染后疲劳综合征的发生
镁(magnesium)	缓解疲劳
左旋肉碱(L-camitine)	抗衰老、预防老年痴呆症、改善疲劳
辅酶 Q_{10}(coenzyme Q_{10})	保护脑神经细胞、延缓衰老、改善疲劳
西洋参皂苷(american ginseng saponins)	抗疲劳，增加体能，提高免疫力
绞股蓝皂苷(gypenosides)	抗疲劳，增强免疫
牛蒡根提取物(burdock root extract)	抗疲劳，增强免疫
银杏叶提取物(ginkgo biloba extract)	增强记忆力，抗疲劳

6. 改善慢性疲劳综合征的功能性食品

1)人参

人参分亚洲种和西洋种两类，前者统称人参，后者称西洋参。亚洲种原产于中国东北部，朝鲜、韩国和日本也有栽培。西洋参主产于北美东部。人参主要含 18 种(共 40 余种)人参皂苷：Ro、Rb_1、Rb_2、Rb_3、Rc、Rd、Re、Rf、Rf_2、Rg_1、Rg_2 等，其中 Rb 组又称人参二醇型，R 组又称人参三醇型，Ro 组又称齐墩果酸型。其中含量高的有 Rb_1、Rb_2、Rc、Re 和 Rg_1。此外，人参还含有人参多糖(7%～9%)、低聚肽类以及氨基酸、无机盐、维生素及精油等。

人参的生理功能有：①对中枢神经有一定兴奋和抗疲劳作用(尤其是其中的人参皂苷 Rg_1)。②对机体功能和代谢具有双向调节作用，有利于机体功能的恢复和加强，主要是改善内部（衰老等）和外部（应激、外界药物刺激等）因素引起的机体功能低下，而对机体影响很小。③增强健康、强壮和补益的功能。能增强免疫系统，促进生长发育，增强动物对外部或内部因素引起功能低下的抵抗力和适应性，即抗应激作用。

一般食用人参每天不宜超过 3g（宜 1～2g），过多食用可导致胸闷、头胀、血压升高等不适反应。

西洋参俗称“芦头”，与人参同属人参属，原产于北美。西洋参主要成分为 17 种人参皂苷类，其中人参二醇单体皂苷（Rb_1，$C_{54}H_{92}O_2$）和人参皂苷 Rg_1 的含量高于亚洲人参，但不含人参皂苷 Rf 和 Rg_2。此外，西洋参含有人参酸、齐敦果酸、多种无机盐（锌、硒、锰、钼、锶、铜、铁、钾、镁等）、氨基酸和维生素（B_1、B_2、C）。西洋参具有抗疲劳的生理功能；对中老年人脏器功能衰弱、免疫功能低下、适应环境耐力减退均有一定保障作用；可增强机体对各种有害刺激的特异防御能力。

2）鱼鳔胶

鱼鳔胶为鱼鳔的干制品。按制法不同，凡割开后干燥者称“片胶”，不割者称“筒胶”，由小的鱼鳔并压而成者称“长胶”。质量以片胶最好，呈椭圆形，淡黄色，半透明，有光泽。其主要成分为胶原蛋白、黏多糖等。

鱼鳔胶的生理功能包括：①抗疲劳。能增强肌肉组织的韧性和弹力，增强体力，消除疲劳；②加强脑、神经和内分泌功能，防止智力减退、神经传导滞缓、反应迟钝；③有养血、补肾、固精作用，可促进生长发育和乳汁分泌作用，与枸杞、五味子等合用，可缓解遗精、腰酸、耳鸣、头晕、眼花等肾虚症状。

3）葛根

葛根是一种豆科葛属的药食两用植物（长约 60cm，直径 45cm）的块茎，主要分野葛和粉葛。在我国除西藏、青海、新疆外，各省均有野葛生产；粉葛主要产于广西、广东，以栽培食用为主。葛根主要成分为葛根总黄酮（1.77%～12%，平均含 7.64%），包括各种异黄酮和异黄酮苷。此外，葛根还含有葛香豆雌粉主要成分，葛苷Ⅰ、Ⅱ、Ⅲ，葛根苷，葛根皂苷，三萜类化合物，生物碱等，并且淀粉含量较高（生葛约含 27%）。葛根素及其衍生物是葛根特有的生理活性物质，易溶于水。

葛根的生理功能包括：①抗疲劳作用和改善心脑血管的血流量，能使冠状动脉和脑血管扩张，增加血流量，降低血管阻力和心肌对氧的消耗，增加血液对氧的供给，抑制心肌因供氧不足而产生乳酸，从而达到抗疲劳作用；②改善血管微循环障碍；③降低血压；④抑制心律不齐；⑤对高血糖有抑制作用，可减少血清胆固醇含量，抑制毛细血管透过性的亢进。

4）红枣

红枣主要含桦木酸、齐墩果酸、山楂酸等有机酸，还含三萜苷类、生物碱类、黄酮类、糖类、维生素类、氨基酸、挥发油、cAMP 等。

红枣主用于脾气虚证。单用有效，若气虚乏力较甚，宜与人参、白术等补脾益气药配伍。此外，红枣可养血安神，用于血虚萎黄、脏躁、失眠症。红枣的药理作用主要有增强免疫、增加肌力、降低胆固醇、护肝、抗氧化、抑制癌细胞增殖、抗突变、抗变态反应等作用。

5.7.3　改善慢性疲劳综合征的功能性食品评价标准

抗疲劳功能评价即是采用动物试验，观察受试物是否可以提高动物的运动耐力来评价受试物的作用。运动耐力的提高是抗疲劳能力加强的最有力的宏观表现。

1. 试验项目

1)小鼠负重游泳试验

给受试小鼠一定的负重后，让负重小鼠在游泳箱中进行强迫性游泳，直至小鼠因体力消耗殆尽沉溺死亡为止，记录小鼠自游泳开始至死亡的时间间隔，作为小鼠的游泳时间。小鼠的游泳时间长短可以反映动物运动疲劳的程度。若受试物组的游泳时间显著长于对照组游泳时间，即可判定该项试验结果为阳性。

2)小鼠爬杆试验

将受试小鼠放于一根悬空的光滑玻璃棒上，小鼠因害怕掉下而紧紧抱住玻璃棒，造成肌肉紧张，一定时间后由于肌肉过分疲劳和体力消耗殆尽，小鼠将从玻璃棒上掉下。记录小鼠开始爬杆至跌落的时间间隔，累积 3 次作为小鼠的爬杆时间。若受试物组的爬杆时间显著长于对照组的爬杆时间，即可判定该项试验结果为阳性。

3)血清尿素氮测定(二乙酰-肟法)

当机体长时间不能通过糖、脂肪代谢得到足够的能量时，机体蛋白质和氨基酸的分解将增强，以供给机体能量。氨基酸脱氨将形成尿素氮，使血清中尿素氮含量增加。试验中，让动物在游泳一定时间后采血测定血清尿素氮。若受试物组的血清尿素氮显著高于对照组，即可判定该项试验结果为阳性。

4)肝糖原测定(蒽酮法)

肝糖原是机体的能量储存形式，在机体需要时，能很快分解为血糖，为机体提供能量，是机体运动时的很好能量来源。机体的肝糖原储存越多，能提供的能量也就越多，机体的耐力也就越好，就越可以抗疲劳。试验中，动物经一定时间的游泳运动消耗后，将动物立即处死，取肝脏测定其肝糖原含量。若受试物组的肝糖原含量显著高于对照组的肝糖原含量，即可判定该项试验结果为阳性，说明受试物具有促进肝糖原储存或减少肝糖原消耗的作用。

5)乳酸测定

乳酸是机体运动时血糖的无氧代谢产物。乳酸在肌肉中的积累是造成肌肉疲劳的重要原因。因此，乳酸的测定是抗疲劳功能评价的一个重要指标。肌肉中产生的乳酸约在 515min 后与血乳酸处于平衡状态，测定血乳酸浓度可反映肌肉中的乳酸浓度。试验中，让动物负重游泳一定时间，在游泳前、游泳后及游泳后 30min 分别采血测定血乳酸含量。血乳酸判定以升高幅度和消除幅度为标准，若受试物组血乳酸升高幅度显著低于对照组或血乳酸消除幅度显著大于对照组，即可判定该项试验结果为阳性。

2. 结果判定

(1)游泳试验 3 个剂量组结果为阳性，1 项生化指标为阳性。

(2)游泳试验结果为阳性，2 项生化指标为阳性。

(3)1 项运动试验结果和 2 项以上(含 2 项)生化指标为阳性。

符合以上 3 项之一，即可判定该受试物具有抗疲劳作用。

5.8 抗应激的功能性食品

5.8.1 应激的发生与病理危害

应激(stress)是指机体在受到各种内外环境因素刺激时所出现的非特异性全身反应，也称应激反应(stress response)。机体受到各种精神、躯体的刺激时，可通过调动自身的保护能力，躲避这些刺激或减轻其对机体的损伤，达到尽量保持内环境稳定性、维持机体同外环境相对平衡的目的。机体自身的这种保护能力，有特异性的，也有非特异性的；有快反应调节变化，也有维持较长时间的慢反应调节变化。应激反应则是这类反应中的重要组成部分。

应激可提高机体的准备状态，有利于在变动的环境中维持机体的自稳态，增强机体的适应能力；但过强、过久的应激反应会导致机体损伤，乃至疾病。因此，应激对健康的作用是双重的。

1. 应激的原因和分类

引起应激反应的刺激，称为应激原(stressor)。任何躯体的或情绪性的刺激，只要达到一定的强度就能成为应激原，构成应激原的因素可概要地分为如下三类。

(1)外环境因素。指外界直接作用于躯体的应激原，可以是物理性的，如热、冷、噪音、外伤等；可以是化学性的，如酸、碱、毒气、毒品等；也可以是生物性的，如细菌、病毒、寄生虫感染等。

(2)机体的内在因素。机体的内环境失衡，如水、电解质紊乱、酸碱平衡紊乱、器官功能紊乱等。

(3)心理社会性因素。人是生物性、心理性和社会性的复杂综合体，对心理社会因素的刺激，会产生应激反应；不同的应激原引起的应激，都具有相同的生理生化反应，一定程度的应激反应具有防御和代偿作用，可以调动机体物质代谢和器官储备功能，增强机体免疫能力。这种应激称为生理性应激或良性应激。若应激反应过于强烈或持久，可能导致机体代谢障碍和组织损伤，特别严重者可导致机体死亡，这种应激称为病理性应激或劣性应激。依据应激反应持续时间的长短，可将应激分为急性应激和慢性应激。

许多疾病或病理过程都伴有应激。这些疾病，都有其本身的特异性变化，又有应激所引起的一系列非特异性变化。因此，应激就是这些疾病的一个组成部分。以应激引起的损害为主的疾病，称为应激性疾病，如应激性溃疡等。

2. 应激反应的基本过程

对大多数应激来说，在撤退应激原后，机体可很快趋于平静；但如果劣性应激原持续作用于机体，应激则可表现为一个动态的连续过程，并最终导致内环境紊乱和疾病。Selye将其称为“全身适应综合征”(general adaptation syndrome，GAS)，主要表现为以下三期。

(1)警觉期。警觉期(alarm stage)在应激作用后迅速出现，为机体保护防御机制的快速动员期，使机体处于最佳动员状态。主要表现为交感－肾上腺体质系统的兴奋，大量儿茶酚胺分泌，血管收缩，血压上升，心跳加强、加快；同时出现肾上腺皮质激素增多。此期持续时间较短。

(2)抵抗期。如果应激原持续作用于机体，在警觉期后机体将进入抵抗或适应阶段，表现出适应、抵抗能力的增强，称其为抵抗期(resistance stage)。此期以交感－肾上腺髓质兴奋为主的反应逐步消退，肾上腺皮质激素分泌增多的适应反应逐步增强。但同时防御储备能力消耗，对其他应激原的抵抗力下降。

(3)衰竭期。如果应激反应持续存在，机体不可能长期承受高负荷、高消耗的状态，最后进入衰竭期(exhaustion stage)。此期，机体的抵抗能力耗竭，警觉期的症状可再次出现，机体内环境明显失衡。与应激相关的疾病、器官功能衰退甚至死亡都可出现。

上述三期并不一定依次出现，多数应激只引起第一、二期变化，只有少数严重的应激反应才会进入第三期。

3. 应激与疾病

应激对于人类生存是十分重要的。一定程度的应激反应可以通过物质代谢的增强和器官功能的改变，使机体能克服危机、增强机体的整体抗病能力；但应激反应本身也潜伏着一些对机体不利的因素，甚至导致应激性疾病。

1)应激性心律失常与心肌坏死

应激时由于交感－肾上腺体质系统反应增强，使心率加快、心肌收缩力加强，总外周血管阻力增加和器官血流量重分配。这些变化有利于增加心输出量，提高血压，保障心、脑和骨骼肌的血液供应，有利于提高机体的防御能力。但同时也显著增加了心肌耗氧量，并造成肾脏和腹腔脏器的缺血缺氧，可引起相应器官的功能障碍。

强烈应激时，过度的交感神经兴奋和血浆儿茶酚胺浓度升高，使Ca^{2+}向心肌细胞内流增加；心肌细胞电位负值变小，Na^{+}快通道失活，这样，心肌细胞兴奋性增高而兴奋传导减慢，不应期相应延长，易发生冲动的折返而导致心律失常。心肌代谢增强，糖和脂肪分解增加，使代谢产物蓄积。如H^{+}、K^{+}、乳酸和cAMP等，均可通过不同途径导致心律失常的发生。强烈应激时，心肌细胞内钙超载、氧和ATP相对不足、心肌小血管内微血栓形成等也能直接造成心肌损伤，发生心肌坏死，称之为应激性心脏病。电子显微镜下观察到肌节过度收缩而产生收缩带，是应激性心脏病的特征病变。

2)应激性溃疡

应激时常出现消化系统功能障碍，但各种应激原所致的消化道变化并不一致。应激引起的消化道溃疡称为应激性溃疡。烧伤、严重创伤、败血症、大手术、低血容量、寒冷等应激原都可引起应激性溃疡。其中，烧伤、严重创伤和败血症患者经内窥镜检查发现，应激性溃疡的发生率高达80％～100％。应激性溃疡主要发生在胃和十二指肠，也可发生于食道。由烧伤引起的十二指肠溃疡称为 Curling 溃疡。

应激性溃疡主要表现为胃、十二指肠黏膜的糜烂、溃疡、渗血等，呈单个或多发性，溃疡直径可达 20mm。溃疡周围无水肿、炎性细胞或纤维化。由于黏膜损伤表浅，不侵及胃和十二指肠的肌层，因此临床很少引起疼痛，穿孔较为罕见。溃疡可在数天之内愈合，不留瘢痕。应激性溃疡主要临床症状是出血，常表现为呕血或黑便。

关于应激性溃疡的发病机制，目前认为主要是由于消化道黏膜缺血、H^+ 向黏膜层弥散增强和黏膜防御功能降低等诸因素综合作用所致。

3)免疫功能障碍

应激所导致的免疫功能障碍主要表现为自身免疫病和免疫抑制。严重的心理应激常可诱发多种自身免疫病和变态反应性疾病，如系统性红斑狼疮、类风湿性关节炎等，具体机制尚不清楚。但慢性应激时机体的免疫功能低下可能是 HPA 轴的持续兴奋和糖皮质激素过多所致，具体机制包括：神经系统作用、糖皮质激素作用等。

4)内分泌功能障碍

持续应激与多种内分泌功能的紊乱有关。慢性应激可引起儿童生长发育迟缓，造成心源性侏儒；急性应激可引起妇女性激素水平降低，哺乳期妇女断乳。

4. 应激的防治原则

(1)避免过于强烈的或过于持久的应激原作用于人体，同时要不断地提高自身的精神素质和身体素质，提高自身抗御各种精神和躯体性损伤性应激的能力。

(2)及时正确地处理伴有病理性应激的疾病或病理过程，如烧伤、创伤，感染、休克等，以尽量防止或减轻应激对人体的不利影响。

(3)降低应激对机体造成的损伤。如及时纠正酸碱平衡紊乱、抽空胃液和反流胆汁、中和胃酸、减少胃酸分泌、预防和治疗心律失常、补充能量和营养物质、弥补应激时物质高代谢和蛋白分解增加所造成的机体过度消耗等。

(4)急性肾上腺皮质功能不全(如肾上腺出血，坏死)或慢性肾上腺皮质功能不全的患者，受到应激原刺激时，不能产生应激或者由于应激时糖皮质激素受体明显减少，病情危急时，应及时大量补充糖皮质激素。

5.8.2 抗应激的功能性成分与功能性食品

应激反应根据应激的来源可分为环境应激、精神应激、情绪应激等。

环境应激是指由高温或低温、噪声、创伤、辐射、缺氧、中毒或感染等不良物理化学因素引起机体的应激反应。这些应激反应都可能导致机体对各种营养素需求量的增加。对于精神应激，日常的心理或情绪应激是正常的，也是不可避免的，是生活的一部分。在当今社会，应激情况可能包括家庭纠纷、亲人的死亡、吸毒成瘾、犯罪、失业以及需要主动进取的行政职务等。每个人受应激的程度取决于个人态度，一些人反应过度以致产生的激素和代谢反应使身体的防御机制负担过重。很多研究表明，心理应激与某些疾病如心血管病、高血压、胃溃疡以及肿瘤等有关，这些疾病反过来又影响应激反应，改变营养需要量。情绪应激可能会对营养产生种种影响。长期的恐惧、忧虑、愤怒和紧张能刺激激素分泌和代谢过程，消耗大量能量，增加对能量、蛋白质、维生素和矿物元素的需要。吃得过多或过少(神经性厌食)以及暴饮暴食到发呕(贪食)也会引起心理应激。

关于营养与应激之间的相互关系，尚有许多不明之处。尤其是在紧张快节奏的现代社会，这方面的研究前景光明，如能开发出相应的功能性食品，其市场潜力极大。具有抗应激功效的典型配料见表 5-7。

表 5-7　具有抗应激功效的典型配料

典型配料	生理功效
贯叶连翘提取物(st. John's，wort extract)	抗应激、抗抑郁、改善睡眠
西番莲提取物(passion flower extract)	抗应激、镇静、抗焦虑
磷脂酰丝氨酸(phosphatidyl serine)	改善记忆力、抗应激
缬草根提取物(valerian root extract)	改善睡眠、稳定情绪、抗应激
银杏叶提取物(ginkgo biloba extract)	抗氧化、抗应激、增智、保护心血管
L-肉碱(L-camitine)	抗疲劳、抗应激
麻醉椒提取物(kava resin extract)	抗应激、抗焦虑、抗抑郁、改善睡眠
铬(chromium)	抗应激、降低血糖
维生素 C(vitamin C)	清除自由基、抗应激、增强免疫
刺五加提取物(siberian ginseng extract)	抗疲劳、镇静、抗应激

1. 能量

创伤、手术、灼伤和感染等应激通过神经内分泌系统引起能量消耗的增加，发生变化的程度大小取决于个人在应激前的营养状况、年龄、应激的严重性和持续时间等。较小的外科手术造成应激所引起的能量需要量增加不超过 10%，但复杂的骨折引起的能量需要量可增加 10%～30%。某些感染也会提高基础代谢率，此时能量可多消耗 20%～25%。最大的能量消耗是三度烧伤，此时能量需求量增加 40%，如果烧伤又引发感染，则能量需求还要进一步增加，某些人可能要求达到 16720～34440kJ/d。处于炎热或寒冷的温度应激下，无防护的人代谢率增高，能量需求加大。

2. 蛋白质

遭到创伤、外科手术或感染的人由于食物摄入量减少，致使营养需求复杂化。碳水化合物储存的能量(肌糖原和肝糖原)通常会在 24h 内耗竭，此时即需通过脂肪和蛋白质贮备给予补充。来源于骨骼肌分解代谢中的氨基酸是一种重要的能源，但如果分解代谢持续下去，将会导致大量组织的消耗。某些情况下通过口服、管饲或静脉输液可以做到能量归还，从而防止或降低组织的分解代谢。

蛋白质和能量代谢密切相关。创伤、烧伤、外科手术和感染者通过分泌糖皮质激素引起蛋白质分解，蛋白质分解代谢产生负氮平衡，它是刺激分解机制形成应激反应的标志。具有充足的高生理价值的蛋白质是应激期间防止组织消耗，促进应激作用后的康复所必需的。人们已具备在极热和极冷条件下保护自己的能力，但当适应的环境温度高于37℃时，身体对营养的需求增加，对蛋白质、能量和水分的需求量增多。

近年来的研究表明，支链氨基酸(亮氨酸、异亮氨酸、缬氨酸)有预防中枢神经疲劳的作用，在应激时肌肉中的这三种氨基酸将被氧化而减少。酪氨酸是多巴胺、肾上腺素等神经递质的前体物质，在应激条件下机体需生成更多的神经递质，因而需补充酪氨酸。酪氨酸缺乏时可能出现警觉性降低、忧虑、学习能力下降、对环境的反应性降低以及身体虚弱等症状。补充酪氨酸有缓解应激反应、预防精神疲劳的作用。临床研究还证明，补充酪氨酸可使缺氧者的认知能力和情绪得到改善、警觉性增强、烦躁感减少。

3. 碳水化合物

高强度体力应激将导致糖原消耗，补充糖类物质有利于体内糖原的恢复，对于增强体能、稳定情绪、预防疲劳十分重要。葡萄糖可缓解热应激对血液性状的影响，改善散热，并能减少血液中的有毒代谢物。抗应激食品最好应含有3种以上不同的糖类物质。

4. 脂肪

长链甘油三酸酯类的脂肪酸是肌肉运动的能源，机体利用脂肪酸可增强有氧能力，减少对肌糖原的依赖。美国军事营养研究委员会认为，中链甘油三酸酯可作为抗应激食品的一种成分，所以在应激情况下，膳食中应含有中链甘油三酸酯。

磷脂酰丝氨酸(phosphatidyl serine，PS)对认知能力起着十分重要的作用，它可以改善记忆力和学习能力，增强注意力，使情绪稳定。PS对大脑活动具有调控作用。当大脑活动低下时，它可以提高大脑活动能力；当大脑活动亢奋时，它又可以起镇静作用；它可使老年人低下的应激反应得以提高；使青年人过度的应激反应得以镇静；使人体应激性激素分泌节律保持正常。补充PS对维持精神健康十分必要。近年来，国外主要研究PS对早老性痴呆、儿童多动症、应激反应及疲劳的效果。PS不仅能使高强度训练后机体内皮质醇水平降低，而且能使过度训练引起的肌肉疼痛和压抑情绪有所改善。这表明PS对于应激引起的丘脑下部-脑垂体-肾上腺轴的活动有缓解作用。PS可使促甲状腺激素分泌障碍者的分泌节律恢复正常，并对生物钟异常有修复作用，使甲状腺激素分泌正常化。

5. 维生素

应激可引起血液中维生素A和维生素C含量的波动。应激增加了对水溶性维生素如维生素B_1、维生素B_2、烟酸、维生素B_6、泛酸、叶酸和维生素C等的需求量。虽然目前还没有适用于在应激情况下人对这些营养需要的推荐量标准，但是在营养缺乏症状出现前，补充这些营养素是有益的。

在炎热环境的应激下，维生素C的需要量增加。维生素C是国内外研究报道得最多的抗应激剂。添加维生素C可以保证皮质激素的稳定分泌，为散热提供足够的能量；增加机体免疫机能，提高抗应激能力；直接参与细胞和机体免疫应答；能有效清除应激条件下产生的大量活性自由基，保护生物膜免受损害。

维生素 E 的抗应激能力也较强。热应激期间高水平的维生素 E 可降低细胞膜的渗透性，减少细胞内干扰正常代谢的过多钙离子的流入；能够促进免疫球蛋白合成，提高机体抗病能力；可以降低血清中作为免疫抑制剂的皮质醇(酮)含量；还可减少肌酸激酶的含量。

泛酸也可用于抗应激，为肾上腺和免疫系统所必需，还具有减轻变态反应和防辐射损伤的作用。此外，应激时，补充维生素 A、维生素 D、维生素 K、烟酸、叶酸等可以克服应激产生的不良影响。一般认为复合维生素抗应激效果比单一维生素明显。

6. 矿物质

在中至重度应激时，有较多的锌、铜、镁和钙由尿中排出，应激还可导致血液中锌、铁含量的变化。对应激反应的部分也包括通过分泌后叶加压素和醛甾酮以保持水分和钠离子。在高温应激下，矿物元素如钙、铁、钠和钾等的需求量可能会随其损失的增加而增加。

铬是一种重要的抗应激因子，它是动物葡萄糖耐受因子(glucose tolerance factor，GTF)中的一种活性成分。含 Cr^{3+} 的 GTF 复合物为胰岛素增强剂，能明显促进胰岛素与细胞受体结合，刺激组织对葡萄糖的摄取，促进糖的转化；能利用肝脏中的甘氨酸、丝氨酸和蛋氨酸，使蛋白质的合成增强；能促进肝脏中 RNA 的合成，保护 DNA 的完整，以免热变性；可通过降低血清皮质醇浓度，提高免疫球蛋白含量和抗体浓度来增强动物的免疫和抗应激能力。

硒作为谷胱甘肽过氧化物酶的必要组分而发挥抗氧化作用，添加硒还可节省抗应激对维生素 E 的需要量。硒尤其是有机硒可清除自由基，防止脂质过氧化的发生，增强机体对应激的拮抗能力。

7. 植物活性成分

(1)贯叶连翘提取物。贯叶连翘，又名千层楼、上天梯、赶山草鞭，国外称其为圣约翰草(st. John's wort)，广泛分布于世界各地，属藤黄科植物贯叶金丝桃(*Hypericum perforatum L.*)的全草。主要活性成分有金丝桃素(hypericin)、伪金丝桃素(pseudohypericin)、原金丝桃素(protohypeficin)等。贯叶连翘提取物对人们长期处于应激状态所产生的过多的皮质醇起到抑制作用，并且能够调整昼夜节律，改善睡眠，对中枢神经系统有激活和松弛作用，可以改善抑郁症患者的情绪。其抗抑郁的作用机制可能是它能抑制 5-HT 和 NE 的再吸收，使突触的 5-HT 和 NE 的浓度增加。

(2)西番莲提取物。西番莲(*Passiflora edulis sims.*)俗称鸡蛋果、百香果，属西番莲科西番莲属植物，热带多年生常绿攀缘藤本植物，原产于澳大利亚和巴西，现广泛分布于热带和亚热带地区。西番莲提取物有抗应激、镇静、抗焦虑和稳定精神的作用。

(3)银杏叶提取物。银杏叶提取物的抗氧化作用较强，能改善短期记忆，可阻滞甚至逆转由应激引起的海马损伤和其他自由基损伤。其作用机制是消除自由基、提高血流量、改善微循环、对血小板活化因子和单胺氧化酶有阻碍作用。

5.8.3 抗应激的功能性食品评价标准

抗应激作用的功能评价因素很多，故很难有一种简单的方法进行抗应激功效评价。因应激的因素覆盖了疲劳、缺氧、辐射、高温、低温、噪声、振动等，故可根据具体产品的功能特点，参照这些因素的功能评价方法进行，下面主要介绍耐高温、耐低温、耐缺氧、抗辐射、耐受创伤等抗应激功能性食品的功效评价。

1. 耐高温试验

高温可使机体处于亢奋状态，引起肾上腺皮质贮备的耗竭。如果受试物能提高机体的抗高温能力，就有利于肾上腺从衰竭状态恢复正常。

试验时，选取20±2g雄性小鼠随机分组，试验组小鼠每日每只腹腔注射或灌胃一定剂量的受试物，对照组则同途径给予等量的生理盐水。在末次给受试物1h后将小鼠置于46℃恒温箱内，每隔15min记录一次小鼠的死亡情况，直至全部死亡为止。比较两组动物的存活时间，进行统计学处理。

2. 耐低温试验

在寒冷环境中，机体通过增加产热与减少散热等方式维持体温的相对恒定。如果体温过低，就会使下丘脑丧失调节温度的能力，抑制细胞产热并阻止寒颤发生，最终因整个中枢系统的调节机能丧失而导致死亡。

试验时，选取20±2g雄性小鼠随机分组，试验组每鼠每日腹腔注射或灌胃一定剂量的受试物，对照组同途径给予等量的生理盐水。在末次给受试物30min后将小鼠装入鼠笼，放入−5±1℃或−15℃或−21～22℃环境中，每隔20min观察一次小鼠的死亡情况，直至全部死亡为止，记录存活时间，比较各组的差异并进行统计学处理。

3. 常压耐缺氧试验

缺氧时呼吸加深加快，心搏加快加强，心输血量也增加，可引起机体产生各种应激性反应。随着缺氧时间的延长，最终导致脑和心脏缺氧，这是动物常压缺氧死亡的主要原因。

试验时，选取20±2g体重小鼠，随机分为对照组与试验组，试验组小鼠每日一次腹腔注射或灌胃一定浓度的受试物，对照组同途径给予等量的生理盐水，持续数天。在最后一次给受试物30～45min后，分别将小鼠放入盛有10g钠石灰的250mL广口瓶中，瓶盖周围涂凡士林密封。每瓶一鼠，记录小鼠死亡时间(即缺氧存活时间)，进行统计学处理。

4. 注射ISO常压耐缺氧试验

异丙肾上腺素(ISO)是β受体的强兴奋剂，它能通过加快心率、增强心肌收缩等作用增加心肌耗氧量，造成心肌严重缺血。将腹腔注射异丙肾上腺素后的动物置于常压缺氧环境中，由于环境缺氧加快了心肌的耗氧量，使得存活时间明显缩短，可缩短试验周期。

试验时，取 20±2g 小鼠，随机分为生理盐水组(NS)、NS+ISO 组、心得安 10mg/kg+ISO 组、受试物+ISO 组(又可分不同剂量组)。各组动物分别腹腔注射或灌胃受试物或生理盐水，持续 5～10d。末次给受试物 15min(单体成分腹腔注射)或 10～16h(复方煎剂口服)后，各鼠均腹腔注射 ISO10～15mg/kg，25min 后单只放入盛有 10g 钠石灰的 250mL 广口瓶中，记录各鼠的存活时间，比较各组间的差异。

5. 创伤存活试验

组织中的供氧量取决于血液的含氧量和组织血管中的血流量，严重创伤后会大量失血。采用颈动脉结扎术造成脑组织循环障碍性缺氧，是模拟创伤的最危险表现。

试验时，取 20±2g 小鼠随机分组，受试物组小鼠每日腹腔注射或灌胃一定剂量的受试物，对照组同途径给予等量生理盐水。在末次给受试物 45min 后，将小鼠放入一个预先放好浸有乙醚的棉球或海绵的干燥器内。动物因吸入乙醚气体而麻醉，当动物睡倒、呼吸平稳且四肢松弛时(注意麻醉勿过量)，将其背位固定，剪去两侧颈部外侧毛，切开皮肤分离出颈动脉并进行结扎术，以造成脑循环障碍性缺血缺氧，立即记录小鼠自结扎后至死亡的存活时间，比较两组存活时间的差异，进行统计学处理。

6. 抗辐射试验

辐射包括 X 射线、γ 射线、带电粒子(即 β 射线与质子)、快速中子和 α 粒子等电离辐射，它能通过杀死细胞、诱发体细胞突变并破坏机体细胞的免疫等作用，引起许多疾病、诱发肿瘤并加速衰老。辐射所产生的这些效应，受生物体遗传特性与生理状态的支配，还与辐射的性质、照射条件等密切相关。辐射剂量越大，其生物效应就越大，机体损伤的程度也就越严重。

试验选取 20±2g 雄性小鼠，随机分为受试物组和对照组。照射前两组小鼠分别腹腔注射或灌胃一定剂量的受试物或等量生理盐水，于第 3d 和第 7d，分别将各组小鼠以辐射状排列装入分隔的塑料盒中，用 ^{60}Coγ-射线进行全身一次性均匀照射，距离 2m，剂量 0.45～0.90Gy/min，总剂量 7～8Gy。辐射后继续给受试物。全部动物均在试验结束时处理，并作如下指标测定：①30d 存活率；②辐射防护效力；③血象观察，如白细胞、红细胞计数及血红蛋白含量测定；④所要观察的脏器组织生化、组化观察等；⑤体重变化，每组动物每 2d 进行一次测定，画出体重曲线图。

思　考　题

1. 神经系统常见的疾病有哪些，有何保健需求？
2. 哪些食品有助于改善睡眠？
3. 简述记忆的生理基础与记忆障碍。
4. 老年痴呆症的种类有哪些？哪些食品的功能性成分能改善老年痴呆症？
5. 简述改善慢性疲劳综合征的功能性食品评价标准。

参考文献

丁晓雯，周才琼. 2008. 保健食品原理［M］. 重庆：西南师范大学出版社.
董子明，王黎，陈清，等. 2003. 病理生理学(第二版)［M］. 郑州：郑州大学出版社.
郭黎岩. 2006. 心理学(第二版)［M］. 南京：南京大学出版社.
郭兴，李有秋，刘文国. 2008. 人体解剖学［M］. 北京：世界图书出版公司.
刘奇，刘雪平. 2006. 抗衰老学［M］. 北京：军事医学科学出版社.
马文元. 2009. 社区医学心理学［M］. 北京：人民军医出版社.
宋文英，崔万森. 1997. 常见疑难病症研究与治疗［M］. 北京：中国科学技术出版社.
陶莉. 2009. 老年护理学［M］. 北京：中国医药科技出版社.
魏武编. 2009. 诊断学［M］. 北京：人民卫生出版社.
徐敏，范维玲，任绪华. 2007. 护理健康教育指南［M］. 北京：中国科学技术出版社.
杨智宽. 2008. 临床视光学［M］. 北京：科学出版社.
郑建仙. 1999. 功能性食品(第三卷)［M］. 北京：中国轻工业出版社.
郑建仙. 2006. 功能性食品学［M］. 北京：中国轻工业出版社.
郑建仙. 2009. 功能性食品学［M］. 北京：中国轻工业出版社.

第 6 章　改善呼吸系统的功能性食品

呼吸体统在人体的各种系统中与外环境接触最为频繁。在静息状态下，成年人每日有 12000L 气体进入呼吸道，在肺泡中(总面积约 $100m^2$)与肺循环的毛细血管进行气体交换，从外界环境吸取氧，并将二氧化碳排出体外。呼吸系统疾病是常见病、多发病。近年来，随着空气污染、雾霾的加剧，呼吸系统疾病的发病率及死亡率均呈上升趋势。据统计，呼吸系统疾病在城市发病率中排第三，在农村发病率中排第一。呼吸系统疾病的防治除应避免污浊空气和吸烟等不良因素外，还应选择合理的膳食与保健食品增进呼吸系统的健康。本章重点介绍呼吸系统的构成、常见的呼吸系统疾病、改善呼吸系统的一些功能性食品及评价指标，并对缺氧保健食品的开发做一个较为全面的阐述。

6.1　呼 吸 系 统

6.1.1　呼吸系统的构成与生理功能

呼吸系统是指机体与外界进行气体交换的器官总称，由气体通行的呼吸道和气体交换的肺组成。机体需要氧气参与代谢以获得生命活动所需的能量。机体在进行新陈代谢的过程中，呼吸系统不断地从外界吸入氧，由循环系统将氧运送至全身的组织和细胞；同时，将细胞和组织所产生的二氧化碳通过循环系统运送到呼吸系统，最后排出体外。

呼吸系统主要由鼻、咽、喉、气管、支气管和肺等器官组成。鼻、咽、喉、气管、支气管构成传送气体的呼吸道，肺是进行气体交换的场所。从鼻到喉这一段称为上呼吸道，气管、支气管及肺内的各级气管合称为下呼吸道。其中，鼻既是气体出入的门户，又是嗅觉器官；咽不仅是气体的通道，还是食物的通道；喉兼有发音的功能。

鼻包括外鼻、鼻腔和开口于鼻腔的鼻旁窦三部分。鼻旁窦与鼻腔黏膜相通，故鼻腔黏膜感染时，易波及鼻旁窦，引起鼻窦炎。鼻旁窦能温润吸入的空气，并起到发音共鸣的作用。鼻腔前部有可以阻挡空气中灰尘的鼻毛；表面的黏膜可以分泌黏液，能使吸入的空气变得清洁并且湿润；黏液中存在大量的抗菌消炎物质，如抗菌肽、溶菌酶等；黏膜中还分布着丰富的毛细血管，可以温暖空气。鼻腔对吸入的空气起到了清洁、温暖、湿润的作用。

咽是呼吸道与消化道的共同通道，上起自颅，与食管口相连，前面与后鼻孔相接。咽分为鼻咽、口咽和喉咽三段。上咽部称为鼻咽，顶壁有咽扁桃体；中咽部又称口咽，后壁有咽后淋巴结，舌两侧均有舌扁桃体，可因感染而发炎或脓肿；下咽部称为喉咽。咽具有吞咽、呼吸和保护三种功能。

喉是上呼吸道的组成部分，是发音器官，连接着上方的咽与下方的器官。喉由作为支架的软骨和间接软骨的韧带及肌肉共同构成。喉腔黏膜下层结缔组织比较疏松，急性发炎时易引起水肿，造成呼吸困难甚至窒息，严重时可危及生命。

气管位于颈前正中，食管之前，上与喉的环状软骨相连，向下进入胸腔，在平胸骨角的高度分为左、右支气管。支气管经肺门进入左右肺。器官内衬有黏膜，其上皮为假复层柱状纤毛上皮。内有杯状细胞，纤毛细胞顶部平时向咽部颤动，以清除尘埃和异物，使空气保持清洁。杯状细胞是具有分泌蛋白质特点的细胞。

肺是最主要的呼吸器官，位于胸腔内，左右各一个，是进行气体交换的场所。肺主要是由反复分支的支气管及其最小分支末端膨胀形成的肺泡共同构成。肺泡是人体与外界不断进行气体交换的主要部位，数目很多，外面缠绕着丰富的毛细血管和弹性纤维。肺泡壁和毛细血管壁都很薄，各由一层上皮细胞组成，这些结构都有利于机体进行气体交换。气体进入肺泡后，与肺泡周围毛细血管内的血液进行气体交换。吸入空气中的氧气，透过肺泡进入毛细血管，通过血液循环运输到全身各器官，供给各器官的氧化过程；各器官组织产生的代谢产物(如二氧化碳)再经过血液循环运送到肺，最后经呼吸道排出体外。通过肺泡内的气体交换，血液由含氧少、二氧化碳多的静脉血变成含氧多、二氧化碳少的动脉血。

呼吸系统的附属器官主要由以下 4 部分组成。

(1)胸膜(肋膜)。由直接包裹肺的胸膜与在肺门部折回去包裹胸腔内侧的壁侧胸膜组成。这两个胸膜之间是胸膜腔，患胸膜炎时可有积水。

(2)肺门淋巴结(腺)。由两肺肺门部起，沿支气管和气管分布有许多的淋巴结，通过淋巴液流进右侧的颈静脉。

(3)横膈肌。为胸腔与腹腔的分界线，通过其上下运动，使肺伸缩以帮助呼吸。

(4)肋骨、脊椎、胸骨。它们是组成胸轮廓的骨骼，分别附有肋间膈肌和胸大肌等呼吸肌，可帮助呼吸运动。

6.1.2 呼吸系统常见疾病与保健需求

在呼吸过程中，外界环境中的有机或无机粉尘(包括各种微生物、异源性蛋白过敏原、尘粒及有害气体等)皆可吸入呼吸道肺部，引起各种病害。其中以肺部感染最为常见。原发性感染以病毒感染最为多见，最先出现于上呼吸道，随后可伴发细菌感染；吸入生产性粉尘会立生尘肺，以硅肺、煤硅肺和石棉肺最为多见；吸入水溶性高的二氧化硫、氯、氨等刺激性气体会发生急、慢性呼吸道炎和肺炎；而吸入水溶性低的氮氧化合物、光气、硫酸二甲酯等气体，则会发生急性肺水肿。

呼吸系统常见的不适症状为咳嗽、咳痰、咳血、气急、哮鸣、胸疼等，虽为一般肺部疾病所共有，但仍各有一定的特点，可为诊断提供参考。

(1)咳嗽。急性发作的刺激性干咳常为上呼吸道炎引发，若伴有发热、声嘶，常提示急性病毒性咽、喉、气管、支气管炎。慢性支气管炎、咳嗽多在寒冷天发作，气候转暖时缓解。体位改变时咳嗽加剧，常见于肺脓肿、支气管扩张。支气管癌初期出现干咳，当肿瘤增大阻塞气道时，易出现高音调的阻塞性咳嗽。阵发性咳嗽可为支气管哮喘的一种表现，晚间阵发性咳嗽可见于左心衰竭患者。

(2)咳痰。痰的性质(浆液、黏液、黏液脓性、脓性)、量、气味均对诊断有一定帮助。慢性支气管炎的痰呈白色泡沫或黏液痰。支气管扩张、肺脓肿的痰呈黄色脓性，且量多，伴厌氧菌感染时，浓痰有恶臭。肺水肿的痰呈粉红色稀薄泡沫痰。肺阿米巴病的痰呈咖啡色，且体温较高，可能与支气管引流不畅有关。

(3)咳血。咳血可以从痰中带血到整口鲜红血。肺结核、支气管肺癌以痰血或少量咳血为多见；支气管扩张的细支气管动脉形成小动脉瘤(体循环)或肺结核空洞壁动脉瘤破裂可引起反复、大量咳血，24h 达 300mL 以上。此外，咳血应与口鼻喉和上消化道出血相区别。

(4)呼吸困难。按其发作快慢分为急性、慢性和反复发作性。急性气急伴胸痛，常提示肺炎、气胸、胸腔积液，应注意肺梗塞，左心衰竭患者常出现夜间阵发性端坐呼吸困难。慢性进行性气急常见于慢性阻塞性肺病、弥漫性肺间质纤维化疾病。支气管哮喘发作时，出现呼吸性呼吸困难，且伴哮鸣音，缓解时可消失，下次发作时又复出现。呼吸困难可分为吸气性、呼气性和混合性三种。喉头水肿、喉气管炎症、肿瘤或异物引起上气道狭窄，出现吸气性喘鸣音；哮喘或喘息性支气管炎引起下呼吸道广泛支气管痉挛，出现呼气性哮鸣音。

(5)胸痛。肺和脏层胸膜对痛觉不敏感，肺炎、肺结核、肺梗塞、肺脓肿等病变累及壁层胸膜时，方发生胸痛。胸痛伴高热时应考虑为肺炎。肺癌侵及胸壁层胸膜或骨，出现隐痛，持续加剧，乃至刀割样痛。但应注意与非呼吸系统疾病引起的胸痛相区别，如心绞痛、纵隔、食管、膈和腹腔疾病所致的胸痛。

(6)咽炎。咽炎是咽黏膜及淋巴组织的炎症，常为上呼吸道感染的一部分。依据病程的长短和病理性质的不同，咽炎分为急性喉炎和慢性咽炎。

呼吸道与外界直接相通，易受病原微生物的侵袭而发炎，尤其以咽喉最为突出。咽喉是呼吸道的第一道防线，是人体重要的器官之一，是吞咽食物、呼吸和发音的器官。营养不良、过于疲劳以及不良的环境刺激及生活习惯，都容易导致急性咽喉炎和咽喉不适。

急性咽炎是咽黏膜及黏膜下淋巴组织的急性炎症，常继发于急性鼻炎或急性扁桃体炎之后，或为上呼吸道感染的一部分，也常为全身疾病或急性传染病的前驱症状。当机体抵抗力下降时，病原微生物就会乘虚而入导致炎症反应。咽炎的病原微生物主要为溶血性链球菌、肺炎双球菌、金黄色葡萄球菌、流行性感冒杆菌及一些病毒(如克萨其被病毒、腺病毒、副流感病毒)，其他一些物理化学因素(如高温、粉尘、刺激性气体)也易使咽黏膜及黏膜下组织和淋巴组织出现急性炎症。急性咽炎按病态表现可分为急性单纯性咽炎和急性化脓性咽炎。急性化脓性咽炎主要由溶血性链球菌引起，局部症状和全身症状以及病变都较严重，甚至发生脓毒败血症。急性咽炎多继发于急性鼻炎、急性鼻窦炎或急性扁桃体炎，病变常波及整个咽腔，也可局限一处；急性咽喉炎也常是麻疹、流感、猩红热等传染病的并发症。急性咽喉炎患者感觉喉内干痒、灼热或轻微疼痛，且可迅速出现声音粗糙或嘶哑，并伴有发热、干咳或少量黏液咳出，甚至出现呼吸困难，尤以夜间明显，如张开口腔检查可见咽部红肿充血、颈部淋巴结肿大。严重者会出现水肿，甚至因此而阻塞咽喉，导致呼吸困难。

慢性咽炎主要为黏膜慢性炎症，常为上呼吸道慢性炎症的一部分，多伴有咽淋巴样组织的炎症，常继发于全身慢性疾病，如贫血、便秘、下呼吸道炎症、心血管病等。慢性咽喉炎常有咽喉部不适、干燥、发痒、疼痛或有异物感等症状。有时会在早晨起床后吐出少量稀痰，并伴有声音嘶哑、刺激性咳嗽等症状。慢性咽炎在临床上是一种常见病、多发病，在常规药物治疗中，比较顽固，且反复发作，以中年人为主，不易治疗。

根据中医学理论，急性咽炎和慢性咽炎的病因不同。急性咽炎属急喉痹的范畴，多因风热邪毒侵袭咽喉，内伤于肺，相搏不去致咽喉肿塞而痹痛；或邪热壅盛，由肺卫传里，热邪循经灼伤咽喉，使咽喉肿痛并引起喉痛；或因过食烟酒等辛辣刺激，肠胃积热上蒸于咽喉所致。慢性咽炎属慢喉痹的范畴，其发病原因主要有三种：①由急喉痹、急乳蛾或外感热病治不得法转化而成；②因长期受化学气体、粉尘刺激而诱发；③因情感不畅、思虑过度引起。

此外，由于生态环境的严重破坏，环境污染、致敏因素增多，导致呼吸系统疾病的发病率持续上升。其中，咽喉炎发病率高、病程长、难治愈，很多患者深受其害。应通过以下几个方面有效预防咽炎的发生。

(1)改善周围的生活环境，减少环境的刺激(如粉尘、有害气体等)。

(2)勿饮烈性酒和吸烟，饮食时避免辛辣、酸性等强刺激调味品。

(3)生活规律，劳逸结合，及时治疗各种慢性病，保持每天通便，清晨用淡盐水漱口或少量饮用淡盐水。

(4)适当用声，不宜长时间演讲或演唱。

(5)及时治疗鼻、口腔、下呼吸道疾病，包括牙病等。

(6)在咽炎急性期应及时选用抗病毒、抗菌药物治疗，勿使急性咽炎转化为慢性咽炎，在慢性期一般不需要抗菌药物。

6.2 改善呼吸系统的功能性食品

6.2.1 改善呼吸系统的功能

目前改善呼吸系统的功能主要从清咽润喉、润肺及止咳三个方面入手。清咽润喉主要针对急性和慢性咽喉炎等上呼吸道疾病。润肺主要是针对肺部不适，能辅助机体化痰。咳嗽是呼吸道疾病中最常见的一种症状，同时也是人体的一种防御功能。通过咳嗽，可以排出呼吸道分泌物或侵入气管内的异物。止咳是通过消除咳嗽而达到清肺理气的目的。目前市场上的止咳药剂以清咽润喉产品居多。

6.2.2　改善呼吸系统的功能性成分与功能性食品

根据中医理论，改善呼吸系统的功能性食品往往具有清热解毒、消炎杀菌、滋阴补虚、健脾益气等作用，目前多以中药作为其中的功效成分。

1. 具有清咽润喉功效的功能性食品及成分

(1)金银花。甘，寒。归肺、心、胃经。有清热解毒、凉散风热之功效，其主要化学成分为挥发油。近年有学者通过气质联用已分离出芳樟醇、双花醇、棕榈酸、二氢香苇醇等数十种挥发油。本品含有大量的黄酮类化合物、绿原酸类有机化合物和至少十余个结构复杂的三萜皂类化合物。此药有抗菌、抗病毒、抗炎解热作用，是一种作用很强的广谱抗菌中药。

(2)麦冬。甘，微寒，微苦。归心、肺、胃经。养阴生津，润肺清心。含多种甾体皂苷、二氢高异黄酮类、挥发油、β-谷甾醇、豆甾醇、单糖类和低聚糖类。麦冬多糖能提高小鼠的常压缺氧能力，显著增加小鼠的脾脏重量，显著增强小鼠的碳粒廓清作用，促进抗体生成并延缓抗体消退。

(3)玄参。甘，苦，咸，微寒。归肺、胃、肾经。有凉血滋阴、泻火解毒之功效。含有环烯醚萜类、苯丙素苷、黄酮类、脂肪酸及挥发油等化学成分，具有解热、抗炎、抗菌作用。

(4)甘草。甘，平。归心、肺、脾、胃经。补脾益气，清热解毒，祛痰止咳，缓急止痛，调和诸药。含三萜类化合物，有甘草素类，主要是甘草酸的钾盐、钙盐，为甘草的甜味成分。黄酮类化合物有甘草苷、甘草苷元、异甘草苷、异甘草苷元等。甘草中的异甘草酸和甘草素对透明质酸酶的活性和免疫刺激所诱导的肥大细胞和组胺释放都有抑制作用，提示其抗炎和抗变态反应作用。甘草中黄酮类化合物抗菌成分较多，作用较强。

(5)桔梗。苦，辛，平。归肺经。宣肺利咽、祛痰排脓。化学成分：皂苷、远志酸、桔梗皂苷元、葡萄糖、菠菜甾醇、桔梗聚糖及三萜烯类物质(桔梗酸 A、B 及 C)。本药物有祛痰与镇咳作用，本品煎剂能显著增加呼吸道黏液的分泌，簇皂苷有镇咳作用。

(6)射干。苦，寒。归肺经。具清热解毒、清痰、利咽之功效。抗炎作用的化学成分为异黄酮类化合物。射干对肺炎链球菌、结核杆菌有抑制作用，尤其对铜绿假单胞菌表现为极强的抑制作用。

(7)木蝴蝶。苦，甘，凉。归肺、肝、胃经。有清肺利咽、疏肝和胃之功效。种子含脂肪油 20%，其中油酸占 80.4%；另含黄芩、千层纸苷、木蝴蝶苷 A/B 和白杨黄素等黄酮类素。其黄芩苷具有抗炎、抗变态和利尿、利胆等作用。

(8)南沙参。甘，微寒。归肺、胃经。养阴清肺，化痰，益气。含 β-谷甾醇及衍生物、三萜类、香豆素类、磷脂类、微量元素与氨基酸。有祛痰、强心、抗真菌作用，能提高细胞免疫和非特异免疫，但抑制体液免疫。

(9)薄荷。辛，凉。宣散风热，清头目。挥发油中主含 1-薄荷醇(77%～87%)，其次为 1-薄荷脑(10%)及薄荷脂类(3%～6%)，有抗病毒、镇痛止痒、抗刺激、止咳、杀菌等作用。

以上这些药物性味多偏凉，多归肺经；多有清热、解毒、祛痰、养阴、利咽功能；有效皂苷类居多，还有有机酸；黄酮类药理作用多为抗炎、抗菌、抗病毒、止咳杀菌等。

2. 具有润肺止咳功效的功能性食品及成分

(1)菊花。甘，苦，微寒。菊花中含有挥发油、菊苷、胆碱、水苏碱、刺槐素及维生素A、维生素B。对金黄色葡萄球菌、乙型链球菌、痢疾杆菌、大肠杆菌均有抑制作用。菊花可以散风热，清肺火。热性咳嗽患者，宜用白菊花泡茶喝。

(2)罗汉果。甘，凉。有清热凉血、清肺、化痰、止咳和润肺滋肺的作用。《岭南菜药录》中说："理痰火咳嗽，和猪精肉煎汤服之。"

(3)胖大海。甘，淡，寒。归肺、大肠经。有清热、润肺、利咽止咳的作用，适于风热邪毒引起的音哑，不适于烟酒过度引起的嘶哑。

(4)梨。凉，甘。能清热化痰，热咳者宜食。

(5)柿子。寒。能清热、消痰、止咳，故热咳者宜食。据近代药理试验观察，柿子确有祛痰和镇咳效果，且祛痰作用强于镇咳。

(6)枇杷。凉，甘。能润肺，化痰止咳。《滇南本草》中说："枇杷治咳嗽吐痰。"适宜热咳吐黄脓痰的人食用。

(7)荸荠。能化痰、清热，对热性咳嗽吐脓痰者尤宜。

(8)丝瓜。善于清热化痰，对咳嗽痰多、痰稠色黄的热咳者尤为适宜。这是由于在丝瓜的植物黏液中有一种皂素，其具有除痰化痰的功效。凡属肺热或风热犯肺的咳嗽患者，常吐脓痰，宜用丝瓜煎汤服，更宜用丝瓜与豆腐同烧食用，有利痰、开胸、快膈的好处。

(9)生藕。有清热作用。如《本草经疏》中所说："藕，生者甘寒，能除热清胃。"《本草汇言》还认为藕为"清热解暑之药也"。《简便单方》中介绍："治上焦痰热：藕汁、梨汁各半盏，和服。"

(10)冬瓜。凉，甘。有清热消痰作用。《镇南本草》中说："冬瓜润肺消热痰，止咳嗽，治痰吼，气喘。"《本草再新》中还说："解暑化热。"因此，尤其是在夏季风热咳嗽和肺热咳嗽，咳痰黄稠的患者，最宜食用。此外，冬瓜子性味甘凉，能润肺、化痰、清热，也是中医治疗痰热咳嗽常用之品，故肺热咳嗽的大叶性肺炎、肺痈(肺脓疡)、支气管扩张等咳嗽吐黄脓痰者，食之尤宜。

(11)竹笋。甘，寒。有清热化痰作用。如《本草求原》中说："竹笋，甘而微寒，清热除痰。"《随息居饮食谱》也说："笋，甘凉，开胸消痰。"因此，风热咳嗽或肺热咳嗽的患者，最宜食用。

(12)西瓜。甘，寒。有清热解暑、除烦利尿作用。《镇南本草》说它能"治一切热症，痰涌气滞"。凡暑热感冒咳嗽或肺热咳嗽，痰黄稠，口中烦渴者，宜食之。

(13)鸭蛋。凉，甘。能清肺热。《日华子本草》认为鸭蛋能"清心、腹胸、膈热"，《医林纂要》中曾介绍："鸭蛋补心清肺，止热咳，白沸汤冲食，清肺火。"凡肺热咳嗽者宜食用。

(14)阳桃。寒。能清热、生津、止咳。《本草纲目》说它"主治风热"。《泉州本草》

还介绍："治风热咳嗽，阳桃鲜食。"因此，外感风热咳嗽者宜食用。

(15)发菜。俗称龙须菜、竹筒菜、粉菜，性寒，味甘咸，有清肺热，化脓痰的作用。《本草纲目》中说它能"治瘿结热气"。《本草求真》也认为发菜能"去内热"。凡风热或肺热咳嗽、咳痰黄脓稠厚者，包括老年慢性支气管炎、肺炎、支气管扩张、肺脓疡等患者，食之皆宜。

(16)紫菜。甘，咸，寒。能化痰、软坚、清热。凡属肺热咳嗽、风热咳嗽及吐痰黄稠腥臭者，食之皆宜。

(17)蕺菜。能清热、解毒、泻肺火，适宜肺热咳嗽、大叶性肺炎、肺脓疡(肺痈)者食用。

(18)芦根。寒，甘。有清肺热除脓痰的作用。古方"苇茎汤"治疗肺脓疡(肺痈)时即以芦根为主要成分。《医学衷中参西录》认为"其性凉，能清肺热；中空，能理肺气"。凡肺热咳嗽、吐痰黄稠腥臭者，食之最宜，也可配合生薏苡仁、蕺菜、冬瓜子等。

(19)海蜇。平，咸。有良好的清热化痰效果，肺热咳嗽、痰脓黄稠者，宜用海蜇与荸荠等量煨汤喝，极有疗效。

(20)洋栖菜。咸，寒。有消痰泻热的作用。《现代实用中药》说它可"治慢性气管炎等症"。尤其是对肺热咳嗽、咳吐黄脓痰的急慢性气管炎患者，食之最宜。

(21)无花果。能清热、化痰、理气，适宜咳嗽、多痰、胸闷者食用。

(22)马兰头。善能清热。《本草正义》中说："马兰，最解热毒，其用甚广，亦清热解毒之要品也。"可见风热感冒咳嗽者宜食用。

(23)青菜。甘，平。能解热除烦，通利肠胃。《四声本草》中说它能"止热气嗽"。《滇南本草》也认为青菜"主消痰，止咳嗽，清肺热"。所以，凡属肺热咳嗽或是夏季风热外感咳嗽者宜食用。

目前市场上已经有多种清咽润喉功效的药物。具有清咽润喉功效的典型配料见表 6-1。

表 6-1　具有清咽润喉功效的典型配料

典型配料	生理功效
罗汉果提取物	化痰镇咳、平喘
石斛碱	生津益胃、清热养阴
黄芩提取液	抗菌消炎
金银花提取物	抗菌消炎
板蓝根提取物	抗菌消炎
菊花提取物	清热解毒
甘草提取物	解毒化痰、消炎、镇咳
胖大海提取物	利咽解毒
青果提取物	清肺热、利咽喉
川贝母提取物	化痰止咳、清热散结

续表

典型配料	生理功效
麦门冬提取物	治疗咽干咽痛、肺热燥咳、肺结核咳血
山豆根提取物	清热解毒、治疗咽痛
蛇胆	搜风祛湿、清凉明目、止痰化痰

6.2.3 改善呼吸系统的功能性食品评价标准

1. 动物试验

改善呼吸系统的方法主要是通过抑制微生物引起的炎症。动物消炎试验可选大鼠棉球植入试验或大鼠足趾肿胀试验的方法。

1)大鼠棉球植入试验

(1)试验原理。

采用棉球等异物在动物局部皮下植入，引起与临床某些炎症后期病理变化相似的肉芽组织增生，然后观察受试样品对肉芽肿重量的影响。

(2)材料。

手术器械、烘箱、天平、注射器。

(3)试验动物。

推荐用大鼠，单一性别，150～220g，每组 8～12 只。

(4)剂量分组及受试样品给予时间。

试验设三个剂量组和一个阴性对照组，以人体推荐量为其中的一个剂量组，另设两个剂量组，必要时设阳性对照组。受试样品给予时间 30d，必要时可延长至 40d。

(5)试验步骤。

大鼠在乙醚浅麻醉无菌条件下作切口，将已经称重棉球经高压灭菌，每个棉球加氨苄青霉素 1mg/0.1mL，50℃烘箱烘干后，植入大鼠两侧腋窝皮下(或两侧腹股沟皮下)。术后随机分为空白对照组和 3 个受试样品试剂组。受试样品各剂量组给予不同剂量的受试样品，空白对照组给予溶剂。试验结束当天再给一次受试样品，1h 后将大鼠断颈处死，剥离并取出棉球肉芽组织，于 60～90℃烘箱内干燥 1h 后称重，减去原棉球重量，即为肉芽肿净重。比较各剂量组与空白对照组肉芽肿重量。

肉芽肿净重=干燥后棉球肉芽肿重量－原棉球重量

(6)数据处理和结果判定。

以肉芽肿净量为计算资料，采用方差分析，但需按方差分析的程序先进行方差齐性检验：若方差齐，则计算 F 值，若 $F<F_{0.05}$，各组均数间差异无显著性；若 $F \geqslant F_{0.05}$ 且 $P \leqslant 0.05$，用多个试验组和一个对照组间均数的两两比较法进行统计；对非正态或方差不齐的数据进行适当的变量转换，待满足正态或方差齐要求后，用转换后的数据进行统计；若变量转换后仍未达到正态或方差齐的目的，改用秩和检验进行统计。

试验组与阴性对照组比较，若肉芽肿净量明显下降，且经统计处理差异性显著，则可判定该受试样品动物试验结果呈阳性。

(7)注意事项。

所用棉球重量可为 10～50mg，但同一试验，所用棉球重量应近似。由于棉球的表面积对试验结果影响较大，故应使棉球形状和植入部分的性状一致以减少差异。由于动物摄食量降低和体重减轻可降低肉芽重量，故应以 mg(肉芽肿)/100g(体重)表示。

2)大鼠足趾肿胀试验

(1)试验原理。

用一定量的致炎剂注入大鼠后肢足趾皮下，造成足跖肿胀，然后测定足跖部厚度，比较试验组和对照组足跖部厚度的变化。

(2)材料。

游标卡尺(精密度 0.02mm)、微量注射器(50μL)。

(3)试验步骤。

大鼠按体重分为空白对照组和 3 个受试样品剂量组，受试样品各剂量组给予不同剂量的受试样品，空白对照组给予溶剂。试验结束当天再给一次受试样品，1h 后，于大鼠右后足跖皮下注入 1%角叉菜胶 0.1mL/只(致炎剂可选角叉菜胶、琼脂、右旋糖酐等)，分别在 1h、3h、6h 后测量各鼠足跖部厚度的差异情况。

(4)数据处理和结果判定。

以足跖厚度为计量资料，采用方差分析，但需按方差分析的程序先进行方差齐性检验；若方差齐，则计算 F 值，当 $F<F_{0.05}$，则各组均数间差异无显著性；若 $F\geqslant F_{0.05}$ 且 $P\leqslant 0.05$，用多个试验组和一个对照组间均值数的两两比较法进行统计；对非正态或方差不齐的数据进行适当的变量转换，待满足正态或方差要求后，用转换后的数据进行统计；若变量转换后仍未达到正态或方差齐的目的，改用秩和检验进行统计。

以致炎剂刺激大鼠前后足跖厚度的差值变化来表示炎症反应的程度。试验组与空白对照组比较，若任一时间点刺激大鼠前后足跖部厚度的差值明显减少，且差异性显著，则可判定该受试样品动物试验结果呈阳性。

(5)注意事项。

①致炎剂若要注入足跖皮下，应将大鼠后肢拉直，针头刺入足趾中部皮下，先向上注射一部分，再调转针头向下注射(共 0.1mL)。

②测量足跖部厚度时，最好由专人进行。卡尺紧贴足跖部，但不要加压，否则会影响测量结果。

③每次测定的部位要固定。

2. 人体试食试验

1)受试者的纳入标准

(1)病史。慢性咽炎人群，主观症状有咽痛、咽痒、咽干、干咳、异物感、多言加重等。

(2)检查。咽部黏膜水肿、黏膜充血、咽后壁淋巴滤泡增生、分泌物附着。

具有上述症状及至少一项检查所见即可纳入观察。

2)排除标准

(1)慢性咽炎急性发作期或急性咽炎、声带结节、感冒或吸烟因素所致者。

(2)鼻、咽、喉、食管、颈部及结核、转移性肺癌病变所致者。

(3)年龄为 18 岁以下或 65 岁以上者，妊娠期或哺乳期妇女及对本品过敏者。

(4)合并有心、脑血管、肝、肾和造血系统等严重疾病及精神病患者。

(5)短期内服用与受试功能有关的物品，影响到对结果的判断者。

(6)不符合纳入标准、未按规定服用受试样品的受试者，由资料不全影响功效或安全性的判断者。

3)试验设计及分组要求

采用自身和组间两种对照设计。按受试者的咽部症状、体征随机分为试食组和对照组，尽可能考虑影响结果的主要因素(如病程、年龄、性别等)，进行均衡性检验，以保证组间的可比性。每组受试者不少于 50 例。

4)受试样品的剂量和使用方法

试食组按推荐服用方法、服用量每日服用受试产品，对照组可服用安慰剂，也可用具有同样作用的阳性物。受试样品给予时间 15d，必要时可延长至 30d。

5)观察指标

各项指标于试验开始及结束时各测试一次，并检查咽部，询问症状，记录变化情况。

6)安全性指标

(1)一般状况，包括精神、睡眠、饮食、大小便、血压等。

(2)血、尿、便常规检查。

(3)肝、肾功能检查。

(4)胸透、心电图、腹部超检查(各项指标试验前检查一次)。

(5)功效性指标。

7)症状观察

详细询问病史，主要咽部症状：咽痛、咽痒、咽干、干咳、异物感、多言加重等，按症状轻重(轻度 1 分，中度 2 分，重度 3 分)计算积分，统计积分变化和症状改善率。

8)体征观察

咽部检查：咽部黏膜充血、黏膜水肿、咽后壁淋巴滤泡增生、分泌物等体征。

按检查结果轻、中、重分为Ⅰ、Ⅱ、Ⅲ级，分别记录试食前后体征变化，计算体征积分和改善率。

9)观察指标功效判定

有效：症状减轻Ⅰ度，咽部体征检查结果减轻Ⅰ级。

无效：症状、体征均无明显改变。

10)数据处理和结果判定

积分变化可用检验进行 t 分析。凡自身对照资料可以采用配对 t 检验。两组均数比较采用成组 t 检验，后者需进行方差齐性检验。对非正态分布或方差不齐的数据进行适当的变量转换，待满足正态方差齐后，用转换的数据进行检验；若转换数据仍不能满足正态方差齐要求，改用 t 检验或秩和检验；但变异系数太大(如 $CV>50\%$)的资料应用秩和检验。改善率为计算资料，可用 X^2 检验。四格表总例数小于 40，或总例数等于或大于 40 但出现理论数等于或小于 1 时，应改用确切概率法进行检验。

11)结果判定

试食后试食组自身比较及试食组与对照组间比较，若咽部临床症状缓解，体征积分明显降低，且症状、体征改善率较对照组有明显增加，差异有显著性，则可判定该受试样品具有清咽功能。

6.3　有助于提高缺氧耐受力的功能性食品

6.3.1　缺氧对人体的影响及耐缺氧功能性食品

1. 缺氧的定义

氧是人体生理代谢的基本元素，是正常生命活动不可缺少的物质。人或动物在生长发育过程中，当组织细胞得不到代谢活动所需的氧时，便会产生缺氧症，简称缺氧。这是由于氧气的摄入不足以供给机体所需，导致肺泡氧分压和血氧饱和度降低，组织细胞不能从血液获得所需的氧进行正常氧化代谢而出现的一系列症状。缺氧广泛存在于人类的生活和工作中，尤其在高原环境、高空或剧烈的运动过程中，以及呼吸和循环系统的某些疾病或急性失血等不同情况下。缺氧症状一般包括：心跳加快、口干、头晕、头痛，进一步可出现恶心、呕吐、食欲下降、腹胀、腹泻、心悸、呼吸短促，甚至水肿以至全身乏力、失眠、昏迷等。所以，研究缺氧发生和发展的规律，加强对抗缺氧耐氧保健食品的开发，对缺氧症的防治具有重要意义。

2. 缺氧的分类

根据引起缺氧的原因，可将缺氧分为病理性缺氧、生理性缺氧、运动型缺氧、环境性缺氧。

(1)病理性缺氧。病理性缺氧多指呼吸系统疾病的患者，由于从外界摄取氧和通过血液循环送氧的能力下降，造成机体缺氧。如冠心病、心肌梗塞、心律失常、心力衰竭、急性上呼吸道感染、慢性支气管炎、支气管哮喘、肺部感染、肺性脑病、脑血管痉挛、脑供血不足、脑血栓、脑出血、美尼尔氏症、微循环障碍等心脑疾病造成的缺氧。

(2)生理性缺氧。人到中年，随着年龄的增长，各器官生理性老化，直接造成人体摄氧量降低，利用氧的效率降低，人体处于不同程度的慢性缺氧状态。老年人与年轻人相比，血管腔变窄，血管弹性降低，血流量减少，肺活性下降，运气功能大大减弱。有证据表明，到 70 岁时，人的心脏每分钟可向细胞输氧的能力比 25 岁时下降了一半。老年人摄氧量减少，氧运输能力降低，氧利用效率下降，全身组织处于不同程度的缺氧状态，缺氧正是老年人脑、心、肝、肾脏功能降低的病理基础。

(3)运动性缺氧。紧张的体力和脑力劳动会造成机体耗氧量增加。由于体内耗氧量急剧增加，单纯通过呼吸不足以弥补体内的耗氧量，从而细胞处于缺氧环境中，同时伴随大量乳酸产生。这也就解释了为什么人在大量体力运动或紧张的脑力劳动后容易腰酸背痛。

(4)环境性缺氧。在正常情况下，环境大气中的氧含量是20.9%。环境性缺氧具体是指环境中的氧含量低于18%，造成人的摄氧量不足，血液中的氧分压过低，血红蛋白处于不饱和状态，各组织的细胞就会出现相应的缺氧状态。即使是轻度缺氧的环境，如商场、办公楼、地铁、隧道、地下设施等，长期在其中生活、工作，也会对身体健康带来不同程度的损伤，如不采取补充给氧等措施加以纠正，会给人体健康带来不利影响，久之会对心、脑、肾、肝等器官造成病变。

3. 缺氧是机体机能的代谢阻碍

低氧环境可以直接影响人体健康，诱发某些疾病或者加重病情；严重缺氧时，组织细胞可发生严重的缺氧性损伤，器官可发生功能障碍甚至功能衰竭。缺氧时机体引起的功能障碍主要有以下几个方面。

(1)缺氧性细胞损伤。缺氧性细胞损伤主要为细胞膜、线粒体、溶酶体的变化。

(2)中枢神经系统的技能障碍。脑耗氧相对较多，对缺氧十分敏感，对缺氧的耐受性更差。急性缺氧可引起头痛，情绪激动，思维能力、记忆力、判断能力降低或丧失以及运动不协调。慢性缺氧则有易疲劳、嗜睡、注意力不集中及精神抑郁等症状。

(3)循环功能衰竭。发生严重的全身性缺氧时，心脏可受到损伤(如心脏病)，甚至发生心力衰竭。

4. 具有提供人体耐缺氧作用的功能性食品

我国高原人口约有1000万。由于高原往往是军事、旅游、体育、科研、医学和经济的重要地区，常年有大量人群在此居住和工作，因此抗缺氧功能性食品的研究显得尤为重要。

(1)蜂产品。蜂花粉中有机酸等物质能改善心肌代谢，增加冠心病患者的运动耐量，有明显增强心肌耐缺氧、缺血的作用。蜂胶在机体中有抗氧化、清除超氧阴离子和多种自由基等功能，长期服用蜂胶能增强人的体质，延缓衰老。Tae在小鼠肝脏组织中改变抗氧化酶的活性，使类脂过氧化，导致过氧化氢和丙二醛增加，并且连续给予蜂胶可以稳定类脂的过氧化作用。Gismondi研究了蜂胶对紫外引起的黑色素瘤的防护效应。试验结果证明，蜂胶乙醇提取物中存在有抗氧化剂和自由基的清除剂。Fabris认为蜂胶乙醇提取物中的多酚成分是其主要的抗氧化活性成分。

(2)生物提取物。维生素B_6、维生素B_{12}、叶酸、泛酸等能增加血红蛋白的携氧能力、提高血氧饱和度，对耐氧有明显的增强作用。抗氧化剂由于能有效清除机体在缺氧环境下产生的自由基，对提高缺氧耐受性也有很好的作用。

(3)鲨烯。在自然界中，鲨烯只存在于生物体中，其中以深海尖鳍鲨鲛肝脏中的含量最多，所以也被称为“角鲨烯”或“鲛鲨烯”；植物中则以橄榄、玉米中的含量较为丰富。奇妙的是，人类体内也有着含有相同成分的鲨烯。鲨烯在人体各组织中有着不同比例：在皮肤和脂肪组织中，鲨烯具有类似于红细胞蛋白的带氧和释放能力，其进入人体内可逐步被还原而释放出氧气，并且可增加组织细胞对氧的利用率。角鲨烯不仅存在于保健食品中，还作为药物广泛应用。它是一种较安全的产品，不良反应很少，但对于特异性体质的患者而言，服用角鲨烯会导致过敏性紫癜等不良反应。

(4)中药提取物。现代药理研究证实，人参皂苷是人参的主要功效成分，它几乎可以重现人参粗制剂的全部生理活性，是人参的精华。人参皂苷类是与 NOS 相关的天然耐缺氧功能因子。人参皂苷在抗氧化、改善人的记忆和认知能力方面效果尤为明显。人参具有广谱的记忆改善功能。红景天的抗氧化能力优于人参，全球医药界称其为"黄金植物"，苏联将红景天制剂列为宇航员的必备保健品，目前市场上很多抗缺氧保健品中都含有红景天成分。此外虫草提取物、螺旋藻等也具有一定的抗缺氧能力。

6.3.2　耐缺氧的功能性食品评价标准

1. 试验项目

小鼠常压耐缺氧试验、急性脑缺血缺氧试验和亚硝酸钠中毒试验。

2. 试验原则

取 6～8 周、18～20g 小鼠为试验动物。按体重随机分为 1 个对照组和 3 个剂量组，以人服用剂量的十倍为中间剂量，另外两个剂量根据受试物的具体情况，在这个剂量基础上上下浮动。

经口服连续给予受试小鼠 20～30d，于末次给予受试物后 1h，将各组小鼠分别放入盛有 15g 钠石灰的 250mL 广口瓶内(每瓶只放 1 只小鼠)，用凡士林涂抹瓶口，盖严使之不漏气，立即计时，以呼吸停止为指标，观察小鼠因缺氧而死亡的时间。

3. 结果判定

采用方差分析处理数据，若受试组与对照组比较，存活时间延长，经统计差异有显著性($P<0.05$)，则判定该受试物具有耐缺氧作用。

思　考　题

1. 请试列出 5 种具有润肺止咳功效的功能性食品及其主要成分。
2. 具有耐缺氧的功能性食品有哪些?
3. 如何选择受试者进行评价具有改善呼吸系统的功能性食品?
4. 具有清咽润喉功效的典型配料有哪些?
5. 请设计一种评价改善呼吸系统功能的功能性食品的试验。
6. 请查阅相关资料并结合课本知识，谈谈雾霾天气里选择哪些功能性食品可改善呼吸问题。

参考文献

陈文. 2011. 功能性食品功效评价原理与动物试验方法 [M]. 北京：中国质检出版社.

迟玉杰. 2016. 保健食品学 [M]. 北京：中国轻工业出版社.

丁晓雯，周才琼. 2008. 保健食品原理 [M]. 重庆：西南师范大学出版社.

蒋勇，刘丽达，高俊，等. 2016. 红景天胶囊提高缺氧耐受力功能的实验研究 [J]. 齐齐哈尔医学院学报，37(7)：871-873.

李琳，马慧萍，姚娟，等. 2013. 人参皂苷对缺氧大鼠的保护作用及其机制 [J]. 中医药导报，19(6)：7-10.

李晓明. 2003. 保健食品检验与评价技术规范实施手册 [M]. 北京：清华同方电子出版社.

施洪飞. 2016. 中医食疗学 [M]. 北京：中国中医药出版社.

翁维健. 2008. 中医饮食营养学 [M]. 上海：科学普及出版社.

杨月欣. 2013. 中国功能性食品原料基本成分数据表 [M]. 北京：中国轻工业出版社.

张玉龙，王梦月，杨静玉，等. 2015. 炙甘草化学成分及药理作用研究进展 [J]. 上海中医药大学学报，29(3)：99-102.

朱大年. 2013. 生理学(第八版) [M]. 北京：人民卫生出版社.

第7章　改善运动系统的功能性食品

运动系统是人体的八大系统之一，主要由骨、骨连结和骨骼肌等组成。运动系统有三大主要功能：①运动功能，包括简单的移位和高级活动；②支持功能，包括构成人体体形、支撑体重和内部器官以及维持体姿；③保护功能。

运动系统慢性损伤是临床常见病损。骨、关节、肌、肌腱、韧带、筋膜、滑囊及其相关的血管、神经等，均可因慢性损伤而受到损害，表现出相应的临床症状。人体对长期、反复、持续的姿势或职业动作在局部产生的应力是以组织的肥大、增生为代偿，超越代偿能力即形成轻微损伤，累积、迁延而成慢性损伤。当人体有慢性疾病或退行性变时，可降低对应力的适应能力；局部有畸形时，可增加局部应力；在工作中注意力不集中、技术不熟练、姿势不准确或疲劳等，均可使应力集中，这些都是慢性损伤的病因。手工业和半机械化产业工人、体育工作者、戏剧和杂技演员、伏案工作者及家庭妇女均是这类疾病的好发者。

通过功能性食品的摄入来改善运动系统相关疾病的症状，目前的研究主要集中在骨密度改善方面。通过提高青少年时期的骨密度峰值，降低中老年后患骨质疏松症的风险在理论上是可行的。同时，还应进一步改善工作、生活习惯，增加体育锻炼。

7.1　运动系统的构成与生理功能

运动系统由骨、骨连结和骨骼肌组成，具有运动、支持、保护、造血等多种功能。骨通过骨连结相互连接在一起构成了人体的支架，称为骨骼。骨骼具有支持和保护功能，形成了人体体型的基础，并为肌肉提供了广阔的附着点。肌肉附着于骨，收缩时牵动骨骼，引起各种运动，从而执行运动功能。

7.1.1　骨

1. 骨的形态

骨的形态不一，一般可分为长骨、短骨、扁骨及不规律骨4类。

(1)长骨(long bone)呈长管状，分为一体和两端。体又名骨干，骨质致密，围成骨髓腔，内含骨髓。在一体中有血管出入的滋养孔。端又名骺，膨大并具有光滑的关节面，由关节软骨覆盖。长骨分布于四肢，运动中起杠杆作用，由于其长度长，在肌的牵引下，其运动幅度较大。

(2)短骨(short bone)一般呈矮立方形，多成群地连接存在，如腕骨和跗骨。

(3)扁骨(flat bone)呈板状，分布于头、胸等处。它们主要构成骨性腔的壁，对腔内器官有保护作用，如颅盖骨保护脑，胸骨和肋骨保护心、肺等。

(4)不规则骨(irregular bone)形态不规则，如椎骨。有些不规则骨，内有含气的腔，称为含气骨，如上颌骨、额骨等。

此外，在某些肌腱或韧带内有形如豆状的籽骨，多位于手掌和足底着力点，它在运动中使肌腱较灵活地滑动于骨面，从而减少摩擦并改变骨骼肌牵引方向。

2. 骨的构造

骨由骨质、骨膜、骨髓、淋巴、血管和神经构成。

(1)骨质。由骨组织构成，分密质和松质。骨密质(compact bone)质地致密，耐压性较强，分布于骨的表面。骨松质(spongy bone)呈海绵状，由相互交织的骨小梁(trabecu-lae)排列而成，分布于骨的内部；骨小梁的排列与骨所承受的压力和张力的方向一致，因而能承受较大的重量。颅盖骨表层为密质，分别称外板和内板，外板厚而坚韧，富有弹性，内板薄而松脆，故颅骨骨折多见于内板。两板间的松质称为板障(diploe)，有板障静脉经过。

(2)骨膜(periosteum)。除关节面的部分外，新鲜骨的表面都覆有骨膜。骨膜由纤维结缔组织构成，含有丰富的神经和血管，对骨的营养、再生和感觉有重要作用。骨膜可分为内外两层，外层致密，有许多胶原纤维束穿入骨质，使之固着于骨面。内层疏松，有成骨细胞和破骨细胞，分别具有产生新骨质和破坏骨质的功能，幼年期功能非常活跃，直接参与骨的生成；成年时转为静止状态。但是，骨一旦发生损伤，如骨折，骨膜又重新恢复功能，参与骨折端的修复愈合。如骨膜剥离太多或损伤过大，则骨折愈合困难。衬在髓腔内面和松质间隙内的膜称为骨内膜(endosteum)，是菲薄的结缔组织，也含有成骨细胞和破骨细胞，有造骨和破骨的功能。

(3)骨髓(bone marrow)。骨髓充填于骨髓腔和松质间隙内。胎儿和幼儿的骨髓内含发育阶段不同的红细胞和某些白细胞，呈红色，称红骨髓(red bone marrow)，有造血功能。5岁以后，长骨骨干内的红骨髓逐渐被脂肪组织代替，呈黄色，称黄骨髓(yellow bone marrow)，失去造血活力。但在慢性失血过多或重度贫血时，黄骨髓可转化为红骨髓，恢复造血功能。而在椎骨、髂骨、肋骨、胸骨及肱骨和股骨的近侧端松质内，终生都是红骨髓。因此，临床常选髂后上嵴等处进行骨髓穿刺，以检查骨髓象。

3. 骨质的化学成分和物理性质

骨主要由有机质和无机质组成。有机质主要是骨胶原纤维束和黏多糖蛋白等，构成骨的支架，赋予骨弹性和韧性。无机质主要是碱性磷酸钙，使骨坚硬挺实。脱钙骨(去掉无机质)仍具原骨形状，但柔软有弹性；煅烧骨(去掉有机质)虽形状不变，但脆而易碎。这两种成分的比例随年龄的增长而发生变化：幼儿有机质和无机质各占一半，故弹性较大，柔软，易发生变形，在外力作用下不易骨折或折而不断，称青枝状骨折；成年人骨的有机质和无机质比例约为 3∶7，最为合适，因而骨具有很大的硬度和一定的弹性，较坚韧，其抗压力约为 $15kg/m^2$；老年人的骨，无机质所占比例更大，脆性较大，易发生骨折。

4. 骨骼的发育

在胎儿、儿童、少年阶段，骨骼不断地生长。骨的构建如同雕塑一般，即骨的表面在组织间隙单方向运动，使骨具有一定的几何形状、长短、大小及骨量。在骨的构建过程中，破骨细胞和成骨细胞并非单独作用，而是相互配合。在人体发育成熟后，18～20 岁即停止骨构建。骨骼成熟后骨构建即停止，不再参加成年后骨代谢活动。然而成年后骨在一生中仍在不断进行更新和改造，这就是骨再建过程。骨再建过程包括骨表面的骨吸收、骨形成及静止阶段。先由破骨细胞清除一定量的骨组织，然后在骨吸收区有新的骨组织形成。骨再建不能改变骨的构筑、大小及骨量。在骨再建过程中，破骨细胞吸收骨和成骨细胞形成新骨的过程，在时间和空间上紧密地偶联，并发生在同一个再建单位中。二者维持一定的数量，互相制约，对生物机械性刺激产生相应的反应，不断调整结构，发生更新以维持平衡。骨量的多少取决于骨再建过程中骨形成和骨吸收是否平衡。骨质疏松或骨丢失正是这一平衡被破坏或解偶联，是骨吸收大于骨形成的结果。骨的再建贯穿于人的一生，儿童时期最快。骨成熟后，骨的再建过程至 20 岁左右逐渐下降，直至 35 岁左右下降到最低点，然后慢慢上升，但不会像儿童时期那么活跃。

5. 骨骼发育过程中骨量的变化

人一生中不同年龄时期的骨量取决于人体骨骼生长期达到的峰值骨密度和其后的骨丢失率。人出生时，全身的钙含量仅为 25g 左右，到 20 岁时已获得相当于骨峰值 90%以上的骨量。

峰值骨量(peak bone mass，PBM)是指人一生中的最大骨量。人类一生中骨量的变化可分为以下 6 个时期。

(1)骨量增长期。从出生到 20 岁左右，骨量随年龄的增加而持续增加。女性 13～14 岁、男性 15～16 岁是骨量的快速增长期，该期男性和女性的年均增长率分别为 2.2%和 1.9%。因此，男性骨密度峰值要高于女性。

(2)骨量缓慢增长期。20～30 岁，骨量以 0.5%～1%的年增长率缓慢增加。

(3)骨量峰值相对稳定期。30～40 岁，骨量相对稳定，达到一生中的峰值，骨密度也处于一生中的峰值。男性峰值高于女性。该期一般维持 5～10 年。

(4)骨量丢失前期。女性 40～49 岁、男性 40～64 岁，骨量缓慢丢失，年丢失率分别为 0.4%～0.6%和 0.3%～0.5%。

(5)骨量快速丢失期。女性绝经后 1～10 年，骨量丢失显著加快，年丢失率为 1.5%～2.5%。该期一般维持 5～10 年。男性不存在此期。

(6)骨量缓慢丢失期。65 岁以后，女性骨量丢失速率降低到绝经前水平。男性骨量丢失有所加快，年丢失率为 0.5%～1%。

骨质疏松决定于峰值骨量的高低以及随后的骨丢失速率，因此，峰值骨量的研究对骨质疏松症的防治具有重要价值。峰值骨量除了具有性别差异外，还具有一定的种族差异：黑种人骨密度高于白种人，白种人高于黄种人。中国人峰值骨量较同年龄组白种人低 15%左右。

7.1.2　骨连结的结构与功能

骨与骨之间依靠纤维结缔组织、软骨或骨组织相连，构成骨连结。骨连结分为直接连结和间接连结两大类。直接连结是骨与骨之间由结缔组织膜或软骨直接连结，其间无间隙，不活动或只有少许活动。间接连结又称关节，其在结构上的特点是骨与骨之间有空隙及滑液，相对的骨面以外有纤维结缔组织膜相连，因而能做较广泛的活动。关节是人体骨连结的主要形式，在运动中骨骼以关节为轴心，在肌肉牵动下产生运动。关节主要有以下 3 种结构。

(1)关节面。是相邻两骨互相接触的面，一般多为一凸一凹，即所谓的关节头和关节窝。关节面是上覆盖有一薄层光膜的关节软骨。关节软骨可以减少运动时的摩擦、震动和冲击。

(2)关节囊。是由结缔组织构成的膜行囊，其两端附于关节面以外的骨面。关节囊分内、外层，外层为纤维层，厚而坚韧；内层湿润并减少关节在运动时的摩擦。

(3)关节腔。即关节囊内两节面之间密封的腔隙，内含有少量的滑液。

关节在肌肉的牵引下，可以做多种多样的运动，归纳起来有以下几种运动形式：屈与伸、内收和外展、旋转、环转。

7.1.3　骨骼

成人共有骨 206 块(表 7-1)，按部位不同，可分为躯干骨、四肢骨和颅骨三部分，各骨以骨连结相结合构成骨骼。

表 7-1　骨的名称和数目

名称			数目
颅骨	脑颅骨 6 种(额、顶、枕、筛、颞、蝶骨)		8
	面颅骨 9 种(上颌、下颌、鼻、泪、颧、犁、下鼻甲、腭、舌骨)		15
躯干骨	椎骨(颈柱；胸柱；腰柱；骶骨；尾骨)		26
	肋骨		24
	胸骨		1
上肢骨	上肢带骨	肩胛骨	2
		锁骨	2
	自由上肢骨	肱骨	2
		尺骨	2
		桡骨	2
		腕骨	16
		掌骨	10
		指骨	28

续表

<table>
<tr><th colspan="3">名称</th><th>数目</th></tr>
<tr><td rowspan="8">下肢骨</td><td>下肢带骨</td><td>髋骨</td><td>2</td></tr>
<tr><td rowspan="7">自由下肢骨</td><td>股骨</td><td>2</td></tr>
<tr><td>髌骨</td><td>2</td></tr>
<tr><td>胫骨</td><td>2</td></tr>
<tr><td>腓骨</td><td>2</td></tr>
<tr><td>跗骨</td><td>14</td></tr>
<tr><td>跖骨</td><td>10</td></tr>
<tr><td>趾骨</td><td>28</td></tr>
<tr><td colspan="3">听小骨</td><td>6</td></tr>
</table>

(1)颅骨。位于脊柱上方，由 23 块大小、形状不同的骨组成，颅可分为脑颅和面颅两部分。

(2)躯干骨。由脊柱、12 对肋和胸骨组成。这些骨互相连结构成了脊柱(人体躯干的支柱，支持头部，支持和保护胸、腹、盆部器官，完成各种运动)和胸廓(支持、保护胸部内脏，完成呼吸运动的功能)。

(3)四肢骨及其连结。上下肢骨的组成基本相同，分为肢带部和游离部，它们在形态上不同，运动功能上各有分工。上肢骨较轻小，其关节囊松弛而薄，关节腔大，韧带少而弱，可以做各种形式的运动。下肢骨具有支持体重、行走和跳跃功能，故骨骼较粗大，其关节常由坚强的韧带加强，稳固性大于灵活性。

7.1.4　肌肉

运动系统中所说的肌肉均属横纹肌，又称骨骼肌，是运动系统的动力部分。分布在人体内的每块肌肉都具有一定的形态、结构、位置和辅助装置，并附有血管和淋巴管。肌肉在神经系统支配下牵引附着的骨，使关节产生活动。

1. 肌肉的一般形态与功能

(1)肌肉的形态与构造。根据肌肉形状大致分为长肌、短肌、胸肌、轮匝肌四种。每块骨骼肌分为肌腹和肌腱。肌腹主要由横纹肌纤维组成，色红，柔软，具有收缩能力，其外包有结缔组织外膜。肌腱位于肌腹两端，主要由平行的胶原纤维囊构成，色白，坚韧，无收缩能力，肌肉一般附着在骨骼上，是力的传递结构。此外，在肌肉周围有许多辅助结构协助肌肉进行活动，包括筋膜和腱鞘等。

(2)肌肉的起止点、分布和作用。肌肉分布在关节的周围，通常以两端附着于两块或两块以上的骨面，中间跨过一个或多个关节。肌肉收缩时，使两骨彼此靠近而产生运动。一切复杂运动都是由作用不同的肌群在神经系统的统一支配下而实现的。

2. 人体肌肉的分布

人体肌肉分为躯干肌、头肌、上肢肌和下肢肌四部分。

(1)躯干肌。躯干肌可分为背肌、颈肌、胸肌、膈肌、腹肌和会阴肌。

(2)头肌。可分为面肌和咀嚼肌两部分。

(3)四肢肌。上肢肌，分为肩肌、臂肌、前臂肌和手肌；下肢肌，分为髋肌、大腿肌、小腿肌和足肌。

7.2 运动系统常见疾病与保健需求

运动系统疾病，主要是指人体骨(含软骨)、关节、肌肉、韧带的一些常见病症。此类疾病多发生于中老年人群，其病因与人体机能减退、骨与关节的退行性变以及职业的特殊要求引起的炎性改变或退行性改变有关，加之局部受寒、着凉等诱因，表现出疼痛、功能障碍等一系列症状。

7.2.1 关节炎

关节炎泛指发生在人体关节及其周围组织的炎性疾病，可分为数十种。我国的关节炎患者有 1 亿以上，且人数在不断增加。其临床表现为关节红、肿、热、痛，功能障碍及关节畸形，严重者导致关节残疾，影响患者生活质量。类风湿性关节炎是慢性关节炎中最常见的类型之一，它与遗传、细菌及病毒感染、环境(包括吸烟)有关，可发生在任何年龄，以 40～60 岁女性最为多见，常表现为双手小关节(手指关节、腕关节)双侧受累。患者同时伴有晨起关节僵硬感(持续大于 1h)及关节活动受限。病情严重时可出现全身脏器受累。绝大多数患者的类风湿因子呈阳性，但类风湿因子水平的高低与病情的活动度无绝对的相关性。骨关节炎又称退行性关节病、骨关节病，民间俗称骨质增生。骨关节炎的发生与年龄和肥胖密切相关。45 岁以下人群的骨关节炎患病率仅为 2%，而 65 岁以上人群的患病率高达 68%。简而言之，人到老年都患有不同程度的骨关节炎，各关节均可受累。其中，双手小关节受累时多为双手远端指间关节，临床可见患者远端指间关节出现骨性突起。患者也可出现晨僵，但持续时间低于半小时。该类患者的类风湿因子常为阴性。

7.2.2 腰部劳损

腰部劳损又称腰肌劳损、慢性腰背肌肉筋膜损伤综合征、腰背肌筋膜炎、功能性腰痛等。腰肌劳损是临床上的一种习惯叫法，一般指没有明显外伤史的腰部软组织损伤，或因急性腰部损伤治疗不当或治疗不及时而遗留的慢性腰痛，也可因反复多次微细损伤积累而成。其病变部位多表现在腰肌筋膜、棘上韧带劳损和第三腰椎横突综合征等。

7.2.3　颈椎病

颈椎病是指颈椎间盘退行性变、颈椎肥厚增生以及颈部损伤等引起的颈椎骨质增生，或椎间盘脱出、韧带增厚，刺激或压迫颈脊髓、颈部神经、血管而产生一系列症状的临床综合征。主要表现为颈肩痛、头晕头痛、上肢麻木、肌肉萎缩、严重者双下肢痉挛、行走困难，甚至四肢麻痹、大小便障碍、出现瘫痪。多发在中老年人中，男性发病率高于女性。

7.2.4　骨骼病变

骨骼病变是指在骨骼发育的过程中，由营养、感染、环境污染等因素所致的骨骼质和量的非期望变化。主要病变类型包括骨质疏松、骨质软化、骨质破坏、骨质增生硬化、骨质坏死、骨膜增生、软骨钙化等。

1. 骨质疏松

骨质疏松(osteoporosis)是一种系统性骨病，由多种原因引起。发病时，骨组织有正常的钙化，钙盐与基质比例正常，但单位体积内骨组织量减少。其特征是骨量下降和骨的微细结构破坏，表现为骨的脆性增加，发病多缓慢，骨骼疼痛，易于骨折，生化检查基本正常。病理解剖可见骨皮质菲薄，骨小梁稀疏萎缩，类骨质层不厚。在骨折发生前，通常无特殊临床表现。

骨质疏松已成为一个世界范围的、越来越引起人们重视的健康问题。目前全世界约有2亿人患有骨质疏松症，其发病率已跃居常见病的第七位。骨质疏松是第四位常见的慢性疾病。发病率女性高于男性，绝经期妇女尤为突出。随着我国老年人口的增加，骨质疏松发病率呈上升趋势。因此，在我国乃至全球骨质疏松都是一个值得关注的健康问题。

2. 骨质软化

骨质软化(osteomalacia)是指单位体积内类骨质钙化不足。主要表现为骨的有机成分、钙盐含量降低，骨质变软。组织学变化主要是未钙化的骨样组织增多，骨骼失去硬度变软、变形，尤以负重部位较为显著。

3. 骨质破坏

骨质破坏(bone destruction)是指局部骨质被病理组织所取代而造成的骨组织缺失。它是由病理组织本身直接使骨组织溶解吸收，或者由病理组织引起的破骨细胞生成及活动亢进所致。骨皮质和骨松质均可以发生破坏。

4. 骨质增生硬化

骨质增生硬化(hyperostosis osteosclerosis)是指由骨质增生引起构成关节的软骨、椎间盘、韧带等软组织变性、退化，以及关节边缘形成骨刺、滑膜肥厚等变化而出现骨质塌陷，最终导致软骨下骨硬化的现象。骨质增生是中老年人群的常见病、多发病，关于本症的命名，国内外尚未统一。国外主要命名为骨关节病、骨关节炎、增生性骨关节炎、退行性骨性关节炎；我国医学主要的命名有骨关节病、椎间盘退变、增生性关节炎、骨关节退行性疾病、骨刺等。

5. 骨质坏死

骨质坏死(necrosis of bone)是指骨组织局部代谢停止。坏死的骨质称为死骨，形成死骨的原因主要是血液供应的中断。组织学变化主要是骨细胞的死亡与消失和骨髓的液化与萎缩。骨质坏死多见于慢性化脓性骨髓炎，也可见于骨缺血性坏死和外伤骨折后。

6. 骨膜增生

骨膜增生(periosteal proliferation)又称骨膜反应，指在病理情况下骨膜内层的成骨细胞活动增加所产生的骨膜新生骨。骨膜外层的纤维层由周围的软组织(如筋膜、脂肪、肌肉)转化形成，纤维层的纤维母细胞通过细胞核增大、胞浆增多转化成骨原细胞，骨原细胞核进一步增大并伴有有丝分裂，从而形成有骨基质分泌能力细胞出现的细胞形成层。骨膜增厚出现在骨膜新生骨形成之前，在骨膜新生骨不断形成的过程中，始终见到增厚的骨膜覆盖于骨膜新生骨表面。因此，骨膜增厚既是骨膜新生骨形成之前的早期表现，又为骨膜新生骨的不断形成做了必要准备。

7. 软骨钙化

软骨钙化(chondral calcification)是指软骨基质钙化，标志为骨内或骨外有软骨组织或瘤软骨的存在，分为生理性和病理性钙化。软骨的钙化过程有三种方式：①在软骨内骨化过程中，生长板的钙化与软骨肥大区X型胶原的产生及基质小泡的发生密切相关。基质小泡来自软骨增殖带的软骨细胞，大多分布在软骨细胞柱之间，在此处激发形成骨晶体。②钙化过程沿胶原纤维扩展，以胶原为基础的钙化是纤维软骨的主要特征。③见于软骨细胞周围区，发生于通常的钙化之前。

上述几种常见的运动系统疾病，多为慢性非传染性类型，其发病原因众多，特别是生活环境因素。良好的营养、合理运动及健康的生活方式是减少各种运动疾病发生的关键因素。其中，功能性成分的摄入可以延缓某些疾病的发生。

7.3　增强骨骼功能的功能性食品

7.3.1　增强骨骼功能的功能性成分与功能性食品

骨骼的主要功能有三项。①支架、保护和运动功能。骨骼之间通过关节、关节囊、韧带和肌肉连接在一起，可作为人体支架，负荷重量并且可作为运动的杠杆。许多骨还连接成具有环绕形状的腔隙，具有保护内脏器官、维持血管的正常形态及避免部分神经受压的作用。②钙库和磷库。骨内储存着大量的钙和磷。③造血和免疫功能。成人骨髓腔内存在的红骨髓具有造血功能，可产生红细胞、白细胞和血小板等。骨髓还能产生巨噬细胞，吞噬病原体和异物。红骨髓产生的 B 淋巴细胞、T 淋巴细胞具有体液免疫和细胞免疫功能。

合理的营养有助于提高峰值骨量及减缓绝经后随年龄增长的骨丢失，从而有助于骨骼正常功能的发挥。影响骨代谢的营养因素主要有钙、磷及维生素 D。此外，膳食中的蛋白质、钠、微量元素(如氟、镁、锌、铜、锰)，以及一些常用功能性食品源的活性成分如黄酮类化合物、皂苷、硫酸软骨素等的摄入也与骨代谢有关。

1. 钙

钙与骨骼发育密切相关，骨骼缺钙导致的发育异常很多，如软骨症、骨质疏松等。人体内骨钙总量约占人体总钙含量的 99%，其余 1%左右分布于软组织中。骨骼形成后，骨组织中的钙并不是固定不变的，在多种骨细胞作用下，旧骨不断被吸收破坏，新骨又不断形成再建。正常情况下，骨钙中约有 99%的钙是相对稳定的，称为稳定性钙；约有 1%的钙是不稳定的，其中一部分钙可以自由地与细胞外液交换，称为可溶合钙。软组织钙、细胞外液钙和可溶合钙合称为不稳定钙。稳定钙和不稳定钙通过可溶合钙不断地进行钙的交换。旧骨中不稳定钙不断进入血循环和细胞外液，肠道吸收的钙又不断通过血循环沉积在骨中。如此循环，周而复始。所以，钙的缺乏是产生骨质疏松等症状的根本原因。骨质是否疏松，主要看骨骼中钙的含量有多少。当体内钙丢失量多于摄入量时，骨骼就会脱钙，从而产生骨质疏松症。钙在体内的分布对骨质有着明显影响。肠钙、骨钙、血钙、尿钙是体内钙代谢的 4 个主要环节，即钙在肠道中吸收，在骨骼中沉积，向血液中转移，从尿液中排出。如果肠道对钙的吸收减少，就会影响钙向骨骼的沉积；而尿液中钙排出过多，会促使骨骼中的钙向血中转移，这都是引起骨质疏松的原因。血液中钙的浓度与激素有着直接联系。血钙浓度的变化常常会促进或抑制与骨骼生长发育有关的激素浓度的变化，或使机体对这些激素的敏感性发生改变，从而诱发骨质疏松。

目前市场上应用于功能性食品的钙源主要为无机钙类、有机钙类及一些新型钙制剂等。①无机钙主要有氯化钙、碳酸钙、氧化钙、氢氧化钙、磷酸钙等，大多为取自天然的碳酸钙矿物，或用牡蛎壳、扇贝壳经高温煅烧和水解而得，或直接来源于牡蛎壳、扇贝壳、骨泥、珍珠、珊瑚等；②有机钙，如乳酸钙、葡萄糖酸钙、枸橼酸钙(柠檬酸钙)、苹果酸钙、乙酸钙、甘油磷酸钙、葡萄糖醛酸内酯钙、天门冬氨酸螯合钙和 L-苏糖酸钙等；③新型钙制剂，如纳米碳酸钙、微晶体羟磷灰钙、酶解牛骨粉、超微酶解牛骨粉、酶解鱼骨粉、纳米螯合钙、超细鳖甲粉等。一般认为有机钙比无机钙更易被机体吸收，新型钙制剂比传统钙制剂更易吸收。但若加大无机钙摄入量，其吸收率与易吸收的有机钙和新型钙制剂的吸收率是接近的。

2. 磷

磷是骨质无机成分中仅次于钙的第二大元素。人体内 85%的磷存在于骨中，其主要作用是促进骨基质的合成和骨矿物质的沉积。磷的释放常伴随骨的破坏。因此，骨骼中磷的减少也会出现骨量减少而引发骨质疏松等症状。磷在血中与钙保持 2∶1 的恒定比值，主要在肾、肠、骨中进行调节。磷与钙一起参与骨代谢和骨质形成，因此磷的代谢异常也会导致骨质病变。在国内，由于人们的传统饮食习惯，一般不易缺磷，磷的缺乏主要是由于某些疾病引起的肠道吸收障碍，或因饮食过于精细、蛋白质摄入不足等造成磷的摄入不足所致。

3. 维生素 D

维生素 D_3是活性最强的一种维生素 D。维生素 D_3是重要的钙调节激素，可以促进钙、磷在肠道中的吸收，促进磷酸盐在肾的重吸收，促进骨蛋白合成，因此维生素 D_3的缺乏也可导致骨质病变的发生。维生素 D_3一方面可由人体皮肤中的 7-脱氢胆固醇经日照转变而来，另一方面可从膳食中获取。

4. 蛋白质

蛋白质对骨质发育有一定的影响。因为骨基质主要是由胶原蛋白构成，作为合成骨基质的蛋白质和氨基酸，在营养学方面极为重要。

蛋白质摄入不足或过量都对钙的平衡和骨钙含量起负性调节作用。动物实验证实，单纯蛋白质摄入不足可导致骨量和骨强度降低。低蛋白饮食还会通过减少胰岛素样生长因子 IGF-Ⅰ而影响骨骼的完整性。IGF-Ⅰ通过刺激肾脏无机磷转运和 $1,25(OH)_2D_3$的合成而在钙磷代谢中起重要作用。IGF-Ⅰ对骨小梁和骨皮质的形成也有重要的促进作用。同样，高蛋白摄入也不利于骨健康。大量动物及人体实验研究表明，高蛋白摄入会引发高钙尿，从而增加骨丢失。适当补充如胶原蛋白(肽)、乳铁蛋白、猪骨蛋白等，有利于增加骨密度，预防骨质疏松。

5. 必需微量元素

氟是构成人体牙齿和骨骼的重要微量元素之一。90%的氟存在于牙齿和骨骼内。适量的氟有利于钙、磷在骨中的沉积，对骨骼的生长和矿化起重要作用。而过量的氟会对肾造成一定损伤，引起维生素 D 缺乏，导致血钙水平下降，从而促使甲状旁腺素分泌，增加骨吸收，甚至发生溶骨现象。铜是骨基质中赖氨酰羧化酶的辅助因子，铜缺乏会引起骨胶原结构及功能异常。锰缺乏会干扰骨基质中多糖的合成。实验表明，锰缺乏时动物生长停滞，骨骼畸形，新生儿运动失调。锌缺乏会影响骨细胞增生及骨碱性磷酸酶的活性。镁在人体中 70%以磷酸盐的形式参与骨骼和牙齿的组成，具有调节钙的肠吸收和肾排泄作用，因此长期低镁可造成骨质病变。

6. 矿物质元素结合肽

在功能性食品研究领域，矿物质元素结合肽引起了食品科学工作者极大的研究兴趣。多数矿物质元素结合肽的中心位置含有磷酸化的丝氨酸基团和谷氨酰残基，与矿物元素结合的位点存在于这些氨基酸带负电荷的侧链一侧，其最明显的特征是含有磷酸基团。

与钙结合需要含丝氨酸的磷酸基团以及谷氨酸的自由羧基基团，这种结合可增强矿物质－肽复合物的可溶性。酪蛋白磷酸肽(casein phosphopeptide，CPP)是目前研究最多的矿物元素结合肽，它能与多种矿物元素结合形成可溶性的有机磷酸盐，充当许多矿物元素(如 Fe^{2+}、Mn^{2+}、Cu^{2+}、Se^{2+}，特别是 Ca^{2+})在体内运输的载体，能够促进小肠对 Ca^{2+} 和其他矿物元素的吸收。

酪蛋白磷酸肽的分子内具有丝氨酸磷酸化结构，对钙的吸收作用显著。它是应用生物技术从牛奶蛋白中分离出的天然生物活性肽，存在于牛乳干酪素中，主要分为两种：由 α-干酪素制成的 α-酪蛋白磷酸肽，是由 37 个不同氨基酸组成的磷肽，其中有与磷酸基结合的丝氨酸 7 个，相对分子质量为 4600；由 β-干酪素制成的 β-酪蛋白磷酸肽，是由 25 个不同氨基酸组成的磷肽，其中有与磷酸基相结合的丝氨酸 5 个，相对分子质量为 3100。酪蛋白磷酸肽在 pH 为 7～8 的条件下能有效地与钙形成可溶性络合物。

酪蛋白磷酸肽的生理功能主要为：促进成长期儿童骨骼和牙齿的发育；预防和改善骨质疏松；促进骨折患者的康复；预防和改善缺铁性贫血；抗龋齿。

日本、澳大利亚、德国等将酪蛋白磷酸肽应用于功能性食品中，如日本添加酪蛋白磷酸肽的补钙、补铁功能性食品，包括液体饮料、强化乳制品、饼干、糕点、糖果等。我国已于 1994 年实现了酪蛋白磷酸肽的规模化工业生产。

7. 其他活性成分

黄酮、异黄酮类化合物是常用的增加骨密度的功能性食品活性成分。一定剂量的葛根异黄酮能提高骨钙含量、增加骨密度，对去卵巢大鼠骨骼质量有明显的改善作用。葛根素具有与雌激素类似的减少骨吸收、促骨形成、增加骨密度的作用，而在刺激子宫组织增生的副作用方面又远小于雌激素。淫羊藿、蜂胶、补骨脂、骨碎补、羌活鱼、黄芪等含有的总黄酮以及大豆、红车轴草中的异黄酮等也有一定的预防和治疗由更年期综合征引起的骨质疏松、增加骨密度、防治生殖器官损伤的作用。

此外，硫酸软骨素具有促进骨细胞增生、诱导新骨形成的作用。柚皮苷能够促进骨髓基质细胞的分化与增殖，增加骨钙素的表达，有效逆转卵巢切除大鼠的骨质疏松过程。杜仲中的桃叶珊瑚苷也有改善骨质疏松、增加骨密度的作用。山楂酸能有效预防糖皮质激素造成的大鼠骨质疏松。鹧鸪茶多酚能改善去势大鼠骨质疏松。牛奶和菊粉对去卵巢大鼠骨密度的影响有叠加效应，而且与菊粉的含量成正比。番茄红素可提高骨质疏松大鼠的骨密度和骨生物力学特性。用瑞士乳杆菌发酵乳长期喂养大鼠，能明显增加其骨密度、骨矿物质含量和骨骼的承载能力，提高骨骼抵抗骨折的能力。硝酸甘油、共轭亚油酸、辅酶 Q_{10}、组织蛋白酶 K 抑制剂(如杨梅素及其衍生物)都具有增加骨密度的作用。

各成分的组合配伍方式不同，其增加骨密度改善骨钙水平的作用也有差异。有研究将含有中药(淫羊藿、骨碎补、怀牛膝)、天然产物(海洋鱼骨胶原蛋白、硫酸软骨素)、营养物质(碳酸钙、氨基葡萄糖盐酸盐、维生素 C、维生素 D)3 种类型的原料成分的产品进行组合，发现其具有增加骨密度、降低骨转换水平和提高股骨钙含量的作用，原料两两配伍或单用在各方面虽有一定的作用，但均未有三者联合配伍的作用明显。

7.3.2 增强骨骼功能的功能性食品评价标准

根据保健食品作用原理的不同，将评价增加骨密度功能的检验方法分为两种方案。第一种，如果是以补钙为主的保健食品，将直接测定试食受试物前后骨矿物质含量和骨密度，以进行功能性评价。机体中的钙绝大部分储存于骨骼及牙齿中，动物若摄入钙量不足会影响机体和骨骼的生长发育，表现为体重较轻、身长较短、骨钙含量不足及骨密度过低。生长期的大鼠在摄食低钙饲料的基础上分别补充碳酸钙(对照组)或受试含钙产品(试验组)，比较两者在促进机体及骨骼的生长发育、增加骨矿物质含量和骨密度上的差异，从而对受试样品增加骨密度的功能进行评价。第二种，如果是不含钙或不以补钙为主，但含有与骨代谢有关的其他功效成分的保健食品，在造成骨质疏松模型后，比较试食受试保健食品前后的骨矿物质含量并对增加骨密度的功能进行评价。雌性成年大鼠切除卵巢后，骨代谢增强，并发生骨重吸收(破骨)作用大于骨生成(成骨)作用的变化。这种变化表现为骨量丢失，经过一定时间的积累，可以造成骨密度降低或骨质疏松模型。在建立模型的同时或模型建立之后给模型试验组大鼠补充受试物，通过抑制受试物破骨或促进成骨等骨代谢调节作用，观察其增加骨密度、骨钙含量、骨重量、骨皮质厚度、骨小梁数量、骨小梁厚度、磷含量、钙吸收率的效果，从而对受试样品增加骨密度的功能进行评价。

1. 骨密度和骨矿物质含量的测定

根据 WHO 规定的骨质疏松判断标准，检测骨密度和骨矿物质含量是判断骨量减少、骨质疏松症及其严重程度的重要依据。退行性骨质疏松症有 30%～50%的患者无明显骨痛、肌痛或腰背痛等症状，生化指标变化又多不显著。因此，骨密度检测就成了研究诊断骨质疏松的重要客观依据。测定骨密度和骨矿物质含量通常使用的方法有以下几种。

(1)X 线检查。骨质疏松是一种全身性的骨疾病，其表现为松质骨和皮质骨均已发生改变，一般松质骨的改变先于皮质骨。X 线平片可以观察到骨骼的细微结构，皮质骨的厚薄和密度，骨小梁的数量、粗细和分布，必要时可以进行 X 线放大摄影，观察骨小梁结构的变化及皮质骨内吸收的改变。当骨质疏松发展到一定程度时，可根据骨质密度、骨皮质厚薄、骨小梁粗细等情况判断骨质疏松的严重程度。但由于其不易观察到松质骨的变化，因此，在骨质疏松早期用 X 线检查意义不大。

(2)单光子吸收测定法。利用骨组织对放射线的吸收与骨矿物质含量成正比的原理，以放射性同位素为光源，测定动物和人体四肢骨的骨矿物质含量。一般常用部位为桡骨和尺骨远 1/3 交界处，可测定骨矿物质含量、骨横径、骨密度及骨矿物质分布曲线。该法不能测定髋骨及中轴骨的骨宽度。

(3)双能 X 线吸收测定法。通过 X 射线束滤过式脉冲开关技术可获得两种能量，即低能和高能光子峰。射线穿透身体之后，扫描系统将接收的信号传送到计算机进行数据处理，计算骨矿物质含量、面积和骨密度。该仪器可测定全身任何部位的骨量，且精确度高、对人体危害小。

2. 生化指标的测定

骨组织的代谢是一个旧骨不断吸收、新骨不断形成的周而复始的过程，称此为骨的再建。骨再建的速率称为骨更新率或转换率。测定血、尿的矿物质及其某些生化指标有助于判断骨代谢状态及骨更新率的快慢，对骨质疏松的判断有重要意义。骨代谢的生化指标检查具有快速、灵敏及在短期内观察骨代谢动态变化的特点，而骨密度检查一般需要半年以上才能观察到动态变化。因此，生化检查对观察药物和保健食品在短期内对骨代谢的影响是必不可少的指标，并可指导及时修正治疗方案。

1)血、尿骨矿成分的检测

(1)血钙。血钙由三种形式组成：46％为离子钙，40％是与蛋白质结合的钙，14％的钙与自由扩散的复合物结合。血钙受三种钙调节激素精密地调节在一个狭窄的范围内波动，非常稳定。成人血钙正常范围为 2.1～2.55mmol/L，儿童为 2.2～2.7mmol/L。甲状腺功能亢进、维生素 D 过量者，血钙增高；佝偻病、软骨病及甲状腺功能低下者，血钙下降；老年性骨质疏松者的血钙一般在正常范围内。

(2)血磷。钙、磷代谢在骨矿代谢中占重要地位，两者要保持合适比例，磷钙比为 2∶1 较为适宜。只摄钙，不给磷，钙吸收不良；投磷过多会影响钙的吸收。生长激素分泌增加的疾病如巨人症、肢端肥大症，血磷上升；甲状旁腺功能低下、维生素 D 中毒、肾功不全、多发性骨髓率及骨折愈合期，血磷增高；甲状旁腺功能亢进、佝偻病及软骨病，血磷降低；绝经后妇女骨质疏松症，血磷上升，可能与雌激素下降，生长激素上升有关；老年性骨质疏松症，血磷一般正常。

(3)血清镁。镁是人体内的重要矿物质，人体 50％的镁存在于骨组织，低镁可影响维生素 D 的活性。肠道对镁的吸收随着年龄的增长而减少。甲状旁腺功能亢进、慢性肾病、原发性醛固酮增多症、绝经后及老年性骨质疏松症，血清镁均下降。

(4)尿钙、磷、镁。尿钙、磷、镁的测定是研究骨代谢的重要参数，通常测定包括 24h 尿钙、磷、镁，空腹 24h 尿钙、磷、镁及每克肌酐排出的尿钙、磷比值。该项检查受饮食、季节、日照、药物、疾病等因素的影响较多，需严格限定条件再进行测定。老年性骨质疏松症的尿钙、磷在正常范围，尿镁略低于正常范围。

(5)钙、磷、镁的平衡。钙、磷、镁平衡是研究这三种矿物质代谢的重要方法。原发性骨质疏松是一类骨矿物质丢失非常缓慢的疾病，患者往往没有任何症状和体征，此时可借助于钙、磷、镁平衡研究。同时测定摄入、尿排出和粪排出的 3 种矿物质量，总摄入量和总排出量之差即净平衡值。如净平衡值为零，即矿物质收支平衡；如净平衡值为正数，表明矿物质不断沉积在骨中，如生长发育期的儿童属于此类情况；如果净平衡值为负数，则说明矿物质不断从骨中释放，如原发性骨质疏松症患者。

2)骨形成指标

原发性Ⅰ型绝经后骨质疏松症多数表现为骨形成和骨吸收过程增高，称高转移型骨质疏松症。而老年性骨质疏松症(Ⅱ型)多数表现为骨形成和骨吸收的生化指标正常或降低，称低转换型骨质疏松症。

(1)碱性磷酸酶。碱性磷酸酶是最常见的评价骨形成和骨转换的指标。单纯测血中碱性磷酸酶意义不大，不敏感。测同工酶骨碱性磷酸酶较敏感。在骨更新率增加的代谢性骨病如畸形骨炎、先天性佝偻病、甲状旁腺功能亢进、骨转移癌及氟骨症等的骨碱性磷酸酶显著升高。绝经后骨质疏松症者约有60%的骨碱性磷酸酶升高，血清碱性磷酸酶升高者仅占22%。老年骨质疏松症形成缓慢，碱性磷酸酶变化不显著。

(2)骨钙素。骨钙素是骨骼中含量最高的非胶原蛋白，它由成骨细胞分泌，受1,25 $(OH)_2D_3$调节。骨钙素主要的生理功能是维持骨的正常矿化速率，抑制异常的羟磷灰石结晶形成和软骨的矿化速率。骨钙素是骨更新的指标，通过骨钙素的测定可以了解成骨细胞的动态。骨更新率上升的疾病有甲状旁腺功能亢进、畸形骨炎、老年性骨质疏松症等。绝经后骨质疏松症，骨钙素升高明显，雌激素治疗2～8周后骨钙素下降50%以上。

(3)血清Ⅰ型前胶原羧基端前肽(procollagen type Ⅰ carboxy-terminal peptide, PICP)。PICP是成骨细胞合成胶原时的中间产物，是反映成骨细胞活动状态的敏感指标。PICP与骨形成呈正相关。畸形骨炎、骨肿瘤、儿童发育期、妊娠后期PICP升高，老年性骨质疏松症PICP变化不显著。

3)骨吸收指标

(1)尿羟脯氨酸。羟脯氨酸(hydroxyproline, HOP)是人体胶原蛋白的主要成分，占10%～13%。尿中的HOP有50%来自骨。尿中排出的HOP基本上能反映骨吸收和骨转换程度。因此，尿中的HOP是反映骨更新的指标。尿HOP受饮食影响较大，收集24h尿之前，应进素食2～3d。HOP显著升高的疾病有甲状腺功能亢进、甲状旁腺功能亢进、畸形骨炎、骨转移癌等。甲状腺功能低下、侏儒症，HOP显著降低；老年性骨质疏松症，HOP变化不显著；绝经后骨质疏松症HOP升高。

(2)尿羟赖氨酸糖苷(hydroxylysine glycoside, HOLG)。羟赖氨酸是胶原含的另一种特异氨基酸。它虽然含量少，但由于在骨与软骨组织中半乳糖苷羟赖氨酸和葡萄半乳糖苷羟赖氨酸的相对比例和总量不同，因此，是最能反映骨吸收的指标。HOLG较HOP更灵敏。老年性骨质疏松症，HOLG可能升高。

(3)血浆或血清抗酒石酸盐酸性磷酸酶(tartrate resistant acid phosphatase, TRAP)。TRAP主要由破骨细胞释放，是反映破骨细胞活性和骨吸收状态的敏感指标。TRAP增高见于甲状旁腺功能亢进、畸形骨炎、骨转移癌、慢性肾功能不全及绝经后骨质疏松症。老年性骨质疏松症TRAP增高不显著。

骨的代谢过程受机体众多激素、酶等体液因子的调节，随着骨质疏松症研究的深入，人们了解了更多的对骨质疏松症形成产生影响的原因和伴随骨质疏松症而发生的代谢变化，加上生化检测水平的不断提高，对多种参与骨代谢的激素、酶和矿物质已能进行精确定量。以上生化指标虽然对骨质疏松的判断没有特异性，但可作为辅助手段，尤其在骨质疏松症病因的研究、鉴别诊断和分型方面有其独到的参考作用。

7.3.3 增强骨骼功能的功能性食品研发流程

与普通食品一样，功能性食品的开发遵循一定的研发流程，在第一、二阶段，需要食品科学家、营养学家和市场营销专家共同参与，提出产品创意。在第三、四阶段，产品设计开发是一个把概念转变为现实的过程，其关键问题有两个，其一能否使产品忠实于经过消费者验证的产品概念；其二能否有经济效益。在第五阶段，产品生产制造是把确定的产品规模化生产的过程。选择合适的单元操作组合不但可以保证产品质量稳定，还有助于降低生产成本。

截至2015年，我国具有增加骨密度的保健食品生产企业主要分布于北京、广东、山东、上海及江苏，80%以上的产品为单一功能的保健食品，产品剂型以胶囊剂与片剂为主，产品配方主要由4～9种原辅料组成，常用原料包括碳酸钙、维生素D、淫羊藿、骨碎补、氨基葡萄糖及大豆提取物，功能成分主要包括钙、维生素D、异黄酮、氨基葡萄糖、硫酸软骨素、总皂苷等物质。总体上，产品科技含量较低，低水平重复较多。中医药理论与资源是我国增加骨密度保健食品的优势与特色，可根据自身情况对其适度应用，以提高竞争力。

总之，功能性食品的研发基于对市场的把握、对竞争对手的了解和对自身实力的认识。以开发增加骨密度功能性食品为例，该产品的研发包括对骨质疏松症发生情况的调查、对竞争产品的分析、对产品实现的控制等。

7.4 增强骨骼功能的功能性食品研发案例

探讨功能性食品是否具有增加骨密度功能的动物试验主要通过测定大鼠钙代谢、股骨中心宽度、骨矿物质含量和骨密度、大鼠股骨远心端宽度、大鼠股骨重量和钙含量等进行。如氨基酸螯合钙片对增加骨密度功能动物性试验，若试验高剂量组动物骨股中点及远端骨密度、骨钙含量、骨股重量高于低钙对照组和相应剂量的碳酸钙对照组，试验各剂量组动物喂养4周时的体重和身长不低于相同水平的碳酸钙对照组，钙的表观吸收率与相同水平的碳酸钙对照组相比较高，则可认为该保健食品具有增加骨密度功能。为了观察含有生物碱、皂苷、多糖、蛋白质、维生素D、维生素C、锗、硒、钙多种活性物质和营养素等的功能性食品对骨质疏松症(OP)的影响，可分别通过动物试验和临床验证观察受试食品对提高骨矿物含量及缓解OP进程的效果。

7.4.1 材料与方法

1. 受试物

受试的保健食品样品由某药业公司提供，其有效成分为枸杞、茯苓、山药及高效活性钙、维生素D等，该药业公司声称其具有延缓OP进程、提高骨矿物含量的作用。

2. 试验动物

选用Wistar雌性大鼠(鼠龄13个月，体重270～350g)40只，随机分成4组，每组10只。Ⅰ组为正常对照组，Ⅱ组为低钙饲料组(含钙0.22%)，Ⅲ组为OP试验模型组，Ⅳ组为OP试验模型同时加喂受试品组，各组均试食5周。

3. 试验方法

1)动物试验

各组大鼠每周称重 2 次，5 周后摘眼球取血备用。用脱椎法处死大鼠，摘取心脏、肝脏、子宫和股骨备用，并测定以下骨指标(单位均为 g/cm^2)。

(1)骨矿物含量。采用 SD-100 型骨矿物仪(放射源为 241 镅 γ 射线)对左侧股骨进行扫描，得到骨矿物含量。

(2)骨干燥重量。左侧股骨用氯仿－甲醇(2∶1)混合液浸泡 3～4h 脱脂，如此三次；121℃干燥 8h 后称干重。

(3)骨灰重。称干重后的股骨，800℃灰化 10h，称灰重。

(4)骨钙重。灰分溶于 6mol/L HCl 中，用原子吸收分光光度法测定其钙含量。

(5)骨切片镜检。右侧股骨作切片，HE 染色，镜检观察组织结构。

2)临床验证

共验证两所医院的 70 个病例(男性 25 人、女性 45 人)，均经骨矿物质仪检查确诊为 OP 患者。对其膳食中钙含量调查显示，65 例(92.86%)患者未达到我国每日膳食中钙供给量标准。两所医院的受试病例分别为 50 例和 20 例。采用验证前后自身对照法，对肾虚症状进行积分评价，检测指标为测定骨矿物含量和清晨空腹尿钙/肌酐(Ca/Cr)比值。3 个月为一个疗程。

7.4.2 结果

1. 动物试验结果

体重：在给予试验品 5 周后，Ⅲ组的体重显著低于其他各组($P<0.05$)。

子宫脏器系数：以实验室开始的体重除以试验完毕时的子宫重量，计算子宫与体重比的各组平均值。结果显示Ⅳ组接近Ⅰ组，且明显高于Ⅱ组($P<0.05$)。

骨干燥重量：Ⅳ组>Ⅰ组>Ⅱ组>Ⅲ组。

骨灰重：Ⅰ组>Ⅳ组>Ⅱ组>Ⅲ组。

钙重量：将Ⅰ组的含钙量作为 100%，Ⅳ组、Ⅱ组、Ⅲ组分别为 87.04%、73.89% 和 69.15%；Ⅳ组比Ⅲ组高 17.89%。

骨矿物含量：Ⅰ组、Ⅱ组、Ⅲ组、Ⅳ组分别为 0.2658±0.0135、0.2413±0.0156、0.2497±0.0208 和 0.2962±0.0220。Ⅳ组明显高于Ⅱ组、Ⅲ组($P<0.01$)。

骨切片镜检：Ⅳ组与Ⅲ组比较，骨皮质较厚、骨梁较粗、数量较多、血管间隙较小，且排列整齐。

2. 临床验证结果

50 例病例组结果：服用受试品一个疗程，肾虚、肾阳虚、肾阴虚患者的症状积分均值分别下降至 2.30($P<0.05$)、3.69($P<0.001$)和 4.10($P<0.005$)。桡骨骨矿物量提高

者 22 例($P<0.001$)，尺骨骨矿物提高者 20 例($P<0.001$)，桡尺骨骨矿物均值提高者 25 例($P<0.001$)，其余病例保持原有水平($P>0.05$)。服用后均未观察到任何不良反应。

20 例病例组结果：服用受试品一个疗程后，检测骨矿物含量：尺骨、桡骨和桡尺骨均值分别由服用前的 0.5989 ± 0.0928、0.5833 ± 0.0829、0.5911 ± 0.0724 上升为 0.6332 ± 0.1034、0.6138 ± 0.1211、0.6224 ± 0.1304，均有显著差异($P<0.01$)。Ca/Cr 值由 0.301 ± 0.031 下降为 0.247 ± 0.091($P<0.05$)。肾虚、肾阴虚症状积分情况有明显改善，分别由 4.27 和 6.12 下降为 3.01 和 4.07。服用后均未观察到任何不良反应。

7.4.3　结论

本试验通过动物试验和临床试验观察了该功能性食品组方对 OP 的影响。中西医结合研究表明，肾虚者下丘脑－垂体－性腺激素分泌下降，从而导致成骨功能的低下，致使单位体积内骨组织量减少。可见，肾虚是 OP 发生的重要原因。西医理论认为雌激素的缺乏是 OP 发生的重要原因，这与肾虚学说相似。本受试物的组成含有药食兼用、补肾益精的中药成分，可调整下丘脑－垂体－性腺轴的功能，提高性激素水平。动物试验结果增加了子宫重量，提示本品具有雌激素样作用，从而促进了成骨功能。

思　考　题

1. 哪些人群容易出现运动系统的常见疾病？

2. 运动系统常见疾病有哪些？哪些运动系统疾病可以通过摄入功能性食品来辅助改善？目前市场上有哪些保健食品可以改善运动系统？

3. 增强骨骼功能的功能性食品成分有哪些？它们分别起到何种作用以增强骨骼功能？

参 考 文 献

刘景圣，孟宪军. 2005. 功能性食品 [M]. 北京：中国农业出版社.

金宗濂. 2005. 功能性食品教程 [M]. 北京：中国轻工业出版社.

钟耀广. 2004. 功能性食品 [M]. 北京：化学工业出版社.

左明雪. 2003. 人体解剖生理学 [M]. 北京：高等教育出版社.

杨荣鑑，范青生，陈子林，等. 1993. OP 功能性食品——宫廷强骨珍的研究 [J]. 南昌大学学报理科版，17 (2)：72-76.

翟建英，靳冉，李晋生，等. 2014. 仙灵脾益源胶囊增加骨密度的原料配伍合理性实验研究 [J]. 中医学报，29 (10)：1462-1464.

郑红星，祁姗姗. 2016. 我国注册增加骨密度保健食品现状分析 [J]. 食品工业，37(6)：190-193.

Smith J，Charter E. 2010. Chapter 7. Dairy Ingredients in New Functional Food Product Development [M] // Functional Food Product Development. Wiley - Blackwell，135-145.

第 8 章　改善循环系统的功能性食品

血液循环系统的主要功能是负责机体内物质的运输，使新陈代谢有序进行；内分泌激素和生物活性物质通过血液运输作用于相应的靶细胞，实现机体的体液调节；机体内环境稳态的维持和血液防卫机能的实现，都有赖于血液循环系统的正常状态。心血管循环系统机能紊乱严重危害着人类健康，在我国心脑血管疾病的总死亡率仅次于恶性肿瘤，居第二位，常见的有动脉粥样硬化、高血压、高血脂、冠心病、脑血栓、心律不齐、心绞痛、脑溢血、心肌梗塞等。许多心血管疾病的发生都与营养代谢密切相关，保持膳食营养均衡对心血管疾病的预防和治疗具有重要意义。

改善循环系统的功能性食品主要是通过保持合理膳食营养均衡，调节血压、血脂，改善营养性贫血等途径调节机体的心血管系统机能，降低疾病发生的概率及风险。

8.1　循环系统

8.1.1　循环系统的构成与生理功能

1. 循环系统的构成

循环系统是生物体内的运输系统，由心血管系统和淋巴系统两部分组成，分布于全身各处，通常特指心血管系统。循环系统是由生物体的细胞外液(包括血浆、淋巴和组织液)及其借以循环流动的管道组成的系统。心血管系统是由心脏和血管组成的一个遍布全身的封闭管道系统。淋巴系统包括毛细淋巴管、淋巴管、淋巴干和淋巴导管等。人体循环系统如图 8-1 所示。

循环系统将消化道吸收的营养物质和由鳃或肺吸进的氧输送到各组织器官并将各组织器官的代谢产物通过同样的途径输入血液，经肺、肾排出，还输送热量到身体各部以保持体温，输送激素到靶器官以调节其功能。高等动物的循环系统除运输功能外还有附加的功能：如机体的保护作用；将血液运输到受伤或感染部位，包括白细胞和免疫蛋白(抗体)、凝血物质(在受伤部位形成纤维蛋白网)；将身体储存的脂肪和糖运输到用场等。血液循环受神经体液因素的调节，这些因素在中枢神经高级部位的整合下能使心血管系统保持适当的血压和血流，这是确保各组织器官正常物质交换、维持正常功能活动的先决条件。血液只有在全身不停地循环流动才能完成其多种功能，血液循环的停止是死亡的前兆，具有非常重要的生理意义。到达各器官的独特的血液循环称为特殊区域循环或器官循环。

心血管系统的主要组成部分及其功能如下。

(1)心脏。心脏处于循环系统的中心，是一个中空的肌性器官，由左、右心房和心室四个心腔组成，同侧房室间有房室瓣相通，左房室之间的瓣膜称二尖瓣，右房室之间的瓣膜称三尖瓣。左、右心室与大血管之间也有瓣膜相通，左心室与主动脉之间的瓣膜称主动脉瓣，右心室与肺动脉之间的瓣膜称肺动脉瓣。心脏有节律地收缩和舒张推动血液循环，将腔静脉回流来的含氧量低的血液泵入肺动脉，并将自肺静脉回流来的含氧量高的血液泵入主动脉，供应全身脏器。

(2)心脏的传导系统。心脏的传导系统由负责正常冲动形成与冲动传导的特殊心肌细胞组成。包括窦房结、结间束、房室结、房室束(希氏束)、左右束支及其分支和浦肯野纤维网。该系统能节律地发放冲动，并将冲动迅速传到普通心肌使之兴奋而收缩，其中窦房结具有最高的自律性。

(3)心脏的血液供应。心脏本身的血液供应主要来自冠状动脉，起源于主动脉根部，其大分支分布于心肌表面，小分支进入心肌，经毛细血管网汇集成心脏静脉，最后形成冠状静脉窦进入右心房。

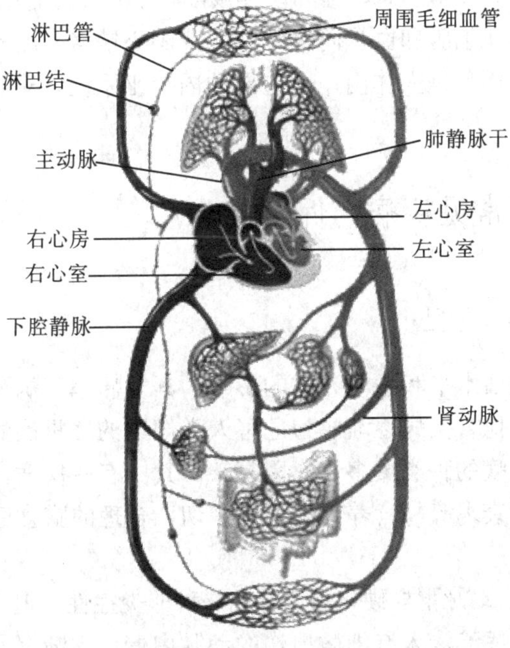

图 8-1　人体循环系统示意图

(4)血管。血管是循环系统运输血液的管道，包括动脉、毛细血管和静脉。动脉管壁含有较多的肌纤维和弹力纤维，具有一定的张力和弹性，并能在各种血管活性物质的作用下收缩和舒张，改变外周血管的阻力，将血液从心脏向组织输送，又称“阻力血管”。毛细血管连接小动脉和小静脉，在组织中呈网状分布，管壁仅由一层内皮细胞和少量纤维组织构成，是血液和组织进行物质交换的场所：提供氧、激素、酶、维生素和其他营养物质，运走代谢产物和二氧化碳，故毛细血管又称“功能血管”。静脉将血液从组织汇入心脏，管壁较薄、管腔较大，能容纳很大的血量，又称“容量血管”。阻力血管和容量血管对维持和调节心功能有重要作用。

2. 循环系统的功能

循环系统的功能主要是为全身各组织器官运输血液和淋巴，通过血液和淋巴将消化器官吸收的氧、营养物质、肺吸收的 O_2 和内分泌器官分泌的激素输送到全身各器官、组织和细胞进行新陈代谢，同时将组织代谢产物，如 CO_2、尿素等运走，维持机体内部理化环境的相对稳定，以保证人体新陈代谢的正常进行。研究发现心肌细胞和血管内皮细胞也具有内分泌功能，能分泌心钠肽、内皮素、内皮舒张因子等活性物质，在调节心、血管的运动和功能方面有重要作用。此外，循环系统还有防御、保护和调节体温等作用。

循环系统的功能受神经体液因素的调节：①调节循环系统的神经：交感神经通过兴奋心脏肾上腺素能 α 和 β 受体，使心率加速、传导加快、心脏收缩力增强和周围血管收缩(α 和 β 受体兴奋使冠状血管和骨骼肌内血管舒张)；副交感神经通过兴奋乙酰胆碱能受体，使心率减慢、传导抑制、心脏收缩力减弱和周围血管扩张。②调节循环系统的体液因素：激素、电解质和一些代谢产物是调节循环系统的体液因素，儿茶酚胺、钠和钙等增加心率和心肌收缩力，乙酰胆碱、钾和镁等减慢心率和降低心肌收缩力。

近年，研究发现心肌细胞和血管内皮细胞能分泌心钠素，因此认为循环系统不仅是一个血流动力学系统，而且是人体内一个重要的内分泌系统，对心血管的活动调节起到了一定作用。

8.1.2 循环系统常见疾病与保健需求

1. 循环系统常见疾病类型

循环系统疾病受生活水平和生活方式的影响，其发病率和病死率都很高。而且，随着人口寿命的延长，心血管疾病逐渐成为危害人类健康的严重疾病，是造成死亡的主要原因之一。循环系统疾病的种类繁多，病因复杂。其中有些疾病，如动脉粥样硬化、冠心病、高血压病和心力衰竭等与营养因素关系密切，合理的膳食已成为防治这些疾病的重要措施之一。

(1)动脉粥样硬化。动脉粥样硬化是动脉的一种非炎症性、退行性和增生性病变，是指血液中过量脂肪和胆固醇渗入有细微损伤的动脉内壁，逐渐沉积的过程。病变导致血管壁增厚变硬，弹性减弱和管腔缩小；在病变的动脉壁内层，保存着很多黄色粥样的斑块，局部出现脂质、复合糖类的积聚，出血和形成血栓，纤维组织增生和钙质沉着，并伴有动脉的退化和钙化。本病根据侵犯部位不同分为脑动脉硬化、主动脉硬化、冠状动脉硬化、肾动脉硬化或周围动脉硬化等不同类型。

(2)冠心病。冠心病是冠状动脉粥样硬化性心脏病的简称，是由于供给心肌血液的动脉(冠状动脉)的粥样硬化，使动脉内腔狭窄，心肌的血液供给不足，导致心肌缺氧、缺血而引起的一种心脏病。最常见的是心绞痛和心肌梗死。心肌梗死也称心脏病发作，指部分心肌由于严重缺血而引起的坏死。

(3)高脂血症。血脂是血浆中所含脂质的总称。血液中脂质成分包括甘油三酯(TG)、胆固醇(TC)、胆固醇脂、脂肪酸和磷脂等 5 种。当血浆脂质浓度超过正常标准时称高脂血症。

(4)高血压。收缩压达到或超过 160mmHg 和舒张压达到或超过 95mmHg 者为高血压。早期高血压患者可表现为头痛、头晕、耳鸣、心悸、眼花、注意力不集中、记忆力减退、手脚麻木、疲乏无力、易烦躁等症状，这些症状多为高级神经功能失调所致，其轻重程度与血压增高程度相一致。2010 年，中国高血压患者已经超过 2 亿人，每年还在以 1000 万的人数继续增加。而且，高血压不再是中老年人的“专利”，30 岁以下的人高血压的患病率已经达到 10%，上升的趋势远远高于老年人。有统计显示，在中国每年死亡的 300 万心血管病患者中，50%都与高血压有关。

随着心血管疾病的增多，人们越来越重视饮食的重要性。

2. 人体微循环

微循环是指直接参与组织、细胞间新陈代谢物质交换的微动脉和微静脉之间的血液循环。它直接给细胞供血、供氧、供能量及有关营养物质，同时还排出对人体有害的代谢产物，例如肌酸、乳酸、二氧化碳等。微循环是人体新陈代谢的场所，是人体的内环境，是生命最基本的保证，人体的任何器官、任何部位(包括心脏在内)都必须要有一个正常健康的微循环，否则相应器官就会出现病变。正常情况下，微循环血流量与人体组织、器官代谢水平相适应，使人体内部各器官生理功能得以正常进行。若微循环不通畅，就好像一块秧田的水渠堵塞，禾苗得不到水分就会枯死一样，人体脏器也会因新陈代谢不正常而出现疾病和衰老等。例如当心肌需求障碍时，人体可以出现心慌、胸闷、早搏、心律不齐、心肌缺血、心肌梗死、心源性猝死等；当脑的微循环发生障碍可出现神经衰弱、失眠健忘、头痛头晕，甚至面瘫、中风、痴呆等；当肝微循环障碍时会出现腹痛、腹胀、食欲不振等；当肾循环发生障碍时会出现腰痛、血尿、蛋白尿、水肿等症状；当皮肤微循环发生障碍时会出现瘀斑、老年斑以及手足麻木、身体上有蚁走感、全身不适等异常感觉；全身微循环出现衰退时也就是人体衰老的开始。人们说微循环不通则中风，微循环好心肌梗死少，微循环流畅健康长寿。

在人体血液循环系统中微循环灌注是输送 O_2 和营养物质给组织细胞并运走 CO_2 和代谢产物的最终环节，也是最重要的环节，因此微循环灌注对于细胞代谢非常重要。微循环灌注障碍将引起严重的代谢障碍，严重时将引起各组织器官的衰竭甚至导致死亡。但目前对于微循环灌注的直接可视化以及定量化监测手段极为有限，特别是对危重患者。如何在病床旁快速简单地监测微循环状况、如何早期发现休克(微循环衰竭)对于提高危重患者的生存率极为关键。

3. 改善微循环的保健方法

改善微循环对人体的好处有哪些？日常生活中我们要做些什么才能改善微循环？人

体单纯靠心脏的收缩力量不能将血液直接灌注到人体各器官的组织细胞，必须靠微循环对血液进行第二次调节、第二次灌注，所以在医学上把微循环比喻为人体的“第二心脏”。

微循环的功能主要有两方面：一是物质交换的场所。二是调节血流和血量。微循环的血管数量极多、容量很大。改变这个血库的容血量，就可以调节全身的循环血量和静脉的回心血量。如果微循环的血管变形，血管堵塞不通，就会造成器官组织的细胞缺血及缺氧性细胞坏死、病变等，发生微循环障碍，使人体产生多种不适感，严重的可导致疾病。衡量人体微循环系统是否正常的方法，除了观察除了观察是否出现头晕头痛、胸闷心慌、肌肉酸痛、月经不调、皮肤松弛等五个信号外，更专业的办法是定期到医院，用特殊的微循环显微镜来进行甲襞和眼环结膜微循环检查。改善微循环障碍主要是增加毛细血管的柔韧性，扩张血管，加快血流速度，主要有以下三种方法。

(1)多运动。运动可活动血脉、通经活络。慢跑、散步、打太极拳等强度较低的运动比较适合秋冬季锻炼。另外，还有一些简单的运动方法：①拍打法。即用双空心拳或健身锤，从上到下拍打全身，重点敲击背部及足三里、命门、涌泉等重要穴位。此法可以促进击打部位的血液循环，产生振动波和冲击波，传至肌肉和内脏器官的深部，促进肌肉和内脏的微循环，使全身末梢血液供应得到改善。②抖动法。是由自身发动的全身颤抖。方法是挺胸站立，以脚跟和膝盖为轴，有意识地进行全身上下各部位肌肉和内脏颤抖，此法对全身微循环有良好的促进作用。③擦身法。每天坚持冷水擦身或干毛巾擦身，从上到下把全身皮肤都擦得发热发红，此法是促进体表微循环的有效方法。

(2)均衡膳食。身体所需的各种营养物质尽量一应俱全，容易手脚冰凉的人可多吃一些含热量较高的食品，如牛肉、羊肉、辣椒、葱、蒜等。

(3)从中医的角度来看，建议多从天然药材中补充抗氧化剂以促进微循环，如银杏叶、当归、四君子等。

8.2 辅助调节血压的功能性食品

8.2.1 概述

高血压是指以体循环动脉血压升高为主要表现的临床综合征，依据其病因不同分为原发性高血压和继发性高血压。原发性高血压是指病因不明，以动脉压升高为主，最终可出现心、脑、肾等重要脏器功能损害，甚至发生功能衰竭的心血管疾病，占高血压的95%以上，又称为高血压病。继发性高血压是指病因明确、由原发病引起的血压升高，为该原发病的临床表现，多见于原发性肾小球疾病、内分泌疾病等，约占高血压的5%。高血压病是冠心病、脑血管疾病的主要危险因素，因为在血压升高的早期多无特异性症状，甚至无自我不适感，往往未引起重视而延误诊断与治疗，直至发生临床危急情况或出现严重并发症，因而被称为“无声杀手”。因此，高血压病的早发现、早诊断、正规治疗，以及对高血压患者的长期综合性管理，是改善社区居民健康状况、提高身体素质的重要方面。

高血压是指收缩压或舒张压升高的一组临床症候群。正常成年人的收缩压为 12.0～18.7kPa(90～140mmHg)，舒张压为 6.7～12.0kPa(50.4～90.2mmHg)。WHO 规定凡成年人收缩压达 21.3kPa(157mmHg)或舒张压达 12.7kPa(95.5mmHg)以上的即可确诊为高血压。作为现代文明病之一的高血压是目前最常见的心血管疾病，对人类健康具有极大的危害性。高血压存在着“三高”和“三低”的发病特点。“三高”：①发病率高，据世界卫生组织估测，全世界有 7 亿人患有高血压，我国的高血压患病人数超过 2 亿。据我国对 15 岁以上人群的抽样调查结果显示，目前全国高血压患病率已由 1959 年的 5.11%上升到 12%以上，超过 1 亿人，且仍在以每年 350 万人的速度递增。②致残率高，就脑中风而言，其中 75%丧失劳动能力，40%重度致残，生活不能自理，肾功能衰竭者也以 8%的速度递增。③死亡率高，全世界每年有 300 万人死于高血压。“三低”：①知晓率低，高血压通常被人们称为无预兆的疾病，只有约 35%的患者知道自己患有高血压。②服药率低，主要是人们对高血压的危害未引起高度重视，感觉不舒服就吃药，症状消失就停药，从而贻误治愈。③控制率低，调查显示，城市中仅有 4.1%、农村仅有 1.2%的高血压患者的病情得到有效控制。

8.2.2　高血压的发病机理及特点

1. 高血压的发病机理

人的心脏不断输入血液到动脉血管系统，血液在血管内流动时对血管壁产生的压力称为血压。血压有动脉血压和静脉血压之分，通常是指动脉血压。高血压是指动脉血压高于正常值。高血压分为原发性高血压和继发性高血压两种。继发性高血压是由某些疾病，如肾脏病、内分泌功能障碍、肾动脉狭窄、颅脑疾病等引起的，通常仅占高血压患者的 10%左右，一般消除引起高血压的病因，高血压的症状即可消失。原发性高血压又称初发性或自发性高血压，发病原因尚未完全明确。

2. 高血压的发病特点

1)易发人群

(1)精神长期高度紧张的人为高血压的主要易发人群。由于精神长期高度紧张易造成大脑皮层功能失调，影响交感神经和肾上腺素，促使心脏收缩加速，血输出量增多，导致血压升高。

(2)摄入食盐多的肥胖者易患高血压。肥胖和高盐摄入的人群易患高血压已得到国际社会的广泛认可，因此肥胖者应合理安排饮食，少食盐，控制体重。

(3)有吸烟嗜酒等不良习惯的人易患高血压。虽然没有直接的证据证明吸烟嗜酒会导致高血压的发生，但对高血压患者的调查中发现有吸烟嗜酒等不良习惯的人占有相当大的比例。所以已有高血压倾向的人必须戒烟戒酒。

(4)高血脂、糖尿病患者易患高血压。

2)发病趋势

现代高血压的发病率高，发病群体呈年轻化趋势，已成为一个不容忽视的社会问题。造成青少年高血压发病趋势增高的原因有以下几方面。

(1)遗传因素。研究表明只要祖父、祖母一代有高血压、冠心病、脑中风病史，该儿童的血压就会偏高，其中以脑中风影响最强。而父母一代又强于祖父母代，一般儿童高血压患病率家族史阳性组是阴性组的3倍左右。

(2)肥胖和超重。肥胖和超重是导致高血压最重要和最具决定性的外在因素，不分种族、年龄、性别。肥胖不仅使血压升高，而且会使动脉粥状硬化提前发生，还会造成高血脂、糖尿病、脂肪肝等疾病。肥胖本身可使高血压的患病率提高2~3倍，但如与家族史阳性同时存在，则患病率不是简单的相加而是相乘的关系。

(3)不良的膳食习惯。凡饮食习惯偏咸、偏高脂肪，低钙、钾、镁、纤维素者血压都高，因此合理的膳食对预防青少年高血压具有重要作用。

(4)吸烟等不良习惯。吸烟与高血压发生的关系虽然不是非常明确，但是吸烟者的总血清胆固醇及低密度脂蛋白升高，高密度脂蛋白降低，血小板的黏附性增高聚集性增强，凝血时间缩短，血浆中纤维蛋白原浓度升高，这些都可促进动脉粥样硬化。而且，吸烟可引起青年冠心病、早发肺癌。

8.2.3 具有降血压作用的食品资源

高血压是一种高发的疾病，尤其在现代社会发病群体更有年轻化趋势，如何防治高血压是人类共同面对的难题。高血压也是一种慢性疾病，它通常会伴随患者很长一段时间，除了服用药物外，还可以通过饮食的调节来达到辅助治疗的效果。

高血压一般是通过药物来治疗，但是可以从饮食方面加以控制，这样可以更好地治疗高血压。而且高血压饮食疗法和药物疗法一样，有着十分重要的作用。高血压饮食疗法主要是通过控制热量、脂肪、蛋白质等的摄入来达到效果，健康均衡的饮食有助于降低血压。因此，饮食疗法在整个防治高血压过程中都十分重要。

目前很多食品的提取物都含有降血压的功能因子，如黄酮类、莲心碱、降压肽等。开发出的降压食品具有保护血管、降血压、降血脂、预防血栓形成的功效。虽然这些食品不能代替药品，但能起到很好的控制和预防作用。

(1)大豆低聚肽。由2~10个氨基酸组成的短链多肽和少量游离氨基酸组成，白色至微黄色粉末，无豆腥味，无蛋白变性，遇酸不沉淀，遇热不凝固，易溶于水。具有抑制血管紧张素转换酶(ACE)的活性，防止血管末梢收缩，从而达到降低血压的作用。

(2)杜仲叶提取物。主要为丁香树脂双苷和杜仲酸苷等，具有降压作用，经小鼠试验证明，$LD_{50}>5.64g/kg$。

(3)芸香苷提取物。主要为一种配糖体，糖苷配基为栎精，糖为鼠李糖和葡萄糖，黄色小针状晶体，或淡黄至绿色结晶性粉末，有特殊香味。遇光颜色转深，有苦味。经小鼠试验证明，$LD_{50}>950mg/kg$。

(4)山楂。山楂为蔷薇科山楂属植物，原产于我国北方广大地区，适应性强，现在我国广泛栽培。山楂味甘、酸，性微温，归脾、胃、肝经，山楂果实营养丰富，综合利用价值高，是国家卫计委卫生部批准的“药食两用”中药，被广泛用于普通食品和保健食品中。山楂中的总黄酮类可促使心血扩张，产生降血压的作用。余家桓等研究表明，当腹腔注射山楂水提物 2.0mg/kg 时，只有一定的降压效应，降压率为 9%；而按逐级增大剂量静脉注射给药，当注射 5.0mg/kg 时，即显出降压效应，降压率为 12.5%；以注射 15.0mg/kg 时的降压作用最佳，降压率可达 24%；当注射剂量增大至 25mg/kg 时，降压率不再增加，而保持在一定降压水平。

(5)玉米低聚肽。是从玉米蛋白中酶解分离提取，主要由 2～6 个氨基酸组成，分子量集中在 200～1000 的低聚肽混合物，可以不经肠胃消化而被直接吸收。通过小鼠试验结果表明，玉米低聚肽具有明显的降血压作用。

(6)莲心。莲心为植物莲成熟种子中的绿色幼叶及胚根，又称莲子心、莲芯、苦薏、莲薏等。研究表明，从莲心中提取的莲心碱转变为季铵盐后会出现强而持久的降压作用，其降压作用主要与抑制心肌收缩力、减慢心率有关。甲基莲心碱能有效降低各种动物的血压，其降压作用随剂量的增加而加强，作用时间也随之延长。

(7)酸枣仁。主要化学成分有白桦脂酸、白桦脂醇、皂苷、枣仁苷元、VC、阿魏酸等，味甘、酸，性平。降血压有效成分为皂苷，酸枣仁醇提物的水溶液能明显降低麻醉大鼠、犬和猫的血压，但对中枢加压反应无影响。酸枣仁总皂甙对原发性高血压(大鼠血压)有明显的降低作用。

(8)决明子。又名草决明、还瞳子、马蹄子，是豆科一年生草本植物决明或钝叶决明的成熟种子，具有清泄肝火，兼益肾阴的功能。其性味甘、苦、咸、微寒，有清热明目、润肠通便之功效，用于目赤涩痛、肝热头痛、大便秘结、高血压等病症。决明子低聚糖产生的降压作用，与其能促进肠道双歧杆菌的增殖有关。

(9)猪毛菜。据《全国中草药汇编》记载：“猪毛菜，性味淡凉，主治高血压病、头痛(嫩叶期采集品引起升压作用，花期采集品引起血压上升或下降，果期采集品有明显的降压作用)”。猪毛菜乙醇提取物对左旋硝基精氨酸引起的高血压模型大鼠具有降压作用。猪毛菜乙醇提取物 LD_{50} 为 14.5008g/kg，95%可信限为 11.5455～18.2206g/kg。

(10)葵花籽。葵花属一年生草本植物，也是一种世界上种植历史悠久的古老油料作物。近年来，葵花籽油以其独特的营养保健作用使其身价跃居食用油之冠。其亚油酸含量高达 66%，遥遥领先于其他任何一种食用油。而油酸有抑制人体内胆固醇的合成作用，所以它有调解血压，降低血清胆固醇的功能，是一种理想的保健营养油。一般每餐后生食葵花籽 90～100 粒，一个多月后，头昏等有所减轻，高血压症状基本消失，血压接近正常，且比较稳定。

(11)芹菜。现代医学研究发现，芹菜含有丰富的生物类黄酮(维生素 P)，能降低毛细血管通透性，有保护血管和降低血压的功效，且有镇静作用，因此具有降低血压的作用。

(12)荠菜。现代药理学研究证实，荠菜含有较丰富的乙酰胆碱、荠菜酸、钾等成分，具有降低血压的功能。其所含的黄酮素等有扩张冠状动脉的作用。因此，荠菜是高血压、冠心病患者的保健食品。

(13)荞麦。荞麦面中含有尼克酸和维生素P，这两种成分是其他粮食中很少具有的。尼克酸和维生素P具有降低血脂和血压的作用，还可保护血管，是治疗心血管疾病的良药。

8.3 改善营养性贫血的功能性食品

8.3.1 贫血的概念

贫血是指全身循环血液中红细胞的总容量、血红蛋白和红细胞压缩容积减少至同地区、同年龄、同性别的标准值以下而导致的一种症状。在各类贫血中，我国较常见的是营养性贫血。所谓营养性贫血，就是指因机体生血所必须的营养物质，如铁、叶酸、维生素D等物质相对或绝对地减少，使血红蛋白或红细胞的生成不足，以致造血功能低下的一种疾病。多发于6个月至2岁的婴幼儿、妊娠期或哺乳期妇女以及胃肠道等疾病所致的营养物质吸收较差者。

现代医学把贫血分为小细胞性贫血及大细胞性贫血两种。前者也叫缺铁性贫血，多发于6个月至1岁的婴儿，主要是由于婴儿生长发育快，需铁量较大，而人乳和牛乳的含铁量都很低不能满足婴儿的生长需要，此时若未及时添加含铁的辅食，就会发生缺铁性贫血。后者也称巨幼红细胞性贫血，多发生于2岁以下的小儿，主要是由于小儿饮食中的维生素D_2与叶酸的含量不足，或肠道细菌合成量不足，缺乏促使红细胞成熟的因素而发病。贫血起病比较缓慢，常见症状为：轻者表现出皮肤、黏膜苍白或苍黄，以口唇、牙床、眼睑、指甲等部位更为明显；重者可见头晕、全身乏力、烦躁不安、食欲不振等，患儿往往伴有营养不良，有的还出现吃土块、煤渣、墙泥等现象。贫血过久，可导致生长发育障碍。

贫血属于一种常见病，广泛分布于世界各地，尤以发展中国家为甚。由于某些营养素缺乏而引起的营养性贫血又是贫血中最常见的类型，如铁缺乏症或缺铁性贫血已成为威胁人类健康的大敌之一。占世界人口10%～20%的人存在缺铁现象，30%～40%的儿童、育龄妇女存在不同程度的缺铁症。贫血作为世界范围内重要的公共性营养卫生问题之一，已引起世界各国的高度重视和广泛关注。

我国的营养性贫血人群分布现状不容乐观，据最新调查数据显示，我国婴幼儿和中小学生缺铁性贫血者高达64.4%、妇女达47%；一些落后地区，孕妇不同阶段的贫血率均在70%以上，晚期甚至高于90%。近十年，我国现代城镇居民贫血发生率每年以10%～15%的速度增长。同时值得关注的是，过度追求减肥瘦身和排毒而导致的饮食不均衡、营养素摄入不足、代谢机能紊乱或减弱增加了新的贫血人群，这成了一种新的现代都市文明病。

营养性贫血引发的一系列健康损害不容忽视，特别是贫血能引起儿童智力发育和行为障碍。即使是未达到贫血程度的轻度到中度铁缺乏也可对机体的组织功能产生损害，尤其是对婴儿及儿童的认知功能和精神运动发育造成不可逆的损伤。但是，只要有针对性地对贫血加以预防，特别是通过合理膳食、均衡营养，及时补充可能缺乏的营养素等，则可有效地防患于未然。通过对人体贫血医学知识的了解，合理研究、开发、生产补血功能性食品，进而以这类功能(保健)食品的摄食来实现对营养性贫血状况的改善。近年来，随着我国保健食品行业的发展，改善营养性贫血功能性食品的研究与开发取得了长足进步，但相对于营养性贫血人群的现状而言，其研究开发的整体规模和发展水平均有待提高，可谓任重而道远，还有很多工作要做。

8.3.2　有助于改善贫血的食品

根据病因不同，贫血一般分为缺铁性贫血、巨幼红细胞性贫血、再生障碍贫血、失血性贫血和溶血性贫血。

缺铁性贫血和巨幼红细胞性贫血都是因造血原料不足而引起，统称为营养不良性贫血。缺铁性贫血常见病因有：人体需铁量增加而摄入量不足；反复多量失血而引起体内总铁量显著降低；腹泻、胃酸缺乏、肠功能紊乱等正常铁吸收功能障碍。由维生素 B_{12} 或叶酸缺乏引起的巨幼红细胞性贫血的常见病因有：供应不足或需要量增加；吸收不良；利用障碍。

1. 具有改善营养不良性贫血功能的食物

(1)动物类食品。猪、牛、羊、鸡等动物肝脏和瘦肉内含有丰富的优质蛋白质、铁、铜、维生素 A、B 族维生素(包括 B_{12})、维生素 C 等成分，其中猪肝含铁量为猪肉的 18 倍。食物中动物的肝、肾是铁的主要来源，也是维生素 B_{12}、叶酸等的主要来源，所以动物的肝脏和肾脏是改善营养性贫血的优质食品。除此之外，鱼类、蛋黄等食品也具有改善营养性贫血的作用。

(2)水果。樱桃除含有与其他水果相似的成分外，每 100g 樱桃的铁含量可达 6mg，与动物肝脏接近，居水果之首，比苹果、橘子、梨高出 20 倍左右。樱桃中的维生素 A 比苹果、橘子、葡萄高出 4～5 倍。樱桃中矿物质钙、磷、维生素 B、维生素 C 的含量也比较丰富。葡萄中含糖量为 10%～25%，葡萄中的多量果酸有帮助消化、健脾胃的作用。葡萄中还含有矿物质钾、钙、磷、铁及维生素 A 原、B_1、B_2、B_6、C、P、PP 等。葡萄制干后，糖和铁的含量相对增加，是儿童、妇女、体弱贫血者的滋补佳品。此外，具有补血功能的水果还有山楂、草莓、桃，干果有柿饼、干枣等。

(3)蔬菜。菠菜富含维生素 A 原、维生素 B、维生素 C 及铁质和叶酸，其中维生素 C 含量比一般蔬菜高，有促进铁吸收的作用。菠菜中因含有草酸，能与食物中铁结合形成不溶性铁盐而影响铁的吸收，故吃时可将菠菜用开水烫一下，这样 80%以上的草酸便留在水里，以利于铁的吸收。此外，含铁较多的蔬菜还有苜蓿、芹菜、油菜、萝卜缨、苋菜、番茄等。

(4)木耳、红糖。黑木耳和白木耳成分十分相近，含蛋白质、脂肪、糖和钙、磷、铁等矿物质及多种维生素。木耳中还含有对人体有益的植物胶体，这是一种天然的滋补剂。红糖是一种未经提纯的糖，每 100g 含钙 90mg，近为白糖的 3 倍；含铁 4mg，也为白糖的 3 倍。常食木耳、红糖汤能有效改善营养性贫血。

(5)其他。当铁被用于合成血红蛋白时，需要铜为触媒剂，因此铜可以促进铁质在体内的利用。此外，铁的有效性与钙、磷的比例及维生素也有关系，磷太高或钙过低与缺乏维生素 A、维生素 C、维生素 D 均不利于铁的吸收和利用。所以在补铁时要注意平衡膳食以利于铁的吸收。在日常生活中如食具是铁制成的，缺铁的概率则大为降低。

不论何种贫血，一定要注意蛋白质的补充，因为蛋白质是构成血红蛋白和红细胞的基础物质。贫血应多补铁，多吃肉类和含铁量高的食物，如鸡肝、猪肝、牛肉、猪血、红枣、木耳、黑芝麻等。有条件者应尽量选择生物价值高的蛋白质食物，如牛奶、鸡蛋、瘦肉、鱼类及豆制品等。同时可以生吃胡萝卜、菠菜、西红柿、猕猴桃这样的果蔬补充维生素 C，以促进铁吸收。

2. 补血误区

中医“补血”是在改善有形成分的基础上，增加了活血、调整凝血因子等功能。不管哪种医学的补血，都要避免掉进以下补血误区。

(1)阿胶能补血。很多人都认为阿胶补血，其实血绝对不是靠吃当归、阿胶就能补充的。阿胶不能直接补血，而是通过驴皮的收敛功能使血暂时会聚起来(阿胶是用驴皮熬出来的)，集中在一处发挥作用，从而使机体的状态暂时得到好转。如果机体的脾胃功能正常，就是吃米饭、馒头也能补血。

(2)多吃猪肝补血。猪肝是猪体内最大的解毒器官，各种有毒代谢产物和饲料中的某些有毒物质，都会留在猪肝内，并经它解毒后进入肾脏，再通过小便排出体外。猪肝中含有毒素的血液分散存于数以万计的猪肝窦中，猪肝有营养也有大量毒素，补血效果微弱，不宜多吃。

(3)红糖补血效果好。民间一直流行红糖水可以补血的说法，女性在月经期以及产妇分娩后，都经常以喝红糖水来补血。然而专家表示，红糖并没有人们传说中的益气养血、促进子宫收缩、排出产后宫腔内瘀血、促使子宫早日复原等神奇功效，事实上红糖并没有补血的有效成分，而且红糖提纯不够还可能含有杂质。

(4)喝牛奶能补铁。牛奶含有丰富的蛋白质和其他营养物质，但含铁量不高，而且人体对牛奶中铁元素的吸收率只有 10%，基本上难以补足女性经期性贫血的铁元素需求，因此，依赖喝牛奶来补铁补血是不可行的。

(5)蔬果不可补铁。大家都知道蔬果富含维生素 C、柠檬酸及苹果酸，以为没有铁元素就不可以补血。其实是错误的，的确大部分蔬果几乎不含铁，但是蔬果所含的有机酸成分可以与铁作用转化成化合物，从而增加铁在肠道内的溶解度，有利于铁的吸收。

(6)吃肉不如吃菠菜。菠菜是蔬果中少有的含铁量较高的蔬菜，于是许多爱美的女性就觉得吃菠菜既可以补铁补血，又可以保持曼妙的身材，便更倾向于吃菠菜，少吃肉。但研究表明，与菠菜相比，肉是铁的更好来源。牛肉、鸡肉内含有的铁元素人体可以吸收 15%～35%，但菠菜中的铁元素人体只能吸收 2%～20%，因此吃肉才是补铁的首选。

(7)吃红枣可补血。吃红枣的确可以补血，但单吃红枣几乎不能补血，因为单吃红枣，人体的吸收率不高，所以其效果不明显。如果红枣搭配其他食物一起吃，补血效果会大大增强。

8.4　辅助降血脂的功能性食品

8.4.1　血脂异常的定义与分类

血脂异常，俗称高血脂，通常指血浆中胆固醇和/或甘油三酯升高。血脂异常属体内脂质代谢紊乱所致，实际上是脂蛋白的代谢异常，因血脂过高诱发的动脉粥样硬化、冠心病、心肌梗死等心脑血管疾病已成为人类健康的严重威胁。根据临床化验，血脂异常主要包括总胆固醇(TC)和低密度脂蛋白胆固醇(LDL-C)、甘油三酯(TG)升高和(或)高密度脂蛋白胆固醇(HDL-C)降低。

1. 血脂与脂蛋白

血脂是血浆中甘油三酯、胆固醇等中性脂肪和磷脂、糖脂、固醇、类固醇等类脂的总称。按超速离心方法，可将血浆脂蛋白分为：乳糜微粒(chylomicron，CM)、极低密度脂蛋白(very low density lipoprotein，VLDL)、中间密度脂蛋白(intermediate density lipoprotein，IDL)、低密度脂蛋白(low density lipoprotein，LDL)和高密度脂蛋白(high density lipoprotein，HDL)。

脂蛋白体积最大的是乳糜微粒(chylomicron，CM)，CM 中所含的外源性脂质主要是甘油三酯(86%～94%)、少量的胆固醇(0.5%～1%)、胆固醇酯(1%～3%)、磷脂(3%～8%)及少量载脂蛋白。其次是极低密度脂蛋白，它由 55%～65%的甘油三酯、6%～8%的胆固醇，12%～14%的胆固醇酯，12%～18%的磷脂及 5%～10%的载脂蛋白组成。低密度脂蛋白含有 5%～10%的胆固醇、35%～40%的胆固醇酯、20%～25%的磷、8%～12%的甘油三酯及 20%～24%的载脂蛋白。体积最小的脂蛋白是高密度脂蛋白，它含有 14%～18%的胆固醇酯、3%～5%的胆固醇、20%～30%的磷脂、3%～6%的甘油及 45%～50%的载脂蛋白 A、C 和 E。各类脂蛋白的物理特性、主要成分、来源和功能见表 8-1。

表 8-1　脂蛋白的特性和功能

分类	水和密度/(g/mL)	颗粒直径/nm	主要成分	主要载脂蛋白	来源	功能
CM	<0.950	80～500	TG	B_{48}、A1、A2	小肠合成	将食物中的 TG 和胆固醇从小肠转运至其他组织
VLDL	0.950～1.006	30～80	TG	B_{100}、E、Cs	肝脏合成	转运内源性 TG 至外周组织，经酯酶水解后释放脂肪酸
IDL	1.006～1.019	27～30	TG、胆固醇	B_{100}、E	VLDL 中 TG 经酯酶水解后形成	属 LDL 前体，部分经肝脏代谢

续表

分类	水和密度/(g/mL)	颗粒直径/nm	主要成分	主要载脂蛋白	来源	功能
LDL	1.019～1.063	20～27	胆固醇	B_{100}	VLDL 和 IDL 中 TG 经酯酶水解后形成	胆固醇的主要载体，经 LDL 受体介导而被外周组织提取和利用
HDL	1.063～1.210	8～10	磷脂、胆固醇	A1、A2、Cs	主要由肝脏和小肠合成	促进胆固醇从外周组织移去，转运胆固醇至肝脏或其他组织再分布

各国制定的血脂标准以及检测仪器的参考标准并不一致。我国成人血脂标准参见表 8-2。

表 8-2 中国成人血脂标准 (单位：mg/dL)

血脂项目	TC	LDL-C	HDL-C	TG
合适范围	<200	<130	≥40	<150
边缘升高	201～239	130～159	—	150～199
升高	>240	>160	>60	≥200
减低	—	—	<40	—

血脂异常的治疗，首要的目标是针对 LDL-C 和血清 TC。血清 TC 或 LDL-C 升高是冠心病和缺血性脑卒中的独立危险因素之一。

2. 血脂异常的分类

血脂异常按起因一般分为原发性和继发性两类。继发性高脂血症是指由全身系统性疾病引起的血脂异常。可引起血脂升高的系统性疾病主要有糖尿病、肾病综合征、甲状腺功能减退症、肾功能衰竭、肝脏疾病等。已知部分原发性高脂血症是由先天性基因缺陷所致，另一部分原发性高脂血症的病因目前还不清楚。绝大多数原发性高脂血症都是因与环境因素相互作用(或遗传基因缺陷)而引起的。

血脂异常按表型分类可分为四种类型(表 8-3)：①高胆固醇血症：血清总胆固醇含量增高，TC>5.72mmol/L，而甘油三酯含量正常，即 TG<1.70mmol/L。②高甘油三酯血症：血清甘油三酯含量增高，TG>1.70mmol/L，而总胆固醇含量正常，即 TC<5.72mmol/L。③混合型高脂血症：血清总胆固醇和甘油三酯含量均增高，即 TC>5.72mmol/L，TG>1.70mmol/L。④低高密度脂蛋白血症：血清高密度脂蛋白-胆固醇(HDL-C)含量降低，HDL-C<9.0mmol/L。

表 8-3 血脂异常的分类

异常类型	TC	TG	HDL-C
高胆固醇血症	增高	—	—
高 TG 血症	—	增高	—

续表

异常类型	TC	TG	HDL-C
混合型高脂血症	增高	增高	—
低 HDL-C 血症	—	—	降低

8.4.2　血脂异常的危害与治疗

1. 血脂异常的危害

近年来，随着人们生活习惯和饮食习惯的改变等诸多因素影响，高脂血症发病率呈明显增高趋势。据现代医学疾病监控数据显示，全世界每天因高脂血症引发的心脑血管疾病的死亡人数近 4000 人。高脂血症危害是隐匿、逐渐、进行性和全身性的，是人类健康的隐形杀手。高脂血症从隐匿、逐渐、进行性到全身性的程度不同，其症状也表现不一，主要可分为以下几种。

(1)轻度高血脂。通常没有症状和不良反应，往往被忽视。因此，定期检查血脂对人体健康而言至关重要。

(2)一般高血脂。症状多表现为：头晕、神疲乏力、失眠健忘、肢体麻木、胸闷、心悸等，高脂血症常常伴随着体重超重与肥胖。

(3)重度高血脂。出现头晕目眩、头痛、胸闷、气短、心慌、胸痛、乏力、口角歪斜、不能说话、肢体麻木等症状，最终会导致冠心病、脑中风等严重疾病。

(4)长期高血脂。脂质在血管内皮沉积所引起的动脉粥样硬化，会引起冠心病和周围动脉疾病等，表现为心绞痛、心肌梗死、脑卒中等。少数高血脂还可出现角膜弓和脂血症眼底改变，主要是由富含甘油三酯的大颗粒脂蛋白沉积在眼底小动脉上引起光折射所致，常常为严重高甘油三酯血症并伴有乳糜微粒血症。

高脂血症最重要、最直接的损害是加速全身动脉粥样硬化。血脂过高，易致血液黏稠，在血管内壁沉积，逐渐形成粥样硬化型斑块，导致斑块增长或破裂阻塞血管，出现心血管严重并发症。如果发生在心脏，就引起冠心病；在脑部引发脑中风；如果堵塞眼底血管，将导致视力下降、失明；在肾脏引起肾动脉硬化、肾功能衰竭；在下肢引起肢体坏死、溃烂等。

此外，高脂血症也是导致高血压、糖耐量异常、糖尿病的一个重要危险因素。高脂血症还可导致脂肪肝、肝硬化、胆石症、胰腺炎、眼底出血、失明、周围血管疾病、跛行、高尿酸血症。有些原发性和家族性高脂血症患者还可出现腱状、结节状、掌平面及眼眶周围黄色瘤、青年角膜弓等。

2. 血脂异常的治疗

血脂异常与饮食和生活方式密切相关，所以饮食治疗和改善生活方式是血脂异常治疗的基础措施。血脂异常的防治主要从三个方面进行：提倡科学合理的膳食结构，改变高脂肪、高能量饮食习惯；适时运动，建立良好的生活习惯；定期检查，发现血脂异常，用药物进行系统治疗。

1)膳食均衡与膳食干预

近年来，我国以植物性成分为主的传统膳食结构已经很快被以动物性成分为主的高脂肪、高能量的食物所取代。膳食结构西式化是导致我国肥胖、心脑血栓病、肿瘤等慢性疾病流行的重要诱因。高脂血症者应保持合理的膳食结构，其饮食原则为：四低一高，即低热量、低脂肪、低胆固醇、低糖、高纤维膳食。食品来源要多样化，含不同营养成分的食物之间互补为佳。

膳食干预是代谢性疾病的基础治疗，通过饮食干预和药物治疗，阻止疾病发展和加重，逐步改善体内嘌呤代谢，降低血尿酸和血脂浓度。调整膳食结构，减少膳食中胆固醇及饱和脂肪酸的摄入，增加单不饱和脂肪酸或多不饱和脂肪酸，特别是 ω-3 脂肪酸的摄入，可以降低血清 TC。提高植物性蛋白质的摄入可降低 LDL-C、TG 氧化，对心血管疾病有改善作用。

膳食干预一是要限制胆固醇的摄入量，每天总摄入量应少于 200mg；二是限制动物性脂肪的摄入，适当增加植物油或富含多不饱和脂肪酸的油脂；三是多吃蔬菜、瓜果等，以增加纤维的摄入；四是多吃有益于降血脂的健康食品，如大豆制品、洋葱、大蒜、花菜、香菇、木耳等。

2)适时适量运动

高血脂的防治还要注意生活方式要有规律性，适当地参加体育运动和文娱活动，不吸烟、不酗酒，避免精神紧张，保持良好心态。

运动影响人体的脂质代谢，适量适度的运动有益于 LDL 和 TG 的降低并升高 HDL 水平。研究发现，运动强度与血浆中 HDL 的改变呈显著负相关，中低强度有氧运动会增加 HDL 水平，而高强度运动会使之下降。据报道，运动能增加肝脏脂蛋白脂酶(lipoprteinlipase，LPL)活性。运动还可以提高卵磷脂胆固醇酰基转移酶(LCAT)活性，该酶活性的增加可催化脂蛋白颗粒表面的胆固醇酯化，从而完成 HDL3 向 HDL2 的转化过程。分子水平研究表明，有氧运动对饮食性高脂血症大鼠肝脏 SR-BI 表达产生影响。通过上调饮食性高脂血症大鼠的高密度脂蛋白受体 SR-BI 基因表达，促进胆固醇逆向转运过程，可能是有氧运动改善高脂血症的重要分子机制之一。

有氧运动结合饮食控制可明显改善高脂血症患者血浆的 TC 和 TG 水平。体重每减轻 1kg，能使血浆 TG 下调 0.11mmol/L，同时可使 HDL-C 水平升高 0.017mmol/L，而规律的身体锻炼配合低脂饮食，既可有效降低血液中总胆固醇、LDL 和 TG 水平，又能避免由低脂饮食引发的 HDL 降低。饮醋、有氧运动均可显著调节血浆中胰岛素和皮质醇的浓度，从而改善血脂成分；饮醋和有氧运动对血浆中胰岛素和皮质醇的调节比单纯饮醋和单纯进行有氧运动有更明显的效果。

目前，关于运动调节血脂的机理主要有以下几种推测：①运动能消耗体内脂肪酸，通过上调肝脏 LDL 受体 mRNA 表达，加速 CM 和 VLDL 分解；②运动导致细胞间 LPL 的活力增强，使毛细血管内皮 LPL 活性增加，加速水解血浆 TG，从而导致 TG 水平下降；③运动可以调节 LCAT、apoA-I、SR-BI 等表达，促进胆固醇逆转运，从而升高 HDL、降低 LDL，有效地改善血浆脂蛋白的构成。

3)药物治疗

若高脂血脂患者血脂严重偏高，体内脂质代谢已经紊乱，单凭改变膳食结构或运动疗效可能有限，针对不同情况要给予相应的药物治疗，才能有效改善高脂血症患者的血脂状况。但如果仅服用降脂药，没有饮食和运动的积极配合，其降脂效果也会事倍功半。

按功效分类，调节血脂的药物有降低胆固醇和降低甘油三酯两大类。按作用机理分类，目前市场上的调血脂类药物大致可分为五类：他汀类、贝特类、烟酸类、树脂类、鱼油类。在我国市场占有率最大的类别是他汀类和贝特类，其他类别的药物应用相对较少。

(1)降低胆固醇的药物。

①HMG-CoA 还原酶抑制剂(他汀类)。他汀类药物的主要作用是抑制胆固醇的合成，促进 LDL 受体的转录。其主要副作用表现为：可引起急性胰腺炎，对肝脏和肌肉的双重损害。

②胆汁酸螯合剂类(树脂类)。胆酸螯合剂类的药物主要通过对胆酸的结合，阻碍胆酸吸收入血，减少胆酸含量，使胆固醇向胆酸转化，从而减少血中胆固醇浓度。其副作用可引起便秘，长期服用可使肠内结合胆盐减少，引起脂肪吸收不良。因此，服用期间应适当补充维生素 A、维生素 D、维生素 K 等脂溶性维生素及钙盐。

(2)降甘油三酯的药物。

降甘油三酯的药物包括贝特类、烟酸类和海鱼油类，药理作用都是降低脂类的合成、释放，加速代谢、排出，对增高高密度脂蛋白也有一定作用。

①烟酸及其衍生物类。烟酸类药物其作用机制是降低 VLDL 的合成，间接降低 LDL；也可减少脂肪组织中游离脂肪酸的活化，使 TG 降低，从而减少 VLDL 在肝脏合成，减少 VLDL 中的 TG 含量；同时抑制肝脂肪酶活性，减少 HDL 分解。烟酸应用受限的主要原因为剂量依赖性不良反应，包括潮红、瘙痒、皮疹、恶心、消化不良、腹痛与腹泻，还有高尿酸血症、心动过速、心悸、低血压、头晕、寒战、水肿、偏头痛、失眠等。

②苯氧芳酸类(贝特类)。贝特类药物，通过抑制腺苷酸环化酶，使脂肪细胞内 cAMP 含量减少，抑制脂肪组织水解，使血中非酯化脂肪酸含量减少，导致肝脏 VLDL 合成及分泌减少。同时它可使脂蛋白脂酶的活性增强，加速 VLDL 及 TG 的分解代谢。贝特类最常见的不良反应为胃肠道不适，多为轻微的恶心、腹泻和腹胀等。长期服用贝特类药物时，应警惕药物引起的肝、肾功能损害。

③多烯脂肪酸类(鱼油类)。多烯脂肪酸类主要是 ω-3 脂肪酸，如 EPA、DPA、DHA 等。目前降脂机制尚不十分清楚，一般认为可能是抑制了肝内脂质及脂蛋白的合成，促进胆固醇从粪便中排出，以改变脂蛋白中脂肪酸组成，增加其流动性，控制肝脏中 VLDL 的合成及加速器分解，从而降低血清中 TG。用于临床的鱼油类药物有：多烯康胶丸、脉乐康、鱼油烯康。海鱼油可能导致视力下降或出血。

近年的临床研究证明，许多中药都具有降低血脂的作用，如山楂、草决明、泽泻、何首乌、川芎、荷叶、虫草、虎杖、沙棘、大黄、枸杞、红花、水蛭、银杏叶、虎杖、灵芝、月见草、黄连、黄芩、茵陈、麦芽、木耳等。

由于高血脂的发病因素较多，发病机制复杂，涉及多系统的异常病理，单一作用点的药物一般很难取得满意的治疗效果。根据高血脂的发病机制，要采用多途径、多角度治疗。西药在治疗过程中易出现不良反应，而中药具有有效性和低毒性的特点，在高血脂的预防和治疗方面具有很大的潜力。

8.4.3 辅助降血脂保健品开发

辅助降血脂功能的保健食品开发主要以传统中医药养生保健理论或现代医学理论为指导。在拟定配方时，应对整个产品组方的科学性、合理性和食用安全性等进行充分论证，而且在产品的安全性及有效性方面要有足够的科学文献依据。安全性、有效性、质量可控性是产品组方要考虑的首要因素。产品申报时，对产品原料要求更加规范，配方依据需尽可能提供原料及主要成分的安全性、功能作用和量效关系的科学文献资料或申请人的试验数据。要求对原料的食品属性进行描述，提供产品选用加工工艺对原料功效作用发挥的依据。

1. 可供降脂保健品开发的资源及其功效成分

具有辅助降血脂功能的食品种类繁多，按其主要功能因子分为多糖类、膳食纤维、维生素、皂苷及甾体类、生物碱类、蛋白、多肽、氨基酸、黄酮类、酚类、不饱和脂肪酸等。目前我国降血脂的保健品审批数量较多。市场上降血脂功能的保健食品原料选用主要以传统中草药或提取物、普通食品浓缩物及新兴的多肽蛋白类为主。

国家食品药品监督管理总局(CFDA)批准具有辅助降血脂功能的常用原料有：花粉、苦荞粉、γ-谷维素、洛伐他汀、L-肉碱、SOD、EPA、DHA、维生素 E、γ-亚麻酸、α-亚麻酸、小麦胚芽油、紫苏油、亚麻籽油、月见草油、红花油、沙棘油、深海鱼油、枸杞、山楂、燕麦、蘑菇、银杏叶、灵芝、香菇、杏仁、黑芝麻、酿造醋、大豆磷脂、芦荟、酸枣、丹参、大蒜、红景天、雪莲花、虫草、蜂胶、牛磺酸、茶多酚、螺旋藻、黄芪、西洋参、人参、何首乌、绞股蓝、决明子、荷叶、红曲制剂、甲壳素、植物甾醇等。

我国幅员辽阔，资源丰富，为降血脂保健品开发提供了丰富的物质基础。常用于降血脂保健食品开发的功效成分及其来源见表 8-4。

表 8-4 降血脂保健食品功效成分及其来源

功效成分	降胆固醇	降甘油三酯	来源
多糖(7 个以上糖分子组成)		√	灵芝、香菇、枸杞、银耳、螺旋藻、虫草、猪苓、党参、人参、昆布、黑木耳、山药、刺五加、黄芪、茯苓
低聚糖(3～6 个糖分子)：低聚乳糖、低聚果糖、低聚异麦芽糖、大豆低聚糖	√		发酵工业制品原料：大豆、玉米、淀粉、半乳糖等；酵母菌等发酵产品
皂苷类(皂甙)：红景天苷	√		人参、西洋参、红景天、绞股蓝、山药、三七

续表

功效成分	降胆固醇	降甘油三酯	来源
膳食纤维	√		粮食(粗)、蔬菜、水果
壳聚糖(几丁聚糖)	√		虾、蟹壳的提取物
不饱和脂肪酸：油酸、亚油酸、亚麻酸、γ-亚麻酸、EPA、DHA、角鲨烯、鲨鱼软骨素		√	植物油(红花油、大豆油、葵花子油、玉米胚芽油、米糠油、芝麻油、菜籽油、月见草油、黑加仑油、沙棘子油、紫苏油)；螺旋藻、小球藻；鱼油(金枪鱼、沙丁鱼、鲨鱼、鱿鱼、鲐鱼、乌贼、马面豚肝)
黄酮(生物类黄酮)：银杏黄酮、茶叶黄酮	√		银杏叶、茶叶、大豆、山楂、沙棘、蜂蜜、陈皮、红花、甘草、金银花、银杏和茶叶的提取物
磷脂：大豆磷脂、卵磷脂	√	√	大豆、蛋黄
异黄酮类：黄豆苷原、葛根素、大豆黄素	√		大豆、甘蓝、蔷薇果、木瓜、葛根、柑橘类、洋葱、青椒、绿茶、谷粒
活性肽类：二肽、多肽	√	√	蛋白质的水解产物如酪磷酸肽、大豆水解产物
多酚类：茶多酚、香豆素、木酚素	√		茶叶、大蒜、黄豆、亚麻籽、甘草根、亚麻、蔬菜、水果、全谷粒制品
花青素	√		葡萄籽及枝
大蒜素	√	√	大蒜
虫草素	√		冬虫夏草、发酵制品
洛伐他丁红曲素 K	√	√	红曲提取物
益生菌：乳酸菌(菌体及代谢产物)、双歧菌	√		乳酸菌(LB9416)、乳杆菌、链球菌、明串珠菌及乳球菌属、嗜酸乳酸杆菌、保加利亚乳杆菌、植物乳酸杆菌、双歧杆菌、两歧双歧杆菌、婴儿双歧杆菌、短和长双歧杆菌

我国利用中草药降血脂方面的应用历史悠久、资源丰富、效果明显，具有得天独厚的优势。我国规定药食两用的中药有 87 种，都是进行食品或保健食品开发的重要原料。中药材中降脂的有效成分主要有：大黄蒽醌、枸杞多糖、茶叶多糖、黄连素(小檗碱)、灵芝多糖、人参皂甙、绞股蓝总皂甙、三七叶总皂甙、大豆皂甙、大豆磷脂、葛根素、甘草甜素、山楂黄酮、橙皮甙、黄芩甙、泽泻萜醇、银杏苦内酯、茶多酚、荷叶生物碱、川芎嗪、姜黄素、大蒜素、阿魏酸、亚麻酸、α-生育酚等。在中药众多活性成分中，皂甙、黄酮、生物碱、蒽酮、多糖类及不饱和脂肪酸类占据主要地位。

2. 降血脂保健食品开发现状

我国注册的辅助降血脂保健食品(截至 2010 年 5 月)共 1752 个，包括国产 1585 个，进口 167 个。1996 年至 2003 年 5 月，保健食品由卫生部进行审批，共注册辅助降血脂保健食品 1351 个；2003 年 10 月以后，保健食品由国家食品药品监督管理局(SFDA)审批，SFDA 共注册辅助降血脂保健食品 401 个，其中国产 379 个，进口 22 个。

1)配方组成与规模

辅助降血脂功能的保健食品主要以传统的中医药养生保健理论，或现代医学理论为指导。在拟定配方时，应重点对整个产品组方的科学性、合理性和食用安全性、降血脂功能依据进行描述，且在产品的安全性及有效性方面要有足够的科学文献依据。我国已注册的401个辅助降血脂保健食品中有395个产品列出配方，有76.71%的产品配方涉及中药材。其中，全部由中药材组成的占28.86%，由中药材和普通食品组成的占39.24%，由中药材和营养物质组成的占5.82%，由其他中药材和其他物质组成的占2.78%。

产品配方规模以含3～6种原辅料的产品居多，占全部产品的60.77%。其中，又以配方规模为5种的产品最多，占18.99%；其次为配方规模为4种的产品，占17.22%。

2)原料使用情况

目前，市场上降血脂功能的保健食品原料选用，主要以传统中草药(提取物)、普通食品浓缩物及新兴的多肽蛋白类为主。已注册的辅助降血脂保健食品中使用频率较高的原料为中药材。排名在前三位的依次是银杏叶(94次)、山楂(84次)和维生素E(61次)。此外，普通食品类的鱼油、磷脂、植物油和茶叶的使用频率也较高。

3)功能因子类型及使用频率

注册辅助降血脂保健食品的功能因子主要包括总黄酮类、不饱和脂肪酸类、总皂苷类、粗多糖类、磷脂类、茶多酚类、总蒽醌类、生物碱、大蒜素、矿物质、原花青素、洛伐他汀、维生素E及其他。其中，总黄酮类、不饱和脂肪酸类和总皂苷类位居前三，所占的比例分别为29.65%、19.63%和13.08%。

依据国家食品药品监督管理局2010年公布的保健食品信息资料显示，中医药是我国辅助降血脂保健食品的优势与特色，但产品科技含量低，低水平重复严重。为更好地推进辅助降血脂保健食品研发，政府应加大对保健食品研发的支持和成果保护力度，充分发挥我国传统中医药优势，强化功能因子研究，着力研发由降血脂功能因子配伍的第三代保健食品。

8.4.4 有助于降血脂功能(保健)食品的评价

1. 保健食品评价试验项目、试验原则及结果判定

根据血脂异常的类型，辅助降血脂功能按照不同的血脂类型，设立分类的动物试验和人体试食试验。

1)试验项目

根据受试样品的作用机制，分成三种情况：①辅助降低血脂功能，降低血清总胆固醇和血清甘油三酯；②辅助降低血清胆固醇功能，单纯降低血清胆固醇；③辅助降低血清甘油三酯功能，单纯降低血清甘油三酯。

2)观察指标

(1)动物试验：体重、血清总胆固醇、血清甘油三酯、血清高密度脂蛋白胆固醇、血清低密度脂蛋白胆固醇。

(2)人体试食试验：血清总胆固醇、血清甘油三酯、血清高密度脂蛋白胆固醇、血清低密度脂蛋白胆固醇。

3)试验原则

(1)动物试验和人体试食试验所列指标均为必测项目。

(2)根据受试样品的作用机制，可在动物试验的两个动物模型中任选一项。

(3)根据受试样品的作用机制，可在人体试食试验的三个方案中任选一项。

(4)在进行人体试食试验时，应对受试样品的食用安全性作进一步观察。

4)结果判定

(1)动物试验。

①混合型高脂血症动物模型。辅助降低血脂功能结果判定：模型对照组和空白对照组比较，若血清甘油三酯升高，血清总胆固醇或低密度脂蛋白胆固醇升高，差异均有显著性，可判定模型成立。各剂量组与模型对照组比较，若任一剂量组血清总胆固醇或低密度脂蛋白胆固醇降低，且任一剂量组血清甘油三酯降低，差异均有显著性，同时各剂量组血清高密度脂蛋白胆固醇不显著低于模型对照组，则可判定该受试样品辅助降低血脂功能动物试验结果为阳性。辅助降低血清胆固醇功能结果判定：各剂量组与模型对照组比较，若任一剂量组血清总胆固醇或低密度脂蛋白胆固醇降低，差异均有显著性，同时各剂量组血清甘油三酯不显著高于模型对照组，各剂量组血清高密度脂蛋白胆固醇不显著低于模型对照组，可判定该受试样品辅助降低血清胆固醇功能动物试验结果为阳性。辅助降低血清甘油三酯功能结果判定：各剂量组与模型对照组比较，若任一剂量组血清甘油三酯降低，差异均有显著性，同时各剂量组血清总胆固醇及低密度脂蛋白胆固醇不显著高于模型对照组，血清高密度脂蛋白胆固醇不显著低于模型对照组，可判定该受试样品辅助降低血清甘油三酯功能动物试验结果为阳性。

②高胆固醇血症动物模型。模型对照组和空白对照组比较，若血清总胆固醇(TC)或低密度脂蛋白胆固醇(LDL-C)升高，血清甘油三酯(TG)差异无显著性，则判定模型成立。各剂量组与模型对照组比较，若任一剂量组血清总胆固醇或低密度脂蛋白胆固醇降低，差异有显著性，并且各剂量组血清高密度脂蛋白胆固醇(HDL-C)不显著低于模型对照组，血清甘油三酯不显著高于模型对照组，可判定该受试样品辅助降低血清胆固醇功能动物试验结果为阳性。

(2)人体试食试验。

指标有效标准：TC降低>10%；LDL-C降低>10%；TG降低>15%；HDL-C上升>0.104mmol/L。未达到有效标准者，视为无效。

①辅助降低血脂功能结果判定。试食组自身比较及试食组与对照组组间比较，若受试者血清总胆固醇、甘油三酯、低密度脂蛋白胆固醇降低，差异均有显著性，同时血清高密度脂蛋白胆固醇不显著低于对照组，试验组总有效率显著高于对照组，可判定该受试样品辅助降低血脂功能人体试食试验结果为阳性。

②辅助降低血清胆固醇功能结果判定。试食组自身比较及试食组与对照组组间比较，若受试者血清总胆固醇、低密度脂蛋白胆固醇降低，差异均有显著性，同时血清甘油三酯不显著高于对照组，血清高密度脂蛋白胆固醇不显著低于对照组，试验组血清总胆固醇有效率显著高于对照组，可判定该受试样品辅助降低血脂功能人体试食试验结果为阳性。

③辅助降低甘油三酯功能结果判定。试食组自身比较及试食组与对照组组间比较，若受试者血清甘油三酯降低，差异有显著性，同时血清总胆固醇和低密度脂蛋白胆固醇不显著高于对照组，血清高密度脂蛋白胆固醇不显著低于对照组，试验组血清甘油三酯有效率显著高于对照组，可判定该受试样品辅助降低甘油三酯功能人体试食试验结果为阳性。

2. 辅助降低血脂功能检验方法

根据血脂异常的类型，辅助降低血脂功能按照受试物作用机制的不同，设立分类的动物试验和人体试食试验。其中，动物试验分两种情况：混合型高脂血症动物模型和高胆固醇血症动物模型；人体试食试验根据试验结果，分三种情况分别进行判定：辅助降低血脂功能、辅助降低血清胆固醇功能和辅助降低甘油三酯功能。

1)动物试验检验方法

(1)混合型高脂血症动物模型。

①原理。用含有胆固醇、蔗糖、猪油、胆酸钠的饲料喂养动物可形成脂代谢紊乱动物模型，再给予动物受试样品，可检测受试样品对高脂血症的影响，并可判定受试样品对脂质的吸收、脂蛋白的形成、脂质的降解或排泄产生的影响。

②仪器及试剂。解剖器械，分光光度计，自动生化分析仪，胆固醇、胆酸钠、血清总胆固醇(TC)、甘油三酯(TG)、低密度脂蛋白胆固醇(LDL-C)、高密度脂蛋白胆固醇(HDL-C)测定试剂盒。

③动物选择。健康成年雄性大鼠，适应期结束时，体重 200±20g，首选 SD 大鼠，每组 8～12 只。

④模型饲料。在维持饲料中添加 20.0%蔗糖，15%猪油，1.2%胆固醇，0.2%胆酸钠，适量的酪蛋白，磷酸氢钙，石粉等。除了粗脂肪外，模型饲料的其他质量指标均要达到维持饲料的国家标准。

⑤剂量分组及受试样品给予时间。试验设三个剂量组、空白对照组和模型对照组，以人体推荐量的 5 倍为其中一个剂量组，另设两个剂量组，必要时设阳性对照组。受试样品给予时间为 30d，必要时可延长至 45d。

⑥试验步骤。

适应期：于屏障系统下大鼠喂饲维持饲料，观察 5～7d。

造模期：按体重随机分成 2 组，10 只大鼠给予维持饲料作为空白对照组，40 只给予模型饲料作为模型对照组。每周称量体重 1 次。

给样前测定：模型对照组给予模型饲料 1～2 周后，空白对照组和模型对照组大鼠不禁食采血(眼内眦或尾部)，采血后尽快分离血清，测定血清 TC、TG、LDL-C 和 HDL-C 水平。根据 TC 水平将模型对照组随机分成 4 组，分组后空白对照组和模型对照组比较，TC、TG、LDL-C 和 HDL-C 均无显著性差异。

受试样品给予：分组后，三个剂量组每天经口给予受试样品，空白对照组和模型对照组同时给予同体积的相应溶剂，空白对照组继续给予维持饲料，模型对照组及三个剂量组继续给予模型饲料，并定期称量体重，于试验结束时不禁食采血，采血后尽快分离血清，测定血清 TC、TG、LDL-C 和 HDL-C 水平。

⑦观察指标：TC、TG、LDL-C 和 HDL-C。

⑧数据处理。一般采用方差分析，但需按方差分析的程序先进行方差齐性检验，若方差齐，计算 F 值。若 F 值$<F_{0.05}$，则各组均数间差异无显著性；若 F 值$\geqslant F_{0.05}$，$P\leqslant 0.05$，则采用多个试验组和一个对照组间均数的两两比较方法进行统计；对非正态或方差不齐的数据需进行适当的变量转换，待满足正态或方差齐要求后，用转换后的数据进行统计；若变量转换后仍未达到正态或方差齐的目的，改用秩和检验进行统计。

⑨动物试验结果判定。辅助降低血脂功能结果判定：模型对照组和空白对照组比较，若血清甘油三酯升高，血清总胆固醇或低密度脂蛋白胆固醇升高，差异均有显著性，则判定模型成立。各剂量组与模型对照组比较，若任一剂量组血清总胆固醇或低密度脂蛋白胆固醇降低，且任一剂量组血清甘油三酯降低，差异均有显著性，同时各剂量组血清高密度脂蛋白胆固醇不显著低于模型对照组，可判定该受试样品辅助降低血脂功能动物试验结果为阳性。各剂量组与模型对照组比较，若任一剂量组血清总胆固醇或低密度脂蛋白胆固醇降低，差异均有显著性，同时各剂量组血清甘油三酯不显著高于模型对照组，各剂量组血清高密度脂蛋白胆固醇不显著低于模型对照组，可判定该受试样品辅助降低胆固醇功能动物试验结果为阳性。各剂量组与模型对照组比较，若任一剂量组血清甘油三酯降低，差异均有显著性，同时各剂量组血清总胆固醇及低密度脂蛋白胆固醇不显著高于模型对照组，血清高密度脂蛋白胆固醇不显著低于模型对照组，可判定该受试样品辅助降低甘油三酯功能动物试验结果为阳性。

⑩注意事项。在建立动物模型中，可因动物品系、饲养管理而影响模型的建立；保证维持饲料的各种营养成分，必要时须进行检测；模型饲料喂养期间，模型组血中胆固醇水平比较稳定，甘油三酯水平会逐渐恢复正常水平，故模型饲料给予时间不能超过 8 周。

(2)高胆固醇血症动物模型。

用含有胆固醇、猪油、胆酸钠的饲料喂养动物可形成高胆固醇脂代谢紊乱动物模型，再给予动物受试样品，可检测受试样品对高胆固醇脂血症的影响，并可判定受试样品对脂质的吸收、脂蛋白的形成、脂质的降解或排泄产生的影响。

高胆固醇血症动物模型与混合型高脂血症动物模型在试剂使用、试验步骤和观测指标等方面均相同。两者的差异主要有以下几个方面。

①动物选择及饲料。

大鼠模型：健康成年雄性大鼠，适应期结束时，体重 200±20g，首选 SD 种大鼠，每组 8～12 只。金黄地鼠模型：健康成年雄性金黄地鼠，适应期结束时，体重 100±10g，每组 8～12 只。

大鼠模型饲料：在维持饲料中添加 1.2%胆固醇，0.2%胆酸钠，3%～5%猪油，适量的酪蛋白，磷酸氢钙，石粉等。除了粗脂肪外，模型饲料的其他质量指标均应达到维持饲料的国家标准。金黄地鼠模型饲料：在维持饲料中添加 0.2%胆固醇，其余同大鼠模型。

②动物实验结果判定。模型对照组和空白对照组比较，若血清总胆固醇或低密度脂

蛋白胆固醇升高，差异有显著性，血清甘油三酯差异无显著性，则判定模型成立。各剂量组与模型对照组比较，若任一剂量组血清总胆固醇或低密度脂蛋白胆固醇降低，差异有显著性，并且各剂量组血清高密度脂蛋白胆固醇不显著低于模型对照组，血清甘油三酯不显著高于模型对照组，可判定该受试样品辅助降低胆固醇功能动物试验结果为阳性。

③注意事项。在建立动物模型中，可因动物品系、饲养管理而影响模型的建立；保证维持饲料的各种营养成分，必要时需进行检测。

2)人体试食试验检验方法

(1)受试者纳入标准。

①在正常饮食情况下，检测禁食12～14h后的血脂水平，半年内至少有两次血脂检测，血清总胆固醇为5.18～6.21mmol/L，并且血清甘油三酯为1.70～2.25mmol/L，可作为辅助降低血脂功能备选对象；血清甘油三酯为1.70～2.25mmol/L，并且血清总胆固醇不高于6.21mmol/L，可作为辅助降低甘油三酯功能备选对象；血清总胆固醇为5.18～6.21mmol/L，并且血清甘油三酯不高于2.25mmol/L，可作为辅助降低胆固醇功能备选对象。在参考动物试验结果基础上，选择相应指标者为受试对象。

②原发性高脂血症患者。

③获得知情同意书，自愿参加试验者。

(2)排除受试者标准。

年龄在18岁以下或65岁以上者；妊娠或哺乳期妇女，过敏体质或对本受试样品过敏者；合并有心、肝、肾和造血系统等严重疾病者；精神病患者；近两周曾服用调脂药物，影响到对结果的判断者；住院的高脂血症者；未按规定食用受试样品，或资料不全，影响功效或安全性判断者。

(3)受试样品的剂量和使用方法。

根据受试样品推荐量和推荐方法确定。

(4)试验设计及分组要求。

采用自身和组间两种对照设计。根据随机盲法的要求进行分组。按受试者血脂水平随机分为试食组和对照组，尽可能考虑影响结果的主要因素如年龄、性别、饮食等，进行均衡性检验，以保证组间的可比性。每组受试者不少于50例。试食组服用受试样品，对照组可服用安慰剂或采用空白对照。试验周期为45d，最长不超过6个月。

(5)观察指标。

①安全性指标。一般状况，包括精神、睡眠、饮食、大小便、血压等；血、尿、便常规检查；肝、肾功能检查；胸透、心电图、腹部B超检查(仅在试验开始前进行)。

②功效性指标。血清总胆固醇(TC)水平及降低百分率、甘油三酯(TG)水平及降低百分率、高密度脂蛋白胆固醇(HDL-C)水平及上升幅度、低密度脂蛋白胆固醇(LDL-C)水平。功效有效判定标准：TC降低>10%；TG降低>15%；HDL-C上升>0.104mmol/L。未达到有效标准者，视为无效。观察血清总胆固醇(TC)有效率、甘油三酯(TG)有效率、高密度脂蛋白胆固醇(HDL-C)有效率及总有效率。

(6)数据处理和结果判定。

凡自身对照资料可以采用配对 t 检验，两组均数比较采用成组 t 检验，后者需进行方差齐性检验，对非正态分布或方差不齐的数据进行适当的变量转换，待满足正态方差齐后，用转换的数据进行 t 检验；若转换数据仍不能满足正态方差齐要求，改用 t' 检验或秩和检验；方差齐方但变异系数太大(如 $CV>50\%$)的资料应用秩和检验。有效率及总有效率采用 X^2 检验进行。四格表总例数小于 40，或总例数等于或大于 40 但出现理论数等于或小于 1 时，应改用确切概率法。

辅助降低血脂功能结果判定：试食组自身比较及试食组与对照组组间比较，若受试者血清总胆固醇、甘油三酯、低密度脂蛋白胆固醇降低，差异均有显著性，同时血清高密度脂蛋白胆固醇不显著低于对照组，试验组总有效率显著高于对照组，可判定该受试样品辅助降低血脂功能人体试食试验结果为阳性。

辅助降低血清胆固醇功能结果判定：试食组自身比较及试食组与对照组组间比较，若受试者血清总胆固醇、低密度脂蛋白胆固醇降低，差异均有显著性，同时血清甘油三酯不显著高于对照组，血清高密度脂蛋白胆固醇不显著低于对照组，试验组血清总胆固醇有效率显著高于对照组，可判定该受试样品辅助降低血脂功能人体试食试验结果为阳性。

辅助降低甘油三酯功能结果判定：试食组自身比较及试食组与对照组组间比较，若受试者血清甘油三酯降低，差异有显著性，同时血清总胆固醇和低密度脂蛋白胆固醇不显著高于对照组，血清高密度脂蛋白胆固醇不显著低于对照组，试验组血清甘油三酯有效率显著高于对照组，可判定该受试样品辅助降低甘油三酯功能人体试食试验结果为阳性。

8.5　有助于调节胆固醇的功能性食品

8.5.1　胆固醇代谢

胆固醇是体内最丰富的固醇类化合物，它既作为细胞生物膜的构成成分，又是类固醇类激素、胆汁酸及维生素 D 的前体物质。因此对于大多数组织来说，保证胆固醇的供给，维持其代谢平衡十分重要。胆固醇广泛存在于全身各组织中，其中约 1/4 分布在脑及神经组织中，约占脑组织总重量的 2%。肝、肾及肠等内脏以及皮肤、脂肪组织也含有较多的胆固醇，每 100g 组织中含 200～500mg，以肝为最多，而肌肉较少。肾上腺、卵巢等组织胆固醇含量可高达 1%～5%，但总量很少。

人体胆固醇靠体内合成及从食物中摄取，正常人每天膳食中含胆固醇 300～500mg，主要来自动物内脏、蛋黄、奶油及肉类。植物性食品不含胆固醇，而含植物固醇如 β-谷固醇、麦角固醇等，它们不易被人体吸收，摄入过多还可抑制胆固醇的吸收。

胆固醇在体内经氧化和还原转变为其他含环戊烷多氢菲母核的化合物。其中，大部分进一步参与体内代谢，或排出体外。

胆固醇在体内可作为细胞膜的重要成分。此外，它还可以转化为多种具有重要生理作用的物质，在肾上腺皮质可以转化成肾上腺皮质激素；在性腺可以转变为性激素，包括雄激素、雌激素和孕激素(progestogen);在皮肤,胆固醇可被氧化为7-脱氢胆固醇,后者经紫外线照射转变为维生素D_3;在肝脏,胆固醇可氧化成胆汁酸,促进脂类的消化吸收。

胆固醇在肝脏氧化生成的胆汁酸,随胆汁排出,每日排出量约占胆固醇合成量的40%。在小肠下段,大部分胆汁酸又通过肝肠循环重吸收入肝,小部分胆汁酸经肠道细菌作用后排出体外。药物如消胆胺可与胆汁酸结合,阻断胆汁酸的肠肝循环,增加胆汁酸的排泄,间接促进肝内胆固醇向胆汁酸的转变。肝脏也能将胆固醇直接排入肠内,或者通过肠黏膜脱落而排入肠腔;胆固醇还可被肠道细菌还原为粪固醇后排出体外。

研究显示,血浆胆固醇降低1%,冠心病发生的危险性可降低2%。正常人的血总胆固醇应低于5.2mmol/L,如超过5.7mmol/L可诊断为高胆固醇血症,血总胆固醇含量介于二者之间者为边缘性或临界性升高,也属异常情况。血总胆固醇升高的确切病因尚不明确。高胆固醇血症分为原发性高胆固醇血症和继发性高胆固醇血症两种。它们伴有血清LDL-C升高,而血清中TC和LDL-C升高是促发冠心病的重要危险因素。所以,高胆固醇血症的防治是预防冠心病与动脉粥样硬化的关键措施之一。

8.5.2 有助于降低胆固醇的保健食品

血脂高低与日常膳食摄入和体内代谢有着密切关系。降胆固醇的营养制品和功能性食品在调节脂代谢、防治心血管疾病方面发挥着重要作用。目前,不同保健品以不同的脂质调节方式,开发出不同的降胆固醇产品,按照作用机理可分为以下几类。

1. 阻断体内胆固醇生物合成

人体胆固醇的来源靠体内合成及从食物中摄取。3-羟基-3-甲基戊二酸单酰辅酶A还原酶(HMG-CoA还原酶)是体内催化HMG-CoA生成二羟甲基戊酸的关键酶,这一步是体内合成胆固醇的限速步骤,也是目前最主要的高脂血症临床药物的靶点。HMG-CoA还原酶抑制剂也作为降血脂的主要手段之一。

(1)红曲类。红曲中含有6种以上他汀类,是HMG-CoA还原酶抑制剂,能有效降低体内总胆固醇以及甘油三酯、低密度脂蛋白水平,同时升高高密度脂蛋白水平。红曲中除含有HMG-CoA还原酶抑制剂外,还含有麦角甾醇、皂苷、黄酮、不饱和肪酸等多种有效成分,有利于食物中胆固醇的排泄,减少胆固醇的吸收,从而降低外源性胆固醇。

(2)植物甾醇类。通过提高试验老鼠血液中谷甾醇的浓度,研究高浓度植物甾醇对胆固醇代谢的影响。结果发现谷甾醇会抑制胆固醇7α-羟化酶(胆汁酸合成的限速酶)的活性,进而降低胆酸的合成。研究认为β-谷甾醇能抑制HMG-CoA还原酶的表达从而抑制胆固醇的生物合成。

(3)水溶性膳食纤维。大部分水溶性膳食纤维能降低葡萄糖的吸收,从而降低血糖和胰岛素的水平。胰岛素可以促进胆固醇生物合成,当胰岛素分泌减少,肝脏胆固醇合成就会减少。另外,膳食纤维为肠道微生物繁殖提供有利条件,产生短链脂肪酸如乙酸、丙酸、丁酸等,这些酸在结肠被吸收,能抑制肝脏胆固醇合成。乳酸杆菌和双歧杆菌降脂机理同上，也是通过改变肠道微生物种类和菌群，最终达到降低胆固醇的效果。因此，食用含水溶性膳食纤维的燕麦有降低血中 TC 及 LDL-C 浓度的作用。

(4)大蒜提取物。大蒜中富含有机硫化合物，能抑制 HMG-CoA 还原酶活性，如烯丙(基)半胱氨酸、半胱乙酯和丙基半胱氨酸等能增加磷酸化作用，从而抑制胆固醇的生物合成，但不改变肝脏 HMG-CoA 还原酶的 mRNA 表达。大蒜有机硫化合物的主要代谢产物——烯丙硫醇，当处理浓度为 5μg/L 时，能有效抑制 Hep-G2 胆固醇的生物合成，而且存在浓度依赖性。

另外，阿魏酸和生育三烯酚类都能抑制 HMG-CoA 还原酶活性。山楂醇提取物也能抑制胆固醇的合成。微量元素钒能降低体重、肝脏的重量及减少肝脏胆固醇的合成，铬也能抑制胆固醇合成，两者没有交互作用。钒、铬还能增加胆固醇的分解和排泄，使血液中的胆固醇、甘油三酯及低密度脂蛋白水平下降和高密度脂蛋白水平增加。

2. 抑制酰基辅酶 A 胆固醇酰基转移酶(ACAT)

抑制体内的 ACAT 可减少食物中的胆固醇及随胆汁排泄的胆固醇在小肠的吸收，减少肝中胆固醇酯的生成及 VLDL 的分泌，从而有效降低血浆胆固醇及低密度脂蛋白胆固醇(LDL-C)水平。同时通过抑制动脉内膜的 ACAT 使酯化过程受阻，减少胆固醇过量蓄积，防止动脉粥样硬化的形成。因此，ACAT 抑制剂能有效地降低血脂，防止动脉粥样硬化的形成和发展。

荷叶碱可以明显抑制细胞内胆固醇合成，升高低密度脂蛋白受体的数量，降低细胞内的酰基辅酶 A 胆固醇酰基转移酶活性，对细胞内胆固醇合成和代谢均有显著影响。牛磺酸不但能降低单核巨噬细胞 ACAT-1 的基础表达和活性，而且能抑制由 IFN-γ 诱导的 ACAT-1 表达和活性。五味子、红楠和玉兰中木脂素类成分对肝脏 ACAT 具有明显的抑制作用，当浓度为 100μg/mL 时，抑制效率达 50%～60%。从五味子果实、红楠叶和玉兰花蕊中提取分离得到不同组分，它们的 IC_{50} 为 25～200μm。山楂果实醇提物能抑制肠内 ACAT 活性，从而间接抑制胆固醇吸收。

3. 抑制胆汁酸与胆固醇吸收

正常人每天膳食中含胆固醇 300～500mg。阻断胆汁酸的肝肠循环，能使胆汁酸不再经肠黏膜回吸收。肝细胞的胆固醇来源减少，肝细胞膜 LDL 受体(LDL-R)增加，从而吸收更多的血浆 LDL。

(1)膳食纤维及多糖类。膳食纤维中某些成分，如胶可结合胆固醇，会在肠道中形成凝胶，减少胆固醇微粒形成，而其含有的木质素也会和胆汁酸相结合，减少胆汁乳化作用，干扰肠道中脂质的吸收，减少并减缓其被吸收形成乳糜微粒的作用，使得进入体内的脂质减少，降低体内胆固醇值，进而影响 VLDL-C、LDL-C 水平。研究脱脂干玫瑰茄种子粉对诱导性高胆固醇血症血脂的影响，发现膳食中添加量达到 50g/kg 时，能显著降低总 TC 和 LDL-C 水平。欧车前子水溶性膳食纤维对 LDL-C 的影响研究认为，可溶性纤维是安全、耐受性良好的膳食补充剂，可以单独使用，也可以与药物联用。它与辛伐他汀协同作用，可以加快 LDL-C 和人血液载脂蛋白 B 的降低，而对 TG 和 HDL 没有明显影响。果胶多糖可使血浆胆固醇吸收下降，导致消化酶及胆汁酸酯质乳化障碍，减缓胆汁再循环。动物试验结果表明，茶多糖、香菇多糖、灵芝多糖、枸杞多糖等可以降低高脂模型动物总 TC 水平，具有显著的降血脂功效。

(2)植物甾醇。植物甾醇抑制胆固醇吸收的最主要因素是降低胆固醇在胆盐微胶粒中的溶解度。主要是通过抑制胆固醇形成胆盐微胶粒、与胆固醇竞争肠道中的吸收位置、改变胆固醇在微胶粒的溶解度、影响胞内酯化作用等方式在肠道抑制胆固醇的吸收。

(3)多酚类物质。葡萄中多酚能增加胆汁酸排出并减少胆固醇吸收。在高血脂大鼠饲料中添加 2%葡萄花青素单体和多聚体能促进酸性和中性甾醇大量排泄。用 0.5%葡萄籽原花色素的添加量喂养能显著降低叙利亚金黄地鼠血液中的 TC 和 TG 水平，而对 LDL-C 受体和胆固醇代谢没有影响。其降脂机理为：提高胆固醇 7α-羟化酶(CYP7A1)表达，促进胆汁排出。研究表明，儿茶素和绿茶提取物也有同样的功效。山楂黄酮类，包括金丝桃苷(hyperoside)、槲皮素(quereitin)、牡荆素(vitexin)、芦丁、表儿茶素等；另有绿原酸、熊果酸(ursolic acid)等，能显著降低血清总胆固醇，增加胆固醇的排泄。山楂果作为膳食补充能上调肝脏 CYP7A1 表达水平，同时促进胆汁酸的大量排出。

(4)蛋白和多肽类。大豆蛋白能降血脂，但其降血脂机制尚不十分清楚。原因可能是含有特殊的氨基酸组成，大豆蛋白中因其甲硫氨酸含量低而起降低胆固醇作用。从 β-乳球蛋白水解产物中首次分离纯化得到了降血脂多肽(IIAEK)。其后，大豆蛋白水解产物也分离纯化得到了降胆固醇活性肽 Try-Gly-Ala-Pro-Ser-Leu。

(5)脂肪酸类。亚油酸和 γ-亚麻酸可以与胆固醇结合成酯，然后降解为胆酸排出体外，从而可以降低血浆中胆固醇。多烯脂肪酸类，如 ω-3 脂肪酸 EPA、DPA、DHA 等可抑制肝内脂质及脂蛋白的合成，促进胆固醇从粪便中排出，改变脂蛋白中脂肪酸组成，从而增加其流动性，控制肝脏中 VLDL 的合成及加速器分解，从而降低血清中 TG 水平。

此外，硒可大量破坏血管壁损伤处聚集的胆固醇，使血管保持畅通，防止动脉硬化。维生素 C 可在体内将胆固醇转变为能溶于水的硫酸盐而增加其排泄。维生素 C 还参与肝脏胆固醇的羟化作用，形成胆酸，从而降低胆固醇含量。

4. 增加低密度脂蛋白受体活性

LDL 受体广泛分布于肝脏、动脉壁平滑肌细胞、肾上腺皮质细胞、血管内皮细胞、淋巴细胞、单核细胞和巨噬细胞，各组织或细胞的 LDL 受体活性差别很大。$ApoB_{100}$ 的脂蛋白可以与 LDL 受体以高亲和力结合转运到肝脏，LDL 受体介导的细胞内吞作用在 LDL 的代谢过程中起着重要作用。

绞股蓝总皂苷能增加 Hep-G2 细胞 LDL 受体的表达。何首乌二苯乙烯苷可能是通过抑制细胞内胆固醇的合成及升高低密度脂蛋白受体的表达而起到降血脂作用。儿茶素通过上调 SREBP2(sterol regulatory element binding protein-2)表达，从而增加 LDL 受体活性。表没食子儿茶素没食子酸酯(EGCG)能使 Hep-G2 细胞 LDL 受体上调 3 倍。用 2%的儿茶素喂养大鼠能增加 LDL 受体活性及 LDL 水平，分别达到原来的 2.7 倍和 3.4 倍，喂养兔子也得到相似的结果。葡萄籽多酚也能调控 LDL 受体表达，用葡萄酒提取物葡萄籽多酚处理 Hep-G2 细胞，发现 LDL 受体的 mRNA 水平显著增加。红葡萄汁能增加

Hep-G2 和 HL-60 细胞中甾醇调控元件结合蛋白(SREBP)的表达，同时上调 LDL 受体的 mRNA 水平。

此外，银杏黄酮、山楂黄酮、番茄红素、姜黄素、黄连素、多甘烷醇(policosanol)等也能调控 LDL 受体活性。

5. 抑制胆固醇酯转移蛋白活性

胆固醇酯转移蛋白(CETP)在脂蛋白之间转运中性脂肪，导致胆固醇酯从高密度脂蛋白(HDL)向极低密度脂蛋白(VLDL)和低密度脂蛋白(LDL)的净迁移，抑制 CETP 就能增加 HDL 和降低 LDL 的水平。

CETP 的多肽链中含有 7 个半胱氨酸，至少存在一个游离的半胱氨酸巯基。通过形成二硫键，修饰分子中游离的巯基，二硫化物能够抑制 CETP 介导的脂质转移。大蒜中富含含硫化合物，能抑制 CETP 活性并增加 LDL-C/HDL-C 比例。以大蒜为膳食补充，在高脂饲料喂养的兔模型中，大蒜喂养组能抑制 CETP 活性，降低动脉粥样硬化风险。目前已经从天然产物中分离出一些 CETP 抑制剂，如胆固醇衍生物、脂肪酸类、海洋产物及细菌和真菌的发酵产物等。一些含杂环的胺类化合物和含多芳环的酰胺醇类化合物同样具有 CETP 抑制活性。研究发现二氢丹参酮Ⅰ能与 CETP 较好结合，动物试验证实二氢丹参酮Ⅰ具有降血脂作用。烟酸衍生物、人参炔醇、脂肪酸 CoA(如棕榈酰 CoA、油酸基 CoA 等)均能抑制 CETP 活性。另外，研究人员正在发掘四氢喹啉类、吡啶衍生物中的 CETP 抑制剂。

思 考 题

1. 循环系统的构成与生理功能?
2. 血液中的脂类主要有哪几种? 引起高血脂的因素有哪些?
3. 日常食品或者中草药中的植物化学成分对人体心血管系统有哪些保护作用?
4. 简述改善人体循环系统的措施。
5. 什么是高脂血症? 它对人体健康有何危害?
6. 具有辅助降血压、降血脂功能的物质有哪些?

参考文献

陈志蓉，王超，罗飞亚，等. 2016. 对辅助降血糖、降血脂保健食品双功能评价模式的探讨 [J]. 食品安全质量检测学报，7(4)：1456-1461.

丁金龙，周修腾，郭姣，等. 2011. 我国已注册辅助降血脂保健食品现状分析 [J]. 食品科技，36(7)：67-72.

丁明，薛勇，刘钊燕，等. 2011. 大豆异黄酮对 HepG2 细胞胆固醇代谢的作用及其机制 [J]. 中国食物与营养，17(11)：66-69.

黄晓飞，卢锟刚，宋成武，等. 2013. 复方绞股蓝软胶囊降血脂作用机制研究 [J]. 数理医药学杂志，26(2)：197-200.

马双双. 2016. 中国功能性食品的现状及其发展趋势 [J]. 现代食品，6(11)：22-23.

孟宪军，迟玉杰. 2010. 功能性食品 [M]. 北京：中国农业大学出版社.

孙保华. 2005. 降血压、血脂功能性食品 [M]. 北京：化学工业出版社.

王刚. 2009. 血脂异常的病因及分类 [J]. 中国社区医师，12(24)：3.

王玲，吴军林，吴清平，等. 2015. 山楂降血脂作用和机理研究进展 [J]. 食品科学，36(15)：245-248.

应秋霞，张片红. 2010. 高脂血症合并高尿酸血症的膳食干预 [J]. 浙江预防医学，22(6)：84-85.

诸骏仁，高润霖，赵水平，等. 2016. 中国成人血脂异常防治指南(2016 年修订版) [J]. 中国循环杂志，44(10)：833-853.

Dullaart R P, Dallingathie G M, Wolffenbuttel B H, et al. 2007. CETP inhibition in cardiovascular risk management: a critical appraisal [J]. European Journal of Clinical Investigation, 37(2): 90-98.

Dávalos A, Fernándezhernando C, Cerrato F, et al. 2006. Red grape juice polyphenols alter cholesterol homeostasis and increase LDL-receptor activity in human cells in vitro [J]. Journal of Nutrition, 136(7): 1766-1773.

Emmy H, Amin I, Normah H, et al. 2008. Effects of defatted dried roselle(Hibiscus sabdariffa L.)seed powder on lipid profiles of hypercholesterolemia rats [J]. Journal of the Science of Food & Agriculture, 88(6): 1043-1050.

Ghafouri K, Caslake M, Gill J M R. 2014. The effect of moderate exercise on the affinity of triglyceride-rich lipoproteins for lipoprotein lipase [J]. Atherosclerosis, 235(2): 245-246.

Heber D, Yip I, Ashley J M, et al. 1999. Cholesterol-lowering effects of a proprietary Chinese red-yeast-rice dietary supplement [J]. American Journal of Clinical Nutrition, 69(2): 231-236.

Hjerpsted J B, Dragsted L O, Tholstrup T. 2015. Cheese intake lowers plasma cholesterol concentrations without increasing bile acid excretion [J]. Journal of Nutrition & Intermediary Metabolism, (3): 12-17.

Jenkins D, Kendall C E, Augustin L, et al. 2001. High-protein diets in hyperlipidemia: effect of wheat gluten on serum lipids, uric acid, and renal function [J]. American Journal of Clinical Nutrition, 74(1): 53-57.

Jiao R, Zhang Z S, Yu H J, et al. 2010. Hypocholesterolemic activity of grape seed proanthocyanidin is mediated by enhancement of bile acid excretion and up-regulation of CYP7A1 [J]. Journal of Nutritional Biochemistry, 21(11): 1134-1139.

Kodama S, Tanaka S, Saito K, et al. 2007. Effect of Aerobic Exercise Training on Serum Levels of High-Density Lipoprotein Cholestero [J]. Archives of internal medicine, 167(10): 999-1008.

Komprda T, Škultéty O, Křížková S, et al. 2015. Effect of dietary Schizochytrium microalga oil and fish oil on plasma cholesterol level in rats [J]. Journal of Animal Physiology and Animal Nutrition, 99(2): 308 - 316.

Mihaylova B, Emberson J, Blackwell L, et al. 2012. The effects of lowering LDL cholesterol with statin therapy in people at low risk of vascular disease [J]. Lancet, 380(9841): 581-90.

Robert J, Cheng W H, Hayat A, et al. 2016. High-density lipoproteins at the interface between central nervous system and plasma lipoprotein metabolism [J]. Clinical Lipidology, 10(1): 69-81.

Toth P P. 2016. Novel Therapies for Low-Density Lipoprotein Cholesterol Reduction [J]. American Journal of Cardiology, 118(6): 19-32.

Uthman O A, Hartley L, Rees K, et al. 2016. Multiple Risk Factor Interventions for Primary Prevention of Cardiovascular Disease in LMIC: A Cochrane Review [J]. Global Heart, 8(8): 63-72.

Wood A C, Kabagambe E K, Borecki I B, et al. 2011. Dietary Carbohydrate Modifies the Inverse Association Between Saturated Fat Intake and Cholesterol on Very Low-Density Lipoproteins [J]. Lipid Insights, (4): 7-15.

Xu M Z, Lee W S, Kim M J, et al. 2004. Acyl-CoA: cholesterol acyltransferase inhibitory activities of fatty acid amides isolated from Mylabris phalerate Pallas [J]. Bioorganic & Medicinal Chemistry Letters, 14(16): 4277-80.

第 9 章　改善内分泌系统的功能性食品

内分泌系统是由各种内分泌腺和分散于各组织中的内分泌细胞组成的体内重要的调节系统，与神经系统共同调节机体的生长发育和各种代谢，维持机体内环境的稳定，使机体适应各种自然环境而繁衍生息。内分泌系统紊乱主要是由于各种激素的平衡被打破，而引起相应的临床表现。改善内分泌系统的功能性食品主要是通过天然活性因子从内因、外因综合调节内分泌，使之重新达到平衡。在研究开发天然活性因子调整内分泌功能时，还要注意神经-内分泌-体液成分间存在的既联系又制约的规律，同时也要注意采用内分泌功能失调的动物模型，才能更准确地反映天然活性因子的生理调节作用。

9.1　内分泌系统的构成与生理功能

9.1.1　内分泌系统组成及功能

内分泌系统(endocrine system)由全身各部的内分泌腺、内分泌组织和内分泌细胞构成。内分泌腺在结构上是独立的器官，主要包括垂体、甲状腺、甲状旁腺、肾上腺等；内分泌组织是指分散在其他组织器官内的内分泌细胞团，如胰腺内的胰岛、睾丸内的间质细胞、卵巢内的卵泡和黄体等；内分泌细胞分散在胃肠道、前列腺、胎盘、心、肝、肺、肾、脑等器官内。内分泌腺的主要结构特点是腺细胞排列成索状、团状或围成泡状，不具排送分泌物的导管，毛细血管丰富。以下重点叙述内分泌腺的形态、结构和功能。图 9-1 为人体内分泌腺概况。

内分泌细胞的分泌物称激素(hormone)，大多数激素通过血液循环作用于远处的特定细胞，少部分内分泌细胞的分泌物可直接作用于邻近的细胞。激素按其化学结构主要分为两大类：第一类是含氮类激素，如下丘脑分泌的调节肽和腺垂体分泌的促激素、胰岛素、甲状腺素等；第二类是类固醇激素，如肾上腺皮质激素和性腺激素。激素的生理作用虽然非常复杂，但是可以归纳为五个方面：第一，通过调节蛋白质、糖、脂肪、水、盐等代谢，为生命活动供给能量，维持代谢的动态平衡；第二，促进细胞的增殖与分化，确保各组织、各器官正常的生长、发育，以及细胞的更新；第三，促进生殖器官发育成熟和调节性激素；第四，影响中枢神经系统和植物性神经系统的发育及其活动，与学习、记忆及行为的关系；第五，与神经系统密切配合调节机体对环境的适应。

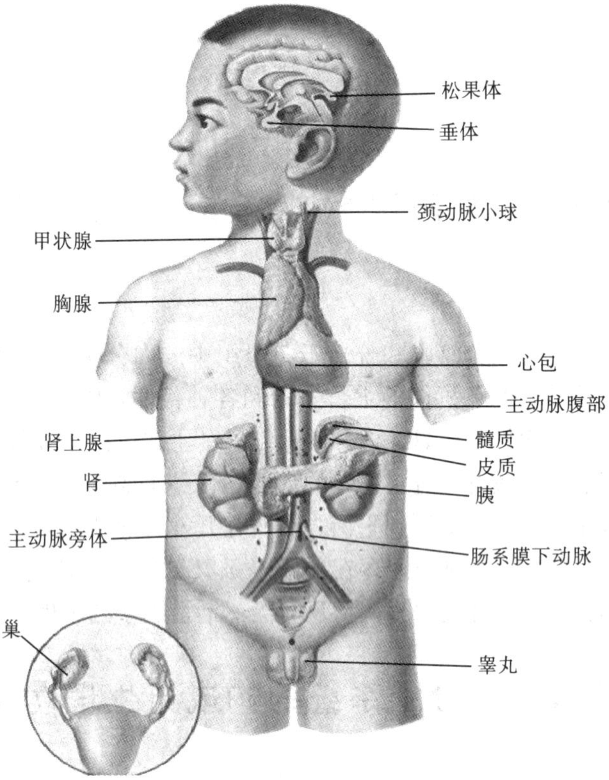

图 9-1 人体内分泌腺概况

1. 垂体

垂体悬垂于脑的底面，大小如豌豆，重量不到 1g，又称脑下垂体。垂体能分泌多种激素以调节新陈代谢、生长发育和其他内分泌腺活动，是内分泌腺的枢纽。垂体大致可分为腺垂体和神经垂体两部分。已知腺垂体分泌的激素有七种：生长激素(GH)、催乳素(PRL)、褪黑素(MSH)、促甲状腺素(TSH)、促肾上腺皮质激素(ACTH)、促性腺激素(GTH，包括卵泡刺激素和黄体生成素)。腺垂体的分泌功能受下丘脑的调节，在下丘脑基底部存在“促垂体区”，此区神经元分泌的肽，经垂体门脉到达腺垂体，调节腺垂体相应激素的分泌和释放。垂体后叶储存由下丘脑的视上核与室旁核分泌催产素和升压素，催产素有刺激乳腺和子宫的双重作用，以刺激乳腺为主，加压素主要具有促进肾小管重吸收、浓缩尿液的作用，还可通过一定机制升高血压；垂体分泌的促甲状腺素能调节甲状腺活动，分泌生长激素以调节生长发育。如幼年时期生长激素分泌不足，则会形成侏儒症。反之，如生长激素分泌过多，使生长过度而形成巨人症。如在成年期生长激素分泌过多，则出现肢端肥大病。

2. 胰腺

胰腺又称胰岛，分散于胰腺腺泡之间的细胞团。人体胰腺中有 10 万～100 万个胰岛，占胰腺总体积的 1%～2%。胰岛细胞按其形态和染色特点主要分为 A 细胞(α 细胞)、B

细胞(β 细胞)和 D 细胞。A 细胞占胰岛细胞的 24%～40%，分泌胰高血糖素，胰高血糖素作用同胰岛素相反，可增高血糖；B 细胞占胰岛细胞的 60%～80%，分泌胰岛素，胰岛素可降低血糖和调节糖、脂肪和蛋白质的代谢，促进全身各组织，尤其能加速肝细胞和肌细胞摄取葡萄糖，并且促进它们对葡萄糖的储存和利用，具有降低血糖的作用。D 细胞占胰岛细胞总数的 6%～15%，分泌生长激素抑制激素。

当机体胰岛素缺乏时，血中葡萄糖不能被细胞储存和利用，因而血糖浓度升高；如超过肾糖阈时，从尿中排出葡萄糖并伴以尿量增加，发生胰岛素依赖性糖尿病。

3. 肾上腺

肾上腺位于肾脏上方，左右各一。肾上腺分为两部分：外周部分为皮质，占大部分；中心部分为髓质，占小部分。肾上腺皮质和髓质在胚胎发生、组织结构、激素的化学性质与生理功能上都不同，实际上是两个不同的内分泌腺。肾上腺皮质的组织结构可分为三层，自外向内依次为球状带、束状带和网状带，分别分泌盐皮质激素(醛固酮)、糖皮质激素(皮质醇)和少量性激素。肾上腺糖皮质激素在调节宏量营养素的代谢以及参与人体应激和防御反应方面都具有重要的作用。糖皮质激素对糖代谢既“开源”又“节流”：一方面促进蛋白质分解，使氨基酸在肝中转变为糖原；另一方面又有对抗胰岛素的作用，抑制外周组织对葡萄糖的利用，使血糖升高。盐皮质激素具有调节 K^+ 代谢，排 Na^+、保 K^+ 和浓缩尿的作用。肾上腺皮质分泌的性激素以雄性激素为主，少量的雄性激素对妇女的性行为甚为重要。性激素分泌过量时可使女性男性化。

肾上腺髓质位于肾上腺中心，主要由嗜铬细胞组成，分泌肾上腺素和去甲肾上腺素，以分泌肾上腺素为主。这两种激素的作用与交感神经系统紧密联系，具有使心跳加强加快，心输出量增加，血压升高，血流加快；内脏血管收缩，内脏器官血流量减少；肌肉血管舒张，肌肉血流量增加；支气管舒张，糖原分解和升高血糖等作用，有助于机体与不利情况进行斗争。

4. 甲状腺

人的甲状腺重 20～30g，是最大的内分泌腺，位于喉和气管的两侧，甲状软骨的下方，分为左右两叶，中间由较窄的峡部相连，呈“H”形。甲状腺由许多滤泡组成。滤泡由单层立方上皮细胞环绕而成，中心为滤泡腔。腺上皮细胞以碘和酪氨酸为原料合成甲状腺素。有生物活性的甲状腺素主要包括四碘甲腺原氨酸(T4)和三碘甲腺原氨酸(T3)两种。甲状腺上皮细胞有很强的摄取碘的能力。人体每天从饮食摄取 100～200μg 碘，其中约有 1/3 进入甲状腺。

甲状腺所分泌的甲状腺素能促进生长发育，加速糖和脂肪代谢，特别是能促进许多组织的糖、脂肪及蛋白质的分解氧化过程，从而增加机体的耗氧量和产热量。此外，甲状腺素对维持神经系统的兴奋性和增强心肌收缩力、加快心率也有作用。如甲状腺分泌的激素过多，使新陈代谢过旺，人过于兴奋，容易激动；如分泌的激素过少，则代谢缓慢、温度低、智力弱、发育不全。甲状腺分泌的激素过少如出现在幼儿期，即成呆小症。

5. 甲状旁腺

人体有两对甲状旁腺，其形状为椭圆形小球，总重量约100mg，通常埋在甲状腺两侧叶的后缘内。甲状旁腺分泌甲状旁腺素，其主要生理功能是调节体内钙、磷代谢，使血钙增高，血磷降低。甲状旁腺还分泌降钙素，主要作用是减少破骨细胞的生长，抑制破骨细胞溶解骨质，促进骨中钙盐沉积(有抗甲状旁腺素的作用)，使血钙下降。

9.1.2 内分泌系统常见疾病与保健需求

1. 内分泌系统常见疾病

内分泌系统可通过分泌微量化学物质——激素，通过血液循环到达靶细胞，与其相应的受体结合，从而影响机体代谢过程，发挥其广泛的全身性作用。内分泌系统与由外胚层发育分化的神经系统相配合，在外环境有各种变化时，与神经系统共同使机体内环境保持稳定，这是维持生命和保持种族延续的必要条件。任何一种因内分泌细胞功能失常所致的激素分泌过多或缺乏，均可引起相应的病理生理变化。内分泌失调使人体不能进行正常的生长、发育、生殖，不能进行正常的新陈代谢活动。人体因为有多种内分泌腺体，所以不同内分泌腺发生疾病时，对人体的危害也有所不同。内分泌系统常见疾病如下。

1)肥胖症(adiposity)

肥胖症是指包括遗传和环境因素在内的多种因素相互作用所引起的慢性代谢性疾病。对于体型偏小的群体，其体重超过理想体重的20%或身体质量指数[BMI=体重(kg)/身高的平方(m^2)]大于24可定为肥胖。肥胖症可能与家族遗传、代谢、内分泌功能异常、精神因素、生活及饮食习惯、能量消耗不足等有关。如无明显病因可寻者称单纯性肥胖症，具有明确病因者称为继发性肥胖症。老年期肥胖大多属于单纯性肥胖，其脂肪分布均匀。男性脂肪分布以颈项、躯干、头部为主，女性则以腹部、下腹部、乳房及臀部为主。

轻度肥胖症多无临床症状。中重度肥胖症常伴有多汗、不耐热、气促、思睡、睡眠时打鼾、行动不灵活、易感疲劳、关节痛、肌肉酸痛及焦虑、抑郁等。重度肥胖症可有血压增高、左心室肥大，最终导致心力衰竭。肥胖症可常伴有高血压、血脂代谢紊乱、易发生高胰岛素血症或糖尿病、动脉粥样硬化及缺血性心脏病或胆石症等。

2)糖尿病(diabetes)

糖尿病是一组以血糖水平增高为特征的慢性代谢性疾病，是由胰岛素分泌相对或绝对不足和/或作用缺陷引起，是内分泌系统中最常见的疾病之一，随年龄的增长有明显上升的趋势。糖尿病的病因尚未明确，可能与遗传、肥胖、精神刺激、营养素缺乏、病毒感染等多种因素有关。

糖尿病以Ⅰ型糖尿病和Ⅱ型糖尿病最为多见。Ⅰ型糖尿病多发于青少年；老年人多发Ⅱ型糖尿病，且体型多偏胖。Ⅱ型糖尿病患者的胰岛素分泌量并不低甚至还偏高，主要是由于机体对胰岛素不敏感(即胰岛素抵抗)，开始多无临床症状，常因其并发症而就诊。

糖尿病的表现主要包括代谢紊乱综合征和并发症。

(1)代谢紊乱综合征。有多饮、多食、多尿、体重减轻等表现，即“三多一少”症状。Ⅱ型糖尿病老年患者有的症状不典型或无症状，仅体检时发现高血糖和尿糖阳性。

(2)糖尿病慢性并发症。①大血管并发症：脑血管以阻塞性脑血管疾病最为多见；心血管以冠心病较为多见。下肢血管病变、坏疽造成截肢，为糖尿病患者肢体残废的主要原因。②微血管并发症：肾微血管病变，可有蛋白尿、高血压、浮肿等表现，晚期则出现肾功能不全。眼底微血管病变，可致糖尿病患者双目失明。③神经系统并发症：可出现周围神经异常，疼痛、麻木、感觉过敏；运动神经障碍，局部肌肉可萎缩。此外，自主神经病变可出现出汗异常、血压及心率变化、尿失禁或尿潴留、腹泻或便秘等。④在应激(如感染、胰岛素治疗中断、饮食不当、创伤、手术等)状态，可突发糖尿病急性并发症——糖尿病酮症酸中毒。早期酮症阶段仅有多尿、多饮、疲乏等，继之出现食欲不振、恶心、呕吐、头痛、嗜睡、呼吸深大、呼气中出现烂苹果味，后期脱水明显，尿少、皮肤干燥、血压下降、休克、昏迷，以至死亡。

3)甲状腺功能亢进(hyperthyroidism)

甲状腺功能亢进简称“甲亢”，是指各种原因引起血循环中甲状腺激素过多，引起以神经、循环、消化等系统兴奋性增高和代谢亢进为主要表现的一组临床综合征。本病起病缓慢，一般患者自觉颈部变粗，两侧对称，质软。少数为结节性，两侧不对称。甲状腺功能亢进典型表现为眼球突出、眼裂增宽、双目凝视、瞬目减少、向下看时露眼白、眼皮有色素沉着，重则可有流泪、胀痛、视力模糊及眼睑肿胀等。老年期甲亢伴眼征较少。甲状腺功能亢进还表现出甲状腺毒症。具体表现见表 9-1。

表 9-1　甲状腺功能亢进的主要症状

症状名称	典型症状
高代谢综合征	一般表现为疲乏无力、怕热多汗、皮肤潮湿、多食易饿等
心血管症状	表现为心慌、气短、脉搏加速，收缩压升高，舒张压正常或略低。老年期甲亢出现心动过缓、缓慢型心律失常，易与其他老年性心脏病混淆，且心血管系统症状通常不典型
神经系统症状	表现为精神紧张、易激动、手足好动、喜怒无常、偶有幻觉、多汗、失眠、手足细小震颤、腱反射亢进、面部潮红、怕热。老年期更易出现抑郁、反应迟钝、嗜睡等
消化系统症状	食欲增加、消瘦、腹泻、肝脏肿大等。老年期常伴有厌食发生，部分发生便秘
肌肉骨骼系统症状	一般为四肢肌肉软弱无力、容易疲乏，可合并周期性麻痹。老年期常以慢性肌病为首发症状，近端肌群受累，抬腿、举臂困难，重者可出现吞咽困难，且易发生骨质疏松及病理性骨折

若甲亢未经治疗，易导致病情急剧加重，甚至危及生命。老年人由于症状不典型更易发生，多表现为高热达 40℃；心率达 120～200 次/min 多表现为烦躁、嗜睡、恶心、呕吐、腹泻、昏迷等。

4)甲状腺功能减退(hypothyroidism)

甲状腺功能减退简称“甲减”，是因各种原因导致的甲状腺激素分泌不足或甲状腺激素抵抗而引起的全身性低代谢综合征，其病理特征是黏多糖在组织和皮肤堆积，表现为黏液性水肿。

一般甲减女性较男性更为多见，病因以慢性淋巴细胞性甲状腺炎为主。临床上按发病年龄分为 3 型：呆小病或“克汀病"、幼年甲减和成人甲减。黏液性水肿多发于成人期，严重时，可出现黏液性水肿昏迷。

一般甲状腺功能减退表现为畏寒、体温较低、便秘、毛发脱落、面色蜡黄、思维迟钝、行动缓慢、心率缓慢，严重时可发生黏液性水肿。若体温低于 35℃，出现呼吸浅而慢、心率过缓、血压降低、嗜睡等症状时，多数是发生黏液性水肿昏迷的先兆。

5)痛风(hyperuricemia，HUA)

痛风是人体对嘌呤代谢失调或尿酸的排泄减少，造成血中尿酸增加，尿酸结晶沉淀在关节中，导致关节发炎肿痛，常与肥胖、糖脂代谢紊乱、高血压、动脉硬化和冠心病等聚集发生。一般痛风老年男性及绝经后妇女较为多见。发病有一定的诱发因素，如创伤、手术、感染、着凉、劳累、饮酒或摄入高嘌呤食物等。痛风主要的表现如下。

(1)无症状期仅有高尿酸血症而无自觉症状。

(2)急性期。最初发作单一关节，以第一趾跖关节较为多见，然后是足弓、踝、跟、膝、指、肘关节受累致疼痛。在夜间睡眠时因为下肢关节的剧烈疼痛而惊醒，数小时后关节红肿、发热、僵硬，同时可伴有发热、头痛、心慌等全身症状。

(3)痛风石及慢性关节炎期。关节炎频繁发作，尿酸盐在关节内沉着，关节出现肿胀、僵硬、畸形、活动受限，同时在关节的骨质内、滑膜、韧带及耳垂有痛风石形成，破溃后有白色的尿酸盐结晶排出。

(4)肾脏病变。有肾功能减退、肾尿酸结石和(或)痛风性肾病。

2. 内分泌系统常见疾病保健需求

1)内分泌系统疾病常见的健康问题

(1)营养失调。膳食营养摄入量高于机体生理需要量，伴随体重增加，与多食、内分泌功能紊乱有关；低于机体需要量，伴随体重降低，与基础代谢率增高、蛋白质分解加速有关。

(2)活动无耐力及躯体活动障碍。活动无耐力常与肌肉神经能量供应不足，肌肉软弱无力、萎缩，骨质疏松等有关。躯体活动障碍与疼痛、限制负重、关节畸形等有关。

(3)组织完整性受损。组织完整性受损有视觉丧失的危险，主要与甲亢所致的浸润性突眼有关。

(4)个体应对无效。个体应对无效主要与甲亢引起的精神神经系统兴奋性增高、性格情绪改变或糖尿病的并发症有关。

(5)情绪波动较大。当疾病反复发作，担心预后，会时常出现焦虑，伴随有便秘，这与机体代谢率减慢，组织消耗减少有关。

(6)营养保健知识缺乏。

2)内分泌系统疾病的一般保健需求

内分泌系统疾病的发生大多伴有机体体重增减，因此内分泌系统疾病的一般保健要点有：①休息与运动：增强体育锻炼，注意劳逸结合；适当参加体力活动；保持健康的行为及规律的生活等。②饮食调理：膳食要求定时定量摄取，避免过冷过饥、暴饮暴食；要细嚼慢咽，减慢进食速度，多吃蔬菜。必要时记录出入水量。膳食以植物性食物为主，适当摄取动物性食品，体重偏高者及老年人食谱宜三低一高(低糖、低盐、低脂肪、高纤维素)，同时限制能量摄入。③心理、情绪调理：避免神经过度紧张，情绪波动较大；保持心情舒畅，及时鼓励患者说出心理感受，倾听其诉说，多进行有效沟通和交流，减轻患者的孤独感与压抑感，增强其生活乐趣和社会交往。④注意个人卫生，预防各种感染。

3)常见内分泌系统疾病的保健需求

(1)肥胖症。

指导患者制定合理的饮食计划，科学选择搭配食物，增加运动，必要时采用药物辅助治疗，但应慎重用药；控制每天的总热量，以低脂、高膳食纤维饮食为主，适当补充蛋白质、维生素和矿物质，控制动物脂肪的摄入，戒烟酒，改变吃零食及甜食的习惯。指导患者建立良好的进食习惯，进食时增加咀嚼次数，减慢进食速度；注意克服疲乏、厌烦、抑郁期间的进食冲动。

饮食控制根据肥胖程度而采用不同方案。如轻度肥胖者，以每月体重减轻 0.5～1.0kg 为宜，主要控制食物中糖类、脂肪的摄入，以减少热量摄入，应多吃蔬菜与水果，尤其要控制晚餐饮食量；中度肥胖者，体重以每周减轻 0.5～1.0kg 为宜，应控制进食量，宜选择低脂、低胆固醇、低盐食物；重度肥胖者，除与中度肥胖者一样严格控制饮食外，还应在医生指导下使用减肥药物或饥饿疗法。

鼓励肥胖者进行体育锻炼，根据自身情况掌握运动强度，以增加热量的消耗；根据个人情况循序渐进，以生理耐受量为限。一般开始运动的前两个月，体重下降不明显，但如坚持 2 个月以上则疗效逐渐明显。此外，应慎重使用减肥药物，最好在医生指导下用药。

(2)糖尿病。

糖尿病患者应严格控制饮食，自觉遵守饮食规定。严格定时定量进食，检查每次进餐情况，从而控制总热量，当出现饥饿感时可增加蔬菜及豆制品等副食。有计划地更换食品，以免感到进食单调乏味。Ⅱ型糖尿病如血糖稍偏高，一般可通过饮食控制以及体疗等方法，使血糖控制在正常范围；如经饮食控制仍未能降低血糖者，可用药物治疗。

糖尿病患者应适度选用运动疗法。运动过程中最好做有氧运动，如散步、慢跑、骑自行车、打太极拳等，也可根据个人爱好选择运动方式。当患者逐渐增加活动量，应随身携带糖果，当出现低血糖反应时及时食用，如运动时出现胸闷、胸痛、视力模糊等情况应立即停止运动并及时处理。糖尿病肥胖者每周运动不少于 3 次，运动时随身携带糖尿病卡，以备急需。

此外，需严密观察糖尿病患者病情，如观察有无食欲减退、恶心、呕吐、嗜睡、呼吸加快和加深，呼气有无烂苹果气味及脱水等酮症酸中毒表现，有无低血糖发生，有无四肢麻木、糖尿病病足的发生，以便于控制病情。

(3)甲状腺功能亢进。

在症状明显和治疗早期，应卧床休息，避免剧烈运动。当心率、基础代谢率等恢复正常后，可逐步恢复活动。合理安排作息时间，白天适当活动，避免精神紧张和注意力过度集中，保证夜间充足睡眠。制定膳食计划，提供足够热量和营养素以补充消耗，膳食注意能量平衡、酸碱平衡，不宜饮浓茶、咖啡等刺激性饮料。每日注意足量饮水，以补偿因大量出汗及呼吸加快引起的水分丢失，有心脏疾病者除外，以防水肿和心衰。

(4)甲状腺功能减退。

指导患者制定饮食计划，因其出现营养障碍，伴有厌食，应鼓励进食。保证每日机体能量和蛋白质的需求，宜选择易消化低盐饮食，调节饮食花样，以促进患者的食欲。昏迷患者应给予鼻饲饮食。

9.2 调节生长发育的功能性食品

9.2.1 生长发育的生理基础与异常情况

1. 生长发育的生理基础

生长发育是指从受精卵开始贯穿胎儿、儿童、青春期、成人的身体形状和功能成熟的连续过程。生长指身体形状大小的增长，为量的变化；发育指身体功能的成熟过程，为质的改变。在整个儿童和青少年时期，身体形状和功能随年龄的增长而不断生长变化。人体的生长发育受多种因素的影响，如遗传、神经激素、生长因子、环境、疾病、营养等。儿童期的任何疾病和不良因素均可致人体生长基因的表达异常，从而影响生长发育。生长发育的主要影响因素如下。

(1)遗传和环境因素。儿童的生长发育是遗传和环境因素相互作用的结果。身高为多基因遗传，不同种族、不同性别、父母身高不同均会影响到儿童的生长速度和最终身高。

(2)营养因素。由食物供给的充足的能量和蛋白质是维持机体正常生长发育的保证。营养缺乏可影响身体各组织的发育，其中对骨骼发育影响最大。另外，特殊营养素的缺乏会影响特定组织的生长期发育，如维生素A缺乏使骨变短变厚，维生素D缺乏使骨矿化不足、骨软化和身材矮小。

(3)神经调节。每个儿童均有其独特的由遗传所决定的生长发育模式。尽管社会环境、营养状态、疾病等会使生长发育暂时偏离原有的生长曲线，但一旦这些影响因素被清除，儿童又可回到原生长曲线。调节儿童生长发育的中枢可能在下丘脑，它通过调控生长激素和其他相关激素的分泌而起作用。

(4)激素作用。大部分内分泌激素均通过直接和间接作用影响生长发育。主要发挥作用的内分泌激素有生长激素(GH)、胰岛素和甲状腺激素。垂体分泌的生长激素(GH)通过刺激肝脏产生胰岛素样生长因子-1(IGF-1)，在骨生长板介导GH的促生长作用。GH对软骨细胞的增生也有直接刺激作用。胰岛素则对胎儿的宫内生长和出生后的生长发育均有调控作用，其作用机制可直接通过胰岛素受体及受体后通路起作用，又能通过调控其他促生长物质而间接起促生长作用。甲状腺激素对所有组织包括骨和软骨均有作用，可直接作用于成骨细胞和破骨细胞，也可通过 T3 与甲状腺激素受体复合物的形式调节 GH 基因的表达而间接起作用。甲状腺激素缺乏的儿童的骨成熟延缓，生长期身高增长速度减慢，最终导致身材矮小。甲状腺激素影响骨生长发育主要包括血中游离甲状腺激素水平、T4 转变为 T3 的能力、组织中甲状腺激素受体的水平和功能。

(5)性激素水平。性激素对整个生长发育均有影响，尤其对调控青春期发育起重要作用。青春期发育开始后，垂体分泌促性腺激素(促卵泡素、黄体生成素)明显增多，促性腺激素促进性腺的发育和成熟，分泌性激素。性激素可促进第二性征的发育和身体组成的改变。睾酮使骨骼及肌肉量增长，脂肪呈男性分布；雌激素使女性脂肪沉积增快 2 倍，呈女性分布。另外，性激素可直接作用于骨骺生长板，促进骨骺的闭合。

(6)生长因子的调节作用。生长因子是指一组可促进细胞增生和分化的活性多肽，如 IGF-1、上皮生长因子、神经生长因子等。激素、生长因子和其他因素的协同作用促进了生长和细胞的分化。

(7)其他影响生长的因素。慢性全身性疾病可明显影响儿童的生长发育。其机理尚未完全阐明，这可能与生长介素活性降低、营养不良等因素有关。此外，不同季节，儿童生长发育的速度不同，春天生长比其他季节要快；种族、社会经济情况等对生长发育也有不同程度的影响。

2. 生长发育异常及发病原因

在正常情况下，人的生长发育有一定的规律，一般婴儿期生长发育较为迅速，青春期又有一次较快的增长，成年以后体格变化则较小。所谓生长发育异常(abnormality of growth and development)是指与同一种族、年龄、性别的正常人的身长、体重及形态相比有显著差异，如体型过高、过矮、过胖、过瘦及其他形态异常等。营养、疾病、遗传、环境条件等因素都可影响生长发育。因此，正确分析与判断造成生长发育异常的原因，对临床诊断和饮食治疗都很重要。

下面主要讨论消瘦、肥胖、巨人症及侏儒症等四种体型异常。

1)消瘦(pathological leanness)

消瘦即体重减轻或不足，指人体因疾病或某种因素导致体重比相应年龄人群按身高的体重均值数低于两个标准差。消瘦一般都是短期内呈进行性的，成人较正常体重相差 10%以上，小儿体重比同龄、同性别的小儿低 15%～25%；同时机体皮肤粗糙而缺乏弹性、肌肉萎缩、皮下脂肪减少、骨骼显露、体力减退、易感疲倦乏力。消瘦主要是由身体分解代谢增加、神经−内分泌功能和消化与吸收功能障碍等因素所致。引起消瘦的主要原因如下。

(1)摄食不足。在正常情况下，饮食是摄入能量的唯一方式。食物供应能量以满足人体对基础代谢、组织合成(成长、修复、妊娠、哺乳)、体力活动以及排泄功能的需要。而消瘦者通常由热量−蛋白质的摄入不足引起营养不足。热量摄入不足时，首先由组织脂肪提供能量，蛋白质提供氨基酸作为糖原异生的来源。由于婴幼儿处于生长发育阶段，且常因喂食习惯不良和发生感染，造成营养不足，尤以小儿多见。此外，消化系统机能降低常使营养摄入不足，同时还影响食物的消化和吸收而发生消瘦。脑垂体功能减退以及肾上腺皮质功能减退时，由于糖皮质激素的缺乏而有代谢异常，患者常有明显的食欲减退、恶心和呕吐现象。

(2)代谢、消耗增加。机体代谢、消耗增加可能是由细胞氧化过程加速、代谢亢进、组织分解增加、营养物质丢失过多所致。甲状腺功能亢进时，分解代谢增加，食欲虽亢进而体重却减轻。此外，过度体力活动、各种疾病等均可使热量消耗过多。如恶性肿瘤患者常对内生及注射的胰岛素耐受，使葡萄糖利用率降低，而游离脂肪酸的氧化代谢增加，葡萄糖乳酸盐循环活动度增加，氨基酸和乳酸盐向糖异生增加，ATP 无效消耗增多。这说明恶性肿瘤可能产生一种代谢毒素，引起消瘦。肿瘤迅速生长而消耗能量，出血、渗出、继发感染等常使晚期患者消瘦更为明显，即恶病质。

2)肥胖(obesity)

肥胖的发生与遗传、环境、神经和内分泌等因素有关，但其主要环节是能量代谢的平衡失调。

(1)能量代谢平衡失调。人体所需能量因个体、环境、年龄等不同而有差异，正常人通过神经、内分泌等调节，使摄入的能量与消耗的能量相平衡。脂肪是能量贮藏最节省的一种形式，当摄入能量超过消耗时，多余者就以脂肪的形式贮存在体内。因进食过多而能量消耗减少，或进食多而消耗少同时存在，可致能量摄入过多，引发肥胖。肥胖者，不论男女，基础代谢率多在正常范围，但其活动量较正常体重者为少。妇女妊娠期约储备及消耗额外能量 8000kcal 左右，以供胎儿生长、发育所需；但由于妊娠末期工作、活动量减少，能量每有节余而以脂肪形式贮存。这些额外贮存的能量，可在哺乳期被消耗，但如哺乳期仍然进食过多，便可使体重增加，形成产后肥胖症。成年人随着年龄的增长，休息时的代谢率每 10 年约减少 2%，加之年龄增长后工作量通常也相应减少，故中年以后容易出现肥胖。

(2)神经系统平衡失调。饱感中枢和饥感中枢分别位于下丘脑的腹内侧核和腹外侧核，彼此有神经纤维相连，其活动根据人体糖、氨基酸和脂肪的代谢情况互相协调，以维持正常的食欲并控制进食量，使之与能量消耗相平衡。

(3)内分泌体液系统平衡失调。胰岛素(insulin)能促进脂肪细胞摄取葡萄糖合成脂肪和抑制脂肪分解，因而胰岛素分泌在肥胖的发病机制中起重要作用。肥胖者的血浆胰岛素经常处于较高水平。研究表明，引起肥胖的基本因素是由于营养过度，使胰岛 β 细胞肥大和分泌较多的胰岛素，而长期高胰岛素血症使组织对胰岛素的敏感性降低，反作用又强迫血中胰岛素维持在较高水平。此外，甲状腺功能状态与肥胖有关。甲状腺功能低下时，机体代谢率降低，能量消耗减少，易致肥胖；而甲状腺功能亢进时机体代谢率高，能量消耗增加。机体内皮质醇增多、性腺功能低下均可引起肥胖。

(4)脂肪细胞肥大与增生。在不同部位，皮下脂肪细胞的大小不同，正常人皮下脂肪细胞长 67～98μm，每一脂肪细胞含脂量约 0.16μm。当肥胖病发生和发展时，脂肪明显肥大，皮下脂肪细胞平均长达 127～134μm(增大 50%～100%)，每一脂肪细胞含脂量约 0.91μm，甚至达到 1.236μm。当肥胖发生和发展很快时，一般仅见脂肪细胞肥大；但肥胖发生发展过程缓慢而长期持续时，不仅脂肪细胞肥大，且数量增多，极大地扩充了机体的脂肪库容。肥胖时的脂肪细胞数可从正常的(26.8±1.8)×10^9增至(77.0±13.5)×10^9。正常女性比正常男性脂肪细胞多。一般认为脂肪细胞肥大和脂肪细胞增生在肥胖病发生发展过程中起不同作用。长期而严重的肥胖成人除脂肪细胞肥大外，多少还伴有脂肪细胞增生。反之，出生时体重已经超过正常者，婴儿期明显肥胖，青春发育期体重明显增加，到了成年大都已呈肥胖，而且其脂肪组织的脂肪细胞肥大和增生并存，治疗效果较差。

(5)遗传因素。在单纯性肥胖中常有家族史。据研究人员统计，以双亲肥胖者7组共1556例，其下一代肥胖概率最高达87%，最低组为63%；而在对照组中，肥胖发生率仅36%。一般认为极重的肥胖症患者多有家族史，与遗传因素有关。

3)侏儒症(dwarfism)

侏儒症是指成人身高不及130cm或小儿身高低于同一种族、同年龄、同性别平均值两个标准差。及早诊断，给予适当治疗(如呆小症给甲状腺素治疗)，能使部分患者的病情减轻或治愈；对目前尚无特殊治疗者，也应提出合理建议和心理治疗，解除其忧虑。

引起侏儒症的因素很多，概括起来主要有先天因素，如遗传与体质因素；环境因素，如营养不良和维生素缺乏；疾病因素，如染色体病代谢性疾病及骨骼系统疾病等；内分泌激素影响，如生长激素和甲状腺激素等；神经系统影响，主要是通过下丘脑-垂体系统调节与生长发育有关的激素的分泌。其常见因素如下。

(1)体质性青春发育延迟。由于饮食不足致营养不良或慢性消耗性疾病，影响机体的正常发育；垂体促性腺激素分泌减少或睾丸间质细胞机能失常，不具备性腺发育的良好条件；有的与生活环境、地理气候条件、种族差别及遗传因素有关。

(2)生长发育不良所致侏儒。生长激素失调性侏儒是由于生长激素无活性，下丘脑控制失调，使生长激素释放因子(GHRH)不足或缺乏，或生长激素释放抑制因子(GHIH)过多，引起GH释放减少所致。生长激素介质(SOM)障碍侏儒是由于肝脏生成SOM障碍，介质缺乏则GH就不起作用而发生。

(3)甲状腺功能低下所致侏儒。①甲状腺发育不全或不发育，是造成先天性甲状腺功能低下最主要的原因。其中，约1/3病例的甲状腺不能合成甲状腺激素，还有部分病例是由于母体发生自家免疫性甲状腺炎(桥本病)，血清中产生了抗甲状腺抗体，通过胎盘到胎儿体内，破坏胎儿全部或部分甲状腺组织而致病。②甲状腺合成途径中酶缺陷所致。这种缺陷可发生在甲状腺激素合成和分泌的任一步骤，成为甲状腺球蛋白合成的障碍。常有家庭史，是常染色体隐性遗传。③促甲状腺激素缺陷，为垂体分泌促甲状腺激素障碍所引起。常见于特发性垂体功能低下或下丘脑、垂体发育缺陷。其中，因促甲状腺素释放激素(TRH)不足所引起的较为多见。④碘缺乏或抗甲状腺药物。甲状腺功能亢进的孕妇服抗甲状腺药物后，药物通过胎盘抑制胎儿甲状腺素的合成。地方性克汀病是因为孕妇饮食中缺碘，致使胎儿在胚胎早期即因缺碘而致甲状腺功能低下。

(4)性早熟。性早熟即为6岁以前开始性发育者。由于性激素作用于骨骼，加速骨骼生长发育，初期体格常超过同龄儿童，但至成年后，由于骨骼提前融合，骨骼生长受限而使身材矮小。其原因可能与内分泌腺病如睾丸间质细胞瘤、卵巢粒细胞瘤及肾上腺皮质肿瘤及增生，脑部病变如松果体瘤、下丘脑病变等有关。

(5)佝偻病和继发性侏儒。佝偻病是因缺乏维生素 D 或其他原因所引起的钙磷化谢紊乱，造成骨盐在骨基质沉着障碍为主要病变的全身性疾病。本病可分为维生素 D 缺乏性佝偻病、维生素 D 依赖性佝偻病(Ⅰ型因肾脏 1-羟化酶缺陷所致，Ⅱ型因靶器官受体对 1,25$(OH)_2D_3$不反应所致)、低血磷性抗维生素 D 佝偻病(肾重吸收磷及肠道吸收磷发生障碍所致)、远段肾小管性酸中毒(因远段肾小管排泌 H^+ 障碍，致排碱性尿，钙从尿中丢失增加，促使甲状旁腺功能亢进，导致骨骼脱钙)、肾性佝偻病(因肾疾患引起慢性肾功能障碍，而致钙磷代谢异常，血钙降低，促使甲状旁腺功能亢进，骨骼脱钙所致)、肝病性佝偻病(由于肝功能障碍，使肝脏 25-羟化酶异常所致)。继发性侏儒是因某些原发疾病造成营养不良或消耗过多，使生长发育迟缓所致，多继发于宫内生长障碍的低出生体重儿、重度营养不良和贫血、结核病、反复呼吸道感染、慢性肝肾疾病、严重寄生虫病等。感情剥夺性侏儒是由于失去母爱、家庭破裂或不和睦等社会心理因素的刺激，使下丘脑分泌生长激素释放因子(GHRH)减少所引起。

9.2.2 调节生长发育的功能性食品开发

无论从精神上还是从生理上说，儿童期的营养状况对其生长发育十分重要。目前市场上工业化生产的调节生长发育的功能性食品主要是针对正在生长发育的儿童和青少年，同时保健品市场进入复合消费，儿童保健品已经由单一型走向复合型，单一时代的产品逐渐被市场所淘汰，但简单追求产品的复合性能会产生副作用，主要是复合性的产品不能够对消费对象有所突破，所以在走复合型产品消费道路的同时，还需要突出功能的合理配比与消费习惯。

1. 调节生长发育保健品开发的资源及其功效成分

就保健食品方面而言，改善生长发育功能主要是指婴幼儿至青少年这一过程中所能促进生长发育的物质。国家食品药品监督管理总局(CFDA)批准具有改善生长发育功能的常用原料有：肌醇、牛磺酸、锌和富锌物质、山楂、牛初乳、鸡内金、铁、维生素 A、维生素 D、维生素 B_2、维生素 C、钙、牡蛎。

随着成人对儿童保健品选择的变化、保健意识的不断增强，保健品市场正在逐步营造一个新的消费市场，特别是一些改善智力与体能的产品更加活跃。具有促进生长发育功效的典型配料见表 9-2。

表 9-2 具有促进生长发育功效的典型配料

典型配料	生理功效
谷氨酰胺(glutamine)	促进生长发育，促进肌肉生长，促进伤口愈合
精氨酸(arginine)	促进生长发育
牛磺酸(taurine)	促进婴幼儿大脑发育，抗疲劳，改善视力，促进生长发育
鸟氨酸(ornithine)	促进生长发育
藻蓝蛋白(phycocyanin)	促进生长发育，抗衰老，增强免疫功能

续表

典型配料	生理功效
牛初乳(bovine colostrum)	增强免疫功能，促进生长发育
肌醇(inositol)	促进生长发育，调节血脂，保护肝脏
维生素 A(vitamin A)	促进生长发育，促进骨骼发育，改善视力
维生素 D(vitamin D)	促进钙的吸收和骨骼发育
维生素 C(vitamin C)	促进钙和铁的吸收
维生素 B_1(vitamin B_1)	是机体生长发育不可缺少的必需营养素
维生素 B_2(vitamin B_2)	是机体生长发育不可缺少的必需营养素
维生素 B_6(vitamin B_6)	是机体生长发育不可缺少的必需营养素
烟酸(niacin)	是机体生长发育不可缺少的必需营养素
生物素(biotin)	是机体生长发育不可缺少的必需营养素
维生素 E(vitamin E)	是机体生长发育不可缺少的必需营养素
叶酸(folic acid)	预防红细胞贫血，参与核酸和氨基酸代谢

1)精氨酸(arginine，Arg)

精氨酸是六碳氨基酸，含有两个碱性基团，等电点为 10.76，在生理条件下带正电荷。精氨酸是人体半必需氨基酸，对机体创伤修复、免疫功能的调整等有重要作用。其具体的生理作用如下。

(1)促生长和正氮平衡作用。机体对精氨酸的摄取与胃肠道功能完整性、机体的代谢状态以及肾上腺皮质醇水平有关。未成熟小动物的食物中必须含有精氨酸，以满足其生长发育的需要，食物中精氨酸含量不足或缺乏，动物的摄食量和体重将下降，并可出现生长迟缓和发育障碍，经补充精氨酸则可得到纠正。精氨酸不足时机体将出现呕吐、流涎、昏迷和血氨升高。在创伤或感染的条件下，氨基酸谱显示精氨酸和支链氨基酸浓度下降，表示精氨酸消耗增加，必须提供外源性精氨酸，才能满足机体修复创伤的需要。

(2)促激素分泌作用。生长激素具有广泛促进机体生长R作用。生长激素可促进糖原分解、升高血糖、促进脂肪分解和蛋白质与胶原的合成。给机体输入精氨酸后，其生长激素水平可立即升高。精氨酸在刺激机体释放生长激素的同时也刺激机体释放胰岛素。生长激素水平的升高可防止由胰岛素水平升高引起的低血糖症。在体内，生长激素和胰岛素对糖、脂肪和蛋白质的代谢起着协同平衡的作用，两者的升高可加强组织对糖的利用，加速蛋白质和胶原的合成，促进正氮平衡和创伤后机体的修复。

(3)创伤修复作用。精氨酸能非常明显地抑制创伤患者体重下降，并能使患者较早获得正氮平衡。在一定的剂量范围内随着精氨酸量的增加，体重也随之增加。手术后给予富含精氨酸的饮食，切口瘢痕重量明显增加，瘢痕的强度也有增大。精氨酸能增加瘢痕中胶原纤维含量，增加瘢痕中脯氨酸和羟脯氨酸的含量。脯氨酸和羟脯氨酸几乎仅存在于胶原纤维中，脯氨酸和羟脯氨酸与胶原合成有密切关系。

(4)增强机体免疫功能作用。对于正常机体，精氨酸则能提高胸腺重量和胸腺淋巴细胞数。在严重感染或创伤患者中，胸腺的重量和胸腺淋巴细胞计数降低，表示患者免疫功能受损，精氨酸则能阻止胸腺的萎缩，提高胸腺淋巴细胞数。此外，精氨酸可提高巨噬细胞的活性，增强巨噬细胞对肿瘤细胞的杀伤功能。精氨酸是巨噬细胞蛋白质合成的限定氨基酸，巨噬细胞能量来源之一是肌酸磷酸，精氨酸是合成肌酸的底物之一，精氨酸不足势必导致巨噬细胞的能量不足。长期食用富含精氨酸的食物，可提高机体抗肿瘤的能力。精氨酸的抗肿瘤作用是抑制肿瘤细胞的生物合成和提高机体对肿瘤的免疫力。

副作用：通过口服和静脉给予精氨酸是安全有效的。偶见报道有精氨酸致血钾升高、恶心、腹泻和变态反应。这些症状均可通过减少精氨酸剂量或停止使用精氨酸而缓解或消失。

2)谷氨酰胺(glutamine，Gln)

谷氨酰胺是机体不可缺少的非必需氨基酸和含量最丰富的氨基酸。谷氨酰胺在人体内可由谷氨酸、缬氨酸、异亮氨酸合成。在疾病、营养状态不佳或高强度运动等应激状态下，机体对谷氨酰胺的需求量增加，以致自身合成不能满足需要。

谷氨酰胺对机体具有多方面的作用：①为机体提供必需的氮源，促进肌细胞的生长和分化。②刺激生长激素、胰岛素和睾酮的分泌，使身体处于合成状态，增加机体蛋白质数量，可增长肌肉。③运动期间，机体内酸性代谢产物的增加使体液酸化，谷氨酰胺可产生碱基，在一定程度上减少酸性物质造成的运动能力降低或疲劳，增加力量，提高耐力。④参与合成谷胱甘肽(一种重要的抗氧化剂)，也是胃肠道管控细胞的基本能量来源。⑤维持肾脏、胰腺、胆囊和肝等内脏的正常功能，改善脑机能。谷氨酰胺不仅是免疫系统的重要燃料，还可增强免疫系统的功能。

3)牛磺酸(taurine)

牛磺酸，化学名为2-氨基乙磺酸，俗称牛胆碱，是一种含硫的非蛋白氨基酸，在体内以游离状态存在，自身合成能力较低。牛磺酸虽然不参与蛋白质合成，却与胱氨酸、半胱氨酸的代谢密切相关。牛磺酸的生理功能如下。

(1)对神经系统的作用。牛磺酸是新生动物脑中含量最丰富的游离氨基酸。它可使人脑神经细胞增殖，促进神经细胞突触的形成，加速神经细胞的分化形成。

(2)渗透压调节作用。海洋动物的渗透压主要靠牛磺酸来调节和维持。对哺乳动物，牛磺酸在中枢神经系统、视网膜、血小板、骨骼肌和心脏等许多器官中起渗透调节作用。

(3)抗氧化作用。牛磺酸具有增强细胞膜抗氧化、抗自由基损伤及抗病毒损伤的能力。

(4)调节细胞钙稳态。牛磺酸对钙离子有调节作用，低 Ca^{2+} 时促进 Ca^{2+} 的内流，高 Ca^{2+} 时减少 Ca^{2+} 的内流和增加 Ca^{2+} 与细胞的亲和力，以降低游离 Ca^{2+} 水平，通过消除 Ca^{2+} 超载达到细胞保护作用。

(5)合成调节作用。牛磺酸参与胆酸的合成，促进脂肪和脂溶性物质的消化吸收，还可降低动物血液及肝脏中的胆固醇水平，也可减少胆固醇结石的形成。此外，牛磺酸对动物繁殖性能、免疫机能和某些激素(如生长激素和催乳素)的分泌有调节作用。但牛磺酸在畜禽饲料中的应用效果还需进一步研究证实。

4)肌醇(inositol)

肌醇，化学名为环己六醇，是一种生物活素，因其与胆碱和生物素关系紧密，所以经常被归于 B 族维生素范畴，是生物体中不可缺少的成分。几乎所有生物都含有游离态或结合态的肌醇。在脊髓神经、脑脊液和脑组织中，有大量肌醇存在。肌醇主要以植酸的形式发挥作用，职责是保持细胞膜的结构和完整性。肌醇能维持肌肉的正常功能和抗脂肪肝的活性，可促进脂肪从肝脏中转出，帮助体内脂肪消耗。

肌醇对于骨髓细胞、眼膜以及胃肠道的生长和存活也是不可缺少的。肌醇是肠内某些微生物的生长因子，在体内维生素缺乏时，它能刺激肠道微生物合成维生素。联合使用 B 族维生素和肌醇，可促进神经信号的传导。研究表明，肌醇与利眠宁相似，具有抗焦虑、镇静作用。因此，肌醇可有效治疗失眠症。

肌醇参与体内的新陈代谢活动，具有免疫、预防和治疗某些疾病等多种作用，在发酵和食品工业中，可用于多种菌种的培养基和促进酵母的增长等。另外，肌醇有助于保持健康的毛发和皮肤，高等动物若缺乏肌醇，将会出现生长停滞和毛发脱落等现象。因此，肌醇可用于一些皮肤病(如湿疹)的治疗。人体每天对肌醇的需求量是 1～2g，许多保健饮料和儿童食品都加有微量肌醇。

通过联合应用肌醇和胆碱，糖尿病神经病变可得到有效治疗，疼痛和麻木症状得到改善。对于低血糖症患者，可使用 500mg 肌醇和 1000mg 胆碱的剂量进行干预。通过缓慢降低血压，肌醇还有助于轻度高血压的治疗。

5)藻蓝蛋白(phycocyanin)

藻蓝蛋白是一种少见的天然营养素，是从螺旋藻中分离出的一种深蓝色粉末，它具有抗癌、促进血细胞再生等功效。21 世纪初，在欧美、日本等国，藻蓝蛋白被广泛用作食品和化妆品的高级天然色素，并被制成生化药品。

藻蓝蛋白是一种氨基酸配比较好的蛋白质(缺乏色氨酸)，有促进生长发育、延缓衰老、抑制肝脏肿瘤细胞、提高淋巴细胞活性、促进免疫系统功能等作用。藻蓝蛋白中的藻青素具有与血红素相似的结构(由 4 个吡咯环构成)，因此可与铁形成可溶性化合物，提高对铁的吸收，并对骨髓的造血功能有刺激作用，改善贫血，可辅助治疗包括白血病在内的各种血液疾病。

6)左旋肉碱(L-carmitine)

左旋肉碱，又称肉毒碱，化学名为 β-OH-γ-三甲胺丁酸，结构类似于胆碱。L-肉碱广泛存在于体内，线粒体中特别丰富。其中，肾上腺的 L-肉碱浓度最高，其次是心脏、骨骼、肌肉、脂肪组织和肝脏。在 20 世纪 80 年代国外已有 L-肉碱商品上市，已列入美国药典，我国卫生部也将其列入营养强化剂。作为一种重要的功能性食品添加剂，尤其作为婴儿食品配方、体弱多病者的营养强化剂、增强运动耐力的运动员食品及减肥健美食品，L-肉碱已得到了较为广泛的应用。

左旋肉碱的生理功能有：①促进脂肪酸的运输与氧化。②促进碳水化合物和氨基酸的利用。③提高机体耐受力、防止乳酸积累。在激烈运动中，常因氧气供应不足而造成肌肉产生乳酸，过量乳酸可造成酸中毒，同时乳酸是一种低能量物质。口服 L-肉碱可使最大氧吸收时的肌肉耐受力提高，防止乳酸积累，缩短剧烈运动后的恢复期，减轻运动带来的紧张感和疲劳感。④作为心脏保护剂。研究发现缺乏肉碱会导致心功能不全，临床上已用外源性肉碱增强缺血肌肉及心肌功能。但肉碱改善心功能是刺激糖代谢而不是脂肪代谢，给健康机体一次给予 2g 肉碱后，出现胰岛素分泌增加和血糖降低(均在正常范围内)，即肉碱加强了糖代谢。⑤延缓衰老。维持脑细胞的功能需要正常摄取葡萄糖用于供能、不断地合成蛋白质以维持细胞的存在及不停地排出细胞废弃物。

人和大多数动物可通过自身体内合成来满足生理需要，在正常情况下 L-肉碱不会缺乏。常见的肉碱缺乏症包括先天的和后天的。原发性缺乏主要见于肾远曲小管对肉碱重吸收缺陷而致的肉碱丢失过度；继发性缺乏则主要是由于有机酸尿症或长期使用一些抗菌素等药物与肉碱结合使之排出。此外，反复血透、长期管饲或静脉营养以及绝对素食者也都有肉碱缺乏的危险。当出现代谢异常如糖尿病、营养障碍及甲状腺亢进等，会抑制 L-肉碱的合成、利用或增加 L-肉碱的分解代谢，而引起疾病。L-肉碱缺乏时，可出现脂肪堆积，症状通常为肌肉软弱无力。

膳食中增加 L-肉碱则可使症状减轻。由于大多数植物缺乏肉碱及其前体赖氨酸和蛋氨酸，素食者应注意及时补充。植物性食品含 L-肉碱较少(某些不含)，同时合成肉碱的两种必需氨基酸——赖氨酸和蛋氨酸也较少。动物性食物 L-肉碱含量较高，尤以肝脏中含量最为丰富。含 L-肉碱丰富的食物有酵母、乳、肝及肉等动物食品。

7)牛初乳

参见第 2 章。

2. 儿童专用功能性食品的开发

当今社会儿童营养不良和营养过剩问题并存。偏食、嗜食、嗜糖使得肥胖症、龋齿成为影响儿童健康的常见病。丰富多彩的视听节目以及不正确的看书姿势，使得儿童视力健康的问题变得非常严重。人体不同的组织有着不同的关键时期和关键营养素，儿童营养不良的影响也取决于发生的时间和程度。如能在关键时刻给予足够的平衡的营养，则许多营养性问题都可避免。如在机体生长发育关键时期某种关键营养素缺乏、不足或过剩，则易造成终生无法挽回的局面。因此，儿童健康问题应引起全社会的关注。开发具有增智、改善视力、促进生长发育、抗龋齿等作用的功能性食品具有重要意义。

生长发育的物质基础是各种已知的营养素，包括能量、脂肪、蛋白质、维生素和无机盐，它们不但决定着生长的速度，也决定着生长发育的质量。下面介绍几种功效成分。

1)二十二碳六烯酸(docosahexaenoic acid，DHA)

二十二碳六烯酸是一种对人体非常重要的 ω-3 系列不饱和脂肪酸，是神经系统细胞生长及维持的主要成分。它对成年人大脑的正常运作、婴儿出生六个月后的中神经系统和视力的发育起着重要作用。缺乏充足的 DHA 会引起儿童神经衰弱、视力下降、注意力不集中和多动症，同时也会导致成人患上抑郁症和老年痴呆症。

DHA 的生理作用主要包括：促进胎儿大脑发育和视网膜光感细胞的成熟；抑制发炎前驱物质的形成，具有消炎作用；降低血液中三酰甘油酯、胆固醇水平及预防血栓的形成；活化脑细胞，提高记忆及改善老年痴呆症状。人体内会自然地产生一些 DHA，但数量太少而且没有规律，不足以维持正常的身体运作。因此，必须通过食物来补充，或者服用补充剂(DHA 制品)来满足身体对 DHA 的需要。初乳中 DHA 的含量尤其丰富。不过，母乳中 DHA 的含量取决于膳食结构。如吃鱼较多的哺乳期妇女，其乳汁中 DHA 含量高达 22%。DHA 含量高的鱼类有鲑鱼、沙丁鱼、金枪鱼、黄花鱼、秋刀鱼、鳝鱼、带鱼、花鲫鱼等，每 100g 鱼中的 DHA 含量可达 1000mg 以上。就某一种鱼而言，DHA 含量高的部分为眼窝脂肪，其次为鱼油。此外，干果类(如核桃、杏仁、芝麻等)、藻类中也含有一定的 DHA。

营养专家一般会推荐孕妇和哺乳期妇女每天吸收 300mg 的 DHA。婴儿每天的日常饮食应包含 0.35%的 DHA 才能满足身体的正常需要。

2)花生四烯酸(arachidonic acid，ARA 或 AA)

花生四烯酸是一种人体不可缺少的 ω-6 系列多不饱和脂肪酸，与二十二碳六烯酸一同对人体心血管系统和免疫系统起着重要的调节作用。AA 是眼、脑中的主要脂类成分，可帮助神经细胞传递信息，特别是对婴幼儿的脑和神经发育有重要影响。在婴幼儿期，AA 属于必需脂肪酸。AA 的缺乏对于人体组织器官的发育，尤其是对大脑和神经系统的发育可能产生严重的不良影响。

母乳中天然存在 GLA、DHA 和 AA。如果将 AA 作为一种活性成分补充到膳食结构中，而摄入量又相当于正常人体内每天的生成量或母乳中的正常含量，则不会出现毒副作用。世界卫生组织(WHO)在“脂肪、油脂与人类营养的报告(1995)”中建议孕妇与婴幼儿每天应摄入 60mg/kg(体重)AA。据此，开发 AA 纯品作为孕妇和婴幼儿食品添加剂具有一定的市场。

AA 广泛分布于动物的中性脂肪中，牛乳脂、猪脂肪、牛脂肪、血液磷脂、肝磷脂和脑磷脂中含量较少(约为 1%)，肾上腺磷脂混合脂肪酸中也含有 AA(15%)。AA 在油料种子中的分布也比较广泛，是花生油中的一种主要成分。

3)γ-氨基丁酸(γ-aminobutyric acid)

γ-氨基丁酸，化学名 4-氨基丁酸，别名氨酪酸、哌啶酸，英文缩写 GABA。植物如豆属、参属、中草药等的种子、根茎和组织液中都含有 GABA。在动物体内，GABA 几乎只存在于神经组织中，其中脑组织中的含量为 0.1～0.6mg/g 组织。免疫学研究表明，其浓度最高的区域为大脑中的黑质。

γ-氨基丁酸是中枢神经系统中很重要的抑制性神经递质，它是一种天然存在的非蛋白氨基酸，具有极其重要的生理功能，它能促进脑的活化性，健脑益智，抗癫痫，促进睡眠，美容润肤，延缓脑衰老机能，能补充人体抑制性神经递质，具有良好的降血压功效。每日补充微量的 γ-氨基丁酸既有利于心脑血压的缓解，又能促进人体内氨基酸代谢的平衡，调节免疫功能。GABA 是目前研究较为深入的一种重要的抑制性神经递质，它参与多种代谢活动，具有很高的生理活性。2009 年 9 月 27 日，卫生部批准 γ-氨基丁酸、初乳碱性蛋白、共轭亚油酸、共轭亚油酸甘油酯、植物乳杆菌(菌株号 ST-Ⅲ)、杜仲籽油为新资源食品。

4)酪蛋白磷酸肽(casein phosphopeptide，CPP)

CPP 由酪蛋白酶解获得，是富含磷酸丝氨酸的肽类，它的蛋白前体来自 α-酪蛋白的称为 α-CPP，来自 β-酪蛋白的称为 β-CPP。营养科学界普遍认为，钙源的溶解性决定了钙能否良好地被人体吸收，CPP 能使钙在中性或微碱性的情况下仍保持可溶状态，故在小肠中能促进钙的吸收。将 CPP 与钙、铁一起配合使用，可望在促进儿童骨骼发育、牙齿生长及预防和改善骨质疏松症，促进骨折患者康复和预防治疗贫血症等方面取得令人满意的效果。

CPP是功能性食品添加剂的一种，按日本厚生劳动省分类属于氨基酸系列。其生理功能是促进钙、锌、铁的吸收，抗蛀牙，提高动物受精能力，调节血压。

9.2.3 调节生长发育的功能性食品评价标准

行为畸胎学试验方法可较灵敏和全面地反映外界因素对幼小机体体格及神经发育的影响，可以利用其中的某些指标，如胎仔出生情况、成熟、生长和生长速率、先天性反射行为、性发育、学习能力等来探讨在母体孕期、哺乳或仔体断乳至成年期给予受试物对动物生长发育的影响。

1. 试验动物

选2月龄的昆明小鼠，以雌、雄2∶1的比率合笼交配，查到阴栓者为受孕鼠备用。共设高、中、低三个剂量组和一个对照组，根据推荐的每日每千克人体摄入量，扩大10倍作为其中一个剂量组，根据受试物的具体情况另设2个剂量组。经口给样，母鼠从受孕到仔鼠断奶(21d)连续给样，仔鼠从断乳后连续给样40d。

2. 操作步骤

1)胎仔情况

记录活胎数、雌雄比例、死胎数、分娩胎仔总数。于生后4d将各窝仔鼠数调整一致(8～10只)。

2)体重及食物利用率

记录出生时及生后4d、7d、14d、21d、28d和56d幼鼠的体重，并计算断乳后幼鼠的食物利用率。

3)生理发育指标

记录耳郭分离、门齿萌出、开眼、长毛、阴道开放、睾丸下降时间。新生仔鼠全身无毛，耳贴连皮肤，无牙齿，皮肤发红，出生后2d呈粉红色。试验鼠一般3～4d开耳，并长出体毛，8～10d长出门齿，35d生出第3只臼齿，40d睾丸下降，45～60d阴道开口。昆明小白鼠生长发育指标判断标准见表9-3。

表9-3 昆明小白鼠生长发育指标判断标准

测试项目	开始试验时间	评分标准
耳郭分离	3～*	双侧耳郭完全分离为达标，单侧不记
全身绒毛	4～	颈部绒毛肉眼明显可见，全身绒毛在切面可见
下牙萌出	9～	两下门齿均长出牙龈为达标
上牙萌出	9～	两上门齿均长出牙龈为达标
张耳	14～	双外耳道口完全张开

续表

测试项目	开始试验时间	评分标准
睁眼	14～	双眼睁开为达标，单侧不记
睾丸下降	23～	双侧睾丸均下降，如阴囊内
阴道开口	26～	阴道被膜消失，出现一小孔，如为阴道口下降不记

注：* 表示自仔鼠出生后 3d 开始观察，直至整窝仔鼠达标为止，余同

4)神经发育检验

(1)平面翻正试验。将仔鼠仰面置于一木质平面上记录其完全翻正(以 4 肢着地为标准)所需时间及各日龄仔鼠反应的阳性率。仔鼠在出生后 1～5d 进行该项测试，每天 1 次，每次观察 60s。

(2)前肢握力试验。将仔鼠的前肢放在一水平位置的横杆上，待其前肢握住横杆后，松开，记录握杆持续时间及各日龄仔鼠握杆的阳性率。仔鼠在出生后 10～25d 进行该项测试，每天 1 次。

(3)悬崖回避试验。将仔鼠置于木板平台边缘，鼠的头和前趾越过边缘，记录 60s 内向旁移动的时间及各日龄仔鼠反应的阳性率。仔鼠在出生后 1～5d 进行该项测试，每天 1 次。

(4)嗅觉定向试验。将仔鼠放在一长方形通道中间，通道的两头和 2 个正方形旷场相连，一个旷场放有原窝料，另一个旷场放有清洁窝料，记录在 60s 内，仔鼠向原窝料方向移动的距离，每 2cm 为一记录单位，若向新窝料方向移动，以负值记录。仔鼠在出生后 9d、11d、13d 进行该项测试，每天 1 次，并记录各日龄仔鼠向原窝料方向移动及向新窝料方向移动的仔鼠数。

(5)听觉警戒试验。将仔鼠放进有一固定噪音的特制箱中，给其一固定的声音刺激(80dB)。记录每窝仔鼠中出现听觉惊恐反应(肌肉收缩或夹尾巴抽动)所占的比例。

(6)负趋地性试验。将仔鼠头向下放在一个坡度为 25°的粗糙平面上，记录其转头 180°所需的时间及各日龄仔鼠反应的阳性率。在出生后的 2d、4d、6d、8d 和 10d 进行该项测试，每天 1 次。

(7)旋转试验。将仔鼠放在一个特制的平面上，分别记录其在 60s 内旋转 90°和 360°所需的时间及各次试验中各组仔鼠反应的阳性率。仔鼠在出生后 2d、3d、4d、5d、7d、9d 进行该项测试，每天 1 次。

(8)视觉发育试验。测试时，抓住仔鼠尾巴，使其头向下，面部和前腿朝向一个平面的边缘，距离充分缩短，但触须不可触及边缘。如果在触须触及边缘之前幼鼠用前爪抓住了边缘，证明触觉发育正常，否则视为未达正常水平，记录各组仔鼠反应的阳性率(触觉达正常的仔鼠比率)。

(9)空中翻正反射试验。在一塑料盒中备有足够的垫料，将仔鼠从距离垫料 25cm 的空中仰卧位水平落下。观察仔鼠着地时的体位，以 4 脚落地平稳为正常，否则为异常。连续测试 3 次，记录 3 次中落地正常的次数。在出生后 10～15d 进行测试。

(10)游泳发育试验。将幼鼠放在水温 25±2℃的玻璃缸内，根据其游泳的姿态、四肢

利用情况及游泳方向给予评分。根据得分的高低，评价其游泳能力、发育状况。

3. 数据处理及结果判定

数据处理：计量资料用方差分析，计数资料用 X^2 检验。

结果判定：胎仔情况、体重及食物利用率、生理发育指标及神经发育指标四类指标中，若有三项或三项以上试验指标为阳性者，可认为该受试物有促进生长发育的作用。

4. 注意事项

行为是机体综合性功能，它的轻微改变可被机体代偿能力所掩盖，而它的表现又受到内、外界其他因素的影响，这些因素包括年龄、性别、种系、训练程度以及受试对象的情绪状态、环境因素等。因此，在行为学试验中要注意和重视以下几个问题。

(1)常采用 1 组(2 个以上)测试方法，形成测试组合以增加行为学指标的特异性和准确性。

(2)试验宜在隔音室或半隔音室内进行，室内温度、湿度和光照度应适宜和保持一致。

(3)最好采用近交系动物。试验前数天将动物移至实验室以适应周围环境，实验者必须每天与动物接触如喂水、喂食和抚摩动物。动物在 24h 内有其活动周期，即不同时间处于不同的觉醒水平，故试验应选择适宜时间进行，前后 2d 的试验要在同一时间内完成。

(4)减少非特异性干扰，如情绪、注意、动机、觉醒、运动活动水平、应激和内分泌等因素。

9.3 缓解更年期综合征的功能性食品

9.3.1 更年期与更年期综合征

更年期综合征是因女性卵巢功能衰退直至消失，引起内分泌功能失调和植物神经功能紊乱的一系列临床表现的综合征。据统计，我国大概有 85%的更年期妇女患有相关病症，其中多数可以自行缓解，25%的妇女症状较重，影响了生活和工作。开发具有改善更年期综合征功效的新型功能性食品，市场巨大，前景广阔。

1. 更年期与绝经

更年期(climacteric period)是指妇女从生育期到老年期的一段时间，也是妇女从有生殖能力到无生殖能力的过渡阶段，即从卵巢功能开始衰退到功能完全丧失的阶段。临床主要表现为经期紊乱、绝经、植物神经系统失调和性格特征改变等。具体的界定包括：①绝经前期(premenopause)：从青春发育到绝经，包括绝经前的整个生育阶段。②绝经过渡期(menopausetransition)：从生育期走向绝经的一段过渡时期，指月经开始改变到最后一次月经为止。③围绝经期(pefimenopause)：40 岁左右临床内分泌出现绝经趋势，即卵巢功能衰退征兆开始，直到最后一次月经后一年。④绝经(menopause)：指妇女的最后一次月经。⑤绝经后期(postmenopause)：指妇女的最后一次月经后，直到生命终止。⑥过早绝经(premature menopause)：指 40 岁以前绝经者，也称卵巢早衰。

2. 更年期综合征的定义及表现

更年期综合征(climacteric syndrome)是指妇女在围绝经期或其后，因卵巢功能逐渐衰退或丧失，以致雌激素水平下降所引起的，以植物神经功能紊乱代谢障碍为主的一系列症候群。患更年期综合征的妇女进入更年期后，卵巢功能开始衰退，没有能力产生足量的雌激素和孕激素。首先是丧失排卵功能，缺少孕激素，成为无排卵型月经，而后卵泡发育逐渐停止，雌激素的分泌量也逐渐减少，当其减少到不能刺激子宫内膜时，月经停止来潮，逐渐进入老年期。更年期时第二性征逐渐退化，生殖器官缓慢萎缩，其他与雌激素代谢有关的组织也同样发生萎缩现象。在卵巢分泌激素减少的同时，正常丘脑下部、脑垂体和卵巢之间的平衡关系发生改变，出现丘脑下部和脑垂体功能亢进的现象，表征为促性腺激素分泌增多，以及植物神经系统功能紊乱，产生更年期综合征。更年期综合征多发生于 45～55 岁。一般在绝经过渡期月经紊乱时，这些症状已经开始出现，并可持续至绝经后 2～3 年，仅少数人在绝经 5～10 年后症状才减轻或消失。更年期是每个妇女的必经阶段，但个体所表现的症状轻重不等，时间长短不一。轻的可以安然无恙，重的可能影响工作和生活，甚至会发展成更年期疾病。短的几个月，长的可能延续几年。更年期综合征虽然表现为许多症状，但它主要是一个内分泌变化的过程。

(1)月经紊乱。月经紊乱是由雌激素分泌不正常所致，是更年期的早期症状，有的表现为突然闭经，月经从此不再来；有的闭经几个月后，又发生子宫大量出血；有的则表现为月经周期不规则。

(2)血管舒缩功能失调。第一个症状是潮热、潮红，即突然感到胸前、颈部烘热，而后这种热感如潮水般涌向面部，使皮肤发红，随即全身出汗，汗干之后又有畏寒的感觉；第二个症状为血压升高，而且波动幅度较大；第三个症状为心慌、心悸、阵发性心跳过速或过缓，又称“假性心绞痛”，用雌激素治疗较有效。

(3)精神神经症状。更年期妇女常有抑郁、情绪不稳、记忆力减退、注意力不集中等症状，这些症状更容易使妇女产生紧张、焦虑、悲观等心理异常。

(4)生殖器官症状。更年期妇女盆腔中结缔组织的弹性降低，韧带、肌肉、筋膜牵引能力减弱。一些妇女发生子宫下垂，以及阴道膨出和脱肛。尤其是多产妇、有滞产史和产后从事体力劳动过早的妇女，绝经后更易发生。妇女从更年期开始，由于雌激素水平下降，阴道抵抗力减弱，容易发生老年性阴道炎，其主要症状是外阴瘙痒、干燥灼热，甚至小腹不适、阴道口周围疼痛、阴道分泌物增多、黏膜发红以及点状出血。

(5)泌尿系统症状。雌激素水平降低后，尿道缩短、黏膜变薄、括约肌松弛，常出现尿频、尿急以及张力性尿失禁症状。由于泌尿道抵抗力下降，还可能发生尿路感染、膀胱炎。

(6)消化系统症状。进入更年期后消化机能也相应减弱，可能发生食欲不振、消化不良、口干咽干、嗳气、打嗝、胃热、腹胀、腹泻、便秘等症状。

(7)新陈代谢功能障碍。进入更年期后新陈代谢功能易发生障碍，从而引起肥胖、乏力、血管硬化、皮肤角化、神经性皮炎、老年性骨质疏松等病症。更年期以后基础代谢率逐渐降低，热量的消耗和利用相对减少，热量以脂肪的形式在人体组织较松软处堆积，如颈肩部、腹部、臀部、大腿等，造成肥胖体型。

更年期的本质在于卵巢衰老引发的雌激素——内分泌失调，所以更年期是个可逆的动态过程。只要有效抑制卵巢衰老，或是将已经老化的卵巢机能重新激活，更年期就可以推迟。另外，因为更年期结束的标志是绝经——卵巢机能彻底丧失，所以即使已经出现更年期症状，也可以通过卵巢机能的调节将绝经期推迟，从而使女性保持在相对年轻的生理状态。

9.3.2 缓解更年期综合征功能性食品开发

更年期综合征的发生与饮食因素密切相关。更年期的营养应以确保必须的活动能量为原则，限制动物性食品，减少胆固醇和饱和脂肪酸的摄入，保障机体必须的维生素和矿物质，维持机体的正氮平衡。在设计和开发改善更年期综合征功能性食品时，应高度重视这些膳食原则。

更年期妇女内分泌发生变化，使神经中枢系统失调。因此，更年期妇女应适当控制饮食，以缓解体内代谢明显改变。在开发改善更年期综合征功能性食品时，有关能量、碳水化合物、蛋白质、脂肪等营养素的搭配原则有以下几点。

(1)能量以维持正常体重为宜。每日摄入的热量应比年轻妇女少5%～10%。

(2)蛋白质应占总热量的10%～15%。一般每日0.7～1.0g/kg(体重)供给，特别要注意补充高质量蛋白质，如大豆蛋白对绝经女性潮热症状有显著的改善作用。

(3)限制脂肪的摄入(但每日摄入量不宜低于40g)，尤其是动物性饱和脂肪和胆固醇，以预防更年期可能产生的肥胖、高血压及心血管疾病等。植物脂肪如豆油、花生油、葵花籽油、玉米油等，可降低血液胆固醇浓度，其富含的不饱和脂肪酸、维生素等均有利于更年期妇女的健康。

(4)矿物质对更年期妇女显得更为重要。更年期妇女体内雌性激素水平下降、骨蛋白和骨钙缺失，容易引发骨质疏松，应及时补充钙质。

(5)确保机体对各种维生素的需求。维生素B_1对维护神经系统的健康、增进食欲及协助消化有一定作用，并能缓解更年期综合征。维生素B_6和维生素B_{12}也能协助预防和治疗更年期综合征。维生素E能预防或减缓绝经后出现的动脉粥样硬化和免疫功能衰退。维生素D能促进钙的吸收，健壮骨骼，对更年期经常发生的骨质疏松有一定的预防作用。

当然，在实际开发时还要选择性地添加各种有明确改善更年期综合征的功能配料，如大豆异黄酮、红车轴草提取物、黑升麻提取物等植物活性成分。具有改善更年期综合征功效的典型配料见表9-4。

表 9-4 具有改善更年期综合征功效的典型配料

典型配料	生理功效
大豆异黄酮(soybean isoflavone)	改善更年期综合征，预防骨质疏松，调节血脂，抗癌
红车轴草提取物(red clover extract)	改善更年期综合征，改善骨质疏松，抗癌
黑升麻提取物(black cohosh extract)	改善更年期综合征，抗关节炎，预防骨质疏松，镇静降压
当归提取物(dong guai extract)	抗血栓，改善血液循环，调理经期，缓解痛经
葛根提取物(kudzu root extract)	改善更年期综合征，保护心血管，解痉作用
谷维素(oryzanol)	稳定情绪，抗焦虑，缓解更年期综合征
紫苜蓿提取物(alfalfa extract)	缓解更年期综合征，降胆固醇
玫瑰茄提取物(rosehip extract)	养颜，清热解毒，缓解更年期综合征
亚麻籽提取物(flaxseed extract)	调节血脂血压，预防更年期综合征
维生素 E(vitamin E)	类雌激素样作用，改善更年期综合征
蜂花粉提取物(bee pollen pellets extract)	增强免疫，抗衰老，保护心脑血管，预防更年期综合征

9.3.3 改善更年期综合征的功能性食品评价

1. 试验项目

(1)动物试验。检测受试物对试验动物的卵泡期和雌激素水平的影响。

(2)人体试食试验。检测受试物对更年期妇女热潮红症状、精神情绪状况和体内雌激素水平的影响。

2. 试验原则

在动物试验中，对雌激素水平的测定选用切除卵巢的雌性动物。

3. 结果判定

若受试物能显著延长受试动物的卵泡期，提高受试者的雌激素水平，并能明显减轻热潮红症状、精神紧张和情绪焦虑等更年期症状，则可认为该受试物具有改善更年期综合征的功效。

9.4 有助于调节血糖的功能性食品

体内各组织细胞活动所需的能量大部分来自葡萄糖，正常人空腹时的血糖浓度为 3.9～6.0mmol/L，血糖必须保持在一定的水平才能维持体内各器官和组织的正常功能。空腹血糖浓度超过 6.0mmol/L 称为高血糖；低于 3.9mmol/L 称为低血糖。机体内糖的正常来源为储存的肝糖，以维持血糖的正常浓度。在剧烈运动，或者长时间食物供给不足时，肝糖也将会消耗完。此时，细胞将分解脂肪、蛋白质来供应能量，但它们的代谢途径和葡萄糖不同。

9.4.1 血糖异常的定义与分类

1. 血糖的调节

(1)肝对血糖的调节。肝对血糖浓度的稳定具有重要调节作用。当餐后血糖浓度增高时，肝糖原合成增加，使血糖水平不致过度升高；空腹时肝糖原分解加强，用以补充血糖浓度；饥饿或禁食情况下，肝的糖异生作用加强，以有效地维持血糖浓度。

(2)激素对血糖的调节。可将调节血糖的激素分为两类：一类是降低血糖的激素，为胰岛素；另一类是升高血糖的激素，如肾上腺素、胰高血糖素、肾上腺糖皮质激素和生长素等。两类不同作用的激素相互协调，共同调节血糖的正常水平(表 9-5)。

表 9-5 激素对血糖水平的调节

降糖激素	作用	升糖激素	作用
胰岛素	①促进葡萄糖进入肌肉、脂肪等组织细胞 ②加速葡萄糖在肝、肌肉组织合成糖原 ③促进糖的有氧氧化 ④促进糖转变为脂肪 ⑤抑制糖异生 ⑥抑制肝糖原分解	肾上腺素	①促进肝糖原分解 ②促进肌糖原酵解 ③促进糖异生
		胰高血糖素	①抑制肝糖原合成 ②促进糖异生
		糖皮质激素	①促进糖异生 ②促进肝外组织蛋白分解生成氨基酸

2. 血糖异常

血糖异常是一个常见的临床问题，随着社会的进步和生活方式的改变，血糖异常的发病率迅速增高，并呈年轻化趋势。当今，糖尿病已成为继心血管疾病和肿瘤之后，又一严重危害人类健康的慢性疾病。

糖代谢异常的类型包括空腹血糖受损(impaired fasting glucose，IFG)、糖耐量低减(impaired glucose tolerance，IGT)以及糖尿病。IFG 的诊断标准为空腹血糖(fasting blood glucose，FBG)为 6.1～7.0mmol/L，且餐后血糖(postprandial blood glucose，PBG) 2h＜7.8mmol/L；IGT 的诊断标准是 FBG＜6.1mmol/L，PBG 2h 为 7.8～11.1mmol/L。

如果空腹血糖含量超过 7.0mmol/L 时，即可确诊为糖尿病。空腹血糖含量超过 11.1mmol/L 时，表示胰岛素分泌功能极少或缺乏，或机体对胰岛素反应不灵敏。同时也提示，药物在机体中作用发挥不佳。因为当血糖含量超过 11.1mmol/L 时，药物的降糖作用将会降低和减弱。空腹全血血糖含量在 6.5mmol/L 左右，血浆血糖含量在 6.0mmol/L 左右，提示应进一步检测葡萄糖耐量试验，以便确诊是否患有糖尿病。

9.4.2　血糖异常的危害与治疗

1. 血糖升高

1)糖耐量异常(IGT)或空腹血糖受损(IFG)

糖耐量异常(IGT)是正常血糖向糖尿病发展的过渡阶段，患者餐后 2h 血糖(或者服糖后 2h 血糖)数值介于正常血糖与糖尿病之间，其空腹血糖可为正常或介于正常与糖尿病之间。这一阶段，患者同时存在有胰岛素分泌不足和胰岛素抵抗，在Ⅰ型糖尿病患者中这一阶段持续时间很短，往往不易被人发现；在Ⅱ型糖尿病患者中此阶段可持续数年之久。在此阶段对患者进行干预治疗在一定程度上可使病情逆转，故此阶段患者有时化验血糖正常，而有时化验血糖升高，其变化多与饮食、运动、精神因素以及疾病、外伤等应激状况有关。患者多无明显特异性症状，一些患者可有餐前低血糖症状。此阶段患者多因体检或其他疾病检查时被发现，需进一步进行口服葡萄糖糖耐量检查以协助确诊。

空腹血糖受损(IFG)也是正常血糖向糖尿病发展的过渡阶段，患者空腹血糖介于正常与糖尿病之间，而餐后 2h 血糖(或服糖后 2h 血糖)正常，它与糖耐量异常具有同等的意义。

2)糖尿病

在平静生活状态下反复两次以上化验血糖升高达到糖尿病的诊断标准即可诊断为糖尿病。若患者处于外伤、手术、严重感染等严重疾病时，需待疾病治愈后再行糖耐量检查以便确诊。

(1)Ⅰ型糖尿病。此型糖尿病患者血糖升高变化较快，多于半年之内迅速发展，血糖持续升高并出现严重的代谢紊乱症状(如酮症酸中毒等)。对于初发的糖尿病患者，检测其 HbA_{1c}(糖化血红蛋白)有助于判断其血糖升高的速度，若 HbA_{1c}低于其血糖的相应水平，则说明其发病时间短，血糖升高较快；若 HbA_{1c}与其血糖水平相当，则说明其发病时间长，血糖升高缓慢。在Ⅰ型糖尿病患者中有一部分为缓发型，在最初发病的 2～6 年内其血糖水平逐渐升高，之后便表现出典型Ⅰ型糖尿病的严重代谢紊乱症状。在Ⅰ型糖尿病患者中多数存在有自身抗体，如胰岛素自身抗体、胰岛细胞抗体、谷氨酸脱羧酶抗体等。检测自身抗体以及胰岛素和 C 肽水平有助于糖尿病的分型诊断。

(2)Ⅱ型糖尿病。患者血糖水平隐匿性缓慢升高，早期其血糖随患者的饮食、运动及生活方式改变时而升高、时而正常，其血糖升高变化经过糖耐量低减(IGT)或空腹血糖调节受损(IFG)阶段逐渐进展至糖尿病阶段。多数高血糖患者属于此病，口服葡萄糖耐量试验(OGTT)有助于明确诊断。

(3)特异型糖尿病。胰岛 β 细胞功能基因异常包括青年发病的成年型糖尿病(MODY)、线粒体母系遗传糖尿病等，均有三代以上家族遗传史，起病年龄早，基因检查可发现其病变基因。

(4)妊娠期糖尿病。多数在妊娠中期及后期出现持续的高血糖，应在怀孕的 24～28 周内进行筛查，并与糖尿病妊娠相鉴别。它的发生与妊娠时绒毛膜促性腺激素(HCG)、胎盘泌乳素、绒毛膜泌乳素、黄体酮及雌激素分泌增加有关，这些激素的增加引起胰岛素抵抗，从而导致糖尿病的发生，待分娩后患者血糖可恢复正常。此类糖尿病患者产后应密切监测血糖变化，在分娩6周后应重新进行OGTT检查以明确分类。有报道显示这些患者产后10年内发生Ⅱ型糖尿病者占70%～80%，10年后仍有可能发生Ⅱ型糖尿病。

3)其他

(1)应激反应。患者在严重感染、高热、重症疾病、外伤等应激状态下，由于胰岛素抵抗加重；肾上腺素、糖皮质激素、甲状腺素等升糖激素增高；加之静脉应用各种治疗药物的影响，可出现血糖异常升高及糖代谢紊乱。

(2)肝脏疾病。肝脏是接收、储存和代谢葡萄糖的主要场所，严重的肝脏病变阻碍了糖代谢功能，从而导致进食后血糖升高。

2. 血糖降低

1)低血糖症状

低血糖主要表现有饥饿感、软弱、手足颤抖、面色苍白、大汗、怕冷、心慌、心率加快、血压轻度升高或降低、精神不集中、思维和语言迟钝、头晕、嗜睡、视物不清、步态不稳，也可有精神症状(如幻觉、躁动、易怒、行为怪异等)；严重者神志不清、抽搐、出现病理反射，最后陷入昏迷、低体温，以致死亡。在一些老年人及有慢性躯体疾病患者中，低血糖可诱发急性心肌梗死、急性脑血管病等，并加速患者死亡。不同的患者其低血糖症状表现不一，同一患者每次低血糖发作的表现也可能不尽相同。对于空腹低血糖发作者，大多因器质性疾病所致，应积极寻找致病原因。

随着糖尿病患病率的不断增加，一些糖尿病患者缺乏医学常识，用药不当则易出现低血糖。

2)功能性低血糖

(1)特发性功能性低血糖。本病多见于女性，尤其是情绪不稳定和神经质者。低血糖症多在早餐后1.5～3h发作，晨间空腹时不发作，午餐及晚餐后较少发作，可自行缓解或服糖后缓解。此类低血糖症病程虽长，但无进行性发展，多不会产生严重后果。本病病因尚不清楚，可能与机体神经功能紊乱、迷走神经张力增高、胰岛素及胰高糖素的调节和受体敏感性改变有关。

(2)倾倒综合征。患者因胃切除术而引起餐后葡萄糖吸收过快，强烈刺激胰岛素分泌导致低血糖症。

3)外源性低血糖

(1)口服降糖药或胰岛素过量。有些糖尿病患者使用降糖药物不当，或者使用降糖药物后不能正常进食，从而导致低血糖。随着糖尿病患者的不断增加，关于降糖药物引起低血糖的报道大大增多。其中以老年人、肝肾功能不全的患者最易发生低血糖。一些患者不到医院定期复诊，不监测血糖，乱用药物，从而导致低血糖发生。一些患者因药物保存不当，以致误食降糖药物而引起低血糖的病例也时有发生。对不明原因的低血糖患者，要详细询问其服药情况、是否有新增药物等。

(2)营养物质。亮氨酸、精氨酸、果糖、半乳糖、乙醇等可刺激胰岛素分泌而导致低血糖。饮酒后发生低血糖的病例也时有报道。

(3)其他药物。水杨酸制剂、抗组胺药物、单胺氧化酶抑制剂、普萘洛尔、酚妥拉明等药物不适当地应用可能会引起低血糖。

4)器质性低血糖

如胰岛素分泌功能亢进、胰岛素瘤和胰岛β细胞增生患者的胰岛素分泌异常，血糖不能调控其分泌量，因而在低血糖的情况下仍有大量胰岛素分泌入血，继而导致严重的低血糖，如不及时治疗可危及生命。此外，胰岛素自身免疫综合征患者因体内血浆抗胰岛素抗体或抗胰岛素受体抗体活性过高，导致的自发低血糖症，具有高、低血糖交替出现，高胰岛素血症，高胰岛素抗体的特点。

9.4.3　有助于调节血糖的功能性食品开发

1. 有助于调节血糖功能性食品开发的资源及其功效成分

有助于调节血糖功能性食品开发的典型配料见表9-6。

表9-6　具有调节血糖功效的典型配料

典型配料	生理功效
森林匙羹藤提取物(gymnema sylvestre extract)	调节血糖，抗龋齿
刺老牙提取物(aralia elate extract)	调节血糖，抑制酒精吸收
地肤子提取物(broom cypress seed extract)	调节血糖，抑制酒精吸收
桑叶提取物(mulberry leaf extract)	调节血糖，降低血脂
番石榴叶提取物(guava leaf extract)	调节血糖
蜂胶(proplis)	增强免疫，抗病毒
苦荞麦提取物(bitter buckwheat extract)	调节血糖，调节血脂
苦瓜提取物(balsam pear extract)	调节血糖，清热解毒
吡啶甲酸铬(chromium picolinate)	调节血糖，减肥
三氯化铬(chromium trichloride)	调节血糖，减肥

2. 糖尿病患者专用功能性食品的开发

糖尿病患者因体内糖、脂肪和蛋白质均出现程度不一的紊乱，引起一系列并发症。因此，营养问题在糖尿病的发病控制与治疗中显得特别重要。开发糖尿病患者专用功能性食品的目的在于保护胰岛功能，改善血糖，使尿糖和血脂值达到或接近正常值；同时控制糖尿病的病情，延缓和防止并发症的发生与发展。

在开发糖尿病专用功能性食品时，有关能量、碳水化合物、蛋白质、脂肪等营养素的搭配原则：①能量以维持正常体重为宜。营养膳食多为多餐制。②一定数量的优质蛋白与碳水化合物。碳水化合物占膳食总能量的55%～60%；蛋白质与正常健康人一样按0.8g/kg(体重)供给，老年人适量增加。适当地减少蛋白质摄入量可能会延缓糖尿病肾病的发生与发展。③低脂肪。脂肪占总能量的 30%或低于 30%。减少饱和脂肪酸，增加多不饱和脂肪酸，胆固醇控制在 300mg/d 以内，以减少心血管并发症的发生。④高纤维膳食，杜绝能引起血糖波动的低分子糖类(包括蔗糖与葡萄糖等)，适当增加膳食纤维摄入，以干扰糖的吸收。⑤高维生素、微量元素与活性物质。⑥钠限制在 1000mg/4180kJ 范围内，不超过 3g/d(约合 8g 食盐)，以预防高血压。

对于易出现胰岛素诱发低血糖患者及有神经病变或血糖、血脂、体重控制不好的患者，饮食应禁酒。一般患者也应少饮酒。在提取降血糖活性成分制取浓缩液时，也要注意酒精在终产品中的含量。糖尿病患者的能量需要以维持正常体重或略低于正常体重为宜。凡肥胖者均需减少能量摄入以降低体重，消瘦者则应增加能量摄入以增加体重。男性的能量需要高于女性，年长者低于年幼者，活动量大者高于活动量小者。

1)主要降糖因子

(1)铬。

铬是参与机体糖代谢和脂肪代谢不可或缺的微量元素。人体对铬的需要量虽然很少，但铬缺乏可引起血糖、胰岛素、胆固醇和甘油三酯升高及高密度脂蛋白胆固醇减少，引起糖尿病和动脉粥样硬化等疾病。由于食品精加工过程会造成大量铬的流失，精加工食品还可促进体内的铬大量排出体外，造成人体内缺铬；同时，快生活节奏容易诱发人体的应激状态加重，造成体内血糖波动频繁，又会消耗大量的铬。因此，糖尿病患者和中老年人都应适当补铬。

铬在机体内的吸收部位主要是小肠，随着年龄的增长，其吸收功能会下降。在小肠吸收的铬大部分被运往肝脏合成葡萄糖耐量因子(glucose tolerance factor，GTF)。GTF 是铬与烟酸、谷氨酸、甘氨酸和半胱氨酸的水溶性配合物，经小肠内吸收，有相当一部分 GTF 分泌进入血液以协同胰岛素作用。当血糖水平上升，胰岛素分泌增加时，GTF 和铬在血液中的浓度相应升高。氨基酸、维生素 C、高水平糖、草酸盐以及阿司匹林等对铬的吸收有促进作用，而植酸等能降低血液和其他组织中的铬含量。

此外，铬可促进蛋白质合成。大鼠喂缺铬和缺蛋白的饲料，可使甘氨酸、丝氨酸和蛋氨酸渗入心脏、肝脏的能力受到损害。铬在核酸中含量较高，对于核酸链的代谢、结构和完整性至关重要。研究表明，铬可改变和调节基因功能，防止细胞内某些基因物质的突变并预防癌症。在胰岛素的存在下，铬也能加强眼球晶状体对葡萄糖的吸收，促进利用葡萄糖合成糖原过程。虽然胰岛素本身也能加速糖类在组织中的代谢速度，但补铬后效果更明显。此外，近视的发生也与人体缺铬有关，这是因为血糖增高容易引起渗透压降低，造成眼睛晶状体及眼房水渗透压的改变，促使晶体变凸，屈光度增加，造成近视。

铬对儿童更为重要。从新生儿到 10 岁的儿童，体内铬含量较高。但在 10～30 岁，体内的铬含量呈下降趋势，而在这一阶段最容易发生近视。因此，青少年应注意补充铬含量高的食物。

服用吡啶酸铬是一种补充铬的较好方式。富含铬的食物主要为牛肉、肝脏、蘑菇、啤酒、粗粮、马铃薯、麦芽、蛋黄、带皮苹果等。

(2)锌。

锌是人体内许多重要酶的组成成分，锌影响胰岛素的合成、储存、分泌以及结构的完整性，缺锌可导致胰岛素稳定性下降。

锌除了可以维持胰岛素活性外，本身还兼具有胰岛素样作用。如果锌充足，机体对胰岛素的需要量减少，锌可纠正葡萄糖耐量异常，甚至替代胰岛素改善大鼠的糖代谢紊乱，部分预防大鼠高血糖症的发展，并促进葡萄糖在脂肪细胞中转化成脂肪；而缺锌可诱导产生胰岛素抗性或糖尿病样反应。锌可使从肠道内进入血液的葡萄糖储存并分布到各细胞中，以供能量之需，通过糖酵解或磷酸戊糖途径促进葡萄糖的氧化，生成二氧化碳，其作用是胰岛素最大效应的 60%～66%。

锌对胰岛素的影响是双向性的。锌的浓度过高或过低都会减弱胰岛素的分泌。糖尿病患者普遍缺锌，可进行适当的补充。锌也是脂质和蛋白质代谢酶的辅助因子。

富含锌的食物主要有动物肝脏、胰脏、肉类、鱼类、海产品、豆类和粗粮、坚果、蛋等。只要饮食不过精，一般不会缺锌。

(3)硒。

硒具有类胰岛素样作用，可降低血糖。有报道认为，硒能促进脂肪细胞膜上葡萄糖载体的转运过程、激活 cAMP 磷酸二酯酶和刺激核糖体 6S 蛋白的磷酸化作用，保证胰岛素分子结构的完整和功能正常。

常见食物中含硒量高的食品有鱼类、肉类、谷类、蔬菜等。芝麻、麦芽含硒最多，酵母、蛋和海味、肝中含硒量高于肉类，糙米、标准粉、蘑菇、大蒜中硒含量也较丰富。

2)辅助降血糖的功能性食品

(1)苦瓜(balsam pear)。

从苦瓜果实中提取的成分有植物胰岛素、苦瓜皂苷、大豆苷等。试验证明，苦瓜有较强的降糖作用，苦瓜皂苷是其降血糖的有效成分之一；苦瓜果实中的确存在着非单一的多种降糖活性成分，且不同成分的降糖物质间有着协同作用。

研究表明，苦瓜的降糖作用是通过刺激胰岛 β 细胞分泌胰岛素而达到的。有人认为，苦瓜肉中的非皂苷降糖化合物也有改善胰岛素的作用。由于非胰岛素依赖型糖尿病患者大都存在组织对胰岛素敏感性降低的现象，即胰岛素抵抗，而能改善胰岛素作用的物质对Ⅱ型糖尿病的控制会更有效。因此，对苦瓜肉中非皂苷化合物的定性、分离和提取具有重要意义。

(2)苦荞麦(buck wheat)。

苦荞麦，俗称苦荞。苦荞麦中含有黄酮类物质，其主要成分为芦丁。芦丁含量占总黄酮的 70%～90%。芦丁又名芸香苷、维生素 P，具有降低毛细血管脆性，改善微循环的作用。在临床上主要用于糖尿病、高血压的辅助治疗。

体内的自由基能造成胰岛 β 细胞的损伤，导致胰岛功能下降，使血糖升高。由于苦荞蛋白复合物可提高体内抗氧化酶的活性，对脂质过氧化物又有一定的清除作用，可提高机体抗自由基的能力。因此，苦荞麦具有抗氧化和降血糖的作用。研究证明，以苦荞麦替代糖尿病患者膳食中的部分碳水化合物，患者的各项生化指标均较使用苦荞麦之前有显著改善，且可减少服用降糖药物的剂量。这充分说明了苦荞麦对糖尿病有一定的疗效。

(3)南瓜(pumpkin)。

南瓜果肉富含瓜氨酸、精氨酸、天门冬素、胡卢巴碱、腺嘌呤、胡萝卜素、各种维生素和较多的铬、镍等微量元素。试验表明，南瓜降糖的有效成分主要是一些大分子的多糖或糖蛋白。南瓜多糖可能是以糖蛋白的形式存在，南瓜中糖蛋白可能刺激胰岛素分泌，同时可能增强葡萄糖激酶的活性。有人认为，南瓜的降糖成分主要为南瓜戊糖，它具有调解血糖的作用。也有人认为，南瓜的主要降糖成分是果胶和铬。总之，南瓜防治糖尿病是在几种成分共同作用下实现的，而不是单一成分作用的结果。南瓜中富含果胶，它在肠胃中与淀粉等碳水化合物组成溶胶样物质，使淀粉缓慢消化吸收，有明显降低餐后血糖的作用。南瓜中铬含量比一般食品高出50倍，对稳定血糖也有一定的意义。

(4)甘草等中草药。

目前，甘草、葛根、丹参、元参、雪莲等中草药都被用于降糖制剂的配方。试验证明，醛糖还原酶活性增强是糖尿病性神经病变、白内障等并发症的发病机制之一，甘草提取物中的异甘草素已被证明是醛糖还原酶的抑制剂，故甘草可预防糖尿病并发症的发生。

(5)番石榴(*Psidium guajava* L.)。

番石榴叶的有效成分为黄酮苷。研究证明，番石榴汁和木糖加工制成的食品对糖尿病有明显的辅助治疗作用。经动物试验表明，给小鼠喂饲番石榴叶提取物后，其血浆胰岛素浓度有升高的迹象，有促进胰岛素与靶细胞膜上受体结合的作用，能调节糖、脂代谢，有明显的降糖作用，并无毒副作用。番石榴的果实和叶中还含有丰富的有机铬，也有利于降低血糖。

(6)洋葱(onion)。

洋葱，又称为洋姜、菊芋。洋葱根茎中含菊粉，新鲜块茎中菊粉的含量为10%~20%，它是由大约35个果糖和1个葡萄糖组成的线状聚合物。菊粉属低聚果糖，可增殖双歧杆菌，还可作为非水溶性膳食纤维，释放的热量低于4.186J/g，它在肠道的上部不会被水解成单糖，不会导致尿中葡萄糖升高。

洋葱还含有一种与人类胰岛素结构非常相近的物质。当尿中出现尿糖时，服用洋姜可控制尿糖。当胰腺功能异常，出现低血糖时服用洋葱又可使血糖升高，起到稳定血糖的作用。这说明洋葱对血糖的调节作用具有双向性，无论是高血糖还是低血糖，都可用洋葱来达到调节的目的。

(7)蜂胶(propolis)。

蜂胶是从胶原植物的新芽采集的树脂等物质，经蜜蜂混入其上颚腺、蜡腺分泌物反复加工而成的胶原状物质。蜂胶是植物遗传精华物质，通常每群蜂(5万~6万只)每天仅能生产0.2g蜂胶。蜂胶对病毒、病菌和霉菌等有较强的抑制和杀灭作用，而对正常细胞没有毒副作用，能显著提高人体免疫力。

蜂胶中的黄酮类、萜烯类物质，具有促进外源性葡萄糖合成肝糖原和双向调节血糖的作用。蜂胶能活化细胞，促进组织再生，修复病损的胰岛细胞和组织。糖尿病患者体内自由基升高与血糖升高有关，而自由基、脂质过氧化、低密度脂蛋白氧化性的改变参与了糖尿病的进一步发展。机体内的氧化过程会不断产生自由基，过剩的自由基作用于细胞膜及血液中的脂类物质，形成脂质过氧化物，沉积在细胞膜上，使膜功能丧失、细胞活力下降。蜂胶是公认的天然抗氧化剂，在低浓度时就有很强的抗氧化能力，能使 SOD 活性显著提高，并能稳定和清除自由基，减少脂质过氧化物和脂褐素的生成与沉积，保护细胞膜，增强细胞活力，调节器官组织功能。刘富海等研究发现，蜂胶制剂用于治疗糖尿病，总有效率达 94%，能有效调节内分泌，促进糖代谢，刺激胰岛素分泌，快速降低血糖，缓解症状。

9.4.4　有助于调节血糖的功能性食品评价

在评价有助于调节血糖的功能性食品时，应先在患有糖尿病的动物模型上进行试验，如有明显的降糖作用，再做人体试食试验，观察其效果，确定是否具有辅助降血糖的功能。

1. 动物试验

1)动物的选择

选用健康成年动物，常用小鼠(25±2g)或大鼠(180±20g)，单一性别，小鼠每组 10～15 只、大鼠每组 8～12 只。

2)试验方法

(1)降低空腹血糖的试验。

①造高血糖动物模型。

造高血糖模型的试剂常用四氧嘧啶或链脲霉素，它们是一种特异性的胰岛 β 细胞毒剂，通过产生超氧自由基而选择性地破坏胰岛 β 细胞，导致胰岛素分泌减少，引起实验性糖尿病。

动物禁食 24h 后给予适当剂量的造型试剂(小鼠按体重给四氧嘧啶 35～50mg/kg 或链脲霉素 100～160mg/kg；大鼠按体重给四氧嘧啶 50～80mg/kg 或链脲霉素 200～250mg/kg)，5～7d 后禁食 3～5h，测血糖水平，如血糖值达到了 10～25mmol/L，则可判定高血糖动物模型成立。

②给受试样品。

设 3 个剂量组，喂饲不同浓度的受试样品，以人体推荐量的 10 倍为其中一个剂量组，组间差不大于 1.1mmol/L；一个只给予溶剂的空白对照组，必要时可设阳性对照组。

给予时间一般为 30d，必要时可延长到 45d。喂饲到规定天数后，禁食 24h，测空腹血糖值，比较各组动物血糖值及血糖降低的绝对值(即试验前后血糖的差值)，算出血糖下降百分率。

血糖下降百分率=(试验前血糖值－试验后血糖值)/试验前血糖值×100%

③受试样品高剂量对正常动物空腹血糖的影响。

选健康成年动物禁食 3～5h，测血糖，按血糖水平随机分为 1 个对照组和 1 个高剂量组。喂饲到规定天数后，禁食 24h，测空腹血糖值。

(2)糖耐量试验。

与降低空腹血糖的试验相同，先造高血糖动物模型，然后将其禁食3～5h，剂量组给予不同浓度的受试样品，对照组给予同体积的溶剂。15～20min后经口按体重给予葡萄糖2.0g/kg，或医用淀粉3～5g/kg，测定给予葡萄糖后0h、0.5h、2h的血糖值；或给医用淀粉0h、1h、2h的血糖值。观察对照组与受试样品组给予葡萄糖或医用淀粉后各时间点血糖曲线下面积的变化，计算公式为

血糖曲线下面积＝1/2×(0h血糖值＋0.5h血糖值)×0.5＋1/2(2h血糖值＋0.5h血糖值)×1.5

＝0.25×(0h血糖值＋4×0.5h血糖值＋3×2h血糖值)

3)结果判定

降空腹血糖试验：受试样品剂量组与对照组比较，若空腹血糖实测值降低，或血糖下降百分率有统计学意义，则可判定该受试样品降空腹血糖的试验结果为阳性。

糖耐量试验：受试样品剂量组与对照组比较，若在给予葡萄糖或医用淀粉后0h、0.5h、2h血糖曲线下面积降低有统计学意义，则可判定该受试样品糖耐量试验结果为阳性。

若空腹血糖和糖耐量两项指标中有一项指标呈阳性，且高剂量对正常动物的空腹血糖无影响，即可判定该受试样品有助于降血糖动物试验的结果呈阳性。

4)注意事项

(1)为了使试验动物糖代谢功能状态尽量保持一致，也为了准确地按体重计算受试样品的用量，试验前，动物应严格按规定禁食不禁水，试验前后禁食条件应一致，鼠类在禁食的同时应更换衬垫物。

(2)如用血清样品进行测定，应于取血后30min内分离血清，分离后血清的含糖量在6h内不变。用血清制备的无蛋白血滤液可保存48h以上。

(3)高浓度的还原性物质(如维生素C)也能与色素原竞争游离氧，干扰反应；血红蛋白能使过氧化氢过早分解，也干扰反应，致使测得血糖值偏低。因此，对已溶血的全血或血清必须制备无蛋白滤液后，再进行测定。

2. 人体试食试验

1)试验设计

在动物试验结果呈阳性后，必须进行人体试食试验。试验采用随机双盲法，分为试食组和安慰组，每组受试者不少于50例，采用组间和自身两种试验设计。

2)受试样品

受试样品必须是具有定型包装、标明服用方法和服用剂量的定型产品，安慰剂除功效成分不同外，剂型、口感、外观和包装应与受试样品一致。

3)受试者的选择

(1)纳入标准。受试者为经饮食控制或口服降糖药治疗后病情较稳定、不需要更换药物种类和剂量、仅服用维持量降糖药的成年Ⅱ型糖尿病患者。其空腹血糖不低于7.8mmol/L，或餐后2h血糖不低于11.1mmol/L。也可选择空腹血糖为6.7～

7.8mmol/L或餐后 2h 血糖为 7.8～11.1mmol/L 的高血糖人群。

(2)排除标准。①Ⅰ型糖尿病患者；②年龄在 18 岁以下或 65 岁以上者、妊娠或哺乳期妇女、对受试样品过敏者；③有心、肝、肾等主要脏器并发症，或合并有其他严重疾病者，精神病患者，服用糖皮质激素或其他影响血糖药物者；④不合作者(指不能配合饮食控制而影响观察结果者)；⑤近 3 个月内有糖尿病酮症、酸中毒以及感染者；⑥不符合纳入标准、未按规定服用受试样品，或资料不全影响观察结果者。

试食期间应坚持饮食控制，治疗糖尿病的药物种类和剂量不变。试食组在服药的基础上，按推荐的服用方法和用量每日服用受试样品；对照组治疗糖尿病的药物种类和剂量保持不变，在此基础上服用安慰剂。连续观察时间不少于 30d，必要时可适当延长。

4)观察指标

各项指标在试验开始和结束时各测一次。

(1)安全性指标。观察受试样品对身体一般状况(如精神、睡眠、饮食等)和肝、肾、心、血、尿等常规指标的影响。

(2)功效指标。观察受试样品对糖尿病症状(如“三多一少”)和空腹血糖、餐后 2h 血糖、尿糖、血脂等指标的影响。

5)结果判定

(1)空腹血糖结果判定。满足下述两个条件，可判定该受试样品的空腹血糖指标结果呈阳性。①空腹血糖试验前后自身比较，差异有显著性，试验后血糖平均下降的百分率不低于 10%。②试验后试食组血糖值或血糖下降百分率与对照组比较，差异有显著性。

(2)餐后 2h 血糖结果判定。满足下述两个条件，可判定该受试样品餐后 2h 血糖指标结果呈阳性。①餐后 2h 血糖试验前后自身比较，差异有显著性，试验后血糖平均下降的百分率不低于 10%。②试验后试食组血糖值或血糖下降百分率与对照组比较，差异有显著性。

(3)辅助降血糖作用判定。若空腹血糖、餐后 2h 血糖两项指标中任何一项指标呈阳性，即可判定该受试样品有有助于降血糖的作用。

思 考 题

1. 内分泌系统的构成与生理功能包括哪些？
2. 内分泌系统的调节机制是什么？天然活性因子如何调节人体内分泌系统平衡？
3. 简述调节生长发育保健品开发的资源及其功效成分。
4. 简述更年期综合征的发生与饮食因素的关联性，列举改善更年期综合征的措施。
5. 血糖异常对人体的危害有哪些？其治疗的医学基础是什么？

参 考 文 献

范青生. 2007. 保健食品配方原理与依据 [M]. 北京：中国医药科技出版社.

胡福良. 2005. 蜂胶药理作用研究 [M]. 杭州：浙江大学出版社.

刘景圣，孟宪军. 2005. 功能性食品 [M]. 北京：中国农业出版社.
陆凤翔. 2005. 内科临床鉴别诊断(第二版) [M]. 南通：江苏科学技术出版社.
乔煦玮，吴玥霖，曾凡骏. 2011. 辅助降血糖保健食品的研制 [J]. 食品工业，(1)：85-87.
易美华. 2003. 生物资源开发利用 [M]. 北京：中国轻工业出版社.
尹幸念，王莉，樊树理. 2009. 降糖胶囊辅助降血糖作用的实验研究 [J]. 中国现代药物应用，3(7)：30.
张岳灿，应志国. 2008. 人体形态学 [M]. 北京：人民军医出版社.
郑建仙. 1999. 功能性食品(第三卷) [M]. 北京：中国轻工业出版社.
郑建仙. 2005. 功能性食品典型配方和关键技术 [M]. 北京：科学技术文献出版社.
郑建仙. 2009. 功能性食品学 [M]. 北京：中国轻工业出版社.
钟耀广. 2004. 功能性食品 [M]. 北京：化学工业出版社.

第10章　促进泌乳功能性食品

母乳是营养最全面的食物，在婴儿生长发育过程中起着重要作用。近年来，由于产后母乳不足造成人工喂养婴儿的比例不断增高，这对婴儿生长发育和乳母的健康都产生了不利影响。通常，造成乳汁分泌不足的原因主要包括营养缺乏、情绪焦虑或激素水平不适等。因此，开发具有促进泌乳的功能性食品将具有广阔的市场前景。

10.1　泌 乳 生 理

10.1.1　乳房的结构

乳房是哺乳动物特有的哺育后代的器官，位于两侧胸部胸大肌前方，其位置与年龄、体形及乳房发育程度有关。乳房由皮肤、纤维组织、脂肪组织和乳腺构成。乳腺组织的结构包括：腺体、导管、脂肪组织和纤维组织等。每侧乳房有15～20个乳腺腺叶，以乳头为中心呈轮辐状排列。每一腺叶分成若干个腺小叶，每一腺小叶又由10～100个腺泡组成，腺泡的开口与小乳管相连，多个小乳管汇集成小叶间乳管，多个小叶间乳管再进一步汇集成一根连通整个腺叶的乳腺导管，称其为输乳管。输乳管共15～20根，以乳头为中心呈放射状排列，汇集于乳晕，开口于乳头，称其为输乳孔。输乳管在乳头处较为狭窄，继之膨大为壶腹，称其为输乳管窦，有储存乳汁的作用。在乳腺内有不同走向的结缔组织纤维束，连接于皮肤和胸筋膜之间，称其为乳房悬韧带(cooper 韧带)，对乳腺起支撑作用。正常乳头两侧对称，表面呈粉红色或棕色，其上有许多小窝，为输乳管开口。乳头内有许多感觉神经，因而十分敏感。乳头周围皮肤色素沉着较深的环形区，称为乳晕，表面有许多小隆起，其深面即为乳晕腺，可分泌脂类物质滑润乳头。乳晕色泽各异，青春期呈玫瑰红色，妊娠期、哺乳期色素沉着加深，呈深褐色。

10.1.2　乳汁的产生及影响因素

1. 乳汁的产生

哺乳是乳房最基本的生理功能。乳腺的发育、成熟是为哺乳活动作准备，在产后大量激素的作用及婴儿的吸吮刺激下，乳房开始规律地产生并分泌乳汁，以满足婴儿成长发育的需要。

乳汁由乳腺细胞产生。乳腺细胞能够吸收毛细血管中的营养物质，以及由肝脏产生的各种中间代谢产物来合成乳汁中的有效成分。乳腺细胞通过吸收葡萄糖、乳酸、氨基酸等，用以合成乳汁中的乳糖、乳球蛋白、乳白蛋白、酪蛋白等营养成分；乳腺细胞吸收中性脂肪将其转变为乳汁中的脂肪；吸收各种无机盐、维生素以及其他营养物质连同水分一起形成乳汁。乳腺细胞内所含有的乳汁是十分微小的颗粒，这些微小颗粒通过细胞膜进入乳腺腺泡内聚集起来，最后通过乳腺发达的导管系统从乳头排出。

母乳可分为初乳、过渡乳与成熟乳。

产后第1周分泌的乳汁称为初乳，呈灰黄色，较稀薄，水样透明，略有黏性。初乳中含有大量蛋白质和脂肪，其中球蛋白与血液内球蛋白相似，容易消化吸收，还含有丰富的抗体，对新生儿最为适宜。初乳中的蛋白质、矿物质、维生素以及长链不饱和脂肪酸的含量较成熟乳多，而脂肪和乳糖的含量较成熟乳少。初乳中的免疫球蛋白含量较高，特别是免疫球蛋白A和乳铁蛋白在产后1～2d内含量最高，到第6d较稳定。所以新生儿越早哺乳，就可获得越多的免疫物质。此外，初乳中还含有丰富的巨噬细胞、中性粒细胞和淋巴细胞，均具有抗感染、增强免疫的功能；丰富的铜、铁、锌、碘等，这些微量元素有利于新生儿的生长；丰富的牛磺酸，可促进小儿脑组织和视力的发育。因此，应鼓励母亲尽早哺乳。

产后第2周分泌的乳汁称为过渡乳，过渡乳中的乳糖和脂肪含量逐渐增多。产后第2周以后分泌的乳汁称为成熟乳，呈乳白色，不透明液体，可见微细脂肪球，也可见乳腺上皮细胞及白细胞等。成熟乳的成分较为稳定，一般含有87%的水分和13%的固体成分。固体成分中包括乳糖、脂肪、蛋白质、无机盐、多种维生素和激素，还含有大量抗体蛋白，保障婴儿的被动免疫保护。因此，以母乳喂养的婴儿在6月龄以前抗病能力较强。

2. 影响因素

正常产妇产后每日可泌乳250～300mL，产后6个月左右每日泌乳量可达1000～3000mL，而产后9个月后乳汁分泌开始减少。正常情况下，如果能够做到尽早哺乳、按需哺乳，每位母亲都能分泌足够的母乳满足婴儿最初4～6个月内纯母乳喂养的需求。但是，部分初产妇缺乏足够乳汁，有的产妇甚至在较短时间内乳汁就开始逐渐减少甚至枯竭。其原因在于乳汁的分泌受到多种因素的调节和影响。尽管乳汁由乳腺细胞所分泌，但乳汁的分泌受垂体前叶分泌细胞产生的催乳素调控，而乳汁的排出则有赖于垂体后叶神经分泌细胞产生的催产素的作用。在乳汁分泌的调节过程中，还有雌激素、孕激素、生长激素、甲状腺素、肾上腺皮质激素、胰岛素等多种激素的共同参与。此外，哺乳的刺激作用、产妇的营养情况及产妇的情绪等都会对泌乳产生一定程度的影响。

1)激素对乳汁分泌的调节作用

(1)雌激素。雌激素主要由卵巢的卵泡分泌，肾上腺和睾丸也可分泌少量雌激素。妊娠中后期的雌激素则主要来源于胎盘的绒毛膜上皮。雌激素中生理活性最强的是雌二醇。在青春发育期，卵巢的卵泡成熟，开始分泌大量的雌激素。雌激素可促进乳腺导管的上皮增生，乳管及小叶周围结缔组织发育，使乳管延长并分支。雌激素对乳腺小叶的形成及乳腺成熟，不能单独发挥作用，而需要完整的垂体功能系统的控制。雌激素可刺激垂体前叶合成和释放催乳素，从而促进乳腺发育。而大剂量的雌激素又可竞争催乳素受体，从而抑制催乳素的泌乳作用。在妊娠期，雌激素在其他激素如黄体素等的协同作用下，还可促进腺泡的发育及乳汁的生成。外源性的雌激素可使去卵巢动物的乳腺组织增生，其细胞增殖指数明显高于正常乳腺组织，雌激素还可使乳腺血管扩张、通透性增强。

(2)孕激素。孕激素又称黄体素，由卵巢黄体分泌，在妊娠期由胎盘分泌。孕激素中最具生理活性的是孕酮，主要作用是促进乳腺小叶及腺泡的发育。大剂量的孕激素可抑制催乳素的泌乳作用。孕激素对乳腺发育的影响，不仅要有雌激素的协同作用，还要有完整的垂体功能系统。孕激素可能通过刺激垂体分泌催乳素，也可能通过提高乳腺上皮细胞对催乳素的反应性，而与其共同完成对乳腺的发育调节作用。孕妇在分娩前孕激素浓度达到最高点，分娩后，孕激素水平迅速下降，而催乳素则接替孕激素，开始为哺乳作准备。

(3)催乳素。催乳素是由垂体前叶嗜酸细胞分泌的一种蛋白质激素。主要作用为促进乳腺的生长发育，产生和维持泌乳。催乳素与乳腺上皮细胞的催乳素受体结合，产生一系列反应，包括刺激 α-乳白蛋白的合成、尿嘧啶核苷酸的转换、乳腺细胞 Na^+ 的转换及脂肪酸的合成，刺激乳腺腺泡发育和促进乳汁的生成与分泌等。正常妇女体内催乳素的含量很少，血中浓度只有 0～20ng/mL，只能维持正常的乳腺发育，不能引起乳汁分泌。妇女怀孕后，除了胎儿及胎盘可分泌一定量的催乳素外，更主要的是孕妇体内性激素水平的增高，这些激素通过体液进入第三脑室，当下丘脑接到这一信息后，促进催乳素分泌细胞合成催乳素。这种催乳素在妇女怀孕一个半月后开始迅速增加，在怀孕 3 个月时可达到孕前的 3～4 倍，到分娩前血中浓度可达 200ng/mL 以上。但在妊娠期间，胎盘分泌大量孕激素，起到抑制催乳素的作用。因此乳腺尽管发育成熟，但并未见到大量乳汁分泌。胎儿娩出后，雌激素、孕激素分泌骤然减少，垂体前叶分泌的催乳素大量增加。催乳素直接作用于乳腺腺泡膜上特异性受体，通过腺苷酸环化酶与 cAMP-Pk 系统，使与乳汁生成有关的酶经磷酸化后被激活，促进乳汁蛋白质的合成，包括 α-乳白蛋白的合成以及乳糖和甘油三酯的合成，以保证乳汁的合成与分泌。乳汁分泌启动后，大量的催乳素就不再需要，所以产妇在哺乳 3～4 个月后，血液中的催乳素可逐渐恢复到正常水平。但是，当婴儿吮吸母亲乳头时，这一刺激通过下丘脑-垂体轴又可使催乳素出现短时间的升高，从而使乳汁分泌一直持续到哺乳期结束后 0.5～1 个月才完全停止。如果由于接生不当，有的产妇子宫腔内存留胎盘碎块，则会出现乳汁分泌很少或不足的情况。大量外源性雌激素的摄入能起到终止泌乳的作用，如临床上采用注射大剂量雌激素以终止哺乳。因此，能够影响到催乳素的各种因素对泌乳均有影响。在青春发育期，催乳素在雌激素、孕激素及其他激素的共同作用下，能促进乳腺发育；在妊娠期可使乳腺得到充分发育，使乳腺小叶末端导管发展成小腺泡，为哺乳作好准备。妊娠期大量的雌激素、孕激素抑制了催乳素的泌乳作用；分娩后，雌激素、孕激素水平迅速下降，降低了对催乳素的抑制作用，同时催乳素的分泌也大量增加，乳腺开始泌乳。此后，随着规律性的哺乳建立，婴儿不断地吸吮乳头而产生反射，刺激垂体前叶分泌催乳素，从而使泌乳可维持数月至数年。

(4)催产素。催产素是泌乳或喷乳反射所必需的激素。在分娩后，垂体后叶神经分泌细胞分泌大量催产素，它作用于乳腺导管的肌上皮细胞和乳房周围的肌细胞。当肌上皮受到刺激时可诱发其收缩，从而将原储存于腺泡中的乳汁输送到乳腺导管出口处，并出现“射乳”。催产素的不足将使已合成的乳汁在腺泡内潴留，进而压迫乳腺腺泡上皮，抑制乳汁的合成与分泌。在分娩时及分娩后，催产素还会收缩子宫肌肉，这有助于子宫恢复至原来的大小并且可减少女性产后出血的可能性。

2)哺乳的刺激作用对乳汁分泌的影响

由于婴儿的吸吮，刺激了乳头内的感觉神经末梢，从而诱发动作电位，并沿脊髓上行到达下丘脑，使垂体分泌催乳素及催产素。婴儿的反复刺激可使上述激素分泌持续发生。因此，规律的哺乳可维持数月至数年，一旦婴儿的吸吮停止，泌乳随即减少或停止。在授乳的动物中，如切除双侧肾上腺，泌乳很快减少；若再注射皮质激素，泌乳又可恢复。

3)产妇的精神和情绪状况对乳汁分泌的影响

哺乳期乳母的焦虑、烦恼、恐惧、不安、暴怒等情绪变化，也会通过大脑皮层来影响垂体的活动，从而抑制催乳素的释放，进而影响乳汁的分泌。在这种情况下，催产素的释放也会受到抑制，使其对乳腺细胞和导管内壁上皮细胞的作用减弱，并且使乳腺血管收缩，影响乳汁的排出。

4)产妇的身体条件和营养状况对乳汁分泌的影响

乳汁的分泌与产妇的全身状况密切相关。分泌大量乳汁，对身体是一种生理负担。如果产妇体弱多病，通过大脑的调节就可能使乳汁分泌较少甚至不泌乳。乳母的营养是乳汁分泌的物质基础，直接关系到乳汁分泌的质量。孕妇分娩时，各种营养素的储备已有所损耗，哺乳期需要补偿。如产妇膳食营养不足，短期内虽有乳汁分泌，但要动用母体的营养储备以维持乳汁的营养成分；如长期营养不足，储备耗尽，就会影响乳汁的质量。

此外，还应注意泌乳量与非妊娠时乳腺组织成分的多少有密切关系，而与乳房大小、形态无直接关系。有的女性乳房外形发育良好，但乳腺组织所占比例很小，产后乳汁分泌量较少；相反，有的女性乳房体积虽小，但乳房内乳腺组织所占比例较大，腺管和腺泡发育良好，仍可分泌较多的乳汁。孕前乳腺的发育，可能因垂体功能不全而引起生长激素、促肾上腺皮质激素、促性腺激素及促甲状腺激素等的部分或全部缺失而受到影响。孕期乳腺的准备性发育，可因胎盘功能的不全，如严重的妊娠中毒症、雌激素和孕激素分泌不足等因素而受到影响。如果有以上原因时，应在哺乳以前及时给予纠正和治疗。

总之，尽管影响乳汁分泌的因素较多，但它们都是通过人体的神经－内分泌调节机制进行调控。只要是能影响到神经－内分泌调节机制的因素均可以直接或间接影响到乳汁的分泌。

10.1.3 母乳喂养的意义

对人类而言，母乳是世界上营养最全面的食物，是婴儿的最佳食品。母乳喂养是人类哺育下一代的天性，我国自古就有母乳喂养的良好传统。母乳喂养的优点如下。

1. 母乳营养齐全

母乳中的营养素能全面满足婴儿生长发育的需要，且适合婴儿的消化能力。其原因包含 4 个方面：①母乳含有优质蛋白。母乳中蛋白质以乳清蛋白为主，酪蛋白含量相对较少，乳清蛋白在婴儿胃内能形成柔软的絮状凝块，易于消化吸收，不容易发生过敏。母乳蛋白质中必需氨基酸的组成与婴儿体内必需氨基酸的组成极为一致，能被婴儿充分利用。此外，母乳中的牛磺酸含量较高，能满足婴儿脑组织发育的需要。②母乳含丰富的必需脂肪酸。母乳中的脂肪酸组成以不饱和脂肪酸为主，尤其亚油酸含量较高，而且花生四烯酸和二十二碳六烯酸的含量也很高，可以促进婴儿大脑发育。母乳本身含有丰富的脂酶，能将母乳中脂肪水解为细小颗粒，更易于婴儿消化吸收。③母乳含丰富的乳糖。乳糖是母乳中唯一的碳水化合物，在肠道中可促进钙的吸收，并能诱导肠道正常菌群的生长，对婴儿肠道起保健作用。④母乳中钙磷比例适宜，加上乳糖的作用，可满足婴儿对钙的需求。母乳中其他矿物元素齐全，其含量既能满足婴儿生长发育所需，又不会增加婴儿肾脏的负担。在乳母膳食营养供给充足时，母乳中的维生素可基本满足婴儿 6 个月的需要量(维生素 D 例外)。

2. 母乳中含有丰富的免疫物质，可增加婴儿的抗感染能力

初生婴儿免疫系统处于生长和发育阶段，免疫功能不完善，因此婴儿易患消化道和呼吸道疾病。母乳尤其是初乳含多种免疫物质(如淋巴细胞、抗体、乳铁蛋白等)，可以保护消化道黏膜、诱导双歧杆菌的生长并抑制致病菌的生长，从而增强婴儿对疾病的抵抗能力。

3. 以母乳喂养婴儿，经济、方便、温度适宜，不易污染

母乳自然产生，无需购买，故母乳喂养与人工喂养相比可节省大量资源；乳母在任何时间都可直接用温度适宜的乳汁喂哺婴儿，十分方便；母乳本身几乎是无菌，且可直接喂哺，不易发生污染。

4. 哺乳行为可增进母子间情感交流，促进婴儿智能发育和母亲产后康复

母乳喂养过程中母亲的声音、心跳、气味和肌肤的接触都能刺激新生儿大脑发育，有利于早期智力的开发，也有利于促进新生儿心理健全和社会适应能力的形成。吸吮母乳的肌肉运动有助于婴儿面部的正常发育，且可预防由奶瓶喂养引起的龋齿。哺乳可帮助子宫收缩、推迟月经复潮以及促进脂肪消耗等，这可有效降低母亲未来发生肥胖、骨质疏松等症状的风险。

10.2 促进乳汁分泌功能性食品的开发

10.2.1 乳母营养

妇女在哺乳期间，其营养需求一方面要满足自身需要；另一方面要为新生儿的成长发育提供乳汁。乳汁的分泌不仅要有量的需要，也要有质的保证。为了保证乳汁分泌旺盛、营养全面，乳母在整个哺乳期都应注意膳食中各种营养素的供给。产妇的身体条件和营养状况也可以直接影响乳汁的分泌。

1. 能量

乳母对能量的需要量较大，一方面要满足母体对能量的需要，另一方面要供给乳汁所含的能量和乳汁分泌过程本身消耗的能量。哺乳期能量的额外需要部分与泌乳量呈正比。每100mL人乳的平均能量为280～320kJ(67～77kcal)，估计乳母生乳的能量效率为80%，故推算母体为分泌乳汁应增加能量2450～3200kJ(586～762kcal)。乳母在妊娠期贮存的脂肪(约4kg)可在哺乳期被消耗。理论上这部分脂肪储存可以提供418～837kJ(100～200kcal)/d的能量。故哺乳期热能的推荐摄入量是在非孕基础上额外增加2090kJ(500kcal)/d。衡量乳母能量摄入是否充足，应以泌乳量和母亲体重为依据。当母体能量摄入适当时，其乳汁的分泌量应能满足婴儿的需要，且又有利于乳母自身体重的恢复。

2. 蛋白质

蛋白质是产生乳汁最重要的物质，乳汁中蛋白质含量约为1.2%。正常情况下，乳母每天泌乳850～1200mL，相当于消耗母体蛋白质10～15g。乳母营养状况低下会造成乳汁中蛋白质含量偏低。泌乳过程可加速体内氮代谢，产后1个月内如摄入常量的蛋白质，乳母易出现负氮平衡，故应补充优质蛋白质。在婴儿1周岁以内，乳母每日的蛋白质应增加25g，鸡蛋、牛肉、肝和肾等富含蛋白质的食物，对促进乳汁分泌十分有效。

3. 脂肪

孕妇膳食脂肪的含量和脂肪酸组成可以影响乳汁的质量。孕妇若每天供给的脂肪量不足，不仅泌乳量下降，而且乳中脂肪量也会下降。脂肪中的必需脂肪酸对婴儿中枢神经系统的发育具有重要促进作用。同时，必需脂肪酸还能促进泌乳及影响乳汁中必需脂肪酸的含量。乳脂还可促进脂溶性维生素的吸收。脂肪所供应的热量应低于总摄入热量的1/3，即每日应摄入脂肪80～100g。

4. 矿物质

钙在乳汁中的含量较为稳定，如果饮食中钙供应不足，就要动用母体骨骼中的钙以维持乳汁中钙的稳定含量。乳母常因缺钙而患骨质软化症。因此，我国乳母每日钙的适宜摄入量(AI)为 1200mg/d。同时要补充维生素 D 或多晒太阳。乳汁中铁的含量极少，不能满足婴儿需要，6 月龄内的婴儿靠自己肝脏中贮存的铁可满足需要，6 月龄后应依靠补充辅助食物来供给铁。为了防治乳母贫血和利于产后恢复，我国乳母铁的 RNI 为 24mg/d。乳母也易发生锌、碘的缺乏，我国乳母锌的 RNI 为 12mg/d，碘的 RNI 为 240μg/d，日常膳食不易达到标准，要注意多食用富含锌、碘的食物。

5. 维生素

维生素供给量的多少，可直接影响乳汁中维生素含量的多少。膳食维生素 A 丰富时，乳汁中维生素 A 的含量也充足。维生素 D 几乎不受膳食的影响。维生素 E、维生素 B_1 具有增加乳汁分泌的作用。水溶性维生素 B_1、维生素 B_2、维生素 C 和烟酸等能自由通过乳腺，它们在乳汁中的含量受产妇膳食的影响。乳腺还能调控维生素进入乳汁的量，如大量口服维生素 C，使乳汁中维生素 C 达到饱和后，再大量摄入维生素 C，乳汁中的含量也不会继续增加。乳母维生素 A、维生素 D、维生素 B_1、维生素 B_2、维生素 C 的 RNI 分别为：1300μg RAE/d、10μg/d、1.5mg/d、1.5mg/d、150mg/d，维生素 E 的 AI 为 17mg α-TE/d。其中维生素 A、维生素 D、维生素 B_1 和维生素 B_2 在日常膳食中不易达到标准，因此要注意合理膳食的补充。

6. 水分

乳汁分泌量与饮水量密切相关，水分不足时，乳汁的分泌量就会减少。为此，乳母应多喝肉汤、骨头汤、果汁及粥类，既可补充水分，又补充了其他营养。

总之，乳母的饮食必须营养素全面，供应量充足。为此，每日应多餐，持续到断乳为止。

10.2.2 促进泌乳的食物

1. 富含维生素 B_1 的食物

富含维生素 B_1 的食物能增强胃肠蠕动，可增进食欲，补充营养，同时也能促进乳汁的分泌增加。

维生素 B_1 的食物来源主要以瘦猪肉与肝脏居多，粮食中有小米、糙米、荞麦、玉米面等。此外，还有豌豆、黄豆、花生、金针菜、木耳、蛋黄等。

2. 富含蛋白质的食物

乳母在分娩中由于失血和极度的体力消耗，使身体受损较大，补充营养十分必要。蛋白质是构建机体一切组织所必需的物质，所以补充充足的优质蛋白质有利于乳母身体的恢复和增加乳汁质量。

富含优质蛋白质的食物来源主要有肉类、蛋类、乳类、鱼类及大豆。

3. 改善产后乳汁不足的药膳与验方

改善产后乳汁不足，有不少药膳与验方，主要涉及的食物有：猪蹄、芝麻、鸡蛋、带鱼、虾仁、淡菜、鲤鱼、章鱼、香木瓜、丝瓜、黄花菜、黄豆、豆腐、赤小豆、花生、黄酒等。涉及的中药材有：党参、黄芪、当归、麦门冬、桔梗、王不留行、木丁香、漏芦、天花粉、僵蚕、穿山甲、通草等。自用这些食物与药膳时须遵医嘱，供他人使用尤其是为商业目的使用时，须按卫生部 1996 年颁布的《保健食品管理办法》的规定进行报批。

常见的促进泌乳的食物验方包括：①通乳汤：用穿山甲片、王不留行各 15g，煮汤去渣，再用其汤煮赤小豆 30g 至烂熟，每天 1~2 剂，有通乳、催乳之功效。②猪蹄生乳汤(《临床食疗手册》)：猪蹄 2 只，通草 5g，姜、葱、黄酒适量。有生乳、通乳作用。③酒酿鸡蛋汤：甜酒酿半碗，鸡蛋 2 个，白糖 1 匙。将甜酒酿加水少许煮沸后，打入鸡蛋，调匀加白糖适量。或用酒酿蒸鸡蛋。有补心脾、行血气、通乳生乳作用。④鲶鱼煮鸡蛋(《妇科食疗》)：鲶鱼 250g，鸡蛋 2 个。鲶鱼去内脏，取下净肉，与鸡蛋(鸡蛋煮熟后去壳)温火同煮至鱼熟，吃鱼、蛋，喝汤。有滋阴开胃、催乳利尿之功。一般服用 3~5 次有效。⑤鲫鱼通草汤：鲫鱼适量，通草 3g。同水煮，不放油盐，熟后吃鱼喝汤。有补脾开胃、利水通乳之功用。⑥黄芪通草鸡：炙黄芪 50g，通草 10g，母鸡 1 只。将鸡净膛后切块，再将黄芪、通草洗净放入，撒上细盐，淋入黄酒 1 匙，旺火隔水蒸 3~4h，空腹吃。黄芪有补气养血、健脾胃、通乳利尿之功用。产后体虚、乳汁不足者，食之甚佳。⑦千金鲫鱼汤(《千金方》)：鲫鱼 1 条，猪油适量，漏芦、钟乳石各 6g，米酒同煮。有补脾开胃、通乳之功用。⑧穿山甲肉炖芎归(《妇科食疗》)：穿山甲肉 120g，川芎 5g，当归 9g，将穿山甲肉洗净切块装进陶瓷罐内，加川芎、当归和水(75mL)，用旺火隔水炖至肉熟后，吃肉喝汤。有活血通经下乳之功用。主治乳房胀硬、乳汁不下。⑨莴苣子粥(《本草纲目》)：莴苣子 10~15g(或莴苣适量)，生甘草 3~5g，糯米或粳米 100g。先将莴苣子捣碎，与甘草同煎取汁去渣后，入米煮粥。有利尿、通乳、补脾之功用。以 3~5d 为一个疗程，每天服用 2 次。⑩豆腐煮红糖(《妇科食疗》)：豆腐 120g，红糖 30g，黄酒 5mL。豆腐、红糖同煮，黄酒调服。有益气和中、生津润燥、清热解毒、通乳之作用。

另外，还有全葱鲫鱼汤、鲤鱼汤、茴香粥、小米粥、金针菜炖瘦肉、黄芪鲤鱼饮、绿豆芽炒肉丝、红薯粥等方，均有通乳或生乳的功效。

总之，对于产后泌乳不足或不泌乳的情况，要针对自身的实际情况，选用最适合的方法，以求泌乳效果达到最佳。

10.3 促进泌乳功能性食品的评价标准

10.3.1 动物试验

1. 试验原理

试验动物超负荷哺乳或造缺乳模型后，会影响其泌乳及仔鼠生长发育。

2. 试验动物

小鼠或大鼠。选用3日内产仔的第二胎母鼠及其仔鼠，每窝仔鼠数目应相同。

3. 剂量分组及受试样品给予时间

试验设3个剂量组和1个阴性对照组，以人体推荐量的10倍(小鼠)或5倍(大鼠)为其中的1个剂量组，另设两个剂量组，必要时设阳性对照组。受试样品给予时间15d，必要时可延长至30d。

4. 试验设计

试验可选超负荷哺乳或缺乳模型中的一种，推荐使用饮水或加入饲料的方式给予受试样品。试验结束期限为仔鼠断乳(出生21d左右)。

5. 观察指标

母鼠体重、仔鼠体重，每周称仔鼠体重1次，直至试验结束。

6. 数据处理和结果判定

一般采用方差分析，但需按方差分析的程序先进行方差齐性检验，若方差齐，计算F值，当F值$<F_{0.05}$时，各组均数间差异无显著性；当F值$\geqslant F_{0.05}$，$P\leqslant 0.05$时，用多个试验组和1个对照组间均数的两两比较方法进行统计；对非正态或方差不齐的数据进行适当的变量转换，待满足正态或方差齐要求后，用转换后的数据进行统计；若变量转换后仍未达到正态或方差齐的目的，改用秩和检验进行统计。

结果判定：若试验组任一时间点的仔鼠体重增加，与对照组比较差异有显著性，则可判定该受试样品促进泌乳功能作用动物试验结果为阳性。

10.3.2 人体试食实验

1. 受试者纳入标准

乳母年龄低于35岁，乳量不足，婴儿吃不饱，母子身体均健康的受试志愿者。

2. 排除受试者标准

乳母乳房发育不正常，有乳腺疾病者；有影响催乳素水平的各种因素者；哺乳期再次妊娠者；有不良嗜好(抽烟、喝酒)，服用其他有促泌乳药物者；产后大出血者；对本受试样品过敏者；短期内服用与受试功能有关的物品，影响到对结果的判断者。

3. 试验设计及分组要求

采用自身及组间对照试验设计。按受试者的泌乳量水平随机分为试食组和对照组，尽可能考虑影响结果的主要因素如乳母年龄、婴儿出生天数、饮食情况、家庭经济状况等，进行均衡性检验，以保证组间的可比性。每组受试者不少于 50 例。

4. 受试样品的剂量和使用方法

试食组按推荐的服用方法和服用量服用受试产品，对照组可服用安慰剂或采用空白对照，也可服用具有同样作用的阳性物。受试样品给予时间 7d，必要时可延长至 15d。

5. 观察指标

1)安全性指标

包括一般状况观察，如精神、睡眠、饮食、大小便、血压等；血、尿、大便常规检查(仅在试验开始时检查 1 次)；肝、肾功能检查(仅在试验开始时检查 1 次)；心电图、腹部 B 超检查(仅在试验开始时检查 1 次)。

2)功效观案

乳母情况：乳房胀度、泌乳量、乳汁蛋白含量。

3)功效判定标准

(1)乳房胀度判断标准包括：①乳房胀满、触之疼痛、有溢奶现象或手挤有奶喷出(2 分)；②乳房微胀、触之微痛、无溢奶现象但手挤有奶喷出(1 分)；③乳房不胀、触之不痛、手挤无奶或滴状奶(0 分)。累计服用受试样品期间(7～15d)的积分。若试食组与对照组的积分比较，差异有显著性，则判定为有效。

(2)泌乳量测定。于婴儿上次哺乳后 2h，将乳汁全部挤出，测定泌乳量。分别于试食开始时和结束时测定 1 次。计算试食期间泌乳量的增加值或直接比较泌乳量的差别。

(3)乳汁蛋白含量测定。参见《食品中蛋白质的测定方法》(GB 5009.5—2010)。

6. 数据统计处理和结果判定

试验数据为计量资料，可用 t 检验进行分析。两组均数比较采用成组 t 检验，需进行方差齐性检验。对非正态分布或方差不齐的数据进行适当的变量转换，待满足正态方差齐后，用转换的数据进行 t 检验；若转换数据仍不能满足正态或方差齐的要求，改用 t'检验或秩和检验，但变异系数太大(如 $CV>50\%$)的资料应用秩和检验。

结果判定：试食后，若试食组乳房胀度和泌乳量两项指标比试食前明显增强或增加，试食组两项指标与对照组比较显著增强或增加，且乳汁蛋白含量不低于对照组，可判定该受试样品具有促进泌乳功能的作用。

10.4　促进泌乳功能性食品的研发案例

为了研究含当归、川芎、白芍、熟地和乌鸡等具有补血功能的保健食品对乳汁分泌的影响，分别采用动物试验和人体试食试验研究该保健食品的促进泌乳作用。

10.4.1　材料与方法

1. 受试物

受试的保健食品样品由某药业有限公司提供，其有效成分为当归、川芎、白芍、熟地和乌鸡等具有补血养血功能的组分。该样品为深棕色液体口服液，规格为 50mL/瓶，人体推荐量为每人每日 2 次，每次 1 瓶。

受试物的配制：按人体推荐量为每人 100mL/d(按 60kg 体重计)，相当于 1.67mL/dBW。动物试验按人体推荐量分为 5 倍低剂量组(8.3mL/kg BW)、10 倍中剂量组(16.7mL/kg BW)和 30 倍高剂量组(50.0mL/kg BW)，受试物以蒸馏水配制；空白对照组灌胃蒸馏水，小鼠灌胃量为 20mL/kg BW。

2. 试验动物

清洁级昆明种健康孕鼠 40 只，孕期 17～18d。

3. 试验方法

1)动物试验

孕鼠适应性喂养 3～4d 后分娩，按照母鼠窝别和所生仔鼠体重将母鼠随机分为空白对照组和 5 倍、10 倍、30 倍剂量组，每组 10 只母鼠，每只母鼠带养 10 只仔鼠，每只母鼠及其仔鼠单笼饲养。从母鼠分娩第 1d 起开始灌胃给予相应剂量的受试物，连续 21d，并每日定时观察、测量每只母鼠的泌乳量、仔鼠的出生体重和出生后第 7d、14d、21d 的体重。

泌乳量测定(称重)：每日早晨 8 时对母鼠与仔鼠分别称重后，将母鼠、仔鼠隔离 6h，再合笼哺乳 1h，称量哺乳前后仔鼠的体重，以两者之差代表母鼠的泌乳量。

2)人体试食试验

(1)受试人群。受试对象须符合以下条件：自愿参加、乳量不足、年龄小于 35 岁，母子身体均健康，乳儿月龄小于 2 个月；同时排除乳房发育不正常的乳母、有乳腺疾病者、有影响催乳水平者、产后大出血者、有过敏史者以及服用其他促泌乳药物者。

(2)试验设计及分组。采用自身前后对照和组间对照试验设计。受试乳母共 100 名，按照受试者的泌乳量水平随机分为试食组和对照组，每组各 50 名。尽可能考虑乳母年龄、婴儿出生天数、家庭经济状况等影响因素在两组间的均衡性，以保证组间的可比性。

(3)试验方法。受试者在试验前均要填写知情同意书，并完成一般情况的调查。试食组乳母服用样品，对照组乳母服用外观和口味均与该样品相似的安慰剂。服用方法为每人每日 2 次，每次 1 瓶，每瓶 50mL，共服用观察 15d。在试食期间，还对两组乳母进行了必要的科学哺乳指导。在服用前、服用第 7d 和第 15d 分别观察并记录乳母的饮食、睡眠、精神状况等；服用前 2d 和服用第 15d、16d 测量乳母在固定时间段内(2h)的泌乳量，并收集 5mL 的乳汁进行乳汁蛋白质含量的测定，服用期间每天记录乳母的乳房胀度。

(4)检测内容。①乳母一般情况检查：血红蛋白、精神、食欲、婴儿出生天数、家庭收入等。②乳母乳房胀度观察：将乳房胀度分为 3 级，比较两组乳母服用受试品 15d 内的乳房胀度变化差异。分级标准同上试验。③泌乳量测定：试验前，乳母于 9 时前哺完乳儿，并将双侧乳房的乳汁挤净，在 2h 后(11 时)用吸奶器将双侧乳房分泌的乳汁全部吸出，用量筒准确测定 2h 内的泌乳量。用连续 2d 的固定时间段内的平均泌乳体积代表泌乳量。乳母试验末期的泌乳量测定方法与试验前相同，观察两组乳母在试食末期平均泌乳量的变化。④乳汁蛋白质含量测定：采用凯氏定氮法，按《食品中蛋白质的测定方法》(GB 5009.5—2010)进行。

4. 数据统计

试验数据按《保健食品检验与评价技术规范(2003 版)》要求进行。

10.4.2 结果

1. 动物试验结果

1)对母鼠泌乳量的影响

统计各组母鼠第 2～4d 的平均泌乳量，并计算各组母鼠 2～7d、2～10d 和 2～14d 的累积泌乳量。与对照组比较，16.7mL/kg 和 50.0mL/kg 剂量组可显著或极显著增加母鼠第 10d 的泌乳量；3 个剂量组均可显著或极显著增加母鼠第 2～10d 和第 2～14d 的累积泌乳量。

2)对仔鼠体重生长的影响

各试验组仔鼠刚出生和第 7d、第 14d 和第 21d 的体重经方差齐性检验后，符合方差齐的要求，用单因素方差分析法和多个试验组与一个对照组间均数的两两比较法进行统计处理。结果表明，各组仔鼠的出生体重差异不显著，即试验前各组仔鼠体重分布均匀。16.7mL/kg BW 剂量组仔鼠第 7d 的体重显著高于对照组，8.3mL/kg BW 剂量组仔鼠第 14d 和第 21d 的体重也显著高于对照组，50.0mL/kg BW 组仔鼠的体重与对照组相比有所增加，但差异不显著，说明该保健食品组方剂量过大时并不一定能相应地促进泌乳增加。

2. 人体试食试验结果

1)受试者一般情况观察

两组乳母的基本情况(乳母年龄、泌乳量、婴儿出生天数、家庭月收入、乳母血红蛋白值、精神、睡眠和食欲)等均差异不显著，说明两组间可比性较好。

2)对乳母泌乳量的影响

受试乳母在服用前和服用后末期分别进行了连续 2d 的定时 2h 泌乳量测定，观察对象泌乳量数据符合正态分布。用组间 t 检验和试验前后自身对照 t 检验进行统计处理，试食组在试验前的泌乳量与对照组差异不显著，服用 15d 后，试食组泌乳量较对照组有极显著的提高，并且与试食前相比也有极显著提高，说明该保健食品组方可有效增加乳汁分泌不足乳母的泌乳量。对照组乳母试验末期的泌乳量与试验前相比也有显著增高，分析其原因，可能是随着婴儿的发育和吸吮的刺激，可在一定程度上增加其泌乳量。

3)对乳母乳房胀度的影响

两组受试者的乳房胀度评分数据符合正态分布要求，用组间 t 检验和自身前后对照 t 检验方法进行统计处理。在试食前两组乳母的乳房胀度差异不显著；服用受试物 15d 后，自身比较结果显示，试食组乳母末期的乳房胀度比初期有极显著的提高，而对照组自身比较差异不显著；组间比较结果显示，试食组乳母的末期乳房胀度比对照组有极显著提高。将服用受试品期间(15d)记录的乳母每天的乳房胀度评分进行累计，试食组乳母的乳房胀度积分比对照组有极显著提高。说明该样品可增加乳汁分泌不足乳母的乳房胀度。

4)对乳汁蛋白质含量的影响

通过对试食前后乳母乳汁中的蛋白质含量进行分析，数据符合正态分布，用组间 t 检验和自身前后对照 t 检验方法进行统计处理。组间同期比较，试食组乳母的乳汁蛋白质含量在试食前后与对照组差异不显著；进一步比较试验前后乳汁中蛋白质含量的增加值，两组差异不显著。结果表明在增加乳母泌乳量的同时乳汁中蛋白质的含量不受影响。

10.4.3　结论

本研究通过动物试验和人体试验，观察了该保健食品组方样品的促进泌乳作用。由动物试验结果可见，与对照组(0mL/kg BW)比较，不同剂量的该保健食品样品可使母鼠的泌乳量或累计泌乳量显著和极显著提高。其中，8.3mL/kg BW 剂量可使仔鼠第 14d 和第 21d 的体重极显著增加，16.7mL/kg BW 剂量可使仔鼠第 7d 的体重极显著增加，说明该保健食品样品可增加母鼠的泌乳量，促进仔鼠的体重增长，但过高剂量时效果并不相应增加。人体试食试验结果表明，乳汁分泌不足的乳母服用该样品 15d 后，与对照组相比，试食组乳母的乳汁分泌量和乳房胀度显著增加，同时试食组乳母乳汁中的蛋白质含量与试验前相比无明显变化，对照组乳母试验末期泌乳量的增加可能与试验期间婴儿的吸吮刺激有关。

综合动物试验和人体试食试验结果，表明该保健食品组方可促进乳汁的分泌。

思　考　题

1. 简述母乳喂养的主要意义。
2. 简述促进泌乳的食物有哪些种类。

3. 简述促进泌乳的功能性食品评价标准。

参考文献

边立华，李翱，何梅，等. 2004. “补血养血”保健食品促进泌乳作用的研究［J］. 中国食品卫生杂志，169(5)：416-419.

金宗濂. 2005. 功能性教程［M］. 北京：中国轻工业出版社.

李燕俊，李业鹏，赵熙，等. 2002. 某口服液促进泌乳作用的人体试食试验研究［J］. 中国食品卫生杂志，14(4)：18-20.

孙长颢. 2012. 营养与食品卫生学(第七版)［M］. 北京：人民卫生出版社..

王凤鸣，张天亮，卢连华，等. 2009. 促乳饮的促进泌乳功能实验研究［J］. 预防医学论坛，15(9)：858-859.

鄢爱珍. 1999. 缺乳饮食疗法［J］. 时珍国医国药，10(1)：80-81.

张穗娥. 2010. 补气益血通络生乳药膳促进产妇泌乳和康复研究［J］. 中国当代医药，17(26)：92-93.

郑建仙. 2008. 功能性食品学［M］. 北京：中国轻工业出版社.

中国营养学会. 2014. 中国居民膳食营养素参考摄入量(2013版)［M］. 北京：科学出版社.

中华人民共和国卫生部. 2003. 保健食品检验与评价技术规范［S］. 北京.

Belfort M B, Anderson P J, Nowak V A, et al. 2016. Breast Milk Feeding, Brain Development, and Neurocognitive Outcomes: A 7-Year Longitudinal Study in Infants Born at Less Than 30 Weeks' Gestation [J]. Journal of Pediatrics, 177: 133-139.

De L A, Hankard R, Alexandregouabau M C, et al. 2016. Higher concentrations of branched-chain amino acids in breast milk of obese mothers [J]. Nutrition, 32(11): 1295-1298.

Dritsakou K, Liosis G, Valsami G, et al. 2016. Mother's breast milk supplemented with donor milk reduces hospital and health service usage costs in low-birthweight infants [J]. Midwifery, 40: 109-113.

Ma L, Shi H, Lian K, et al. 2016. Highly selective and sensitive determination of several antioxidants in human breast milk using high-performance liquid chromatography based on Ag(III)complex chemiluminescence detection [J]. Food Chemistry, 218: 422-426.

Scano P, Murgia A, Demuru M, et al. 2016. Metabolite profiles of formula milk compared to breast milk [J]. Food Research International, 87: 76-82.

Zhang L, Waard M D, Verheijen H, et al. 2016. Changes over lactation in breast milk serum proteins involved in the maturation of immune and digestive system of the infant [J]. Data in Brief, 147(7): 362-365.

第 11 章　美容功能性食品

美容是通过一种或多种手段(如化妆、医疗、食疗、体育锻炼等)，美化人的容貌或形体的一种综合性的行为。美容涉及的内容很多，本章主要分析面部皮肤的食疗美容。

11.1　皮肤的结构与功能

皮肤是人体最外层的一个器官，它覆盖全身，保护体内各种组织免受外界机械、物理、化学或生理学的侵袭，并参与机体调节体温、分泌、吸收、排泄、代谢、感觉及参与免疫反应等许多生理活动，是机体的重要组成部分。皮肤的正常功能对于机体的健康至关重要，同时机体的异常情况也可以反映到皮肤上。皮肤诸多的生理功能与其结构密切相关。

11.1.1　皮肤的结构

皮肤由表皮、真皮和皮下组织三个部分组成，并含有附属器官(汗腺、皮脂腺、毛发、指甲)、血管、淋巴、神经和肌肉等(图 11-1)。

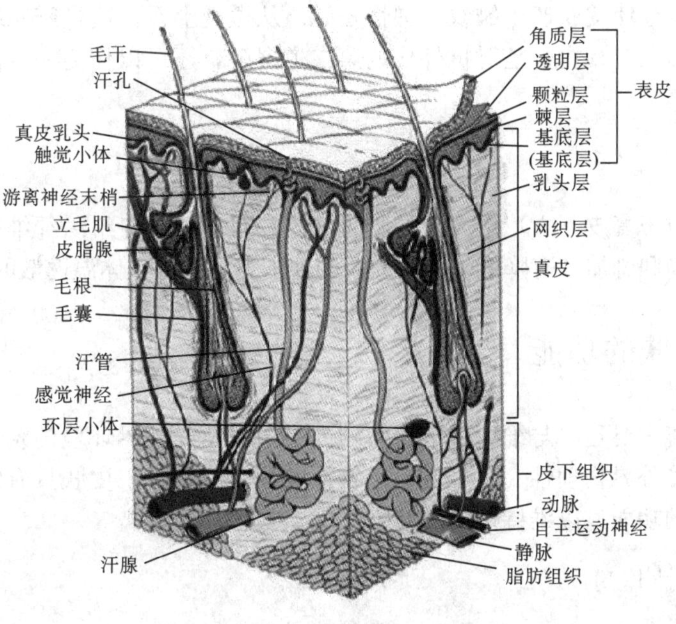

图 11-1　人体皮肤结构图

1. 表皮

表皮是皮肤的最外层，在发育过程中，不断产生新细胞，从里到外先后形成表皮的各层，即：基底层、棘层、颗粒层、透明层、角质层。

(1)基底层。基底层是表皮的最里层，基底细胞的增殖能力很强，是表皮层各细胞的生命之源，每当表皮层受损，这里的细胞就会增生修复，不留任何痕迹。基底层细胞从生到角化脱落大约需要 4 周。基底层可以防止日光照射到皮肤深层。

(2)棘层。棘层位于基底层外面，是表皮中最厚的一层，它含有细胞组织液，辅助细胞的新陈代谢，在病变时，如果细胞中间水肿严重，会形成水泡。

(3)颗粒层。颗粒层细胞有较大的代谢变化，既可形成角蛋白，又是角质层细胞向死亡转化的开始。因此，颗粒层起着向角质层转化的所谓过渡层的作用。颗粒层是一个防水屏障，使水分不易从体外渗入，同时也阻止表皮水分向角质层渗透，致使角质层细胞的水分显著减少，成为角质层细胞死亡的原因之一。

(4)透明层。透明层位于颗粒层上方，仅见于掌、跖等角质层较厚的表皮。此层由位于角质层与颗粒层之间的 2～3 层扁平细胞构成，细胞界限不清、无核，细胞器已经消失，胞质嗜酸性。胞质中有较多疏水的蛋白结合磷脂，与张力细丝黏合在一起。因此，透明层是防止水及电解质通过的屏障。

(5)角质层。角质层是表皮的最外层，阻止体内液体的外渗和化学物质的内渗，是良好的天然屏障，如果角质层被伤害过重，就会形成皮肤问题。

2. 真皮

真皮在表皮之下，由胶原纤维、弹力纤维和网状纤维组成的结缔组织与纤维束间的无定型基质构成，对皮肤的弹性、张力、光泽等的保持有着很重要的作用。长时间过度的日晒或者衰老会使皮肤产生皱纹，弹性松弛。从微观上看，这是胶原纤维及弹力纤维变性或断裂的结果。真皮也是对抗外伤的第二道屏障，还可以作为一定量的血液、电解质、水的承载器。

3. 皮下组织

皮下组织位于真皮下方，由大量的脂肪细胞和粗大的结缔组织纤维束构成，富有弹性，能保护肌肉和骨骼，有降低外界对皮肤的冲击力以及防止体温逸散的作用。

11.1.2 皮肤的功能

皮肤的功能主要是参与维持整个机体的内平衡以及与外界环境的统一，使体内各种组织和器官免受外界物理性、化学性、生物性的侵袭或刺激。皮肤具有复杂结构，使其具有种种特殊的功能，以维持机体的健康。

1. 皮肤的保护作用

角质层表面有一层角质膜，可以防止皮肤水分的过快蒸发及外界水分渗入皮肤，调节和保持角质层中适当的水分含量，从而保持表皮的柔软，防止发生裂变。因而，皮肤的补水是防止老化的根本。角质层细胞有抵抗弱酸、弱碱的能力，角质层细胞紧密排列起屏障的作用，可以防止体内液体的外渗和外部化学物质的内渗，增强皮肤对日光照射的耐受性。皮脂呈弱酸性，不利于细菌的生长和繁殖。所以只要完整、清洁的皮肤，细菌是难以生存和繁殖的，也难以侵入人的体内。

2. 皮肤的保温作用

皮肤是热的不良导体，既可以防止过多的体内热量外散，又可以防止过高的体外热传，皮肤通过保温和散热两种方式调节体温。

3. 皮肤的渗透能力和吸收作用

皮肤具有渗透能力和吸收作用。因为它不是绝对严密无通透的屏障，某些物质是可以通过表皮被真皮吸收，进而影响全身。能否吸收取决于皮肤的状况、物质形状、混合有该物质的基质。吸收量取决于物质的量、接触时间、接触部位和涂抹面积。

4. 皮肤的分泌和排泄作用

(1)汗液的分泌和排泄。汗腺几乎遍布全身皮肤，其周围有丰富的节后无髓鞘交感神经纤维，神经介质主要是乙酰胆碱。汗腺腺体的透明细胞在乙酰胆碱作用下分泌类似血浆的超滤液，后者经过导管对 Na^{+} 重吸收形成低渗性汗液并排出体外。汗液排出后与皮脂混合，可使角质层柔软、润泽，防止干裂。同时汗液使皮肤带有酸性，可抑制一些细菌的增长。但是大量的排汗可以使角质层吸水而变得膨胀。汗孔变窄，排汗困难，是痱子发生的原因之一。

(2)皮脂的分泌和排泄。皮脂腺多分布于头部、面部、胸部。皮脂是由皮脂腺分泌出来的，当排出量达到一定程度，且皮肤的表层扩展到一定厚度时，就会减缓或停止分泌。皮脂分泌在儿童期少，青春期加速，青春期后期稳定，老年期下降，夏季比冬季的分泌量大。此外，分泌量也受营养的影响，过多的摄入糖和淀粉类会使皮脂的分泌增加。

11.2 常见的皮肤疾病与病因

皮肤病是皮肤(包括毛发和甲)受到内外因素的影响后，其形态、结构和功能发生变化，产生病理过程，并相应地产生各种临床表现。皮肤病的发病率很高，但症状大多比较轻，一般不影响健康，只有少数较重，甚至可以危及生命。

1. 湿疹

湿疹(eczema)是一种常见的表皮及真皮浅层的炎症性皮肤病，一般认为湿疹与变态反应有一定关系。其临床表现具有对称性、渗出性、瘙痒性、多形性和复发性等特点。

引起湿疹的内因主要与遗传因素有关。其他内在因素还包括慢性消化系统疾病、肠寄生虫、新陈代谢、内分泌功能紊乱以及神经系统功能障碍等。引起湿疹的外在因素与多种理化刺激有关，如日晒过度，使用肥皂、清洁剂及化妆品，还有对毛织品、花粉、灰尘及香料过敏等。另外，食用海鲜、牛羊肉、蛋、奶以及辛辣等刺激性食物也会诱发湿疹。

2. 痤疮

痤疮（pimple）又称青春痘。是由毛囊及皮脂腺阻塞、发炎所引发的一种慢性炎症性皮肤病，也是美容皮肤科最常见的病种之一。通常好发于面部、颈部、胸背部、肩膀和上臂。临床表现为白头粉刺、黑头粉刺、炎性丘疹、脓疱、结节、囊肿等。这种疾病青春期较多见，但也不完全受年龄阶段的限制，从儿童到成人，几乎所有年龄段的人都可以发病。

3. 荨麻疹

荨麻疹（urticaria）是一种常见的皮肤病。由各种因素致使皮肤黏膜血管发生暂时性炎性充血与大量液体渗出，造成局部水肿性损害。其迅速发生与消退、有剧痒，可有发烧、腹痛、腹泻或其他全身症状。荨麻疹可分为急性荨麻疹、慢性荨麻疹、血管神经性水肿与丘疹状荨麻疹等。引起荨麻疹的因素甚多，病因较复杂，约 3/4 的患者找不到病因，尤其是慢性荨麻疹。其常见的发病原因如下。

（1）食物。如鱼、虾、蛋类、奶类最为常见，其次是肉类和某些植物性食品，如草莓、可可、番茄。另外腐败性食品分解为多肽类，碱性多肽是组胺释放物。蛋白食品在未彻底消化前，以胨或多肽形式被吸收，可引起荨麻疹，这在儿童中较为多见，也可能是儿童的消化道黏膜通透性与成人不同所致。此外，加入食物中的色素、调味剂、防腐剂、食物中的天然或合成物质也能引起荨麻疹。

（2）药物。可分为两类，一类为可形成抗原的药物，如青霉素、血清、疫苗、磺胺、呋喃唑酮等；另一类为组胺释放剂，如阿司匹林、吗啡、可待因、哌替啶、多黏菌素、维生素 B、奎宁、肼苯达嗪等。

（3）吸入物。如花粉、灰尘、动物皮屑、烟雾、羽毛、真菌孢子、挥发性化学品（如甲醛、丙烯醛、除虫菊、化妆品等）和其他经空气传播的过敏原等。

（4）物理因素。如冷、热、日光、摩擦及压力等物理和机械性刺激。

（5）精神因素。精神紧张或兴奋、运动后引起乙酰胆碱释放。

（6）遗传因素。某些荨麻疹类型与遗传有关，如家族性冷性荨麻疹、遗传性家族性荨麻疹综合征等。

4. 黄褐斑

黄褐斑（chloasma，melasma）也称肝斑和蝴蝶斑，是面部黑变病的一种症状，是发生在颜面的色素沉着斑。黄褐斑形成是由组织细胞间的微细循环受阻，细胞溶解死亡，黑色素增多形成色斑沉着所造成的。脸部的表皮层最薄，毛细血管最丰富，也最易形成色素沉着。色素沉着部位主要在表皮基底层，黑色素颗粒明显增多，较为严重者真皮层的噬黑素细胞内也有较多黑色素。与正常情况相比，色素细胞的数目、黑色素形成以及黑色素颗粒的活性都有不同程度的增长。发病原因主要是因女性内分泌失调、精神压力大、各种疾病(肝肾功能不全，妇科病、糖尿病)等，以及体内缺少维生素及外用化学药物刺激引起。

5. 雀斑

雀斑(ephelis，ephelides，freckles)是常见于面部较小的黄褐色或褐色的色素沉着斑点，为常染色体显性遗传，尤以夏季为重，病变的发展与日晒有关。雀斑的斑点是因基因遗传而引起黑色素细胞变异所致。变异了的黑色素细胞比普通的黑色素细胞大，树枝状突增多、增大。树枝状突中充满了黑色素，在皮肤表面就显露出一个一个的黑点。

11.3　影响皮肤健美的主要因素

皮肤，特别是面部的皮肤，在显示人们的美貌和健康状况中起着十分重要的作用。可以说，面部皮肤的状态直接体现了一个人的健康和美学修养水平。皮肤的健美涉及人体的各个方面，也受遗传、健康状况、营养水平、生活与工作环境等多种因素的影响。遗传因素属先天因素，一般较难改变，而健康、营养等因素可通过人们的努力而改变。

11.3.1　健康因素

人的皮肤是人体健康状况的晴雨表。当身体健康状况良好时，皮肤光亮、红润；当身体处于非正常状况时，皮肤就会灰暗无光，甚至出现各种缺陷。

人体的健康因素分为精神因素和体质因素两种。

1. 精神因素

影响皮肤健美及导致皮肤疾患的内因较多，但精神因素为首要因素。传统中医学认为人的怒、思、喜、忧、悲、惊、恐这七种感情上的改变，都会引起皮肤状况的改变和皮肤疾病。精神虽然看似抽象，但却严重影响着皮肤的健康。

2. 体质因素

身体其他器官的健康状况也直接影响皮肤的健康。肝脏是人体最大的“化工厂”，它不仅与糖、蛋白质、脂类、维生素和激素的代谢有密切关系，而且在胆汁酸、胆色素代谢和生物转化中也发挥着重要作用。肝脏具有贮存、化解毒素、调整激素平衡的功能。当肝脏功能发生障碍，如患慢性肝炎时，表现在皮肤方面就是容易发生日光过敏，出现皮肤干裂、痤疮、肝斑等现象。

胃是机体重要的消化器官，当胃酸分泌减少时，皮肤的酸度就会降低，油脂分泌增强，颜面皮肤倾向于油性。当胃肠功能减弱时，糖类分解不佳，鼻和脸颊部毛细血管扩张，易造成局部发红。此外，一些慢性疾病，如肾炎、结核病、贫血、内分泌紊乱及肾上腺和卵巢、子宫等发生异常时，也会出现日光性皮炎等皮肤疾病。因此，要保持皮肤的健美，关键是要保持身体机能的健康。

11.3.2 年龄因素

随着年龄的增长，皮肤的代谢也会发生异常。皮肤的细胞膜会随胆固醇的积聚增加而硬化，还会因膜脂质的过氧化作用产生脂褐素。脂褐素的堆积以及内分泌失调引起的黑色素增加都会使皮肤出现老年斑。老年人由于皮肤的三个层面(表皮、真皮和皮下组织)厚度减小、皮脂腺与毛囊萎缩、皮肤表面变薄、皮脂分泌降低，都会使皮肤保持水分的能力减退，导致皮肤干燥甚至皲裂。

11.3.3 营养因素

人类的生存与健康依赖于各类营养成分。其中，碳水化合物、脂肪、蛋白质、矿物质、维生素、水分和膳食纤维，这七类营养成分也是影响皮肤健美的因素。

1. 碳水化合物

碳水化合物是机体能量的来源，当它供应不足时，人体会产生疲劳、乏力等症状。当它供应过剩时，会转化为脂肪储存于皮下，身体肥胖或出现皮肤病。

2. 脂肪

脂肪同碳水化合物一样可产生能量。适量的皮下脂肪会使皮肤柔软、丰满、有弹性。脂肪是脂溶性维生素的溶剂，使其能够被机体吸收。脂肪还可以成为激素的原料。当脂肪供应不足时，人会出现消瘦、乏力等症状；当供给量过剩时，会产生脂肪堆积或引起皮肤病。

3. 蛋白质

蛋白质对皮肤的构成以及维持皮肤组织生长发育都是必需的，它不仅能促进皮肤组织生长，还可以起修补和更新作用。当长期缺乏足量的蛋白质，特别是不能补充足量的必需氨基酸时，全身的组织就无法及时更新，于是出现结构和功能上的老化现象。皮肤处于机体的最外层，是较容易察觉到的老化标志。当蛋白质供给不足时必然导致营养不良性贫血和全身免疫功能下降，各器官会变得衰弱，外观表现为面色苍白无华。如慢性疾病长期缠身不愈，原来有光泽、有弹性的皮肤就会完全消失。当蛋白质供应过剩时，虽不发生肥胖现象，但却能抑制各器官的活动，降低它们的各项功能，还可能引起过敏性皮肤病。

4. 矿物质

钙、铁、镁、铜、锌、钾、钠、磷等矿物元素与人体代谢有关。矿物质是构成人体组织的重要材料，可以维持体液的渗透压和酸碱平衡。许多矿物元素直接参与酶的活性基团，有些是酶的活性因子。一定比例的钾、钠、钙、镁离子是使肌肉、神经产生正常兴奋性所必需的元素。钙与磷是骨骼和牙齿的主要成分。据报道，如摄入的营养中缺乏锌，青年人可表现出严重的囊肿性痤疮。当矿物质供应不足时，会产生各种全身性疾病，同时也会影响碳水化合物和脂肪的代谢，造成能量匮乏，使内脏变得衰弱。

5. 维生素

机体健康离不开维生素，皮肤健美也离不开它。与皮肤健美有关的主要维生素有：维生素 A、维生素 B、维生素 C、维生素 D、维生素 E 等。维生素 A 可以促进人体生长，维持上皮细胞健康，预防干眼病、皮肤干燥等病症。

维生素 B 又可分为维生素 B_1、维生素 B_2、维生素 B_6、维生素 B_{12} 等，对皮肤保健较重要的是维生素 B_2 和维生素 B_6，它们又被称为“美容维生素”。维生素 B_2 可以强化皮肤新陈代谢，改善毛细血管的微循环，使眼、口唇变得光润、亮丽。当它缺乏时皮肤会产生小皱纹，发生口角溃疡、唇炎、舌炎，甚至会对阳光过敏，出现皮肤瘙痒、发红，以至引发红鼻子等皮肤疾病。维生素 B_6 有抑制皮脂腺活动、减少皮脂分泌、治疗脂溢性皮炎和粉刺等功效。当体内缺乏维生素 B_6 时，会引起蛋白质代谢异常，从而使皮肤出现湿疹、脂溢性皮炎等。

维生素 C 能作为还原剂及参加一些重要的羟化反应，如原胶原中赖氨酸及脯氨酸残基的羟化。羟化后的原胶原才能交联成正常的胶原纤维。所以维生素 C 是维持胶原组织完好的重要因素，缺乏时将导致毛细血管破裂、出血、牙齿松动、骨骼脆弱、伤口不易愈合。另外，维生素 C 还可以增强皮肤紧张能力和抵抗能力，防止色素沉积。

维生素 D 可以在皮肤表面经紫外线照射后形成，它能促进钙的吸收，是骨骼及牙齿正常发育和生长所必需的。如缺乏维生素 D，在儿童期易引起佝偻病，在成人期易可引起骨软化或骨质疏松症。

维生素 E 可以防止细胞组织和毛细血管老化，扩张毛细血管，它还能促进卵巢黄体激素的分泌，对于女性的健康十分重要。维生素 C 和维生素 E 是天然的抗氧化剂，在体内可抑制脂质的过氧化反应，使血液和器官中过氧化脂质水平降低。由于减少了过氧化反应所导致的生物大分子的交联和脂褐素的堆积，延缓了机体的衰老，表现在皮肤上就是老年斑的出现退出或减少。

6. 水分

人体中水分的含量超过任何一种物质成分的含量，成年人体重中水的含量占 2/3（58%～67%）。一旦缺水，轻者皮肤干燥，失去光泽；重者引起机体的失衡，严重时甚至可能危及生命。可以说水是生命之源，是身体健康和皮肤健美的保证。

水还是体内的清洗剂，它将体内的有毒物质通过胃肠道随粪便及通过肾脏排尿排出体外。皮肤蒸发和排汗也排出一部分水分。汗腺分泌的汗液是一种低渗溶液，所以在排汗的同时，也排出无机盐，可减少盐分过高给人体带来的危害。水还是廉价的特效美容洗涤剂，能洗去皮肤上的污物，使皮肤正常呼吸。

在正常情况下，人体水的来源有三个途径：即饮水（包括液体饮料）、食物中的水分和体内生物氧化所产生的水。正常人每日水的摄入量和排出量一般为 2500mL 左右，每天喝 6~8 杯水为宜。表 11-1 列出了成年人每日水的出入量。

表 11-1 成年人每日体内水平衡

来源	摄入量/mL	排出部位	排出量/mL
液体食物(水、汤、其他流质)	1300	肾脏(尿)	1500
固体食物	900	皮肤(蒸发)	500
生物氧化产生的水	300	肺(呼吸)	400
		大肠(粪便)	100
合计	2500		2500

7. 膳食纤维

膳食纤维包括纤维素、半纤维素、果胶及植物胶质等。膳食纤维可大量吸附水分、促进肠道蠕动，有助于排便和清除毒素，增强水化机能。膳食纤维还具有降低血脂、血糖、预防肠癌等作用，同时对皮肤的健美也有一定的作用，因此有人建议将其称为第七类营养素。

人体是一个有机的整体，只有五脏六腑的阴阳平衡、气血畅通，容貌才会美。所以真正的美容要从营养上着手，调节生理机能，合理摄取营养，特别注重摄取有益于皮肤健康的营养，使身体各部分组织处于良好状态，才能达到身体健康、容颜焕发、青春长驻的目的。

11.3.4 环境因素

影响皮肤健美，加速其老化的另一个重要原因是极端的环境因素，如温度、湿度、阳光、尘埃、季节的变化等。

1. 温度

皮肤对体温有调节作用，当环境温度升高时，汗腺排汗量增加，大量的汗液会带出部分皮脂，使皮肤干燥。这对干性皮肤的人是不利的。所以干性皮肤的人在高温环境下应注意及时补充水分。当环境温度降低时，容易造成皮肤毛细血管的收缩，血液循环不畅，同时皮肤收缩、皮脂的分泌减少，皮肤会变得干燥、无光泽。因此，在寒冷的环境中应注意保暖。

2. 湿度

皮肤表皮细胞中微量的代谢产物使皮肤具有一定的保湿性，能防止皮肤过于干燥，保持皮肤的柔软。但是如果长期处于干燥环境，皮肤表面水分散失过多又得不到及时补充的话，皮肤的老化就会加速，皱纹会增多，且干燥无光泽。我国南方的气候要比北方湿润，所以一般来说南方人的皮肤比北方人好。但环境湿度过大，则会造成皮肤的角质湿润、膨胀，使皮肤变得粗糙。因此，适宜的湿度才有益于皮肤的健美。

3. 阳光

阳光是生命的源泉。没有阳光就没有人体(包括皮肤)的健康。阳光可以促进皮肤的新陈代谢，皮肤在阳光下可以合成维生素 D，帮助钙的吸收；阳光中的紫外线可以杀死皮肤表面的细菌，使皮肤保持健康。但同时，阳光也会对皮肤产生一定的伤害。因为紫外线波长短，可以穿透角质层、颗粒层直到生发层的基底细胞上，使其中的成黑色素细胞产生黑色素作用加快。所以，皮肤曝晒过多，不仅会患日光性皮炎，出现发红、脱皮、疼痛现象，还能使色素沉着，形成黄褐斑，甚至局部免疫能力下降，严重时还会有皮肤的病变。例如长期受紫外线照射的登山队员和日光浴者，皮肤恶性肿瘤的发生率超过正常人的几倍到几十倍。这是由于过量的紫外线可以使细胞内的遗传物质 DNA 发生突变，从而导致细胞的形态、结构和功能发生改变。因此，日晒也应适度。

4. 尘埃

悬浮于空气中的尘埃容易附着在人的脸、手等暴露的部位。皮肤有呼吸功能，如果尘埃阻塞了皮肤毛孔，就会使它无法正常呼吸，影响其新陈代谢，进而发生皮肤病。加之尘埃中不乏一些细菌，细菌若侵入毛孔，则会造成痤疮等皮肤疾病。

5. 季节

一年四季的变化，使皮肤所处的外界环境也随之改变。春季万物复苏、阳光明媚，气温逐渐上升，但是北方往往风沙较大、气候干燥，因此需要给皮肤补充水分和油分。夏季气候炎热，皮肤的新陈代谢旺盛，排汗多，阳光也强烈，此季节应多喝水以补充皮肤水分，同时注意防晒。秋季，皮肤随气候的变化会表现出三种不同的状态：由于夏季紫外线的照射，皮肤会出现黑斑或雀斑，这些色素沉积在初秋时可加重；仲秋时，秋风一起，皮肤就会感到干涩，尤其干性皮肤的人，甚至感到皮肤紧缩发疼；晚秋时，皮下脂肪层会增厚，皮肤会有绷紧的感觉。

11.3.5　生活因素

影响皮肤健康的生活因素包括生活规律、饮食习惯、居住环境、不良嗜好等。其中以下几方面尤为重要。

1. 睡眠

每个人都有自己的生物钟即生物节律，若违背了这个节律，就会影响健康。如果长期睡眠不足，就会造成皮肤细胞再生能力的衰退，皮肤变得粗糙，眼圈发黑。

2. 吸烟

香烟中的尼古丁会造成皮肤微血管收缩，降低皮肤的血液循环，使皮肤无法吸收足够的营养与氧气，皮肤就会发黄、干燥、无光泽。

3. 饮酒

饮酒过量会使血管膨胀。长期酗酒者，微血管壁弹性越来越低，最终破裂，会使皮肤内层留下污痕。体内酒精过多，也会使皮肤变干失去光泽。

11.4 有助于促进皮肤健康的功能性食品及配料

1. 芦荟

芦荟为百合科芦荟属，多年生肉质草本，叶肉质而肥厚，叶缘有锐锯齿，原产于地中海地区、非洲。我国海南、广东、广西、福建、云南等省区，有大量的芦荟资源，生于山坡、海滩沙地。其他省份有大规模人工栽培。

芦荟种类繁多，已知的有300多种，按其用途可分为药用芦荟、食用芦荟和观赏芦荟。药用芦荟有10多种(如好望角芦荟等)，食用芦荟只有几种，其余大多为观赏芦荟。

可食用的芦荟品种有库拉索芦荟(俗称美国芦荟)、斑纹芦荟(又名中国芦荟)、上农大叶芦荟、木立芦荟(又名日本芦荟、小木芦荟)等。库拉索芦荟是目前利用最广泛的品种。它含有丰富的凝胶，可加工提取芦荟原汁、浓缩汁、芦荟结晶粉。它的鲜叶可直接食用，还能应用在食品、药品、美容品等方面。

目前已知芦荟含有160多种化学成分，具有生物活性的组分主要是蒽醌类衍生物(包括芦荟素、芦荟大黄素、芦荟大黄酚、芦荟皂草苷、芦荟苦素等)、糖类衍生物(包括多种单糖、多糖和糖蛋白等)、20多种氨基酸(包括8种人体必需氨基酸)、有机酸、维生素、甾醇类、酶、无机物质。

芦荟多糖和维生素对人体的皮肤有良好的营养、滋润、增白作用。芦荟对消除粉刺有很好的效果。芦荟大黄素等属蒽醌甙物质，这类物质能使头发柔软而有光泽、轻松舒爽，且具有去头屑的作用。

2. 珍珠粉

珍珠粉由珍珠贝所产珍珠为原料制备而成。有海产和淡水养殖之分，但主要成分无明显区别。也有用珍珠贝的珍珠层为原料的，产品称“珍珠层粉”。

珍珠粉主要成分：珍珠含碳酸钙约92%，有机物约5%，包括18种氨基酸(以牛磺酸、鸟氨酸和甘氨酸较多)、类胡萝卜素(指黄色珍珠)、葡萄糖胺、半乳糖胺、卟啉类铁胺、角蛋白等，另含锂、锶、钛等元素。水解珍珠粉的成分见表11-2。

3. 花粉

常用的花粉有松花粉、油菜花粉、桂花粉、玫瑰花粉、菊花粉等。据现代科学分析证明，花粉不仅是植物的生命源泉，而且称得上是“微型营养宝库”。据测定，每百克花粉的蛋白质含量可高达25～30g，其中含有十几种氨基酸，并且呈游离状态，极易被人体吸收。这是其他任何天然食品所无法比拟的。花粉中还含有40%的糖和一定量的脂肪，以及丰富的 B 族维生素和维生素 A、维生素 D、维生素 E、维生素 K 等。其中，维生素 E、维生素 K 都是已证实的能延缓人体细胞衰老过程，有延年益寿作用的重要物质。花粉还含有铁、锌、钙、镁、钾等 10 多种无机盐，30 多种微量元素，18 种酶类，核酸及某些延缓人体衰老的激素、生长素、抗菌素等。因此说花粉是一种全能型营养食品。

表 11-2 水解珍珠粉的成分分析

指标名称	数值	指标名称	数值
水分	0.3%	蛋白质	2.2%
铁	3.7mg/100g	钙	38%
钠	0.4%	钾	4.0mg/100g
镁	0.163%	锌	6.9mg/kg
铅	1.0mg/kg	铜	0.8mg/kg
锰	14.2mg/kg	—	—

4. 神经酰胺(N-脂酰基神经鞘氨醇；糖神经酰胺)

神经酰胺属糖脂类化合物。其基本结构为神经鞘氨醇，其中的氨基与某些脂肪酸以酰胺键形式相连接，1-位的羟基则与某种糖(主要有半乳糖、葡萄糖)以糖苷酯键的形式相结合。由于所接脂肪酸和糖基的不同，因此有多种多样的结构(至少有 20 种以上)。

神经酰胺的来源有两种：一种由哺乳动物的脑组织(如牛脑)制取而得，为白色粉末，其薄层色谱法纯度可达 99%，20mg 溶于 1mL 氯仿－甲醇(99∶1)混合液中，无色，其脂肪酸组成包括硬脂酸和廿四碳烯酸，由牛脑的神经鞘磷脂经磷脂酶作用而得。另一种，在小麦、大米等植物中也含有神经酰胺，它具有与动物性神经酰胺同样的生理功能。其制品呈白色至淡黄色粉末，不溶于水，溶于乙醇、丙酮等溶剂中。对热和 pH 稳定，100℃加热 1h 后，含量不变，在正常食品加工条件下性能稳定。

神经酰胺对皮肤有增白、保湿、缓解过敏性皮炎的作用。皮肤是保护机体免受外部损害(包括物理的、化学的、生物的)及防止水分等体液损失以维持生命所必需的屏障。

神经酰胺基本上蓄积在角质层，为角质细胞间脂质的主要成分(约 50%)，在发挥角质层屏障功能中起着重要作用，抑制水分的蒸发或冻结。

随着年龄增长和皮肤老化，角质细胞间的脂质量会明显减少，其中的主要成分神经酰胺也随之下降，使皮肤容易出现干燥、皱纹、粗糙等现象，同时，角质层中神经酰胺量不足，会成为引发特异性皮炎的主要原因之一。因此，经常补充神经酰胺，可恢复皮肤的正常结构，从而恢复皮肤原有的防止水分蒸散和外界有害物侵入的屏障功能，提高皮肤的耐应变性。

实验证明，口服神经酰胺能改善全身皮肤的含水性，增加皮肤的保水量，同时提高皮肤弹性，减少皱纹等美肤作用。与作为化妆品外用具有同样的功效。神经酰胺可抑制黑色素生成，使皮肤增白。

表 11-3、表 11-4 分别列出了一些具有美容功效、祛痤疮功效的典型配料。

表 11-3 具有美容功效的典型配料

典型配料	生理功效
透明质酸	美容，保持皮肤水分
芦荟提取物	高度保湿，保持皮肤水分
卵磷脂	调节皮肤脂质代谢，维持细胞正常功能，活化肌肤
神经酰胺	美容护肤，减少皱纹
深海鱼蛋白	美容护肤，高度保湿肌肤，增强弹性，减少皱纹
羊胎素	美容护肤
尿囊素	保湿，促进细胞再生
维生素 C	促进胶原蛋白形成
B 族维生素	调理肌肤油脂分泌，滋养肌肤

表 11-4 具有祛痤疮功效的典型配料

典型配料	生理功效
维生素 A	防止毛囊过度角化
维生素 C	促进皮肤伤口愈合
维生素 E	调节激素分泌、促进皮肤损伤的修复
B 族维生素	调理肌肤油脂分泌、滋养肌肤
超氧化物歧化酶	美容、解毒
金盏草提取物	杀菌、促进伤口愈合、预防痤疮
洋甘菊提取物	抗过敏、消炎、促进皮肤损伤的修复
甘草提取物	消炎、预防痤疮
γ-亚麻酸	调节血脂、美容、护肝、增强免疫、降压

11.5 功能学评价标准与研发案例

1. 有助于促进面部皮肤健康功能的评价标准

主要观察整个颜面部位的痤疮皮疹和黄褐斑面积改变情况。

1)祛痤疮皮疹功能评价

试食前后分别记录颜面部白头粉刺、黑头粉刺、炎性丘疹、脓包、囊肿、结节数目以及皮损的程度。痤疮数量减少不低于 30%，皮损程度减轻一度为有效；痤疮数量减少小于 30%为无效。

Ⅰ度：黑头粉刺，散发至多发，炎性丘疹散发(1 分)。

Ⅱ度：Ⅰ度+潜在性脓疱，炎性丘疹数目增加，局限在颜面(2 分)。

Ⅲ度：Ⅱ度+深在性炎性丘疹、结节，发生于颜面、颈部、胸背部(3 分)。

Ⅳ度：Ⅲ度+囊肿，易形成疤痕，发生于上半身(4 分)。

若试食组痤疮数量平均明显减少，且不低于 20%，皮损程度积分明显减少，差异均有显著性，可判断其具有祛痤疮功能。

2)祛黄褐斑功能评价

祛黄褐斑功能评价指标主要包括：颜面部黄褐斑面积及其颜色深浅。用标尺测定受试前后整个颜面部黄褐斑面积。按照中国科学院地理研究所设计研制出版的《实用标准色卡》中的棕色色卡为黄褐色深浅的判断标准：Ⅰ度(15、20、5)，Ⅱ度(30、40、10)，Ⅲ度(40、60、15)。黄褐斑颜色下降一度，面积减少大于 10%，且不产生新黄褐斑为有效；黄褐斑颜色及面积无明显变化为无效。若试食组黄褐斑面积平均减少，且不低于 10%，颜色积分明显下降，差别有显著性，且不产生新的黄褐斑，可判定其具有祛黄褐斑功能。

2. 研发案例

某保健食品的祛黄褐斑功能人体试验结果见表 11-5～表 11-7。

表 11-5　黄褐斑颜色深浅变化

组别	例数/例	试食前/度	试食后/度	差值/度
试食组	50	1.98±0.46	1.55±0.55	−0.43±0.40**#
对照组	50	1.93±0.58	1.89±0.53	−0.04±0.14*

注：*表示 $P<0.05$；**表示 $P<0.01$；#表示组间比较 $P<0.05$

表 11-6　黄褐斑面积大小变化

组别	例数/例	试食前/cm^2	试食后/cm^2	差值/cm^2
试食组	50	68.82±42.29	61.64±40.01	−7.18±10.03**#
对照组	50	66.08±39.97	64.22±36.48	−1.86±6.86

注：**表示 $P<0.01$；#表示组间比较 $P<0.05$

表 11-7　功效评定

组别	例数/例	有效/%	无效/%	总有效率/%
试食组	50	32(64.00)	18(36.00)	64.00#
对照组	50	4(8.00)	46(92.00)	8.00

注：#表示组间比较 $P<0.05$

将 100 例黄褐斑受试者随机分为试食组和对照组，试食组黄褐斑面积平均缩小 7.18±10.03cm^2($P<0.01$)，颜色变浅，色卡平均降低 0.43±0.40 度($P<0.01$)，有效 32 例，总有效率 64.00%；对照组黄褐斑面积平均缩小 1.86±6.86cm^2，颜色变浅，色卡平均降低 0.04±0.14 度，有效 4 例，总有效率 8.00%。说明该保健食品有祛黄褐斑作用。该保健食品对黄褐斑受试者的疲劳感、烦躁、睡眠等症状有改善作用。试食前后，受试者的血常规、尿常规、便常规及生化指标均在正常范围，说明该保健食品对受试者身体健康无不良影响，且未见过敏及其他不良反应。

思 考 题

1. 影响皮肤健美的主要因素有哪些?
2. 哪些功能性食品能促进皮肤健康?
3. 简述促进面部皮肤健康的功能评价标准。
4. 简述常见的皮肤疾病及其病因。

参 考 文 献

戴光胜,聂凌鸿. 2006. 芦荟功能性食品资源的开发利用 [J]. 现代食品科技,22(2):271-274.
何黎. 2011. 美容皮肤科学 [M]. 北京:人民卫生出版社.
金宗濂. 2005. 功能性食品教程 [M]. 北京:中国轻工业出版社.
李莉,冯瑜. 2014. 营养美容与美容食品 [J]. 日用化学品科学,37(4):46-49.
庞杰. 2005. 美容功能性食品与食疗 [M]. 北京:化学工业出版社.

第12章　减肥功能性食品

随着社会经济的发展，人们生活水平的提高，肥胖及其相关疾病的发病率越来越高。流行病学和动物试验结果表明，体重控制与寿命延长密切相关。世界卫生组织(WHO)明确指出体重过重在人类健康危险因素中排名前十，且在发达国家排名前五。肥胖与多种疾病相关，如高血压、心脏病、肿瘤、Ⅱ型糖尿病以及胆囊炎等，给人们的身心健康带来了严重影响。肥胖症的发生受多种因素的影响，其主要因素有：饮食、遗传、生理、环境、运动、精神以及其他疾病等。其中，饮食是造成肥胖的一个突出因素。因此，开发具有明确减肥功能的食品，市场前景广阔。

12.1　肥胖的诱因与疾病

1. 能量摄入大于能量消耗

脂肪组织是一种特殊的连接组织，是主要的能量储存部位。哺乳动物的脂肪组织以两种形式存在：白色脂肪和棕色脂肪。白色脂肪组织中含有多种类型的细胞，其中前脂肪细胞终生存在于脂肪组织中，并可以分裂或分化为成熟脂肪细胞。白色脂肪具有隔热功能，可阻止热量的散失；棕色脂肪能够产生热量，与白色脂肪一道散布在人体各个部分。棕色脂肪在婴儿体内主要分布在大血管周围，而在成年人体内主要分布在颈部和上胸部。正常情况下，成年人能量的摄入与消耗保持着相对的平衡，因此体重也保持相对稳定。一旦能量平衡遭到破坏，摄入的能量多于消耗的能量，则多余的能量在体内以脂肪的形式贮存起来，日积月累，最终发生肥胖，即单纯性肥胖。正常人体可通过非颤抖性生热作用散发掉多余的能量，而肥胖者的食物生热作用能力明显减弱，这可能与其体内棕色脂肪不足或棕色脂肪功能障碍有关。因为棕色脂肪细胞的线粒体能氧化局部贮存的脂肪，产生热量。但是，大部分肥胖患者可能是因摄食过多、活动量较少所致。

2. 遗传因素

基因遗传是肥胖症的另一个重要因素。若父母肥胖，则子女肥胖的概率也将大大增加。据美国NIH的研究结果显示，基因因素占体重差异的25%～40%，而在同卵孪生儿中的贡献达70%。尽管一些资料已经证实了肥胖的遗传性，但仍有些学者认为，家族肥胖并非单一的遗传因素所致，也与饮食结构相关。

3. 环境因素

环境因素可能也是引起肥胖的重要原因之一。从欠发达国家移民到发达国家后，人们更易出现肥胖。因工作需要而久坐、开车而非骑车上班、长期缺乏锻炼等均是肥胖的诱因。儿童摄入高能量、低营养食品，如糖果等不健康零食、快餐、加糖饮料等，也是造成肥胖的一个因素。

4. 精神因素

有些人因精神过度紧张引起迷走神经兴奋而胰岛素分泌增多时，食欲常亢进，会不由自主地进食或暴饮暴食，导致热量摄入过多，进而引发肥胖。实验证明，下丘脑可以调节食欲中枢，在肥胖发生中起重要作用。

12.2 肥胖与疾病

肥胖往往是脂肪肝、动脉粥样硬化、高血压、冠心病、脑血管病等的基础，其中一个诱发机制可能与脂肪因子(adipokines)的表达增加有关，如白介素 6(IL-6)、肿瘤坏死因子α(TNF-α)。另外，C 反应蛋白(CRP)和 IL-6 的升高是慢性亚临床炎症反应的表现，与胰岛素抵抗和心血管事件(如心肌缺血、中风、外周血管疾病)等相关。肥胖者脂肪代谢易出现障碍，造成血液内胆固醇和甘油三酯升高，导致血管壁附着大量胆固醇斑块，形成动脉血管硬化，进而发展为高血压、冠心病、心肌梗塞和脑溢血等。肥胖者患糖尿病的概率要比正常人高 3 倍以上，这与其胰岛素分泌异常有关。肥胖者的脂肪代谢特点主要表现为血浆游离脂肪酸、总胆固醇、甘油三酯和低密度脂蛋白含量增多，高密度脂蛋白含量降低。大量的脂肪组织沉积于人体的脏器、血管等部位，影响心脑血管、肝胆消化系统和呼吸系统等的功能活动，进而引发高脂血、高血压、动脉粥样硬化、心肌梗死等疾病。随着肥胖程度的加重，体循环和肺循环的血流量增加，心肌需氧量也增加，心肌负荷大幅度增加，导致心力衰竭。

肥胖使躯体各脏器处于超负荷状态，可导致肺功能障碍(脂肪堆积、膈肌抬高、肺活量减小)、骨关节病变(压力过重引起腰腿病)。若肥胖者体内血脂过高，还可能导致脂肪肝、肝硬化、胆结石等。肥胖者体内的高胰岛素血症是由肥胖引起胰岛素抵抗，进而形成代偿性胰岛素增加所致。约 50%的肥胖者有肝内脂肪浸润。肥胖者与正常人相比，胆汁酸中的胆固醇含量增多，超过了胆汁的溶解度，因此肥胖者容易并发胆固醇结石。肥胖者死亡率也较高，寿命较短。肥胖者体内的微量元素，如血清铁、锌的水平都较正常人低，而这些微量元素又与免疫活性物质有密切关系。因此，肥胖者的免疫功能下降，肿瘤发病率上升。

肥胖还易引发骨质增生、骨质疏松、内分泌紊乱、月经失调和不孕等，严重时会出现呼吸困难。同时肥胖也易引起患者自信心缺乏，易出现精神疾病。因此，肥胖越来越引起人们的担忧。儿童单纯性肥胖症(childhood simple obesity，CSO)是全球性卫生问题，不但在发达国家普遍存在，其在发展中国家的发病率也在逐年提高。肥胖将是 21 世纪威胁人类健康的一个重要问题。

减肥引起的内脏周边脂肪、异位脂肪、脂肪细胞体积和游离脂肪酸的下降与系统胰岛素抵抗、血脂异常、Ⅱ型糖尿病风险的预防有密切关系。即便体重只降低 5～10kg，或体重下降 5%～7%，对降低胰岛素抵抗、高胰岛素血症、导致动脉粥样化的高脂血症、高血压等代谢性疾病风险仍有好处，如减肥可诱导过氧化物酶体增殖物激活受体(peroxisome proliferator-activated receptor，PPAR)PPAR-α 和 PPAR-γ 的表达，从而降低心血管疾病和代谢性疾病风险。减肥引起炎症细胞因子降低，从而提高胰岛素敏感度。TNF-α的降低，引起肌肉葡萄糖转运体 4(GLUT4)升高以及葡萄糖的摄取。减肥引起的胰岛素作用增强可能与体内瘦素水平的降低有关。体重持续降低超过 7%可引起血浆中瘦素浓度的降低。减肥后脂肪细胞因子水平的提高也与胰岛素敏感度增强有关。胰岛素敏感度增强能降低动脉粥样化的风险。高血压也是代谢综合征之一，减肥降低了脂肪细胞利钠肽清除受体的表达，从而增加了利钠肽的利用度，进而加快钠排泄。

12.3　肥胖的测定方法

测定身体内的脂肪含量有一系列的非损伤性方法，如用水下称重法测定身体密度、全身同位素钾含量的测定、用氧化重氢或重水稀释法来测定身体内的总水分。而这些方法比较复杂，测定也比较麻烦，需要昂贵的仪器。常用的测量体内脂肪含量的方法如下。

12.3.1　皮褶厚度

可采用皮下脂肪测定器测定皮褶厚度，然后用公式计算身体的脂肪含量。具体步骤为：前臂弯至上腹部，在上臂背侧自肩部骨隆起部位肩峰至臂肘部鹰嘴突部位的中点做一记号，再使前臂下垂，上臂松弛，用拇指与前指在中点上方 1cm 处，抓起两层皮肤与脂肪，然后用皮下脂肪测定器在中点处测定三头肌皮褶厚度，也就是皮下脂肪。测定器夹住后 3s 读数，共测定 3 次，取其平均值，误差在 0.5mm 以内。三头肌皮褶厚度，我国男性为 8.7mm 左右，女性为 14.6mm 左右。测定后，再用转换系数换算成体脂含量。

12.3.2　体重

体重是反映疾病严重程度的一个重要指标。它能评价人体的营养情况，尤其是反映热量的摄取与消耗是否平衡，以及脂肪在体内的增加或减少。如果一个人的体重在短期内丢失 10%，提示患有潜在疾病(如肿瘤)的可能，而且体重丢失 10%以上，也使健康人的正常体力活动受到影响，短期内体重丢失 30%，甚至可以导致死亡。但在一般情况下，体重丢失意味着消耗的热量高于摄取的热量，而体重增加意味着摄取的热量超过了消耗的热量。通常认为超重与肥胖是同义词，但对体力劳动者与运动员来说，超重并不是肥胖，它是由于肌肉非常发达所致。

1. 标准体重

在一定身高范围内体重有一个标准，超过这一体重称为肥胖，低于这一体重称为消瘦或营养不良，将这一体重称为标准体重。美国大都会人寿保险公司在1912年制定出在一定身高条件下死亡率最低的体重，命名为理想体重即标准体重，之后不断改进。根据该公司规定，中老年人参加人寿保险时，若他们的体重在理想体重范围内，所付保险金相对较低，在理想体重范围外，保险金要高得多。世界卫生组织根据该公司的理想体重表，结合发展中国家的具体情况，制定了男女裸重标准体重表。我国也有男女标准体重表。

2. 标准体重的计算公式

常用的体重计算公式如下。

1)布洛卡(Broca)公式

身高在165cm以下：标准体重(kg)=身高(cm)−100。

身高在165cm以上：标准体重(kg)=身高(cm)−110。

2)体质指数

用于测定标准体重最普遍的方法是测定体质指数(body mass index，BMI)。BMI的计算公式为

$$身体质量指数(BMI)=体重(kg)/身高(m)^2$$

例如：一名成年男子，体重70kg，身高1.65m，则其BIM为70÷2.7225=25.7。

在发达国家BMI的正常范围为20～25，平均为22。许多营养学家提出理想的BMI范围为24～26。在发展中国家BMI的正常值为18.5～20，它是一个建议值。因此，WHO提出全世界BMI的范围数值应为20～22。在正常情况下，即使身高不同，但其瘦组织与脂肪组织的比例一样，那么其BMI也应相似。只有在肥胖者中，瘦组织与脂肪组织的比才不一致。这一BMI计算方法是根据人寿保险公司的统计与欧美长期流行病学的研究而制定的。目前世界卫生组织也将这一方法用于发展中国家。

如果将BMI分为正常值、一级危险值、二级危险值和三级危险值。那么正常值的范围应为18.5～25，17.5～18.5和25～30为一级危险值，16～17.5和30～40为二级危险值，16以下和40以上为三级危险值(表12-1)。达到三级危险值时，患高血压、冠心病、糖尿病与肝胆疾病的概率很高。因此不要认为只有肥胖容易诱发这些疾病，有时身体瘦弱也是诱发这些疾病的原因之一。

表12-1 体重指数参考标准与发病风险的关系

体重状态	WHO标准	中国参考标准	发病风险
偏轻	<18.5	<18.5	低(但其他疾病发生率增加)
正常	18.5～24.9	18.5～23.9	平均
超重	≥25.0	≥24.0	增加
肥胖前期	25.0～29.9	24.0～26.9	增加

续表

体重状态	WHO 标准	中国参考标准	发病风险
Ⅰ级肥胖	30.0～34.9	27.0～29.9	中等增加
Ⅱ级肥胖	35.0～39.9	≥30.0	严重增加
Ⅲ级肥胖	≥40.0	≥40.0	非常严重增加

12.4　减肥功能性食品

1. 脂肪代谢调节肽

脂肪代谢调节肽是由乳、鱼肉、大豆、明胶等蛋白质混合物酶解而得的肽，由 3～8 个氨基酸碱基组成，主要由“缬－缬－酪－脯”“缬－酪－脯”“缬－酪－亮”等氨基酸组成。多为粉状，易溶于水(10%以上)，水溶液可作加热、灭菌处理(121℃，30min)而性能不变。吸湿性高。其主要生理功能为调节血清甘油三酯。经多种动物试验及人体试验证实，与脂肪同时摄入时，脂肪代谢调节肽有抑制血清甘油三酯上升的作用。其主要通过抑制脂肪的吸收、阻碍脂质合成和促进脂肪的代谢而发挥作用。

脂肪代谢调节肽的作用机理与阻碍体内脂肪分解酶的作用有关，因此，它对其他营养成分和脂溶性维生素的吸收没有影响。当同时摄入高糖食物后，由于脂肪合成受阻，抑制了脂肪组织和体重的增加。当与高脂肪食物同时摄入时，脂肪代谢调节肽能抑制血液、脂肪组织和肝组织中脂肪含量的增加，同时也抑制了体重的增加，有效防止了肥胖。

2. 魔芋精粉和葡甘露聚糖

魔芋为天南星科魔芋属草本植物的地下块茎，其主要成分为葡甘露聚糖(KGM)。KGM 是由甘露糖和葡萄糖以 β-1,4 键结合(相应的摩尔比为(1.6∶1)～(4∶1))的高分子量非离子型线型结构多糖类，平均相对分子质量为 20 万～200 万，在魔芋中含量为 44%～64%，每 50 个单糖链上，有一个以 β-1,4 键结合的支链结构，是一种可食用植物纤维。膳食纤维是除糖、蛋白质、脂肪、水、矿物质和维生素外的第七大营养素，随着对魔芋膳食纤维越来越深入的研究，其保健功能也得到越来越多人的认可，目前已成为一种流行的保健食品。

我国已记载的魔芋属种有 30 种，药食兼用的魔芋有 8 种。魔芋具有防治便秘、降血脂、降血糖、减肥健美等功能。魔芋精粉的酶解精制品称葡甘露聚糖，性状为白色或奶油至淡棕黄色粉末。溶于水，可分散于 pH 为 4.0～7.0 的热水或冷水中并形成高黏度溶液，加热和机械搅拌可提高溶解度，不溶于乙醇和油脂。有很强的亲水性，可吸收本身重量数十倍的水分，经膨润后的溶液有很高的黏度。魔芋的主要成分为 KGM，KGM 热量较低，吸水后体积膨胀 80～100 倍，食用极少量即有饱胀感。它不被人体的酶消化、不提供养分，同时能减缓胆固醇、糖分物质的吸收，有润肠通便作用，故有极好的减肥健美功效。

在糖尿病患者中进行试验，受试组一组每天给予 KGM 3.9g，另一组每天给予 7.8g，试验8周后观察他们的肥胖程度与体重变化之间的关系。结果得出，肥胖程度与体重减少之间有直接的相关性，凡肥胖程度越高，食用KGM后的体重减少越多。体重减少是由于摄入KGM后脂肪的吸收受到抑制。减肥功能试验结果显示，复方魔芋精粉0.80g/kg体重和1.20g/kg体重剂量能够明显降低大鼠体脂和大鼠体重，与模型对照组比较有显著性差异，表明复方魔芋精粉具有减肥功能。

3. 乌龙茶提取物

从乌龙茶中提取的功效成分，主要为各种茶黄素、儿茶素以及它们的各种衍生物。此外，乌龙茶还含有氨基酸、维生素C、维生素E、茶皂素、黄酮、黄酮醇等多种复杂物质。乌龙茶提取物为淡褐色至深褐色粉末，有特别香味和涩味；易溶于水和含水乙醇，不溶于氯仿和石油醚，pH为4.6～7.0，也有用糊精稀释成50%的成品。乌龙茶可水解单宁类，在儿茶酚氧化酶催化下，单宁类物质形成邻醌类发酵聚合物和缩聚物，对甘油三酯和胆固醇有一定的结合能力，结合后随粪便排出，而当肠内甘油三酯不足时，就会动用体内脂肪和血脂经一系列变化后与之结合，从而达到减脂的目的。

4. L-肉碱

肉碱有L型、D型和DL型，但只有L-肉碱才具有生理价值。D-肉碱和DL-肉碱完全无活性，且能抑制L-肉碱的利用，美国FDA于1993年禁用。由于L-肉碱具有多种营养和生理功能，已被视为人体的必需营养素。人体正常所需的L-肉碱，主要通过膳食(肉类和乳品中含量较多)摄入，部分由人体的肝脏和肾脏以赖氨酸和蛋氨酸为原料，在维生素C、尼克酸、维生素B_6和铁等的配合协助下自身合成(内源性L-肉碱)，但当有特定需求时，自身合成就不足以满足人体所需(详见第9章)。

5. 荞麦

荞麦中蛋白质的生物效价比大米、小麦要高；脂肪含量为2%～3%，以油酸和亚油酸居多；各种维生素和微量元素也比较丰富；还含有较多的芦丁、黄酮类物质，具有维持毛细血管弹性，降低毛细血管渗透的功能。常食荞麦面条、高饼等面食有明显降脂、降糖、减肥的功效。

6. 燕麦

燕麦是世界上主要的粮食作物。燕麦麸皮中含有丰富的水溶性非淀粉多糖(燕麦胶)以及脂肪、酚酸、甾醇等，是保健食品的良好功能性添加剂的原料来源。燕麦胶作为一种特殊的燕麦制品在欧美等国受到格外关注，其主要成分为β-葡聚糖。国内外学者对燕麦胶调节血糖、调节血脂及提高免疫能力等进行了大量研究，燕麦胶与燕麦醇提取物协同作用能显著降低营养性肥胖大鼠血清TG、TC，升高血清HDL-C，同时能显著降低大鼠肝脏质量，说明燕麦胶与燕麦醇提取物协同作用具有降脂减肥作用，因而燕麦具有成为功能性食品添加剂的潜力。

7. 红薯

红薯中蛋白质、脂肪、碳水化合物的含量低于粮谷，但其营养成分含量适当，营养价值优于谷类，它含有丰富的胡萝卜素和 B 族维生素以及维生素 C。红薯中含有大量的黏液蛋白质，具有防止动脉粥样硬化、降低血压、减肥、抗衰老的作用。红薯中还含有丰富的胶原维生素，有阻碍体内剩余的碳水化合物转变为脂肪的特殊作用。这种胶原膳食纤维素在肠道中不被吸收，吸水后使大便软化，便于排泄，能有效预防肠癌。胶原纤维与胆汁结合后，能降低血清胆固醇，逐步促进体内脂肪的消除。

8. 人参

人参作为传统中药已有几千年的应用历史，是目前全球研究最热点的中药之一。人参皂苷具有促进胆固醇合成、刺激血清蛋白质合成、提高免疫、抗炎、增强自由基清除能力及治疗糖尿病等多种药理活性。中国学者发现西洋参茎叶的总皂苷能抑制胰脂肪酶活性，进而抑制肥胖。此后，国外学者相继发现人参和西洋参的减肥活性。人参(西洋参)可能是通过抑制胰脂酶活性，进而抑制肠道对饮食中脂肪的吸收，减少高脂饮食引发的脂肪大量蓄积，从而达到脂肪减少体重减轻的效果。研究人员在进行人参皂苷(Rh2)的临床前研究过程中也发现，给予 Rh2 组的动物精神状态良好，而经解剖发现，其肠系膜的脂肪组织明显少于对照组(结果未发表)，Rh2 的降低脂肪作用与 3T3-L1 脂肪细胞的单磷酸腺苷激活蛋白(AMPK)信号通路的活化有关。

动物试验显示：当把人参的提取物给予肥胖和患糖尿病的鼠时，可以降低鼠的血糖和胆固醇，并且帮助其减轻体重。因此，人参作为一种有明显减肥效果的功能性食品，在未来的开发过程中有重要的作用。

9. 铬

铬是人体中最重要的微量元素之一。如果人体缺乏铬元素，会出现两大症状：易疲劳和肥胖。人体所需的铬是三价铬，因为三价铬是机体中的葡萄糖耐量因子的重要组成部分，参与脂质代谢调节。若缺乏铬，人体在血糖控制等方面都可能出问题，而工业用铬极易引起人的接触性皮炎和中毒。中国营养学会制定的中国居民膳食营养素参考摄入量推荐儿童铬摄入量为 0.01mg/d、成年人为 0.05mg/d。同时制定了安全最大可耐受剂量，儿童为 0.2mg/d，成年人为 0.5mg/d。铬元素对维持脂肪和碳水化合物的正常代谢，以及控制血液中胆固醇的含量起着重要作用。如果缺乏铬元素，人体内的葡萄糖就不能被利用。铬还有减轻胰腺产生胰岛素的压力。人摄入的碳水化合物及食糖越多，体内铬元素的需要量也就越大。因此，人每天摄入必需的铬，是降低人的体重，减少人的脂肪含量的重要条件之一。食物是铬的主要来源，如啤酒、动物肝脏、蛋黄、香料等含有丰富的铬。

12.5 减肥功能性食品的评价标准

1. 减肥原则

有效的减肥方式是消耗人体热量，促进新陈代谢。因为人体热量的70%是通过自己的新陈代谢消耗的，运动消耗的热量大约只有15%，所以人体的脂肪主要是通过长时间的有氧运动来提高身体的新陈代谢速度消耗的。因此减肥不能单纯以体重减轻为目的，应观察脂肪减少的程度。不能通过过分节食来增加减肥速度，因为脂肪的消耗速度是缓慢的。减肥应以不损害健康，无不良反应(如胃肠道功能紊乱、体力下降、头晕等)为原则。

2. 减肥试验评价标准

进行减肥试验时，应先进行机体营养状况的检测、运动耐力测试以及不良反应观测。再以动物试验和人体试验相结合，进行综合评价。若以各种营养素为主要成分代替主食的减肥食品时，可以不进行动物试验，仅进行人体试食试验。

3. 检测指标

1)动物试验

检测指标：体重、体内脂肪重量(全身或腹腔内、生殖器及肾周围)、脂肪细胞数目及大小、血脂(血清甘油三酯和总胆固醇)。

2)人体试食试验

检测指标：体重、体内脂肪百分率及皮脂厚度、血脂(血清甘油三酯和总胆固醇)。

4. 判断指标

在动物试验中，若有两个以上指标为阳性，可初步判定该受试物具有减肥作用；在人体试食试验中，体内脂肪显著减少且对机体健康无损害，可判定该受试物具有减肥作用。

12.6 减肥功能性食品的研发案例：速溶减肥咖啡饮料的研制及功能性评定

12.6.1 材料与方法

1. 主要试验材料

丙酮酸钙、L-肉碱、速溶咖啡、蔗糖酯、单甘酯、卵磷脂、酪蛋白酸钠、黄原胶、甜蜜素、木糖醇、消泡剂、香精、wistar雄性大鼠、TC试剂盒、TG试剂盒、HDL-C试剂盒。

2. 主要仪器设备

电子天平、722 分光光度计、台式离心机、水浴锅、立式胶体磨、高压匀浆机。

3. 试验方法

1)饮料试验方法

(1)工艺流程：纯净水→加入磷酸三钠调至中性→加入原辅料→胶体磨→均质→杀菌→喷雾干燥→包装→成品。

(2)饮料配方正交试验。各添加物的单因素试验可确定各添加物的最佳范围，再加一个误差做 L8(2^7)正交试验，可比较客观地确定各添加物的添加量。正交设计见表 12-2。

表 12-2　因素水平表

水平	A	B	C	D	E	F
	复合增溶剂/g	酪蛋白/g	黄原胶/g	消泡剂/g	甜味剂/%	香精/mL
1	0.54	0.5	0.08	0.08	8.00	0.003
2	0.66	0.6	0.09	0.10	10.00	0.004

注：所做产品为 200mL，以上辅料除了甜味剂外，其他的均为产品总量(200mL)的添加剂，甜味剂为相当于等浓度的蔗糖溶液甜度的量

2)动物试验

(1)剂量分组及受试样品给予时间采用预防肥胖模型法，设一个模型对照组和低、中、高三个剂量组，以人体推荐量的 5 倍为其中一个剂量组，另设一个 10 倍剂量组和一个 20 倍剂量组。

(2)观察指标：体重、摄食量、食物利用率、体内脂肪重量(睾丸及肾周围脂肪垫)、脂/体比、血清中甘油三酯(TG)、总胆固醇(TC)、高密度脂蛋白胆固醇(HDL-C)、脏/体比。

12.6.2　结果与分析

1. 正交试验结果分析

感官评分通过 10 个评委对减肥咖啡进行评定，去掉最高分和最低分，结果见表 12-3。

表 12-3　正交设计表 L8(2^7)

编号	C	B	A	D	F	E	G	评分
1	1	1	1	1	1	1	1	6.7
2	1	1	1	2	2	2	2	8.7
3	1	2	2	1	1	2	2	7.3

续表

编号	C	B	A	D	F	E	G	评分
4	1	2	2	2	2	1	1	6
5	2	1	2	1	2	1	2	4.3
6	2	1	2	2	1	2	1	7
7	2	2	1	1	2	2	1	6.7
8	2	2	1	2	1	1	2	6.3
K_1	28.700	26.700	28.400	25.000	27.300	23.300	26.400	
K_2	24.300	26.300	24.600	28.000	25.700	29.700	26.600	
k_1	7.185	6.675	7.100	6.250	6.825	5.825	6.600	$T=53$
k_2	6.075	6.575	6.150	7.000	6.425	7.425	6.650	
R	1.10	0.10	0.95	0.75	0.40	1.60	0.05	
优水平	C1	B1	A1	D2	F1	E2	G2	

2. 动物试验结果

1)摄食量及食物利用率。试验期间，刚开始灌胃时，各组大鼠摄食量均有所下降，3d后又开始上升，约1周后大鼠摄食量开始保持稳定状态，直至试验结束。由此可见减肥咖啡对大鼠的食欲没有影响。各组间大鼠的摄食量及食物利用率并无显著差异，所以食物利用率对本试验没有影响。

(2)动物体重。本试验中，每3d称一次大鼠体重，但处理数据时只需观察大鼠体重的变化趋势以及各组间的纵向比较。与对照组相比，高剂量组和低剂量组中大鼠的体重有下降趋势。高剂量组和低剂量组大鼠的脂/体与对照组相比，有下降的趋势，但是经统计分析，各剂量组与对照组之间没有显著性差异，可能是由于本试验的持续时间较短，效果不十分明显，为了更好地反映疗效，应延长本品的服用时间。

3. 血清中TC、TG、HDL-C浓度测定结果

表12-4 各组TC、TG、HDL-C在血清中的浓度(x±SD) (单位：mmol/L)

组别	TG	TC	HDL-C
对照组	1.418±0.817	1.480±0.223	0.720±0.078
低剂量组	0.618±0.197*	1.394±0.188	0.720±0.091
中剂量组	0.812±0.239	1.507±0.321	0.753±0.118
高剂量组	1.239±0.317	1.683±0.215	1.018±0.280*

注：*表示 $P<0.05$，与对照组相比

由表12-4可知，低剂量组和对照组之间血清中甘油三酯含量有显著性差异，低剂量组明显低于对照组，其他两组与对照组相比，没有显著性差异，但是有下降的趋势；高剂量组与对照组相比，血清中高密度脂蛋白胆固醇含量有显著性差异，HDL-C的浓度明

显比对照组高。由此可以证明减肥咖啡对动物 HDL-C 的浓度有一定的升高作用。本试验中所使用的 L-肉碱和丙酮酸钙这两种原料在试验用量范围内对总胆固醇没有明显的影响。

12.6.3　结论

(1)咖啡饮料最佳配方为(以 200mL 计)：丙酮酸钙 2.5g，肉碱 0.5g，增溶剂 0.54g，黄原胶 0.08g，酪蛋白 0.5g，消泡剂 0.10g，甜味剂 10%，香精 0.003mL。

(2)动物试验结束后，统计显示各组间体重无明显差异，高剂量组与低剂量组的体重有下降趋势，由于试验时间太短，所以效果不是很明显。

(3)通过对 TC、TG、HDL-C 的讨论，可以得出，减肥咖啡饮料对甘油三酯(TG)浓度有明显的降低作用，对高密度脂蛋白胆固醇(HDL-C)浓度有明显的升高作用。由此可知，减肥咖啡对大鼠的血脂有一定的降低作用。

12.7　减肥类保健食品中非法添加药物

虽然减肥食品在市场中非常受欢迎，但由于不法商贩为了追求利润，存在非法添加药物增加减肥效果的行为。《中华人民共和国食品安全法》第七十五条规定：保健食品声称保健功能，应当具有科学依据，不得对人体产生急性、亚急性或者慢性危害。虽然减肥食品中非法添加药物，短期使用确实能达到减肥的效果，但长期服用药物会对机体产生不良影响。CFDA 对在减肥食品中添加药物的行为加大了打击力度。早在 2012 年，CFDA 就公布了《保健食品中可能非法添加的物质名单(第一批)》，针对减肥功能、辅助降血糖、缓解疲劳、增强免疫力、改善睡眠、辅助降血压 6 种产品声称的保健功能，其罗列了西布曲明、麻黄碱、芬氟拉明、甲苯磺丁脲、西地那非等数十种非法添加物质。

减肥类保健食品中非法添加的化学成分主要有咖啡因、酚酞、呋塞米、盐酸西布曲明、盐酸芬氟拉明和盐酸麻黄碱、氢氯噻嗪、甲基安非他命、吲达帕胺、布美他尼、N，N-双去甲基西布曲明、N-单去甲基西布曲明、比沙可啶、利莫那班、双氯芬酸等。研究者采用 LC-MS/MS、UPLC-Q-TOF/MS 等方法进行快速鉴定和检测，为相关执法部门提供了判断的依据。为了保持减肥类保健食品市场的长期稳定，必须严厉打击非法添加药物的行为。

思　考　题

1. 减肥功能性食品与减肥药的区别有哪些?
2. 如何防止在减肥功能性食品中非法添加药物?
3. 如何评价减肥功能性食品的功效?

参 考 文 献

白雪，张亚锋，艾芸，等. 2016. HPLC-MS/MS 法快速检测中成药及保健食品中 6 种减肥类非法添加化学成分

[J]. 西北药学杂志，1(31)：48-50.

边东哲，白鑫. 2010. 燕麦胶及燕麦醇提物对大鼠降脂减肥作用的研究 [J]. 中国食品添加剂，(4)：140-143.

陈仁惇. 2002. 营养保健食品 [M]. 北京：中国轻工业出版社.

陈玉满，鹿伟，蔡德雷，等. 2010. 复方魔芋精粉的毒理学安全性和减肥作用研究 [J]. 中国卫生检验杂志，20(10)：2412-2414.

顾维雄. 2001. 保健食品 [M]. 上海：上海人民出版社.

凌关庭. 2002. 保健食品原料手册 [M]. 北京：化学工业出版社.

刘蕊，郑毅男. 2010. 人参(西洋参)抑制胰脂肪酶活性及其抗肥胖作用 [J]. 人参研究，22(1)：14-19.

刘颖，黄略略，田翔. 2007. 速溶减肥咖啡饮料的研制及功能性评定 [J]. 现代食品科技，23(2)：31-33.

温辉梁. 2002. 保健食品加工技术与配方 [M]. 南昌：江西科学技术出版社.

吴谋成. 2004. 功能性食品研究与应用 [M]. 北京：化学工业出版社.

袁萍，吴平. 2015. 魔芋膳食纤维生物活性研究进展 [J]. 农产品加工，(10)：65-67.

张晶，郑毅男，李向高，等. 2002. 西洋参总皂苷及单体皂苷对胰脂肪酶活性的影响 [J]. 吉林农业大学学报，24(1)：62-63.

朱健，裘一婧，沈国芳. 2014. UPLC-MS/MS 法快速检测减肥类保健品中 13 种非法添加化学成分 [J]. 中草药，45(4)：509-515.

邹耀华，诸葛陇. 2016. UPLC-Q-TOF-MS 快速测定减肥类保健食品中非法添加的双氯芬酸 [J]. 中国现代应用药学，8(33)：1048-1051.

Amine E K, Baba N H, Belhadj M, et al. 2003. Diet, Nutrition and the Prevention of Chronic Diseases [R]. The Joint WHO/FAO Expert Consultation.

Hwang J T, Kim S H, Lee M S, et al. 2007. Anti-obesity effects of ginsenoside Rh2 are associated with the activation of AMPK signaling pathway in 3T3-L1 adipocyte [J]. Biochemical & Biophysical Research Communications, 364(4)：1002-1008.

第 13 章　抗氧化功能性食品

根据自由基学说理论，生物体的衰老过程是机体组织细胞不断产生的自由基积累的结果。自由基是正常代谢的中间产物，在正常情况下，人体内的自由基是处于不断产生与清除的动态平衡之中。若过多的自由基得不到及时清除，它通过攻击体内生物大分子及各种细胞，会造成机体在分子水平、细胞水平及组织器官水平的各种损伤，加速机体的衰老进程并诱发各种疾病。

近年来，自由基与多种疾病的关系已愈来愈引起人们的重视，探寻高效低毒的自由基清除剂——天然抗氧化剂成为研究热点。众多抗氧化的功能性食品也不断得到开发，用以调节人体内自由基的平衡，达到预防疾病和延缓衰老的目的。

13.1　自由基理论及机体的氧化应激和抗氧化防御

13.1.1　自由基理论

1. 自由基的产生机理

共价键断裂时，自由基的产生有两种可能形式：异裂反应和均裂反应。异裂反应又称离子反应，组成共价键的一对电子留在一个分裂碎片上(其带负电荷)，而另一个原子或基团碎片上本来应有的电子则被夺去(带正电荷)：$A:B \rightarrow A^{+}+B^{-}$；均裂反应是指当键断裂时，成键的一对电子平均分配在断裂后的两个片断上，每个片断有一个未成对电子：$A:B \rightarrow A\cdot + B\cdot$。这些单独存在的带一个未成对电子的原子、原子团、离子或分子称为自由基(free radical，FR)。自由基和活性物质的来源是内在的或外来的，如光、热、金属以及某些生理情况。

2. 自由基的来源

在人体的生命过程中需要不断地进行氧化还原反应。进入机体的氧 95%以上通过氧化食物转化为能量，而自身还原为水，剩余不到 5%的氧则被还原成自由基。生物体内这些自由基的生成具有多种途径，其中主要有以下三种。

(1)分子氧的单电子还原途径。氧接受电子生成超氧阴离子自由基($O_2^{-}\cdot$)、过氧化氢分子(H_2O_2)和羟自由基($\cdot OH$)。正常情况下，人体利用的氧中有 1%～3%转化为 $O_2^{-}\cdot$。

(2)酶促催化产生自由基。机体细胞液中的一些酶可通过酶的电子还原作用释放氧产生自由基，或由呼吸链裂解等作用生成自由基。常见的这类酶有黄嘌呤氧化酶、醛氧化酶、脂氧合酶等。

(3)某些生物物质的自动氧化。过氧化物及某些金属离子的氧化还原均可使机体产生自由基，其中以 Fe^{2+} 催化 H_2O_2 产生 OH・和过渡金属离子催化 LOOH 均裂产生的脂氧自由基最为常见。

X 射线、紫外线或 γ 射线辐射、过度运动、吸烟、长期酗酒、大气污染(如臭氧、二氧化氮等)、高氧环境、缺血－再灌流、低钠血症的快速矫正等诱因均可增加体内自由基的产生。

3. 自由基的分类

体内的自由基按其组成可分为氧自由基、脂性自由基、氮中心自由基。

(1)氧自由基(oxygen free radical，OFR)。以氧为中心的自由基称为氧自由基，氧自由基又可分为超氧阴离子自由基(superoxide anion，O_2^-・)和羟自由基(hydroxyl radical，OH・)。其中 OH・活性最强，其半衰期估计为 10^{-9} s，产生后能迅速与体内其他物质反应。

(2)脂性自由基(lipid radicals)。氧自由基与多不饱和脂肪酸发生脂质过氧化的链式反应后生成的中间代谢产物称为脂性自由基，包括烷自由基(R・)、烷氧自由基(RO・)、烷过氧自由基(ROO・)。

(3)氮中心自由基(reactive nitrogen species，RNS)。氮中心自由基是指由氮形成，并在分子组成上含有氮的一类化学性质非常活泼的物质，也称活性氮，包括氧化氮自由基(NO・)、过氧亚硝基阴离子($ONOO^-$)等。其中 NO・是精氨酸在酶作用下形成的一种信号化合物，能松弛血小管平滑肌，防止血小板的凝集，从而降低血压。它的半衰期为 6～50s，很容易与氧发生反应，反应产物 NO_2 也是自由基。

4. 自由基的特性及对人体的作用

自由基不稳定、存在时间短，化学性质活泼、氧化性强，能持续进行链式反应。自由基是维持生理机能的必需物质，同时也是生物大分子、细胞和生物组织的危险杀手。生理状态下，体内自由基不断地产生，也不断地被抗氧化剂所清除，使之维持正常的动态平衡。在某些病理情况下，自由基的产生和消除失衡，就会导致各种疾病的发生或衰老。

13.1.2 氧化应激和抗氧化防御

1. 氧化应激

氧化应激，是指机体内高活性的自由基产生过多或消除减少，氧化能力显著超过抗氧化能力，从而导致抗氧化防御功能损害、组织损伤、衰老和各种疾病的一种现象。在正常状态下，机体可产生少量自由基参与正常代谢，同时体内存在清除自由基、抑制自由基反应的体系，使得过多的自由基被清除。但在某些病理状态下，这一机制遭到破坏，体内自由基显著增加，过多的自由基可直接作用于机体，导致机体损伤，使得机体的抗氧化防御能力下降。

2. 自由基对机体的损害

在生理状态下，体内产生的自由基可作为信号分子，参与体内防御反应，调节血管舒缩状态，但在病理条件下，过多的自由基会对机体产生毒性作用。

(1)直接引起生物膜脂质过氧化，导致细胞死亡。

(2)细胞内蛋白及酶变性，使蛋白质功能丧失和酶失活，导致细胞凋亡，组织损伤。

(3)破坏核酸和染色体，导致 DNA 链的断裂、染色体畸变或断裂。

(4)血管壁处的氧化应激引起低密度脂蛋白(LDL)氧化修饰，氧化型低密度脂蛋白(ox-LDL)不能被 LDL 受体识别、代谢，而被单核巨噬细胞通过细胞膜上的清道夫受体摄取，形成泡沫细胞和动脉粥样硬化脂质斑块。

(5)破坏细胞外基质，使其变疏松，弹性降低。

(6)O_2 和 H_2O_2 可刺激核因子-κB(NF-κB)、丝裂原活化蛋白激酶(MAPK)、转录因子 NF-E2 相关因子 2(Nrf2)、环磷腺苷效应元件结合蛋白(CREB)、热激因子(HSF1)、磷酯酰肌醇 3 激酶/丝氨酸/苏氨酸蛋白激酶(PI3K/AKT)、癌症抑制蛋白 p53 等细胞通路，导致细胞的迁移、增殖、分化或凋亡。

(7)$ONOO^-$ 通过影响细胞的氧化还原状态和离子通道使蛋白质发生硝基化或失活，再限制线粒体呼吸，引起细胞凋亡。

3. 自由基清除剂

在低浓度下即可有效抑制自由基氧化反应的物质称为自由基清除剂，也被称为抗氧化物。自由基清除剂可直接清除自由基，抑制自由基的生成或激活机体抗氧化体系，预防氧化应激伤害。总体上自由基清除剂可归为以下两类。

(1)酶类清除剂。主要有超氧化物歧化酶(SOD)、过氧化氢酶(CAT)、谷胱甘肽过氧化物酶(GSH-Px)，它们能够辅助细胞结合并去除自由基，将自由基还原为惰性分子。

(2)非酶类清除剂。一般包括黄酮类、多酚类、辅酶 Q、五味子素、植酸、黄芩苷、丹参酮、硒、锌、铜、β-胡萝卜素、维生素 C、维生素 E 和还原型谷胱甘肽(GSH)等活性肽类，这些物质具有能接受额外电子而自身保持化学性质稳定的特性。

13.2　抗氧化食品及其应用

抗氧化食品是指能够抑制活性氧簇和自由基的产生，加速清除或者抑制其对大分子氧化损伤作用的一类食品，这类食品在体内能够减轻氧化应激对细胞的损伤作用。

13.2.1 抗氧化功能性食品及其成分

1. 超氧化物歧化酶(SOD)

超氧化物歧化酶(SOD)是一种广泛存在于动物、植物、微生物中的金属酶，能清除机体内过多的氧自由基，因而它能防御氧毒性，增强机体抗辐射损伤能力，防止衰老，在一些肿瘤、炎症、自身免疫疾病等的治疗中有良好效果。

SOD在医疗上的应用广泛，尤其对自身免疫疾病如风湿性关节炎、类风湿性关节炎、系统性红斑狼疮等疗效显著。近年来有人提出，体内SOD水平的下降，可能是导致类风湿性关节炎(RA)免疫系统失调的原因之一。还有研究表明癌症与SOD有显著的相关性：正常结肠组织细胞内Cu－Zn SOD的表达明显高于结肠癌组织，前者多为强阳性；而后者多为弱阳性或阴性，少数为阳性。癌组织的分化不同，Cu－Zn SOD表达会有显著差异。以Cu－SOD清除$O_2^- \cdot$的反应机理为例：

$$SOD(Cu^{2+})+O_2 \longrightarrow SOD(Cu^+)+O_2$$

$$SOD(Cu^+)+O_2^- \cdot +2H^+ \longrightarrow SOD(Cu^{2+})+H_2O_2$$

SOD在食品方面的应用也极为广泛，可作为功能性食品的功能因子或食品营养强化剂，有良好的抗衰老、抗炎、抗辐射、抗疲劳等保健强身的效果。国内外已开发出多种SOD强化食品，如SOD豆奶、SOD啤酒、SOD果汁饮料等。

应该指出的是，SOD作为高分子金属酶，半衰期较短、代谢速率快、相对分子量较大、稳定性不高，使其在应用上有很大的局限性。由于酶在人体内消化过程中容易降解失活，因此SOD等酶类抗氧化物口服生物利用度均较低，口服Cu－Zn SOD后生物利用度仅14%。因此不经改造和修饰，直接给予SOD，其抗氧化、提高免疫等效果就很有限。

2. 过氧化氢酶(CAT)

过氧化氢酶(CAT)是另一类酶类清除剂，又称为触酶，是以铁卟啉为辅基的结合酶。CAT作用于过氧化氢的机理实质上是H_2O_2的歧化，它可促使H_2O_2分解为分子氧和水，从而使细胞免受H_2O_2的毒害，是生物防御体系的关键酶之一。

CAT广泛存在于不同生物体中，以植物的叶绿体、线粒体、内质网、动物肝脏和红细胞为多，其酶促活性为机体提供了抗氧化防御。

3. 谷胱甘肽(GSH)

大量研究证明GSH在细胞和体液免疫功能方面也有重要作用。当去除GSH后，动物免疫功能明显降低。GSH可为谷胱甘肽过氧化酶提供还原剂，从而抑制或减少自由基的产生。在谷胱甘肽过氧化物酶的催化作用下，还原型谷胱甘肽可将H_2O_2催化为H_2O，或者把有机氢过氧化物(ROOH)还原为ROH。GSSG为氧化型谷胱甘肽，可在谷胱甘肽还原酶的作用下还原为GSH，继续参与清除自由基的反应。其作用机理如下：

$$2GSH+H_2O_2 \xrightarrow{GSH-P_x} GSSG+2H_2O$$

$$2GSH+ROOH \xrightarrow{GSH-P_x} GSSG+ROH+H_2O$$

$$GSSG+NADPH+H \xrightarrow{+GSHR} 2GSH+NADP^+$$

临床数据显示，人类患病或衰老时 GSH 的水平同样会显著降低。将 35～45 岁青年男性和 65～85 岁老年男性血液中分离出的免疫细胞放入含有远高于血浆中正常含量的 GSH 的培养基中培养。结果发现 GSH 对年轻者的免疫细胞几乎没有作用，而对老年人的免疫细胞却发生了明显变化，尤其是出现了淋巴细胞的增殖，这意味着衰老的免疫细胞再生加速。尽管 GSH 补剂对年轻人未必有用，但任何年龄任何人群(包括运动员)出现 GSH 缺乏都将影响其免疫功能。

细胞内的谷胱甘肽主要由半胱氨酸、谷氨酸和甘氨酸生成，这 3 种原料氨基酸主要来自水果、蔬菜以及新鲜肉类食品等。

4. 黄酮和类黄酮

黄酮和类黄酮是指基本母核为 2-苯基色原酮类化合物，现在则泛指两个具有酚羟基的苯环通过中央三碳原子相互连接的一系列化合物。黄酮类化合物是许多药用植物的有效成分，具有广泛的生物活性。近年来对黄酮类物质在抗炎、调节免疫、抗衰老作用方面的研究较多。

黄酮类化合物作为强效自由基消除剂以及单线态氧消除剂，可抑制脂质的过氧化作用。而且，黄酮类化合物与过氧化自由基反应，还终止了自由基反应的链式反应。其反应模式如下：

引发：$RH+X\cdot \longrightarrow R\cdot +HX$

增长：$R\cdot +O_2 \longrightarrow ROO\cdot$

$ROO\cdot +RH \longrightarrow ROOH+R\cdot$

$R\cdot +ROO\cdot \longrightarrow ROOR$

终止：$ROO\cdot +ROO\cdot \longrightarrow ROOOOR$

$R\cdot +R\cdot \longrightarrow RR$

目前认为，黄酮类物质可在以下方面增强免疫系统的功能：①通过增强另一免疫增强因子维生素 C 的活性来抗感染；②植物黄酮能够预防自由基对巨噬细胞的损伤；③黄酮作为免疫增强剂，可以增强 T 细胞亚群的免疫功能，促进 T 淋巴细胞增殖及起到免疫激活的作用。大量实验研究表明，黄酮类化合物对细胞及其亚群的影响具有双向调节性，一方面在免疫系统紊乱时它对细胞亚群所形成的细胞网络具有调节稳定的作用；另一方面能增强细胞及其亚群的活性。

黄酮类主要来源于水果、蔬菜、茶、葡萄酒、种子或植物根。富含黄酮的天然食品主要有银杏、大豆、蜂胶、葡萄、芝麻、蓝莓、青苹果等。大豆异黄酮作为一种天然黄酮类物质，在国内外的功能性食品、保健品中已得到了广泛应用。

5. 酚类物质

酚类化合物是指由一个或多个芳香环与一个或多个羟基结合而成的一类化合物，大量存在于植物中。目前，已经分离鉴定了8000多种酚类化合物。植物性食品中的酚酸含量丰富，最常见的是咖啡酸、绿原酸和阿魏酸。绿原酸广泛存在于蔬菜、水果及咖啡中。阿魏酸则广泛存在于植物细胞壁中，在米糠和麦麸中的含量也比较丰富。咖啡酸清除羟基自由基的反应机理如下：

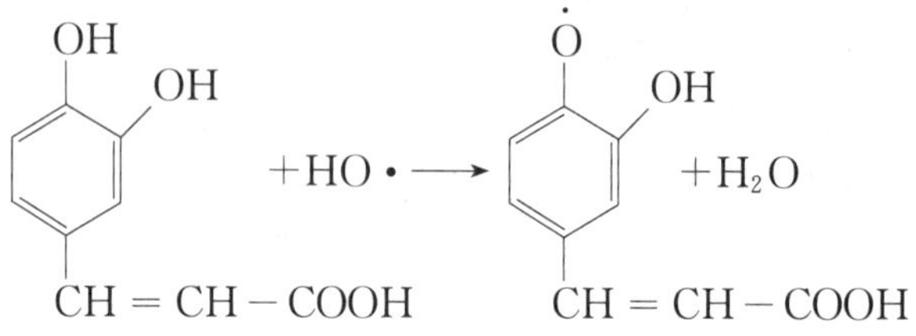

酚类化合物除具有良好抗氧化功能外，还具有强化血管壁、促进肠胃消化、降血脂、增强人体免疫力、防动脉硬化、血栓形成，及利尿、降血压、抑制细菌与癌细胞生长等功能。

6. 维生素C

维生素C具有多方面的生理功能，参与许多复杂的生化过程。维生素C能增强机体的抵抗力，减少发病率。饲料中添加维生素C能明显抑制小鼠肿瘤的生长，提高其对癌症的免疫力。维生素C是人和动物维持正常免疫功能所必需的，但它并不直接起作用，而是与维生素E等抗氧化物协同作用，同时也会对机体有防御机能的金属元素铁、铜等的运输产生影响。维生素C作为供氧体可直接消除机体内过量的O_2^-·、R·和·OH等自由基。

免疫细胞通常通过产生大量的自由基来攻击病毒、细菌、真菌等“入侵者”，而过度产生的自由基也可能造成免疫细胞损伤，并最终削弱整个免疫系统的功能。临床观察发现，与不服补剂者相比，给健康学龄儿童服用维生素C补剂能提高血浆免疫指标水平(表13-1)，并降低支气管炎、扁桃体炎以及其他肺部疾患的发生率。富含维生素C的食品有各种水果、蔬菜，如鲜枣、柑橘、红椒、樱桃等。

表13-1 学龄儿童不同维生素C摄入水平对免疫指标的影响

维生素C摄入量/mg	人数/人	$CD3^+$/%	lgM/(g/L)	lgA/(g/L)
300%RNI	13	67.43±11.16	1.39±0.46	2.05±0.22
140%RNI	22	63.00±10.54	1.39±0.23	1.96±0.13
120%RNI	26	63.85±8.70	1.41±0.27	1.91±0.17
100%RNI	83	56.77±9.39**	1.48±0.49	1.89±0.19
80%RNI	58	54.20±12.81**	1.44±0.31	1.83±0.10**
60%RNI	32	46.42±15.30**	1.57±0.30**	1.77±0.24**
40%~20%RNI	28	44.54±8.45**	1.63±0.28**	1.70±0.07**
参考值范围		60~80	1.39±0.26	1.87±0.58

注：与参考值比较，**表示$P<0.01$；RNI为推荐摄入量

7. 维生素 E

维生素 E 是一种脂溶性维生素，又称生育酚，是最主要的抗氧化剂之一。维生素 E 能增强免疫细胞的免疫功能、抑制自由基的形成、增强 T 细胞介导的细胞免疫功能、促进抗体的产生和抗体-抗原的应答反应、促进巨噬细胞的吞噬作用、改善由外因引起的免疫机能下降和降低 PGE2 的合成等，从而达到提高免疫力的作用，进而降低了机体对感染性疾病和肿瘤的易感性。

维生素 E 不仅有诸多提高免疫力的途径，其抗氧化作用也能够显著的延缓衰老和促进美容，对超氧阴离子、羟自由基、脂质过氧化基和单线态氧均有清除作用。天然维生素 E 可以预防或减轻细胞膜脂质过氧化损伤和防止油脂氧化。

细胞膜上含有丰富的多不饱和脂肪酸(PUFA)，因此很容易受到自由基的攻击而发生脂质过氧化反应。而脂质过氧化反应是一种由自由基介导的链式反应过程，如果自由基被中途清除，就可以中断反应。其反应式如下：

$$\mathrm{LH}\xrightarrow[\mathrm{hV}]{\text{自由基}}\mathrm{L}\cdot+\mathrm{H}\cdot\xrightarrow{\mathrm{O_2}}\mathrm{LOO}\cdot\xrightarrow{\mathrm{L_2H}}\mathrm{L_1OOH}$$

$$+\mathrm{L_2}\cdot\xrightarrow{\mathrm{O_2}}\mathrm{LOO}+\mathrm{L_2OO}\cdot\xrightarrow{\mathrm{L_3}}\cdots\cdots\longrightarrow\sum_{1-\infty}^{n}\mathrm{L}n\mathrm{OOH}+\mathrm{L}n$$

由反应式可知，少量脂质自由基 L· 的产生，可以导致细胞膜上的脂质不断氧化消耗，并产生大量脂质过氧化物 LOOH，最终使细胞膜严重损伤。若在反应过程中有生育酚介入，就可以中断此链式反应：

$$\mathrm{LOO}\cdot\xrightarrow[\mathrm{hV}]{\text{自由基}}\mathrm{LOOH}+\mathrm{T}^*$$

式中，T^* 是较稳定的生育酚自由基。

因此，上述反应容易向产物方向进行，抑制了 LOO· 的产生，阻止了自由基链式反应。

体内清除自由基反应中，维生素 E 和维生素 C 关系密切，协同发挥抗氧化作用。维生素 C 可使维生素 E 代谢物恢复原形，继续发挥作用，而维生素 C 则变为维生素 C 自由基，维生素 C 自由基在 NADH 的氧化还原系统中被还原成维生素 C，只要有高浓度的维生素 C 存在，低浓度的维生素 E 才能发挥其抗氧化作用。

植物油、大豆、各种坚果中含有丰富的维生素 E，但因其含油脂高，摄取要适量。以大豆为原料，采用高科技技术提取的天然维生素 E，保持了维生素 E 原有的生理活性和天然属性，更容易被人体吸收利用，而且安全性也高于合成维生素 E，更适宜长期服用。提取自大豆的天然维生素 E，已经生产出安全性高、在市场上比较常见的胶囊产品。

富含维生素 E 的食物有：果蔬、坚果、瘦肉、乳类、蛋类、压榨植物油等。其中，果蔬包括猕猴桃、菠菜、卷心菜、菜塞花、羽衣甘蓝、莴苣、甘薯、山药；坚果包括杏仁、榛子和胡桃。

老年人摄入维生素 C 以及维生素 E 可以促进免疫功能，维生素 C 和维生素 E 的联合物还能清除血液中的自由基等有害物质和循环应激激素。此外，维生素 C、维生素 E 以及 β-胡萝卜素等抗氧化维生素可延缓老龄化进程，还可以预防和治疗许多老年疾病，如动脉粥样硬化、高血压、心脏病等，这些疾病都与低密度脂蛋白胆固醇的氧化有关。

健康人可通过日常均衡的膳食摄取充足的维生素，但在机体受到感染、体力活动增加、服用特殊药物、体液大量丢失及妇女怀孕等情况下，机体对维生素的需要量大大增加，则需要额外补充。

8. β-胡萝卜素

β-胡萝卜素广泛存在于水果蔬菜中，经机体代谢可转化为维生素 A。β-胡萝卜素具有较强的抗氧化作用，能够通过提供电子，抑制活性氧的生成，从而达到防止自由基产生的目的。β-胡萝卜素能增强人体的免疫功能，防止吞噬细胞发生自动氧化，增强巨噬细胞、细胞毒性 T 细胞、天然杀伤细胞对肿瘤细胞的杀灭能力。在多种食品中，β-胡萝卜素与不饱和脂肪酸的稳定性密切相关。

9. 锌

锌能减少铁离子进入细胞并抵制其在羟自由基引发的链式反应中的催化作用，锌也能终止自由基引起的脂质过氧化链式反应。锌可与铁竞争，从而抑制脂质过氧化环节。它们通过竞争与膜表面的结合位点，可使铁复合物产生减少，通过 Hater-Weiss 反应产生的·OH 减少，造成脂类转变为活性氧的链式反应被抑制。锌缺乏还能显著降低 GPX 的活性。由于锌可以激活体内的 GPX，锌缺乏使体内的 GPX 减少；也由于锌缺乏导致的过氧化脂质生成增多，而使 GPX 消耗增多，导致其活性下降。锌还有稳定细胞膜的作用。由于锌与红细胞结合，抑制了膜脂质过氧化过程产生的自由基，从而降低了自由基对膜的损伤。锌作为超氧化物歧化酶的辅酶，催化超氧离子发生歧化反应。锌缺乏可以显著降低 Cu-Zn-SOD 活性，而使 Mn-SOD 活性代偿性增高。但当锌严重缺乏时，使 Mn-SOD 活性代偿性升高，仍然对自由基有抑制作用，而且随浓度的增加而增强。锌可以诱导体内硫蛋白的产生而抵制自由基的损害，锌与抗氧化剂螯合，其抗氧化作用增强。

锌在免疫功能方面是被关注和研究得最多的元素，锌缺乏对免疫系统的影响十分迅速和明显，且涉及的范围比较广(包括免疫器官的功能、细胞免疫、体液免疫等多方面)，所以应该注重对锌的摄取，以维持机体免疫系统的发育和功能。

10. 铁

铁是过氧化氢酶(CAT)的活性中心，体内 2/3 的铁离子存在于血红蛋白中，脂质过氧化启动反应所产生的脂烷基与氧反应，产生脂烷过氧基。这些自由基再度作用于脂质，使反应以链式不断进行，脂质过氧基的性质非常活跃，从而造成细胞成分的损害。

铁作为人体必需的微量元素对机体免疫器官的发育、免疫细胞的形成以及免疫细胞的杀伤力均有影响。铁是较易缺乏的营养素，儿童、乳母和孕妇等人群易于缺乏，尤其是婴幼儿和儿童的免疫系统发育还不完全，很容易感染疾病，预防铁缺乏对这一人群有着十分重要的意义。

11. 茶多酚类

茶多酚是从茶叶中提取的全天然抗氧化物，具有抗氧化能力强、无异味等特点。它是指茶叶中一大类组成复杂、分子量及其结构差异很大的多酚类及其衍生物的混合物，主要由儿茶素、黄酮醇、酚酸及缩酚酸等组成。以儿茶素为主的黄烷醇类化合物占茶多酚总量的 60%～80%。

茶多酚中具有连(或邻)苯酚基，作为抗氧化剂的活性高于一般的非酚类或单酚羟基类抗氧化剂。茶多酚分子有非常多的羟基，由于苯环上的 π 电子与氧原子尚不成对的单电子相互作用，发生共轭效应，其结果是不成对的单电子靠向苯环，氢氧键减弱。所以，含酚基的物质具有较活泼的羟基氢，能提供氢离子，竞争性地与不饱和脂肪酸争夺活性氧；能与脂肪酸自由基结合，使自由基转化为惰性化合物，中止自由基的连锁反应，即中止油脂自动氧化。同时，各茶多酚分子在抗氧化后产生的游离基间也会互相作用，生成新的酚型化合物，其同样具有抗氧化功能。由于茶多酚分子苯环上有 4～8 个羟基，故其抗氧化能力强而持久，是非常优良的强抗氧化剂。

茶多酚不仅能捕获氧化过程中产生的自由基，而且能作用于与自由基有关的酶。生物体内许多氧化酶与自由基的生成有关，如黄嘌呤氧化酶系、p450 酶系、髓过氧化酶、脂氧化酶和环氧酶。研究表明，茶多酚对上述各种氧化酶有抑制作用。茶多酚不仅能防护体内的抗氧化酶，还能促进和调动机体内的抗氧化酶(主要有超氧化物歧化酶、谷胱甘肽酶和过氧化氢酶)活性。茶多酚还能再生维生素 A、维生素 E、SOD、GSH，从而保护和修复抗氧化系统。茶多酚正是通过很强的自由基清除和调节体内酶类的能力而达到抗衰老和美容的功效。Rancimat 法测定茶多酚的抗氧化性比丁基羟基茴香醚强 3 倍以上，比二丁基羟基甲苯强 4 倍以上，是维生素 A、维生素 E 的 20～30 倍。

12. 原花青素

原花青素也是一种多酚类抗氧化剂。经常喝红酒可以使心脑血管疾病的发病率降低，这是因为红酒中含有大量天然自由基清除剂——原花青素。一般红葡萄酒的多酚类物质含量为 1800～3000mg/mL。除了葡萄之外，很多植物中都含有原花青素。原花青素可以有效地清除自由基、调节血管舒张、抑制血小板凝集、抑制血管紧张素转化酶，从而降低高血压患者的血压、防止低密度脂蛋白和胆固醇氧化、调节炎症反应、阻止过敏反应、保护皮肤免受紫外线的损伤。

原花青素的抗氧化作用主要体现在五个方面：①清除超氧阴离子和羟自由基；②保护细胞膜防止脂质过氧化；③参与抗氧化和协同抗氧化；④螯合金属离子；⑤与蛋白质的特异结合和对酶活性的抑制作用。

13. 迷迭香

迷迭香中的抗氧化成分主要为鼠尾草酸、鼠尾草酚、迷迭香酚、迷迭香双醛、迷迭香酸等。在油脂保鲜应用中，迷迭香抗氧化剂与茶多酚的抗氧化效能相等，迷迭香中的主要有效成分鼠尾草酚的抗氧化活性与 BHA 相当，迷迭香酚的抗氧化活性是 BHT 和 BHA 的 5 倍。

迷迭香的主要抗氧化机理为：①淬灭单线态氧；②结合自由基，形成稳定化合物；③螯合金属离子和有机酸增效协同作用。

14. 硒

硒作为人和动物的必需微量元素，具有抗氧化、参与动物的生殖及甲状腺激素的分泌等多种生物学功能。此外，硒也是某些蛋白质的催化中心，在增强机体免疫力、预防癌症方面同样发挥着重要作用。

硒的抗氧化功能首先表现为可以通过各种含硒蛋白及含硒酶发挥效应。硒的抗氧化作用主要通过 GSH-Px 来发挥，催化还原型谷胱甘肽转化为氧化型，从而抑制过氧化作用，清除自由基并抑制自由基链式反应。而硒的缺乏会使 GSH-Px 活性降低，所以一般衡量硒在人体内功能活性的指标是 GSH-Px 的活性。

在器官或组织中硒有较高的沉积量不但能降低氧化应激，还能使不饱和脂肪酸免受氧化损伤。因此，组织中含硒量的多少能指示机体抗氧化能力的强弱。磷脂过氧化氢谷胱甘肽过氧化物酶也是一种含硒的酶。该酶的生理功能也是清除体内过多的活性氧，与谷胱甘肽过氧化物酶有着相同的作用机理，只是两者作用的底物不同。

硒也能和维生素 E 协同影响非酶促氧化反应，两者在防止过氧化损害方面具有互补作用，共同保护细胞膜质膜结构的完整性。在硒不足时，尽管维生素 E 足量也会有过量的过氧化物与不饱和脂类起化学反应而损害细胞，两者任一种处于临界缺乏的情况下，可通过补充另一种来克服。此外，硒在机体内也可单独发挥其抗氧化功能，它可通过直接清除自由基而发挥抗自由基损伤作用，也能以某种形式与细胞膜结合构成膜结合硒以保护细胞膜，还能提高巨噬细胞的杀菌能力和延长其寿命起到延缓衰老的目的。

含硒量较高的食品有：海产品、食用菌、肉类、禽蛋、西兰花、紫薯、大蒜等。

15. 虾青素

虾青素是一种非维生素 A 原的类胡萝卜素，是一种萜烯类不饱和化合物，其分子由中央多聚烯链和位于两侧的芳环组成。虾青素分子中有很长的共轭双键，分子中存在着羟基和共轭双键链末端的不饱和酮，其中的羟基和酮基又构成 α-羟基酮。这些结构特点使其具有较活泼的电子效应，能向自由基提供电子或吸引自由基的未配对电子，极易与自由基反应而清除自由基，起到抗氧化作用，从而延缓衰老和促进美容。

以含有亚铁离子的血红蛋白作为自由基产生者，亚油酸作为接受者，用硫代巴比妥酸法检测虾青素的抗氧化性能。结果发现虾青素的抗脂肪氧化能力比 β-胡萝卜素高 10 倍，比维生素 E 高 100 倍。

虾青素在水生动物、鸟类羽毛及植物叶花果中广泛存在。虾青素的生物来源广泛，利用酵母、藻类等微生物生产虾青素具有生产周期短、培养条件温和、对环境友好等特点。虾青素在食品、医药、水产养殖及化妆品等行业中已得到广泛应用。

16. 番茄红素

番茄红素是胡萝卜素的异构体，它是目前自然界中发现的最强的一种抗氧化剂，其化学结构式为含有 11 个碳碳双键的非环状平面共轭多不饱和脂肪烃。天然植物中的番茄红素绝大部分为全反式结构，正是这样的结构使得番茄红素成了一种有效的抗氧化剂。

它能猝灭单线态氧和捕捉过氧化自由基，能通过物理和化学方式猝灭单线态氧，且以物理方式为主。番茄红素可以通过猝灭单线态氧预防脂质过氧化反应，保护生物膜免受自由基损害。番茄红素以物理方式猝灭单线态氧的主要过程为：将活化能由单线态氧转移至番茄红素，产生基态氧和活化了的三线态氧番茄红素，三线态氧番茄红素的能量以热的形式与周围环境中的溶剂等物质之间的旋转振动而释放出来，重新产生的基态氧番茄红素则可以参与下一个清除单线态氧的循环。番茄红素中有着较多数量的共轭双键，它能接受不同电子的激发，一个三线态氧番茄红素可以淬灭数千个单线态氧自由基。因此，番茄红素有着比其他类胡萝卜素更强的清除单线态氧的能力。

番茄红素还能与过氧化氢以及二氧化氮等活性氧碎片发生反应。研究表明，番茄红素在保护淋巴细胞免受二氧化氮造成的细胞膜损伤或细胞致死方面的能力非常强，其清除自由基的能力强于其他类胡萝卜素。而这些物质是人类衰老的主要原因，因此番茄红素具有抗衰老的作用。

番茄红素广泛存在于各种植物中，尤为成熟的红色植物果实中含量较高。其中番茄、胡萝卜、西瓜、木瓜、苦瓜籽及番石榴等果实中存在较多的番茄红素。

抗氧化剂的补充主要通过食品如番茄红素、茶多酚、β-胡萝卜素等的摄入。对于一些在食品中含量较少的抗氧化剂如辅酶 Q_{10}、硒等，可以适当通过药物补充。

13.2.2　抗氧化食品的主要功能

1. 增强免疫

免疫是指机体接触“抗原性异物”或“异己成分”的一种特异性生理反应，它是机体在进化过程中形成的“识别自己，排除异己”的一种生理功能。机体的免疫系统除了具有抵抗感染性疾病的重要功能外，还可对细胞的突变及增殖发挥“监视”作用。在绝大多数情况下，免疫系统能通过吞噬作用，并利用细胞内的 ROS，在突变细胞恶性扩增之前将其消灭清除。然而，随着年龄的增加，体内抗氧化剂(如 GSH、辅酶 Q_{10})的数量及活性渐趋降低，免疫系统的功能也逐渐下降，从而使肿瘤发生的危险性大大增加。抗氧化剂能增强免疫系统的自身修复能力，从而增强免疫功能。免疫系统对维持机体正常生理功能具有重要的意义。动物试验发现，摄取高剂量的维生素 C 和维生素 E，能降低各种肿瘤细胞的发病率和死亡率，而且通过补充抗氧化剂(尤其维生素 E)能够激活老年动物的免疫功能。

2. 抗衰老及美容

随着预期寿命的不断提高，人类社会逐渐进入老龄化，“健康与美容”已逐渐成为人们生活的重要目标，而延缓衰老和美容也越来越为人们所关注。随着近些年研究的不断深入，氧化特别是由自由基所导致的机体衰老和皮肤问题的过程和机理渐渐清晰。

体内的自由基，特别是 $\cdot O^{2-}$ 和 $\cdot OH$ 主要产生于那些具有重要功能、高度活动性、耗氧量高的组织细胞(如脑细胞、神经细胞、心肌及内分泌细胞)内，并造成过度堆积。

它们通过氧化作用攻击生命大分子物质，导致这些组织细胞内 DNA、蛋白质、脂膜的损伤，诱导细胞凋亡，加速机体老化。过量的 $\cdot O^{2-}$ 和 $\cdot OH$ 氧化细胞膜中的不饱和脂肪酸引起脂质过氧化、交联、聚合成脂褐素。脂褐素在细胞内堆积会阻止细胞内物质和信息的传递，导致老年斑的形成；引起记忆减退或智力障碍，甚至导致老年性痴呆症；引起心脏功能减退。自由基引发胶原蛋白聚合使皮肤失去张力和弹性，导致皱纹增多以及老年性骨质增生。自由基通过其强氧化作用对核酸进行氧化和交联，使其发生断裂、突变，从而严重影响遗传信息的正常转录和翻译，使蛋白质表达量降低甚至消失，或者产生突变蛋白质，而蛋白质合成减少正是老年性记忆减退、智力障碍及肌肉萎缩的重要原因。同时，线粒体 DNA 片段缺失或点突变，可导致机体老化、心肌缺血、老年心衰等老年性心脏疾病的发生。

有关皮肤老化方面的介绍，参见第 11 章。一般认为，氧自由基是引起皮肤衰老的主要因素。紫外线可通过多种途径使皮肤中的氧自由基浓度异常升高，并进一步导致多种生物学效应引起皮肤衰老甚至病变。因此，经常适量摄取一些具有抗氧化作用的食品，如富含维生素 C、维生素 E、β-胡萝卜素、SOD、过氧化物酶等，可以清除过多的自由基，有助于延缓衰老、保持美丽容颜。

13.3 抗氧化食品的研究与评价

目前已经建立了多种体外筛选抗氧化物质的方法，通过体外实验测定的抗氧化物质的量和其抗氧化能力可以判断出功能性食品抗氧化能力的强弱。虽然体内实验法更接近生物体实际体系，且比较灵敏，但其周期长、成本大、实验繁琐，所以大量样品的抗氧化活性筛选或者是粗筛仍有赖于体外实验法。体外实验法主要包括化学评价法和基于细胞模型的生物评价法。

13.3.1 抗氧化活性成分的测定

1. SOD 活性测定(邻苯三酚自氧化法)

1)原理

邻苯三酚在碱性条件下能迅速自氧化，释放出 O_2^- 并生成有色中间产物，中间产物在 420nm 处有显著的吸收。SOD 能催化 O_2^- 生成 O_2 与 H_2O_2，从而抑制邻苯三酚自氧化。通过计算 SOD 对邻苯三酚自氧化的抑制即可以求出 SOD 的活力。以 25℃时抑制邻苯三酚自氧化速率 50%时所需的 SOD 量为一个活力单位。

2)试剂

(1)A 液：pH 8.20、0.1mmol/L 三羟甲基氨基甲烷(Tris)－盐酸缓冲溶液(内含 1mmol/L EDTA-2Na)。称取 1.2114g Tris 和 37.2mg EDTA-2Na 溶于 62.4mL 0.1mol/L 盐酸溶液，用蒸馏水定容至 100mL。

(2)B 液：4.5mmol/L 邻苯三酚盐酸溶液。称取邻苯三酚(A. R)56.7mg 溶于少量

10mmol/L 盐酸溶液，并定容至 100mL。

(3)不同试剂具体配制方法见表 13-2 SOD 液：0.200mg/mL 超氧化物歧化酶 SOD。

3)测定方法

样品制备：澄清液体样品可取原液直接测定，浑浊液体样品经 4000r/min 离心 15min，再取上清液测定。固体样品称取 1.00g 样品至玻璃乳钵中，加 9.0mL 蒸馏水研磨 5min，移入 10mL 离心管，少量蒸馏水洗涤乳钵，洗液并入离心管，加蒸馏水至刻度，经 4000r/min 离心 15min，取上清液测定。

分析步骤：在 25℃左右，于 10mL 比色管中依次加入各试液，加入 B 液后立即混合并倾入比色皿，分别测定在 325nm 下初始时和 1min 后吸光值，二者之差(ΔA)即为邻苯三酚自氧化速率。

表 13-2　不同试剂的配制

试剂	空白	样液	SOD 液
A 液/mL	2.35	2.35	2.35
蒸馏水/mL	2.00	1.80	1.80
样液或 SOD 液/μL	—	20.0	20.0
B 液/mL	0.15	0.15	0.15

4)结果计算

$$\text{SOD 活力(U/mL)} = \frac{\Delta A_{325} - \Delta A'_{325}/\Delta A_{325}}{50\%} \times 4.5 \times \frac{1}{V} \times D$$

式中：ΔA_{325} 为邻苯三酚自氧化速率；$\Delta A'_{325}$ 为样液或 SOD 液抑制邻苯三酚自氧化速率；V 为所加酶液或样液的体积，mL；D 为酶液或样液的稀释倍数；4.5 为反应液总体积，mL。

2. 茶多酚含量测定(高锰酸钾直接测定法)

1)原理

茶多酚易溶于热水中，在用靛红做指示剂的情况下，样液中能被高锰酸钾氧化的物质基本上都属于茶多酚类物质。根据消耗 1mL 0.318g/100mL 的高锰酸钾相当于 5.82mg 茶多酚的换算常数，计算出茶多酚的含量。

2)供测试液的准备

称取茶叶磨碎样品 1g，置于 200mL 三角烧瓶中，加入沸蒸馏水 80mL，在沸水浴中浸提 30min，然后抽滤、洗涤，滤液倒入 100mL 容量瓶中，冷至室温，最后用蒸馏水定容至 100mL，摇匀。

3)测定方法

取 200mL 蒸馏水放入白瓷皿中，加入 0.1%靛红溶液 5mL，再加入供测试液 5mL，开动磁力搅拌器，用已标定的高锰酸钾溶液边搅拌边滴定，滴定速度以每秒 1 滴为宜，接近终点时应慢滴，直到溶液由深蓝色转变为亮黄色为止，记下消耗的高锰酸钾毫升数。同时做空白测定。

4)结果计算

$$茶多酚含量(\%)=\frac{(A-B)\times\omega\times0.00582\times100}{0.318\times m\times\frac{V}{T}}$$

式中：A 为样品消耗的高锰酸钾毫升数，mL；B 为空白消耗的高锰酸钾毫升数，mL；ω 为高锰酸钾的浓度,%；m 为样品的质量，g；V 为测定用供测试液的体积，mL；T 为供测试液的体积，mL。

3. 总黄酮的测定

黄酮类化合物(flavonoids)是广泛存在于植物界的一大类多酚化合物，多以苷类形式存在。其分析方法有多种，对于黄酮类化合物的相互分离以及单一成分的定量分析，常采用高效液相色谱法(high performance liquid chromatography，HPLC)；而对于总黄酮含量的测定，则主要采用分光光度法。

1)分光光度法

(1)原理。

对样品中黄酮类化合物进行提取纯化后，利用黄酮类化合物与铝盐进行络合反应，在碱性条件下生成红色的络合物，用分光光度法于 510nm 波长下测定其吸光度，与芦丁标准品比较，进行待测物中总黄酮的定量测定。

(2)药品。

乙醇(70%乙醇)，乙醚(分析纯)，甲醇(分析纯)，聚酰胺粉 60~80 目(试剂级)，标准品芦丁(99.99%)。

(3)测定方法。

①试样处理：称取 0.5g(液体样品 5mL)样品，加 70%乙醇于 60℃水浴加热 60min，取出冷却后定容至 25mL(若为软胶囊样品，称取 2g 样品于滤纸包，至索氏提取器中，乙醚抽提，至脂肪提尽，弃去乙醚，挥干，用 70%乙醇抽提至溶液为无色，定容至 100mL)，静置，吸取上清液 1.0mL，置于蒸发皿中，加 1g 聚酰胺粉吸附，于水浴上挥去乙醇，然后转入层析柱。用甲醇清洗蒸发皿，溶液转入层析柱进行洗脱，洗至大约 100mL，定容。此液于波长 360nm 测定吸收值。同时以芦丁为标准品，测定标准曲线，求回归方程，计算试样中总黄酮含量。

②芦丁标准曲线制备。芦丁标准溶液：称取 5.0mg 芦丁，加甲醇溶解并定容至 100mL，即得 50μg/mL 芦丁标准溶液。吸取芦丁标准溶液 0mL、1.0mL、2.0mL、3.0mL、4.0mL、5.0mL 于 10mL 比色管中，用甲醇定容至刻度，摇匀，于波长 360nm 比色。求回归方程，计算试样中总黄酮含量。

(4)结果计算。

在相同实验条件下测定标准溶液和样品溶液，制作标准曲线，样品中总黄酮含量按下式计算。

$$X=\frac{A\times V_2\times100}{V_1\times M\times1000}$$

式中：X 为试样中总黄酮含量，mg/100g；A 为由标准曲线计算的被测液中的黄酮量，

μg；m 为试样质量，g；V_1为测定用试样体积，mL；V_2为试样定容总体积，mL。

2）HPLC 法

(1)原理。

高效液相色谱(HPLC)法是以高压下的液体为流动相，并采用颗粒极细的高效固定相的柱色谱分离技术。高效液相色谱对样品的适用性广，不受分析对象挥发性和热稳定性的限制，因而弥补了气相色谱法的不足。在目前已知的有机化合物中，可用气相色谱分析的约占 20%，而 80%则需用高效液相色谱来分析。

(2)药品。

甲醇(分析纯和色谱纯)；Millipore 超纯水；盐酸、磷酸等均为分析纯；槲皮素、山柰酚、异鼠李素标准品(纯度均大于 99%)。

(3)测定方法。

①色谱条件。色谱柱：ZORBAX-SB C18(250mm×4.6mm，5μm)；检测波长：370nm；柱温：40℃；流速：1.0mL/min；进样量：10μL；流动相组成及洗脱程序见表 13-3。

表 13-3　梯度洗脱程序

时间/min	CH_3OH 含量/%	0.1%H_3PO_4含量/%
0～20	55	45
20～30	55～50	45～50

②样品处理。称取粉碎均匀的适量样品(总黄酮相当于 50mg，精确到 0.1mg)，精密加入甲醇 25mL，超声处理 20min，超声后加甲醇恒重。滤过，弃去初滤液，精密量取续滤液 5mL，于 50mL 回流瓶中，加入甲醇 30mL，3.4mol/L 盐酸溶液 5mL，立即于 79℃恒温水浴锅回流加热水解，12min 后转移至 50mL 容量瓶中，用甲醇定容至刻度，超声摇匀。提取液用 5μm 的滤膜过滤，所得滤液供 HPLC 分析。

(4)计算。

样品中槲皮素(山柰酚、异鼠李素)含量以 X(mg/100g)表示，按下式计算：

$$X=\frac{C_i\times V\times 100}{m\times 1000}$$

总黄酮含量=2.51×槲皮素含量+2.64×山柰酚含量+2.39×异鼠李素含量

式中：C_i 为由标准工作曲线计算得到的槲皮素(山柰素、异鼠李素)的质量浓度，μg/mL；m 为样品的质量，g；V 为样品定容的体积，mL。

平行测定结果用算术平均值表示。

与分光光度法比较，HPLC 法相对干扰少，重现性好，测定结果更为准确可靠；但其操作较为繁琐，费用较高。分光光度法操作简便、快速、易行，所需费用不高；但易受杂质干扰，稳定性稍差。样品水解后随着放置时间的延长，总黄酮的含量可能会发生变化，因此样品水解后应尽快测定。随着显色时间的延长，吸光度将略有下降，因此应尽快进行测定。

4. β-胡萝卜素含量测定(HPLC法)

1)原理

β-胡萝卜素为脂溶性维生素A的前体，存在于各种动植物体内，所以可直接用有机溶剂提取后进行检测，利用反相色谱法分析。β-胡萝卜素遇光和氧都会迅速被破坏，所以样品应避光保存，所用标准β-胡萝卜素必须现用现配。

2)药品

甲醇(色谱纯)，乙腈(色谱纯)，石油醚(分析纯，沸程30～60℃)，三氯甲烷(分析纯)，β-胡萝卜素对照品(来源：Dr；批号：20402；含量：96.3%)。

3)测定方法

(1)色谱条件。流动相：甲醇：乙腈=90：10；流速：1.0mL/min；柱温：40℃；进样量：10μL。

(2)对照品贮备液的配制。精确称取β-胡萝卜素对照品10.32mg于100mL容量瓶中，用约50mL三氯甲烷溶解后，再用石油醚(沸程30～60℃)定容至刻度，超声2min，使β-胡萝卜素完全溶解，冷却至室温，摇匀，在-18℃的冰箱中储存备用。

(3)对照品溶液的制备。精密吸取β-胡萝卜素贮备溶液5.00mL于50mL容量瓶中，加入甲醇-乙腈(7：3)混合液至刻度，摇匀，即得β-胡萝卜素对照溶液。

(4)标准工作曲线绘制。分别精密吸取β-胡萝卜素对照品溶液1mL、2mL、5mL、10mL、15mL于50mL容量瓶中，加甲醇-乙腈(7：3)混合液至刻度，摇匀，即得β-胡萝卜素标准使用液，分别得到浓度为0.1987632μg/mL、0.3975264μg/mL、0.993816μg/mL、1.987632μg/mL、2.981448μg/mL的工作标准溶液，经0.45μm的微孔滤膜过滤，进样量为10μL，以浓度C(μg/mL)为横坐标、峰面积A为纵坐标，绘制标准工作曲线。

(5)供试品溶液的制备。精密称取0.2g研磨均匀细腻的样品，置于50mL棕色容量瓶中，加入约2/3的甲醇-乙腈(7：3)混合液，混匀，35℃超声20min，定容，取上清液经0.45μm的微孔滤膜过滤，作为供试品溶液。进样量为10μL。

4)结果计算

由标准工作曲线计算得到β-胡萝卜素含量。

5. 多酚总量测定(Folin-Ciocalteu法)

1)原理

Folin-Ciocalteu试剂中的钨钼酸可以和多酚化合物反应生成蓝色化合物，颜色深浅跟多酚含量呈正相关。因此，可以通过比色法对多酚总量进行定量，结果以五倍子酸为标准参考物。

2)药品

钨酸钠，钼酸钠，磷酸，盐酸，溴水，硫酸锂，没食子酸或单宁，碳酸钠。

3)测定方法

(1)Folin-Ciocalteu试剂的配制。

将100g钨酸钠($Na_2WO_4 \cdot 2H_2O$)，25g钼酸钠($Na_2MoO_4 \cdot 2H_2O$)，700mL蒸馏

水，50mL 85%磷酸及 100mL 浓盐酸装入带回流装置的 2000mL 圆底烧瓶中，充分混合，文火缓慢回流 10h，再加入 150g 硫酸锂(Li_2SO_4)，50mL 蒸馏水及数滴液溴，然后将烧瓶内溶液开口煮 15min，以驱除过量的溴，冷却至室温后用容量瓶定容至 1000mL，过滤。滤液呈微绿色。

吸取 10mL 1mol/mL 的 NaOH 溶液，放入 100mL 锥形瓶内，加入 2 滴酚酞指示剂，用上述滤液滴定。当溶液的颜色由绿经紫红到紫灰，到突然转变成墨绿色即为滴定终点。根据滴定所用的滤液量计算其酸度(相当于 2mol/L HCl 溶液)。将滤液稀释到 H^+ 浓度为 1mol/L，此液即为 Folin 酚试剂。将其置于棕色试剂瓶内，保存在冰箱中。用前稀释 2 倍。

(2)标准曲线建立。

标准曲线的制作：用 10mL 蒸馏水溶解 0.5000g 没食子酸，定容至 100mL，分别移取 0mL，1.0mL，2.0mL，3.0mL，5.0mL，7.0mL 到 100mL 容量瓶中，定容。从上述不同浓度的标准液中分别移取 1.0mL 到 100mL 的容量瓶中，分别加入 60mL 水，混合后加入 5mL Folin-Ciocalteu 试剂，混合；在 0.5～8min 内，加入 15mL 20%碳酸钠溶液，用水定容。

将上述标准溶液于 20℃放置 2h 后，在波长为 765nm 下测定其吸光值，绘制标准曲线。

(3)多酚含量的测定。

准确移取提取液 1mL 于 100mL 容量瓶中，按照上述标准曲线测定方法，在 765nm 波长下测定其吸光值。从上述标准曲线计算相应的总酚含量。

4)结果计算。

$$W = C \times V \times N / M$$

式中：W 为总酚含量，mg/L；C 为没食子酸质量浓度，mg/L；V 为提取液体积，mL；N 为稀释倍数；m 为取样量，mL。

多年来，多酚总量测定法一直被作为一种衡量天然产物中总酚类含量的方法，此法简单、敏感、精确。然而因其是比色法，必然受到一些物质的干扰，如糖类、抗坏血酸、有机酸等，这些物质会提高酚类的总含量。

13.3.2　抗氧化活性的化学评价方法

对于化学法清除自由基，首先是通过体外模拟生成活性氧，包括羟自由基、超氧阴离子自由基、过氧化氢、单线态氧等，然后测定相应的抗氧化剂活性。羟基自由基可以通过 Fenton 反应、过氧化氢的紫外光解等方式产生，测定方法主要有二甲基亚砜法(DMSO)、水杨酸法等。超氧阴离子自由基主要通过邻苯三酚自氧化体系、次黄嘌呤－黄嘌呤氧化酶等体系产生。测定方法常用的有电子自旋捕获(ESR)法、邻苯三酚法等。过氧化氢测定方法较多，主要有 DMTU 消耗法、组织化学法等。单线态氧主要通过光敏化法、化学法等体系产生，常用的实验室测定方法有化学发光法、荧光法等。以下是近年来人们常用的一些用于抗氧化活性评价的化学方法。

1. FRAP(ferric ion reducing antioxidant power)法

1)原理

在低 pH 的溶液中，Fe^{3+}-TPTZ(Fe^{3+}-三吡啶三嗪)被抗氧化剂还原成有色的 Fe^{2+}-TPTZ。反应的结果常以 Fe^{2+} 当量或标准物质的抗氧化能力表示。

2)试剂

TPTZ(2，4，6-tripyridyl-s-trizine)；FRAP 工作液(300mmol/L 乙酸盐缓冲液，10mmol/L TPTZ，20mmol/L $FeCl_3$)，现用现配。

3)测定方法

取各供试品溶液，适当稀释后移液器取 100μL，加入 FRAP 工作液 3mL，混匀反应 20min，于 593nm 处读取吸光度。以 $FeSO_4$ 为标准物质绘制标准曲线，求得回归方程。

4)结果计算

样品的抗氧化能力以 FRAP 值表示：1FRAP 单位=1mmol/L $FeSO_4$，即样品的抗氧化能力相当于 $FeSO_4$ 的 mmol/L 数。

FRAP 法具有快速简便、易于操作、重复性好等优点。FRAP 反应属于电子转移(SET)反应，因此 FRAP 法不能够测定对氢转移反应(HAT)起作用的物质，尤其是巯基和蛋白，如谷胱甘肽。该法实际测定的是待测生物活性物质将 Fe^{3+} 还原为 Fe^{2+} 的能力，因此没有抗氧化能力的生物学相关性。另外，不同物质发生氧化还原反应的时间不一样，因此，选择不同的反应时间终点对结果影响很大。

2. TEAC(trolox equivalent antioxidant capacity)法

1)原理

ABTS 与过氧化物酶和氢过氧化物在一起形成 $ABTS^+$ 阳离子自由基。在抗氧化剂存在时，这种自由基混合物的光吸收值下降，其下降程度取决于抗氧化剂的抗氧化能力，测得的结果以 TEAC 表示，即被测抗氧化剂清除 $ABTS^+$ 的能力(吸光度大小的变化)与标准抗氧化剂 trolox(维生素 E 的水溶性类似物)清除 $ABTS^+$ 的能力的比值。

2)药品

2,2-联氮-二(3-乙基-苯并噻唑-6-磺酸)二铵盐(ABTS)，过硫酸钾，无水乙醇。

3)测定方法

将 5mL 7mmol/L $ABTS^+$ 和 88μL 140mmol/L 过硫酸钾混合，形成 $ABTS^+$ 自由基储备液，避光保存，使用前用无水乙醇稀释成工作液，要求其在 30℃、734nm 波长下吸光度为 0.7±0.02。取 100μL 不同浓度待测液，空白管加入 100μL 80%乙醇，最后加入 3.9mL $ABTS^+$ 工作液，振荡 30s，室温下静置 6min 后，在波长为 734nm 处测吸光值变化。

4)结果计算

$$清除率\ S(\%) = (1 - \frac{A_i - A_j}{A_0}) \times 100$$

式中：A_i 为加入待测液的吸光值；A_j 为待测液的本底值；A_0 为不加待测液的对照值。

TEAC 法十分简单，适用于大量样品的分析检测。但是 $ABTS^+$ 并非生理自由基，缺乏生理相关性，而且与 FRAP 方法相似，$ABTS^+$ 与不同抗氧化剂间的氧化反应时间不同。因此，TEAC 法只能定性不能定量评价样品的抗氧化能力。

3. DPPH(2,2-Diphenyl-l-picrylhydrazyl radical scavenging capacity)法

DPPH 是一种稳定的自由基，其醇溶液显紫色，抗氧化物质可使其还原，从而颜色变浅，根据吸光度的变化可测得抗氧化剂的活性。通过计算 DPPH 自由基剩余一半时所需抗氧化剂的浓度(EC_{50})以及时间(TEC_{50})反映抗氧化物的活性。

1)分光光度计法

(1)原理。

DPPH 自由基在波长 517nm 附近有最大吸收峰，当 DPPH 自由基与抗氧化剂反应后，波长 517nm 处的吸收值降低，其降低的程度与接收的电子(抗氧化剂清除自由基活性)呈定量关系，反应进程很容易通过分光光度计监测。由于该方法简单、灵敏、快速，因此使用最广泛。

(2)药品。

甲醇(分析纯)，DPPH。

(3)测定方法。

DPPH 溶液的配制：精密称取 DPPH 适量，加甲醇溶解，制成浓度约为 0.02g/L 的 DPPH 溶液，于 4℃冰箱内避光保存。

精密吸取样品溶液 1mL，加 1mL 甲醇配制成浓度为 10g/L 的溶液，按此方法反复进行，2 倍逐步稀释，配制成 6 个系列浓度的样品溶液。精密吸取各样品溶液 0.2mL，分别加入 DPPH 溶液(0.02g/L)4.8mL，摇匀，遮光放置反应 30min，于波长 517nm 处测定吸光度值 Abs。以 0.2mL 样品和 4.8mL 甲醇为对照，以 0.2mL 甲醇和 4.8mL DPPH 为空白参比。计算各浓度清除率及 EC_{50} 值。

(4)结果计算。

$$\text{DPPH 自由基清除率}(\%) = \left[1 - \frac{A_{\text{样品}} - A_{\text{对照}}}{A_{\text{空白}}}\right] \times 100$$

式中：$A_{\text{对照}}$ 以甲醇代替 DPPH 测定的吸光度；$A_{\text{样品}}$ 为加入样品反应后的 DPPH 自由基吸光度；$A_{\text{空白}}$ 为以甲醇代替样品时空白测定值。

2)HPLC 法

(1)原理。

HPLC 法是基于 DPPH 自由基吸收峰(PAs)的减少，来检测待测物质的 DPPH 自由基清除活性。通过比较反应前后 DPPH 自由基吸收峰(PAs)的变化，可灵敏地区分 DPPH 自由基吸收值的微小变化。另外，通过 HPLC 法比较反应前后待测物中各组分的吸收峰变化，可以判断出哪种组分的 DPPH 自由基清除活性更高。DPPH-HPLC 法及 DPPH-HPLC-MS 法已成功应用于筛选和鉴定复杂混合物质中的抗氧化成分。但是对于批量实验，该方法可能会耗费大量时间。

(2)结果计算。

$$自由基清除率(\%)=\frac{PA_{空白}-PA_{样品}}{PA_{空白}}$$

式中：$PA_{空白}$ 为未加样品的 DPPH 自由基吸收峰面积；$PA_{样品}$ 为加入样品反应后的 DPPH 自由基吸收峰面积。

3)EPR 法

EPR 法是直接检测和研究含有未成对电子的顺磁性物质的现代分析方法，具有简单、灵敏度高、样品不受破坏和无干扰等优点，是目前检测自由基最直接有效的方法之一。由于 DPPH 自由基是稳定的顺磁化合物，因此适合 EPR 检测。DPPH−EPR 法直接测定自由基的浓度，显著提高了分析的准确性。但由于成本较高，该方法并不常用。

DPPH 法快速、简单，但当被测物(如类胡萝卜素)与 DPPH 紫外吸收有重叠时，将会影响测定结果。此外，由于空间位阻决定反应的倾向，小分子化合物由于更易接近自由基而拥有相对较高的抗氧化能力。DPPH 法的线性范围也相对较窄，而且所有还原剂都能够对 DPPH 起作用，因此其检测结果并不能完全代表抗氧化能力。

4. ORAC(oxygen radical absorbance capacity)法

1)原理

使用荧光素为氧化底物，2,2′-偶氮二(2-脒基丙烷)二盐酸盐为自由基产生剂。荧光素在有自由基作用下被氧化，荧光强度逐渐减弱；当有抗氧化剂存在时，荧光强度减弱被抑制，且抗氧化剂对荧光素荧光强度的保护能力与其浓度呈正比。以抗氧化剂维生素 E 水溶性类似物为标准，来定量样品的抗氧化能力。

2)药品

荧光素(FL)，维生素 E 水溶性类似物(trolox)，2,2′-偶氮二(2-脒基丙烷)二盐酸盐(AAPH)，维生素 C，环己烷，二甲亚砜，三水磷酸氢二钾，二水磷酸二氢钠(以上试剂均为分析纯)。

3)测定方法

(1)检测波长的选择。分别移取 FL 使用液 0.3mL 和 75mmol/L 磷酸盐缓冲液 2.7mL，置于一洁净干燥试管中，充分混合后用荧光分光光度计扫描吸收和发射光谱图，确定最佳激发波长和发射波长。

(2)AAPH 用量选择及在系统中释放过氧自由基的稳定性观察。①用量选择：AAPH 不稳定，易受 pH、温度等因素的影响，需要现用现配，每次开展新试验前，要重新确定其最佳用量，确定原则为：FL 荧光值半数衰减时间以 5～15min 为宜。②AAPH释放过氧自由基的稳定性观察：在相对恒温的环境下，用荧光半数衰减时间指标对 AAPH 释放过氧自由基的稳定性进行观察。

(3)标准曲线绘制。取 Trolox 储备液(终浓度 10μmol/L)加磷酸盐缓冲液依次稀释成浓度为 5.000μmol/L、2.500μmol/L、1.250μmol/L、0.625μmol/L、0.312μmol/L、0.156μmol/L 6 个 Trolox 标准溶液。另设一支自由基对照(+AAPH)管、一只空白对照(−AAPH)管。各管分别加入终浓度 63nmol/L FL 使用液 0.3mL，标准管加入 75mmol/mL磷酸盐缓冲液 0.3mL，五个浓度的 Trolox 0.3mL，(+AAPH)管、(−

AAPH)管分别加入 75mmol/mL 磷酸盐缓冲液 0.6mL 和 2.7mL，混匀，除(−AAPH)管外，其他各管分别加入终浓度 4mmol/L AAPH 2.1mL，充分混匀，并开始计时。以荧光半数衰减时间为纵坐标、Trolox 浓度为横坐标绘制标准曲线。荧光半数衰减时间的记录方法：以(−AAPH)管的荧光值为一个单位，当荧光值降低到 0.5 个单位时所用的时间即为荧光半数衰减时间。

(4)最低检测限下限。连续测定空白(+AAPH)荧光半数衰减时间 8 次，最低检测限为 $3s/K$。其中，s 为标准偏差，K 为标准曲线斜率。

(5)样品的检测同标准曲线绘制过程。

4)结果计算

$$\text{ORAC 值}/(\mu\text{mol Trolox/g 样品})=\frac{t_{\text{样品}}-t_{\text{测定空白}}}{t_{\text{Trolox}}-t_{\text{测定空白}}}\times \text{Trolox 浓度}\times\text{稀释倍数}/\text{样品质量}$$

ORAC 法是一种新的、独特的评价各种物质抗氧化活性的方法，其主要特点为：①使用了曲线下面积(AUC)的计算方法，将抗氧化剂对自由基作用的抑制时间和抑制程度结合成一个单独的量。其他类似的方法是在固定抑制率时使用抑制时间或在固定的时间内使用抑制率作为定量分析的基础。②使用不同的自由基生成剂或氧化剂。这使其反应体系更具有生物学相关性。

ORAC 法操作简便，适用于高通量筛选和进行常规质量控制。不足之处是所需仪器较为昂贵，反应时间长，而且实验对温度和荧光标记物较为敏感，增加了实验的操作难度。

5. TRAP(total peroxyl radical-trapping antioxidant parameter assay)法

1)原理

抗氧化剂干扰由 AAPH 或 ABAP 产生的自由基与目标探针之间的反应，目标探针已使用的有 R-藻红蛋白荧光物质、ABTS 吸光度、耗氧量，最后以抗氧化剂滞后反应时间来比较抗氧化能力的大小，结果用 Trolox 当量表示。

2)药品

ABTS，AAPH，异抗坏血酸钠，乙酸钠，冰乙酸等。

3)测定方法

反应混合液的制备：75μmol/L ABTS 和 2mmol/L AAPH 的 50mmol/L 乙酸盐缓冲液(pH4.3)，在 45℃水浴反应 60min，然后冷却至室温备用；50mmol/L 乙酸缓冲液(pH4.3)，1mmol/L 异抗坏血酸钠盐溶液，现用现配。

取 40μL 样品加入 5mL 上述反应混合液中，在 25℃水浴保温 15min，比色；另取 40μL 50mmol/L 乙酸缓冲液(pH 4.3)代替样品作空白，其他操作相同；然后取 40μL 1mmol/L 抗坏血酸盐溶液作标准参照，实验操作相同(以蒸馏水调零)。

4)结果计算

$$\text{TRAP 值(mmol/L)}=(A_{\text{样}}-A_{\text{空白}})/(A_{\text{标}}-A_{\text{空白}})\times C_{\text{标}}$$

式中：C 为抗坏血酸盐浓度；A 为吸光值；TRAP 值表示相当于多少 mmol/L 抗坏血酸盐。

TRAP 法经常用来测定血浆或血清的总抗氧化能力，因为 TRAP 法用于测量非酶抗氧化物质，如谷胱甘肽、维生素 C、维生素 E 和 β-胡萝卜素等。不足之处是反应终点各异，各个实验室缺乏可比性，而且它假定每种抗氧化剂滞后时间与其抗氧化能力成比例，显然并非每种抗氧化剂都能成比例。

6. TOSC(total oxyradical scavenging capacity)法

1)原理

ABAP 产生的自由基与 KMBA(α-keto-γ-methiolbutyric acid)作用可氧化产生乙烯，抗氧化剂的存在可与 KMBA 竞争结合自由基，从而减少乙烯的产量，最后通过乙烯的减少程度来衡量抗氧化能力的强弱。

2)试剂

2,2′-偶氮双(2-脒基丙烷)二氯(ABAP)；4-甲硫基-2-丁酮酸钠盐(KMBA)；0.01M 磷酸钠缓冲溶液(PBS)，以磷酸调 pH 至 7.4；三氯乙酸(TCA)。所用试剂均为分析纯。

3)测定方法

(1)氧自由基的产生和乙烯的制备与检测体系。以 0.1mmol/L PBS 缓冲液(pH7.4)配制 0.2mol/L ABAP 和 0.25mmol/L KMBA(均为用前临配，4℃避光贮存)，在顶空瓶内分别按对照管(KMBA 0.8mL+PBS 0.1mL)、样品管(KMBA 0.8mL+样液 0.1mL)加入相应试剂，加盖密封后用注射器注入 0.1mL ABAP，使终溶液总体积为 1mL，置 35℃水浴振荡 60min，立即注入 0.3mL 30% TCA 终止反应，用 1mL 玻璃注射器抽取顶空气体。0.5mL 用于气相色谱分析。

(2)色谱条件。GDX-502 或 10% SE-30 填充柱(2m×3mm，玻璃柱)，进样器、柱箱、检测器的温度分别为 150℃、60℃、200℃，检测器为火焰离子化检测器(FID)，载气(N_2)、H_2、空气流速分别为 40mL/min、50mL/min、500mL/min。

(3)乙烯标准曲线的制备。在 5 支加盖密闭的顶空瓶中(内含 1mL PBS)分别以 1～5mL 气密性塑料注射器穿刺注入 100ng/mL(20℃，1atm)的乙烯标准气 0mL、0.56mL、1.4mL、2.8mL、4.2mL(相当于 20mL 体系内乙烯的含量为 0nmol、2nmol、5nmol、10nmol、15nmol)，按(2)处理，抽取 0.5mL 顶空气体进样分析，以乙烯的量与色谱峰面积积分值作图，经处理得回归方程，乙烯最低检出量为 0.01nmol。

4)结果计算

$$\text{TOSC} = 100 - \frac{\int SA}{\int CA} \times 100$$

式中：$\int SA$ 与 $\int CA$ 分别为样品管和对照管中产生的乙烯的量(以色谱面积积分值表示)。

TOSC 法简便、灵敏，能够定量分析抗氧化能力，然而它需要使用气相色谱仪器，也不适合高通量筛选，并且和 TRAP 法相似，抗氧化物质的浓度与其乙烯的抑制程度没有呈现很好的线性关系，因而很难对样品进行合理的比较。

以上化学评价方法的共性特点是，先在体外模拟生成活性氧，包括羟自由基、超氧阴离子自由基、过氧化氢、单线态氧等。然后针对活性氧的类型选择测定方法，用以测定相应抗氧化剂的活性。单独测定抗氧化剂清除某一种自由基的能力，虽然有时操作上相对较为简单，但是仅仅反映出它对此种自由基的清除能力强弱，并不能全面反映组织的抗氧化能力。表征一种抗氧化剂的抗氧化强弱，更希望通过测定其总抗氧化能力来体现。同时，由于化学分析法是体外模拟生成活性氧，与机体的细胞水平有很大的差距，无法考虑抗氧化样品的吸收、代谢和药效等因素。因此，人们考虑使用生物方法评价抗氧化物质的抗氧化活性。

7. β-胡萝卜素－亚油酸法

1)原理

β-胡萝卜素是一种多稀色素，容易被氧化而褪去黄色。在反应介质溶液中，由亚油酸氧化产生的过氧化物等能使 β-胡萝卜素褪色，随时间的推移吸光度会越来越小。抗氧化能力越强，吸光度下降就越慢。一定时间内溶液吸光度差值与一定浓度 BHT 溶液的吸光度差值之比变小，说明抗氧化活性就越强。

2)试剂

β-胡萝卜素，亚油酸，吐温 40，氯仿，磷酸缓冲液，乙醇。所有试剂均为分析纯。

3)测定方法

分别取 0.5mL 浓度为 1.21mg/mL 的 β-胡萝卜素氯仿溶液，0.2mL 浓度为 0.5g/mL 的亚油酸氯仿溶液，1.0mL 浓度为 0.5g/mL 的吐温 40 氯仿溶液于 250mL 圆底烧瓶中混匀，置于 40℃水浴中减压除去氯仿，加入 100mL 蒸馏水摇匀，制得 β-胡萝卜素－亚油酸溶液。同时另取一小锥形瓶，不加 β-胡萝卜素溶液，其他同前述，做空白调零用。测定时，取上述制得的 β-胡萝卜素－亚油酸溶液 45mL，加入 4mL0.2mol/L pH 为 7.0 的磷酸缓冲液，玻棒搅拌后静置制得反应介质溶液。在试管中逐一加入 4.0mL 反应介质溶液，再加 0.1mL 样液，同时设置不含试样(以 0.1mL 80%vol 乙醇代替)的对照管、标准抗氧化剂 BHT 管。配制好的溶液在波长 470nm 处测定其吸光值，记为“0”时刻的吸光值。然后将所有试管置于 50℃恒温培养箱中保温 150min，取出测定“150”时刻的吸光度值。

4)结果计算

$$总抗氧化活性(\%)=\left[1-(A_{样t}-A_{样0})/(A_{对t}-A_{对0})\right]\times 100$$

式中：$A_{对t}$、$A_{样t}$分别表示 $t=150$min 时对照和样品的吸光度值；$A_{对0}$、$A_{样0}$分别表示 $t=0$min 时对照和样品的吸光度值。

8. 亚油酸体系——硫氰酸铁(FTC)法

1)试剂

亚油酸，无水乙醇，磷酸盐缓冲液(pH7.0)，抗坏血酸，硫氰酸铵，氯化亚铁。所有试剂均为分析纯。

2)测定方法

向 1mL 0.15mg/mL 待测样品液中加入 1mL 含 2.5%(v/v)亚油酸的无水乙醇溶液，

2mL 0.05mol/L 磷酸盐缓冲液（pH7.0）和 1mL 蒸馏水，密封并置于 40℃恒温水浴锅中避光氧化。空白样品以乙醇代替抗氧化剂，以抗坏血酸作为对照。过氧化值的测定采用硫氰酸铁法：向 0.1mL 上述亚油酸乳化液中加入 9.7mL 75%乙醇，30%硫氰酸铵和 0.02mol/L 溶于 3.5%盐酸的氯化亚铁各 0.1mL，立即混匀并计时，3min 后测定波长 500nm 下的吸光值 A，0 时刻测定，以后每隔 24h 测定 1 次，扣除 0 时刻值即为 t 时刻过氧化值。各样品的抗氧化力（抑制率）以 192h 时的氧化程度来表示。

3）结果计算

$$抑制率(\%)=\left(1-\frac{样品\ A_{t=192}-样品\ A_{t=0}}{空白\ A_{t=192}-空白\ A_{t=0}}\right)\times 100$$

9. 丙二酸（MDA）的硫代巴比妥酸（TBA）比色法

1）原理

MDA 是不饱和脂肪酸过氧化反应的最终产物之一，其量的多少反映出过氧化脂质（LP）的程度。MDA 与 TBA 在酸性环境下加热可形成粉红色复合物，在波长 532～535nm 处有最大吸收峰。

2）试剂

TBA 显色剂：TBA 26mmol/L，乙酸钠 156mmol/L，十二烷基磺酸钠（SDS）17.4mmol/L，5%冰乙酸；标准液：四乙氧基丙烷水溶液 25nmol/L。

3）测定方法

分以下三种试管。

标准管：标准液 0.15mL+TBA 2.50mL。

试样管：试样 0.15mL+TBA 2.50mL。

空白管：蒸馏水 0.15mL+TBA 2.50mL。

各自混匀后煮沸 1h，取出冷却，以 3000r/min 离心 15min，取上清液于波长 532～535nm 处进行比色测定，用空白调零。

4）结果计算

$$试样中脂质过氧化物(mmol/L)=\frac{试样管吸光度}{标准管吸光度}\times 25$$

10. 脂褐质的荧光测定法

1）原理

脂褐质是老年动物细胞内脂质过氧化的一种产物，能自发荧光。将脂褐质用溶剂提取后可用荧光分光光度计测定其荧光强度，与荧光基准物质比较后即可求得脂褐质的量。

2）试剂

（1）脂褐质抽提溶剂：用 AR 级无荧光的甲醇和氯仿按 1∶2（体积）配制，现配现用。

（2）硫酸奎宁标准液：用 0.05mol/L H_2SO_4 配制 0.1μg/mL 硫酸奎，称其为 SQ 标准液。

3）测定方法

（1）称取已除去脂肪和结缔组织的样品 0.5g，研磨粉碎后，用抽提溶剂分 3 次提取，每次 3mL，合并后定容至 10mL。

(2)将提取液以 3000r/min 离心 8min，取上清液进行测定。

(3)以 360nm 为激发波长，发射波长 450nm，用 SQ 标准液作为荧光基准物质，使其荧光强度位于 50 单位(Is)，在该条件下测定各试样的荧光强度 Ix。

4)结果计算

$$试样中荧光物质浓度(P)=\frac{Ix}{Is}\times 硫酸奎宁浓度$$

$$脂褐质含量（\mu g/g 样品）=P=\frac{匀浆体积}{试样重量}$$

11. 羟自由基清除能力的测定

1)原理

邻二氮菲-Fe^{2+}是一种氧化还原指示剂，其成色变化可反映出溶液中氧化还原状态的改变。通过芬顿反应所产生的羟自由基，可使邻二氮菲-Fe^{2+}水溶液氧化为邻二氮菲-Fe^{3+}，从而使邻二氮菲-Fe^{2+}在波长 536nm 处的最大吸收峰消失，据此可推知系统中羟自由基的量的变化。

2)试剂

0.75mol/L 邻二氮菲溶液：取邻二氮菲 1.487g，溶于 100.00mL 无水乙醇中，使用时用重蒸水稀释 100 倍；0.2mmol/L 的磷酸盐缓冲溶液（PBS 液，pH 7.40）；0.75mmol/L 硫酸亚铁溶液。

3)测定方法

(1)取 0.75mol/L 邻二氮菲溶液 1mL 于试管中，依次加入 PBS 液 2mL 和蒸馏水 1mL，充分混匀后，加 0.75mmol/L 硫酸亚铁 1mL，混匀，加 0.01% H_2O_2 1mL，于 37℃下温育 60min，于 536nm 处测其吸光度。其值称 A_P。

(2)取 0.75mol/L 邻二氮菲溶液 1mL 于试管中，依次加入 PBS 液 2mL 和蒸馏水 1mL，充分混匀后，加 0.75mmol/L 硫酸亚铁 1mL，混匀，加蒸馏水 1mL，于 37℃下温育 60min，于 536nm 处测其吸光度。其值称 A_B。

(3)取 0.75mol/L 邻二氮菲溶液 1mL 于试管中，依次加入 PBS 液 2mL 和试样液 1mL，充分混匀后，加 0.75mmol/L 硫酸亚铁 1mL，混匀，加 0.01% H_2O_2 1mL，于 37℃下孵育 60min，于 536nm 处测其吸光度。其值称 A_S。

4)结果计算

$$羟自由基清除率（\%）=\frac{A_S-A_P}{A_B-A_P}\times 100$$

13.3.3 抗氧化活性的生物评价方法

1. 细胞模型抗氧化活性评价

细胞的氧化损伤涉及细胞的脂类、蛋白质及核酸损伤，进而导致基因突变、细胞癌变及个体衰老等现象。此类过程中相应地会伴随着一系列代谢产物以及一些酶活性的变化，实验室多利用其作为测试细胞损伤的标志物，进而来表征样品的抗氧化能力。脂质氧化损伤的生物标志物主要有丙二醛(MDA)、低密度脂蛋白(LDL)。DNA 氧化损伤的生物标志物主要为 8-羟基脱氧鸟苷(8-OHdG)。同时，彗星试验也是公认的、成熟的 DNA 检测方法，它可以检测 DNA 链断裂，从而反映损伤情况。蛋白质氧化损伤的生物标志物主要是蛋白质羰基含量(protein carbony content，PCC)、3-硝基酪氨酸以及一些抗氧化酶类，如超氧化歧化酶(SOD)、过氧化氢酶(CAT)、谷胱甘肽过氧化酶(GSH-Px)等。然而生物标志物只能反映细胞某一方面的状态，不能完全反映样品的抗氧化能力。

1)CAP-e 法

CAP-e(cell-based antioxidant protection in erythrocytes)法的原理是，样品作用于细胞一段时间后清除培养液，然后分别加入荧光染料及自由基。由于荧光值与自由基的含量成正比，因此，荧光数值的降低与抗氧化保护能力成正比。

CAP-e 法使用正常红细胞为模型，因此排除了细胞本身经历氧化应激或产生活性氧的缺陷。CAP-e 法操作简便、灵敏，能够进行高通量分析；不足之处是所需仪器较为昂贵、荧光标记物较为敏感。

2)CAA 法

CAA(cellular antioxidant activity)法的原理是，二氯荧光黄一旦进入细胞就很容易被自由基 ABAP 氧化成荧光化合物 DCF(dichlorofuorescein)，抗氧化剂的存在可以和 DCF 竞争结合自由基，这样就减少了荧光物质的形成，最后通过荧光的降低程度来衡量抗氧化能力。

CAA 法考虑了细胞摄入、细胞代谢和抗氧化物质在细胞内分布等多种因素，可以很好地预测抗氧化物质与生物系统之间的作用途径及效果。与传统的化学评价方法相比，细胞评价方法能够更真实地体现抗氧化物质对生物体的活性，对于从天然植物提取物中寻找抗氧化剂和开发抗氧化药物具有广阔的应用前景。CAA 法通过观察目标物质在人体肝癌细胞中的吸收和代谢以及生物利用率情况，优于传统抗氧化方法，更贴近人体代谢。损伤的DNA 碱基、脂质以及蛋白的过氧化产物等会引起生物膜系统脂质过氧化、细胞内蛋白类和 DNA 碱基类物质变性或损害，最后导致细胞凋亡或死亡。因此这些物质都可以作为氧化应激的指示剂，快速反映出抗氧化活性的大小。

CAA 法和 CAP-e 法一样，操作简便、灵敏，可以高通量分析；不足之处也是所需仪器昂贵、荧光标记物较敏感。

2. 果蝇抗氧化活性评价

果蝇为真核多细胞生物，其生理状况与哺乳动物基本相似。由于果蝇对实验条件较为敏感，所以常被用于抗氧化实验研究。紫外线(UV)辐射对机体的损伤机制非常复杂，但是 UV 辐射可产生 UV 光子和 ROS，它们能与 DNA、脂膜和细胞的其他关键成分发生反应，造成氧化损伤，从而对人类产生危害。

选择最佳的紫外线照射剂量，给果蝇饲喂不同剂量的天然产物提取物，再通过统计果蝇的寿命，计算平均寿命、最高寿命及半数死亡时间，并测定其体内 CAT、SOD 等抗氧化酶类和 ROS 及丙二醛(MAD)等的含量来进行抗氧化活性评价。

3. 秀丽隐杆线虫抗氧化活性评价

秀丽隐杆线虫简称秀丽线虫，常被用于寿命分析。秀丽线虫的寿命通常为 3 周左右，一条产卵前的成虫在 4d 左右能产 300 多个卵。秀丽线虫因其独特的优势，成为衰老研究的首推模型。其分布广泛，以土壤中的大肠杆菌等细菌为食。这使实验的重复稳定性成为可能。抗衰老研究中短的寿命周期显得尤为重要。

线虫抗氧化模型多为提取物的加入激活了线虫体内相关基因，线虫对多余的自由基的抗氧化能力得到了提高，从而延长了寿命。用线虫初步筛选候选物，将有活性的候选物再通过高等生物模型如小鼠、大鼠进行验证和深入研究，依然是抗衰老研究的成熟策略。

13.3.4 动物试验

选用适龄动物分为不同组后进行造模，试验结束时处死动物测定过氧化脂质含量和抗氧化酶活性。对于动物的选择，一般选用 12 个月龄以上的老龄大鼠或 8～12 个月龄的小鼠，也可用成年小鼠造模。测定 GSH、SOD 指标时，可以选用正常成年动物。单一性别，小鼠每组 10～15 只，大鼠每组 8～10 只。

试验通常以人体推荐剂量的 5 倍为中间剂量，再另设两个剂量组，必要时设阳性对照组和空白对照组。受试样品给予 30d，必要时可延长至 60d。

造模方式分为 D-半乳糖模型、辐射模型和溴代苯模型。

D-半乳糖模型的原理是 D-半乳糖供给过量，超常产生活性氧，打破了受控于遗传模式的活性氧产生与消除的平衡状态，引起过氧化模型。除空白对照组以外，其余组小鼠通过颈部皮下或腹腔注射造模，一定时间后测血液 MDA，按 MDA 水平分类。模型对照组和不同剂量组给予同体积溶剂和不同浓度试样，试验结束时处死动物，测定过氧化脂质含量和抗氧化酶活力。

电离辐射通过直接破坏生物膜中不饱和脂肪酸和间接通过水辐射产生自由基，引发脂类过氧化。小鼠分五组，其中 1 个空白对照组、3 个受试样品剂量组和 1 个模型对照组。受试样品组和空白对照组分别给予同体积不同浓度的样品和溶剂。30d 后，取血测定抗氧化酶活力。然后，除空白对照组外，各组给予 5～8Gy ^{60}Co γ 全身一次性照射，然后一定时间内处死动物，测定过氧化物含量和抗氧化酶活力。

溴代苯导致小鼠肝中毒，引起肝脂质过氧化。小鼠分为 1 个空白对照组、1 个模型对照组和 3 个剂量组，剂量组和对照组分别给予同体积不同浓度的样品和溶剂，30d 后取血测定抗氧化酶活力。此后动物饥饿过夜，给受试样品 0.5～1h 后，除空白对照组外各组灌胃不同浓度的溴代苯油，一段时间后处死，取肝组织测定过氧化脂质和抗氧化酶活力。

13.3.5 进展

目前，评价生物活性物质抗氧化能力的研究已经在全世界广泛开展，由于化学评价方法与机体的细胞水平有很大的差距，无法考虑抗氧化样品的吸收、代谢和药效等因素，而当前的生物学评价方法也同样不能全面地反映抗氧化物质的抗氧化活性；动物模型和人体试验费用昂贵，不适用于食品抗氧化性的初筛工作。因此，有必要寻求新的方法对抗氧化活性进行更为合理的评价。

从根本上讲，抗氧化剂通过改变特定基因的表达而发挥其生理效应，研究某种潜在抗氧化物质引起的差异表达基因是了解某种功能因子抗氧化效果的最直接有效的办法。因此，开发一种简单、准确、可操作的基于细胞培养的生物方法成了人们研究的热点。DNA 芯片技术的兴起和不断发展为评价抗氧化能力提供了新的思路，基于 DNA 芯片技术和基因网络数据库提供的信息可以对功能性食品进行全面、快速、高通量的分析，因此该技术的建立和完善必将为功能性食品的开发利用提供有力支持。此外，细胞抗氧化活性评价方法比其他体外化学评价方法更接近于生物体内的氧化应激途径，并且比其他动物抗氧化模型经济、简捷。虽然细胞评价方法的研究起步较晚，但更具说服力和可靠性，是未来需要重点研究的领域。

思考题

1. 简述机体的氧化应激和抗氧化防御机制。
2. 列举食品中人们熟知的抗氧化功效成分并解释其作用机理。
3. 如何开发和评价抗氧化的功能性食品？
4. 试比较不同抗氧化活性评价方法的差异并阐述其局限性。

参考文献

蔡伟江，黄康惠．2016．高效液相色谱法测定保健食品中β-胡萝卜素［J］．食品研究与开发，37(4)：161-163．

郭丽萍，卢家炯，仇宏伟．2007．香蕉皮多酚清除自由基作用的初步研究［J］．食品科技，(6)：131-134．

郭亚力，李聪，欧灵澄，等．2004．槐米中天然抗氧化剂的提取及其抗自由基性能研究［J］．食品科学，25(7)：154-157．

侯爽，董捷，张根生，等．2011．蜜蜂巢脾醇提物的抗氧化活性研究［J］．食品科学，32(21)：112-117．

黄明玉，罗胜勇．2012．山茶花总黄酮抗肿瘤作用的实验研究［J］．中国医药指南，10(1)：3-5．

贾孟军，刘雅洁，吕月标，等．2015．新疆地产葡萄酒和果酒总酚与其抗氧化活性的相关性研究［J］．酿酒科技，(7)：41-47．

库尔班·吐松，展锐，张宏，等．2010．顶羽菊抗氧化活性研究［J］．生物技术通讯，21(3)：406-412．

李诚，余霞，付刚，等．2011．猪皮胶原蛋白酶解及其酶解产物的抗氧化活性［J］．食品科学，32(23)：147．

刘学铭，黄小霞，廖森泰，等．2014．3种富含花青素植物提取物抗氧化和降血脂活性比较研究［J］．中国食品学报，14(1)：20-27．

刘志东，郭本恒，曲映红，等．2008．酪蛋白酶解物的抗氧化活性研究［J］．天然产物研究与开发，20(1)：19-23．

罗成，周达，鲁晓翔. 2009. 天然产物抗氧化机理的研究进展［J］. 食品工业科技，30(4)：335-339.

庞道睿，刘凡，廖森泰，等. 2013. 植物源多酚类化合物活性研究进展及其应用［J］. 广东农业科学，(4)：91-94.

孙永叶，马爱国，韩秀霞. 2006. 维生素E对大鼠抗氧化能力及DNA损伤的影响［J］. 中国公共卫生，22(9)：1051-1052.

谭建新，阳健飞. 2009. 魔芋胶在豆制品中的应用研究［J］. 邵阳学院学报：自然科学版，6(3)：69-73.

唐咏梅，朱骄峰，周会，等. 2010. 学龄儿童VA、VC、VE摄入水平对免疫功能影响［J］. 中国公共卫生，26(2)：208-210.

陶纯洁，张伊宁. 2014. 食品中常见抗氧化物质的研究［J］. 粮食与食品工业，21(3)：53-55.

王霞，孙仓，刘小玲，等. 2014. 稠李果实原花青素的抗氧化活性［J］. 贵州农业科学，(10)：106-108.

王栩林，张景. 2016. 保健食品中总黄酮的测定［J］. 食品安全导刊，1(3)：121-122.

韦献雅，殷丽琴，钟成，等. 2014. DPPH法评价抗氧化活性研究进展［J］. 食品科学，35(9)：317-323.

邢海涛，张彦青，李志良. 2010. 利用TRAP值测定啤酒抗氧化能力［J］. 啤酒科技，(10)：38-39.

熊正英，张全江. 1998. 维生素C抗氧化作用及其在运动中的应用［J］. 陕西师范大学学报，26(4)：109-112.

徐晶晶，刘斌. 2015. 基于DPPH、FRAP法的薄荷药材抗氧化谱效关系研究［J］. 北京中医药大学学报，38(6)：405-410.

杨兰，白勇. 2002. 竹叶中黄酮类化合物的研究［J］. 食品研究与开发，23(5)：23-25.

张宝康，王德云，孔祥峰，等. 2006. 蜂胶黄酮增强免疫作用的研究［J］. 扬州大学学报(农业与生命科学版)，27(3)：20-22.

张尔贤. 2000. 菊花提取物的抗氧化活性研究［J］. 食品科学，21(1)：6-9.

张海悦，李晓玲，张风清，等. 2004. 高活性小白菜SOD口服液的研制［J］. 食品科学，24(4)：66-68.

张磊，李俊，余世春，等. 2006. 山香圆总黄酮对免疫功能低下小鼠免疫功能的影响［J］. 安徽医科大学学报，41(5)：539-543.

张泽生，卢亚莉，高云峰，等. 2015. 常见生物模型抗氧化活性评价方法的研究进展［J］. 中国食品添加剂，(3)：178-184.

赵建，刘璇，文镜. 2010. 荧光分光光度计测定保健食品总抗氧化能力［J］. 食品科学，31(22)：301-306.

中华人民共和国卫生部. 2003. 保健食品检验与评价技术规范实验手册［M］. 北京：清华同方电子出版社.

左玉. 2013. 多酚类化合物研究进展［J］. 粮食与油脂，26(4)：6-10.

Ardestani A，Yazdanparast R. 2007. Inhibitory effects of ethylacetate extract of Teucrium polium on in vitro protein gly-coxidation［J］. Food and Chemical Toxicology，45(2)：402-411.

Arts M J T J，Dallinga J S，Voss H P，et al. 2004. A new approach to assess the total antioxidant capacity using the TEAC assay［J］. Food Chemistry，88(4)：567-570.

Biglari F，Alkarkhi A F M，Easa A M. 2008. Antioxidant activity and phenolic content of various date palm(Phoenix dactylifera)fruits from Iran［J］. Food Chemistry，107(4)：1636-1641.

Espinosa-Diez C，Miguel V，Mennerich D，et al. 2015. Antioxidant responses and cellular adjustments to oxidative stress［J］. Redox biology，6(1)：183-197.

Filomeni G，Rotilio G，Ciriolo M R. 2002. Cell signalling and the glutathione redox system［J］. Biochemical Pharmacology，64(5)：1057-1064.

Janjua R，Munoz C，Gorell E，et al. 2009. A two-year，double-blind，randomized placebo-controlled trial of oral green tea polyphenols on the long-term clinical and histologicappearance of photoaging skin［J］. Dermatologic Surgery，35(7)：1057-1065.

Martindale J L，Holbrook N J. 2002. Cellular response to oxidative stress：signaling for suicide and survival［J］. Journal of Cellular Physiology，192(1)：1-15.

Prieto-Simón B，Cortina M，Campàs M，et al. 2008. Electrochemical biosensors as a tool for antioxidant capacity assessment［J］. Sensors & Actuators B Chemical，129(1)：459-466.

Regnault C，Soursac M，Roch-Arveiller M，et al. 1996. Pharmacokinetics of superoxide dismutase in rats after oral administration [J]. Biopharmaceutics & Drug Disposition, 17(2): 165-174.

Schmidt K. 1997. Interaction of antioxidative micronutrients with host defense mechanisms. A critical review [J]. International Journal for Vitamin & Nutrition Research, 67(5): 307-311.

第 14 章　食品中的功能元素与肿瘤预防

随着人口增长和老龄化进程的加剧，近 30 年以来，癌症发病数以年均 3%～5%的速率递增。其中，3/4 的新增病例发生在新兴工业国家及发展中国家。2008 年全球癌症发病率、死亡率和流行病学研究项目(the GLOBOCAN Project)的统计结果表明，全球大约有 1270 万新增肿瘤患者、700 万人死于癌症。预计到 2020 年，全球将有 1000 万恶性肿瘤死亡病例、1500 万新发病例、3000 万带瘤生存病例。2004～2005 年我国第三次死因调查发现，恶性肿瘤居第 2 位，占死亡总数的 22.32%，仅次于第 1 位的脑血管病(22.45%)。在澳大利亚，癌症在疾病死因顺位上已超过心血管系统疾病，成为威胁居民健康的第一杀手。自 1981 年和 1983 年起，癌症就已经成为日本和韩国的首位死因。由于我国老龄人口的增长，消化道癌发病带来的负担依然严重，而与环境和生活方式密切相关的癌症，如肺癌、乳腺癌等，近年来发病率显著增加。预计在未来几十年内，我国癌症发病率和死亡率将继续呈上升趋势。

四川省某三级甲等医院通过对 2005～2015 年恶性肿瘤住院患者的流行病学特征分析发现，前 10 位死亡疾病顺位依次为：肺癌、肝癌、结直肠癌、食管癌、胃癌、淋巴瘤、乳腺癌、胰腺癌、卵巢癌、鼻咽癌，占全部死亡病例的 80.14%。研究人员分析天津市宝坻区居民恶性肿瘤和中枢神经系统良性肿瘤的发病流行特点和趋势，结果发现 2010～2015 年天津市宝坻区恶性肿瘤和中枢神经系统良性肿瘤的总发病率呈现明显上升趋势；发病率在男、女性中显著上升的分别是肺癌、乳腺癌。

中国死于肿瘤的人数占全球肿瘤死亡总数的 26%，显然肿瘤已成为我国主要的疾病负担之一，但我国肿瘤防控体系的能力建设仍然相对薄弱，相关专业人才匮乏。据世界卫生组织(WHO)报道，全球 2007 年的癌症死亡人数达 790 万(约占所有死亡人数的 13%)，而其中 30%的癌症死亡是可以避免的。如何提供有效防治癌症的方法，一直是关系民生的重大课题。营养干预是癌症预防和控制的重要策略。自 20 世纪 80 年代以来，已开展过大量营养干预研究。一些研究表明，营养补充对降低癌症危险是有效的。

14.1　肿瘤的定义与分类

肿瘤(tumor)是机体在众多致癌因素作用下，局部组织的某一个细胞在基因水平上对其生长的正常调控丧失，导致其克隆性异常增生而形成的新生物，局部常形成肿块。按生长特性一般将肿瘤分为良性肿瘤与恶性肿瘤两大类。按组织起源分类，可分为上皮组织肿瘤、间叶组织肿瘤、神经组织肿瘤以及其他类型肿瘤。结合不同分类法分类，既说明肿瘤的起源组织，又说明肿瘤的性质，则肿瘤可分为良性上皮组织肿瘤、恶性上皮组织肿瘤、良性结缔组织肿瘤等。

1. 良性肿瘤

良性肿瘤分化好，异型性小，与原有组织的形态相似，核分裂象无或稀少，未见病理核分裂象，术后很少复发。良性瘤一般在其来源组织名称后加一“瘤”字，如纤维瘤、腺瘤、肌母细胞瘤、软骨母细胞瘤和骨母细胞瘤。命名方式为“生长部位+起源组织+瘤”。

2. 恶性肿瘤

所有的恶性肿瘤总称为癌症。恶性肿瘤可根据组织来源命名：来源于上皮组织的统称为“癌”，如鳞状细胞癌、腺癌；来源于间叶组织的统称为肉瘤，如平滑肌肉瘤、纤维肉瘤。但有少数肿瘤未按上述原则进行命名，如有些来源于幼稚组织和神经组织的恶性肿瘤称为母细胞瘤，如神经母细胞瘤、髓母细胞瘤、肾母细胞瘤等。有些恶性肿瘤由于成分复杂或习惯沿袭，在肿瘤的名称前加恶性，如恶性畸胎瘤、恶性脑膜瘤、恶性神经鞘瘤等。有些肿瘤冠以人名，如尤文瘤、何杰金淋巴瘤；或按肿瘤细胞的形态命名，如骨巨细胞瘤、肺燕麦细胞癌。常见肿瘤有乳腺癌、子宫颈癌、子宫内膜癌、直肠癌、食道癌、肝癌、肺癌、卵巢癌、前列腺癌、皮肤癌、胃癌、胰腺癌等。其中，胰腺癌生存率最低，苹果品牌创始人乔布斯就是死于胰腺癌。

14.2 肿瘤的常见诱因与防治

14.2.1 肿瘤的发生机制

肿瘤是一种常见病、多发病，其发生机制一直是医学界研究的热点。吸烟、饮食、肥胖、喝酒、病毒感染、环境污染、职业环境中的致癌物、辐射等均可诱发癌症。经过多年研究，体细胞突变学说已基本得到认可，即由于癌基因激活、抑癌基因失活而使具有分化潜能的正常体细胞发生恶性转化和克隆增生而形成肿瘤。但是随着相关研究进一步的发展和深化，体细胞突变学说越来越受到质疑，越来越多的实验结果无法用该理论进行解释，肿瘤发生机制面临着新的挑战。例如染色体不稳定学说、表观遗传学说、肿瘤干细胞学说、异常细胞代谢学说、物理因素刺激学说以及免疫系统促癌学说等。其中，免疫和炎症与肿瘤密切相关，炎症反应在肿瘤的发生、进展、恶化、侵入和转移等阶段起着关键作用，影响免疫应答和治疗。肿瘤中的免疫细胞与肿瘤细胞间存在相互作用。幽门螺旋杆菌(HP)易导致胃癌和 MALT 淋巴瘤，血吸虫病患者易患膀胱癌，二氧化硅、石棉以及吸烟等因素易导致肺癌，人乳头瘤病毒易引起女性的宫颈癌，而前列腺炎易引起前列腺癌。因此炎症刺激与肿瘤的发生密切相关。

诱发癌症的因素很多，其中人体暴露于环境、食物中的致癌物是导致癌症最主要的原因之一，提高机体抵抗外源性或内源性致癌物的癌症诱变的能力将有效地预防癌症的发生和发展。肿瘤的发生和发展是一个漫长的过程，包括诱发、机体防御能力下降、体内致癌物被活化、遗传损伤、细胞的功能、生长及分裂异常等，促进阶段持续的时间可能很长(10～20 年)。因此，早期防治癌症诱发是癌症治疗的重要策略。所以，开发无毒或低毒的癌症化学保护用药具有广阔的前景。

14.2.2　食品中的致癌物

食品中含有多种致癌物，如腌制食物中的亚硝酸；食品添加剂中的色素、亚硝酸盐、防腐剂以及某些香料等；食物中的污染物霉菌、黄曲霉素、梭霉素等；蛋白质在人体中消化后产生的胺类化合物以及蛋白质经高温处理后产生的致癌物。

亚硝酸盐是强致癌毒物亚硝酸胺的前体物质，其进入人体后易与食物中胺类物质结合而生成亚硝胺，引起消化系统癌变。腌制食物中的致癌物亚硝胺是 N-亚硝基化合物类，是一种强致癌毒物。动物试验证实，亚硝胺可以诱发所有用于试验的动物及其所有脏器组织的癌症。烧烤食物中的致癌物为杂环胺，肉类食物如猪、牛、羊、鸡、鱼等，在高温烹调过程中受热裂解后，会产生一大类化合物，总称为杂环胺。油炸食物如果油温高于 200 ℃便会分解出大量杂环胺、多环芳烃类强致癌物。其中 3,4-苯并(a)芘是多环芳烃中主要的环境和食物污染物，致癌性最强，主要引起消化道癌症。

1999 年欧洲发生了震惊世界的“二噁英污染事件”，由于养鸡场、养牛场等使用被二噁英污染的饲料造成了相关食品的污染和大量鸡的死亡，引起了全球二噁英恐慌。二噁英是含多氯联苯结构式的化合物，以 2,3,7,8-TCDD 毒性最大。二噁英比氰化钠的毒性强 10000 倍，比黄曲霉素的毒性强 10 倍，被认定为人体致癌物，长期接触可引起软组织瘤、呼吸系统癌变等。此外，二噁英还具有生殖毒性、免疫抑制作用等。世界卫生组织规定人体每日允许摄入量为 1～4pg/kg。其主要来源为动物性脂肪食品。

14.2.3　肿瘤的化学保护和预防

2004～2005 年全国第三次死因调查数据显示，我国每年有 180 万人死于癌症，占我国人口总死亡数的 22.32%。我国人口基数大，经济处于迅速发展期，相较于西方国家，环境恶化严重。因此，肿瘤的预防显得尤其重要。

癌症不是一种独立性疾病，它与多种疾病相关。改变饮食习惯、早期诊断以及合理使用功能性食品均可降低恶性肿瘤的发生率。很多抗肿瘤药物都是在植物中发现的，如紫杉醇、鬼臼毒素等，而功能性食品中的许多成分都有抗肿瘤或预防肿瘤发生的作用。

Sporn 等人将癌症化学保护定义为：使用合成或天然制剂预防和逆转癌症的发生和发展，包括阻断新生瘤的诱生和防止变异细胞向恶性表型的转化。很多内源性和外源性化学前致癌物(如雌二醇、多环芳烃(PHAs)、杂环芳香胺(HAAs)、黄曲霉毒素 B1)本身无毒或低毒，但可以被体内代谢酶 CYP1 家族代谢生成活性中间产物(致癌物)，并进一步被Ⅱ相代谢酶代谢失活或排出体外。最新流行病学研究也发现 CYP1 家族、Ⅱ相代谢酶的表达与癌症的发生和易感性高度相关。致癌物能否引起靶细胞的癌变，很大程度上取决于这两类酶的活性及彼此的平衡。因此协同调节Ⅰ相代谢酶和Ⅱ相代谢酶，促进前致癌物的减毒、解毒是癌症化学保护的重要机制。研究发现，大量的植物提取物、天然产物及其衍生物(如黄酮类、大黄蒽醌、异硫氰酸酯类、儿茶素、多酚类、芪类等)具有直接抑制CYP1家族酶活力或抑制其蛋白表达的能力，往往能同时诱导Ⅱ相解毒酶的表达。这些天然产物对代谢酶的活力和表达的调节，被认为是很多草药和保健食物发挥抗癌效用的重要原因。从天然产物中寻取低毒高效的化学保护剂，逐渐成为一个新的开发抗癌防癌药物和功能性食品的重要途径。

此外，转录因子Nrf2(nuclear factor erythroid-2-related factor 2)可激活人类基因组中500多种基因的转录，这些基因大多数具有细胞保护功能。部分通过增加Nrf2活性起作用的有益健康的营养素和其他因素，包括类胡萝卜素(其中番茄红素可能活性最强)、十字花科蔬菜中的异硫氰酸酯、葱蒜类蔬菜中的硫化物及萜类化合物。但Nrf2是否同时具有延长寿命和促进健康的作用还需要长期研究。

盲目地补充功能性食品如维生素等并不一定能达到预防肿瘤的目的。在一次长期的大规模的随机双盲试验中证实，长期服用维生素E、维生素C并不能降低前列腺癌和其他恶性肿瘤的发病率。这些数据进一步明确，中、老年人群长期服用维生素E、维生素C对预防前列腺癌的发生没有作用。但并不是所有关于营养补充剂预防癌症风险的试验都是令人失望的，如已证实补充钙可以减少结直肠腺瘤性息肉复发的可能性。

14.2.4 肿瘤预防的措施

癌症防治工作应与卫生服务体系框架进行有效整合，坚持“预防为主”的原则。WHO在2007年发表的《世界癌症报告》中指出，全球将进入癌症高发年份，如各国不采取紧急措施，发病率将增加50%，到2020年每年将新增1500万病例；如果各国政府注重公共卫生领域的发展，民众普遍采取健康的生活方式，医务人员将可以扭转这一趋势，可避免1/3的癌症病例发生。报告强调，烟草是引发癌症的主要原因之一，20世纪全球大约有1亿人死于和烟草有关的疾病。报告呼吁各国积极推广WHO的禁烟框架公约草案，减少烟草消费，提高民众营养水平，以达到降低癌症发病率的目标。

美国肿瘤学会(American Cancer Society，ACS)每五年发布一次关于营养与运动预防癌症的指南。该指南是国家制定卫生政策和社区行为的基础，并期望最终能影响美国人的饮食与运动模式。该指南重点关注为个体推荐健康的饮食与运动模式，与个体的4项推荐建议相对应。该委员会还推荐了相应的社区建议以降低患癌风险。这些建议指出，如果期望所有社会阶层的个体都具有真正选择健康行为的机会，那么社会的支持以及社区所提供的物质环境是不可或缺的。

研究人员将我国自新中国成立后肿瘤预防工作的发展历程分为三个阶段。

(1)初期起动阶段(1949～1974年)。明确了以预防为主的肿瘤防治方针，创建了防、治、研三结合，现场防治点的形式，开展了颇有成效的癌症普查工作。这对我国今后的肿瘤预防工作产生了深远的影响。(2)调研、探索阶段(1976～1985年)。此阶段针对我国常见肿瘤的流行情况，绘制了恶性肿瘤“地图集”；全国建立了食管癌(河南临县、四川盐亭、山西阳城、河北磁县)、宫颈癌(江西靖安、河南洛阳)、胃癌(山东临朐、辽宁庄河、甘肃威武)、肝癌(江苏启东、广西扶绥)、鼻咽癌(广西梧州、广东中山和四会)、大肠癌(浙江海宁)、肺癌(云南云锡)16 个癌症高发地。同时建立了食管拉网、细胞学检查、乳腺 X 线实质分型、大便潜血试验、胃液多项指标、血清 EB 病毒多项抗原抗体反应检测、aFP 检测等一系列针对各种肿瘤普查的初筛方法，并建立了各常见肿瘤的优化筛查方案，对各常见肿瘤的早期发现进行了多方面的探索，提出了小肝癌的概念。这些尝试不但为今后更深入的工作打下了基础，而且培养了一支实力雄厚、包含各学科多层次的肿瘤专业队伍。(3)深入拓展阶段(1985 至今)。此阶段的肿瘤预防工作在国家重点科研课题的支持下，广泛地开展了国际合作，使工作在原基础上更为深入。随着分子生物学的飞速发展和检测手段的改进，肿瘤病因中的病毒和细菌等生物因素必将日益受到人们的重视。

在肿瘤易感人群中开展预防措施是降低癌症发病率的最佳措施。肿瘤预防的第一道防线是病因预防，又称一级预防。具体为：消除危险因素和病因，提高防癌能力，防患于未然；对已知的危险因素如吸烟、酗酒、不必要的放射线照射、职业暴露要采取相应措施加以控制和消除，如不在公共场所吸烟、禁止青少年吸烟、规定纸烟中烟焦油降至每支 15mg 以下等。此外，还要提高机体抗癌能力，进行预防接种或化学预防，如肝癌高发区中新生儿要进行乙肝疫苗接种。改善饮食和营养也是病因预防的主要内容之一，如高脂肪膳食可能与乳腺癌、结肠癌、前列腺癌有关，因此要求人们膳食中脂肪来源的热量不得超过总热量的 30%。为防止食管癌、胃癌的发生，应减少摄入盐腌、盐熏和硝制食品，而应提倡多吃水果、蔬菜、富含维生素 A 和维生素 C 及富含纤维的食品。在开展一级预防措施时，常遇到一些虽然病因不明确，但却被证明是危险因素的，也可先开展预防措施，以观察预防的效应，同时进行实验室研究，找出发病原因。

在易感人群中建议开展的一级预防措施有：戒烟，防污染，去氡、砷和石棉，可以有效防止肺癌的发生；控制自来水质量，防止食物霉变，注射乙肝疫苗以降低肝癌的发生；降低盐的用量，防止食物霉变，坚持使用新鲜蔬菜和引用绿茶均可防止胃癌的发生；防霉、去胺、治增生、改变不良生活习惯可预防食管癌的发生；通过减少脂肪，多锻炼和多吃蔬菜水果可以减少乳腺癌发生的概率。

14.3　膳食与肿瘤

许多功能性食品具有预防癌症的潜在作用，其潜在机制包括抑制致癌物质的吸收或活化，防止饮食中的致癌物质结合到 DNA 上。例如，抗氧化剂可消除自由基，并防止其破坏其他分子而导致的癌症。除了已知的抗氧化剂(维生素 C、维生素 E 和 β-胡萝卜素)，其他一些物质(如槲寄生)提取物也具有抗氧作用。钙常联合维生素 D 抑制致癌物质吸收。叶酸有助于合成和修复 DNA，从而可以抑制癌症发展。植物雌激素，最常见的高金雀花碱染料木素和大豆黄素，可抑制雌激素受体(ER)阳性和 ER 阴性乳腺癌细胞的增殖。微量元素和维生素是维持正常生命活动必不可少的物质。

由于功能性食品中的活性成分具有多方面的作用，而自由基与肿瘤密切相关，因此抗自由基的功能性食品往往具有肿瘤预防作用，其肿瘤预防作用可参考本书其他部分的内容，本节不做详述。

14.3.1 螺旋藻

螺旋藻(spirulina platensis)是一种营养价值较高的蓝藻类低等生物。大量研究表明，螺旋藻除具有营养作用外，还有抗肿瘤、促进机体造血功能、抗辐射、增强机体免疫力等多种药理作用。研究证明螺旋藻可明显抑制二甲基苯蒽(7,12-Dimethylbenez(α)anthracene，DMBA)诱发的金黄地鼠口腔癌。螺旋藻具有显著抑制 DMBA 和巴豆油诱发小鼠皮肤乳头状瘤形成的能力，并可推迟小鼠皮肤乳头状瘤的发生时间。其抑制作用在始发阶段和促癌阶段均可发挥，表现出较强的癌症化学预防作用。目前，已证实螺旋藻对包括口腔癌在内的肿瘤具有一定的防癌、抗癌作用。

14.3.2 植物激素

在整个生命周期，雌激素均能促进乳腺细胞增殖，但是其他因素，如激素水平可能会影响雌激素的诱导分化能力或影响乳房发育。因此，雌激素在不同的时期有不同的作用。有证据表明，染料木黄酮对乳房也有不同的影响，这取决于暴露的时期。例如，对大鼠的研究表明，青春期接触到染料木黄酮能防止化学物质诱导乳腺肿瘤，可能是因为染料木黄酮在乳腺发育的早期阶段增加细胞分化。在生育年龄期间，染料木黄酮能增加乳腺增生，这在动物和人类试验中已经得到证实。虽然没有证据表明，染料木素能促进乳腺癌在绝经前妇女中的发生，但是动物试验表明，它可能在绝经后妇女的肿瘤生长中发挥作用。异黄酮对绝经前和绝经后妇女的不同影响，可能反映出绝经后妇女的乳房已经有恶性细胞。染料木素作为雌激素剂，遍布乳腺细胞，可使无论是良性细胞还是恶性细胞增殖的可能性增加。染料木素和荷尔蒙在女性寿命方面的关系在一些研究中也得到了阐述。

流行病学和试验证据表明，染料木素会通过各种机制抑制前列腺肿瘤生长，包括细胞生长和凋亡减少。在对前列腺癌患者的少数研究中发现，在外科手术前进行红三叶草异黄酮(包括染料木素)的膳食补充，切除前列腺术后，与对照组细胞尤其是轻度到中度癌症区相比，治疗患者中细胞的凋亡显著升高。

莱菔硫烷是从十字花科蔬菜中分离出的一种异硫氰酸酯。它可以通过不同的作用途径抑制和延缓癌症的发生。研究表明，莱菔硫烷可抑制 2,3,7,8-四氯代二苯并二噁英(TCDD)诱导 CYP1A1 活性的能力，从而减少 TCDD 导致的毒性。长期服用含莱菔硫烷的食物对预防癌症有一定的作用。

大豆异黄酮，特别是染料木黄酮和黄豆苷元，对乳腺组织同时具有正相和负相的雌激素效应。在对 26 种动物的研究中发现，在多数情况下染料木黄酮和黄豆苷元对乳腺组织都具有正相作用。然而对于女性乳腺癌患者，特别是雌激素受体阳性肿瘤患者，大豆的大量补充可能会引起肿瘤细胞增殖。但动物研究数据表明，染料木黄酮具有抵消他莫昔芬抑制乳腺肿瘤生长的能力。考虑到其抗氧化作用，仍然建议在化疗或放疗时补充豆类补充剂。

有些补充剂可能会影响代谢酶，从而影响其他化合物的作用。如圣约翰草可以诱导代谢酶和转运体的表达，从而降低一些药物的活性。

14.3.3　番茄红素

番茄红素(lycopene)，分子式 $C_{40}H_{56}$，相对分子质量 536.85，是膳食中一种重要的类胡萝卜素，主要存在于番茄及其制品、西瓜、石榴、秋橄榄(autumn olive)和紫色葡萄柚中。天然来源的番茄红素主要以全反式形式存在，也是最稳定的结构。由于番茄红素的脂溶性特性，它可在低密度脂蛋白(LDL)和极低密度脂蛋白(VLDL)中积聚。同时，番茄红素还可在肾上腺、睾丸、肝脏和前列腺中积聚。大量研究显示，番茄红素具有预防多种癌症、保护心血管、抗老化、保护皮肤等功效，它的保护机制可能与番茄红素的抗氧化和诱导细胞间间隙连接通讯(gap junctional intercellular communication，GJIC)活性有关。

14.3.4　白藜芦醇

白藜芦醇(resveratrol)，化学名称为反式-3,4,5-三羟基-1,2-二苯乙烯(亦称芪三酚)，广泛存在于葡萄科、百合科(包括我国的传统中药虎杖、何首乌等)等 70 多种植物中。其生物学效应主要有抗肿瘤、抗炎、抗氧化、保护心血管及免疫调节作用等，是目前公认的继紫杉醇之后又一肿瘤治疗和预防的绿色药物。白藜芦醇是蒽醌萜类化合物，主要来源于蓼科植物虎杖的根茎提取物。白藜芦醇不但可降低血液黏稠度、抑制血小板凝结和血管舒张、保护心血管，而且具有广泛的防癌抗癌作用。

14.3.5　芒果甙

芒果甙是一种四羟基吡啶的碳糖甙，属双苯吡酮类化合物，存在于芒果树和扁桃树的叶、果实和树皮，东北龙胆，川西獐芽菜，百合科植物知母，水龙骨科植物光石韦等多种植物中。短期实验结果显示 0.1%芒果甙可明显抑制 AOM 诱癌大鼠大肠隐窝异常病灶(aberrant crypt foci，ACF)的发生，长期研究则显示芒果甙可显著降低 AOM 诱发结肠癌的发生率和多样性，与不服用芒果甙的 AOM 诱癌大鼠相比，发生率和多样性分别减少了 47.3%和 41.8%；芒果甙还使结肠黏膜细胞增生减少了 65%～85%。此结果提示，芒果甙对化学毒物诱发的结肠癌具有良好的预防作用。芒果甙具备抗氧化、抗炎作用，与化疗联用，可能增强化疗药物杀伤肿瘤的能力。

14.3.6 叶绿素

研究表明，天然叶绿素可以抑制致癌物的吸收，改变致癌物黄曲霉素在人体中的分布，消除致癌物 DBC 对基因突变的影响。

14.3.7 维生素 A 和 β-胡萝卜素

维生素 A 具有防止上皮细胞转化、修复上皮细胞损伤、抑制肿瘤细胞生长、延缓和阻止癌前病变、防止各种上皮肿瘤发生和发展的作用。β-胡萝卜素在体内能转化为维生素 A，而且是一种能清除过量自由基的抗氧化剂，为脂溶性维生素，能很快被肠道吸收，并容易进入组织和细胞内，是一种细胞内抗氧化剂。研究表明，在吸烟者中使用 β-胡萝卜素补充剂可能促进肺癌的发生，其原因可能是高剂量 β-胡萝卜素(试验剂量比健康饮食提供的大 5～10 倍)可能抑制了其他具有癌症预防作用的抗氧化剂的吸收。人体对维生素 A 的剂量反应依赖于细胞内维生素 A 的状态。

14.3.8 维生素 E

维生素 E 的两个亚型是生育酚和生育三烯酚。生育三烯酚在不影响正常细胞生长或功能的剂量下有潜在的抗癌活性，它的抗癌活性不依赖于抗氧化剂的活性。量效研究表明，生育三烯酚生长抑制剂量比其相应致死剂量小 5～6 倍，这说明不同机制控制着它的抗增殖和细胞毒作用。

14.3.9 叶酸

流行病学研究表明，量效关系是叶酸补给降低患癌风险的重要因素，尤其对结肠癌和结肠直肠腺瘤最为明显。与低摄取组相比，高叶酸摄取使患癌风险降低了 35%～40%。复发性鼻息肉患者的随机研究显示，与对照组相比，补充 2mg 叶酸显著抑制了治疗组的结肠膜细胞生长。

14.3.10 钙和维生素 D

因为钙参与了许多信号通路的传导，能够改变癌相关基因的表达以及一些重要的生物进程，如骨的形成以及神经系统的正常运行。钙在癌症预防方面的研究已得到了很多研究者的重视。值得注意的是，钙的使用时机可能影响其效果，在两餐之间摄入钙补充剂可以提高钙的生物利用度，因为一些食物中含有的化合物(如草酸等)，可以减少钙的吸收。钙元素有减少患结肠癌风险的可能，并呈现一定的量效关系。高钙摄入与降低患远端结肠癌的风险有关。钙摄取每天超过 700mg 其预防效果增加不再显著。有研究表明，钙和维生素 D 之间的关系在它们与患癌风险的关系中非常重要。预防钙鼻息肉研究结果显示，维生素 D 含量强烈影响钙的补充对腺瘤复发的影响。钙的补充只降低了 25-羟基维生素 D 水平高于平均人群者的患腺瘤风险。同样地，25-羟基维生素 D 只有在补充了钙的人群中能降低其风险。总之，维生素 D 和钙的补充对降低患结肠直肠癌的风险是联合起作用的，而非单独发挥作用。

14.3.11　硒

流行病学研究表明，土壤中硒含量低的地区患结肠癌的可能性较高。由于膳食所提供的硒含量取决于用于生产作物的土壤中的含量，因此，群体中硒摄入量各不相同，尤其是摄入的大多数食物来自于单一地理区位时。中国林县是一个鳞状食道及腺瘤胃贲门癌多发的地区。此地区的临床试验结果显示，血清硒浓度与这些癌症的发生呈明显负相关。补硒可以降低患前列腺癌、肺癌及结肠直肠癌的风险。

14.3.12　其他补充剂

一些非抗氧化剂、非植物雌激素的补充剂也有可能影响治疗。药物治疗的血药浓度水平可能受到小连翘属植物的影响。该草药是细胞色素 P450 酶和药物转运 P 糖蛋白的诱导剂。研究发现，小连翘属植物能降低环孢素和茚地那韦的血药浓度水平，也能降低依立替康(一种化疗药)的活性代谢物的血药浓度水平。近 20 年来，Gary D. Stoner 实验室一直在评估利用黑树莓进行基于食物的癌症预防途径。临床前研究表明，黑树莓冻干粉末可以抑制动物的口腔、食道、结肠和乳腺中肿瘤的发生发展。在人体试验中，黑树莓冻干粉末对口腔、食道和结肠的癌前病变具有预防作用。

思　考　题

1. 肿瘤发生的原因有哪些？
2. 如何有效预防肿瘤？
3. 哪些食品具有预防肿瘤的作用？

参 考 文 献

葛化冰，付招娣，孙正，等. 2004. 螺旋藻对 DMBA/巴豆油诱导小鼠皮肤肿瘤预防作用的研究 [J]. 北京口腔医学，12(3)：135-140.

黎娜，王佳佳，许红霞. 2014. 美国肿瘤学会营养与运动预防癌症指南解读——通过选择健康食物和运动降低患癌风险 [J]. 肿瘤代谢与营养电子杂志，1(2)：39-45.

李霓，李倩，陈玉恒，等. 2011，韩国肿瘤预防控制概况 [J]. 中国肿瘤，20(4)：251-255.

李倩，代敏，李霓，等. 2011. 日本肿瘤预防控制概况 [J]. 中国肿瘤，20(3)：174-177.

刘学玲. 2016. 2010～2015 年天津市宝坻区恶性肿瘤流行趋势分析 [J]. 中国城乡企业卫生，8(8)：85-86.

陆建邦. 2011. 我国肿瘤预防控制指导思想与政策研究 [J]. 中国肿瘤, 20(1): 3-6.
毛俪蓉, 秦放, 时月. 2005. 食无毒 [M]. 广州: 广东经济出版社.
石菊芳, 于学勤. 2011. 澳大利亚肿瘤预防控制概况 [J]. 中国肿瘤, 20(5): 318-325.
徐光炜. 2001. 我国肿瘤防治的回顾与展望 [J]. 中国肿瘤临床, 28(2): 85-88.
姚尧, 杜俊蓉, 钱忠明. 2005. 番茄红素抗氧化及肿瘤预防作用的研究进展 [J]. 国际药学研究杂志, 32(5): 308-311.
俞顺章. 2001. 我国肿瘤预防研究的回顾和21世纪的展望 [J]. 中国肿瘤, 10(3): 125-126.
曾红梅, 陈万青. 2013. 中国癌症流行病学与防治研究现状 [J]. 化学进展, 25(9): 1415-1420.
张元, 胡锦梁. 2016. 2005～2015年四川省某三甲医院恶性肿瘤住院患者流行病学特征分析 [J]. 现代预防医学, 43(16): 2905-2916.
郑国华, 谌海英, 吴华. 2010. 白藜芦醇对MNNG等多因素诱导大鼠胃部肿瘤的预防作用 [J]. 中国自然医学杂志, 12(5): 321-323.
郑建仙. 2006. 功能性食品学(第二版) [M]. 北京: 中国轻工业出版社.
朱君, 陈燕. 2010. 芒果甙抗肿瘤及肿瘤预防作用研究进展 [J]. 临床血液学杂志, 23(9): 574-576.
Dstoner G, Medicine D O. 2013. Whole Food Approach to Cancer Prevention: Berries as an Example [J]. Progress in Chemistry-Beijing-, 25(9): 1480-1491.
Gaziano J M, Glynn R J, Christen W G, et al. 2009. Vitamins E and C in the prevention of prostate and total cancer in men: The Physicians' Health Study II randomized controlled trial [J]. JAMA, 301(1): 52-62.
Grivennikov S I, Greten F R, Karin M. 2010. Immunity, inflammation, and cancer [J]. Cell, 140(6): 883-899.
Pall M L, Levine S. 2015. Nrf2, a master regulator of detoxification and also antioxidant, anti-inflammatory and other cytoprotective mechanisms, is raised by health promoting factors [J]. Acta Physiologica Sinica, 67(1): 1-18.
Picciano F M, Barbara E, Cohen P R, et al. 2006. Nutritional Oncology(Second Edition) [M].
Zhang R, Sun J, Ma L, et al. 2011. Induction of cytochromes P450 1A1 and 1A2 by tanshinones in human HepG2 hepatoma cell line [J]. Toxicology & Applied Pharmacology, 252(1): 18-27.

第 15 章　功能性食品的研发与评价

随着生活水平的提高和生活质量的改善，人们的自我保健意识不断增强。功能性食品以其调节人体生理机能、增强机体防御力、预防疾病、促进健康等特殊的保健功能，倍受中老年妇女、少年和亚健康等特定人群的青睐，正逐渐成为 21 世纪食品工业发展的主流。市场需求是功能性食品开发的导向，我国功能性食品的研究开发应充分利用我国的资源优势，加大开发力度并形成新技术。本章针对功能性食品的研发思路进行介绍。

功能性食品的评价是对功能性食品中功效成分的安全性、有效性进行评价，是功能性食品研发的重要内容。功能性食品的评价包括毒理学评价、功能性评价和卫生学评价。卫生学评价与普通食品评价相同，因此毒理学评价和功能学评价则成为功能性食品评价的关键内容，而功能性评价是功能性食品区别于普通食品的根本内容。本章对功能性食品的毒理学评价和功能性评价进行介绍。

15.1　功能性食品的研发思路

随着人们的医疗观念由病后治疗型向预防保健型转变，功能性食品的地位日益突出。随着科技的不断创新和人类认知程度的不断深入，利用新资源，开发新的功能性食品以满足人们追求高质量饮食的需要，将是 21 世纪功能性食品研发的一大趋势。根据我国功能性食品发展的现状和特点，应将功能性食品的研发重点放在以下几个方面。

15.1.1　辩证传统中医药理论，充分利用药食同源品的资源优势

我国生物资源极其丰富，有待研究、开发利用的动植物资源广泛，特别是药食两用生物资源的利用在当今"健康产业"大发展的背景下，前景广阔。依据我国传统"药食同源"的保健理论，我国现有功能性食品原料很多是从中药材宝库中选择的"既是食品又是药品的品种"或"可用于保健食品的物品"，如人参、三七、灵芝孢子粉、沙棘、红景天、西洋参、黄芪、山药、刺五加、鹿茸、当归、何首乌、枸杞子、熟地、薄荷、葛根、山楂等。这部分资源无论是在我国传统保健方面，还是在临床治病方面，都具有应用历史悠久、食用安全性高、生物活性强、功能明确的特点，并具有鲜明的地域特色，是我国的独特资源。因此，必须充分发挥我国功能性食品的资源优势，推出具有中国特色的功能性食品。具体做法如下。

1. 整理验方，吸收精华

如汉代的《神农本草经》记载的365种药物中，其中具有延年益寿功效者约占1/3，多属上品。《神农本草经》上品120种，功能滋补强壮，延年益寿，无毒或毒性很弱，可以久服。因此，在开发补益类功能性食品时可从中借鉴，吸取其精华。

再如唐代孙思邈在《备急千金要方》和《千金翼方》中按果实、蔬菜、谷米、鸟兽四大类收载了154种既可供食用又可供调养治疗的药用食物，还积累了许多宝贵的食疗方，至今在临床上仍有重要的参考价值。如用各种动物肝脏治疗夜盲症、用生莱菔治疗消渴、用芜青汁治疗黄疸。此外，还有众多的药酒方和以药用食物为主的补益强壮方，为我们提供了丰富的经验和形式多样的剂型。

又如元代忽思慧的《饮膳正要》，是我国现存最早的营养学专著，记载了众多欧亚饮食营养保健的经验。该书无论是在食物性味、食物配伍、民族医药、宫廷珍馐，还是在妇婴保健、保健茶酒、养生理论、食品卫生等诸多方面，都具有很高的实用价值和学术价值。

2. 辨证保健，整体调节

辨证论治是中医学理论的核心，我国中医药保健理论体系也是在辨证论治理论的指导下不断完善的。辨证论治实际是将四诊取得的症状、体征等资料，运用八纲、脏腑、经络、病因等辨证方法进行分析、归纳，判明疾病的病因、病性、病位，抓住疾病的本质，以确立治疗方法的过程。

例如失眠：

肝郁化火，邪火扰心，神魂不宁——清心凉肝；

劳伤心脾，气血双亏，心失所养——补益心脾；

饮食不节，酝热生痰，痰火扰心——清火化痰；

肾阴耗伤，水火失济，心肾不交——交通心肾。

3. 合理配伍，安全有效

传统的功能性食品配方在中医保健理论指导下，通过复方配伍要达到增效减毒、有效安全的目的，力求多层次、多靶点地发挥配方整体调节的保健功能。如具有通便功能产品的配伍组成：对于伤食便秘，可用决明子、郁李仁、山楂、白术、枳实，达到消积通便、健脾和胃、寓消于补的功效；而对于气虚便秘，可用制大黄、火麻仁、当归、黄芪、白术，达到润肠通便、健脾益气的功效。

15.1.2 根据市场需求，按特殊人群进行分化和发展

我国功能性食品虽然发展很快，但目前也存在很多问题，如一些生产厂商在高额利润驱使下轻研发、重广告，许多产品广告或混淆概念，或片面夸大产品的生理作用，使得功能性食品面临严重的信誉危机。随着消费者消费心理和消费行为的理性化，过去那

种老幼皆宜、包治百病、功能定位模糊的功能性食品将不再被人们所认可。由于不同年龄人群对发育和健体的需要不同，他们对功能性食品的需求显然有着很大的差别。所以，在功能性食品的研发上，应该明确产品的目标功能，根据市场需求按特殊人群进行分化和发展。

15.1.3　加强剂型研究，突出食品特征

功能性食品首先是食品，食品要具有色、香、味、形、体的特征，要满足人们对食品口感、观感和风味的需求，至少不能讨厌。但目前国内市场上流行的各种功能性食品，绝大多数是以胶囊、片剂、口服液之类的形态出现，剂型单一，更像是药物。这样的功能性食品，尽管有些产品功效显著，但给人一种像在吃药的强烈感受，对于儿童、青少年这类消费者尤其不易接受。真正以普通食品载体形式出现的，以便让消费者享受到食品特有的“色、香、味”感受的功能性食品很少。近年来，美国的功能性食品生产厂商逐渐认识到，美国人并不想为了健康而放弃他们喜爱的休闲食品。一些聪明的厂商开始将功能性食品引入到休闲食品领域。目前，不仅开发出功能性糖果(在糖果中强化维生素 A、维生素 C、维生素 E 和钙)，加钙口香糖也出现在美国糖果市场。目前，欧美一些生产厂商还在研制具有增强免疫和清咽润喉的功能性糖果。日本厚生劳动省批准的 FOSHU 产品中有 40%的产品是利用益生菌(益生元)制成，并具有改善胃肠道功能的“声称”。他们将益生元(如寡聚糖)加入许多产品中，如糖果、蜜饯、饼干、小点心、面包、午餐肉及各种早餐饮料等。

因此，在我国功能性食品的研发中，一定要应用现代食品科学技术，加强功能性食品的物性和质构研究，以及成型工艺研究，研发与功能性食品的功能因子特性和食品特性相适应的新剂型，突出功能性食品的食品特征，满足消费者的实际需求，提高功能性食品的市场竞争力。

15.1.4　以新理论与新技术为支撑，生产效果确切的功能性食品

生命科学是目前世界上发展最快的一门大学科，它包括医学、微生物学、营养学、药学、遗传学、生物学等许多领域，每天均有大量的最新成果问世，这些不断问世的成果是进行功能性食品研究取之不尽的源泉。因此，在功能性食品的研发中要时刻关注生命科学的研究动态，运用生命科学的研究成果来设计功能性食品。但目前，由于没有带有全局战略性的科技开发计划和科研资金投入，导致我国大量功能性食品的生产模仿西方，且技术落后、管理体制陈旧，严重影响了基础研究和产品开发。我国的功能性食品企业普遍重广告宣传，轻科技投入，致使市场上功能性食品的科技含量不高，缺乏竞争力。功能性食品可利用的原材料、功能成分的有效性和安全性等研究信息、管理信息的匮乏，以及各渠道间信息交流不畅是制约我国功能性食品产业发展、功能性食品市场综合监管的主要因素。

因此，为了提高我国功能性食品在国际市场上的竞争力，生产企业应结合现代生命

科学新理论与食品加工新技术，生产效果确切的功能性食品。如利用基因工程、细胞工程、酶工程等现代生物技术，利用超微粉碎技术、超高压灭菌技术、膜分离技术、微胶囊技术、辐照技术、微波技术、冷冻干燥技术等现代食品加工高新技术，使功能性食品研究水平得到极大的提高和加强，使功能因子的范围迅速扩大，功能更加专一、有效。如基因工程与发酵工程的结合可生产全新的目标菌种，可以使产品的产量和风味得到改进和提高。采用先进的膜分离技术，并克服膜污染和浓差极化等问题，实现从食品加工的副产物或废弃物中最大限度地回收功能性成分。研究的方法从传统的宏观水平转向分子、细胞和器官水平，研究功能因子的构效关系、量效关系、作用机理和可能的毒性作用，积极研发第三代功能性食品，不断提升我国功能性食品的国际竞争力。

15.2 功能性食品的评价

功能性食品的评价主要包括安全性毒理学评价、功能学评价(包括动物试验和/或人体试食试验、功效成分或标志性成分检测、卫生学评价、稳定性试验)等。另外，对于个别有特殊功能声称的产品还需进行兴奋剂、违禁成分检测。其中，安全性毒理学评价、卫生学评价是功能性食品开发的前提，功能学评价是功能性食品的核心。

15.2.1 安全性毒理学评价

安全性毒理学评价，是指检验机构按照国家食品药品监督管理总局公布的保健食品安全性毒理学评价程序和检验方法，对受试样品进行的以验证其食用安全性为目的动物试验，必要时可进行人体试食试验。

对功能性食品的毒理学评价是确保人群食用安全的前提，也是对保健食品进行功能学评价的前提，应严格按照《食品安全性毒理学评价程序和方法》进行，主要评价食品生产、加工、保藏、运输和销售过程中使用的化学和生物物质以及在这些过程中产生和污染的有害物质、食物新资源及其成分和新资源食品。对于功能性食品及功效成分的评价，必须进行《食品安全性毒理学评价程序和方法》中规定的第一、二阶段的毒理学试验，并依据评判结果决定是否进行三、四阶段的毒理学试验。

1. 食品安全性毒理学评价试验的四个阶段与试验原则

1)试验的四个阶段

第一阶段：急性毒性试验，包括经口急性毒性(LD_{50})和联合急性毒性试验。

第二阶段：遗传毒性试验、传统致畸试验、短期喂养试验。

第三阶段：亚慢性毒性试验(90d 喂养试验)、繁殖试验和代谢试验。

第四阶段：慢性毒性试验(包括致癌试验)。

2)试验原则

功能性食品特别是功效成分的毒理学评价可参照下列原则进行。

(1)凡属我国创新的物质一般要求进行四个阶段的试验。特别是对其中化学结构提示有慢性毒性、遗传毒性或致癌性可能者，或产量大、使用范围广、摄入机会多者，必须进行全部四个阶段的毒性试验。

(2)凡属与已知物质(指经过安全性评价并允许使用者)的化学结构基本相同的衍生物或类似物，则根据第一、二、三阶段毒性试验结果判断是否需进行第四阶段的毒性试验。

(3)凡属已知的化学物质，世界卫生组织已公布每人每日容许摄入量(ADI)，同时又有资料证明我国产品的质量规格与国外产品一致，则可先进行第一、二阶段毒性试验，若试验结果与国外产品的结果一致，一般不要求进行进一步的毒性试验，否则应进行第三阶段毒性试验。

(4)食品新资源及其食品原则上应进行第一、二、三阶段毒性试验，以及必要的人群流行病学调查。必要时应进行第四阶段试验。若根据有关文献资料及成分分析，未发现有或虽有但量甚少，不至构成对健康有害的物质，以及较大数量人群有长期食用历史而未发现有害作用的天然动植物(包括作为调料的天然动植物的粗提制品)可以先进行第一、二阶段毒性试验。经初步评价后，决定是否需要进行进一步的毒性试验。

(5)凡属毒理学资料比较完整，世界卫生组织已公布日许量或不需规定日许量者，要求进行急性毒性试验和一项致突变试验，首选 Ames 试验或小鼠骨髓微核试验。

(6)凡属有一个国际组织或国家批准使用，但世界卫生组织未公布日许量，或资料不完整者，在进行第一、二阶段毒性试验后作初步评价，以决定是否需进行进一步的毒性试验。

(7)对于由天然植物制取的单一组分，高纯度的添加剂，凡属新产品需先进行第一、二、三阶段毒性试验，凡属国外已批准使用的，则进行第一、二阶段毒性试验。

(8)凡属尚无资料可查、国际组织未允许使用的，先进行第一、二阶段毒性试验，经初步评价后，决定是否需进行进一步的试验。

2. 食品毒理学评价的试验内容与试验目的

1)第一阶段的急性毒性试验

急性毒性(acute toxicity)是指机体(人或试验动物)1 次接触或 24h 多次接触化学物后在短期(最长 14d)内所发生的毒性效应，包括一般行为、外观改变、大体形态改变及死亡效应。急性毒性试验是经口一次性给予或 24h 内多次给予受试物后，短时间内动物所产生的毒性反应，包括致死的和非致死的指标参数，致死剂量通常用 1/2 致死剂量 LD_{50} 来表示，其单位是每千克体质量所摄入受试物质的毫克数，即 mg/kg 体质量。

试验内容：经口急性毒性(LD_{50})试验、联合急性毒性试验、一次最大耐受量试验。

目的：通过测定获得 LD_{50}，了解受试物的毒性强度、性质和可能的靶器官，为进一步进行毒性试验的剂量和毒性判定指标的选择提供依据，并根据 LD_{50} 进行毒性分级。

2)第二阶段的遗传毒性试验、传统致畸试验、30d 喂养试验

遗传毒性试验的目的是对受试物的遗传毒性以及是否具有潜在的致癌作用进行筛选。遗传毒性试验的组合应考虑原核细胞与真核细胞、体内试验与体外试验相结合的原则。从鼠伤寒沙门氏试验(Ames 试验)或体外哺乳类细胞(V79/HGPRT)基因突变试验、骨髓细胞微核试验或哺乳动物骨髓细胞染色体畸变试验、TK 基因突变试验或小鼠精子畸形

分析或睾丸染色体畸变分析试验中各选一项。

致畸试验的目的是了解受试物对胎仔是否具有致畸作用。

在急性毒性试验的基础上，通过30d喂养试验，进一步了解受试物的毒性作用，观察对生长发育的影响并可初步估计最大无作用剂量。如受试物需要进行第三、四阶段试验可不进行这项试验。

3)第三阶段：亚慢性毒性试验(90d喂养试验)、繁殖试验和代谢试验。

亚急性毒性试验也叫亚慢性毒性试验，是在相当于动物生命的1/10左右时间内使动物每日或反复多次接触被检物质的毒性试验。

目的：①通过观察受试物以不同剂量水平较长期喂养试验动物的情况，确定对动物的毒性作用性质和靶器官，并初步确定最大无作用剂量；②了解受试物是否能引起生殖功能障碍，干扰配子的形成或使生殖细胞受损，其结果除可影响受精卵或孕卵的着床而导致不孕外，还可影响胚胎的发生及发育，如果对母体造成不良影响可出现妊娠、分娩和乳汁分泌的异常，也可出现胎儿出生后发育异常；③为慢性毒性和致癌试验的剂量选择提供根据；④为评价受试物能否应用于食品提供依据。进行代谢试验的目的是对受试物在体内代谢过程作出正确评价，为阐明受试物的毒性作用性质与程度提供科学依据。

4)第四阶段：慢性毒性试验(包括致癌试验)

慢性毒性(chronic toxicity)是指人或试验动物长期(甚至终生)反复接触低剂量的化学毒物所产生的毒性效应。食品毒理学一般要求受试物接触外来化合物的期限为2年。

慢性毒性试验的目的是确定长期接触化学毒物造成机体损害的最小作用剂量和对机体无害的最大无作用剂量，阐明毒作用的性质、靶器官和中毒机制，为制订人安全限量标准提供毒理学依据。了解经长期接触受试物后出现的毒性作用，尤其是进行性或不可逆的毒性作用以及致癌作用，最后确定最大无作用剂量，为受试物能否应用于食品的最终评价提供依据。

3. 食品毒理学试验结果的判定

1)急性毒性试验

如LD_{50}剂量小于人可能摄入量的10倍，则放弃该受试物用于食品，不再继续其他毒理学试验。如大于10倍，可进入下一阶段毒理学试验。凡LD_{50}在人可能摄入量的10倍左右时，应进行重复试验，或用另一种方法进行验证。

2)遗传毒性试验

根据受试物的化学结构、理化性质以及对遗传物质作用终点的不同，并兼顾体外和体内试验以及体细胞和生殖细胞的原则，在鼠伤寒沙门氏菌/哺乳动物微粒体酶试验(Ames试验)、小鼠骨髓微核率测定、骨髓细胞染色体畸变分析、小鼠精子畸形分析和睾丸染色体畸变分析试验中选择四项试验，根据以下原则对结果进行判断。

(1)如其中三项试验为阳性，则表示该受试物很可能具有遗传毒性作用和致癌作用，一般应放弃该受试物应用于食品，无需进行其他项目的毒理学试验。

(2)如其中两项试验为阳性，而且短期喂养试验显示该受试物具有显著的毒性作用，一般应放弃该受试物用于食品；如短期喂养试验显示有可疑的毒性作用，则经初步评价后，根据受试物的重要性和可能摄入量等，综合权衡利弊再作出决定。

(3)如其中一项试验为阳性，则再选择 V79/HGPRT 基因突变试验、显性致死试验、果蝇伴性隐性致死试验、程序外 DNA 修复合成(UDS)试验中的两项遗传毒性试验。如其中的两项试验均为阳性，则无论短期喂养试验和传统致畸试验是否显示有毒性与致畸作用，均应放弃该受试物用于食品；如有一项为阳性，而在短期喂养试验和传统致畸试验中未见有明显毒性与致畸作用，则可进入第三阶段毒性试验。

(4)如四项试验均为阴性，则可进入第三阶段毒性试验。

3)短期喂养试验

在只要求进行两个阶段的毒性试验时，若短期喂养试验未发现有明显毒性作用，综合其他各项试验即可作出初步评价；若试验中发现有明显毒性作用，尤其是有剂量-反应关系时，则考虑进行进一步的毒性试验。

4)90d 喂养试验、繁殖试验、传统致畸试验

根据三项试验中所采用的最敏感指标所得的最大无作用剂量进行评价，最大无作用剂量小于或等于人可能摄入量的 100 倍者表示毒性较强，应放弃该受试物用于食品；最大无作用剂量大于 100 倍而小于 300 倍者，应进行毒性试验；大于或等于 300 倍者则不必进行慢性毒性试验，而直接进行安全性评价。

5)慢性毒性(包括致癌)试验

根据慢性毒性试验所得的最大无作用剂量进行评价，最大无作用剂量小于或等于人可能摄入量的 50 倍者，表示毒性较强，应放弃该受试物用与食品；最大无作用剂量大于 50 倍而小于 100 倍者，经安全性评价后，再决定该受试物可否用于食品；最大无作用剂量大于或等于 100 倍者，则可考虑允许使用于食品。

根据致癌试验所得的肿瘤发生率、潜伏期和多发性等进行致癌试验判定的原则是：凡符合下列情况之一，并经统计学处理有显著性差异者，可认为致癌试验结果为阳性。若存在剂量-反应关系，则判断阳性更可靠。

(1)肿瘤只发生在试验组动物，对照组中无肿瘤发生。

(2)试验组与对照组动物均发生肿瘤，但试验组发生率高。

(3)试验组动物中多发性肿瘤明显，对照组中无多发性肿瘤，或只是少数动物有多发性肿瘤。

(4)试验组与对照组动物肿瘤发生率虽无明显差异，但试验组中发生时间较早。

新资源食品、复合配方的饮料等在试验中，若试样的最大加入量(一般不超过饲料的 5%)或液体试样最大可能的浓缩物加入量仍不能达到最大无作用剂量为人可能摄入量的规定倍数时，则可以综合其他的毒性试验结果和实际食用或饮用量进行安全性评价。

4. 食品安全性评价时需要考虑的因素

(1)人的可能摄入量。除一般人群的摄入量外，还应考虑特殊和敏感人群(如儿童、孕妇及高摄入量人群)。

(2)人体资料。由于动物与人之间存在着种族差异，在将动物试验结果推论到人时，应尽可能收集人群接触受试物后反应的资料，如职业性接触和意外事故接触等。志愿受

试者体内的代谢资料对于将动物试验结果推论到人具有重要意义。在确保安全的条件下,可以考虑按照有关规定进行必要的人体试食试验。

(3)动物毒性试验和体外试验资料。各项动物毒性试验和体外试验系统虽然仍有待完善,但却是目前水平下所得到的最重要的资料,也是进行评价的主要依据。若试验得到阳性结果,而且结果的判定涉及受试物能否应用于食品时,需要考虑结果的重要性和剂量-反应关系。

(4)安全系数。由动物毒性试验结果推论到人时,鉴于动物、人的种属和个体之间的生物特性差异,一般采用安全系数的方法,以确保对人的安全性。安全系数通常为100倍,但可根据受试物的理化性质、毒性大小、代谢特点、接触的人群范围、食品中的使用量及使用范围等因素,综合考虑增大或减小安全系数。

(5)代谢试验的资料。代谢研究是对化学物质进行毒理学评价的一个重要方面,因为不同化学物质及其剂量大小,在代谢方面的差别往往对毒性作用影响很大。在毒性试验中,原则上应尽量使用与人具有相同代谢途径和模式的动物种系来进行试验。研究受试物在试验动物和人体内吸收、分布、排泄和生物转化方面的差别,对于将动物试验结果比较正确地推论到人具有重要意义。

(6)综合评价。在进行最后评价时,必须在受试物可能对人体健康造成的危害及其可能的有益作用之间进行权衡。评价的依据不仅是科学试验资料,而且与当时的科学水平、技术条件以及社会因素有关。因此,随着时间的推移,很可能结论也不同。随着情况的不断改变、科学技术的进步和研究工作的不断进展,对已通过评价的化学物质需进行重新评价,得出新的结论。

15.2.2 功能性食品的功能学评价

功能学评价,包括动物试验和人体试食试验。动物试验,是指检验机构按照国家食品药品监督管理总局公布的或企业提供的保健食品功能学评价程序和检验方法,对受试样品的保健功能进行的功能学动物验证试验;人体试食试验,是指检验机构按照国家食品药品监督管理总局公布的或企业提供的保健食品人体试食试验评价程序和检验方法,对受试样品进行的人体试食试验和安全观察。

功能学评价是功能性食品科学研究的核心内容,主要针对功能性食品所宣称的生理功效进行动物学甚至是人体试验。

1. 功能学评价动物试验的基本要求

1)对受试样品的要求

(1)应提供受试样品的原料组成,或尽可能提供受试样品的物理、化学性质(包括化学结构、纯度、稳定性等)有关资料。

(2)受试样品必须是规格化的定型产品,即符合既定的配方、生产工艺及质量标准,其纯度应与实际应用的相同。也就是说,送检的样品必须与工厂生产的产品一致,是上市产品的代表,真正能体现今后工厂产品的全部性质和功能,至少应该是中试生产的产品，其生产工艺、配方、质量标准、形态、包装等与大生产完全相同。不能用实验室条件下得到的样品进行正式的功能学评价试验，更不允许添加生产配方中不准备添加的物质以增强其功能效果。

(3)提供受试样品的安全性毒理学评价资料以及卫生学检验报告，受试样品必须是经过食品安全性毒理学评价确认为安全的食品。功能学评价的样品与安全性毒理学评价、卫生学检验的样品必须为同一批次(安全性毒理学评价和功能学评价试验周期超过受试样品保质期的除外)。

(4)应提供功效成分或特征成分、营养成分的名称及含量。

(5)如需提供受试样品违禁药物检测报告时，应提交与功能学评价同一批次样品的违禁药物检测报告。

2)对试验动物的要求

(1)根据各项试验的具体要求，合理选择试验动物。常用大鼠和小鼠，品系不限，推荐使用近交系动物。

(2)动物的性别、年龄依试验需要进行选择。试验动物的数量要求为小鼠每组 10～15 只(单一性别)、大鼠每组 8～12 只(单一性别)。

(3)动物应符合国家对试验动物的有关规定。

3)对给受试样品剂量及时间的要求

(1)各种动物试验至少应设 3 个剂量组，另设阴性对照组，必要时可设阳性对照组或空白对照组。剂量选择应合理，尽可能找出最低有效剂量。在 3 个剂量组中，其中一个剂量应相当于人体推荐摄入量(折算为每千克体重的剂量)的 5 倍(大鼠)或 10 倍(小鼠)，且最高剂量不得超过人体推荐摄入量的 30 倍(特殊情况除外)，受试样品的功能试验剂量必须在毒理学评价确定的安全剂量范围之内。

(2)给受试样品的时间应根据具体试验而定，一般为 30d。当给予受试样品的时间已达 30d 而试验结果仍为阴性时，则可终止试验。

4)对受试样品处理的要求

(1)受试样品推荐量较大，超过试验动物的灌胃量、掺入饲料的承受量等情况时，可适当减少受试样品的非功效成分的含量。

(2)对于含乙醇的受试样品，原则上应使用其定型的产品进行功能试验，其三个剂量组的乙醇含量与定型产品相同。如受试样品的推荐量较大，超过动物最大灌胃量时，允许将其进行浓缩，但最终的浓缩液体应恢复原乙醇含量；如乙醇含量超过 15%，允许将其含量降至 15%。调整受试样品乙醇含量应使用原产品的酒基。

(3)液体受试样品需要浓缩时，应尽可能选择不破坏其功效成分的方法。一般可选择 60～70℃减压进行浓缩。浓缩的倍数依具体试验要求而定。

(4)对于以冲泡形式饮用的受试样品(如袋泡剂)，可使用该受试样品的水提取物进行功能试验，提取的方式应与产品推荐饮用的方式相同。如产品无特殊推荐饮用方式，则采用下述方法提取：常压，温度 80～90℃，时间 30～60min，水量为受试样品体积的 10 倍以上，提取 2 次，将其合并浓缩至所需浓度。

5)对给予受试样品方式的要求

必须经口给予受试样品，首选灌胃。如无法灌胃则加入饮水或掺入饲料中，计算受试样品的给予量。

6)对合理设置对照组的要求

以载体和功效成分(或原料)组成的受试样品，当载体本身可能具有相同功能时，应将该载体作为对照。

2. 功能学评价人体试食试验的基本要求

1)对受试样品的要求

(1)受试样品必须符合本程序对受试样品的要求，并就其来源、组成、加工工艺和卫生条件等提供详细说明。

(2)提供与试食试验同批次受试样品的卫生学检测报告，其检测结果应符合有关卫生标准的要求。

(3)人体试食试验受试样品必需经过动物毒理学安全性试验和卫生学试验，安全性毒理学试验、卫生学试验不合格的样品不可进行功能学人体试食试验。

(4)受试样品必须经过动物试验证实，确定其具有需验证的某种特定的保健功能。对照物品可以用安慰剂，也可以用具有验证保健功能作用的阳性物。

(5)原则上人体试食试验应在动物功能学试验有效的前提下进行。

2)试验前的准备

(1)拟定计划方案及进度，组织有关专家进行论证，并经本单位伦理委员会批准。

(2)根据试食试验设计要求、受试样品的性质、期限等，选择一定数量的受试者。试食试验报告中试食组和对照组的有效例数不少于50人，且试验的脱离率一般不得超过20%。

(3)开始试用前要根据受试样品性质，估计试用后可能产生的反应，并提出相应的处理措施。

3)对受试者的要求

(1)选择受试者必须严格遵照自愿的原则，根据所需判定功能的要求进行选择。

(2)确定受试对象后要进行谈话，使受试者充分了解试食试验的目的、内容、安排及有关事项，解答受试者提出的与试验有关的问题，消除可能产生的疑虑。

(3)受试者必须有可靠的病史，以排除可能干扰试验目的的各种因素。

(4)受试者应填写参加试验的知情同意书，并接受知情同意书上确定的陈述“我已获得有关试食试验食物的功能及安全性等有关资料，并了解了试验目的、要求和安排，自愿参加试验，遵守试验的要求和纪律，积极主动配合，如实反映试验过程中的反应，逐日记录活动和生理的重要事件，接受规定的检查。”受试者和主要研究者在知情同意书上签字。志愿者填写知情同意书后应经试食试验负责单位批准。

(5)试食试验期限原则上不得少于30d(特殊情况除外)，必要时可以适当延长。

4)对试验实施者的要求

(1)以人道主义态度对待志愿受试者，以保障受试者的健康为前提。

(2)进行人体试食试验的单位应是CFDA认定的保健食品功能学检验机构。如需进行与医院共同实施的人体试食试验，功能学检验机构必须选择三级甲等医院共同进行。

(3)与试验负责人取得密切联系，指导受试者的日常活动，监督检查受试者遵守试验有关规定。

(4)在受试者身上采集各种生物样品时，应详细记录采集样品的种类、数量、次数、采集方法和采集日期。

(5)负责人体试食试验的主要研究者应具有副高级及以上职称。

5)试验观察指标的确定

根据受试样品的性质和作用确定观察的指标，一般应包括以下指标。

(1)在被确定为受试者之前应进行系统的常规体检(进行心电图、胸透和腹部 B 超检查)，试验结束后根据情况决定是否重复心电图、胸透和腹部 B 超检查。

(2)在受试期间应取得的资料：①主观感觉(体力和精神的)；②进食状况；③生理指标(血压、心率等)、症状和体征；④常规的血液学指标(血红蛋白、红细胞和白细胞计数，必要时做白细胞分类)、生化指标(转氨酶、血清总蛋白、白蛋白、尿素、肌酐、血脂、血糖等)；⑤功效性指标，即与保健功能有关的指标，如抗氧化功能、减肥功能等方面的指标。

3. 评价食品保健作用时要考虑的因素

1)人的可能摄入量

除一般人群的摄入量外，还应考虑特殊的和敏感的人群(如儿童、孕妇及高摄入量人群)。

2)人体资料

由于存在动物与人之间的种属差异以及个体差异，在将动物试验结果外推到人时，一般采用安全系数高的方法，以确保对人的安全性。应尽可能收集人群服用受试物的效应资料，若体外或体内动物试验未观察到或不易观察到食品的保健效应或观察到不同效应，而有关资料提示对人有保健作用时，在保证安全的前提下，应进行必要的人体试食试验。

3)结果的重复性和剂量–反应关系

在将评价程序所列试验的阳性结果用于评价食品的保健作用时，应考虑结果的重复性和剂量–反应关系，并由此找出其最小有作用剂量。

4)最后评价

在进行最后评价时，必须权衡受试样品可能对人体健康造成的危害和可能的有益作用。评价的依据不仅是科学试验资料，而且与当时的科学水平、技术条件以及社会因素有关。因此，随着时间的推移、情况的不断改变、科学技术的进步和研究工作的不断进展，对已通过评价的化学物质需进行重新评价，得出新的结论。

总之，根据上述材料对功能性食品进行毒理学最终评价时，应全面权衡和考虑实际可能，以确保发挥该受试样品的最大效益以及对人体健康和环境造成最小危害的前提下做出结论。

15.2.3 功效成分或标志性成分检测

功效成分或标志性成分检测，是指检验机构按照国家食品药品监督管理总局公布的或企业提供的保健食品功效成分或标志性成分检测方法，对申请人送检样品的功效成分或标志性成分的含量及其在保质期内的含量变化进行的检测。

1. 功效成分与标志性成分的定义

目前对保健食品功效成分与标志性成分尚无确切的定义。一般认为，保健食品功效成分与标志性成分是指在保健食品中能够起到调节人体特定生理功能，并且不对机体产生不良作用的活性物质。功效成分是功能性食品质量的核心，是功能性食品的“生命”，没有这类物质及其保健功能，就会失去功能性食品的价值和意义。这些物质必须符合下列三个条件。

(1)功能性食品的功效成分或标志性成分应与该产品保健功能相对应，并应含有其功效成分的最低有效含量，必要时应控制其有效成分的最高限量。

(2)必须能在保健食品中稳定存在，即在食品的加工与贮存过程中不被完全破坏，而且它们在保健食品中应具有特定存在的形态和含量。

(3)在进入人体后，它必须能够对机体正常的生理功能有调节作用，有效地使机体向健康的方向发展。

2. 保健食品功效成分与标志性成分检测方法选择

食品中的营养成分已有较完善的检测方法。但对功能性食品功效成分检测方法的研究在国内外均处于初级阶段。由于功能性食品配方复杂、原料种类多，而其中的功效成分含量又很少。在大量干扰物存在的情况下就增加了功效成分检测的复杂性。如果采用去除杂质的办法，则同时也可能去掉部分所要检测的功效成分；如果采用提纯的方法，则所提取的功效成分能否达到一定的纯度，检测结果能否反映真实的含量，这些问题在检测中均需要认真考虑。对于功能性食品功效成分的测定，有的用“药典”中的定性或定量方法。但实际上这些方法只适用于高纯度药品的检测，并不适用于功能性食品中功效成分的测定。目前功能性食品的生产和管理之所以比较混乱，规范性文件难于出台，其根本原因就是功效成分的检测方法不完善。为了适应功能性食品开发生产与监督管理的需要，应积极研究和建立各种功效成分的测定方法。

就目前来说，保健食品功效成分与标志性成分检测方法的选择应根据配方组分现代理化研究的相关资料，选择可行的国家标准，或按国家规定进行。选择顺序依次为：国家标准、《保健食品检验与评价技术规范》中的功效成分检测方法、《中国药典》、AOAC方法、《保健食品功效成分检测方法》、《中草药有效成分分析法》、论文报道方法、自创方法。

功效成分或标志性成分的检测方法应根据其产品适用的方法学范围，选择符合国家卫生标准、规范、国家药品标准或国家有关部门正式公布的以及国内或国际上具有权威性的且适用于保健食品的测定方法，并标明其出处。无相关检验方法的，申请人应提供详细的检验方法及方法学研究结果。方法学研究结果应包括线性范围、精密度、稳定性、重现性、回收率等内容。

3. 保健食品功效成分与标志性成分的鉴别

1)一般化学反应法

一般化学反应法是利用检测试剂与保健食品中的功效成分或标志性成分发生化学反应，根据所产生的颜色、沉淀或气体等现象，来判断某些功效成分或标志性成分的有无。由此可见，所谓一般化学反应法即通常所说的显色反应和沉淀反应。

一般化学反应法具有操作简便、适用性较强等特点。但由于非被检成分往往对其产生干扰而发生假阳性反应或假阴性反应，故一般需对样品进行预处理，除去干扰性成分，富集被检成分。此外，还需选择专属性较强的检测试剂，必要时做阳性或阴性对照试验加以验证，从而保证它的专属性和灵敏度。

一般化学反应法大多采用某类植物成分的通用显色反应或沉淀反应，这些反应对于被检成分一般只能鉴别其“类”(何类成分)，而不能鉴别其“种”(何种成分)。因此其否定功能往往强于肯定功能。例如，利用盐酸-镁粉反应鉴别山楂，当呈负反应时，可以得出样品中不含黄酮类成分，即不含山楂黄酮或山楂。但若呈正反应，只能说明存在黄酮类成分，要想确证是否存在山楂，仅依此结果尚嫌不足，还需配合山楂的显微鉴别和薄层鉴别。只有当检出山楂酸和熊果酸时，才能作出肯定的结论。由于方法本身的局限性，某些制剂的一般化学反应法已被薄层鉴别法取代。

一般化学反应法主要用于功效成分或标志性成分中生物碱、黄酮类、蒽醌类、皂苷、香豆素、萜类以及各种矿物类成分的鉴别。

2)升华鉴别法

升华鉴别法是利用某些成分的升华性，在一定温度下将其从制剂中升华分离出来，受试物所具有的某些理化性质作为制剂鉴别的依据。

升华法具有简便、实用等特点，由于升华性仅为少数中药化学成分所具有，纯度较高，故该法专属性较好。

3)荧光鉴别法

荧光鉴别法是指利用制剂中某些成分，如黄酮类、蒽醌类、香豆素类等在可见光或紫外光照射下能产生一定颜色荧光的性质，对保健食品进行的鉴别。有的成分本身不具荧光性，但加酸、碱处理后，或经其他化学方法处理后也可产生荧光供鉴别用。

本法操作简便、灵敏，具有一定的专属性。例如大黄和制大黄的显微特征和化学反应都很相似，但将二者的醇提液点加在滤纸上，置紫外光灯下检视，前者显棕色至棕红色荧光，而后者显亮蓝色荧光，很容易区分。

4)薄层色谱鉴别法

使用本法鉴别功效成分或标志性成分通常是在同一块薄层板上点加供试品和对照品，在相同条件下展开，显色检出色谱斑点后，将所得供试品与对照品的色谱图进行对比分析，从而对药品进行定性鉴别。

薄层色谱鉴别法具有简便、快速、易普及等特点。该法具有分离和分析双重功能，且采用共薄层对照分析法，故专属性较强。《中国药典》自2005年版起增加系统适用性试验，使得薄层色谱鉴别法更趋完善，检测质量进一步提高。所谓系统适应性试验是指在测试样品之前，按各品种项下规定，用样品和对照品对试验条件进行试验和调整，使其达到规定的检测限、分离度和重复性要求。

5)分光光度鉴别法

一般来说，纯化合物的紫外吸收光谱才具有鉴别意义。但近年研究表明，某些中药经适当处理后，所得紫外吸收光谱是由其各组分的特征吸收叠加而成。若将以中药为原料的功能性食品作为一个特定的整体，在一定测试条件下，只要各中药的功效物质的组成与含量相对稳定，则其紫外吸收光谱具有一定的特征性和重现性，可以用于定性鉴别。

分光光度鉴别法操作简便、灵敏度高、易普及。但由于紫外光谱分辨率较低，图谱简单，某些不同的样品可能给出极其相似的光谱图，使其在实际工作中受到一定限制。如果对样品进行前处理，除去干扰成分，则可有效地提高该法的专属性。

6)气相色谱鉴别法

在一定的色谱条件下，相同的物质应具有相同的色谱特性(分配系数)和色谱行为(保留值)。因此，在同一色谱条件下，将供试品溶液和对照品溶液分别注入气相色谱仪，对二者的气相色谱图进行比对，供试品应呈现与对照品保留时间相同的色谱峰，从而对样品做出定性鉴别。这种方法可称为保留时间比较法，《中国药典》即采用此法对某些中成药进行真伪鉴别。保留时间是指从进样开始，到该组分色谱峰顶点的时间间隔。

气相色谱法具有高分辨率、高灵敏度、快速、准确等特点，尤其适合分析制剂中的挥发性成分，如麝香酮、薄荷醇、冰片、水杨酸甲酯等。一般情况下气相色谱法不适合分析蒸气压较低的即挥发性较小的成分，因此该法在实际工作中具有一定的局限性。

7)高效液相色谱鉴别法

高效液相色谱鉴别法在原理和操作上与气相色谱鉴别法有许多相似之处。采用保留时间比较法，即在相同的色谱条件下，比较样品和对照品色谱峰的保留时间是否一致，从而对被检成分的存在情况做出判断。

高效液相色谱鉴别法不受样品挥发性的限制，固定相、流动相的选择范围较宽，检测手段多样，加之高效快速、微量、自动化程度高等特点，所以在药物分析工作中比气相色谱鉴别法的应用更为广泛，在中药制剂鉴别中的应用也日益增多。不过，目前在保健食品制剂质量标准中，一般很少单独使用该法做鉴别，而是多与含量测定结合进行。

15.2.4 卫生学评价

卫生学评价是指检验机构按照国家有关部门公布的或企业提供的检验方法，对申请人送检样品的卫生学及其与产品质量有关的指标(除功效成分或标志性成分外)进行的检测。食品卫生学试验的目的是检查食品中是否含有被污染或有毒、有害物质，判定其是否符合卫生标准的要求，从而保证食用的安全性。功能性食品作为食品的一个种类，确定卫生学试验项目的原则有如下几点。

1. 产品应符合《保健功能性食品通用标准》中各项卫生指标的要求

《保健功能性食品通用标准》对一般的卫生指标：砷、铅、汞、菌落总数、大肠菌群、致病菌、霉菌、酵母菌提出了限制性标准，所有功能性食品的检验指标都应符合这个标准。

2. 检验功能性食品的食品原料是否符合卫生标准要求

相当一部分功能性食品是在正常食品中(如奶粉、酒类)加入一些特殊成分后构成的，这些正常的食品应符合相应的卫生标准要求。

3. 功能性食品的功效成分应对人体不构成危害

功能性食品与普通食品的最大区别在于前者含有特殊功效成分，这些成分往往是外来加入的非正常食用物质，其中含有或可能含有对人体构成危害的有毒、有害物质。如鱼油、磷脂中含有过多的过氧化物、低级羧酸类物质对人体有一定的毒性作用。因此，对它们的含量应有一定的限制。此外，有些功能性食品的功效成分本身具有一定的毒性。如三价铬具有调节血糖的作用，但如被氧化，形成或带有六价铬，则对人体具有毒性。因此，应检测它们的含量，使其控制在安全毒理学评价范围之内。

15.2.5 稳定性试验

保健食品稳定性试验是指保健食品通过一定程序和方法的试验，考察样品的感官、化学、物理及生物学的变化情况。通过稳定性试验，考察样品在不同环境条件下(如温度、相对湿度等)的感官、化学、物理及生物学随时间增加的变化程度和规律，从而判断样品包装、贮存条件和保质期内的稳定性。

1. 进行功能性食品稳定性试验的必要性

根据《保健食品评审技术规程》第二十一条的规定，功能性食品必须进行产品稳定性考察。产品的稳定性是评价其质量的重要指标之一，是核定产品保质期的主要依据。必须对功能性食品的稳定性进行检验，其原因主要体现在以下几个方面。

(1)功能性食品从生产出厂经流通渠道最终到达消费者手中短则需 2～3 个月，长则要半年以上。如果其内在质量达不到在一个相对较长的时间内保持恒定不变，则可能会发生质量劣变。消费者食用了变质的食品，不仅达不到保健目的，而且可能对身体健康造成危害。

(2)功能性食品主要由有机原料组成，易遭受细菌或其他微生物的污染，微生物在大量营养物质存在下，在适宜温湿度条件下，就会繁殖生长，造成产品变质。

(3)有一些功效成分，在一定条件下也会发生分解或转化，影响功能性食品的功能。

(4)不适当的储存也易于造成物理性能的改变，如潮解、粘连、硬化、香味逸散、液体食品浑浊、沉淀、颜色改变等。

总之，以上所有生物、化学、物理性能的改变，都称为功能性食品稳定性改变，都将严重影响功能性食品的质量，影响其营养、功能和安全。因此，功能性食品必须进行产品稳定性试验。

2. 稳定性试验检测指标的选定原则

稳定性试验选定什么样的检验指标来进行，是试验的关键，其确定的原则如下。

1)功能性食品的功效成分应作为稳定性试验的必检指标

功能性食品之所以具有保健作用，是由于它含有的功效成分所起的作用。检验功效成分含量的变化情况，是制定保质期的主要依据。在保质期内的功效成分不应发生较大幅度的变化，符合产品的标准要求。一部分功能性食品的功效成分不能通过稳定性试验的主要原因有以下几个。

(1)生产工艺技术不过关使功效成分发生大的变化。如以“加入”形式构成的功能性食品，如果功效成分与其他成分混合不均匀，在检验中就很容易变化。

(2)对功效成分的理化及生物学特点不了解，采取措施不当。如双歧杆菌是一种有调节胃肠道菌群作用的厌氧菌，加入这种菌构成的功能性食品，如不采用真空包装，就会影响其试验结果。

(3)检验技术和方法的问题。由于对很多功效成分目前尚无规范性的检验方法，对检验所用方法缺少深入的研究，可能会影响其试验结果。

(4)产品的包装类型和密封程度影响试验结果的准确性。

2)选择有卫生学意义的指标

卫生指标的检测是稳定性试验的内容之一，卫生指标在产品的保质期内绝对不能超出所制定的卫生标准。稳定性试验的卫生指标应包括菌落总数、大肠菌群、致病菌、霉菌、酵母菌及与产品类型有关的指标，如含脂类多的应检测酸价、过氧化值等。

3)与产品质量相关的指标

与产品质量相关的指标主要包括对产品外部的感官检验和产品质量标准中规定指标的检验，如水分、酸度等。

3. 功能性食品稳定性试验的方法

根据样品特性不同，稳定性试验可采取短期试验、长期试验或加速试验。

(1)短期试验。该类样品保质期一般在 6 个月以内(含 6 个月)，在常温或说明书规定的贮存条件下考察其稳定性。

(2)长期试验。该类样品一般保质期为 6 个月以上，在说明书规定的条件下考察样品稳定性。

(3)加速试验。该类样品一般保质期为 2 年，为缩短考察时间，可在加速条件下进行稳定性试验，在加速条件下考察样品的感官、化学、物理及生物学方面的变化。

4. 稳定性试验的要求

1)样品分类

(1)普通样品。指对贮存条件没有特殊要求的样品，可在常温条件下贮存，如固体类样品(片剂、胶囊剂、颗粒剂、粉剂等)、液体类样品(口服液、饮料、酒剂等)。

(2)特殊样品。指对贮存条件有特殊要求的样品，如益生菌类、鲜蜂王浆类等。

2)样品批次、取样和用量

应符合现行法规，满足稳定性试验的要求。

3)样品包装及试验放置条件

稳定性试验的样品所用包装材料、规格和封装条件应与产品质量标准、说明书中的要求一致。

(1)普通样品。加速试验应置于温度 37±2℃、相对湿度 RH 75±5%、避免光线直射的条件下贮存 3 个月。短期试验、长期试验应在说明书规定的储存条件下贮存，贮存时间根据产品质量标准及说明书声称的保质期而定。

(2)特殊样品。在说明书规定的贮存条件下贮存。

4)试验时间

稳定性试验中应设置多个考察时间点，其考察时间点应根据对样品的性质(感官、理化、生物学)了解及其变化的趋势设定。

(1)普通样品。长期试验一般考察时间应与样品保质期一致，如保质期定为 2 年的样品，则应在 0 个月、3 个月、6 个月、9 个月、12 个月、18 个月、24 个月对样品进行检验。0 个月数据可以使用同批次样品卫生学试验结果。加速试验一般考察时间为 3 个月，即对放置 0 个月、1 个月、2 个月、3 个月样品进行考察。0 个月数据可以使用同批次样品卫生学试验结果。

(2)特殊样品。在说明书规定的贮存条件下进行考察。保质期在 3 个月之内的，应在贮存 0 个月、终月(天)进行检测；保质期大于 3 个月的，应按每 3 个月检测一次(包括贮存 0 个月、终月)的原则进行考察。

5. 稳定性试验的结果判定

功能性食品稳定性试验结果评价是对试验结果进行系统分析和判断，检测结果应符合产品质量标准规定。

(1)贮存条件的确定。应参照稳定性试验研究结果，并结合功能性食品在生产、流通过程中可能遇到的情况，同时参考同类已上市产品的贮存条件，进行综合分析，确定适宜的产品贮存条件。

(2)直接接触功能性食品的包装材料、容器等的确定。一般应根据功能性食品的具体情况，结合稳定性研究结果，确定适宜的包装材料。

(3)保质期的确定。功能性食品保质期应根据产品具体情况和稳定性考察结果综合确定。采用短期试验或长期试验考察产品质量稳定性的样品，总体考察时间应涵盖所预期的保质期，应以与 0 个月数据相比无明显改变的最长时间点为参考，根据试验结果及产品具体情况，综合确定保质期；采用加速试验考察产品质量稳定性的样品，根据加速试验结果，保质期一般定为 2 年；同时进行了加速试验和长期试验的样品，其保质期一般主要参考长期试验结果确定。

15.2.6 注册检验与复核检验

功能性食品注册检验是指申请人提出功能性食品注册申请前，按照有关规定，在功能性食品注册检验机构所进行的产品检验。检验项目包括产品安全性毒理学试验、功能学试验、功效成分或标志性成分检测、卫生学试验、稳定性试验等。另外，根据产品原料、剂型、工艺、保健功能等的不同，需要进行原料品种鉴定、菌种毒力试验、兴奋剂和违禁成分检测、纯度检测等，还应当按照国家有关规定增加相应的注册检验项目。

功能性食品产品质量复核检验是指食品药品监督管理部门受理功能性食品注册申请后，注册检验机构按照申请人申报的产品质量标准对食品药品监督管理部门提供的样品所进行的检验，检验项目为被检产品质量标准规定的全部项目。

食品药品监督管理部门受理功能性食品注册申请后，应按照有关规定向注册检验机构发出功能性食品产品质量复核检验通知书，并提供产品质量标准和连续三个批号规定数量的复核检验用样品。注册检验机构应当在收到复核检验通知书、检验样品及有关资料后，进行复核检验。

思 考 题

1. 根据我国功能性食品的发展概况，谈谈我国功能性食品的发展方向。
2. 功能性食品评价的主要内容有哪些？
3. 食品毒理学评价的内容有哪些？其目的是什么？
4. 功能性食品的功能学评价动物试验的基本要求有哪些？
5. 评价功能性食品的保健作用时需要考虑哪些因素？
6. 何谓功效成分或标志性成分？其检测方法有哪些？
7. 功能性食品稳定性试验有何必要性？其测定指标的选定应遵循什么原则？

参 考 文 献

陈运中，熊振芳. 2014. 中药保健食品研发思路探讨 [J]. 时珍国医国药，25(12)：3002-3003.
范青生，龙洲雄. 2007. 保健食品功效成分与标志性成分 [M]. 北京：中国医药科技出版社.
国家食品药品监督管理局. 2011. 保健食品注册检验复核检验管理办法 [Z]. 北京.
国家食品药品监督管理局. 2011. 保健食品注册检验复核检验规范 [Z]. 北京.
国家食品药品监督管理总局. 2014. 保健食品稳定性试验指导原则 [Z]. 北京.
刘静波，林松毅. 2008. 功能性食品学 [M]. 北京：化学工业出版社.
王淑君，宋少江，彭缨. 2009. 保健食品研发与制作 [M]. 北京：人民军医出版社.
中华人民共和国卫生部. 2003. 保健食品检验与评价技术规范 [Z]. 北京.

第16章 功能性食品生产加工技术与GMP

在“21世纪全球功能性食品及其发展趋势”报告会上，功能性食品专家金宗濂教授提出了中国功能性食品的六大发展趋势：保健进入一日三餐；健康宣称，增强体质，疾病预防；能量与活力；控制体重；生物活性物质；天然材料。目前在我国销售的健康食品中有90%为第一代(强化食品)和第二代(初级产品)产品，而日本、欧洲、美国的产品已经是第三代功能性食品(高级产品)(Bigliardi and Galati，2013)。本章主要介绍在研究和开发这些功能性食品，特别是第二代、三代功能性食品时，所涉及的功能性食品的配方及剂型开发、功能活性成分的分离纯化及功能性食品生产过程中的GMP要求等内容。

16.1 功能性食品的配方与剂型开发

16.1.1 功能性食品的配方

1. 功能性食品配方设计的原则

1)安全性原则

安全性是功能性食品在配方设计时须考虑的首要原则，不能使用对人体构成危害的任何原料，产品必须按照食品安全国家标准《食品安全性毒理学评价程序》(GB 15193.1—2014)进行严格的安全性评价，确保产品的安全性。

2)功效性原则

对功能性食品的功效性必须进行客观评价，必须明确产品的主要功效，而不能含糊其词或过分夸大。在配方设计时首先应该围绕食品的功效进行考虑。

3)对象性原则

功能性食品的配方应该有明确的对象性，针对明确的食用对象而设计。根据食用对象的不同，功能性食品可分为日常功能性食品和特种功能性食品两类。如针对老年人日常功能性食品来讲，应符合足够的蛋白质、膳食纤维、维生素、矿物元素和低能量、低钠盐、低脂肪、低胆固醇的“四高四低”要求。

4)依据性原则

功能性食品配方必须有明确的依据，包括政策、法规方面的依据和理论、技术方面的依据。为确保功能性(保健)食品的健康发展，我国政府相继制定了一系列政策与法规。

《食品卫生法》和国家食品药品监督管理总局 2016 年 7 月实施的《保健食品注册与备案管理办法》确立了功能性(保健)食品的法律地位，使其进入了规范管理并依法审批的轨道。国家技术监督局发布了《保健(功能)食品通用标准》1997-2-28，卫生部相继制定了《保健食品评审技术规程》1996-7-18、《保健食品功能学评价程序和检验方法》1998-5-26、《保健食品通用卫生要求》1996-7-18 和《保健食品的标识规定》1996-7-18 等技术文件，功能性(保健)食品的开发必须符合相关政策与法规的各项要求。因此，要从理论和技术方面对产品配方给予支持。

2. 功能性食品配方设计的注意事项

在功能性食品的配方设计中还应注意：①有明确毒副作用的药物不宜作为开发功能性食品的原料；②已获国家医药管理部门批准的中成药或已受国家保护的中药配方不能用来开发功能性食品；③功能性食品的原料如中药，其用量应控制在临床用量的 1/2 以下；④在重点考虑功效成分的同时还要注意其他基本营养成分的均衡；⑤要注意在产品形式、成分含量等方面与“药品”相区分；⑥配方设计要和生产工艺相结合(管正学等，2000)。

3. 功能性食品配方举例

功能性食品是指对食品进行功能性设计，在基本功能的基础上附加特定功能的食品。其中第一代产品主要是强化食品，第二代、第三代产品称之为保健食品。

1)功能性饮料

功能性饮料是功能性食品的一个重要分支。近年来，在日益注重健康的前提下，功能性饮料日益得到消费者的认同，为饮料工业开发新产品提供了新的发展方向，使饮料市场更趋于多元化。目前功能性饮料已成为一种消费新趋向，市场潜力极大。

(1)功能性饮料分类。

功能性饮料根据原料可分为：①利用传统食品加工的功能性饮料，包括动物性食品(如乌骨鸡、中华鳖、蛇等)、植物性食品(如无花果、南瓜、黑芝麻等)和微生物发酵食品(如酸奶、醋蛋等)。其营养丰富，许多含有人体必需的氨基酸、维生素、微量元素等，并具有不同的功能。②添加中药提取物和营养强化剂的功能性饮料，将药食两用中草药借助现代的工艺方法提取，然后通过添加提取物和一些营养强化剂(如矿物质、微生素、氨基酸等)，从而制成一类具有较好的防病与保健作用的功能性饮料。③添加新资源食品的功能性饮料。如绞股蓝、珍珠、王浆、芦荟、银杏叶、杜仲、小球藻等，这类新资源食品在调节人体生理功能、防治某些疾病方面作用较强，促进了疗效型功能性饮料的发展。④利用生物技术开发的功能性饮料。

功能性饮料按其作用一般可分为兴奋性饮料、运动饮料、抗衰老饮料、减肥饮料、美容饮料等。其中，兴奋性饮料指含咖啡因、瓜拉拿藤、L-肉碱、牛磺酸等的饮料；运动饮料指含维生素、纤维素、氨基酸、矿物质等多种抗疲劳因子的饮料；抗衰老饮料主要指强化了自由基清除剂的一类饮料。

功能性饮料按其主要功能成分一般可分为活性多糖饮料、功能油脂饮料、矿物元素饮料、保健茶饮料、强化维生素功能饮料、活性多肽饮料等。其中活性多糖饮料一般包括膳食纤维饮料和真菌多糖饮料；功能油脂饮料指含有较多功能性不饱和脂肪酸的饮料；矿物元素饮料主要指强化了硒、锗、铬等与人体健康密切相关的微量矿物元素的功能性饮料；保健茶饮料：茶叶有效成分中的茶多酚、脂多糖、氨基酸、微量元素以及咖啡碱等对人体有特殊的保健作用，以茶为主的饮料将成为功能性饮料的重要部分；强化维生素功能饮料指强化各种维生素的一类饮料。

(2)功能性饮料的基本生产工艺。

功能性饮料的基本生产工艺和同类型的一般饮料工艺过程大致相同，如功能性碳酸饮料的生产工艺也同样包括水处理、CO_2处理、调配和灌装四大系统，乳性功能饮料的生产工艺基本与乳饮料的生产工艺相同。但是，由于功能性饮料的原料众多、特性各异，所以其提取、调制、后处理等工艺过程也就各不相同。

例如，常见茶饮料的生产工艺为：红茶→粉碎→保温浸泡(纤维素酶、果胶酶)→煮沸→精密过滤→调和(白糖、茶、香精等)→加热→灌装→封口→杀菌→成品；含动物营养成分饮料的生产工艺流程：乌骨鸡→蒸煮→去油→酶解(蛋白酶)→过滤→鸡汁→调和(糖、盐、中药汁)→过滤→灌装→封口→高温灭菌→冷却→产品。

(3)功能性饮料配方举例(温辉梁，2002)。

①强化维生素C的仿果汁饮料的配料见表16-1。

表16-1　强化维生素C的仿果汁饮料配料　(单位：kg)

成分	含量	成分	含量	成分	含量
蔗糖	69.01	食用蓝色素	0.08	磷酸二钙	适量
酒石酸	1.1	葡萄香精	0.42	苯甲酸钠	0.1
柠檬酸钠	适量	柠檬酸	1.02	食用红色素	0.04
羧甲基纤维素钠	0.34	维生素C	0.68	—	—

注：加水至1000L即可

②含多糖的健身饮料的配料见表16-2。

表16-2　含多糖的健身饮料配料　(单位：kg)

成分	含量	成分	含量	成分	含量
橘肉	60	橘子香精	1	柠檬酸	1.5
淀粉凝胶	26.3	橘汁	500	山梨酸钾	0.2
果胶	12.2	蔗糖	15.6	—	—

注：加水至1000L即可

③红茶饮料的配料见表16-3。

表 16-3　红茶饮料配料　（单位：kg)

成分	含量	成分	含量	成分	含量
红茶	60	白砂糖	20	红茶香精	适量
β-环糊精	12.2	—	—	—	—

注：加水至 1000L 即可

④果蔬奶茶的配料见表 16-4。

表 16-4　果蔬奶茶配料　（单位：kg)

成分	含量	成分	含量	成分	含量
蔬菜汁	350～400	乳化剂	2～2.5	牛奶	20～30
果汁	20～30	香精	适量	琼脂	10～20
砂糖	80～100	茶汁	350～400	酸味剂	适量

注：加水至 1000L 即可

⑤用于旅游、运动的等渗饮料的配料见表 16-5。

表 16-5　旅游、运动等渗饮料配料　（单位：kg)

成分	含量	成分	含量	成分	含量
葡萄糖	73.52	香精	0.16	磷酸二氢钠	0.56
氯化钠	1.6	无水柠檬酸	3.2	苯甲酸钠	0.08
磷酸二氢钾	0.48	维生素 C	0.48	食用色素	0.02
三氯蔗糖	0.16	—	—	—	—

注：加水至 1000L 即可

⑥日本运动饮料(等渗饮料)的配料见表 16-6。

表 16-6　日本运动饮料配料　（单位：kg)

成分	含量	成分	含量	成分	含量
砂糖	38	香精	1.5	磷酸钾	0.25
柠檬酸	1.7	乳酸钙	0.5	羧甲基纤维素钠	0.25
食盐	0.3	维生素 C	0.25	葡萄糖	30
维生素 B_2	1.2	食用黄色素	0.1	柠檬酸钠	0.25
味精	0.02	—	—	—	—

注：加水至 1000L 即可

2)功能性奶粉

(1)婴儿配方奶粉。

在我国比较早投入市场的功能性特种营养食品是母乳化奶粉，后改称为婴儿配方奶粉。目前市场上的 2 号配方奶粉中，每 100g 含有 35 单位的免疫活性物质、2500mg 亚油酸、30mg 牛磺酸、42mg 叶酸、500mg 钙以及各种维生素及矿物元素。这种奶粉现在不仅婴儿在食用，而且老年人、中年人也在食用，原因在于它方便、营养，易于被消费者接受。

婴儿配方奶粉大致经历了四个过程。①第一代婴儿配方奶粉：简单的向牛乳或炼乳中加水稀释，有利于消化；在牛乳中添加谷物、豆浆、蔗糖，以增加热量。②第二代婴儿配方奶粉：牛乳中添加乳清粉、麦芽糖或淀粉糖，调节酪蛋白与乳清蛋白比例。牛乳中添加脱盐乳清粉、淀粉糖、维生素、矿物质、植物油，降低牛乳的矿物质，提高不饱和脂肪酸比例，强化缺乏的维生素、矿物质。牛乳中添加脱盐乳清粉、淀粉糖、维生素、矿物质、植物油、牛磺酸、低聚糖、DHA，提高肠道内双歧杆菌数量，促进婴儿的神经系统发育。③第三代婴儿配方奶粉：以乳清蛋白(如β-乳球蛋白)水解物为基础，经抑菌处理后添加免疫活性物质，保证婴儿正常生长发育的营养需要，进一步提高婴儿的机体免疫力和抗感染力。④第四代婴儿配方奶粉：近几年，随着国内对母乳成分研究的不断深入，新工艺、新技术的提高，为第四代婴儿配方奶粉研制与应用提供了支撑，产品配方逐渐接近母乳水平。已有新的母乳研究成果应用到第四代婴儿配方奶粉的研制中，如酶法制备小分子蛋白质技术、酶交换制备结构脂OPO技术、氨基酸比例调整优化技术、渗透压调整技术及多种低聚糖的添加等。

(2)中老年奶粉。

①基本组成。

中老年奶粉以优质鲜牛奶、脱脂奶粉和精炼植物油为主要原料，采用先进的生产工艺和设备精制而成，是中老年人理想的营养饮品。针对牛乳脂肪中所含的胆固醇较高，对中老年人的健康不利，而且牛乳中的乳糖使中老年人易产生“乳糖不耐性”，不利于中老年人的消化吸收等方面的缺陷，产品配方中通过加入脱脂奶粉和低聚糖加以解决。在精炼植物油中，不饱和脂肪酸(如亚油酸、α-亚麻酸)含量相当高，它能防止中老年人血清中胆固醇的沉积，可减轻饱和脂肪酸所引起的冠心病、高血压、动脉硬化等疾病的发生。另外，精炼植物油含有较多的天然抗氧化剂，能延缓中老年人的衰老。

②强化成分。

中老年奶粉中的强化成分包括双歧杆菌增殖因子、抑制有害菌因子、促进钙吸收因子和免疫活性物质。双歧杆菌是人体肠道内对机体有益的正常菌群，与人体健康密切相关。但随着年龄的增长，到老年时期肠道内细菌总数大大减少，尤其是双歧杆菌减少更为明显，而代谢产生毒素的产气荚膜梭菌等大量增加，造成肠内产生大量的氨、硫化氢、胺类、吲哚等有害物质。这些有害物质不仅损害肠道本身，被肠吸收后，还损害整个人体的机体组织细胞，致使机体免疫功能下降，增加了癌症、动脉硬化、高血压、肝脏损害等疾病发生的可能性，使人体细胞长期慢性中毒，导致人体衰老与疾病的产生。因此，通过在中老年奶粉中强化双歧杆菌增殖因子和抑制有害菌因子，可以改善肠道功能，防止便秘、腹泻，促进蛋白质消化，促进合成维生素等作用，有利于中老年人健康长寿。

中老年人普遍缺钙，缺钙容易引起骨质疏松、骨质增生及腰酸腿疼等症状。但是中老年人补钙并非一件容易的事情，补充进入人体的钙难以被吸收。针对这些情况，在确定中老年奶粉配方时采取如下措施：调整钙含量，使人体有足够的钙摄入量；调整Ca/P比例，使之更利于钙的吸收；补充维生素D，促进钙吸收；增加促进钙吸收因子，形成促进钙吸收功能体系，使中老年不仅能够获得充足的钙量，而且有充分的吸收能力，以维持正常的血钙水平，促进钙平衡，防止骨质疏松等病症的发生。

中老年人随着年龄的增加，机体逐渐衰老，免疫功能逐步下降。针对这种情况，研究人员对中老年人的免疫系统及食物中众多的生物活性物质进行分析研究后认为：牛乳中免疫活性物质较适合于中老年人。因此应通过特殊的工艺处理，较大限度地保留鲜乳中的多种免疫活性物质，如免疫球蛋白、乳铁蛋白、溶菌酶等，以增强中老年人的免疫能力。

③中老年奶粉配方举例。

一般中老年人配方奶粉的配料见表16-7。

表16-7 中老年配方奶粉的配料(每100g中平均含量)

成分	含量	成分	含量	成分	含量
水分	2.1g	维生素 B_{12}	5μg	P	650mg
脂肪	17g	维生素 E	10mg	维生素 D	200IU
矿物质	4.9g	维生素 B_2	0.5mg	维生素 C	60mg
蛋白质	21g	锌	6mg	维生素 B_1	0.4mg
碳水化合物	55g	异构化乳糖	950mg	Fe^{2+}	8mg
钙	1100mg	α-亚麻酸	260mg	胆固醇	≤17mg
维生素 A	1000IU	免疫活性物质	60个单位	—	—
亚油酸	3000mg	叶酸	300μg	—	—

3)功能性饼干、茶和糖果

(1)富硒功能性饼干。

通过添加硒麦芽粉提供硒源，并以乳糖醇为主要的甜味剂，结合使用多功能纤维粉，由此制得的功能性饼干富含硒和膳食纤维。常见富硒功能性饼干的配料见表16-8。

表16-8 富硒功能性饼干配料 (单位：%)

成分	含量	成分	含量	成分	含量
面粉	58	碳酸氢钠	0.6	大豆磷脂	1.2
多功能纤维粉	8.5	富硒麦芽酚	1.4	碳酸氢铵	0.3
乳糖醇	14.5	高果糖浆	5.7	水	适量
食盐	1.2	起酥油	8.6	—	—

注：按照饼干的工艺生产即得成品

(2)茯苓保健奶茶。

该产品除具有牛奶的营养价值外，还具有茯苓、蜂蜜、维生素C等的滋补作用，其配料见表16-9。

表 16-9　茯苓保健奶茶配料

成分	含量	成分	含量	成分	含量
牛奶	0.5～0.6kg	壳聚糖	10g	蜂蜜	5g
葡萄糖酸锌	0.5mg	甘草甜素	0.2mg	维生素 D	7500IU
维生素 C	8000IU	茯苓多糖	20g	增稠剂	少许
维生素 A	5500IU	乳酸亚铁	0.3mg	—	—

注：加水至 1L，按照奶粉制备工艺生产即得成品

(3)抗衰老口香糖。

抗衰老口香糖是一种新型功能性食品，其中壳聚糖能够抑制链球菌的生长繁殖，防止龋齿，这是普通型口香糖所不能达到的。添加真菌多糖、维生素 A、维生素 E、茶多酚等一些抗自由基功能的物质能够起到延缓衰老、保护机体免受自由基损害和美容的效果。常见抗衰老口香糖的配料见表 16-10。

表 16-10　抗衰老口香糖配料　　(单位：g)

成分	含量	成分	含量	成分	含量
胶基质	31	甘油	3	维生素 C	2.5
壳聚糖	15.5	维生素 A	0.5	柠檬酸钠	0.05
刺五加多糖	6	甘草次酸	0.1	茶多酚	1
果糖	21.5	人参多糖	2	维生素 D	0.5
柠檬酸	2	灵芝多糖	6	食用香料	适量
硫酸钾	0.27	金针菇多糖	8	—	—

(4)其他。

①瑞士罗氏公司开发了一种由多种维生素和叶黄素配制的护眼口嚼片，其配料组成见表 16-11(郑建仙，2005)。

表 16-11　护眼口嚼片配料　　(单位：mg)

成分	含量	成分	含量	成分	含量
维生素 A	400	叶酸	0.4	维生素 B_6	2
维生素 E	36	硒	0.025	烟酸	18
叶黄素	4	β-胡萝卜素	4	锌	10
维生素 B_2	4.8	维生素 C	100	维生素 B_{12}	0.005
维生素 B_1	1.4	—	—	—	—

②罗氏公司开发的护眼酒味胶糖的配料组成见表 16-12。

表 16-12 护眼酒味胶糖配料 (单位：g)

成分	含量	成分	含量	成分	含量
明胶	80	10%叶黄素溶液	7	香精	0.9~1
糖	290	水	125	50%柠檬酸液	20
葡萄糖浆	390	—	—	—	—

③以色列番茄红天然产品工业公司以番茄红素作配料开发的粉红色无糖嚼片的配料组成见表 16-13。

表 16-13 粉红色无糖嚼片配料 (单位：g)

成分	含量	成分	含量	成分	含量
异麦芽酮糖醇	94.79	黑加仑香精	1.5	柠檬酸	2
硬脂酸镁	0.5	番茄红素	1	阿斯巴甜素	0.15

4)功能性胶囊和口服液

(1)微胶囊蜂王浆。蜂王浆微胶囊最早在日本出现，它是以冷冻干燥的蜂王浆粉与油脂一起混合，制成粒状芯材，然后在其表面再包上一层膜材，制成粒状蜂王浆。这种粒状蜂王浆可以长期保存，质量稳定，易于服用，便于携带。

(2)抗衰老胶丸。抗衰老胶丸主要由硒酵母、维生素 E、核黄素丁酸酯和 β-胡萝卜素等活性成分组成。例如：在 10kg 橄榄油中加入 2.5kg 维生素(α-生育酚)和 0.02kg β-胡萝卜素，在 50℃搅拌 1h 使之完全溶解，加入 2.5kg 硒酵母和 0.6kg 核黄素丁酸酯，搅拌 30min 使混合液呈稳定的悬浮态，最后经充填机填充到胶丸中，每个胶丸约含内容物 150mg，呈橙色颗粒状。

(3)灵芝营养口服液。灵芝是一种名贵的多孔菌科真菌，添加金针菇、香菇等真菌能显著降低机体乳酸脱氢酶的活性，可使肝糖原含量显著增加而提高机体的运动能力。饮用灵芝营养口服液可以健脾和胃、宁心安神。用于心脾两虚的神经衰弱，症见：失眠、健忘、精神不振、倦怠乏力。

16.1.2 功能性食品的剂型开发

1. 片剂

片剂是药物与辅料均匀混合后压制而成的片状或异形片状的固体制剂。片剂以口服普通片为主，也有含片、舌下片、口腔贴片、咀嚼片、分散片、泡腾片、速释或缓释或控释片与肠溶片等。片剂的制作方法有颗粒压片法和直接压片法两大类，以颗粒压片法应用较多，颗粒压片法又分为湿颗粒法和干颗粒法两种。

1)湿颗粒法

湿颗粒法是在功能活性成分或物质的粉末中加入适量适宜的黏合剂，润湿颗粒表面使粉粒间产生黏着力，然后在液体架桥与外加机械力的作用下制成一定形状和大小的颗粒，最后干燥至所要求的含水量。湿颗粒法主要包括挤压制粒、转动制粒、高速搅拌制粒和流化床制粒等方法。湿颗粒法适用于原料不能直接压片，或遇湿、遇热不起反应的片剂制作。

2)干颗粒法

干颗粒法是指不用润湿剂或液态黏合剂，而是将物料粉末直接压成较大片状后，重新粉碎成所需大小的颗粒，不加入任何液体，靠压缩力的作用使粒子间产生结合力。干颗粒法常用于热敏性物料、遇水易分解物料以及容易压缩成型物料的制粒。

干颗粒法有压片法和滚压法两种。压片法是将固体粉末首先在重型压片机上压实，制成直径为20～25mm的胚片，然后再破碎成所需大小的颗粒。压片法的大片不易制好，大片击碎时的细粉多，需反复重压、击碎，耗费时间多，原料也有损耗，且需有巨大压力的压片机，故目前应用较少。滚压法是利用转速相同的两个滚动圆筒之间的缝隙，将物料粉末滚压成片状物，然后通过颗粒机破碎制成一定大小颗粒的方法。滚压法的优点：能大面积而缓慢地加料，粉层厚薄易于控制，薄片的硬度较均匀，而且加压缓慢，粉末间空气可从容逸出，故此种颗粒压成的片剂没有松片现象。但由于滚筒间的摩擦常使温度上升，有时制的颗粒过硬，片剂不易崩解。

2. 胶囊

胶囊是指将功效成分充填于硬质空胶囊或具有弹性的软质胶囊中而制成的固体制剂。空胶囊一般以明胶为原料制成，近年来也应用海藻酸钠、聚乙烯醇、甲基纤维素等高分子材料，以改善胶囊的溶解性或达到肠溶性的要求。

胶囊不仅外形美观，易于吞服，而且还具有许多特点：①制备时一般不加黏合剂，在胃肠中分解快、释放快，易于吸收，生物利用率高；②可掩盖功效成分的不良气味和减少刺激性；③可提高功效成分的稳定性，对光和热等不稳定的物质如纤维素、亚油酸等装入胶囊后，避免了潮湿、光照和空气中氧化等；④可将液体制成固体制剂，如含油量高、液态物或者难溶于水而溶于油的物质均可充填入胶囊中，弥补了其他剂型的不足；⑤可根据不同要求制成速效、长效、缓释及肠溶胶囊；⑥可使胶囊具有各种颜色或印字，便于识别。

但是，有下列情况，不宜制成胶囊：①功效成分的水溶液或乙醇溶液，能溶解胶囊壁；②易溶性或刺激性较强的物质，因在胃中溶解后局部浓度过高，会刺激胃黏膜；③易潮解或风化的物质，前者使胶囊壳变软，后者使胶囊过分干燥而变脆；④pH$<$2.5或pH$>$7.5的溶液，过酸可使胶囊水解而引起渗漏，过碱则使明胶革质化而不易崩解。

1)软胶囊

软胶囊是指将一定量的物料溶液密封于球形、椭圆形或其他各种特殊形状的软质胶囊中，也称为胶丸。组成软胶囊的囊材主要有明胶、甘油(增塑剂)、水和附加剂(如防腐剂、色素、遮光剂等)和水。软胶囊的主要特点是可塑性大、弹性大，其弹性大小取决于明胶、甘油和水三者的比例，较适宜的质量比是明胶∶甘油∶水=1∶(0.4～0.6)∶1。

(1)压制法。压制法是将明胶与甘油和水等溶解后制成胶片(胶带)，再将物料置于两胶片之间，用钢模压挤胶片使物料被包裹在胶片中，形成胶丸。采用自动旋转冲膜压囊机压制法生产软胶囊可实现连续化生产，由机器自动制出的两条胶带，连续不断地向相反的方向移动，相对地进入两个轮状模子的夹缝处，在达到旋转模之前逐渐接近，一部分经加压而结合。此时，物料液通过充填泵定量控制，经导管由楔形注入两胶带之间。由于旋转的轮模，将胶带与物料液压入两模的凹槽中，使胶带呈两个半球形，遂将物料液包裹而成软胶囊，剩余的胶带即自动切割分离。此为连续自动化生产，产量大，成品率高，充填差异很小，一般小于1%~3%。

(2)滴制法。滴制法通常用于制备包裹油性物料的软胶囊。用本法生产的软胶囊，也称无缝胶囊，其产量大、成品率高、充填差异小、成本较低。滴制法加工软胶囊的过程：明胶溶液与油状液分别盛于贮液槽中，通过滴制机的喷头使两种液体按照不同速度由同心管喷出，明胶溶液从管的外层滴出，油状液从中心管流出，在管的下端出口处使胶滴将一定量的油状液包裹起来，胶滴立即滴入到另一种与明胶溶液不相混溶的冷却液(常用液状石蜡)中。胶滴接触冷却液后，由于表面张力作用而使之形成球形，并逐渐凝固成软胶囊，从冷却液中捞出，擦去附着的液状石蜡，再用适宜的溶媒(如乙醇等)洗去残留油质，吹干即可。

2)硬胶囊

硬胶囊是通过将一定的功效成分，加辅料制成均匀的粉末或颗粒充填于空胶囊中，或者将物料粉末(颗粒)直接分装于空胶囊中而制成。随着技术的提高和设备的改进，近年来已将油状液体、混悬液、糊状物充填于空胶囊中制成硬胶囊。

空胶囊的制备：①空胶囊的组成：明胶是主要成囊材料，由骨、皮水解而制得；②空胶囊的制备工艺：包括溶胶→蘸胶(制胚)→干燥→拔壳→切割→整理6个工序，一般由自动化生产完成。空胶囊的规格由大到小分为000、00、0、1、2、3、4和5号共8种，一般常用的是0~5号。由于功效成分的充填多用容积控制，而其密度、晶态、颗粒大小等不同，所占的容积也不同，所以应按照剂量所占容积来选用适宜大小的空胶囊。

目前，普遍采用自动胶囊充填机来装填，充填方式主要有：①用柱塞上下往复将物料压进；②由螺旋进料器压进物料；③物料自由进入；④在充填管内先由捣棒将物料压成一定量后，再充填于胶囊中。其中，第①、②种方式适用于具有较好流动性的物料，第③种方式适用于自由流动性好的物料，第④种方式适用于聚集性较强的物料，如针状结晶或易潮解物。

3. 颗粒剂

颗粒剂是指由原材料的提取物与适宜辅料或与部分原材料细粉混匀而制成的干燥颗粒状(晶状)剂型。颗粒剂中的原材料全部或大部分经过提取精制，体积缩小，运输、携带、服用方便，味甜适口。

颗粒剂按照溶解性能和溶解状态一般分为两种类型：可溶性颗粒剂和混悬性颗粒剂。可溶性颗粒剂加水能够完全溶解，溶液澄清透明，无焦屑等杂质。可溶性颗粒剂制作过程分为提取、精制、制粒、干燥、整粒、质量检查和包装等步骤。混悬性颗粒剂用水冲后不能完全溶解，液体中有浮悬的细小物质。它是将一部分原材料提取制成稠膏，另一部分原材料粉碎成细末，两者混合制成颗粒。混悬性颗粒剂的制作过程：原材料用水加热，煎煮提取功能汁液，汁液合并过滤，煎煮浓缩至稠膏待用；含有挥发性或热敏性成分的原材料粉碎成细粉，过筛(多用 6 号筛)备用。将稠膏、细粉、糖粉按比例混合均匀成软材，通过 1 号筛(12～14 目)制成湿颗粒，然后进行干燥，干燥后通过 1 号筛整粒、分装。

4. 粉剂

粉剂是指一种或数种原料经粉碎、混合而制成的粉末状制剂。粉剂的表面积较大，因而具有易分散、奏效快的特点。一般可用以下三种方法对散剂进行分类：①按组成药味的多少，可分为单粉剂与复粉剂；②按剂量情况，可分为分剂量粉剂与不分剂量粉剂；③按用途，可分为溶液粉剂、煮粉剂、吹粉剂、内服粉剂、外用粉剂等。这种古老的传统固体剂型，在化学药品中应用不多，但在中药制剂中仍有一定的应用。这是因为粉剂具有以下一些特点：①粉碎程度大、比表面积大、易分散、起效快；②外用覆盖面大，具保护、收敛等作用；③制备工艺简单，剂量易于控制，便于小儿服用；④储存、运输、携带比较方便。

粉剂的制作过程主要有：①过筛：将粉碎的物料选择适当的筛过筛。②混合：即指将多种固体粉末相互交叉分散的过程。在粉剂制作过程中，目前常用的混合方法有研磨混合法、搅拌混合法和过筛混合法等。③分剂量：是指将混合均匀的粉剂按照所需要的剂量分成相等重量份数的过程。一般采用重量法、容量法分剂量。大批量生产时可以用粉剂定量分包机，其原理与容量法相同。④包装：粉剂表面积大，易吸湿受潮而使质量下降，所以选用的包装材料应有利于防潮，常用的包装材料有光纸、蜡纸、玻璃纸、硬胶囊等，包装后的粉剂要放在干燥、阴凉、空气流通的地方。⑤质量检查：这是保证粉剂质量的重要环节。检查的项目主要是粉剂的均匀度、细度与水分。混合均匀度可采用含量测定法。将粉剂不同部位所取的样品进行含量测定，再与规定的含量相比较，确定其是否达到合格程度。粉末细度的测定依颗粒大小而采用不同的方法，粗大颗粒用过筛法，微小颗粒则用光学显微镜法。此外，粉剂的水分一般不得超过 9.0%。

5. 口服液

口服液指合剂以单剂量包装者，是在汤剂、注射剂基础上发展起来的新剂型。口服液是将原材料用水或其他溶剂，采用适宜的方法提取，经浓缩制成的内服液体剂型。其特点是：①能浸出原材料中的多种活性有效成分；②吸收快，显效迅速；③能大批量生产，免去临用煎药的麻烦，应用方便；④服用量减小，便于携带、保存和服用；⑤多在液体中加入了矫味剂，口感好，易为人们所接受；⑥成品经灭菌处理，质量稳定，不易变质。

口服液的制作过程主要有：①浸提：将原材料洗净，加工成片、段或粗粉。一般是按汤剂的煎煮方法进行浸提，由于 1 次投料量较多，故煎煮时间每次为 1～2h，取汁留渣，再进行煎煮，如此反复 3 次，合并汁液，滤过备用。②净化：为了减少口服液中的沉淀，需采用净化处理，过去多采用水提醇沉净化处理，目前主要采用酶处理法，可降低成本，提高质量。③浓缩：滤过后的提取液再进行适当浓缩，其浓缩程度，一般以每日服用量30～60mL为宜。口服液可根据需要选择添加矫味剂和防腐剂，常用的矫味剂有蜂蜜、单糖浆、甘草酸和甜菊苷等，防腐剂有山梨酸、苯甲酸和丙酸等。④分装：在分装前，液体中加入了一定量的矫味剂、防腐剂，搅拌均匀后，可进行粗滤、精滤，再装入无菌、洁净、干燥的指形管或适宜的容器中，密封。⑤灭菌：分装后，采用多种灭菌法(如煮沸法、蒸汽法、热压法等)进行灭菌。⑥口服液的质量检查：包括外观检查(包括澄明度检查)、装置差异检查、卫生学检查、定性鉴别、有效成分含量的测定、相对密度测定等。

6. 露剂

露剂是用水蒸气蒸馏法制得的一种液体。原料一般带有芳香性，含挥发性成分较多，如花、茎枝、果实等。露剂的特点是芳香宜人、服用方便。

露剂为药物剂型之一，又称药露。其气味清淡，芳洁无色，便于口服。如金银花露等。露剂的制作方法多采用水蒸气蒸馏法。该法是将含有挥发性成分的原材料洗净、粉碎，放入蒸馏器中，加适量的水进行加热、冷凝，收集蒸馏液至相当于原材料重量的6～10倍即可，必要时可蒸馏数次。

露剂在生产与贮藏期间均应符合下列有关规定：①所用药材需经净制，以除去非药用部位等杂质；②采用水蒸气蒸馏法制备，收集蒸馏液及盛装成品的容器应是经过灭菌的洁净干燥容器；③收集蒸馏液、灌封应在避菌的环境中进行；④本品中可加入适宜的防腐剂，其品种与用量应符合国家或卫生部门的有关规定。根据需要也可在灌封后再用流通蒸气灭菌；⑤本品应澄清，不得有沉淀、异物等杂质，不得有酸败、异臭、霉变等变质现象；⑥一般应制定pH项目检查；⑦应密封，置阴凉处贮藏。

7. 煎膏剂

煎膏剂又称蜜膏，是指原料经过加水煎煮，去渣浓缩后，加入蜂蜜制成的稠厚的、半流体状的剂型。煎膏剂的特点是浓度高，体积小，稳定性好，利于保存，携带方便，便于服用，作用和缓、持久等。煎膏剂中所用的蜂蜜均指炼蜜，糖大多为冰糖或蔗糖，也有用红糖(如益母草膏)，糖也必须经过炼制。

煎膏剂的制作工艺主要有：①煎煮：将原料按照要求切成片、段，或粉碎成末，加水加热，进行煎煮，先以大火烧开后，改用小火煎煮30min即可；将汁液倒入杯中，留渣再加水煎煮，如此反复3次，把3次的汁液合并在一起，静置，用滤器滤过待用。如果原料为新鲜的果蔬，可用榨汁机榨取汁液，另用其渣加水如常法煎煮，时间可稍短一些，取汁去渣，与前面的汁液合并备用。②浓缩：将准备好的汁液加热煎煮，不断搅拌，待汁液浓缩到产品规定的相对密度后，即可停火；或者取浓缩液滴在滤纸上，如果滴液四边无渗出的水迹，即达到了要求，一般把这种浓缩膏称为“清膏”。③收膏：在清膏中加入规定量的炼蜜(一般不超过清膏量的3倍)，用小火煎熬，不断搅拌，撇去浮沫，当膏液稠度达到所规定的相对密度后即可停火。除另有规定外，蜜膏的相对密度一般要求在1.4左右。由于蜂蜜中含有较多的水分和死蜂、蜡质等杂物，故应用前须加以炼制，以去除杂质、破坏酶类、杀死微生物、减少水分含量、增加黏合力。④分装：先将容器洗净、干燥、消毒，然后再把放凉的煎膏装瓶，以免日后发霉变质。一般选用大口容器盛装，这是由于煎膏比较黏稠，存取方便。

煎膏剂在生产与贮藏期间均应符合下列有关规定：①除另有规定外，药材需加工成片或段，按具体品种规定的方法煎煮，滤过，滤液浓缩至规定的相对密度；②如需加入药粉，除另有规定外，一般应加入药物细粉；③清膏按规定量加入炼蜜或糖(或转化糖)收膏；若需加药物细粉，待冷却后加入，搅拌混匀；除另有规定外，加炼蜜或糖(或转化糖)的量，一般不超过清膏量的 3 倍；④煎膏剂应无焦臭、异味，无糖的结晶析出；⑤煎膏剂应密封，置阴凉处贮藏。

8. 其他

在功能性食品开发与生产过程中除以上几种剂型外，还有酒剂、茶饮和鲜汁等。

16.2　功能性成分的分离纯化

功能成分分离包括分离分析和制备。分离分析主要对生物体内各个组分加以分离后进行定性、定量鉴定，它不一定要把某组分从混合物中分离提取出来；而制备则主要是为了获得生物体内某一单纯组分。

功能成分纯化即为粗制品经盐析、有机溶剂沉淀、吸附、层析、透析、超离心等步骤和方法进行精制的工艺过程。

16.2.1　功能成分分离纯化的基本原理

1. 功能性成分分离纯化的特点

(1)基质原料组成复杂。一种生物基质原料常含有上千万种成分，各种化合物的形状、大小、分子量和理化性质等都各不相同，其中有的化合物迄今仍是未知物，而且生物活性物质在分离纯化过程中仍处于不断代谢变化中，因此常无固定操作方法可循。

(2)有些化合物在基质材料中含量甚微，只占总含量的万分之一、十万分之一，甚至百万分之一，因此分离操作步骤多，不易获得高收率。

(3)功能成分易变性。离开生物体后，功能成分易变性、易被破坏，在分离过程中必须十分小心地保护这些化合物的生理活性，这也是功能性成分分离、制备的难点。

(4)试验设计理论性不强。由于功能性成分分离几乎都在溶液中进行，因此温度、pH、离子强度等参数对溶液中各种组分的综合影响常常无法固定，以致许多试验设计理论性不强，试验结果常常带有一定的经验成分。因而，要使试验获得重复，一定要从试验材料、试验方法、试验条件以及试剂药品等方面严格加以规定。

(5)“逐级分离”应用。为了纯化某一种功能成分常常需要联用几个，甚至十几个步骤，并不断变换不同类型的分离方法，才能达到目的。因此操作时间长，手续烦琐，给制备工作带来诸多影响。亲和层析法具有从复杂生物组成中专一“钓出”特异生化成分的特点，目前已在如酶、蛋白、抗体和核酸等生物大分子纯化中得到广泛应用。

(6)功能成分均一性与化学上纯度不同。目前已证明功能成分均一性与化学上纯度的概念不完全相同，只凭一种方法得到的纯度结论往往是片面的，甚至是错误的。因此，一定要注意功能成分对环境十分敏感、结构与功能关系复杂等特征条件。

2. 功能性成分分离纯化的基本原理

功能成分分离纯化要依据提取混合物中的不同组分分配率之间存在的差别进行，主要原理概括为以下几个方面。

(1)根据分子形状和大小不同进行分离，包括差速离心与超离心、膜分离(透析、电渗析)、超滤法、凝胶过滤法等。

(2)根据分子电离性质(带电性)的差异进行分离，包括离子交换法、电泳法、等电聚焦法等。

(3)根据分子极性大小及溶解度不同进行分离，包括溶剂提取法、逆流分配法、分配层析法、盐析法、等电点沉淀法及有机溶剂分级沉淀法等。

(4)根据物质吸附性质的不同进行分离，包括选择性吸附与吸附层析法。

(5)根据配体特异性进行分离－亲和层析法。

16.2.2 功能成分分离纯化的技术设计

1. 技术设计步骤

生物体内某一种功能成分，特别是未知结构组分的分离制备技术设计大致分为五个过程：①确定制备物的研究目的及建立相应的分析鉴定方法；②制备物的理化性质稳定性的预备试验；③材料处理及抽提方法的选择；④分离纯化方法的探索；⑤分离纯化产物的均一性鉴定。

2. 分离纯化方法与步骤优劣的综合评价

评价分离纯化方法和步骤的好坏，不但要凭借分辨能力和重现性等方面的信息，而且要考察分离纯化方法本身的回收率，特别是制备某些含量很低的生物活性物质时，回收率的高低相当重要。一般经过 5～6 步提纯后，活力回收应该在 25%以上，但不同物质的稳定性不同，分离难易不同，回收率也不同。

3. 分离纯化产物的均一性鉴定

均一性是指所获得的制备物只具有一种完全相同的成分。均一性的评价一般要经过多种方法的验证才能肯定。如果凭借某一种测定方法就认为该物质是均一的结论往往是片面的，因为若采用另一种测定方法或许会出现分成一个甚至更多组分的现象；如果经过几种高灵敏度方法的鉴定某物质所具有均一性的物理、化学等各方面性质，则只能大致判断其具有均一性，而随着更好的鉴定方法的出现，还可能发现它不是均一成分。生物分子纯度鉴定的常用方法包括：溶解度法、化学组成分析法、电泳法、免疫学法、离心沉降分析法、色谱法和生物功能测定法等。

16.2.3　功能成分分离纯化的主要方法

1. 液－液分离和固－液分离

1)液－液分离

经过浸提后的混合物如果是两种相对密度不同的不相混溶的液体，其分离较为简单，待沉降后，采用分液漏斗将两者分离，即为液－液分离。

2)固－液分离

如果经过浸提后的混合物是一种混悬液，如固体的食物渣、沉降杂质和液体(含有可溶性成分的浸出液)的混合物需要加以分离，常采用的固－液分离方法有沉降固液分离、过滤分离、离心分离和压滤分离等。

(1)沉降分离。沉降分离是利用固液密度的不同，混合物放置一段时间后，在重力的作用下，使之发生相对运动而分离的过程。经过多次重复操作，收集含有功能活性成分的上层清液，经浓缩即可得到提取物的粗品。沉降分离是固－液分离中最简单的方法，主要用于大颗粒的固体与液体的分离，对于小颗粒的悬浮液、乳浊液则难以分离。

(2)过滤分离。过滤是利用一种能将悬浮固体微粒截留而使液体通过的多孔介质，达到固－液分离，从而使液体澄清透明的方法，主要用于大颗粒的固体与液体、悬浮液与絮状物等的分离。过滤的主要方法有常压过滤、减压过滤和加压过滤等。

(3)离心分离。离心分离是将待分离的混合液置于离心机中，利用其高速旋转的功能，使混合液中的固体与液体或两种不相溶的液体产生不同的离心力，从而达到分离的目的。此法的优点是生产能力大、分离效果好、成品纯度高，适用于大或小颗粒、乳浊液、晶体悬浮液的分离。

2. 功能成分的初步分离纯化

从固－液分离出的提取液需要进行初步的分离纯化，进一步除去杂质。常用的初步分离纯化方法主要有萃取分离、树脂分离和沉淀分离等。

1)萃取分离

萃取分离法既是一种重要的提取方法，又是一种从混合物中初步分离纯化的常用方法。这是因为溶剂萃取具有传质速度快、操作时间短、便于连续操作、容易实现自动化控制、分离纯化效率高等优点。最常用的萃取分离方法有水－有机溶剂萃取、双水相萃取、反胶束萃取、凝胶萃取和超临界流体萃取等。

(1)水－有机溶剂萃取。水－有机溶剂萃取法是目前最常用的初步分离纯化方法，只要选取某种对被提取的功能成分有较大溶解度的、与水不相溶的有机溶剂，加入到混合物中，经过萃取即可将所需要的活性成分提纯和分离出来。分离纯化的好坏主要取决于所选取的有机溶剂的特性、水的 pH 和离子强度等特性。常用的萃取方式有单级萃取、多级错流萃取和多级逆流萃取三种方法。

(2)双水相萃取。当两种性质不同、互不相溶的水溶性高聚物混合，并达到一定的浓度时，就会产生两相，两种高聚物分别溶于互不相溶的两相中。双水相萃取可用于核酸、各种酶等多种生物活性物质的分离纯化，例如用聚乙二醇(PEG)/磷酸盐体系或 PEG/葡聚糖(Dextran)体系可以从发酵液中提取酶，实现酶与菌体的分离，酶主要分配在上相，菌体在下相，酶的提取分离率可达 90%以上。常用的双水相萃取体系有 PEG/Dextran 和 PEG/Dextran 硫酸盐体系；高聚物/无机盐体系有 PEG/硫酸盐或 PEG/磷酸盐体系。

2)树脂分离

树脂在初步分离纯化上具有高效、设备简单、操作方便、易于自动化、绿色环保等优点，是功能成分初步分离纯化的重要方法。利用树脂初步分离纯化主要有两种操作方法，一种是功能成分与树脂结合，将杂质除去后，再洗脱功能成分；另一种是杂质与树脂结合，功能成分被分离纯化。初步分离纯化所采用的树脂一般为大孔树脂。根据树脂与功能成分作用机制的不同可分为吸附树脂、分配树脂、离子交换树脂和凝胶树脂等。

(1)吸附树脂。以树脂与被分离成分的相互吸附能力大小而分离的。吸附树脂主要是用来分离具有极性但极性不太强的化合物。它的特点在于具有特殊的选择性，对同系物的选择性很小，而对不同族化合物具有极好的选择分离能力。

(2)离子交换树脂。以树脂中的交换基团与被分离成分的离子交换能力大小而分离的。离子交换树脂主要用于分离能解离为离子的化合物，如无机离子、核酸、氨基酸等。

(3)凝胶树脂。以被分离成分的大小而分离的。凝胶树脂主要用于分离高分子化合物，在生物样品(蛋白质、酶、核酸、多糖等)分离纯化中有着重要的应用价值。

(4)分配树脂。以树脂与被分离成分的溶解能力大小而分离的。

3)沉淀分离纯化

利用加入试剂或改变条件使功能成分(或杂质)生成不溶性颗粒而沉降的沉淀法是最常用和最简单的分离纯化方法。其优点是设备简单、成本低和易于操作。缺点是过滤困难、纯化度低。这种方法通常适合于初步分离纯化。沉淀分离纯化方法主要有等电点法、盐析法和有机溶剂沉淀法等。

(1)等电点沉淀分离。在等电点时，两性电解质表面的正负电荷相等，即总电荷为零。此时，分子相互之间的作用力变小，容易碰撞、凝聚而产生沉淀，有利于分离纯化。等电点沉淀主要用于两性电解质的分离纯化，如水化程度不大或憎水性的蛋白质、氨基酸、抗生素、多肽等。

(2)盐析沉淀。又称中性盐沉淀，主要应用于易形成胶体溶液的物质，如蛋白质、酶等。影响盐析分离纯化的主要因素有盐析剂种类、用量、盐析温度、pH 及杂质等。

(3)有机溶剂沉淀法。一些有机溶剂如丙酮、乙醇、甲醇等的加入，破坏了酶、蛋白质、氨基酸、抗生素等的某些键(如氢键)，使其空间结构发生某种程度的变化，致使原来包裹在内部的疏水性基团暴露于表面，并与有机溶剂的疏水性基团结合，形成疏水层，当其空间结构发生变形超过一定程度时，将会导致变性，从而产生沉淀而与杂质分离的方法，称为有机溶剂沉淀法。该法的优点在于简单易行，回收溶剂即可得到所需分离纯化物；缺点是需耗用大量有机溶剂、收率较盐析法低。常用的有机溶剂有丙酮、乙醇、甲醇等。其中，以丙酮最佳，因为它的介电常数小、沉淀能力强；以乙醇最为常用，因为它无毒。

4)膜分离法

膜分离法是指用天然或人工合成的高分子薄膜，以扩散或外界能量或化学位差为推动力，对大小不同、形状不同的双组分或多组分溶质和溶剂进行分离、分级、提纯和浓缩的方法。膜分离过程是物质依据滤膜孔径的大小透过和截留于膜的过程。膜技术主要包括微滤、超滤、反渗透、电渗析、气体渗透、膜乳化和液膜分离等，是一种以压力为推动力的物理分离技术。

(1)超滤。是以超过滤膜(由丙烯腈、醋酸纤维素、硝酸纤维素、尼龙等高分子聚合物制成的多空薄膜)为过滤介质，依靠膜两侧压力差为推动力来分离溶液中不同相对分子质量的物质，从而到达分离、脱盐、浓缩、分级、提纯等多重作用。超滤是目前唯一能用于分子分离的过滤方法，可用于提取液中低分子成分与高分子成分的分离及物性修饰，在食品工程、酶工程、生化制品等领域广泛应用。

(2)反渗透。反渗透又称逆渗透，即对膜一侧的料液加压时，溶剂会逆着自然渗透的反方向渗透。反渗透膜主要有醋酸纤维素膜和芳香聚酰胺纤维膜。反渗透可用于提取液中功能性因子及液状食品的低温节能浓缩。

(3)电渗析。指以直流电为推动力，利用阴阳离子交换膜对水溶液中阴阳离子的选择透过性进行除盐的一种膜分离方法。电渗析是膜分离中较为成熟的一项技术，在食品工业中可用于液状食品的脱盐，如低盐酱油及婴儿奶粉(调整奶粉)的制造。

3. 功能成分的高度分离纯化

经过初步分离纯化后的功能活性成分，纯度可能还达不到要求，还含有一些杂质，需要进一步高度分离纯化，才能满足对功能成分的性质、结构和活性的研究。高度分离纯化的方法主要有色谱法、结晶和沉淀法等。

1)色谱分离纯化

现代液相色谱法是在经典色谱法的基础上发展起来的一项新颖快速的分离纯化技术，其优点是分离效率高、产品纯度高、设备简单、操作方便、条件温和、能有效地保持被分离活性成分的活性等。色谱法由俄国植物学家茨维特在 1906 年创立，他在研究植物叶中色素时，先用石油醚浸取植物叶中的色素，然后将浸润液注入到一根填充 $CaCO_3$ 的直立玻璃管的顶端，再加入纯石油醚进行淋洗，淋洗结果使玻璃管内植物色素被分离成具有不同颜色的谱带，他把这种分离方法称为色谱法。随着色谱法的发展，它已成为分离、纯化有机物或无机物的一种重要方法，对于复杂混合物、相似化合物的异构体或同系物等的分离非常有效。一般根据两相状态和操作形式的不同，将色谱法分为气相色谱、液相色谱、纸色谱和薄层色谱四大类。

(1)气相色谱。流动相是气体的色谱法称为气相色谱。常用的气相色谱流动相有 N_2、H_2、He 等气体。

(2)液相色谱。液相色谱法是高度分离纯化、收集纯品的最好色谱方法(特别是已知结构的低分子量化合物)。按照分离机理液相色谱分为凝胶色谱、反相色谱、正相色谱、离子交换色谱、吸附色谱和亲和色谱等。

(3)纸色谱。以纸和吸附的水作为固定相，点样量少，分离后的纯品量少，难以大量收集供功能成分进一步研究之用，常用于功能成分的纯度鉴定。

(4)薄层色谱。将吸附剂涂布在薄板上作为固定相，点样量较纸色谱大，分离纯化效果也较纸色谱好，一般也不作为纯品的收集方法，常用于纯品的纯度鉴定。

2)层析分离技术

层析分离技术是利用不同物质在由固定相和流动相构成的体系中具有不同的分散系数，当两相作相对运动时，这些物质随流动相一起流动，并在两相间进行反复多次的分配，从而使各物质达到分离。层析分离技术常用于功能成分的分离精制。例如从茶叶中提取茶多酚时可采用层析法分离除去咖啡因及其他杂质；从橘皮的超临界萃取液中分离提取类胡萝卜素；从芝麻粕提取液中分离提取木聚糖；从蔗糖的酶处理液中分离精制低聚果糖；从牛初乳中分离提取乳铁蛋白；从磷虾酶解残渣抽提液中分离提取虾黄素、卵磷脂等。

3)分子蒸馏法

分子蒸馏是一种特殊的高科技液-液分离技术，其基本操作是蒸馏和精馏。蒸馏和精馏以液体混合物中各组分挥发性的差异为分离依据。简单的蒸馏一般只能实现液体混合物的粗分离，分离效率低。由于在通常的蒸馏过程中，存在着两股分子流的流向：一是被蒸液体的汽化，由液相流向气相的蒸汽分子流；二是由蒸汽回流至液相的分子流。一般来说，这两股分子流的量不同，前者大于后者。如果采用特别的措施，增大离开液相的分子流而减少返回液相的分子流，实现从液相到气相的单一分子流的流向，这就是分子蒸馏。它被广泛应用于纯化分离高热敏性、高沸点、高黏度、低挥发度的物质。采用分子蒸馏的分离技术可以从油中分离维生素 A 和维生素 E，可用于热敏性物料的浓缩和提取，如用于处理蜂蜜、果汁和各种糖液等。

16.3 厂房设计与 GMP 要求

在食品生产加工中，良好生产规范(good manufacturing practice，GMP)是为保障食品安全而制定的贯穿食品生产过程的一系列措施、方法和技术要求，也是一种注重制造过程中产品质量和安全卫生的自主性管理制度。GMP 最初由美国坦普尔大学的 6 名教授编写制定，20 世纪 60～70 年代的欧美发达国家以法令形式加以颁布，要求制药企业广泛采用。良好生产规范在功能性食品中的应用，即功能性食品 GMP，主要解决功能性食品生产过程中的质量问题和安全卫生问题。它要求功能性食品生产企业应具有良好的生产设备、合理的生产过程、完善的卫生与质量和严格的检测系统，以确保功能性食品的安全性和质量符合标准。

16.3.1 功能性食品 GMP 的基本要求

食品 GMP 认证由美国在 20 世纪 60 年代发起，当前除美国已立法强制实施食品

GMP外，其他国家如日本、加拿大、新加坡、德国、澳大利亚、中国等均采取劝导方式辅导业者自动自发实施。2010年，我国制定并实施《保健食品良好生产规范(修订版)》(以下简称“规范”)。对生产功能性食品的厂房设计与设施、原料、生产过程、品质管理、成品储存与运输、人员、卫生管理等7部分内容进行了规定(李瑞英，2003)。它是解决保健食品生产质量管理问题的最佳方法，是保健品优良品质和安全卫生的可靠保证体系，其实现质量控制的基本要求如下。

(1)所有生产加工应有明确的规定，必须根据产品和工艺特点进行系统的检查，并证明能够按照产品质量要求、工艺要求、规格标准进行生产。

(2)对生产加工的关键环节和可能的影响因素进行验证并提前制定必要的控制措施。

(3)提供所有必需的设施条件，主要包括：①资历合格并经过培训的人员；②适宜的厂房和空间；③合适的设施和设备；④正确的物料、容器和标签；⑤经过审核的规程文本、制度文本和记录文本。

(4)正确的生产指令和质量控制。

(5)符合规范要求的生产操作、储存、运输过程。

(6)原料、中间产品、终产品的数量和质量控制。

(7)保存的样品、生产记录。

16.3.2　人员

1. 原则

有足够、合格的人员，能承担起保证生产出符合标准要求的功能性食品的任务。根据不同人员所发挥作用的不同，规范对企业技术负责人、生产和质量管理部门负责人、专职技术人员、质检人员、一般从业人员有不同的要求。

2. 重点要求

功能性食品生产企业，必须具有与所生产的功能性食品相适应的，具有食品科学、预防医学、药学、生物学等相关专业知识的技术人员和具有生产及组织能力的管理人员。专业技术人员的比例，应不低于职工总数的5%。主管技术的企业负责人，必须具有大专以上或相应的学历，并具有功能性食品生产及质量、卫生管理的经验。

功能性食品生产和品质管理部门的负责人，必须是专职人员。应具有与所从事专业相适应的大专以上或相应的学历，能够按本规范的要求组织生产或进行品质管理，有能力对功能性食品生产和品质管理中出现的实际问题，做出正确的判断和处理。功能性食品生产企业，必须具有专职的质检人员。质检人员必须具有中专以上学历；采购人员应掌握鉴别原料是否符合质量、卫生要求的知识和技能。

从业人员上岗前，必须经过卫生法规教育及相应技术培训，企业应建立培训及考核档案。企业负责人及生产、品质管理部门负责人，还应接受省级以上卫生监督部门有关功能性食品的专业培训，并取得合格证书。从业人员必须进行健康检查，取得健康证件后方可上岗，以后每年须进行一次健康检查。从业人员必须按食品企业通用卫生规范的要求，做好个人卫生。

16.3.3 厂房设计和基础设施

功能性食品厂的总体设计、厂房与设施的一般性设计、建筑和卫生设施，应符合食品企业通过卫生规范的要求。

1. 厂房设计

凡新建、扩建、改造的工程项目中有关食品卫生部分均应按照本规范和该类食品厂卫生规范的有关规定，进行设计和施工。

(1)厂址选择。厂区要有良好的卫生环境，无有害气体、放射源、粉尘及其他扩散性的污染源(张国农，2009)。厂区应设在工矿企业或其他污染源的上风侧；且地势干燥、平坦，有充足的水，水质要好。厂区要远离有害场所。生产车间与城市公路须有30m左右的隔离区，隔离区内须充分绿化。

(2)布局。厂区布局紧凑合理，符合工厂生产工艺的要求；节约用地，并有一定的绿化用地。建筑物、设备布局与工艺流程三者应衔接合理，建筑结构完善，并能够满足生产工艺和质量、卫生的要求；厂房应有足够的空间和场所，以安置设备、物料；用于中间产品、待包装品的贮存间应与生产要求相适应；洁净级别不同的厂房之间、厂房与通道之间应有缓冲设施。应分别设置与洁净级别相适应的人员和物料通道；全厂的货流、人流、原料、管道等应有各自的路线，力求避免交叉，避免无聊往返运输，并装备必要的通风、除尘、降温设施；原料的前处理不得与成品生产使用同一生产厂房。

(3)给排水。食品工厂水的用途可分为：一般生产用水、特殊生产用水、冷却用水、生活用水和消防用水等。一般生产用水和生活用水的水质要符合生活饮用水标准。特殊生产用水是指直接构成某些产品组分的用水和锅炉用水。这些水对水质有特殊要求，必须在符合2006-12-29基础上给予进一步处理。污水排放必须符合国家规定的标准，必要时应采取净化设施达标后才可排放。净化和排放设施不得位于生产车间主风向的上方。

2. 设备与设施

1)设备要求

凡接触食品物料的设备、工具、管道，必须用无毒、无味、抗腐蚀、不吸水、不变形的材料制作。设备、工具、管道表面要清洁，边角圆滑，无死角，不易积垢，便于拆卸、清洗和消毒。设备设置应根据工艺要求布局合理，上、下工序衔接要紧凑。

2)设施要求

生产车间地面应使用不渗水、不吸水、无毒、防滑材料(如耐酸砖、水磨石、混凝土等)铺砌，应有适当的坡度，在地面最低点设置地漏，以保证不积水。其他厂房也要根据卫生要求进行设计。地面应平整、无裂隙、略高于道路路面，以便清扫和消毒。生产车间墙壁要用浅色、不吸水、不渗水、无毒材料涂覆，并用白瓷砖或其他防腐蚀材料装修高度不低于 1.5m 的墙裙；加工车间顶棚及墙壁应采用不吸水、光滑、耐腐蚀材料，顶棚应呈现一定的弧度，墙壁与墙壁、墙壁与地面交界面要呈慢弯形，在结构上减少凝结水滴落，防止虫害和霉菌滋生，以便清洗和消毒；生产车间、仓库应有良好通风，采用自然通风时通风面积与地面积之比不应小于 1∶16；采用机械通风时换气量每小时换气不应小于三次。机械通风管道进风口要距地面 2m 以上，并远离污染源和排风口。

必须按照生产工艺和卫生、质量要求划分洁净级别，原则上分为一般生产区和 10 万级区。10 万级洁净区，应安装具有过滤装置的相应的净化空调设施。净化级别必须满足生产功能性食品对空气净化的需要。生产片剂、胶囊、丸剂以及不能在最后容器中灭菌的口服液等产品时，应当采用 10 万级洁净厂房。

16.3.4 原料要求

1. 原则

功能性食品功效成分的含量和作用是否达到应有的要求，很大程度上取决于原料的质量和控制。由于功能性食品种类繁多、性状各异，因此原料必须与要求的规格标准相一致，所有的原料都必须按规定的内容进行检查。

2. 重点要求

该部分重点从原料采购、储存、投料等环节的鉴定、验收、发放和使用等方面的管理制度着手，严格控制原料的来源、产地、质量规格和卫生要求。要求原料从进货到使用前的所有处理过程必须由责任人按照规程进行，保持其原有的品质，免受污染。对各工序应进行记录。购买中间产品和待包装的产品用作原料的，进货时视同原料进行管理。

16.3.5 生产过程

1. 原则

生产操作应严格按规定的规程进行，避免盲目性、随意性。各工序有专门的岗位规定，流程应按产品数量、质量规格的要求层层验收合格后传递，确保满足预定要求。

2. 重点要求

生产过程包括原辅料的领取和投料，配料与加工，包装容器的洗涤灭菌和保洁，产品杀菌，灌装或装填，包装，标识等内容。1998-5-5 对功能性食品生产过程的要求包括制定标准操作规程，生产人员、设备、物料转运的合理配置，防止交叉污染，装填和灌装环境及成品包装条件等内容。另外，针对某些功能性食品生产工艺落后，达不到机械化生产，因而不能保证每批次生产的质量和卫生要求都达标，本规范明确规定了在重点控制的环节要求采用机械化操作。为了保证规范的正确执行，还规定了对质量和卫生安全方面的关键控制环节要制定量化操作标准和记录核对制度。

16.3.6 成品的贮存和运输

贮存与运输的一般性卫生要求应符合食品企业通用卫生规范的要求。进出厂的货物，大多通过公路或水路(特殊情况除外)运输。公路运输视物料情况，一般采用载重汽车，而对冷冻食品要采用保温车或冷藏车(带制冷机的保温车)，如含有生物活性物质的产品和某些微生态功能性食品。仓库应有收、发货检查制度。成品出厂应执行“先产先销”的原则，成品入库应有存量记录。成品出库应有出库记录，内容至少包括批号、出货时间、地点、对象、数量等，以便发现问题及时回收。

16.3.7 产品品质管理

1. 原则

应对取样、规格标准、检验以及各相关机构的规程进行制定和检查。确定各环节执行规程的标准是否一致。产品品质管理与生产过程对于保证 GMP 的完整实施同样重要，品质管理机构与生产机构相互配合和监督，构成 GMP 的完整内容(胡大文，2006)。品质管理是 GMP 的核心所在，而全面质量控制(total quality control，TQC)代表了质量管理的最新阶段。全面质量控制是以组织全员参与为基础的质量管理形式，其含义远远超出了一般意义上的质量管理领域，而成了一种综合的、全面的经营管理方式和理念。

2. 重点要求

产品品质管理的内容包括：建立独立的与生产能力相适应的品质管理机构，制定品质管理制度，品质管理制度必须与所有生产过程的环节相对应。与一般食品厂生产规范相比，《功能性食品生产通用技术规范》对食品企业的产品品质管理提出了更高的要求，明确划定了品质管理部门的权利和责任，并对质量检验所需的设备条件和人员条件、检验要求作出了具体的规定。

16.3.8 卫生管理

1. 原则

自我国加入世界贸易组织(WTO)后，食品进出口贸易逐年加大，食品标准必须与国际接轨，这就要求在进行工厂设计时工艺设计师的理念及其依照的规范要和国际上同行的设计规则标准接轨。

2. 重点要求

内容包括除虫、灭害、有毒有害物处理、饲养动物、污水污物处理、副产品处理等。《食品生产通用卫生规范》2014-6-1 对食品厂的卫生设施和管理等方面已做了详细的规定，本规范要求的卫生管理内容按照《食品生产通用卫生规范》2014-6-1 执行。

思　考　题

请简述 GMP 定义及功能性食品 GMP 的基本要求。

1. 请设计一种功能性食品的生产工艺。
2. 功能性食品的分离纯化有哪些方法?
3. 通过查阅资料并结合课本知识，谈谈你对中国及其他国家的 GMP 看法。

参 考 文 献

戴智勇，莫红卫，董玲，等. 2015. 第四代婴儿配方奶粉的研制及应用 [J]. 中国乳业，(2)：65-68.

管正学，张宏治，王建立. 2000. 保健食品开发生产技术与配方 [M]. 北京：中国轻工业出版社.

胡大文. 2006. 纵论保健食品 GMP [J]. 医药工程设计，27(4)：27-29.

卢华明. 2003. 谈保健食品企业实施“良好生产规范”(GMP) [J]. 广西轻工业，(6)：32-33.

刘静波，林松毅. 2008. 功能性食品学 [M]. 北京：化学工业出版社.

李瑞英. 2003. 食品生产的 GMP 管理(一) [J]. 山东食品科技，(3)：1-3.

李瑞英. 2003. 食品生产的 GMP 管理(二) [J]. 山东食品科技，(4)：1-4.

李硕，蔡智军，田晓玲. 2015. 功能性食品加工中的关键技术分析 [J]. 科技资讯，13(36)：153-154.

温辉梁. 2002. 保健食品加工技术与配方 [M]. 南昌：江西科学技术出版社.

徐科，杜志琴，包大跃. 2004. 保健食品良好生产规范实施指南 [M]. 北京：化学工业出版社.

张国农. 2009. 食品工厂设计与环境保护 [M]. 北京：中国轻工业出版社.

郑建仙. 2005. 功能性食品典型配方和关键技术 [M]. 北京：科学技术文献出版社.

郑建仙. 2006. 功能性食品学(第二版) [M]. 北京：中国轻工业出版社.

赵秀玲. 2009. 功能性食品和功能性食品配料发展新动向 [J]. 中国调味品，34(9)：35-39.

国家卫生和计划生育委员会. 2014. GB 15193.1-2014 食品安全国家标准食品安全性毒理学评价程序 [S]. 北京：中国标准出版社.

东方. 2006. 保健食品各剂型的概念、特点及制作方法 [J]. 江苏食品与发酵，(1)：23-28.

中华人民共和国卫生部. 1998. GB 17405-1998 保健食品良好生产规范 [S]. 北京：中国标准出版社.

Bigliardi B，Galati F. 2013. Innovation trends in the food industry：The case of functional foods [J]. Trends in Food Science & Technology，31(2)：118-129.

Rao S K，Grigor J，Winger R，et al. 2013. Functional food product development - Opportunities and challenges for food manufacturers [J]. Trends in Food Science & Technology，30(1)：27-37.

http：//www.fda.gov/Food/Guidance Compliance Regulatory In for mation/Current Good Manu facturing PracticesCGMPs/default. htm

第17章 国内外功能性食品的法规与管理

目前，世界各国在功能性(保健)食品的管理方面尚无统一的模式，但总的来说，各国的管理法律法规大致可分为三种类型：①把功能性食品作为一种特殊食品类型，对其进行安全性、保健作用等科学验证，并经过主管部门审批后方可上市销售；②采取产品注册通报制度代替上市前审批，采用事后监督管理的方式，责任的主体在于生产经营业者，即法人负责制；③不作为特定的食品类别，但是对产品标签中有关健康的内容进行严格的监督管理。本章主要介绍中国关于功能性食品的法规要求与管理体系，并简要介绍欧盟、美国和日本等几个主要国家和地区对功能性食品的管理办法。

17.1 中国的法规与管理

17.1.1 中国功能性食品法律法规体系的发展

1995年10月以前，国家卫生行政主管部门一直未出台法律或法规对功能性食品进行规范。部分功能性食品依据1987年卫生部发布的《中药保健药品的管理规定》，经各省级卫生行政部门审批成为“药健字”中药保健药品；部分功能性食品依据1990年7月28日卫生部颁布的《新资源食品卫生管理办法》(2007年12月1日废止)，以新资源食品名义接受管理。

1995年10月颁布的《食品卫生法》，确定了功能性食品在我国的法律地位。卫生部依据《食品卫生法》的有关要求，于1996年3月15日发布了《保健食品管理办法》，明确了保健(功能)食品的法律定义，指具有特定保健功能的食品，即适宜于特定人群食用，具有调节机体功能，不以治疗为目的的食品。这是以宣称来划归产品类别的定义方式，包含的内容较广泛，无论该类产品是否与传统食品有所不同，只要是声称具有保健功能的食品均称为保健(功能)食品。营养素补充剂作为功能性食品的补充剂类型(如补钙、补铁、补充多种维生素、矿物质等)，并入功能性食品管理。

为了与《食品卫生法》和《保健食品管理办法》相配套，卫生部等有关部门又相继发布了《保健食品功能学评价程序和检验方法》《保健食品评审技术规程》《保健食品通用卫生要求》《保健食品标识规定》《保健(功能)食品通用标准》《保健食品功能学检测机构认定与管理办法》，以及一系列有关保健食品管理方面的技术标准和规范性文件规定。一部法律、一部规章及有关的配套性技术标准和规范性文件，初步构成了我国保健食品的法律、法规和标准体系。

2003 年 9 月，国家食品药品监督管理局(SFDA)与卫生部进行了功能性食品的职能移交，并于 2003 年 10 月开始开展功能性食品的受理审批工作。2005 年 4 月，SFDA 颁布了《保健食品注册管理办法(试行)》，并于 2005 年 7 月 1 日起实施，明确了对保健(功能)食品的申请与审批、研发报告、原料与辅料的安全性、标签与说明书、实验与检验、再注册、复审、法律责任等的要求。同年，SFDA 还发布了《保健食品广告审查暂行规定》《营养素补充剂申报与审评规定(试行)》等法规及相关文件。2007 年，SFDA 出台了《保健食品命名规定(试行)》《营养补充剂标示值等有关问题补充规定(征求意见稿)》等法规及相关文件。2011 年以来，SFDA 又拟对保健食品的功能范围作出调整，相继出台了《保健食品功能范围调整方案(征求意见稿)》《保健食品良好生产规范(修订稿)》《保健食品新功能产品申报与审评规定(征求意见稿)》《保健食品命名规定(修订稿)》等法规和相关文件。

2015 年修订的《中华人民共和国食品安全法》中，提出了要对保健食品进行分类管理的监管体制，同时该法还对保健食品的标签、说明书、广告审批制度等进行了补充规定，进一步明确了保健食品的原料使用和功能声称。这些规定为保健食品的监管进一步明确了方向。

为进一步规范保健食品的注册与备案，根据最新修订的食品安全法，国家食品药品监督管理总局(CFDA)，2016 年 2 月发布了《保健食品注册与备案管理办法》，并于 2016 年 7 月 1 日起实施，原《保健食品注册管理办法(试行)》同时废止。新的管理办法对中国境内保健食品的注册与备案及其监督管理做出了明确规定。

由上可见，我国功能性食品的法律法规建设虽然只有短短 20 年的历史，但已基本形成了自己的管理结构与框架体系。随着国家机构改革的深入和各部门职责的进一步明确，我国功能性食品的法律法规体系有待于进一步的完善与科学化。

17.1.2　中国保健食品的注册与备案管理

修订后的食品安全法提出了要对保健食品进行分类监管，即一部分保健食品仍维持之前注册审批的管理制度，一部分保健食品则由相关政府机构实行备案管理，以简化保健食品的审批审评程序。从该法第七十六条可以看出，国家将对使用保健食品原料目录以外原料的保健食品和首次进口的保健食品实行注册管理，而其他保健食品和部分首次进口的保健食品则实行备案管理，同时该法将部分首次进口的保健食品明确为“属于补充维生素、矿物质等营养物质”的保健食品，即规定“首次进口的保健食品中属于补充维生素、矿物质等营养物质的，应当报国家食品药品监督管理部门备案。”该规定将保健食品的管理方式从目前的单一注册审批制改为注册和备案相结合的管理制度。

1. 注册与备案管理机构

CFDA 负责保健食品注册管理，以及首次进口的属于补充维生素、矿物质等营养物质的保健食品备案管理，并指导监督省、自治区、直辖市食品药品监督管理部门承担的保健食品注册与备案相关工作。省、自治区、直辖市食品药品监督管理部门负责本行政区域内保健食品备案管理，并配合国家食品药品监督管理总局开展保健食品注册现场核查等工作。市、县级食品药品监督管理部门负责本行政区域内保健食品注册和备案的监督管理，承担上级食品药品监督管理部门委托的其他工作。

CFDA 行政受理机构负责受理保健食品注册和接收相关进口保健食品备案材料。省、自治区、直辖市食品药品监督管理部门负责接收相关保健食品备案材料。

CFDA 保健食品审评机构负责组织保健食品审评、管理审评专家，并依法承担相关保健食品备案工作。CFDA 审核查验机构负责保健食品注册现场核查工作。

2. 注册管理

保健食品注册，是指食品药品监督管理部门根据注册申请人的申请，依照法定程序、条件和要求，对申请注册的功能性食品的安全性、保健功能和质量可控性等相关申请材料进行系统评价和审评，并决定是否准予其注册。自 1995 年《食品卫生法》首次确立保健食品的法律地位以来，保健食品注册管理在管理主体上经历了卫生部、SFDA 和 CFDA 3 个时期；在管理法规上经历了《保健食品管理办法》时期、《保健食品注册管理办法(试行)》时期和《保健食品注册与备案管理办法》时期。

新管理办法规定，使用保健食品原料目录以外原料生产的保健食品以及首次进口的保健食品(属于补充维生素、矿物质等营养物质的保健食品除外)应当申请保健食品注册。所谓首次进口的保健食品，是指非同一国家、同一企业、同一配方申请在中国境内上市销售的保健食品。国产保健食品注册申请人应当是在中国境内登记的法人或者其他组织；进口保健食品注册申请人应当是上市保健食品的境外生产厂商。申请进口保健食品注册的，应当由其常驻中国代表机构或者由其委托中国境内的代理机构办理。

申请保健食品注册应当提交下列材料：①保健食品注册申请表，以及申请人对申请材料真实性负责的法律责任承诺书；②注册申请人主体登记证明文件复印件；③产品研发报告，包括研发人、研发时间、研制过程、中试规模以上的验证数据，目录外原料及产品安全性、保健功能、质量可控性的论证报告和相关科学依据，以及根据研发结果综合确定的产品技术要求等；④产品配方材料，包括原料和辅料的名称及用量、生产工艺、质量标准，必要时还应当按照规定提供原料使用依据、使用部位的说明、检验合格证明、品种鉴定报告等；⑤产品生产工艺材料，包括生产工艺流程简图及说明、关键工艺控制点及说明；⑥安全性和保健功能评价材料，包括目录外原料及产品的安全性、保健功能试验评价材料，人群食用评价材料，功效成分或者标志性成分、卫生学、稳定性、菌种鉴定、菌种毒力等试验报告，以及涉及兴奋剂、违禁药物成分等的检测报告；⑦直接接触保健食品的包装材料种类、名称、相关标准等；⑧产品标签、说明书样稿，产品名称中的通用名与注册的药品名称不重名的检索材料；⑨3 个最小销售包装样品；⑩其他与产品注册审评相关的材料。

申请首次进口保健食品注册，除提交以上材料外，还应当提交：①产品生产国(地区)政府主管部门或者法律服务机构出具的注册申请人为上市保健食品境外生产厂商的资质证明文件；②产品生产国(地区)政府主管部门或者法律服务机构出具的保健食品上市销售一年以上的证明文件，或者产品境外销售以及人群食用情况的安全性报告；③产品生产国(地区)或者国际组织与保健食品相关的技术法规或者标准；④产品在生产国(地区)上市的包装、标签、说明书实样。此外，由境外注册申请人常驻中国代表机构办理注册事务的，应当提交《外国企业常驻中国代表机构登记证》及其复印件；境外注册申请人委托境内的代理机构办理注册事项的，应当提交经过公证的委托书原件以及受委托的代理机构营业执照复印件。

3. 备案管理

保健食品备案，是指保健食品生产企业依照法定程序、条件和要求，将表明产品安全性、保健功能和质量可控性的材料提交食品药品监督管理部门进行存档、公开、备查的过程。

新管理办法规定，生产使用的原料已经列入保健食品原料目录的保健食品以及首次进口的属于补充维生素、矿物质等营养物质的保健食品应当依法备案。其中首次进口的属于补充维生素、矿物质等营养物质的保健食品，其营养物质应当是列入保健食品原料目录的物质。

国产保健食品的备案人应当是保健食品生产企业，原注册人可以作为备案人；进口保健食品的备案人，应当是上市保健食品境外生产厂商。备案的产品配方、原辅料名称及用量、功效、生产工艺等应当符合法律、法规、规章、强制性标准以及保健食品原料目录技术要求的规定。

国产保健食品备案号格式为：食健备 G+4 位年代号+2 位省级行政区域代码+6 位顺序编号；进口保健食品备案号格式为：食健备 J+4 位年代号+00+6 位顺序编号。备案信息应当包括产品名称、备案人名称和地址、备案登记号、登记日期以及产品标签、说明书和技术要求。已经备案的保健食品，需要变更备案材料的，备案人应当向原备案机关提交变更说明及相关证明文件。备案材料符合要求的，食品药品监督管理部门应当将变更情况登载于变更信息中，将备案材料存档备查。

申请保健食品备案，除应当提交同上述注册第④、⑤、⑥、⑦、⑧项规定的材料外，还应当提交下列材料：①保健食品备案登记表，以及备案人对提交材料真实性负责的法律责任承诺书；②备案人主体登记证明文件复印件；③产品技术要求材料；④具有合法资质的检验机构出具的符合产品技术要求的全项目检验报告；⑤其他表明产品安全性和保健功能的材料。

申请进口保健食品备案的，除提交上述材料外，还应当提交同首次进口保健食品注册的第①、②、③、④项材料。

17.1.3 中国保健食品的其他管理

1. 对原料和辅料的要求

保健食品的原料是指与保健食品功能相关的初始物料；辅料是指生产保健食品时所

用的赋形剂及其他附加物料。保健食品所使用的原料和辅料应当符合国家标准和卫生要求，无国家标准的，应当提供行业标准或者自行制定的质量标准，并提供与该原料和辅料相关的资料。

2002年，卫生部发布了《关于进一步规范保健食品原料管理的通知》，对功能性食品涉及的各种原料物质的管理作了明确规定。目前国家规定可用于保健食品的原料包括SFDA公布的可用于保健食品的、卫生部公布或者批准可以食用的以及生产普通食品所使用的原料和辅料。具体如下。

(1) 食物成分。

(2)《食品添加剂手册》目录中可用于营养强化剂以及具有营养功能的成分。

(3)《新资源食品管理办法》中涉及的食品新资源。

(4)《关于进一步规范保健食品原料管理的通知》中规定的87种既是食品又是药品的原料以及114种可用于功能性食品的重要原料。

申请注册的保健食品所使用的原料和辅料不在规定范围内的，要提供该原料和辅料相应的安全性毒理学评价实验报告及相关的食用安全资料。但具体申报办法还未公布。《保健食品注册与备案管理办法》规定申报材料中要包含原料和辅料的名称与用量、生产工艺、质量标准，必要时还应当按照规定提供原料使用依据、使用部位的说明、检验合格证明、品种鉴定报告等。

进口保健食品所使用的原料和辅料应当符合我国有关保健食品原料和辅料使用的各项规定。

2. 对功能性食品生产的基本要求

对功能性食品的生产实行许可制度。从事功能性食品生产的企业应当依法取得《国产保健食品产品注册证》，并符合《保健食品良好生产规范》规定的基本条件。

(1)具有与生产的保健食品品种、数量相适应的原辅料处理和加工、包装、贮存等场所，保持该场所环境整洁，并与有毒、有害场所以及其他污染源保持规定的距离。

(2)具有与生产的保健食品品种、数量相适应的生产设备或者设施，有相应的消毒、更衣、盥洗、采光、照明、通风、防腐、防尘、防蝇、防鼠、防虫、洗涤以及处理废水、存放垃圾和废弃物等设备或者设施。

(3)具有与生产的保健食品品种、数量相适应的合理的设备布局和工艺流程，防止原辅料、中间产品与成品交叉污染，避免成品接触有毒物、不洁物。

(4)从业人员应当经保健食品生产知识培训，熟悉操作规程，健康状况符合有关要求。企业的生产管理负责人、质量管理负责人应当熟悉保健食品相关法规，具有相关专业大专以上学历或中级以上技术职称，并具有3年以上保健食品生产或质量安全管理经验。企业应当具有能对所生产保健食品进行质量管理和质量检验的技术人员。

(5)具有与生产的保健食品品种、数量相适应的保证保健食品安全的培训、从业人员健康检查、健康档案等健康管理制度，具有进货查验记录、出厂检验记录、原辅料验收、生产过程等食品安全管理制度；法律法规和国家产业政策对生产保健食品有其他要求的，应当符合该要求。

3. 对标签与说明书的要求

根据《保健食品注册与备案管理办法》，申请保健食品注册或者备案的，产品标签、说明书样稿应当包括产品名称、原料、辅料、功效成分或者标志性成分及含量、适宜人群、不适宜人群、保健功能、食用量及食用方法、规格、贮藏方法、保质期、注意事项等内容及相关制定依据和说明等，其主要内容不得涉及疾病预防、治疗功能，并声明“本品不能代替药物”。

保健食品的名称由商标名、通用名和属性名组成。其中，商标名是指保健食品使用依法注册的商标名称或者符合我国商标法规定的未注册的商标名称，用以表明其产品是独有的、区别于其他同类产品；通用名是指表明产品主要原料等特性的名称；属性名是指表明产品剂型或者食品分类属性等的名称。

《保健食品注册与备案管理办法》规定，保健食品名称不得含有下列内容：①虚假、夸大或者绝对化的词语；②明示或者暗示预防、治疗功能的词语；③庸俗或者带有封建迷信色彩的词语；④人体组织器官等词语；⑤除“　”之外的符号；⑥其他误导消费者的词语。另外，保健食品名称还不得含有人名、地名、汉语拼音、字母及数字等，但注册商标作为商标名、通用名中含有符合国家规定的含字母及数字的原料名除外。通用名不得含有下列内容：①已经注册的药品通用名，但以原料名称命名或者保健食品注册批准在先的除外；②保健功能名称或者与表述产品保健功能相关的文字；③易产生误导的原料简写名称；④营养素补充剂产品配方中部分维生素或者矿物质；⑤法律法规规定禁止使用的其他词语。

为保证保健食品命名科学、规范，维护消费者合法权益，SFDA 于 2012 年 3 月 13 日发布了《保健食品命名规定(修订稿)》和《保健食品命名指南》，主要内容有以下几条。

1)保健食品命名基本原则

(1)符合国家有关法律、法规、规章、规范性文件的规定。

(2)反映产品的真实属性，简明、易懂，符合中文语言习惯。

(3)不得误导、欺骗消费者。

2)保健食品命名禁止使用的内容

(1)虚假、夸大或绝对化的词语。

(2)明示或暗示治疗作用的词语。

(3)人名、地名、外文字母(维生素除外)、汉语拼音、数字、符号等(注册商标除外)。

(4)消费者不易理解的词语及地方方言。

(5)庸俗或带有封建迷信色彩的词语。

(6)人体组织器官等词语(批准的功能名称除外)。

(7)其他误导消费者的词语(含注册商标)。

3)保健食品通用的命名要求

保健食品的通用名应当客观、准确、科学、规范，可以是表明主要原料或本产品功能的文字，字数不得超过10个。具体要求如下。

(1)不得使用已经批准注册的药品名称，配方为单一原料并以原料名称命名的除外。

(2)不得使用特定人群名称。

(3)不得使用注册商标。

(4)声称具有特定保健功能的保健食品，其通用名中含有表述产品功能相关文字的，应严格按照规范的功能名称进行描述。声称两个及以上功能的产品，不得使用功能名称作为通用名。

(5)以产品原料命名的，应使用科学、规范的原料名称；单一原料的产品，可采用该原料的名称命名；两个以上原料组成的产品，不得以单一原料命名，可用配方中主要原料名称或缩写，其缩写应为约定俗成的缩略语，但不得违反命名要求。

营养素补充剂类产品应以维生素或矿物质命名。配方由三种以上维生素或矿物质组成的产品方可以“多种维生素或矿物质”命名，不得以部分维生素或矿物质命名。

4)禁用语

在保健食品名称中禁止表达的词意或使用的词语如下。

(1)虚假性词意。如产品中使用化学合成的原料或只使用部分天然产物成分的，表述为“天然”等字样，或名称中含有祖传、御制、秘制、宫廷、精制等溢美之词的。

(2)夸大性词意。如：宝、灵、精、强力、特效、全效、强效、奇效、高效、速效、神效等不切实际的用语。

(3)绝对化词意。如：最、第一、全面、全方位、特级、顶级、冠级、极致、超凡等。

(4)明示或暗示治疗作用的词语。如：处方、复方、药、医、治疗、消炎、抗炎、活血、祛瘀、止咳、解毒、各种疾病名称等。

(5)人名。包括医学名人，如：华佗、扁鹊、张仲景、李时珍等。

(6)地名。包括中华、中国、华夏等。

(7)与产品特性没有关联，消费者不易理解的词语。如：纳米、基因、太空等。

(8)庸俗或带有封建迷信色彩的词语。如：性、神、仙、神丹等。

(9)人体组织、器官、细胞等词语。如：脑、眼、心等。

(10)超范围声称产品功能。如补铁类营养素补充剂不能命名为补血或改善营养性贫血。

(11)其他误导消费者的词语。如使用谐音字或形似字足以造成消费者误解的。

17.2 欧盟的法规与管理

17.2.1 欧盟功能性食品的范畴

欧洲范围内开始大规模研究功能性食品是从1996年“尼斯会议”开始的。当时，国际生命科学学会欧洲分部邀请了食品企业和学术界的50位专家到法国研讨有关功能性食品的科学概念及其功能成分应用的科学基础。会上讨论了包括胃肠功能、行为心理功能、脂肪代谢功能等六个方面的食品功能学研究成果。尽管欧盟的食品企业和消费者经常使用“功能性食品”这一概念，但迄今，欧洲还没有关于功能性食品的官方定义。1995 年欧洲委员会与欧洲生命科学会联合发起了“欧洲功能性食品科学研究项目(FUFOSE)”，旨在对功能性食品的概念、特征以及健康声称等问题进行系统的研究，并于 1999 年提出了功能性食品的草案定义：功能性食品是指对机体能够产生有益功能的食品，这种功能应超越食品所具有的普通营养价值，能起到促进健康和/或降低疾病风险的作用。虽然 FUFOSE 的定义不是欧洲对功能性食品的官方定义，但其作为欧洲权威的学术界定义具有重要的参考价值，它强调了食品的功能性以及与健康声称的对应性。

由于欧洲对于功能性食品还没有立法定义或官方定义，也没有将功能性食品列为一个独立的条目，仍将其归于食品条目下管理。因此，在欧洲，功能性食品必须遵守所有与食品相关的法律法规，包括组成、标签以及声称等。欧盟现有的功能性食品包括：膳食补充剂、新型食品、特殊营养用途食品、强化食品，也包括有营养声称和健康声称的普通食品，其所涉及的主要领域包括促进生长发育、调节基础代谢、抗氧化、促进心血管健康、改善胃肠道功能、提高运动能力以及维持良好的认知和精神状态等 7 个方面。

17.2.2　欧盟功能性食品的相关法规

1. 通用食品法规

欧盟委员会于 2002 年 1 月通过了《通用食品法规》，提出了食品的官方定义、有关食品法律的原则和要求、建立欧盟食品安全局及确定食品安全的立法程序等内容。该法规将食品定义为“不论处理过、部分处理或者未处理的、人类有意摄取或适合人类摄取的任何物质或产品”。食品包括水、饮料、口香糖及在生产、贮藏或加工过程中特意加入食品的其他物质。该法规适用于所有食品，其目的是为确保人类健康和消费者利益，而且该法规不再把食品安全和贸易混为一谈，而只关注食品安全问题。要求实行食品供应链(即从农场到餐桌)的综合管理，对食品生产者提出了更高的要求，对产品具有责任可追溯性，问题食品将被召回。该法规涵盖了对添加功能性成分食品(如功能性食品、保健食品、食疗食品和食品添加剂)的管理。

2. 食品营养与健康声称法规

欧盟于 2006 年 10 月公布了关于食品营养及健康声称的法规，并于 2007 年 7 月开始实施。该法规共 5 章 29 款，对营养与健康声称的定义、适用范围、申请注册、一般原则、科学论证等内容作出了明确规定。该法规适用于在欧盟市场出售、供人食用的任何食品或饮品，旨在确保在食品包装上向消费者提供的营养、健康资料准确可靠，以避免消费者产生误解。该法规的基本宗旨是对欧盟成员国间食品及相关功能性食品的营养和健康声称在标签、介绍、广告等方面提供法律法规的协调，使相关食品在各成员国之间能够自由流通。

3. 强化食品管理法规

该法规旨在保护消费者利益，统一各成员国所实行的不同食品法规，允许含有维生素、矿物质或其他物质的营养强化食品在欧盟自由流通。其主要内容包括：添加的维生素和矿物质必须有较高的生物利用率；添加维生素和矿物质的食品对消费者健康无害，但在新鲜蔬菜、水果及肉类中禁止添加此类物质；提供给消费者的信息必须易懂、实用；必须提供必要的相关细节来防止过量摄入维生素和矿物质等。

4. 膳食补充剂指令

膳食补充剂指令关注的主要是维生素和矿物质，该指令与上述强化食品法规的主要区别在于本指令所指的是单独补充浓缩的维生素、矿物质或其他物质，而强化食品法规所指的是添加于食品中的维生素、矿物质及其他物质。

5. 新型食品管理法规

欧盟的新型食品管理法规发布于1997年，其对新型食品的定义为“1997年5月15日之前未曾在欧盟大量用于供人类食用，并应用了新的生产工艺生产的食品和食品配料，以及植物或动物源食品，且该植物或动物是用非传统的培植和饲养方法生产的”。该法规规定：新型食品的最初评估由某个欧盟成员国完成，然后将评估结果转交给其他各成员国征求意见。2008年3月14日，欧盟委员会又通过了一项修改欧盟新型食品法规的建议，即《关于新资源食品和修订关于通用授权程序的欧洲议会和理事会法规草案》，其对新型食品的评估和审批程序进行了简化。修改后的法规对新型食品的定义是“新型食品是指欧盟采用新技术和新工艺生产出来的食品，或者是指在欧盟范围内不曾销售过的世界其他地区的食品”。根据新的法规，新型食品生产商向欧盟委员会提出申请后，由欧洲食品安全局直接对产品进行评估，如果产品被认为是安全的，欧盟委员会将授权欧盟食品动物健康常设委员会向各成员国提出批准建议，这样就加快和统一了批准程序。本次的法规修改建议还简化了对欲进口到欧盟市场的新型食品的批准程序，申请者只需向欧盟委员会呈交该产品在欧盟以外市场使用无害的证明书，证明书将提交给欧洲食品安全局和欧盟各成员国，如果它们对该产品不持反对意见，那么申请者自提交证明书之日起5个月后，其产品就可以进入欧盟市场。

6. 特殊营养用途食品管理指令

欧盟委员会于2001年2月通过了特殊营养用途食品管理指令。如果功能性食品和健康食品是以特殊营养为目的，该指令可适用于这些产品。但关于食品营养及健康声称的法规生效后，更多的健康食品或功能性食品也许倾向于后者的管理。因为特殊营养用途食品的定义中规定必须是为特殊人群设计和销售的食品，否则都不认为是特殊营养用途食品，这就局限了食品的用途。因此，生产商可以根据其产品的定位，选择归属于食品营养和健康声称管理法规管理，还是特殊营养用途指令管理。

17.2.3　欧盟对功能性食品的管理

1. 基本要求

(1)生产管理。无论何种食品，均要求符合食品生产企业的一般良好操作规范(GMP)要求。

(2)成分。必须由下述一种或几种膳食成分组成：维生素、矿物质、草本植物、氨基酸、微生物来源的产品、藻类来源的产品、动物组织等。

(3)剂型。膳食补充剂指令中规定为胶囊、片剂、药片、药丸和其他相似的形式。其他法规中对产品的形态未作具体规定。

(4)安全性。符合一般食品的安全性要求。

(5)功效。功能声称符合《食品营养与健康声称法规》中有关“营养声称”和“健康声称”的规定或《特殊营养用途食品指令》中的有关规定。

(6)许可制度。《食品营养与健康声称法规》中规定，实施一般营养和健康声称的列表制度和特殊产品的行政许可制度。

2. 对功能性食品健康声称的管理

在欧洲，功能性食品往往是通过标注特定的健康声称来界定和宣传的，所以说，在某种意义上，功能性食品就是一类具有健康声称的食品。由于欧盟至今没有关于功能性食品的法律法规，对于功能性食品的管理主要体现在对健康声称的限制和规范上。欧盟关于健康声称的管理实行列表与行政许可相结合的制度。根据《食品营养与健康声称法规》的有关规定，除降低疾病风险声称与促进少年儿童生长与健康相关的声称需要行政许可外，其他一般性声称采用列表制度，即凡列入允许使用健康声称范围内的声称，满足使用条件的食品均可标注。免于行政许可的健康声称必须满足的原则是：一是要建立在广泛的科学共识基础上；二是要易于消费者理解。

《食品营养与健康声称法规》中规定，允许营养和健康声称的条件为：食品中活性成分的含量必须达到声称所宣示的营养和生理学效果，并且该声称必须被普遍接受的科学证据所证实。该法规还强调了均衡多样饮食的重要性，并规定当过量摄入该食品中某种成分(如维生素 A)时要对可能出现的健康危害进行提示和警告；未加工过的新鲜食品如水果、蔬菜等不能标注营养和健康声称。

《食品营养与健康声称法规》中还规定，使用降低疾病风险声称时，在产品标签、广告或宣传品上还需注明声称中所述疾病具有多种危险因素，降低其中一个危险因素可能会带来益处。其他一般规定还包括声称不得鼓励或纵容过量食用某种食品，不得令消费者以为均衡及多样化的饮食不能提供适当的营养，不得提及可能引起消费者恐慌的身体功能变化，如某含钙食品宣传时声称如不服用该产品将导致骨质疏松。

为帮助申请人准备申报资料，规范健康声称的行政许可行为，欧洲委员会委托欧洲食品安全局(EFSA)起草了《健康声称申请注册科学与技术指南》，于 2007 年 5 月开始征求各方意见。该指南目前主要针对的是降低疾病风险声称与促进少年儿童生长与健康相关声称的注册申请，对所需提交资料的内容、要求、格式等作出了规定。申报资料由5部分组成：①行政管理与技术资料，包括申请表、申请人的相关信息、所申报声称的类别、消费者对该声称的态度等；②食品及其属性的资料，包括食品的生产过程、主要成分、物理化学特性、稳定性、生物利用率等；③所有相关科学资料的摘要，将人体干预研究资料、人体观察资料、其他研究资料的摘要及结论列表表示；④对科学证据进行系统的综述；⑤附录性资料，包括术语表、全部科学文献的复印件、引用的学术报告及其他有助于申报的资料。申请人需按照该指南的要求准备资料并提交给本国的相关管理部门，再由该部门转交给EFSA，EFSA据此给出技术建议并上报欧洲委员会，最终由欧洲委员会作出该健康声称是否可用或是否列入允许使用健康声称名单的决定。

17.3 美国的法规与管理

17.3.1 美国功能性食品的范畴与管理法规

目前，在美国，功能性食品没有法律上的定义，市场上的功能性食品是通过现有的食品法规框架进行的监管。根据美国现有的法律和法规框架，功能性食品主要包括五大类产品：带有特定声称的常规食品(conventional foods with claims)、膳食补充剂(dietary supplements)、强化食品(fortified foods)、特殊膳食食品(foods for special dietary use)和疗效食品(medical foods)。功能性食品具体属于哪一类取决于生产经营者的市场定位和广告宣传的需要。这类产品一般都在标签上宣称食品(食物成分)与健康的关系，这类“健康(营养)声称”由《营养标签与教育法》、《膳食补充剂健康与教育法》和《食品药品管理局现代化法》管理。

在上述5类产品中，与我国功能性食品类似的是膳食补充剂，其在美国市场的份额最大、品种最多。《膳食补充剂健康与教育法》对“膳食补充剂”的明确定义是，指以维生素、矿物质、草药(或其他草本植物)、氨基酸，或者以上成分经浓缩、代谢变化、配方、提取或混合后制成的产品，以补充膳食为目的，不能代替普通食品或作为餐食的唯一品种。在标签上需要标注“膳食补充剂”，可以是丸剂、片剂、液剂或胶囊等形态。

17.3.2 美国对功能性食品的管理

1. 基本要求

1)生产管理

在产品的生产管理方面，要求符合食品GMP法规。

2003年3月，美国食品与药品管理局(FDA)发布了一项行政规则建议“膳食补充剂和膳食成分的制造、包装或保存的现行生产质量管理规范(current good manufacture practices，cGMP)”，2007 年 7 月，颁布了 cGMP 的标准，并针对大中小型生产商分 3 个阶段执行。对于有实力的大型生产商，cGMP 于 2008 年 6 月起生效，对于雇员少于 500 人的中型生产商则于 2009 年 6 月执行，而对于雇员少于 20 人的小企业则推后于 2010 年 6 月执行。可见，FDA 还是顾及了小企业的实际情况，充分考虑了市场的平稳。

这一标准的执行，可以帮助消费者获得准确标示的非假冒的膳食补充剂，确保企业进行质量控制，保证不同批次产品之间的一致性，使生产的膳食补充剂不被污染或掺假。cGMP 适用于所有制造、包装或保存膳食补充剂或膳食成分的机构，包括参与检测、质量控制、包装和标示以及批发销售产品的单位，也适用于产品欲出口美国的外国公司。

2)其他要求

作为不同于传统食品的特殊类别，膳食补充剂在剂型、安全性、功效和标识等方面有一些特殊规定。

(1)剂型。片剂、胶囊、软胶囊、粉剂、饮液、薄片或条棒状或普通食品剂型。

(2)安全性。属于一般被认为安全的物质，如含有一般被认为安全的物质以外的新膳食成分，企业在销售前 75d 向 FDA 通报并提供安全性证实资料。

(3)功效。功效声称须符合《营养标签与教育法》和《膳食补充剂健康与教育法》中的相关规定。

(4)标识。均需标注“膳食补充剂”，不能作为餐食、总膳食或普通食品的替代品。

2. 审批机制

在美国进行健康宣称的食品(包括膳食补充剂)，需要受到以下方面的审查。

1)成分安全性的审批

依照《联邦食品药品化妆品法》以及《膳食补充剂健康教育法》进行类似于食品添加剂的审批，一般被认为安全的物质(GRAS)直接进行登记即可。

2)产品标签声称的审批

根据《营养标签与教育法》，FDA 进行产品“健康声称”的审批，任何进行某种食品(食品成分)与疾病或其他健康状况关联的声称都需要 FDA 审批。在“健康声称”的审批过程中，一般涉及产品的功效，申请者需提供尽可能多的科学研究资料，使 FDA 认可该声明表达的是科学共识。目前 FDA 已批准了 12 种“健康声称”，新声称的审批结果将以法规的形式公布。FDA 没有在任何法规中明确“健康声称”的评价指标，只能从已经批准的健康声明过程中了解一些基本要求。

根据 FDA 改革法，允许上市 120d 前的通报程序。具体要求是：①健康声称是基于联邦科学机构，包括国立卫生研究院(NIH)、疾病预防控制中心(CDC)和国家科学院(NAS)等负责公众健康保护或营养研究机构提出的公开、权威和具有现实意义的观点；②上市 120d 前，生产商向 FDA 提交有关“健康声称”的具体内容和依据；③如果审理结果是禁止此种声称或修改声称时，FDA 会立即通知申请者。120d 结束时，FDA 如果不做任何批示，就意味着允许该声称使用。

根据《膳食补充剂健康教育法》，膳食补充剂使用“结构-功能”声称，只要不与疾病联系就不需要审批。这是大多数生产商喜欢选择的一种方式，生产的保健食品作为膳食补充剂上市，只需上市 30d 前通报 FDA，并在产品上标明“本声明未经 FDA 评估，本产品不得用于诊断、处理、治疗或预防疾病”。通报时，无需提交“结构-功能”声明的验证资料。

功能性食品的宣传途径如果不是通过产品标签而是通过散发宣传广告的形式，就属于联邦贸易委员会(FTC)的管理范畴。FTC 准许产品“健康宣传”的标准比 FDA 宽松，因此也出现了许多不协调之处。例如报刊上一则广告宣传：“番茄红素有助于降低前列腺和子宫颈癌的危险性”，而 FDA 却认为在没有真实可靠的科学资料证实前，不能准许这类“健康声称”。

另外，如一种膳食补充剂日后被批准为一种新药，那么，只要是安全的，便可以在市场上同时以“膳食补充剂”和“药品”两种形式存在，而一种批准的药品如果想作为膳食补充剂销售，则必须经过 FDA 的审批。

3. 监督管理

美国膳食补充剂的主要监管部门之一是 FDA，其负责产品安全和标签上的声明，包括包装和其他促销材料的管理。监管的实施主要依靠现场监督员和消费者对企业的投诉。FDA 现场监督员发现不符合规定的标签内容即可实施监督处罚。同时，同类产品的生产商以及消费者也在实施日常监督，发现问题及时向 FDA 通报，FDA 会采取行政行动。另一监管部门是联邦贸易委员会，主要负责管理产品广告的健康声明。即如果产品不是通过食品标签而是通过散发广告的形式进行健康宣传，就属于联邦贸易委员会的管理范畴。联邦贸易委员会有关准许产品“健康宣传”的标准较 FDA 要宽松，因而也产生了一些管理方面的不一致与不协调。

总体来说，由于美国企业与行业协会的自律性较高，消费市场也相对成熟，因此，与其他国家相比较，美国对功能性食品的管理有着鲜明的宽松特点。虽然膳食补充剂同时受《营养标签与教育法》和《膳食补充剂健康教育法》的管理，但 FDA 并不对产品进行注册管理，而是实行备案制，无需上市前的审批，也不发给批准文号。由企业负责成分的安全性和产品功能声称的科学性，FDA 则负责市场监督管理。在标签管理方面比较严格，涉及新膳食成分的健康声称必须获得批准，当标签上声称产品对人体结构-功能或整体具有作用时，必须同时注明该声称未经审评，该产品不可用于诊断、治疗或预防任何疾病。在生产管理方面，美国已逐步开始实施膳食补充剂的《现行良好制造规范要求(cGMP)》。可见，美国在立法理念、监督管理模式、科学依据的提供等方面均显出了成熟市场才具有的特性。

17.4 日本的法规与管理

日本目前对功能性食品采取的是分类管理模式，即严格的个别审核制与大量备案管理并行，重点加强上市后监管，同时加强消费者认知教育的模式。在已批准的产品形态上，日本政府对于特定保健用食品采取谨慎推进策略，实施前期为了与药品剂型相区别，批准的剂型多为饮料、酸奶、方便面、豆腐等普通食品形态，最近几年才逐步放开对药品常见剂型的审批。而对于安全性较高且有明确标准管理的营养机能食品，则采取相对较为宽泛的管理策略，同时根据市场使用状况动态调整营养功能标示标准和成分列表。

17.4.1 日本功能性食品的范畴与管理法规

1988年日本厚生省根据一些大学及农渔业部开展多年的有关食物生理调节功能的研究，提出了功能性食品的概念，并在1991年4月以《营养改善法》(2003年8月改称为《健康增进法》)为依据，将特定保健用食品正式纳入特别用途食品中进行管理，明确了特别用途食品的概念以及申请许可的具体要求，从此明确了功能性食品的法律地位。日本在1991年《营养改善法》中规定“特定保健用食品”是指根据掌握的有关食品(或食物成分)与健康关系的知识，预期该食品具有一定的保健功效，并经批准允许在标签上声明人体摄入后可产生保健作用的一类食品。1996年，日本内阁作出了“规章制度缓和推进计划”的决议，对有关食品的管理制度进行了一系列修改，于2001年4月正式颁布并实施了保健食品新的标示法规——《保健功能性食品制度》。该制度以营养补助食品以及声称具有保健作用和有益健康的产品为主要对象，主要分为两大类：①特定保健用食品，是指适用于特定人群食用，具有调节机体功能的保健食品，其所声称的保健功能必须在医学上、营养学上得到证明。该类产品必须经过厚生劳动省的许可后方能生产销售。②营养素功能性食品，是指以补充特定的营养成分为目的并可以标示所含营养素的保健功能性食品，其中营养成分的种类和含量必须符合厚生劳动省制定的标准。该类产品不需要厚生劳动省的申请许可但必须备案，国家采取事后监督的方式进行监督管理。

2003年4月日本厚生劳动省成立了“健康食品现状研讨委员会”。该委员会对健康食品的保健作用、标识标准以及如何给予法律定位等进行了研究，并向厚生劳动省提出了《保健功能性食品制度》的修改建议草案。厚生劳动省采纳了该建议草案，并于2005年1月正式颁布了新的《保健功能性食品制度》，把具有一定保健作用，但是保健作用的机制不够明确、有效成分的定性和定量检测尚不清晰的保健功能性食品归为“条件许可型特定保健用食品”来管理。日本新的《保健功能性食品制度》的颁布实施，使日本特定保健用食品的范畴进一步扩大，片剂、胶囊等非传统食品剂型也可作为保健功能性食品的剂型。

2013年，日本开始研究放松食品功能声称的市场准入，以期吸引投资，扩大市场规模，让国民通过自我保健削减医疗支出，并于2015年4月颁布了《功能性食品标示制度》。该制度规定，对于声称具有保健功效的食品，生产商只要提供相关功效的科学证明资料，不需要政府个别审查即可在标签上对其进行标示，该制度适用于全部食品。企业在向消费厅提供食品标签标示内容的相关资料60d后，即可上市销售相关产品。相比之下，新制度将大大减少费用及缩短时间，而且标签标示内容的范围也要比目前只限于特定营养素补充剂的标示内容要宽得多。

17.4.2 日本对功能性食品的管理

1. 基本要求

日本对特定保健用食品进行研究时突出的一点是明确具有保健功能的活性成分，并确保这类食品是安全有效的。按照厚生劳动省要求，由生产商制定产品质量标准，明确标示功效成分含量。在产品的生产管理过程中，按照两个指南执行，一个是“GMP指南”，针对生产和品控，从各程序的标准、责任人等多方面进行管理；另一个是“原料安全性自检指南”，其涉及两个要点：必须收集基础原料的安全性毒性信息，根据当前的饮食经验对安全性不能确保的原料必须进行毒性实验。其基本要求如下。

(1)剂型。以普通食品形态为主。

(2)安全性。须经安全毒理学评价证实安全无害，提供安全性证实资料。

(3)功效。功效声称须符合“保健功能性食品制度”中的相关规定。

(4)标识。需标注特定保健用食品的特殊标志，还要标明营养成分及热量、每日服用量、服用方法、保存方法、注意事项和警示内容等。

2. 原料管理

为了防止与医药品相混淆，日本特定保健用食品要求原料是食品配料，而不能只作为药品物质，即产品在保持食品原营养成分含量比例的同时，还含有一定量的获得厚生劳动省认可的功效成分物质。并要求产品应为食品形式，如具有特定保健功能的酸奶、饮料、食用油、口香糖、糖果等。这样就把功能性食品与日常饮食生活相结合，使消费者按照自身的健康状况，选用功能性食品来替代一般的食品进行食用，既经济又自然。近年来，日本也允许保健食品以片剂、胶囊等形式出现。

3. 审批机制

日本保健食品的审批机制根据产品类别的不同分为以下两种。

(1)特定保健用食品。必须向厚生劳动省提出许可申请，经个案审查符合厚生劳动省所制定的特定要求，获得批准后可以标示保健功能。

(2)营养素功能性食品。只要符合厚生劳动省制定的规格和标准，只需在厚生劳动省备案，不需要许可申请以及事先申报，便可自由地进行营养功能的标示，采用市场监督、监测的方式进行管理。

特定保健用食品的审批过程分为，非管理部门的审批与管理部门的官方审批两个阶段，由企业协会与政府联合进行。第一阶段由日本厚生劳动省授权日本健康食品协会(JHFA)完成。两级审批的过程相似，都包括了技术筛查、评估以及最终批准等内容。

4. 标签标识管理

日本厚生劳动省对特定保健用食品的标签着重审验功效成分及产品标签宣传式样。

其标签要求与普通食品大致相同，除了经批准允许使用的保健声称外，还需列出营养信息、每日推荐摄入量、食用方法及注意事项、过量服用警告等，同时必须标明“不能预防或治疗疾病”，以区别药品，并加印厚生劳动省批准的标志，不得带有任何误导消费者的信息。在管理体系中，特定保健食品属于食品范畴，因此不能强调治疗效果。如有关高血压的健康声称不能是“改善高血压”，而只能是“该食品适用于高血压人群”。可以看出，日本对健康声称的表述有严格的措辞规定，以免误导消费者。

对于营养素功能性食品，标签上需要标注：营养成分的含量、热量、每日推荐摄取量、食用方法及注意事项、营养成分的功能声称等信息。另外，所有营养素功能性食品特别要醒目标注的是：本产品并非厚生劳动省的个别许可产品、大量摄取并不能增进健康。

5. 监督管理

首先，要求企业实施自行管理，包括确定标准、审核标签和声明，并于 2007 年 6 月由日本健康·营养食品协会向生产商发出了“正确进行特定保健用食品广告宣传的自主准则”，要求企业在标示许可的范围内进行产品宣传，以达到稳定市场、普及特定保健用食品的目的，从而在行业自律方面起到积极的作用。其次，各地方政府每年都会制定(修订)监督指导规划，聘用食品卫生监督员，现场检查违规情况。最后，实行举报制，一旦发现产品有问题，可以及时向厚生劳动省医药食品局食品安全部基准审查科的新开发食品保健对策室通报，以便对策室采取相应措施。对于违规情况，可以处以 1～3 年的监禁、50 万～300 万日元(重者 1 亿日元以下)的罚款。

思 考 题

1. 世界各国对功能性食品的管理模式有哪些?
2. 中国现行的对功能性食品管理的法律法规有哪些?
3. 何谓保健食品注册？在我国注册保健食品应提供哪些材料?
4. 何谓保健食品备案？在我国申请保健食品备案应提供哪些材料?
5. 在我国，保健食品生产企业应当满足什么条件?
6. 欧盟对功能性食品的管理有何特点?
7. 美国对功能性食品的管理有何特点?
8. 日本对功能性食品的管理有何特点?

参 考 文 献

国家食品药品监督管理局. 2011. 保健食品生产许可管理办法(征求意见稿) [Z]. 北京.

国家食品药品监督管理局. 2012. 保健食品命名规定 [Z]. 北京.

国家食品药品监督管理局. 2012. 保健食品命名指南 [Z]. 北京.

国家食品药品监督管理总局. 2016. 保健食品注册审评审批工作细则 [Z]. 北京.

国家食品药品监督管理总局. 2016. 保健食品注册与备案管理办法 [Z]. 北京.

李强. 2012. 美国保健类食品管理的历史沿革 [J]. 首都医药，(8)：8-9.
全国人民代表大会常务委员会. 2015. 中华人民共和国食品安全法 [Z]. 北京.
王大宏. 2016. 保健食品管理看日本 [J]. 医药经济报，(12)：3-7.
魏涛，陈文，秦菲，等. 2009. 欧盟对功能性食品的管理 [J]. 食品工业科技，30(9)：292-295.
闫庆松. 2011. 日本健康食品市场准入及法规解析 [J]. 中国现代中药，13(1)：47-50.
张中明. 2014. 日本保健机能食品上市许可制度 [J]. 中国现代中药，16(2)：164-166.

第 18 章　功能性食品的市场分析与消费者分析

当今，人类健康已成为食品开发的主题，研究食物功能成分、开发功能性食品已成为国际上食品研究瞩目的热点。已有报道指出：当前国外已将功能性食品研究作为增强国际竞争力的具有战略意义的研究课题。虽然功能性食品在中国有着悠久的历史，而且我国也有着丰富的药食两用动植物特色资源，但在这方面的研究仍比较落后。随着经济水平和健康需求的不断提高，人们越来越关注食品的安全性、营养性和功能性(Xu，2001；Kaur and Das.，2011)。因此，进行功能性食品的开发有着广阔的前景和市场潜力。本章主要通过国内外功能性食品的市场分析，发现我国在这方面存在的不足和发展的新动力、新方向；分析功能性食品的消费人群和购买意愿，为研发功能性食品提供保障。

18.1　功能性食品的国内外市场分析

18.1.1　国外市场分析

功能性食品除拥有普通食品的营养基本功能和满足感官享受外，还具有调节生理活动的保健功能(钟耀光，2004)。功能性食品在欧美称为“保健食品”或“健康食品”，也称营养食品，德国称“改良食品”，日本先称“功能性食品”，1990 年改称为“特定保健用品”，并纳入“特定营养食品”范畴。世界各国对功能性食品的开发都非常重视，新功能、新产品、新造型和新的食用方法不断出现。近年来，国外功能性食品市场呈现以下特点，一是低脂肪、低热量、低胆固醇的保健食品品种多，销售量最大；二是植物性食品受宠，保健茶、中草药在国外崛起，销路看好；三是工艺先进、高科技制作，产品纯度高、性能好，多为软胶囊、片样造型，或制成运动饮料，易于吸收。功能性食品现已被消费者广泛接受并产生越来越大的兴趣，特别是在亚洲、北美洲、西欧、拉丁美洲、澳大利亚和新西兰等地区和国家。

美国功能性食品市场是全球最重要、流通量最大的市场，其市场份额超过了 50%。美国市场的不同之处在于有健康功能说明的食品销售额大约有 0.5 亿美元，没有说明的食品销售额大约有 15 亿美元。美国功能性食品总销售额占其食品行业的 2%。近年来，美国第 3 代功能性食品发展日趋成熟，已形成“研发-市场-研发”较完善的体制，其具体品种主要有维生素和矿物质类、天然产品类、鱼油类、医药类和蜂产品类等，较我国第3代功能性食品的科技含量更高、品种更丰富、产品功效成分含量更准确、价格更便宜。营养补充剂又称膳食补充剂，在欧美等西方国家将天然有机食品、膳食补充剂及形形色色的功能性食品全部归入“保健品”的范畴。美国保健品行业协会2012年上半年公布的统计数据显示，2011年美国营养/保健品市场总销售额高达532亿美元，其中膳食补充剂占33%(177亿美元)、天然有机食品占24%(129亿美元)、功能性食品占36%(188亿美元)、其他占7%(38亿美元)(汪志祥和唐田，2014)。

日本市场最早出现用于健康目的的功能性食品。Yakult Honshaya公司(成立于1955年)生产的干酪乳酸菌(*Lactobacillus casei Shirota*)发酵而成的65mL瓶装乳制品，引导了当时健康食品的潮流。1984年研究口感、营养强化、生理系统调节等的日本科学家第一次提出了功能性食品的概念。1991年，日本厚生省颁布了健康食品条例FOSHU(food for specified health uses)，明确提出了健康食品的概念。目前，日本特别重视开发益生菌、益生元和合生元类产品，日本厚生省批准的特定健康用食品(FOSHU)产品中有40%是利用益生菌、益生元和合生元类为原料制成的，并具有改善胃肠道的功能，这类产品在全球有40亿美元的销售额(荒井综一，2009)。我国这类产品开发不多，应引起高度重视。

据统计，欧洲市场上在标签上或通过广告说明有特殊健康价值的功能性食品的市场份额有2亿美元，如果根据更广泛的定义，其市场份额为4亿~8亿美元。这表明欧洲的功能性食品市场在其食品市场中占有重要地位。德国、法国、英国、荷兰是欧洲重要的功能性食品市场。一般而言，中、北欧国家的消费者比地中海国家的消费者更喜欢功能性食品。近些年，欧洲市场的功能性日用食品明显增加，功能性饮料的增长速率大于酸乳酪的增长速率，并且功能性食品的个人商标日渐增多。另一类主要的功能性食品是不含酒精或添加维生素A、维生素C、维生素E及其他营养成分的饮料。在欧洲，其他功能性食品还有与牙齿卫生相关的糖果和口香糖以及可降低胆固醇的谷类早餐和糕点产品，尤其是降胆固醇的功能性食品较多。欧洲现有1.25亿人患有高胆固醇血症，在消费者最需要的功能性食品调查中，降低胆固醇的产品在法国排第2位。49%的欧洲健康食品生产厂商将降低心血管疾病风险列为首选功能，因而帮助降低胆固醇功能的人造奶油不断在市场上出现。另外，饮料市场也向含高咖啡因和稀有氨基酸的方向发展。

近些年国外保健食品的发展有以下几点明显趋势：一是发展迅速。随着大制造商的加入，保健食品将继续迅速发展，并达食品销售额的5%。二是全球化趋势。保健食品将席卷全球，并最终实现全球社会化和全球的贸易化。三是低脂肪、低胆固醇、低热量的保健食品将主导市场。四是维生素、矿物质类保健食品所占比例稳定。五是小麦胚油、深海鱼油、卵磷脂、鲨鱼软骨、鱼鲨烯等软胶囊制剂类新产品销量增加，并有不断扩大市场之势。六是“素食”及植物性保健食品所占比重逐渐增大。七是保健茶、中草药保健食品继续风行市场，深受广大消费者欢迎。

近年来，“套餐”成为欧美等发达国家消费保健食品的新形式之一，如美国生产的一种保健食品，每份小袋内装有蜂花粉、蜂王浆、人参和矿物质等多种保健品各1片。又如有的保健食品由辅酶、维生素软胶囊、复合维生素、人参片等多种保健品各1粒组成。在其包装盒上注明了组成“套餐”的品种名称、功能成分、主要原料、适宜人群、食用量及食用方法、储藏方法及注意事项等内容。“套餐”这种组合及消费包装形式的出现，在欧美、日本等国产生了良好的反应，非常适合人们现代的生活节奏，获得了广大消费者的认可，众多“套餐”保健品不断出现。

18.1.2　国内市场分析

我国功能性食品的发展经历了四个阶段：20 世纪 80 年代初到 20 世纪 80 年代末是开始阶段，其代表是以酒为载体的药酒类滋补品；20 世纪 80 年代末到 21 世纪初是发展阶段，此阶段保健流行，保健食品行业快速发展；2001～2003 年为低谷阶段，此阶段保健品负面事件频发，消费者逐渐失去了对保健食品的信任，致使保健食品行业遇冷，陷入低谷期；2003 年至今是保健食品的复兴阶段，消费者恢复对保健食品的信心，需求大增，整个行业进入高速发展阶段。

根据科技含量，功能性食品可以分为以下三类。

第一代产品，是有针对性地将营养素添加到食品中。其添加的营养素的功能没有进行功能性评价和科学性验证。目前，我国已拒绝其以保健食品的形式面市。

第二代产品，是指该产品必须经过动物及人体试验，证实其具有相对应的保健功能。目前我国市场上出售的保健食品大多属于第二代产品。

第三代产品，是在第二代产品的基础上，不仅需要经过试验证明其产品功效，而且需要说明功效成分的结构、含量和作用机理、在食品中的稳定性等情况。第三代产品在我国市场上不常见，一般是由国外企业生产，国内分包装上市，缺乏自己的系统研究。

随着我国整体科技实力的增强，功能性食品的科技含量不断提高，例如人参含片的研制成功，改变了以前人参仅能通过胃肠道吸收的单一途径，增加了口腔黏膜吸收，从而大大提高了产品的吸收利用率。目前第三代功能性食品正在我国蓬勃兴起，代表着未来我国功能性食品的发展趋势。我国功能性食品主要集中在北京、江苏、广东、上海、山东、湖北等地。目前已经批准生产的功能性食品中，42.79%集中在北京、广东、江苏、上海等经济发达地区，而诸如云南、西藏、青海、新疆、贵州五个经济不发达地区的产品仅占 1.25%。我国功能性食品产地与资源产地分布并不一致，这与地区经济发展程度有关。不过，可以预见，未来保健品会逐步向资源产地扩散，如青海、四川、新疆等地。

据不完全统计，截至 2015 年，中国以保健食品为主的健康产业的产值已达 6 万亿元，总体销售规模已达 2360.64 亿元，年平均增长 20%。可见，我国功能性食品进口稳步增长。我国进口功能性食品主要是除鱼肝油以外的鱼油、脂及其分离品，未列名海草及其他藻类，卵磷脂及其他磷氨基类脂和燕窝。其中，燕窝的进口数量和价格都有大幅提高。马来西亚、印尼燕窝占全球燕窝产量的 90%左右，其中马来西亚的燕窝占我国燕窝进口数量的 91%。我国功能性食品主要出口地区为日本和美国，这两个国家从我国进口的功能性食品占我国功能性食品出口的 51%左右。而新兴经济体经济复苏强劲，内需活力渐趋形成，2010 年上半年我国对东盟、非洲和拉美地区功能性食品出口增幅均超过 60%。目前，我国功能性食品出口仍以鱼油、海藻、肌醇、卵磷脂和王浆类产品为主，主要出口省市为浙江、广东、山东和江苏等。其中，山东和广东等地出口增长较快，湖北和青海的功能性食品出口出现较大幅度下降。中外合资经营企业、中外合作经营企业、外商独资经营企业和民营企业仍是功能性食品出口的主力军，占我国功能性食品出口的 89%。

我国功能性食品发展到现在已经具有一定规模，截至 2012 年，我国共有 2006 家保健食品企业。其中，投资总额在 1 亿元以上的大型企业占 1.45%，投资总额 5000 万～10000 万元的企业占 38%，投资在 100 万～5000 万元的中小型企业占 6.66%，投资在 10 万～100 万元的小微企业占 41.39%。新产品的数量增长非常迅速，仅 2014 年 11～12 月，国家食品药品监督管理总局就批准备案保健食品 240 个。据国家食品药品监督管理总局网站数据显示，截至 2016 年 11 月，国家食品药品监督管理总局共批准 16627 个保健食品，其中国产保健食品 15875 个，进口保健食品 752 个。

在我国功能性食品原料中主要有植物类、动物类、真菌类、益生菌类、生物活性物质类，种类相对丰富。近几年新产品的数量增长非常迅速，其中相当一部分是以低聚果糖、低聚异麦芽糖、低聚半乳糖、赤藓糖醇等功能糖(醇)为配料开发的新产品。

18.2 功能性食品的消费人群与购买意愿分析及建议

18.2.1 功能性食品的消费人群

随着人们的消费水平不断提高和保健意识日趋加强，对功能性食品需求持续增强，我国功能性食品市场显示出广阔的发展前景(徐剑锋，2011)。功能性食品的消费区域已由城市扩大到广阔的农村，功能性食品的消费对象也由过去的以老人、儿童及患后康复者为主，扩大到妇女、中年和少年。

(1)老年人。老年人由于生理方面的原因，对于保健的需求尤为突出，据世界卫生组织(WHO)公布，全世界 50 岁以上的老年人群发病率为 50%，55 岁以上为 80%，其中健忘、失眠、高血压、高血脂、骨质疏松等疾病比较常见。随着老龄化社会的到来和人们生活水平以及保健理念的提高，为了抵抗衰老，老年人对功能性食品的消费需求也会逐步增加，并且“银发族”对功能性食品的需求非常旺盛，购买力非常强。

(2)中年人。近年来，由于饮食过度和过量的脂肪摄入，肥胖症、非胰岛素依赖型糖尿病、高血压、冠心病及癌症等慢性病在中年人群中逐年上升，有利于预防和改善这些疾病的功能性食品受到了中年消费者的欢迎。中年人功能性食品市场也是一个庞大的消费市场(Landström et al.，2009)。

(3)少年儿童。据统计，我国 85 万所中、小学校中的 1.76 亿在校学生中，缺铁性贫血比例高达 30%～40%，他们对蛋白质、钙、锌、维生素 A、维生素 B 的摄取普遍不足。可见，含有维生素、矿物质等营养补充元素的功能性食品是不可忽视的。因此，少年儿童对功能性食品的需求非常旺盛。

18.2.2　购买意愿分析

就目前国内的功能性食品市场来看，不但有价格在 100 元以下的中低档商品，也有 200 元以上的高档商品。研究发现，国内功能性食品售价的普遍定位在 100 元以下。但值得注意的是国外品牌的售价要明显高于国内品牌。此外，购买者对品牌的认知度较高，比较信任国外知名品牌，对一些其他小品牌的产品关注较少。事实上对消费者而言，一旦确定要购买某种功能性食品，消费者最关心的不是价格而是品牌。根据有关调查显示，我国的功能性食品 90%为第一代(强化食品)和第二代(初级产品)。相比而言，日本、美国等发达国家的功能性食品已达到第三代(高级产品)。因此，相比只处于第一代层次上的中国品牌，消费者更青睐以自然提取物为主，科技含量更高，食用更安全的国外品牌。此外，我国现有的功效评价体系不完善，并存在科技含量不高、粗制滥造、商业广告虚假夸大宣传等问题，这些都是造成我国功能性食品价格偏低的主要原因。因此，国内的功能性食品不能只是一味地通过调低价格来吸引消费者，还应在提高品牌信任度、知名度等方面进行改善(Urala and Lähteenmäki，2007)。

18.2.3　增强消费者对保健食品信任度的对策建议

1. 对于政府

信任度是影响消费者购买功能性食品意愿的主要原因之一，要提高消费者对功能性食品的信任度，充分发挥政府职能至关重要。

(1)加强功能性食品的督查机制，发挥政府的行政职权。同时，制定与我国国情相符合的系统性、配套性和实用性较强的质量标准和相关的技术标准。

(2)完善市场管理功能性食品的许可证制度，提升监管力度，从真正意义上确保消费者能吃上放心、安全的功能性食品。

(3)提高检测技术和能力，为功能性食品安全提供技术保障。可以从功能性食品的源流、生产过程、进入市场的环境、产品的抽查以及售后的追回等方面进行检测。

(4)鼓励企业进入，引导企业转型。食品的研发及推广方面是企业最为关注的问题之一。为了顺应市场需求，顺应时代潮流，应当在市场上推陈出新，生产满足现代人生活需求的产品，只有这样，企业才能保持新鲜力、生命力，才能长久发展。

(5)加强宣传教育，提高全民对功能性食品的认知。如利用多种途径对功能性食品的相关知识进行宣传；大力宣传政府对功能性食品的监管方式及力度，强化政府的公信力；加强社会主义市场经济体制下的诚信教育，形成良好的社会氛围。

(6)发挥行业协会的聚集作用，建立功能性食品示范基地。政府可以通过功能性食品相关知识的宣传过程，鼓励企业建立功能性食品示范基地，使消费者更直接更客观地了解功能性食品，为功能性食品的发展、宣传打下坚实基础。

2. 对于企业

企业应该让消费者树立购买功能性食品的信心，对购买功能性食品持有正面态度至关重要。因此企业可采取的措施如下。

(1)加强企业生产经营管理。功能性食品生产企业和相关企业应努力提高自身的经营实力和经营效益，加强现代化生产和管理，以适应未来市场竞争的需要。

(2)坚持科技推动产业，严格控制质量关。功能性食品的核心优势就是能够提供满足或改善人体健康的需要。只有利用先进的科学技术来研究对人体有益的元素，才可以满足现代人快节奏的健康需要；以科技进步推动产业进步，将功能性食品产业打造成科学的、未来的、高品质的优势产业，才能在市场中占有绝对优势。另外，建立起功能性食品的生产流程，严格把关每个环节，以质量求发展，保证和提高功能性食品的信誉和口碑至关重要。

(3)广告宣传要突出重点。广告宣传要充分体现出功能性食品的功能，让消费者更加深入地了解功能性食品的概念及特点，同时对消费人群进行更加细致的划分，以满足各种人群的需求。还可以利用科学理论和数据以及功能性食品有益于人体的具体事例进行宣传，提高消费者的健康认知。

(4)营销策略采取针对性营销，以满足市场需求。企业可以从以下三个方面进行调整，一是进行分产品的营销策略，避免功能宣传的重复。二是分功能的营销策略，即因各产品对功能的表现力不同，因此要选择适当的载体。三是由于消费者对于功能性食品的载体存在着消费偏好，需要对其需求进行适当地迎合。

18.3 功能性食品行业存在的主要问题

近年来，随着经济的发展及人们对健康的向往，世界各国功能性食品的市场年均以10%的速度递增，远远超出了一般食品年增2%的发展速度。至今，已有美国、日本、加拿大、中国大陆及中国台湾等国家和地区相继立法以规范功能性食品市场。1996 年 3 月卫生部发布《保健食品管理办法》；2016 年 2 月国家食品药品监督管理总局发布了《保健食品注册管理办法》，并于 2016 年 7 月 1 日起实施。随着国内功能性食品市场的不断规范和科技手段的不断提高，功能性食品管理也将逐步趋于完善和规范化，不同功能性食品的消费群体(银发市场、儿童市场和白领市场)将逐步形成。总体而言，我国保健(功能)食品发展较快，呈现波浪式发展趋势，消费理念逐渐成熟理性，但存在的问题也令人担忧，主要有以下几个方面。

1. 基础研究不够，产品科技含量低

功能性食品产业是一个涵盖了食品科学、化学、医药、生物等多学科的综合性产业，本领域技术的提升需要多学科的协调发展，也需要众多管理部门的配合和协作。但是，目前我国的教育体系不适应当前功能性食品产业的发展，无法吸引更多社会资金投入到这个领域。各类技术研究机构也很少涉及这一领域，很少开展针对本领域的基础性研究。

而医药科研领域的主要精力在研究天然药物，对功能性食品涉足不多，更不用说对专业人才的培养。因此，缺乏基础研究的功能性食品行业，自然失去了快速发展的坚实根基。

2. 低水平重复现象严重

近年来，随着市场需求的不断上升，功能性食品逐渐融入消费者的生活，企业申报注册数量也随之增加。虽然我国在功能性食品的审批工作中出台了一系列规章制度，但对企业的研究开发过程却无法形成明确的规定，也无法采取较好的监管措施，致使一些低水平重复的产品还在不断的生产，产品在功能及形态上并未有实质性突破。同时，国内一些功能性食品生产企业缺乏长远目光和科学决策，新产品开发投入不足，低端产品简单重复、仿造现象比较严重，开发的产品功能集中，限制了整个行业的快速发展。

目前，我国对功能性食品的“审批门槛”定得较低。如果提高这一“门槛”，势必会有大量的产品被淘汰出局，在一定程度上会影响功能性食品产业的发展。对于这一问题，日本处理得较好。日本将“功能性食品”和“健康食品”规定为两个概念，以不同法规予以管理，将功能性食品的审批门槛定得很高。如前所述，日本的功能性食品必须是第三代产品，其功能因子应是天然成分，采用传统的食品形态，并作为每日膳食的一部分。因此，日本自1991年立法至今，只批准了100多种功能性食品。但将有益健康的健康食品的审查门槛定得较低。这样给大量的健康产品进入市场留了一条出路。截至2016年11月，国家食品药品监督管理总局共批准16627种保健食品，其中国产保健食品15875种，进口保健食品752种，功能主要集中在免疫调节、调节血脂、抗疲劳3项，约占60%，开发的产品功能如此集中，不仅使市场销售艰巨，也难以取得良好的经济效益。

3. 功能性食品生产及检测技术落后

目前，新产品注册申报资料中很少有工艺稳定的研究资料，大部分企业也都没有对产品的工艺稳定性进行研究。主要是因为功能性食品大量低水平重复效仿，致使企业忽略了工艺稳定性研究的必要性。功能性食品的功效成分不明确以及与之相配套的检测方法的非特异性，使得功能性食品反映内在质量指标的成分含量检测的可重复性难以保证，也使得工艺稳定性研究难以下手。而企业的自检能力差，加之缺少专业的检测人员和检测设施，专业检测部门的检测手段落后、硬件条件不足等原因，相关产品的质量问题也就很容易被忽视。

4. 评价体系不完善

功能性食品的评价包括安全性评价、功能性评价和卫生学评价。功能性食品具有特殊的健康和营养价值，在某些疾病预防和健康促进上有着重要作用，并且由于其种类和活性组分的多样性，使得它的安全性评价变得异常复杂，包括了食用历史、加工工艺、消费总量、毒理学评价与人群试验、营养学和生物利用率评价等，是开发该类产品时应特别注意的一个问题，目前，对功能性食品的安全性评价一般采用毒理学试验进行鉴定。

食物成分大多是多种成分的混合物，分离纯化其有效成分，确立评价其生理效应的方法和指标是功能性食品发展的关键，也是功能性食品研究开发的核心内容。我国目前主要针对功能性食品所宣称的生理功效进行动物学或人体试验。但仅凭动物试验和人体试食试验结果来判定其是否具有声称的保健功能，而对保健功能的作用机理阐述不清楚，缺乏深入的基础性研究材料，造成产品缺乏创新，市场寿命短，很难进入国际市场。近年来，国外十分注重从生理学、遗传学、分子生物学及细胞学等不同角度研究功能性食品及功能因子的特定生物学功能。欧美、日本等发达国家已经研究了一些新的评价技术，用于功能性食品的评价。功能性食品的研究与开发在我国尚属新兴学科和领域，许多功能性食品仅靠动物试验得来的数据推测其功效，使功能性食品的安全性得不到保证，所以需要监督审查部门研究更加科学、严谨的功能评价体系。因此，我国今后应加强功能性食品作用机理及评价技术研究，建立合理的功能因子生物活性评价体系。

5. 主要采用非传统的食品形态，价格较高

日本规定功能性食品(特定健康用食品)只能以食品作载体，而我国的功能性食品常采用非传统食品形态，多以粉末、颗粒、片状、口服液和胶囊等形式出现，脱离了消费者的日常生活，也难以培养消费者日常食用的习惯，且价格普遍较高，致使众多潜在消费者难以接受。

6. 应用研究与市场严重脱离，科技成果转化率低

目前，我国功能性食品应用研究对市场需求的估计不足现象比较严重，科技成果转化率偏低。一些科研成果虽通过各级鉴定，被认为具有较高科研水平，却没有以市场为导向，与需求严重脱离，从立项开始，就不具有转化的条件，科研成果配套性和成熟度不高，采用新工艺、新技术不能带来高额回报，在实际应用中的情况也并不理想。这要求科研立项的工作必须牢牢抓住市场，对那些市场前景好和经济效益较稳定的项目进行大力扶持，在全面支持中以市场导向为重点考虑。

此外，功能性食品推广服务体系不完善，也是导致科技成果转化率较低的一个主要原因。因为，科技转化具有相当大的风险，成功率不会高。促进科研成果的拥有者和应用者之间对风险的统一认识，在于市场推广，这是提高转化成功率的重要一环，而目前我国在这个环节的建设方面还很薄弱，一些企业由于害怕风险而拒绝使用一些具有较好市场前景的科技成果。因此，在这个环节，政府必须加大相关投入和提供强有力的支持。

7. 非法添加化学药物，监督管理难度增加

我国针对功能性食品的监管重点是保证产品配方无毒无害，产品所宣传的功能真实可靠。但目前，经批准生产和销售的功能性食品大多数还属于第 2 代产品，因其功能性成分大多无法确定，作用机理尚未清楚，有的产品原料来源独特、成分复杂，所以对假冒的产品也难以鉴别，给产品监管带来极大的困难。

随着功能性食品的不断开发，其组成中将使用更多的添加剂，如脂肪代替物、功能性甜味剂等。另外，抗氧化维生素、黄酮类化合物及多酚化合物等生物活性添加剂等也广泛使用。而更重要的是食品的健康和卫生管理，因此，世界各国都相应制定了标准、法规，以对功能性食品的开发进行科学有效的管理。我国功能性食品正处在从第 2 代向第 3 代过渡的低迷阶段

(桂婕等，2009)，大多数产品的功效成分标注不明确，其食品功效评价体系尚不完善。

8. 功能性食品广告随意夸大功效作用

从功能性食品在我国诞生开始，功能性食品的生产和消费似乎都走入了一个怪圈：功能性食品在市场上打响品牌靠的都是巨大的广告投入，消费者购买功能性食品除了看广告外没有其他的途径。但这些刚炒作起来的火爆的背后，隐藏着虚假、欺骗和误导消费者的不正当竞争行为(马双双，2016)。从另一个角度看，我国消费者的健康营养知识尚显缺乏。只有了解更多的现代营养和食品知识，懂得自我保健和食品与健康的关系，才能辨别真伪有针对性地选择功能性食品。

此外，国外功能性食品大量涌入，给我国功能性食品业带来巨大挑战。目前已有安利、保洁华等 20 多家知名跨国公司，通过收购、兼并、租赁等形式在我国设立分厂，占据我国的功能性食品市场份额。

由此可见，要使我国功能性食品走向真正意义上的繁荣，不仅要普及营养保健知识，逐步提高全民的营养保健知识水平，加强营养保健食品的检测和完善监控机制，加强管理，严格把关，而且需要顺应国际功能性食品的发展趋势，建立健全功能性食品的各项监督管理体系和功能评价体系。

18.4 功能性食品的发展趋势分析

随着经济的发展，人们生活水平的提高，功能性食品已成为人们生活中的一种追求、一种不可阻挡的食品新潮流。随着市场的不断规范和科技手段的不断提高，功能性食品的管理也将逐步趋于完善和规范化。

18.4.1 功能性食品的发展趋势

1. 功能性食品市场将逐步扩大

根据消费者的需求来明确主攻方向，是功能性食品产业生存和发展的立足点。未来几年，消费者关注的“目标功能”食品大体上体现在以下三个方面：①以公众健康为目标的功能性食品；②以提高机体健康和精神状态为目标的功能性食品；③降低慢性疾病风险的功能性食品(Siró et al.，2008)。总的来说，以下 6 个领域的功能性食品市场值得关注。

(1)儿童市场，如适合儿童的强化维生素、矿物质等系列食品、能量强化食品和提高智力的食品。

(2)以提高生活质量为目标的成人市场，如提供能量的产品、减肥产品、提高视力的产品和增强免疫的产品。

(3)功能性休闲食品，如功能性糖果、口香糖和功能性茶饮料。

(4)个性化生产与服务是未来功能性食品企业值得关注的方向，如专门为妇女设计的功能性食品。

(5)利用功能性食品辅助药物以减轻症状，降低患病风险是未来功能性食品开发的主要方向，如降低心血管病、癌症、肥胖和糖尿病风险，降低骨质疏松、增进胃肠健康和预防龋齿等方面的功能性食品。

(6)从天然资源中寻找开发新的功能配料是未来功能性食品发展的重要课题，目前国外较为流行的功能成分有抗氧化剂、益生菌和益生元、草药、大豆及大豆制品。

2. 第三代功能性食品是未来的发展重点

(1)功能性食品要天然、安全、有效。功能性食品食用应无毒、无害。因此，一种功能性食品进入市场前首先应完成安全性检测，尤其是有些草药资源。国家做出明确规定，77种药食两用的动植物可做保健品的原材料。其次是有效，它是评价功能性食品质量的关键。国家食品药品监督管理总局已专门制定了功能性食品的评价程序和方法。

(2)重视功能性食品的分子水平研究应先从分子、细胞和器官水平上研究功能因子的构效关系、量效关系、作用机理和可能的毒性作用，积极研发第三代功能性食品，这是今后我国功能性食品研究的重点。其次是采用高新技术，从各种天然动植物资源中寻找和提取各种特殊功能因子。然后采用外加合成法生产第三代功能性食品，并建立和发展检测各类功能因子的方法。

(3)重视对功能性食品基础原料的研究。特别是具有中国特色的基础原料，如银杏、红景天、人参、林蛙、鹿茸等。不仅要研究其中的功能因子，还要研究分离保留其活性和稳定性的工艺技术，包括去除原料中一些有害、有毒的物质。

3. 产品向多元化方向发展

随着食品加工技术的进步，未来功能性食品的加工更精细、配方更科学、功能更明确，方便剂型功能性食品将成为主流。产品形式除目前流行的胶囊、口服液、饮料外，一些烘焙、膨化等类型的食品也将上市。我国目前功能性食品的包装与国际还存在着一定差距，尤其是在包装的视觉冲击力上。

4. 功能性食品功能趋向分散化和专一化

随着消费者对功能性食品的认识越来越全面，加之功能性食品的价格总体水平下降，消费者将更多地相信和认同功能专一化的保健食品。这种消费理念的变化必然导致功能性食品生产企业转而重视功能性食品功能的分散化和单种功能性食品功能的专一化。

18.4.2 功能性食品科学的发展趋势

功能性食品科学已发展成为有别于传统的食品科学和营养科学的新学科，它涉及植物学、食品工程学、营养学、生理学、生化学、细胞生物学、遗传学、流行病学、分析化学等诸多学科。因此，国外市场强调跨学科和跨国度的协作研究。我国功能性食品的研究也将打破独立部门或独立专业的束缚，开展院校、科研机构和企业的联合研发，进行深入系统的功能性食品研究。功能性食品科学研究需要回答以下几个方面的问题：①何种健康效应是消费者需要的；②何种分子负担此项功能；③如有多种组分共同作用，哪一种组分的生物效应最大；④具有生物效应的特定生物活性物质的消化和吸收状况；⑤如何获得这一生物物质及生产一种有前景的功能性食品；⑥作用机理是什么；⑦对人体是否真正有效；⑧如何解释这些效应等。从国际功能性食品研究看，有以下 5 个动向值得注意。

(1)未来科学研究主要集中在 4 个方面：①评价功能性食品健康的生物学标记及其有效性；②功能性食品及其组分的安全性；③功能性食品及其组分的健康效应及其作用机制和发现；④开发新的生物活性物质。

(2)注意采用新理论和新方法来揭示其作用及机理。考虑到功能性食品中功效成分多数是一种混合物，分离纯化有效成分有一定的困难，所以应着手研究如何用新理论和新方法来揭示此混合物的功效作用及机理。

(3)建立食物中非营养素功能性成分检索和鉴定数据库，这对功能性食品的发展必有推动作用。

(4)更加注意开发新的功能素材。最近几年，欧、美、日各国学者纷纷将目标投向中国、印度、南美，从传统的草药中寻找能降低严重危害人体健康的一些慢性病(如心血管病、糖尿病、高血压、老年痴呆)风险的功能素材。

(5)生物技术的运用、发展将使 21 世纪功能性食品呈现空前的大发展。基因工程、细胞工程、酶工程等生物技术将是 21 世纪功能性食品的主要科技手段，它将使功能性食品研究水平得到极大的提高和加强，使功能因子的阵营迅速扩大，功能更加专一、有效，推动功能性食品出现新的热潮。如基因工程与发酵工程的结合可生产全新的目标菌种，不仅使产量和风味得到改进和提高，而且可以使原来从动植物中提取的各种食品添加剂如天然香料、色素等变成由微生物直接转化而来。

思 考 题

1. 功能性食品行业存在哪些主要问题?
2. 如何增强消费者对保健食品的信任度?
3. 简述我国功能性食品的发展历程。
4. 简述国外功能性食品市场的特点以及功能性食品的发展趋势。
5. 概述功能性食品的发展趋势。

参 考 文 献

桂婕，王友升，陈礼桂. 2009. 我国功能性食品的消费现状调查研究 [J]. 食品科技，34(9)，248-251.

荒井综一. 2009. 日本功能性食品科技发展现状 [J]. 中国食品学报，9(3)：1-4.

李静，牛桂芬. 2016. 功能性食品国内使用现状及应用展望 [J]. 山东化工，45(4)：41-42.

马双双. 2016. 中国功能性食品的现状及其发展趋势 [J]. 粮食流通技术，6(11)：22-23.

汪志祥，唐田. 2014. 欧美流行营养补充剂 [M]. 中华中医药学会药膳分会年会论文集，177-178.

徐剑锋. 2011. 保健品的消费者行为分析及其营销探讨 [J]. 时代金融，(7)：188-189.
钟耀光. 2004. 功能性食品 [M]. 北京：化学工业出版社.
Kaur S，Das M. 2011. Functional foods：An overview [J]. Food Science and Biotechnology，20(4)：861-875.
Landström E，Hursti U K K，Magnusson M. 2009. "Functional foods compensate for an unhealthy lifestyle". Some Swedish consumers' impressions and perceived need of functional foods [J]. Appetite，53(1)：34-43.
Siró I，Kápolna E，Kápolna B，et al. 2008. Functional food. Product development，marketing and consumer acceptance—a review [J]. Appetite，51(3)：456-467.
Urala N，Lähteenmäki L. 2007. Consumers' changing attitudes towards functional foods [J]. Food Quality & Preference，18(1)：1-12.
Xu Y. 2001. Perspectives on the 21st cnetury development of functional foods：bridging Chinese medicated diet and functional foods [J]. International Journal of Food Science and Technology，(36)：229-242.